Curriculum Planning

A Contemporary Approach

(8th Edition)

Education Classic Series

教育学经典译丛

主编 褚宏启

EDUCATION

Curriculum Planning

A Contemporary Approach

当代课程规划

（第八版）

(8th Edition)

[美] 弗雷斯特·W·帕克（Forrest W. Parkay）
埃里克·J·安科蒂尔（Eric J. Anctil）
戈兰·哈斯（Glen Hass） 编著

孙德芳 译

中国人民大学出版社

·北京·

总　序

尽管教育领域存在很多问题，尽管人们对教育如何改革存在不少争议，但没有人否认教育对人的发展、对国家发展、对社会发展的重要性。尽管人们一度对教育学科的前途命运忧心忡忡，但教育学科的不断分化和发展却是不争的事实。世界各国对教育越来越重视，教育发展与改革如火如荼，教育理论研究日益繁荣，相关著述大量出版和发表。

教育研究的繁荣和教育学科的分化，既是教育实践推动的结果，又是推动教育实践的原因。实践呼唤理论发展，实践推动理论发展。教育是一项伟大而崇高的事业，在教育事业的发展中，在教育实践与教育理论的互动中，教育理论研究不断分化，产生了很多新的分支学科，在教育学的每个分支学科中，都有一些优秀的研究成果。这些优秀成果是各个分支学科的代表性著作，代表着世界范围内教育各分支学科的研究深度和理论高度，是后人传播和生产教育知识时不能绕过去的知识界碑，是教育改革与发展必须吸收和借鉴的理论营养，是全人类共同拥有的文化财富。

在经济全球化和教育国际化的大背景下，系统翻译引进世界范围内教育学科最有代表性的著作，有利于我们整体把握世界范围内教育理论研究的总体状况，有利于我们全面吸收世界范围内教育理论研究的最新、最优秀的成果，有利于提高我国本土教育研究的理论水平，有利于完善我国高校教育学科的课程体系，有利于提升我国教育改革与发展的实践水准。把世界上最好的教育研究成果全面、系统地译介进来，为我所用，是我们组织翻译这套《教育学经典译丛》的基本宗旨。

20 世纪 80 年代以来尤其是 90 年代以来，西方的教育理论著作不断被译介到我国，拓展了国人的教育理论视野，促进了教育思想与观念的传播与交流。进入 21 世纪，译介西方教育理论著作更呈加速之势，呈现出一片繁荣景象。回顾 20 多年译介西方教育理论著作的历程，有得有失，有很多经验教训值得总结。现在到了以平和、冷静的心态进行深度总结的时候了。

目前引进的国外教育理论著作，最大的不足是没能对世界范围内教育分支学科的发展进行全面、系统的介绍。虽然不少译丛都强调译介的“系统性”，但是，有的译丛失之于少，作品量小，不足以构成一个相对完整的分支学科体系；有的译丛失之于杂，作品量较大，但缺乏学科体系建构方面的高端设计；有的译丛侧重于某一个分支学科；有的译丛偏重于教材的系统介绍，而对非教材类的代表性著作关注不够。结果导致：尽管各类译著总量很大，但系统性却不够。我们现在推出的这套

《教育学经典译丛》力图弥补这种缺失。

本译丛的最突出特点是其系统性。所选书目力图涵盖教育学的所有主要分支学科，诸如教育基本原理、教育哲学、教育史、课程与教学论、教育社会学、教育管理学、教育经济学、教育财政学、教育政治学、教育法学、教育心理学、教育评价学、教育政策学、教育未来学、教育技术学、教育文化学、教育人类学、教育生态学、学前教育学、高等教育学、职业教育学等，力图构成一个相对完整的教育学科知识框架。

本译丛的另一个特点是权威性。这也是《教育学经典译丛》的内在要求。在选择书目方面，力求新、精、实。“新”是指入选书目能代表该分支学科最新的研究成果，能引领该研究领域未来的发展方向；“精”是指入选书目皆为同类著作中的精品，我们力求为读者呈献最有价值的教育理论知识；“实”是指入选书目在内容上对我们确有借鉴价值，能对我国的教育研究和实践产生积极影响。

为保证译丛质量，我们成立了一个由重点高校和科研机构的知名学者构成的编委会，负责确定书目和组织翻译，从选题、翻译、校订各个环节予以严格把关。译丛能够面世，得益于多方的支持与协作。感谢中国人民大学出版社为这套译丛所提供的出版机会，感谢国内外学者为选定书目所奉献的智慧，感谢丛书的译者、校者和出版社的编辑人员所付出的辛勤劳动。

翻译是一种重要的知识传播方式，并会对其后的知识生产方式、消费方式、使用方式产生重要影响。希望《教育学经典译丛》的出版，能对我国教育理论知识的传播、生产、消费、使用产生实质性的影响，希望更多的人从中受益，也希望更多的人为译丛的高质量出版贡献力量。

褚宏启

2006 年 12 月 18 日

前　言

Preface

《当代课程规划（第八版）》提出了课程开发者和不同教育层次（从幼儿到成 xi
年）的教师所需要的知识、技能和智慧。本版课程规划完全重新修订，书中的71篇文章中有37篇是新增加的，且它们大部分是过去三年内出版的。本书涵盖了不同题材的文章，它们涉及课程规划的历史观、课程规划发展趋势和问题的现代分析以及用第一人称叙述的课程规划和具体实施。

本书针对具有广泛兴趣、不同学习风格和背景的学生进行了多种设计。每章都有“教师之声——理论联系实际”部分，安排有一位教师的文章。此外，第三部分的每章还包括“课程实施的案例研究”部分，提供的是实践者的文章，举例说明了在机构或系统层面上为课程规划和实施提供指导的复杂性。

为了更有效地促进教学和学生学习，本书设计安排了如下内容：每章开始部分的焦点问题；每篇文章的摘要和思考题；每章结束部分的批判性思考、应用活动、实地体验和网络活动。

本书的第一部分是“课程规划基础”，论述了课程的目标与价值以及课程的三个基础（即社会力量、人的发展和学习与学习方式）。第二部分是“课程开发及实施”，它分为两章：第5章是课程开发方法，主要讨论了开发课程的课程设计；第6章是课程与教学，它主要强调课程与教学的关系。第三部分是“行动中的课程”，它强调了不同年龄阶段教育项目的课程规划技巧的运用。课程规划的现代趋势和革新在每一层面上都得到了理论和实践观点的检验。

第1章强调了教育哲学对课程规划的主要作用，其中的半数文章反映了在20世纪对课程规划有重要影响的四种哲学导向。这些明显的对比使课程规划的现代趋势和问题变得更加明晰和集中，每一种哲学观点都强调它们在将来是如何同课程规划相关的。

全书强调了课程规划的过去、现在和将来的相互联系。本版中的几篇文章讨论了未来课程规划的重要性，主要包括未来课程规划、教育和信息时代、技术与网络。本版新增加的问题涉及多媒体运用、不让一个孩子掉队、多元文化教育、多样性、课程标准、教育评价、多元智力、学习风格、学校中的商业主义和课程规划的批判观点。

课程规划是为课程与教学专业的研究生和高级水平的人员设计的、同时也适合教育领导、教师教育、教育基础和高等教育项目的人员使用。书中所讨论的主要原理和概念适用于所有层级的教育项目，在每一章尤其要注意识别幼儿园～12年级

的基础教育和高等教育的共性。

最后深深的谢意要送给为本书作出贡献的所有作者，他们乐意共享自己的观点本身就反映了他们对不断完善作为自己研究领域的课程的贡献。我们同样感谢下面一些人对本版的修订提供了简明和有益的建议，他们是：伊利诺伊州立大学的阿德尔·埃尔巴泰那（Adel T. Al-Bataineh）、得克萨斯南部大学的克劳德特·里岗斯（Claudette Ligons）和麦慕菲斯大学的阿兰·希德（Allen H. Seed）。我们还要感谢艾琳贝肯公司的特莱希·穆勒（Ttaci Mueller）和前编辑助理杰尼斯·汉肯伯格（Janice Hachenberg），在准备手稿的始终都得到了他们的坚定支持、鼓励和专业性意见。另外还要特别感谢华盛顿州立大学的希拉里·鲍曼-顿汉姆（Hillary Bomon-Dunham）为出版所作的大量幕后工作。

弗雷斯特·W·帕克（Forrest W. Parkay）诚挚地感谢华盛顿州立大学上他“课程设计原理”课程的同学们，他们敏锐的评论和建议为本书丰富了不少内容。另外还要感谢吴梅在修改书稿过程中所给予的友谊、精神支持和鼓励——你是第一个，也是最后一个，我的一切。最后还要感谢戈兰·哈斯（Glen Hass），他是课程规划的首版作者，数年来已形成了检验课程规划的固定的概念框架。他是位很有影响的课程专家，也是位催人奋进的参谋，同时也是我的挚友和同事，本版和将来的版本都将铭记他的贡献。

埃里克·J·安科蒂尔（Eric J. Anctil）感谢他的妻子蒂娜在修改书稿中的耐心和儿子杰克对其集中精力进行工作的帮助。

F. W. P.（弗雷斯特·W·帕克）
E. J. A.（埃里克·J·安科蒂尔）

目　录

Contents

第一部分　课程规划基础

第二部分 课程开发及实施

第三部分 行动中的课程

* 索引请参见 http：//www. crup. com. cn/gggl。

1 第一部分

课程规划基础

第1章 目标与价值

焦点问题 1

1. “课程”的意义是什么？
2. 课程与教学的不同之处是什么？
3. 课程规划的基础是什么？
4. 课程规划、开发和实施的标准是什么？
5. 课程五个广域、一般的目标是什么？
6. 价值是如何影响课程规划的？

《当代课程规划（第八版）》囊括了课程规划和实施所需的知识和资源。无论你是 K—12 基础学校的教师、校长、监督员或课程协调员，还是高等教育的教学者或学院管理人员、商业或非学校组织的教育项目的指导者，都会做出许多影响学生学习的课程决策。虽然为所有学习者——具有不同的文化背景、需求、能力、学习风格和教育经历——提供有意义和促使其成长的课程并不容易，但本书的设计就是让你了解课程规划的复杂过程，进而对你进行指导。

本书虽然提出了许多关于课程规划的问题，但其目的不是要解决这些问题，而是帮助你理解课程规划的过程。同时，本书也提出了改进课程规划的诸多建议。比如，如果公众希望教育提高标准（参见第 5 章科姆·马歇尔的文章《一位校长的回顾：标准问题》），那么教育者一定会问：教育中的卓越指的是什么？它追寻的目标是什么？如何才能获得？怎样测量？卓越的结果和过程哪一个更重要？

如果卓越是重要的课程目标，那么它的获得主要依据课程规划者和教师的决 2
策。《当代课程规划》的目标就是让你做出这些决定时能够负起专业责任。专业责任要求你的决策一定要表明你对课程目标与价值、课程和课程标准的理解。此外，它还要求你具有应用课程理论专家、研究人员和实践者探索知识、方法和技巧的能力。研究本书所提出的课程规划过程，将不断地开发你的专业能力。

为了拥有课程规划的能力，你必须理解社会、人的发展阶段、学习和学习风格理论是如何影响课程规划的。另外，当规划和实施课程时，你还必须明白平衡这三种要素的重要性。在了解此复杂过程之初，你应该回答下列问题：**课程**的意义是什么？

课程阐释

虽然教育实践者、理论工作者和研究人员以不同的方式使用“课程”一词，但没有人人可以接受的解释。下面是目前常用的关于“课程”的定义：

1. 学习过程，源自希腊字母“currere”，意指跑道。

2. 学习内容，即学生学习的内容或知识。

3. 预设的经验。

4. 预设的学习结果，即教育结果，同教育方式（活动、材料等）相区别。

5. 学生校内外的所有经验（Parkay & Stanford，2004，p. 343）。

很自然，这五个解释没有一个是完全“正确”的解释。相反，我们如何解释课程反映了我们的教育目的和我们所工作的教育环境。

课程与教学的区别

当课程指预设的学习经验时，很明显，课程与教学是相互联系而不是彼此分离和排斥的。当然，为学生制定的经验包括了教师的教学计划和实际用来教学的方
3 法。因此，课程和教学是同一过程中的两个部分，这一过程涵盖了能促进学生学习和成长的预设经验。

可以肯定地说，课程是指教育“是什么”，教学是指“怎么做”，这两者相互影响。第六章主要探讨课程与教学的两个方面：(1) 课程和课程规划也指教学和教学计划，这是有效教育的必要成分。(2) 有能力的教师要参与课程与教学的各个层面——从“课程是什么”的设计到规划教学如何进行。

课程的综合定义

从未来生活的需要和趋势来分析课程，上面的定义没有一个是充分的。虽然我们注意到了对课程的定义没有完全“正确”的，但我们却找到了有用的定义：课程是学习者在所有教育项目中获得的全部教育经验的总和，它的目的就是为了获得在理论和研究、过去和现在的专业训练、不断变化的社会需求的框架内所形成的目的和目标。

在这种解释中，教育项目（educational program）有着重要的意义。它意味着课程是教师和其他专业人员事先计划好的项目。此外，它还指这种计划的经验不仅可能出现在学校，也可能出现在社会代理机构、商业或其他具有教育项目的场所。课程的定义还要包括下列观点：

1. 课程是事先设计好的。课程规划包括从多种资源中收集、分类、综合和选择相关信息，那么，这类信息就是用来设计经验，以促进学习者更有效地获得课程目标。

2. 规划的课程目标是在参照社会力量、人的发展和学习及学习风格的理论和研究的基础上形成的。

3. 当规划课程时，我们要做出许多决定，做这些决定前要认真审视课程标准。

4. 由于教学经常对学习者的影响比预设的课程要大，所以有些教师可能会部分或全部忽略了这一点：教学计划是课程规划的一个主要部分。事实就应该是这

样，因为教师通常最了解学习者及他们的需要。因此，教师的教学计划也应像课程规划一样，受到社会力量、人的发展和学习及学习风格的理论和研究的指引。

5. 每一位学习者都应该知道，课程是学习者参与教师所提供的学习机会时，自己经历的结果。因此，每位学生在决定经验课程（experienced curriculum）时都起着重要作用。

课程基础 4

课程规划的三种理论基础（社会力量、人的发展和学习及学习风格）为本书提供了主要框架。它们是课程和教学计划决策的主要指导。第一部分的后三章主要论述了这些课程基础。

社会力量

所有文明社会都要通过建立学校和设计教育项目向他们的儿童和青年灌输文化和社会生活方式。在日益变化的社会潮流中，K—12 基础教育、高等教育、非学校场所的教育项目都在运行着。所以，课程规划中要讨论的主要领域包括但不局限于下列问题：(1) 社会目标；(2) 文化概念；(3) 文化趋同和多元的张力；(4) 社会压力；(5) 社会变迁；(6) 未来计划。

人的发展理论

在美国出现 K—12 基础教育学校和高等教育机构之前，我们已经了解许多有关人的发展和个别差异的理论。在 20 世纪，有关人的发展的理论和研究的知识急剧增长，所以在今天有大量的知识可以用来指导课程规划者的工作。比如，我们知道儿童不是小大人，且不同年龄阶段的人的本质特征也有所不同，课程规划和教学必须要认真考虑这一问题。因为有关人的发展的知识能让课程规划者了解学习者的年龄差异和个别差异，所以它被认为是课程的必要基础。

学习及学习风格的特征

20 世纪以来，有关人是如何学习的知识飞速增长。学习的复杂性和学习者的个别差异使不同学习理论得到发展，这些理论经过严格的实验研究得以检验和提炼。诸多理论仍指导着今天的课程规划者，有些理论描述了不同类型的学习，而另一些理论则描述了个人乐于使用的处理信息和寻求含义的学习风格。由于学习者之间存在诸多差异，所以当课程规划者提出如下问题时，不同的学习理论能给他们以
不同的指导。比如，每位学习者如何处理信息？他或她如何寻求含义？当课程规划 5
者为不同认知风格的学习者提供可供选择的途径时，这些问题的回答能给他们以指导。

强调课程基础

当计划课程时，对三种课程基础（社会力量、人的发展、学习及学习风格）的每一个方面应该给予多大程度的重视？虽然这一问题并不容易回答，但作为课程规划者和教师，应该慎重思考这一问题。因此，本书第一部分的大部分是在讨论这个

问题。

在过去不同的时段里，有些课程规划者重点认识到三个基础中的一个，而排斥了其他。实际上，一个课程规划者的认识重点经常反映了他的教育哲学导向和重要的历史发展。在20世纪以前，学科知识和学校水平为课程规划的重要基础。然而在1900年以后，随着新兴领域，如儿童发展、心理学、人类学、社会学和学习理论的出现，人们逐渐把与其有关的理论和研究作为课程规划和教学的基础。

课程标准

除了这些必要基础外，别的标准也对课程规划者发挥着指导作用。标准是做出判断或决策时所依据的规范，是区分复杂研究领域中不同因素的基础。课程标准是提出课程领域核心问题的指导纲领或标准，这一核心问题就是：什么样的知识最有价值？要知道课程应排除哪些东西同接受哪些东西一样不容易。

为回答这一问题，第一章中的文章提供了看待标准的不同视角。例如，在《四种传统课程观》(Perspectives on Four Curriculum Traditions) 中，威廉·H·舒伯特 (William H. Schubert) 认为四种观点说明了课程规划者用来回答这一问题的方法特征，它们是知识传统主义、社会行为主义、经验主义和批判重构主义。在《21世纪学校道德捍卫的使命》(A Morally Defensible Mission for Schools in the 21st Century) 中，内尔·诺丁斯 (Nel Noddings) 解释了为什么"关爱主题" (themes of care) 而不是传统的惩罚是课程组织的标准。

课程目标或目的是指导课程设计最重要的标准。许多别的文章也都表明，不同学习者之间的课程标准是多样的、连续的、平衡的、灵活的、合作计划的、对学业进行国际比较的、由专业部门制定标准的、师生共同设计的、传授价值的、系统设计的、自我理解的、事关学习者的和解决问题的等。这些标准的重要性来自于课程
6 的三个必要基础。例如，对社会力量、人的发展、学习及学习风格的理解将会提升开发课程的潜力，并适合不同的学习者。

同样，对课程三个基础的理解有助于课程平衡。对社会力量的理解有助于了解价值和价值教学。对人的发展的理解将有助于你了解学习的连续性和自我理解的发展。最后，对学习及学习风格的了解将有助于你根据学习者在不同情境中发现有用的和可迁移的学习结果进行课程设计。

指导课程决策的诸多标准说明了你应该形成指导自己设计的标准。所以，能够清晰地表述这三种课程基础和其他课程标准如何影响课程规划活动，应该是学习当代课程规划的一个目标。

课程目标

大部分人都认为，为将来做准备是课程的一个目标，但将来需要什么样的知识和技能却众说纷纭。不过，对此问题的争论并不是一个新问题。例如，亚里士多德就这样表达这一两难问题："课程开发的现存惯例是迷茫的，没人知道我们应追寻什么原理——是生活中有用的、还是道德的，是高深知识、还是训练目标，所有这些意见都已经被考虑过了"(1941，p.1306)。

课程目标为决定应该把哪些经验包含在课程中让学习者学习提供了一般性的指

导。不幸的是，学校通常缺少课程决策所依靠的综合和一致的系统目标，而且教师经常不能应用这些目标指导他们的教学计划。根据本章中戴博拉·梅耶尔（Deborah Meier）的《学校民主建设的责任》，课程规划的目标应该反映“市民生活的坚定前景（a steadfast vision of what civic life can be）”。

如果没有对目标的明晰解释，课程规划者和教师便不能做出正确的专业判断，不能使用这三种课程基础来选择课程内容、素材或方法促进学生的学习。教育者为了对课程与教学策略做出选择，就必须知道他们追寻目标和做出选择的课程基础。

学习者也应该十分清楚他们的教师要追求的目标。实际上，教师的教学策略应请学生来阐述，甚至修改课程目标。学生是“课程规划中主要的潜在资源”。当然，教师用来指导自己计划的目标也不需要同学习者追求的目标完全一致，而应该有交叉重叠。教师和学习者关于学习经验的目标必定是可兼容的，否则它们就不可能实
现。如果教师愿意参与课程规划，就一定要“相信学生为自己做出正确决策的先天 7
能力”，琳达·茵赖（Linda Inlay）在本章“教师之声”部分指出了这一点。

我们需要用广泛的一般目标（goals）决定课程的具体目标（objectives），这些目标一旦形成，就能用来辨别与其有关的学程（courses）、活动和别的教育经验。尽管人们对课程目标应是什么没能达成共识，但考虑一下五种宽泛的一般课程目标：公民、平等教育机会、职业、自我意识和批判性思考，还是有用的。另外，课程目标能被划分成两个大的领域，一个是同社会和社会价值有关的目标，另一个是同学习者个体及其需要、兴趣和能力有关的目标。在课程规划时，二者都应被考虑在内。

课程规划价值

价值渗透到每一个课程决策，从规划课程到讲解课程，教师时刻都要面临价值影响其选择的情景。“什么是好人”，“什么是好的社会”，“什么是好的生活”，对这些问题的回答决定了教师的行动。虽然有些教师没有明确地提出这些哲学问题，但他们对课程的所有思考和运作都是以价值为基础的。

自从 20 世纪早期以来，四种哲学观——永恒主义（perennialism）、要素主义（essentialism）、进步主义（progressivism）和重构主义（reconstructionism）就对课程规划者和教师有着重要的影响，这种影响在当今仍然存在。由于形成课程目标、积累学习经验以及决定如何评价学习具有重要意义，所以本章陈述了课程规划中具有重要历史影响的领导对每一种哲学立场的阐释。罗伯特·F·赫钦斯（Robert F. Hutchins）是永恒主义的代表，威廉·C·巴格莱（William C. Bagley）是要素主义的代表，威廉·赫德·克伯屈（William Heard Kilpatrick）是进步主义的代表，而西奥多·布拉梅尔德（Theodore Brameld）是重构主义的代表。

直至今日，课程规划者对这四种观点的争论仍很激烈，这表明每一观点都有其存在的合理性。因此，今天的课程规划者应更多关注其共性，做到求同存异。为此，约翰·杜威（John Dewey）在《传统与进步教育》（Traditional vs. Progressive Education）一文中奉劝课程规划者，不要用非此即彼的观点指导课程规划工作。例如，他的**经验概念**就包含了所有的课程基础：学习者（人的发展、学习及学习风格）和社会（社会力量）。

8 标准问题——目标与价值

如前所述，课程标准是课程决策的指南和准绳。以标准问题的形式来陈述标准是引起人们高度重视标准的好方法。本书的第一章到第六章运用的正是这种方法。本章有关目标与价值的问题如下：

1. 课程目标清晰吗?

2. 根据学生的发展水平，允许教师和学生共同解释目标和决定如何获得目标吗?

3. 某些预设目标是否与社会或社区相关，课程在社区内能否得到实施?

4. 某些预设目标同学习者个体的需要、主观愿望、兴趣和能力是否相关?

5. 预设目标是否是选择和开发学习活动和教学内容的标准?

6. 预设目标是否用作评价学生学习、设计学习的次级目标和活动的标准?

上述标准问题使我们更加清晰地认识到：（1）教师在课程规划中的关键作用。（2）课程规划必须要求学习者的参与，充分考虑课程实施的社会和集体。如果大多数的标准问题都能得到满意的回答，那么课程规划的目标制定就会相当充分了。

参考文献

Aristotle. *Politics* (Book Ⅷ). In Richard McKoen (Ed.), *The basic works of Aristotle*. New York: Random House, 1941.

Parkay, F. W., & Stanford, B. *Becoming a teacher* (6th ed.). Boston: Allyn and Bacon, 2004.

学校民主建设的责任

9 戴博拉·梅耶尔（Deborah Meier）

摘要： 公共学校的目标应该为所有学生平等参与民主生活做准备。梅耶尔提出指导学习以及实现这一目标的五点建议，然后详细地论述了几所示范学校是如何将其付诸实践的。

自《国家处在危险之中》（*A Nation at Risk*）发布20年来，人们对公共教育表现出极大的关注。我们听到了无数有关标准、责任和“坚强”（toughness）问题的讨论，然而我们却避而不谈手段与目的（means and ends）。关于这个问题的讨论必将涉及我们不愿面对的一些公开性问题，但我们回避此问题的代价是惨重的。

最严重的回避与目的有关：我们想要学校做的事情就是用大部分公众的而不是个人的价值观判断问题的正确性，但我们并没有提及代价问题。第二个回避涉及社会阶层角色：我们希望人人都有这样的结果吗？第三个要考虑的是代价：我们愿意付出什么样的代价？下面将对其一一讨论。

首先，关于教育目的。我反对教育的目的就是为了提高个人或群体经济机会的观点。同时，我也反对将它看成是提升世界竞争地位、完全以经济术语来加以考虑的看法。而这却是从1983年以来人人都拥有的想法，是过去二十年来学校改革的运作规则。但它是建立在错误和误导信息的基础上的，随后的经济发展历史也证明这种观点是完全错误的。我们当代全球的卓越肯定不能依靠高测验分数，但这种情况仍然存在，错误的观念分散我们做出正确计划的精力，致使我们更加荒唐和滑稽。

要知道我们面对的危机不是对美国经济或军事的威胁，而是对我们民主平等文化力量的削弱。我们已经忽视了学校的传统公共作用：传递民主生活需要的技巧、能力和习惯。它们的获得是相当难的，因为对人类而言，它们并不是自然而然的事情。实际上，公民道德理想同现代科学一样并非是直觉的，它们如同相对论一样难教，使它们成为人们的习得特征就更难了。也因此繁荣民主成了脆弱的现象。

进而言之，如果民主的前景是美好的，这些民主道德和技能对于穷人和富人、黑人和白人、男人和女人就同样必不可少。如果不通过公共教育系统实现民主平等并将其作为公共教育系统的主要目标，我们国家现存的种族、性别和阶级的不平等会变得更坏。那么，对于学校生活而言，这种对健康民主的追求意味着什么呢？

民主学校的五点建议

1. 学校需要重点。但对于每一重点，我们需要权衡。经过长期的努力，民主教育不但不会降低学生的测验分数，反而会缩小贫富之间的差距。反之，单一强调提
升测验分数并不会缩小或消除贫富、种族 10
之间的隔阂，反而当涉及民主参与时很可能会扩大。因此，民主生活的美好前景应该渗透在教育中，而一定不能被别的目的所牺牲。

现在对测验的强调，使课程变得宽泛而肤浅，变成了机械学习、标准答案教学，这种课程的优点就是具有简明性、一致性和可测量性，但它采用的方法对校外影响因素特别敏感，并漠视公民应有的权力。相反，为了探寻发现真理的途径，应该更

深入地传授有限的必要理念，进而帮学生形成处理现代新问题的思维习惯。这正是我们需要全神贯注的地方，但摆正其位置是很困难的。显然，快速做出错误的评价并不是它的优点。

2. 不能千篇一律。即使我们所有人都同意公共教育的目的是为青年的民主生活做准备，但现在的学校同20世纪的学校有所不同，且学校之间也不尽相同，这是普通人为自己决策事情时都要碰到的问题，也是为什么我们不能保证两个不同法制下的法官会做出相同决定的原因，更不用说正确的判定了。

我和E. D. 赫斯奇（E. D. Hirsch）都认为，学生需要的是严格的学科知识而不仅仅是技能。虽然我们有了共同的起点，但得出的结论却是不同的。由丹尼斯·李特凯（Dennis Littky）建立的麦特学校（MET Schools），在顾问的指导下通过真实生活经验教育学生，从而避开了所有传统课程。同一时期由泰德·席泽（Ted Sizer）建立的学校，对学术性学科知识和课程选择有一个严格的程序。安·库克和哈伯·迈克的城市学院（Ann Cook and Herb Mack's Urban Academy）是在学术批判和公共领域的争论声中出现的。用我们的话说，他们是成功的，但检验他们成功的标准并不是单一的。

3. 民主学校的文化需要多人参与。在民主氛围中开展教育的学校员工需要有这样的特点并成为被效仿的榜样：珍视彼此的观点，对新观点持有开放的心态，在公共场合能自然地捍卫他们的观点——不仅与学生而且与同事。那种榜样同样是赫斯奇、李特凯、库克、席泽和我所需要的。每个成年人都会把争论当作教育的良好机会，而不是看作一个干扰。

正像年轻人需要历史学家、数学家、音乐家或足球明星等榜样一样，他们也需要民主生活的榜样。学生需要看到一个这样的成人社会，而在这个社会中成人能积极、热心地参与口头或书面的交流思想和提升民主的决策形式。邀请年轻人进入他们的圈子后，成年人的活动会更像一个宗教团体，给年轻人提供多种方式，让他们逐渐承担全体成员的权利和责任。当然，只有年轻人想成为这样的成人时，这样的榜样才是有效的。

4. 管理形式多样化。在决策时，我们应该包括学校集体的所有成员吗？决策的目的是什么？学生的作用如何？监护的作用呢？虽然每一种情况都要经过复杂的权衡，但成人和儿童却在此过程中了解了民主。这正像美国50个州更不用说众多的民主国家了——民主生活细节都不同一样，由成人传授民主的学校也是多样的。如果学校不明智地作出决定，一起传授上帝造人和进化论，或者认为早期的数学训练对理解力毫无益处，或者认为对书的热爱比语音训练更有价值，那么它们必定遭到抗议。

但是，有时这种差异能通过经验而不 11
是争论得到解决。对于一个大的社会而言，在任何情况下，这些争论也不是任何人对民主失望的理由。对不同观点的纠正和权衡对学校和社会一样必要。在不同的领域内，当大多数争论相互交叉时，学校和社会就得进行调和。学会如何倾听与己不同的差异并对其做出反应是这些学校课程内容的一部分，并能使我们的思考进入更广阔的领域。这些差异和争论并没有破坏学校的民主生活，对大的政治环境也是如此。正如温斯特·丘吉尔（Winston Churchill）所说，同其他形式相比，民主是一个完全有缺陷的管理形式。

5. 改革与民主相容。民主习惯和数学能力一样，并不是自然形成的，而是在参与和模仿中才能学得更好。有时，这些习惯可能通过直接教学来进行，而有时则完全通过榜样来影响。如果不让学生接触阅读和数学世界，不让他们感受文学和数学文化，即使最强烈支持直接传授阅读和数学的

人也承认，那是不会有大的收获的。在一个大部分年轻人——更不用说成年人——都没有民主工作经验的社会里，学生更需要一些时间来内化这些习惯。

我们应该清楚，开始训练年轻人成为民主社会的成人是学校的一个艰巨的任务，今天的学校并没有做到上面的每一个建议。开始这一征程意味着要冒险，可能向前也可能向后，这些并不是标准化纸笔测验发生变化就可以的。淘气的男孩、女孩们需要学习乘法表、美国历史、现代物理，还有书法、拼写和计算机的应用。爱发脾气的老师们不但要教所有这些东西，而且也要教他们如何以允许新真理出现的方式来面对。当允许争论时，他们可以各抒己见；当不允许时，他们必须决定什么规则不可争论。尤其在帮助孩子系鞋带、交朋友和对付敌人时，更要教会他们上面的情况。学校的教职人员一定要确保家庭和社区也要如此（忘记最后一条建议是很危险的）。

重新思考评价

我们决定要建设学校的民主文化，那么，如何才能知道我们所走的道路是否正确呢？即使让学生从幼儿园开始就对班级的决定投票，但当他们长大成人时也不一定会尊重投票箱，学会民主。因此，代表政府也不一定是适合学校民主的唯一形式。

如果学校非要以学生参与制定决策和承担自己与别人工作的责任来证明他们的成功的话，可以想象这样的学校是什么样子，学生毕业后又可能是什么样子。假如学校的成功等级不是根据多少学生考上大学，而是多少人参加选举来衡量，那么，这种责任形式将带我们走向何处呢？

比考试成绩差异更为严重的差距是贫富阶层或不同种族的选举方式的不同。相比在数学或文学方面，美国在这些问题方面做得更差。同样，我们可以看到穷人或黑人入狱人数和时间的差距，这一差距再一次使美国跌入一个阶级社会。作为单个学校和社会，我们有责任缩小这种差距，也应该承担缩小贫富间差距的责任。难道我们不能通过学校是缩小还是扩大这些差距来评定他们对民主和公平的贡献吗？

1985 年，我帮助在东哈勒姆（East Har- 12
lem）建立的中央公园东部初中（CPESS，Central Park East Secondary School）对前面提到的许多因素都有显著影响（因为我们确信我们的学生毕业后了解了这些事情）。但学校对学生的 SAT 分数有很小的影响，这一事实并没有减少学生升入大学的人数。

我们就是带着这种评价理念，于 1974 年开始组建中央公园东部小学，1985 年组建中央公园东部初中，1997 年成立了密森希尔学校（the Mission Hill School）。在过去的 25 年里，许多别的学校也都致力于这些相同的主张。我们所有人都能找到一些指标，来帮助我们了解一个学校是如何影响其学生的，而且每一个学校也都有责任对这些信息做出反应。在这一意义上，尽管我们对责任的解释不同于乔治·布什的解释，但公共教育中的这些学校还是首先提出了责任问题。

第二个回避仍然是个新闻

我们从未声称我们能解决学生所面临的所有问题。我们想当然地认为，学校仅仅是个输入的地方，一年 365 天中，孩子们至多有 180 天、每天 16 个小时的清醒时间中大概有 6 个小时在这里度过，而且孩子们不是一出生，而是在三四岁才被送到学校。准确地说，这些局限使强调正确的影响显得十分必要，而且这些影响从我们和孩子们记事起就已存在并将持续。

尽管学生的家庭生活不尽相同，但事实并不仅仅是这些。如果学校准备把这些不同当作潜在资源而不是需要克服的不足，那么这些不同可能会更加重要。但是，有些不同却明显地带有我们不想要的贫穷和压迫的副作用。有些学生生活在哮喘肆虐

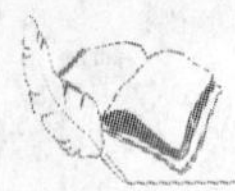

的环境下，他们得到的支持远远少于同伴。除了知识之外，有些学生既没有金钱也没有时间补充有营养的饮食，进行充足的锻炼，享受医疗和稳定的生活，或者拥有足够大的学习空间和生活空间。

认为上面的这些问题不会产生在校内和不会产生永久的差异的想法都是滑稽可笑的，更不用说那些有点优势的孩子。他们的父母能雇用家庭教师、给予专业的家庭作业的帮助，让孩子参与豪华的夏令营，让有权势的朋友在关键时刻帮一把。

正如半个世纪前贝莉·哈利[①]戴(Billie Holiday)提醒我们的：

> 他们是应该有的
> 他们是不该被遗忘的
> 上帝就这样说
> 这仍旧是一个新闻。

第二个重大的回避是：我们假装学校外生活水平的差距至多是不方便提及的问题或是父母技能差的问题。

中央公园东部学校在过去25年里承担了这个项目，认为所有孩子应该能够同同伴进行平等对话，讨论他们自己和社会的将来，而学校应该给予他们同样的平等。然而，实现这一点，要求选准目标和同家庭联盟，这依靠的是他们的长处而不是缺陷。

正当我们艰难地面对上面我提到的五点主张时，我们几乎同时得出了五点相关的结论。

1. 目的明确。我们可以肯定，要是我们非常明确我们将要做的和不该做的事情——如评价学生个人、学校和我们行动的最终详细计划的方法、远景或任务，那么我
13 们的学校就能够更好地服务于家庭和孩子(从理念来说，家庭也应该有机会为学校做出表率而不仅仅是要求学校如何做)。

如果学校根据家庭不同的背景做出决定的话，那它就应该将这样的选择同更大的目标联系起来。同样，学校也应该处理每天的安排以及员工的设置等。为了平衡和需要，学校对该做的和不该做的事情都应一样清晰。当我们尽力实现太多的目标时，我们就会陷入困境，所以我们一定要更加明晰我们的任务与责任的关系。

我们都认为，我们需要清晰地解释我们如何决定学生何时毕业。尽管适合一所具体学校学生的能力标准和目标是普遍的，但学生获得能力的方式却是不同的。今天，在密森希尔学校和别的以中央公园东部学校为榜样的学校，评价者(教职员工、家庭成员、学生、外部社团或专业人员)进行评价主要通过选票的方式进行。每一领域的人员都要评估学生的作业，倾听学生引以为豪的作业陈述并提出问题、探讨优点和不足，而后再对他们做集体的评价。个别要求的任务也要添加到评价当中去。在这些学校，要求许多学生至少重做一部分作业，因为在他们升学之前，在学校度过的时间不多了。

然而，这仅仅是外部评价学生能力的诸多方法之一。当我们对学生的升级速度做出评价时，所依据的应是专家的综合意见。有一部分是依靠传统的等级和分数或用别的公共展示替代这些评价等。前面关于如何做出评价的陈述还是有助于我们解释学校使命陈述的意义的。

2. 选择有力。我们发现，如果学校同教师、学生和家庭是一个集体团队的话，它们就能够更好地服务于民主的目的。一旦我们认为没有学校是一般性的，这种看法就会对教师和学生产生影响。我们认识到整个选择系统要自然连贯，并且还要符合公平和平等的民主原则。学校必须权衡，要求学生创新和开除违背学校常规的学生所产生的意想不到结果的代价。

---

① 译者注：贝莉·哈利戴是美国20世纪四五十年代著名爵士乐女歌手，上面节选自《上帝保佑孩子》(*God bless the child*)里的歌词。

由于我们在一个较大的、以公共随机为特征的控制选择系统内运作，所以我们选择的是更多的纳入，甚至没有应用系统。但是我们一些兄弟院校、尤其是高中引入了准入程序，它们要求学生有愿意进入某所特别的学校和对学校要求的特殊任务感兴趣的证明。有人争论这是“上奶油”(creaming)① 形式。而其他人则认为这完全是对学生意愿的尊重。很明显这样的选择在小社区很容易实现，而在大社区则很难组织，同时也不合适。但是，我们要明白，选择是承认思考民主动力诸多合法途径的一个方面。

3. 学校规模的重要性。有更好的理由说明为什么富人更喜欢小学校，他们相信学生间的及其与成人间的关系是良好教育的基础。在今天学校越小越好的观念十分盛行，怪不得一些学校的广告宣称“自己是一个小学校”。创设小学校作为去集权的
14 工具或多或少是一个骗局。但这对当权者是极其重要的，因为这能让教师之间相互了解和共同工作，在学科和教学中为教师提供广泛的一致性，并促进教师的互相支持。

但是，如果学校员工之间从来没有一起制定过重要的决定，那么小学校也可能是在浪费时间和精力。要是非要强调生生关系和家庭关系存在的话，则小学校更可能使平等的生生关系变得更加脆弱。经过一段时间，学校的“小”能够变成互爱互信，共同做出重要决定的基础。但我们经常发现，小学校能产生叫做批判性朋友团体的亚群体，在这些群体中间也可能会出现更加危险的学习关系。有些学校会创设公共员工工作场所代替个人教室和办公室，从而保证不同思想观念的交流和融合。例如，城市学院就有一个大的房间，学校里的所有成人都在里面工作，并存放他们的资料。

“小”能使一些事情变得可能，但我们很快会发现小学校也可能和大学校一样对学生心不在焉，因此，“小”是必要条件但不是充分条件。至关重要的是关系。

4. 权力明晰。民主要承认权力，它要有代表性和区分性，学校也需要制定出权力结构。在密森·希尔学校，董事（co-principals）对学校的管理董事会负责，由他们来提供学校预算和每年的教师和课程计划。董事会的构成中，家长、教师代表和社区成员的数量是相当的，另外还有两个高年级的学生。若教师协会、董事会、家长会之间的权力和责任的界限很不明晰，那么时常会有争议产生，这正如我们国家和当地政府的立法部门和执行部门的情况。最终，董事会同城市主管达成一致，从而拥有权力来评估任期表现和决定校长的更换、解决团体成员的争执和鉴别学校的工作和执行计划。在教师协会的帮助下，学校明确提出教师的聘任及其责任，建立解决教师离岗和管理合同的纠纷机制。

别的学校有完全不同的管理方式，甚至有些完全没有正式计划。关于校长、教职员工有多少权力的规定，每个学校也不尽相同。作为大教育系统中的公立学校，我们受到工作的社区、城市和州的规章和条约的限制。在某种意义上，这种自我管理的确是民主生活的核心，但在纽约和波士顿这样的城市是不可能实现的。这是因为在许多情况下这些运作完全是教师和家长的意愿，同其所在的实际管理体制相违背。在纽约和波士顿，教师协会只是自愿联盟，它们一直在努力获得更广泛的认可。一个社团的不同方面要有一个持续的平衡。有时，一个良好的计划在一个更大的空间里可能会变得如同一个坏计划一样毫无意义。无能的领导到处都有，学校退回原状，

① 译者注：是说在入学时除了正规的评价做参考外，某些学校又加入了“特长”，这一添加的过程就好像给奶料添加了一层奶油一样。

甚至中央公园东部学校也经历过这一过程。

5. 公开使我们更加自信。我们知道学校所有的运作必须公开、透明，优点和不足要立即让社区和公众了解。首先毕业证
15 的获得要接受公众的评价，在美国建国早期，我们已经尝到了过度保密的代价。虽然，人们对信息有不同的解释，但仍需共同分享信息。

在密森·希尔学校，我们建立了一个阅读、写作和算术的评估替代系统，从而保证我们不再仅仅盯住测验分数和让我们“放心”（reassurances）的事情。从幼儿园开始，无论在哪里我们都能找到学生成绩直接和间接的证明，如学生一年两次作为朗读者的录音带。在大部分这样的新学校，当学生毕业后，学校会追踪这些学生，以了解学校对学生的影响。比如，当纽约州会以只有毕业成绩为由来打压一些小学校的话，这就可能是一个有重要影响的信息。在波士顿，官方每四年组织一次不同形式的公共外部评价，而在纽约则是我们自己组织对这些学校工作的评判，同时也帮助学校摆脱外界攻击。

这就是我们建议的五条原则。为不同风格、个性、历史背景、信仰的种族和民族建立信任之绿洲是一个永恒的事业，甚至学校也要支持一些关于课程与教学的特殊看法，用独特的方式吸引人们。这样的学校总会有进步的，而这本身便是民主的内容。

我们还有乐趣吗?

实际上，有趣的部分在于，这些学校所面临的每一个困难都应是有关民主的经验，争取校内娱乐同争取校外娱乐也是相关的。教师应该为集体而不仅仅为个人负责任的观念在别的工作场合和团体也很流行。当同事为学校整体承担额外工作时，如参加家长会议或协会会议、研究共同课程主题、评价同行工作或承担学校评估任务，在这些事情上花费额外时间是我们共同的责任；而且我们应该注意，同样的事情也会发生在我们身边。具有不同观点的人相聚在一起，思维的习惯对我们的学术工作、学校管理和社会管理都是极其重要的。

在工作的方方面面中，我们必须将我们的习惯和民主联系起来。为什么科学家总是警惕是否太容易就看到了自己想见的东西？普通公民也需要形成这种类似担心的习惯吗？为什么高风险评价一定不是单个人而是小组的工作？存在由校外决定的课程吗？为什么要公开做出高风险决策和申诉的过程？我们必须像历史学家权衡历史的证据一样，权衡我们日常生活的证据。我们应该比较学者所使用的类比同政治话语中我们使用的历史的或个人的类比的异同。

这种教育的观点使我们会问，为什么所有的工作——并不仅仅是所有的学校——没有给予市民时间去参加学校会议、
城市会议和立法审议，更不用说去使用图 16
书馆与同事商议和加入学术团体了。这些是我们认为比较奢侈的公民生活任务，只有“渴望”从事这些工作的个人才应该考虑。但如果我们教育我们的孩子这些活动是良好生活的关键，那么公民生活将是什么样子的呢？

因为公民生活总和一般人的礼仪和邻里交织在一起，所以像密森·希尔这样的学校能给教职工们提供偶尔需要的附加时间，处理如家庭成员生病、婚姻关系破裂或水管漏水等事情。学校自然而灵活地使其教职工既能照顾好自己的事情而又不懈怠对学校或学生的工作。我们不是仅为此而做，同时也是因为这些惯例应是社会中我们民主规范的一部分，它们在所有的工作场合都应该承担其责任。

民主常常是战争或公民冲突中最不堪一击的，学校在维持正常的民主惯例时甚至更加艰难，因为它们似乎是在同整个“系统”交战。在这种氛围下，这些学校很

容易盲目地追求控制、走捷径、愚蠢的两败俱伤的争斗、秘密的开支和封闭思维（学校系统的偏爱和惧怕叛逆）。因为争斗越少，学校的风险就越小，他们就越不需要求助超人英雄成为他们的领导。

尤其当我们大部分人具有很少的民主机构的经验时，我们可能使民主变得更坏。我们可能不知道如何区分个人与明智意见的纷争，或者我们可能把逻辑争论当作恐吓，进而出于害怕和猜疑，做出“那是我的意见和我有权去做”的结论。不伤害感情和违背民意（没有一些损失）就不可能有真诚的民主，这经常困惑着家长和孩子。有时候，人们反而渴望一位善良的独裁者。面对一个敌意系统，许多人掩盖了他们的问题，而另外一些人由于害怕敌人而暴露出了他们的问题。

但是，只要有耐心，我们就能从兄弟院校和小的地方学区的经验中受益；我们将能讲述自己的困难故事；或许过一段时间，我们生活于其中的大的系统将会有益而不是有害于这样的社区。有一天，我们可能会学习建立系统来包容和珍惜这样颇有争议的实体。在美国，我们有更多的东西向诸多小学校学习：他们努力寻求平衡，来启发自己和学生了解民主的价值并向学生灌输社会习惯和思维习惯，因为那些是有助于民主生存和发展的。因为有些经验可能来自组织和传授正规课程，而另一些则来自日常生活和学校决策文化。

只有当大量的公民开始把这些目标作为重要和有价值的权衡目标时，那种经验才能使我们受益。如果学校面临大小不同的选择时，就必须决定何者为先，如哪一个是附加的，哪一个是必需的。换句话说，为了率先实现民主，我们愿意付出什么代价？对我们提出的问题无论有何回答，完全不考虑或者忽略代价问题都将会造成巨大的损失。

梅耶尔是纽约东哈勒姆区中央公园东部学校和密森·希尔学校的麦克·阿瑟优胜奖学金创始人，她的最新作品是《在我们信赖的学校》（贝肯出版社，2002）。

思考题

17 1. 梅耶尔建议年轻人必须“愿意成为参与民主生活的成人”。你在多大程度上相信今天的年轻人想成为这样的人？

2. 根据梅耶尔的观点，学校效率的一个指标是多少学生参与投票，而不是多少学生进入大学校门。你怎样看待梅耶尔评价学校有效性的方法的合理性？

3. 梅耶尔说：“关于民主学校的五点主张并不是我们今天的学校的典型。”你同意该观点吗？

21世纪学校道德捍卫的使命

内尔·诺丁斯（Nel Noddings）

摘要：作者认为传统学校课程对于21世纪而言，其心智和道德都显得有些缺失。作者断言，教育目标应该注重学生通过参与“关爱主题”的讨论，发展学生发现目标和意义的能力。因此，开展教育应该围绕“关爱主题”，而不是传统的训罚。

自第二次世界大战以来，人类社会发生了巨大的变化。我们亲眼目睹了诸多的变化，如人们的工作方式、社区的稳定性、家居风格、性生活习惯、着装、行为举止、语言、音乐、娱乐等。最重要的可能就是家庭格局的变化。然而，学校对社会技术变革的反应却是缓慢的，只是增添了一些课程以及教学方法发生了细微变化。总体来说，学校在某种程度上忽略了社会的巨大变革，而仅零散地做了点改革，试图解决互不相关的部分问题，来回应社会的巨大变化。例如，由于许多孩子饿着肚子上学，学校才不得不设法为贫困学生提供饭食；由于害怕青少年怀孕人数增加和性病传播，学校才给学生提供性教育。我们还可以列举出更多的类似例子，但这些做法远不能满足当今学生的教育需求。

我们对孩子有哪些期望？孩子们需要从教育中得到什么？我们的社会又需要什么样的人才？今天给出的答案普遍是：学生需要更多的学术训练；国家需要更多具有较高数学和科学能力的人才；充足的学术准备可以使他们免遭贫穷、远离犯罪。上面给出的大部分答案要么是错误的，要么只有部分正确。比如说，我们不需要那么多的物理学家和数学家；许多人在上述领域已经得到了很好的训练却找不到工作。虽然大部分成年人在他们的工作中不会运用代数，但是学校强迫所有的学生学习它，以回应教育公平问题以及对数学基本能力的强调，这是一种简单化的做法。实际上，接受更多的教育不一定能使人摆脱贫穷，除非有很多不幸的人被教育拒绝或排斥，因为贫穷是个社会问题。在笔者看来，一个人只要从事的工作有价值，哪怕这一工作不需要有很高的教育水平，那他就不会生活在贫穷之中。社会出现这种现象并不
是教育的失败，而是道德的滑坡。 18

在我们今天的社会，并不一定非要逼迫孩子在数学和科学领域争得世界第一。我们需要的是对孩子的关爱，从而减少暴力；需要的是对每一种诚实工作的尊重，对各个阶层优秀人物的奖赏，从而确保每一个孩子成人之后在经济和社会领域拥有一席之地。我们的社会需要造就有能力照顾好自己的家庭并对他们所在的集体做出积极贡献的人。我认为，教育的主要目标应该是鼓励有能力、会爱人，并值得人爱的公民的成长。这与当前国家所强调的课程的学术水平的目的大不相同。

很明显，我们今天的教育目标不是在道德方面，不是造就具有“关爱”思想的合格公民，而是在不停地驱使人们追求学术水平。当然，我无意贬损学术的价值，只是想劝说读者进行优先选择，这是非常必要的。所有孩子都应该学会关心他人，并在关心他人中获得关爱：关爱自己、关爱与你亲近的人、关爱同事和熟人、关爱陌生人、关爱动植物以及周围的物质环境、关爱物质和工具，还有思想观念。在每一

个关爱的对象中，我们都可以找到关于建立课程、主题研讨会、研究项目、阅读书目和对话的种种主题。

今天的课程几乎是围绕那些难以实施的观念来组织的，以致这些观念经常被事实和技能所掩盖。比如说，有的学生或许能在数学和文学领域中发现关爱，但他们的实际行为往往令人失望。不过，我们教给学生的只是非常有限的东西，对此，我们应该感到内疚。进一步而言，我们从来没有扪心自问：一直以来受到高度重视的传统对每一个学生而言是否是最好的教育？

我早就认为博雅教育（Liberal education，一系列传统学科）已经过时，它对现在年轻人是一种危险的教育模式。今天流行的口号是“所有的学生都能够学会”，然而，坚持要求所有孩子在英语、社会学习、科学和数学等学科都能获得同等的水平是不切实际的。提出这种要求的人努力想解决这样一个问题：孩子们为什么要学习那些我们强迫他们去学的东西？难道这是为了他们将来能理智和幸福地生活吗？不然的话，反对传统博雅教育的论点不就是大错特错了吗？更糟的是，它们有可能成为为达到特定政治目的的手段。

我反对博雅教育并不是对文学、历史、物理科学、数学和其他学科不满，而主要在于以下原因：第一，我们应该关注课程中的控制意识，它迫使所有的学生学习那些特别具体的课程，而这种课程缺乏学生真正关心的内容。第二，我赞同对孩子天赋的尊重。在很大程度上，这些反而被学校所忽视。第三，我对教育中长期贬低同女性有关的技能、态度和能力等现象不满。

我们对孩子应寄予什么希望？我们中的大多数人都希望我们的孩子能找到他们所喜欢的人，找到能施展他们才华的工作，建立家庭和同亲戚朋友保持联系。这些是我们培养他们的部分希望。那么，我们的孩子又将成为哪一类型的配偶、父母、朋友和邻里呢？

我衷心地希望我们的孩子——无论他们是男孩还是女孩，都应该为他们的未来工作做准备。不管是在传统的还是非传统的家庭，这一理念都必须得到落实。无论男女，一旦为人父母就应该分享作为父母的乐趣，承担相应的责任和义务，对孩子进行心理指导。女性总是抱怨她们在这些方面几乎承担了全部责任。当男性自愿照顾孩子和料理家务时（其实这话中就隐含着这些任务是女人的责任的意味），男性也从没有认为他们所“帮助”的事情是他们 19
分内的事。我们必须改变这种情况。

当今的教育特别关注女性对数学和科学学科的学习，有些研究工作者甚至把这一问题归结为“女人和数学问题”。此外，女性不能成功地冲击或参与长期由男性统治的领域，也被当作问题得到深入的讨论。但是，研究人员并没有把男性在护理、小学教学或全职家务中参与率较低的现象看作一个问题。事实上，我们的社会重视传统上与男性相关的工作，而轻视与女性相关的工作。

我设想的新教育将高度重视传统的女性职业，除了女性之外，我们每个具有关爱能力的成人都必须关心儿童、年长者和病人。每个人都应该明白，关爱能得到回报，但同时也会带来责任和负担。与儿童交往能够间接享受童趣，这更是一种特别的回报。例如，我对高中英语课不经常让学生讨论文学感到非常惊奇。这种讨论课要求用小论文的形式对神话故事进行扩展和研究。进行这类讨论有可能比研究哈姆雷特更令人激动，更有意义。我们可以从过去、现在和将来中自然找到令人感兴趣的主题。因为文学及其美妙既可以让我们展望未来，也可以使我们回顾过去。况且，对神话故事的研究还能为我们从地理、历史、艺术和音乐中汲取营养提供契机。

儿童应该学习有关生命周期和发展阶段的知识。我在高中学习拉丁文的时候，老师讲了一篇西塞罗（Cicero）的文章——

《论老年》(On Old Age)。从对牛奶、蜂蜜、白酒、奶酪的朴实叙述中无不体现他话语的智慧和在午后微风中的沉思。我深感老人的浪漫之情,但是如果考察现在许多老年人的一线生活状况,我敢打赌他们对老年阶段有何种浪漫是心存疑虑的。对人的不同时期的研究有助于人们过上幸福的生活,这对教育而言是非常有意义的。此外,我们应该鼓励不同年龄段的人们积极交往,并注意标准学科——如统计学与数学、历史学与福利社会学、医疗卫生与家庭生活及文化差异——之间的关系。我们也注意到,对上述学科的研究变得越来越重要,而这是社会变革的结果。

同自己亲近的人保持密切联系是道德生活的主要目的。如果我们这样去做并以此作为道德生活的重心的话,那么我们就必须把关爱的思想付诸实践。儿童在大量的教学活动中以正式或非正式的形式聚集在一起学习,并不断成长。当他们年龄稍大时,就可以帮助更小的儿童,让他们爱护建筑物和公共场地。他们还可以在成人的严密监护下,在社区从事自愿的工作。霍华德·加德纳(Howard Gardner)的多元智能理论告诉我们,儿童可以用多种方式提供有价值的服务。有的儿童拥有艺术天赋,有的儿童具有交际才能,有的儿童则具有运动才能和精神上的感召力。

这里的道德策略即捍卫道德的任务,从教育的意义上说,它认可人类具有多种能力和兴趣。因此,学校应该逐步培养学生尊重各种诚实的工作,而不是在民主和平等的名义下为每一个人进入大学做准备。我认为,为跨入工作行业做准备和为培育公民的责任、义务做准备对学生而言是最重要的。人人都得工作,然而,只有极少数人会从事那些真正需要代数和几何知识的工作。我们生活在一个彼此相互联系的世界,但就整体而言,学校却无视我们生活中道德这个兴趣中心。我们中的大部分人虽都已为人父母,但有证据表明我们并不擅长养育,而且学校也在很大程度上再一次忽略了人类的这一艰巨任务。

当我提出捍卫教育的道德使命必须在 20
强调人类关爱时,有些人会同意但却担心学校智力使命的损失。这种担忧有两种强烈的反应:首先,任何假定当前的动力是为了标准化和统一性评价的人都是智力派的代言者。而实际上许多思想深邃的教育家都认为这种动力是反智力的,打击批判思维、创造和创新。其次,有些教育工作者同我的观点一样,认为课程关注关爱主题同样能发展学生的智力。提倡真正改革——实际上是转型——的我们被指责为反智力主义,这正如20世纪中期约翰·杜威所经历的那样。但是,这种指责是毫无道理的,我们应该勇敢地面对。

对年轻人而言,爱和友谊是关爱主题的范例。我们可以从智力的深度对爱和友谊进行研究,但重点应放在同自我理解和成长相关的主题上。友谊对青年人而言尤其重要,同时他们在结交朋友和保持友谊时的确需要指导。

亚里士多德对友谊进行了精彩的论述,他把友谊置于道德生活的中心。在《尼各马可伦理学》(*Nicomachean Ethics*)一书中,亚里士多德指出,友谊的主要标准是"朋友应该是为了朋友的幸福而建立"。当我们同别人结交朋友时,不是为了这样能为自己带来更多好处,而是为了朋友的一切幸福。亚里士多德把友谊分成多种类型:一种是由共同的商业和政治目的驱动的友谊,一种是由共同的兴趣和爱好来维持的友谊,还有一种是彼此欣赏对方的人品而产生的友谊。亚里士多德认为,最后一种友谊是友谊的最高形式,理所当然它能保持得最久。

友谊是如何产生的?吸引人在一起的内在动力是什么?在这里,学生有机会明白亚里士多德描述的深远影响。学生们都听说过达蒙和皮西厄斯(Damon and Pythias)的故事,同时他们也应该了解与友谊格格不入的事情。比如，马克·吐温的作品《哈克贝里·费恩历险记》（*Adventures of Huckleberry Finn*）中的哈克和吉姆，艾丽斯·沃克（Alice Walker）的作品《紫色》（*Color Purple*）中的塞莉小姐和沙格，约翰·斯坦贝克（John Steinbeck）的作品《人鼠之间》（*Of Mice and Men*）中的勒尼和乔治，多莉丝·莱辛（Doris Lessing）的作品《简·萨默斯日记》（*Diaries of Jane Somers*）中的简和默迪厄。这些故事中的每一对角色之间到底存在什么友谊？友谊是个人追求圆满的一部分吗？个人目标在何种情况下背离甚至否定亚里士多德的友谊标准？

道德原则在什么时候比友谊的要求更重要？这是另一个值得思考的问题。我们是否应该保护在道德上犯了错误的朋友？几年以前，一个男孩杀害了一位姑娘，还把杀人的过程向朋友们吹嘘了一番，朋友们出于对这个男孩的忠诚而没有报警。

从关怀的角度看，道德需要与友谊之间没有天然的冲突。正如亚里士多德所言，我们对促进友谊的发展责无旁贷。但当我们思考自己的所作所为时，许多具体的问题就会浮出水面。当我们说，“友谊比强盗更重要”或“谋财害命高于友谊”时，请不要无视道德要求。我们应该不断地责问自己，我们的朋友是否承诺了关怀行为。如果没有做到，那就必须在这方面做出努力。假如有些事情伤天害理，我们就应该向有关部门报告。当我们以“关怀”作为伦理的方法时，我们的道德工作在其他方法终结的地方刚刚开始。关怀需要“坚持”（staying-with）。如果我们能够对朋友进行帮助，绝不要让其倒下；如果他们真的倒下了，我们应该继续帮助他们并设法将他们扶起。

21 友谊类型在性别上的差异也是一个值得探讨的问题。男性出于压力往往难以拒绝去做某些并不被社会承认的事情，因为这些事情通常被视为对男子汉气概的检验。相比之下，我们发现女性更难以承受羞辱与谩骂。在这两种情况下，年轻人必须学会为他人的道德成长承担相应的责任，而且要求他人为他们自己的行为承担责任。可能虽然以上所说常常被认为是好行为的指南，但由于我们没有固定的程式相助，所以在各种道德关系之中，我们依然可能受到伤害。

在此，我设想一种组织和结构的变革，以促进课程与教学的变革。改革课程与教学需要抛弃控制观念，放弃只有强硬的责任才能确保我们获得满意结果的错误想法。现在我们知道，儿童和成人在充满爱和信任的氛围中可以完成一些令人惊奇的事情；而在强迫的环境下，他们有时候会抵制可能对他们造成伤害的事情。

我本想把我所设想的课程与教学变革的建议提出来讨论，而以简洁的形式提出这些建议是要冒一定风险的。但在这样有限的篇幅中，我无法对这些建议进行充分的描述和辩护。所以，这里讨论的仅仅是一个纲要。

当代社会传统的学校教育系统侧重于学生智力的发展，而在道德教育方面却存在不足。我们生活在一个受社会问题困扰的时代，这些问题迫使我们重新思考学校的行为。许多人认为，仅仅通过设计一种较好的课程，发现和实施一种较好的教学，组织一种较好的课堂管理就能改善我们的教育，但这些措施并非是行之有效的。

我们需要摒弃对理想中受教育者形象的单一认知模式，代之以多样化的模式来满足学生能力和兴趣的多样化的需要。我们需要认可多种身份，例如，一个 11 年级的学生可以是黑人、女性、青少年或纽约人、卫理公会派教徒（Methodist）以及喜欢数学的人等。教师对这些不同类型的学生进行教育时，可以使用不同的语言，采用不同的姿势，以不同的方式接触他们身边的人。但是无论他是谁，无论他从事什么样的工作，他都像我们一样需要受到关

爱。关爱可以表现为正式场合和非正式场合的交流中，还可以表现为专家的建议，甚至小到微微点头表示赞同，大到强烈而持久的爱。给人以爱，要求我们每一个人具备多种能力，令人遗憾的是当今的学校却忽视了这些能力的培养。

我已经讨论了教育应该围绕关爱、而不是围绕传统的学科来组织。所有学生都应在普通教育中接受关爱教育，学会关爱自己和亲近他人，关爱远离自己的他人，关爱植物、动物和环境、工具和观念。这些道德生活应该包括在教育的主要目标中。这一目标非但不会与智力发展或学术成就相抵触，反而能为智力发展和学术成就奠定坚实的基础。

那么，怎样着手进行关爱教育呢？我认为必须做好以下几个方面：

1. 明晰目标和执著地追求目标。教育的主要目标应该是，培养具备能力、受到关爱和能够爱人的人。

2. 关注他人的需要。在条件允许的情况下，我们必须让教师和学生共同生活几年；而且只要可能，就尽量让学生聚在一起。我们也应该努力使学生在相当长的时间里，在同一栋教学楼中生活和学习，让学生把学校当作他们自己的家。还有，我们必须合理安排学习生活的时间。

3. 放松控制的神经。我们需要更多地赋予教师和学生做出判断的责任。与此同时，我们必须抛弃竞争性的等级考试和减少考试的频度。将那种已设计好的竞争性考试应用于评价学生是否能较好地完成他
22 们想从事的任务还有待商榷。同样，我们也要鼓励教师和学生共同探讨学习材料。我们并不是必须知道所有东西才能教好书。

总之，我们需要更为宽泛的知识和技能。例如，生物学教师应该能够教授包含在生物中的有关数学方面的知识，而社会学教师也能够教授社会学所需的数学知识。我们必须鼓励并教会学生如何有效地进行自我评价，并尽量让学生参与学校和班级管理。上述举措意味着我们通过传授给学生他们想要的东西来迎接对关爱的挑战。

4. 根除教育的专制体系。这样做需要时间，但我们现在就必须开始为所有的学生提供优秀的教育项目。非大学的教育项目应同大学的教育项目一样丰富、称心和严谨。

我们必须放弃大学入学考试的统一要求。学生想做和想学的东西应由未来的准备来指引。在此，我们不应该对“经常改变想法”的学生过度担心。我们现在应该担心的是，如果学生为特定的东西做准备，他们有可能会为其他事物改变想法，因此，那些以前所做的所有的准备将可能会被浪费。如果这样的话，我们为学生统一准备的一切将付之东流。所以，我们应该牢记这样的事实：人一旦在头脑中确定了目标，他们自然会努力学习、努力奋斗，即使他们改变了主意，也有可能已获得技能和思维的习惯，而所有这些都是将来进一步学习所需要的。一个必须强调的观点是，我们应该给予学生所需的东西，给予他们真正探索人类生活核心问题的机会。

5. 每天花一定的时间进行关爱主题的教育。我们应自由地讨论业已存在的问题，其中也包括精神问题。另外，我们也需要通过让学生实践关爱，帮助他们学会彼此尊重。我们还要帮助学生理解团队和个人是如何形成竞争和敌对态势的，从而让学生懂得如何在两者之间游刃有余。我们应该培育学生像关爱人类一样关爱动植物、环境以及人类文明世界（human-made world），让学生在技术、自然和文化世界中犹如在家一样轻松自在地生活。

6. 让学生明白，每一领域的关爱都有潜在可提高的能力。当我们进行关爱时，具有不断提高能力的责任，我们关爱的对象——人、动物和观念都得到了提升。关爱不是模糊的，而是对人类生活强有力的和富有弹性的支撑。

内尔·诺丁斯是斯坦福大学儿童教育专家。

思考题

1. 诺丁斯认为，当代教育的特点是“受到学术极大地推动”。你同意他的看法吗？你能举例说明你的观点吗？

23 2. 在小学、初中、高中或大学中，你最熟悉哪一个阶段？基于作者的“关爱主题”的概念，你认为课程的关键性因素是什么？

3. 诺丁斯提出，传统的博雅教育或许是“纯政治图谋”，你是否同意此观点？为什么？

4. 基于关爱主题的课程怎样才能使学生的智力如学生和教师所渴望的一样得到充分的发展？

四种传统课程观

威廉·H·舒伯特（William H. Schubert）

摘要：课程规划史表明，多种课程指导理论已经出现。文中通过假设的发言者，回答了核心的课程问题："什么知识最有价值?"舒伯特提出了课程思想的四种指导理论，它们是：智力传统主义、社会行为主义、经验主义和批判重构主义。

自18世纪中期分级教科书出现以来，教师和学校管理者都极大地依赖它们，以至于许多教育者或非教育者一听说"课程"一词就想起了教科书。课程领域的先驱们——如约翰·杜威、弗兰克林·博比特（Franklin Bobbitt）、查特斯（W. W. Chartes）、霍利斯·卡斯韦尔（Hollis Caswell）和拉尔夫·泰勒（Ralph Tyler），在20世纪前半期对各种复杂的课程概念进行了讨论。尽管这些学者及他们的追随者对教育的许多问题持有不同的看法，但他们都认同课程应不仅仅局限于课本。

历史上最有见地的课程专家认为，课程涉及"什么知识最有价值"这一核心问题。因此，课程主要讨论的是值得经历和去做的有价值的东西。从词源来看，"课程"来源于比赛的"跑道"一词的古典意义。从比喻义上来说，"跑道"意味着旅行或学习旅行的过程、学生成长的旅行过程。由于这些解释暗指课程的动词形式，课程被解释为"跑的过程"，关注的是赛跑或经验的行为过程，而这种赛跑和经验的行为过程就成为我们生活中的旅行过程。因此，课程研究，在严格的意义上应该提出为追求人类社会集体生活中的公平，让人们过上幸福生活的一些问题。

我在几篇关于课程史的文章中，明确了四种基本的课程观，并把其称为：智力传统主义、社会行为主义、经验主义和批判重构主义。而大多数课程专家、领导和教师则可能对这四种观点兼有之。其实，每一种课程观可能都会认为课程远不止教科书。我会给每一种课程观各安排一个发言人，让它们分别说出自己的观点，而不是对它们的立场进行不着边际的描述。这正如在我的文章中所描述的那样，在课程实施中我们经常把教学设计成角色扮演或者对许多教师、管理者、政策制定者以及 24
对教育感兴趣的人进行报告。我会让发言者简要领会前面所提及的几种传统课程的基本观点，并解释如何进行课程重构。

智力传统主义发言人

显示出正式、自信，愿意做富有启发性的报告或参与分析式的苏格拉底对话和讨论。

什么知识最有价值? 这是课程必须回答的基本问题。我们可以从一些名著中找到这一问题的最佳答案，因为名著最好地表达了人类深邃的洞见、理解和智慧。而每一学科领域的专家所创建的各门学科体现了知识的最佳组织。我主张对所有人进行博雅教育，大力提倡学习包括所有领域的名著，如艺术、科学、人类学、社会科学等。这主要是因为名著比其他教材更能激励人们深入探索教育家莫蒂默·阿德勒（Mortimer Adler）和罗伯特·M·赫钦斯（Robert M. Hutchins）所指的伟大思想。阿兰·布鲁姆（Alan Bloom）、E. D. 赫斯奇（E. D. Hirsch）、迪纳·拉维奇（Diane

Ravitch）、彻斯特·芬恩（Chester Finn）、威廉·贝内特（William Bennett）等人也都极力提倡上述观点。这是因为这些思想非常重要，但以前曾一度遭到忽视。例如，阿德勒表述了六种伟大的思想：真诚、美丽、善良、自由、平等和公正。这些伟大的思想超越了文化、种族、性别、阶级、年龄、伦理、地域、国家以及个人和社会生活的诸多限制。

这些限制——也就是对个别差异的强调忽略了人类共有的东西——实际上，它忽略人之独有的伟大的思想。每个人在自己的生活和社会情境中都会接触到这些伟大的思想。深刻表达伟大思想的最佳语言不是存在于智力训练的课本中，而是蕴涵在人类业已创造的文学、艺术、音乐、哲学、社会和心理学理论、数学、历史和自然科学的经典作品中。

只要可能就应该尽量多阅读一些经典原著。由于语言的障碍、文化的差异和读者能力的局限，我赞成参考第二手资料，我们还可以通过阅读高质量的译文和学科知识中必要的知识总结来吸收思想精髓。

社会行为主义发言人

衣着随意，但思想开拓严谨，言谈中流露出强烈的探究和发明欲望，试图分析和发明当今人类所需要的东西，有时显得不太冷静。

基本上，我是一个粗俗的经验主义者（眼神中包含着对科学调查的尊重，运用粗俗言辞只是一种姿态，意在让听众更多地关注所说的内容和非发言人的外表）。我的要求不多，只要求人们对倡导的东西进行举证。智力传统主义者似乎认为，只有学科知识才经得住时间的考验。换言之，知识是今天学生所需要的最有价值的东西。

我认为，今天的教科书是对以往的继承，而且这种大同小异、不容争议的课程正代代相传。在我看来，这些教科书不可能达到智力传统主义者提出的“伟大思想”的水平。诚然，今天的学生依然有必要学习那些伟大的思想。但我们必须高度注意最伟大的智力传统主义者苏格拉底对我们的警示，即任何未加审视的生活不值得我们去效仿。我想对此做进一步的补充，任何未加审视的课程也不值得提供。

为此，我想给大家讲一个出自课程经 *25*
典《剑齿虎课程》（*The Saber-Tooth Curriculum*）中的小故事，该书由哈罗德·本杰明（Harold Benjamin）创作于 1939 年[顺便说一句，当时智力传统主义者在教育领域享有崇高的威望，本杰明只好以 J·阿布纳·佩蒂威尔（J. Abner Peddiwell）这个笔名进行创作]。我很高兴地告诉大家，尽管此书属于文学作品，但它既精练又非常中肯，是现在仅存的最有趣的课程书籍之一。

故事中讲到，一位年轻人刚大学毕业，正打算从事教育工作，在一次休假中，他遇到了一位曾经教过他的也在休假的老教授。休假前，教授进行了西方史前人类教育制度的研究。

年轻人和老教授谈话的内容是大家熟知的东西。年轻人知道，现在学习西方史前教育的学生，往往被“赤手抓鱼”和“剑齿虎惧火而逃”这样的主题所困扰。人类的史前生活作为课程的实际价值应该是肯定的。但随着时间的推移，气候急剧变冷，山川冰封，剑齿虎被迫迁移到了较为温暖的地区。智力传统主义教育家极力辩护的是，内含在抓鱼和老虎逃跑事例中的伟大思想有助于发展人的心智。但在我看来，没有必要关注如此荒谬的想法……（如果需要关注的话，最好让当代智力传统主义者去关注好了）。

我认为，我们需要对促使学生在当今世界获得成功的那些行为进行分类，包括那些让学生满意的教师的行为。从特定的意义上，我是一个典型的行为主义者。我认为，行为应该在传统的课程价值和实践中自然地发生。

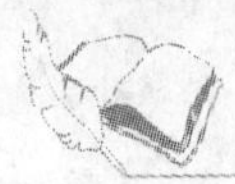

经验主义发言人

显得漫不经心，试图体谅和理解听众，对听众普遍参与到个体之间的讨论非常满意。

有时，我们认为课程是经验的结构——人们在经验中获得技能、大量的知识、价值和信念。总体上，我对这三部分分离的状况感到不满，我把知识、技能和价值看成是一个整体结构，整体结构中的每一部分对我都有启发。

技能对人的学习和生活有很大的帮助，请想一想你们掌握了哪些技能？知识有利于增进人们的幸福，请思考你们拥有多少知识？价值和信念能够指导人们生活，克服生活中的种种困难，而你们有哪些价值和信念呢？

我要继续追问，你们是何时何地又是如何获得这些知识、技能和信仰的？请你们互相交流思考的结果，了解获得这些知识、技能和信仰的条件。如果学习的最终目的是为了获得知识、技能和价值，那么了解更多关于学习的事情将有助于你理解：对学生来讲，什么是有效学习；在你的生活中出现的有效学习的条件，也会在你的学生当中出现吗？

在这里，我试图讲述关于教和学的自然方法，这是我们大家都经历过的正式学习情景之外的自然学习的方法。我认为，当学习源自兴趣和注意力保持高度集中时，学习效果最理想。

约翰·杜威在他的许多作品当中对此进行了讨论，他强调一种先进的课程组织——这种课程组织不是以外在于学习者的权威来组织课程，而是围绕单个学习者的经验来组织。他称这种组织的变化过程为从心
26 理组织向逻辑组织转变。课程的心理组织意味着，课程关注学习者的兴趣和担忧，而课程的逻辑组织则关注学科和人类积累起来的知识宝库。杜威说过，在学习和成长的时候，需要在心理和逻辑之间不断地转换。

换言之，杜威认为，教学的一般方法，无论是基于课本，还是基于智力传统主义者或社会行为主义者所提出的观点，都应该是反主题的自然教学方法。事实上，以设计好的主题为中心而展开的教学是杜撰出来的，因而是虚假的。然而，学科知识的逻辑组织对于百科全书式的教学是非常有价值的，不过这种教学也存在弊端。

批判重构主义发言人

非常严肃，对不公正和非正义的现实感到不安，质疑非正义占据至高无上的地位，总是缺少纠正错误的时间。

原则上我赞同经验主义者的观点，但我认为经验主义者要么过于自信，要么过于天真，就如同乔尔·斯普林（Joel Spring）精妙的描述："我深信，学校是对社会进行分类的机器。"看来，所有学生都有成长和学习的机会，但机会的多少取决于学生不同的背景。我想，社会行为主义者称这种不同的背景为"变量"，这些变量包括：收入、性别、种族、伦理、健康状况、能力、外貌、生活环境、婚姻状况、宗教信仰、年龄和国籍等。

各种书籍和文章都已提及生活中的各种变量，阐述了这些变量对学生的前途和命运将产生重大影响，并对不同的学生进行分类，而这将影响到教育的质量。例如，在种族、伦理、经济背景、健康状况和能力方面不同的学生，不可能得到同等的教育机会和教育经验，也不可能获得特殊类型的教科书、教学资料和教学环境等。变量通常成为对学生进行分类的缘由。众所周知，教育者是用质量不等的教育材料，以不同的、不平等的方法对不同类型的学生进行教育的。

上述内容是批判理论文献中所谓的"霸权"过程的一部分。霸权是社会或文化造就不平等模式的过程。在每一种社会制度中，学校都是实施霸权的重要场所，

它在总体上承袭着社会的霸权体系。例如，对于特定种族、社会阶级和性别的学生，他们在学校中获得的知识同他们在社会中其他机构所得到的信息大致上是相同的。

结论

各位发言人的阐述代表了四种截然不同的课程观，它们有可能同课程的原始模型相近，也是课程原始模型的不同化身。它们只是以不同的化名重新出现，表达了每一代人对课程的理解和课程工作者的心声。智力传统主义者呼唤古典学科权威的再现，呼唤内含在古典学科中的伟大思想，以此来克服每个时代所遇到的难题。相比之下，社会行为主义者要求对促成每一代人成功的知识、技能和价值进行重新审视。实证主义者和批判重构主义者贬低社会行为主义者和智力传统主义者的专制主义价值，呼唤民众的广泛参与。这意味着学生的关注点、兴趣以及他们对不公正的忧虑必将成为有意义的学习的起点。

我们从上述观点能得到什么启示？读者（教育者或政策制定人、教师、家长或学生）必须选择其中一种观点吗？在进步主义时代早期激烈的论战中，约翰·杜威
27 坚持认为，在没有深度的教育实践中，无论选择进步主义教育还是传统教育都无关紧要。在杜威的《经验与教育》（*Experience and Education*）一书中，他很有预见性地说道："不要简单地向某一方的观点靠拢，要找出存在冲突的原因，并有必要制定一个操作性强的、深层次的、更具包容性的计划，而不是仅仅体现出奋进中的团队的实践和理念。这才是明智的教育理论。"杜威的这些精辟论述告诫我们，不要成为一个地地道道的经验主义者、批判重构主义、社会行为主义者或智力传统主义者，而应该汲取各种观点的长处，以应对可能会遇到的各种教育境遇。

最根本的问题不在于是否拥有课本，而在于教师和学生应该不断地追问自己该做什么，为何要这样做以及怎样做等一系列问题。前面所述的每一种课程观为超越现有的、以课本为中心的课程提供了通道，使教师能更充分地满足学生的兴趣和对关爱的渴望。然而，这并不是说教科书和其他互动性的教学材料不存在任何关系。事实上，教学不能抛弃教科书和有关的其他教学资料，而需要不断地探索什么样的教学资料能体现出社会行为主义者、智力传统主义者、批判重构主义者以及经验主义者的理论精髓。毫无疑问，这些理论流派的许多观点的确存在矛盾的地方。因此，我们应不惜一切代价处理矛盾。我们要懂得每一种理论流派的观点存在互补性，并尽可能弄清在复杂的教育情景中的各种要求。事实上，做到以上这些并不困难。

由此，我们面临课程开发的重大任务，必须努力理解所有最适宜目前环境的传统课程的精髓。这意味着，任何书面形式的课程都不是我们所需要的最终答案，我们应该不停地追问现在最有价值的知识和经验是什么。而且这种追问必须在每一个人当中执行，尤其是那些已经受到追问结果的影响并在追问中受益的学生。这是以往的学校经常忽视的东西，但对学生的影响却很大。

威廉·H·舒伯特是芝加哥伊利诺伊州州立大学教育学教授和毕业课程研究的协调人。

思考题

1. 智力传统主义是精英主义的源头吗？智力传统主义者的发言人是如何做出回应的？

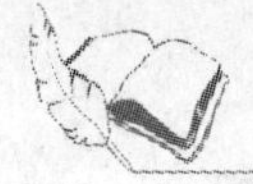
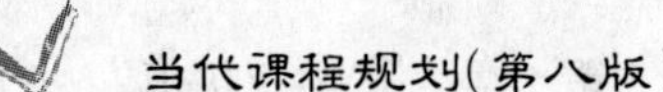

2. 社会行为主义发言人声称："我们需要辨明有助于学生在当今世界取得成功的那些行为类型。"这位发言者是如何确定学生获得成功的因素的，社会行为主义发言人同其他三位发言人相比，在方法的运用上有何不同?

3. 假如像经验主义发言人所说，课程应该建立在学生"真实兴趣关注"的基础上，学生将会获得他们所需要的、能在社会当中有效发挥作用的知识和技能吗?

4. 在课程规划研究中，哪一种课程定位与你的观点比较接近?

28 # 课程横切法：飞转的轮子

西奥多·布拉梅尔德（Theodore Brameld，1904—1987）

摘要：布拉梅尔德通常被视为重构主义的代表，他认为学校应该成为策划和引导社会变革的重要机构——换言之，学校应该成为重建社会的重要机构。本文中，他描述了一种课程横切的综合课程分析法——一种将取代传统学科结构和知识划分的方法。根据这种方法，课程将围绕批判问题以及当下困扰人类的问题而展开。

课程横切的方法有一些先决条件，下面是其中的一部分：

1. 各个层次课程的责任，尤其是高中和四年制大学层次的课程主要是解决年轻人所遭遇的各种烦恼问题。

2. 困扰年轻人的诸多问题绝不是只有社会学研究者才关注的焦点。这些问题已经蔓延到人类生活的各个方面，无论是政治、经济、美学、宗教还是化学、植物学和数学等客观的科学技术。人类并非今日才开始理解它们所发挥的作用并不是单独进行的，也并非今日才意识到这些知识和技能发挥作用时，人类肩负的重大责任。

3. 人的自然属性是相互渗透、融合以及逐渐发展的。由此我们相信，人的成长阶段一般存在一个关键期，因而教育必须采用带有普遍性的新的课程模式。

4. 在实践中，新的课程模式及其运用取代了整个传统的学科结构以及长期以来业已存在的知识分类，这些分类的知识表达了宇宙和人类完全过时了的原子模式。

5. 特定的学科和技能在改变课程理念方面的合法性受到置疑，剩余的正是心智和人体的分离。

6. 人类需要导出（outward）、导入（inward），更需要提升（upward）的各种机会，以不断提高个体的各种能力。如果人被剥夺了这样的机会，他的生活可能会失败。当教育不能较好地实现上述目的时，教育就被认为是失败的。

7. 一般而言，上述综合预设适用于任何历史时期。但它们更适用于我们当今所处的这个特定的时代。我们经常听到这样的警告，即 21 世纪是一个没有历史学家光顾的世纪。对这种警告，谨慎的市民会引起高度关注，更不用说谨慎的教育家！但他不会赞同这种偏激的说法。

我现在意识到这些简单的说法可以不断地被加工、补充。然而，为了便于讨论，
我想直接指向一种可能的设计——它是针 29
对中学而设计的课程，并建立在中学教育的具体实践基础之上。这并不是说只有这一种可能的预设课程，而是说，像这样的课程应着手运用于实践，并接受实践的检验。

在上述几个预设中，能够较好地说明和解释教育、且存在相互联系的问题究竟有哪些？在此，我想对这些问题做一些简单的陈述。这些陈述不是依据问题的重要性和新颖性程度来排列。但是，我必须强调的是，这些问题是孕育新课程模式的催化剂。

1. 作为普通人，面对强大的技术和非人格化的力量，他们相信其能力能够得到最大限度的发展吗？

2. 作为普通人，当生活中不断遭遇疏离、幻灭时，他们能够培养良好的心理调适能力吗？

3. 在动乱时期，或者在现代西方文化的大众信仰的支撑下，个人利益至上依然是日常生活当中为人处世的唯一现实法则，我们还希望与他人保持良好的关系吗？

4. 同一社区的成员应该互相帮助，以解决他们所面临的各种问题。邻里和别的同质社区的人们能通力相助做些有计划、有组织、有助于改善关系的好事情吗？

5. 不同种族、宗教以及其他的弱势群体之间是否能和平共处，同来自不同背景的其他群体能友好相处吗？

6. 人类不同性别之间、代与代之间、社会经济阶层之间的矛盾和冲突，能通过更加人性化的生活和工作方式得到改善吗？

7. 那些具有刻板习俗的宗教团体能设法达到上述要求吗？

8. 我们能够渴望世界各国找到解决可能毁灭人类的有效手段吗？

9. 在当今的全球范围内，人类所拥有的广泛和精湛的技艺能被不同文化背景中的人们所自由而开放地共享吗？

10. 通过各种媒体进行的每一种交流能顺利进行吗？各种形式的交流在国内和国际会受到任何限制吗？

11. 科学可以被人类平等地掌握来促进人类的进步和幸福吗（如人类通过运用科学知识可以合理地控制人类财富的增长）？

12. 各国是否可以不断地改进本国的经济体制和政治体制，以促进各国人民有权通过他们选出的代表成为人类资源的支配者？

13. 具有集体意识的人类群体是否能够获得独特的、保障生活和支配生活的权力？这种共识在实践中是否可以对政治、科学、审美、宗教的有效变革进行指导和补充？

14. 教育能否最终做到不仅将它的注意力和精力引向现在或过去的人类经验，而且更执著地引向人类的未来？

很显然，上面的问题可谓无所不包，其中每一个问题又可以衍生出诸多问题。学生在教师的指导下，的确能提出无数的其他问题，而且所有这些问题都要求从理论和实践上对学习加以探讨。要对上述问题进行广泛而深入地研究，就必须深入到周围的人群中，甚至深入到偏远的社区，30 目的就是为了了解和体验他们对各各种问题的看法。他们会遇到同样的问题，并且也在试图寻找这些问题的答案。

为了更直观地呈现和理解上述问题，我们运用了课程横切的方法，在这种方法的作用下，课程是怎样组织和运作的呢？按照下面的标准我们有可能发现一些潜在的东西。

1. 就课程而言，学生们至少有一半的时间是在教室之外度过的，如在与人进行合作实验的实验室，学生们能经常得到教师和专家顾问的指导。他们能够及时地应对各种情况的出现，并在分析和诊断过程中解决出现的各种问题。

2. 参与课程的人员来源范围应尽可能地广些，可以从家庭到社区，甚至拓展到别的国家和地区。不难看出，学习随时随地都可能发生，如直接通过国际旅游，在旅游中学习（不要因为经费问题而放弃，只要我们坚持这样做，总是有办法获得足够的资金）；也可以通过看电影、欣赏好的艺术品、同人类学家接触等方式学习。总之，学习的方式和渠道可以是多种多样的。

3. 仍在被人们大胆使用的“小组教学”（team teaching）现在应逐渐让位于灵活多样的跨学科的合作与研究。

4. 课程的结构可以用“转动的轮子”（moving wheel）来表示（这是我们长期思考之后形成的设想）。轮子的“边缘”（rim）围绕的是关于人类的困境以及与理想有关的问题；轮子的“中央”（hub）是学习的特定时期（可能是一周或一学期）所面临的主要问题；而轮子的“辐条”（spokes）是关注的支撑区域，直接承受着各自不同的问题。这些辐条可以说是艺术

课程、科学课程、外语课程或其他相关学科和技能课程，但并不是全部课程，而且任何时候它们都是为支撑中心服务的。

5. 在一定程度上，我们都知道不同的学生拥有不同的兴趣和天赋。学生个体被赋予了这样的机会，即用他们自己的“辐条”去培养他们所关注的领域。由于学生要完成专业课程学习，还要通过大学入学考试和学习传统学校体制所附加的东西，因此，遗憾的是，我们从来没有鼓励他们这样去做。

在本文中，我为之努力的“规范目标”（normative target）远比那些一直被倡导的、具有可行性的目标更为实际。这是因为我极力提倡这种课程横切的目的：它既能满足年轻人爱冒险、反传统的个性，又能直接提供学习和行动中有意义的经验。

如果这种规范性的目的能够实现的话，学生自然能够参加每年进行的整个课程规划和实施过程。他们将与教师一道在特定时期决定哪些问题是最值得关注的。他们应该帮助教师实现来年规划的事情，在安排和执行所有这些事情的时候承担更多的责任，并帮助那些“曾经叛逆”的学生。在他们看来，这些学生并不是时时制造麻烦的人，他们只是对自己所喜欢的东西感兴趣（如音乐），他们应参与到学习的对话过程之中，这种学习［正如马丁·布勃（Martin Buber）极力倡导的］应围绕情感体验、自我反思和勇于开拓等主题来思考人类生存所面临的困境。

总之，我认为整合课程理论的复兴和重建的时机早已成熟，具有重要影响的后现代时期的课程专家反对这种理论的倾向应该重新倒过来思考。

西奥多·布拉梅尔德是波士顿大学教育学教授。

思考题

31　1. 现在，重构主义对课程导向的定位如何？在小学、中学和大学中，这种方法的适用度如何？

2. 重构主义课程的优点是什么？

3. 布拉梅尔德列举了 30 多年以前人类所面临的 14 个相互关联的问题，其中哪些问题还具有重要价值？还有其他需要补充的问题吗？

4. 学校对社会问题应采取积极的态度和立场，你同意这种观点吗？

普通教育的组织与学科内容

罗伯特·M·赫钦斯（Robert M. Hutchins，1899—1977）

摘要：芝加哥大学校长赫钦斯在深入研究经典著作的基础上开发了四年制的大学课程，同时他也是一位主张运用永恒主义哲学思想来指导课程开发的课程专家。他极力维护西方文化重视智力的传统。本文反映了永恒主义教育哲学的主要思想，即教育应该：(1) 不断鼓励人类探索永恒的真理；(2) 关注思维和观念以及培养人类的理性和智力；(3) 激励学生深层次地、批判性地思考那些具有重大价值的观念。

我认为大家都认同普通教育的目标，我有意把讨论限定在普通教育的组织和学科内容方面。我坚持应尽早实施普通教育，这就是说，学生可以尽早地获得成长过程当中所需的工具性知识。我主张从高中三年级开始着手实施普通教育，如果顺利的话，高中三年级的学生能很快地从中受益。由于我比较讨厌学分制，在学生乐意的情况下，我希望通过测验来表明学生在智力方面的进步。我想，只要这些年轻的学生有心理准备，把他们吸收到我们的计划中来是不成问题的。另外，我们可以适当地淘汰一些水平较差的学生。

我制定的研究路线是严密而又耗时的，我认为一般的学生能够在四年的时间内完成这一教育过程。通过别出心裁的设计，我提出让部分学生早点或晚点毕业——这主要决定于他们的学习能力和勤奋程度。

普通教育应该面向15～20岁的学生。尽管世界各国在这方面的做法基本相同，可是美国却只有八九个地方是这种情况。

32 如果在高中三年级的开端和大学二年级的末端之间实施普通教育，对学生授予学士学位意味着大学本科阶段学业的终结，那么我们面临的问题是，期望学生在这一阶段的学习中掌握哪些学科内容才能使毕业生获得的学士学位名副其实？

我认为普通教育不应该局限在古希腊、罗马的经典著作范围，相信所有坚持接受普通教育的学生不必学习希腊语和拉丁语，这不仅可能而且效果也的确会更好。但我确信，传统教育是非常重要的，它的主要目的是让学生理解生活中重视智力的传统。让人困惑的是，如果学生不能理解像《荷马史诗》(Homer) 之类传承至今的西方经典著作，他们又如何可能理解现代西方尊重智力的传统？如果有人能提出更好的办法来达到这样的目的话，我会毫不犹豫地接受。

同时我认为，中世纪的精神、哲学、技术和神学在普通教育中的作用是非常有限的，我们没必要回到那久远的年代。但中世纪的诸多名著能够启迪人类的智慧，令人遗憾的是，当今美国大多数哲学博士对它们却不甚了解。我衷心地希望这些学生能通读这些名著，因为中世纪的学者普遍具有真知灼见，在他们看来，如果要从阅读中受益，就必须事先知道怎样阅读。因此，文法、修辞以及逻辑知识和技巧被创造出来，并且它们在阅读、理解和清晰地表达等智力活动中必不可少。我们必须承认当代大学生在上述能力方面还欠缺的事实，他们甚至还不能有效地进行阅读、写作、表达和思考。在我看来，西方社会大多数名著行文通俗、流利，面向的大多是大众读者。可是，在美国的中小学和大

学中，教师列出的这类名著的数量在减少，名著在学科教学中的地位不断地丧失。结果，我们明显地感觉到学校中惰性及其惯性的存在。在当今提倡解放课程的背景下，上述糟糕的状况仍然存在，这实在令人遗憾。

我推崇的课程对美国普通的学生来说并不难，而对广大教授来说却不容易。因为越是年轻的学生越容易喜欢上这些名著，因为他们还不知道书中所包含的难以理解的深刻思想。

有人认为，阅读古典名著是一个非常枯燥而毫无价值的计划，因为这些著作远离真实的生活，缺乏时代气息。我敢肯定，持这种观点的人从未了解名著，更不知道如何教授它们。这些古典名著崇尚智力和想象对人类做出的重大贡献。也有人认为，年轻人仅对足球协会、戏剧协会和学生报感兴趣，其实这是一种极其错误的认识。当然，把这些活动看成是学生们头等重要的说法仍需要得到进一步地证实。出现上述认识的部分原因是，学校课程已失去了它的本质特性，课程极其糟糕，学生只能通过课外活动来增加乐趣。实际上，我认为年轻人对一些基本的问题是感兴趣的，比如说他们对伟大的思想和不朽的艺术作品是兴趣盎然的，他们也希望从这些著作中找到解决现实生活中各种问题的答案。即便是思想非常保守的教师也不可能做到回避现实生活中发生的重大事件，回避对各种问题的讨论。我们为社会将要发生的各种事情提出参考意见，正好同柏拉图(Plato)的《理想国》(Republic)和密尔(Mill)的《论自由》(Liberty)的思想一致。如果让我为美国的学生制定一种特殊的方法，我会要求他们读书，而不是要求他们听最好的广播评论员的评论或者看《纽约时报》(*New York Times*)而形成自己的政治、经济和社会倾向的观点。幸运的是，我不必帮助他们做出选择，他们也能自觉地读书，主动地听广播评论员的评论，有选择地接受《纽约时报》的观点。我这里反复强调的是，学生对生活中传统 33
思想价值的理解在广播、报纸以及其他生活经验等教学媒介的作用下不断地加深。尽管我们在科学技术方面取得了重大的成就，但如果去年的蒸汽机是在了解1938年的蒸汽机的原理上发明的，那么这种发明就没有多大的价值。我们必须牢记，今天我们所面临的基本问题与古希腊时期的问题基本一致。这是因为人的本性是很难改变的。如果我们希望对今天的问题给出答案，可以说这与古希腊时期所给出的答案毫无差异。

不过，不要错误地以为我的研究路线排斥现代，趋近古代。显然，我无须为现代正名，但我的确想提醒大家，古代社会仍有一定的价值。

同样，也不要以为由于我使用了有关文学、哲学以及社会科学名著中的许多例子，就由此得出我忽视自然科学的结论。我认为自然科学的名著及其经典性的实验也是普通教育的重要组成部分。

还有另一个难题困扰着那些讨论上述问题的人们，即选择哪些书让年轻人来读?其答案是，如果有理智的人愿意认真地列出100本最重要的经典书目，我会愉快地接受这个书单。这样做我感到比较可靠的原因是：(1) 这些书的确值得一读；(2) 它的书单几乎与我的相同。事实上，在关于什么样的书是好书这一问题上存在惊人的一致。真正的问题在于，这些书在教育中是否占有一席之地。有人提出，由于经典的书籍太多，以致读书时不知道从何下手。显然，这是那些从未读过好书而又不太愿意读书的人的一种借口。

对于我的计划，有一种批评似乎比较中肯和贴切，即那些不会通过读书来学习的学生不可能按照我所提出的研究方法进行学习。在我看来，我们要为那些会读书的学生实施课程，而且要不断地发现好的读书方法，努力把这些好方法传授给那些

不太愿意读书的年轻人。尽管有的学生不会读书是不争的事实，但这并不妨碍我们给那些会读书的学生提供好好读书的机会。

随后我们简要地讨论一些与本计划有关的具体问题，还有对本计划的一些反对意见。想想你到底坚持哪一种观点？这些问题是：你是否同意普通教育的目的是教学生如何发家致富？你认为普通教育制度是否真实反映了社会的无序状态？你是否认为不需从过去汲取经验和教训？你是否同意学生为未来生活做准备的方式就是强迫他们在课堂内外接受一些虚假的经验？你是否认为教育就是传授知识？认为学生的奇思异想会影响他们的学习质量？恐怕我们谁都不会同意这些观点。然而，你是否认为教育应该让学生学会思考，使他们在面临新的情况时，可以从容地应对各种问题？如果认为在学生的生活中理解传统非常重要，你是否感受到由于进步主义或功利主义的影响，当下的教育还有许多值得改进的东西？如果你想把过去的思想、想象和智力成果的宝库向青年开放，那么我们会很乐意你所提出的任何形式的研究途径，而且这些研究途径将为我们带来解决各种问题的方法。

罗伯特·M·赫钦斯，芝加哥大学校长，民主研究中心主任。

34 ## 思考题

1. 永恒主义现在对课程导向的定位如何？在小学、中学和大学中，这种方法的适用度如何？

2. 永恒主义的优缺点是什么？

3. 赫钦斯希望通过考试来判断智力的进步程度，教育家还可以利用哪些方法来评价学生智力的进步？

4. 赫钦斯说："我推崇的课程对美国普通的学生来说并不难，而对广大的教授来说却不容易。"如何理解这句话？

教育中的要素主义实例

威廉·C·巴格莱（William C. Bagley，1874—1946）

摘要： 巴格莱是要素主义教育协会的奠基人，《教育和新新人类》（*Education and Emergent Man*）的作者。本文反映了要素主义的信念，即我们的文化拥有一种共同的核心知识，它应该以一种系统组织的规范方式传授给学生。尽管要素主义与永恒主义有异曲同工之处，但要素主义强调的是学生应该拥有核心的知识和技能，而不是外在的真理。

我们对儿童应该实施什么样的教育？当下，要素主义和进步主义表达了学校教育的两种理论，而事实上，几个世纪以来，这两种理论一直是相互冲突和矛盾着的。这种冲突通过下列诸多对立的方面显现出来：努力与兴趣、自由与纪律、群体经验与个体经验、教师的主动性与学生的主动性、逻辑组织与心理组织、学科与活动、近期目标与远景目标等。

二元对立的思想已经持续了几个世纪。它最早出现在 17 世纪的学校教育理论中，当时二元主义的支持者标榜他们为进步主义者。这种思想在卢梭（Rousseau）、裴斯泰洛齐（Pestalozzi）、福禄贝尔（Froebel）、赫尔巴特（Herbart）的改革思想中得到了清晰的表达。同时，在布朗森·奥尔科特（Bronson Alcott）、霍勒斯·曼（Horace Mann）和后来的谢尔登（E. A. Sheldon）等人的著作中得到了充分的反映。而杰出的教育家杜威在 19 世纪 90 年代开始扬名，他发表了《教育中的兴趣与努力》（Interest and Effort in Education）一文，力图消弭二元主义的对立。

35 美国教育的问题

普通教育的拓展首先是在中等教育中进行的，现在已经上移到高等教育。这不仅是教育观念转变的结果，也是经济因素作用的结果。由于机械化和自动化工作替代了手工劳动，减少了繁杂的日常事务性的工作岗位，同时增加了一些新的、需要经过普通技能培训的工作机会。由此，年轻人追随更高层次的教育不可避免，大力发展高等教育以满足日益增长的求学者的需要也不可避免。由于高等教育规模的扩大和大学生数量的急剧增加，学生的学术水平可能会降低。强调自由、即时需要、个人兴趣的理论以及按此理论来进行教育实践，会导致对努力、纪律和长远目标的怀疑，而长远目标在过去是具有强大的吸引力的。

下面我们用一些实际例子来说明这两种理论的不同之处：

1. 努力与兴趣——进步主义主要强调兴趣，主张兴趣在解决问题中的重要作用，并在实现目的的过程中产生兴趣。而要素主义者对产生兴趣的动力有足够清醒的认识，他们认为许多浓厚的、持久的兴趣是从努力学习的过程中产生的，并不是来自学习的起始阶段。浓厚的兴趣是否来自最初的固有的喜悦或吸引？要素主义通过强调纪律与责任给出了这一问题的解释，这正是进步主义要反对的，但进步主义却强调自我约束和自我责任。

2. 教师的主动性与学生的主动性——进步主义理论倾向于主张教师的主动性至多也是迫不得已的事情。要素主义者认为成人对青少年的指导和帮助是天经地义的。

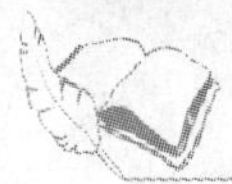

也就是说，有必要延长成人对未成年人关爱和帮助的时间，而时间的长短取决于未成年人对爱和帮助渴望的程度。爱和帮助是个体健康成长的生物条件，正如约翰·菲斯克（John Fiske）在他的论文《婴儿期的意义》（The Meaning of Infancy）中所清晰表达的那样。要素主义者希望教师对系统组织的计划和活动尽职尽责，以开发大家共同认可的要素。主动学习者的学习经验是非常重要的，这可以为他们提供产生经验的各种机会，但非正式学习应视为正式学习的必要补充，而不是学习的中心。

3. 群体与个体经验——正是必要的可塑期才为文化遗产传承给下一代提供了机会。原始人的文化相对来说比较简单，而且可以通过模仿或者举行成人仪式来传播。然而，伴随着更加复杂的文化的诞生，组织更为严密的教育制度显得非常重要，并需要对年轻人的行为更为严格地控制。原始人放纵和溺爱他们的子女，他们没有感受到对未来所承担的责任，更不用说为子女的未来着想。这种责任和相应的义务必然是人类文明的产物。进步主义暗示他们所倡导的“儿童的自由”是全新的，然而在真正意义上，则是原始社会生活状况的复归。

4. 学科与活动——要素主义一贯强调群体经验的重要性——特别是有组织的文化经验的重要性，按照一般的说法是学科内容的重要性。当然，他们也承认个体和个人经验的重要性，并且以此来诠释系统的群体经验不可缺少。但前者是一种达到目的的手段，而非教育目的本身。另一方
36 面，进步主义倾向于用“鲜活的现在”去替代“死亡的过去”，这一点在许多进步主义教学当中有其合理性因素。几个世纪以来，他们一直反对刻板教学，尤其是毫无生气的说教，认为这可能是一种退化。现在，要素主义者已清醒地认识到这些危险。

5. 逻辑与心理组织——要素主义意识到，以学科的形式组织经验要使用大量的概念和意义。每代年轻人中都有一部分无法做到完全掌握这些抽象概念，但对那些年幼的学习者和心理尚未成熟的儿童来说，必须让他们有充足的相对简单的教育——比如说幼儿的早期教育以及一些涉及最简单和具体的问题的教育。这就是要素主义者欣然同意的观点。纵观进步主义的历史，其所显示的趋势是怀疑正规的、系统的以及抽象的学习，认为不让学生大胆尝试和探究是有害的，那样的话，即便是有潜力的学习者将来也只能成为平庸之辈。

失败又如何?

要素主义者承认学生的学业失败是不愉快的，但留级的代价是非常昂贵的，效果通常也不理想。另外，对学习者而言，缺乏刺激对其学业是非常不公正的，而且对民主群体而言，教育要承担一定的风险。学生学业上长期的失败预示着学校办学的失败，学校无疑会为此而蒙羞。举个例子，巴斯特是20世纪最著名的科学家之一，可他在中学时成绩并不理想，在他从事研究的初期也是失败的，而他后来却闻名于世。

什么是要素?

对于什么是要素这一问题并不难理解，有组织的教育首先关注的是做记录的技巧、计算和测量的技巧，而这绝不是偶然的。每一个文明的社会都是基于这些技巧建立起来的。如果这些技巧失传的话，文明也就永远消失。潜藏在人的即时经验当中的社会知识，同样也存在于普通教育的有组织的知识要点之中。由此，在普通教育的早期阶段，它所提供的内容至少是人们熟悉的人类历史，特别是本国的历史。探究、发明和创造性的技能、技巧蕴涵在我们的文化遗产中。学校教育的基础阶段特别注重健康教育以及自然科学的教育，也强调精巧的手工技艺和其他工艺。

要素主义者的民主

要素主义者相信，如果我们的民主社会遭遇集权的冲击，学校大有必要开设支持民主目的和理想的课程。如果学科当中没有民主理论的地位，那么这种学科理论在不久的将来就会成为历史的一部分。要素主义者代表了有文化的全体选民，有文化的选民在民主选举中是非常重要的。这从一个没有文化水准的所谓的民主社会的命运中可以得到证明，并且透过“战争是为了民主的安全”这句话，就可以预见厄运的到来。通晓文化意味着观念的培育和拓展，同时也意味着集体思想和判断拥有牢固的基础，这也是民主制度的关键所在。民主是我们最基本的需要，如果教师和学
37 生抛弃民主，那就是非常愚蠢的做法。

要素主义实例的总结

下面我对现代要素主义作一简要的总结：

1. 时常引发注意和兴趣，并尽可能保持浓厚的兴趣。兴趣产生于原初学习中的努力，而非天然的吸引。当面临即时性渴望时，人是唯一能自制的动物，因此学生能够努力克制自己，因为勤奋学习是非常必要的。但是如果教育者行使特权压抑年轻人固有的潜能是很不公正的。

2. 孩子在整个幼儿期需要成年人的约束、引导和指导，未成年人对成年人的依赖是与生俱来的。

3. 我们要逐步培养学生的自我约束能力，强制的纪律是达到这一目的的必要手段。个体和国家之间有相似的地方，真正的自由从来就是通过征服而获得的战利品，而不是被赐予的礼物。

4. 对未成年的学习者而言，他们选择学习内容的自由度非常大，这种自由度比从欺骗、畏惧、迷信、犯错、压抑等行为当中获得的要大得多。学习者要想从后者那里获得较大的自由度，他们必须做出不懈的努力，系统地掌握那些去伪存真的，人类从远古时期就开始进行精加工而成的知识内容。学习者必须在有能力和富有爱心的教师的指导下掌握知识，而不是在苛刻教师的指导下学习。

5. 要素主义为教育奠定了坚实的理论基础。它的竞争学校也提供了微弱的理论。如果昔日的教育由于强调民主而忽视要素主义理论的话，在今天这种情况就不会存在。

威廉·C·巴格莱，哥伦比亚大学教师学院教育学教授。

思考题

1. 要素主义现在对课程导向的定位如何？在小学、中学和大学中这种方法的适用度如何？

2. 要素主义的优点和缺点是什么？

3. 要素主义的批评者攻击传统要素主义课程对学生进行灌输，难以推动社会发生令人满意的变革。巴格莱对他们的批评会做怎样的回应？

4. 巴格莱说：“不难理解什么是要素这一问题，有组织的教育首先是考虑做记录的方法、计算和测量的技巧，这绝不是偶然的。”你是否同意这种观点？要素主义课程可能忽视哪些有价值的东西？

38

进步主义教育的实例

威廉·赫德·克伯屈（William Heard Kilpatrick，1871—1965）

摘要：被誉为进步主义教育之父的克伯屈认为，课程应建立在真实的生活情景之中。他在文中提出了进步主义课程的主要信条：（1）课程始于儿童的自然兴趣，并逐渐让他们承担更多的社会责任；（2）具有浓厚兴趣和强烈动机的学习是有效的学习；（3）学生通过积极参加各种社会工作而逐渐成为有用的社会成员；（4）课程应教会学生独立、理智地思考；（5）课程应由教师和学生共同设计；（6）在实践和生活中的学习效果最佳。

该论文的标题是编辑添加的。作者对标题非常满意，但他对标题提出了这样的质疑：随着标题在实际生活中的运用和教育观念的改变，标题呈现的进步主义教育就没有缺陷吗？作者在文中试图用一种公正、确凿的方式对成长中的年轻人阐明自己的观点，是他们证实了这种观点的正确性。

1. 在文章的开始，我强调的第一个要点是，我们是成长中或发展中的人，都是从儿童逐渐成长起来的，我们对儿童的健康成长和愉快生活肩负重任。我认为，儿童应该充实、愉快地生活，这样的生活有助于促进儿童参与周围社会的生活，使他们成为社会大家庭中完整的一员。

儿童要真正做到愉快生活和健康成长，有两点特别值得我们关注：一是关注儿童在学习中的兴趣，设法让他们感到心情愉快。俗话说，兴趣是最好的老师。如果儿童具有浓厚的学习兴趣，他们在学习中就会精神振奋，心情愉悦。二是让儿童意识到他们所做的一切会持续影响其未来。当然，这不是一个显而易见的过程。但我们需要明白的是，儿童只有具备深刻的洞察力，才能带来新的思想，才能不断产生新的学习欲望。

2. 我要强调的第二点同学习有关。学习到底是怎样发生的？它对一个人的生活有何影响？学习中的测验能塑造人的心灵和性格，进而提升人的生活品位吗？

我认为存在两种截然不同的学习类型。第一种学习类型侧重学习者自己的生活经历，强调学习者在生活中的体验和感受。他内心深处强烈地感受到学习的需要，能全身心投入到学习之中，因而自己的先天兴趣至关重要。在这种学习中，完全依赖自己的思考对生活中的种种情景做出反应。当然，学习者有可能得到教师和书本的帮助，但最重要的还是他自己。

另一种学习类型是由学校中的考试或者背诵主导的。这种学习类型在学校中是比较典型的。它不是发自学生内心的需要，或多或少带有虚假性和独断性。它是为了满足学校的要求，除此之外，不存在任何与学习者相关的情景。它的反应是对情景的忽视，主要来自教科书、高年级学生或教授专题讲座所传达的词语和思想的反应。

第二种类型显然是我们大家熟知的学校教育中的学习，我们中的大部分人都是伴随着这种学习长大的。除了那些需要较强的抽象思维的学习之外，大多数学习属于概念性学习，相对比较容易些。那些高度抽象的学习内容不是很多，对学生的影响不大，因为它不容易付诸实际生活。

第一种类型的学习有更多的可能性，我们一般称之为生活型学习，它是我们所倡导的学校教育中的学习的基础。由于学生学习的东西是对自己生活的真实情景做出的反应，所以学生的这些反应是亲身感受和赋予心智创造的。事实上，它们是从生活中获得的，有了生活才有这些反应。因此，学生在生活中经历越丰富，做事越投入，这些反应对他就越重要。学生面对
39 生活情景的动力越大，他对情景的反应越强，学习就会越坚定。因为这种学习发自内心，并能与过去和未来进行更广泛的联系。

如果我们用完整的意义理解“生活”，那么我们可以把学习一词定义为：学习会发生在任何经验可以出现的地方，而学习一旦出现，都将会影响到人的深层经验。我们的确是在生活中学习，在一定程度上我们也生活在学习之中。

学校使用生活型学习的意义也非常明显。例如，一个班级正好在学习惠特尔（Whittier）的《赤脚男孩儿》（Barefoot Boy)。作为教师，我不能代替学生理解，也不能告诉学生如何理解，更不能逼迫学生去接受。学生在这首诗中必须有自己全身心的感受，它必定反映了学生自己特有的理解方式，而事实上，这里的学习就是自己对诗中人物的富有个性的理解，进而在以后的生活中适当地表现出来。

道德上的态度反应也是一样。我们不可能强迫学生讲道德，但必须让学生体会到他自己内心活动的方式，然后接受这种内心活动方式，最后把这种方式固化为自己性格中的一部分，并在以后生活中的适当场合重现出来。因此，这种接受出现了，学习也就形成了。

观念的反应也是如此。只有存在观念，才能习得观念。不管措辞如何精湛，我们都不能简单地把一种思想观念灌输给学生。学生可以阅读，教师可以讲解，但学生必须经过自己的大脑加工才能形成恰当的观念，才能对阅读到的内容和讲解的内容做出合适的反应，进而形成自己独特的见解。学生必须首先弄懂各种观念，并在头脑中形成自己的理解。只有观念和思想出自个体的内心深处，当他们面对问题情景时，才会出现某种程度的创见性见解。否则，他不可能拥有这些创造性见解——尽管他可以用恰当的词语来欺骗我们，甚至欺骗自己。我认为教师应该帮助学生学会理解，让学生自信地做出各种决定。这样做的前提是：学生的学习完全依靠自己做出反应，在大脑中认可这种学习，而且以此作为自己的行动方式。

我们可以用下列话语对此作一总结：我学会自己做出反应，仅仅是自己的反应，而且所有的都是自己的反应。我接受每一种反应，目的是为了更好地做出反应。我学会每一种反应，尽可能达到既感觉到它的存在，又意识到它的重要。反应应该同我所知道的东西相联系。我所学会的一切应随时融入自己的个性之中。

前面所谈到的内容，意思非常清晰，它表明个体当下的兴趣和目的如何构成一种有利的学习条件。个人的兴趣和目的意味着他关注到了自己所面临的学习情景，使学习者全身心地投入到行动之中，并为此付出更大的努力。目的引导着学生的思想和努力，意识到学习的重要性。我认为具有目的和兴趣的学习是最好的学习。

3. 每一个学习者都应该成为社会大家庭中的重要的一员。学生长大成人意味着他成为社会中的一员，肩负着重任并融入社会。因此，他需要按照社会的群体文化塑造自己，进而获得更充分的群体文化。

学校加速了学生的社会化进程，旧式学校比较封闭，周围有高高的围墙，把学生同周围的真实环境隔离开来，避免学生接触社会。学生在封闭的学校内学习真实的语言、真实的文化。现在学校明确要求学生要参加社区生活，尤其是参与社会中有价值的工作。由此，学生学会了怎样安排生活，并在生活环境中获得各种文化，而这些文化对学生产生了重大影响。

4. 我们生活在一个瞬息万变的世界里，仅仅掌握过去的知识是远远不够的。学校必须重视学生思维的发展和培养，而不能仅局限在学生智力思维的养成上。年轻人必须学会更好地反思自己。他们必须理解我们的社会机构、法律体系、道德标准的成因。只有这样，他们才能更好地应用这些东西和理智地改变自己。新学校强
40 调学生终身学习，这是因为学生生活在一个急剧变化的社会中，学校也在努力构建学生善于思考的品质和良好的公民身份——这都是社会变化对学校提出的新要求。旧式的学校无须关注学生的生活和社会变化，强调书本学习和正规的知识资料，忽视社会中的各种塑造现代生活所需的心智和品质。

5. 课程是联结教师和学生的纽带，是所有教育理论必不可少的重要核心问题。

旧式的课程是事先预设好的，这种课程先交给教师，然后以课的形式分配给学生。课程被划分为各种学科，内容相对陈旧且远离学生生活，所以学生只是完成教师制定的任务，以背诵和考试的形式反馈给教师，而考试重复着学生所学的内容，强调答案的一致性。即便有少数学生常常“成功”，他们最多是死读书的人；可是有许多学生非常痛苦，他们被剥夺了愉快的大好时光。最不幸的是，学习成绩差的学生受害最深，他们对课程极不适应，最后只好选择逃学。

我们倡导的新课程首先是真实的生活——是所有儿童的真实生活，学校应为此承担责任。我们前面已经谈到，儿童将从真实生活中学到的东西融入自己的个性之中。由此，提高学生的生活质量变得尤为重要。我认为，建立学校正是为了促进儿童更好地生活，儿童在生活中最能塑造自己的个性品质。教师的作用在于培养学生，帮助学生过上美满的生活。课程是儿童的真实生活，不能够在预先确定之后再传给教师和学生。对学生而言，真实的生活丰富多彩，因此，我们应尽量克服受其他外部因素控制的生活，否则便不能获得我们渴望的学习条件。

我们追求的课程是师生共建的课程，课程依然需要教师来管理，而学生则尽可能做他们能做的事情。学生的学习是一个独立思考和独立决策的过程。教师在各个阶段应帮助学生驾驭这一学习过程，使学生获得丰富的生活。从长远来看，这也将使学生获得全面的生活。我认为生活的丰富性包括：儿童在教师和书本知识的帮助下，能够把书本知识同自己的真实生活联系起来，区分各种知识在不同生活情景中的不同意义，能灵活地运用知识，尊重别人的理解和感受。我认为生活的全面性是指生活的各个方面，包括真实的实践、社会道德、职业、审美和智力。如果把课程仅仅建立在学科的基础上，这就可能会造成儿童的学习营养不良，使其无法学习学科之外的许多其他东西。所以，我们倡导课程计划的目的就是给年轻人带来真实的、丰富的生活。

6. 在新学校中，我们会失去什么？

(1) 孩子们善于学习吗？我相信答案是肯定的。在新学校中，学生首先要读科学研究的书籍［比如，赖特斯通（Wrightstone）和艾金（Aikin）对 30 所学校所作的研究报告］，懂得科学事实压倒一切的道理。其次，他们还要学习一些工具性的学科，更要学好那些需要主动参与和创造性思维的学科，形成诚实的良好品质。

(2) 实施新课程意味着学生还要使用多种教科书吗？我认为不需要。现在的学生确实在使用多种教科书，但这种情况会逐渐地得到改变，教科书的分量会逐渐减少，最后有可能会被取消。以后学生会越来越多地使用那些描述和表达经验的书籍。

(3) 儿童会被新课程“宠坏”吗？答案是否定的。就学生的品格塑造而言，新学校对学生品格塑造的效果远比旧式学校好得多，因为旧式学校的学生只是安安静

静地坐在课桌边。现代心理学认为，如果个体不去实践和生活，就不可能做到有效地学习。我们倡导的新学校为儿童本人的生活实际同他人的生活实际建立联系搭建了平台。同时，新学校也为学生证明自己是一个活生生的人提供机会。我认为在一定程度上，旧式学校的教师对学生进行了成功的控制，不允许学生之间进行交流和

合作。因而，学生缺乏同他人进行合作学 41
习和实践的机会。我们倡导的学校纪律是积极而包容的，它是由学校有意给予、教师掌控和学生生活其中的。一些带有偏见的记者敏锐地观察到新学校运作良好，但又过分渲染了新学校中学生的自由，这么做的结果与他们想要表达的初衷恰好相反。

威廉·赫德·克伯屈，哥伦比亚大学教师学院教育学教授。

思考题

1. 进步主义现在对课程导向的定位如何？在小学、中学和大学中这种方法的适用度如何？

2. 进步主义的优缺点是什么？

3. 克伯屈说："我们在生活中学习，在一定程度上我们生活在学习之中。"这句话的含义是什么？你可以用生活中的哪些经验来支撑他的观点。

4. 本文中有这样精彩的表述："我们倡导的学校纪律是积极而包容的，它是由学校有意给予、教师掌控和学生生活其中的。"这句话反映了克伯屈怎样的学科观？这种学科观与我们通常所说的"学科"的差异如何？

传统与进步教育

约翰·杜威（John Dewey，1859—1952）

摘要：杜威是20世纪最具影响力的思想家，他对教育理论和实践、哲学、心理学、法学以及政治科学产生了深远的影响。他还是进步主义教育雄辩的发言人，他的思想被别的教育家采纳，但经常被歪曲。他在《经验与教育》（*Experience and Education*，1938）一书中对种种曲解加以澄清，本文正是摘自杜威在书中关注的问题，即有些进步主义学校只注重学习者，忽视系统的学科内容的教学，忽视成人对学习者的指导。

人们在思考问题时往往走极端，从而形成“非此即彼”（Either-Ors）的思维模式，认为在两极之间没有调和的中间通道。这样一来，当他们承认对立的两极都不能有效发挥作用时，却依然坚信自己没有差错，但对立两极的观点在实践中得以运用时，我们发现实施两极不得不进行折中。教育思想体系也不例外。有人认为，教育源自其内部，也有人主张教育形成于外部。教育理论的历史发展正好表达了对上述观点的反对。教育来自外部的观点建立在人的自然天赋论之上，认为教育是一个克服人的自然属性的过程，也是一个在外部的压力之下取代习惯的过程。

目前，从教育的实际来看，如果我们对传统教育和进步教育进行比较，就会得出不同的结论。如果我们对传统的教育还没有做精确的描述，我们暂且用下面的陈述对其加以说明：教育的学科内容包括大量的知识和技能，它们是在过去被加工和生产而成的。因此，学校的主要任务是把
42 这些知识和技能有效地传授给下一代。过去的学校制定了学生的行为准则，而学校道德训练就是让学生遵守这些行为准则，形成行为习惯。学校中的教学关系主要表现为学生之间、教师之间和师生之间的关系，它说明学校严重脱离社会。我们可以想象教室内的布置情况和经常发生的一些事情——包括作息时间表、一排排课桌、考试等。由此，我们对传统教育的“组织形式”有了清晰的了解。如果我们把上述情形同家庭做一番比较，我们就会得出这样的结论：传统教育的学校是一种典型的、明显脱离其他社会组织的机构。

上述传统教育的特点决定了其教学的目的和方法。传统教学的目的是为学生未来的生活做准备。具体而言，是学生在理解教学材料的基础上，获得系统的知识和技能，使他们将来过上幸福的生活。由于学科内容和行为标准从过去承袭而来，所以总体上，学生表现为听话、温顺、接受、守纪。教科书代表过去的知识和智慧。教师是连接学生和教科书的纽带；同时，教师还是知识和技能的传播者以及行为准则的实施者。

新教育和进步主义教育学校对传统教育极为不满，并对传统教育进行了猛烈地批判。这种批判明确地认为，传统教育本质上是一种外部强加的教育。具体而言，传统教育把成人的标准、学科内容和方法强加在那些正在逐渐走向成熟的年轻人身上。由此，必修的学科内容、学习方法和行为方法都与年轻人的天赋才能毫不相干，并且它们之间的差距越来越大。因此，年轻人需要外部强加的教育。但优秀的教师会用各种教学技能掩饰这种强加的行为，

来减少野蛮的成分。

可是，成人和年轻人的经验和能力的差异在客观上不允许学生积极地思考教师所传授的内容，学习是他们唯一能做的事情。但学习仅仅意味着获得书中的知识和成人头脑中的知识。而且教师教的内容一成不变，完全是成品化的知识，无须思考这些知识的来龙去脉，也无须思考这些知识在未来可能会发生哪些变化。在很大程度上，现代社会的文化被认为更像过去的文化，其实是这些人根本不明白变化才是永恒的规则。

如果有人试图建构暗含在新教育实践之中的教育哲学思想体系，我认为可以在现存众多进步主义学校中找到某些共同的理论。他们反对外部强加的教育，提倡个性的发展；反对外在纪律的约束，提倡学生活动自由；反对只从书本中学习和只向教师学习，提倡从经验中学；反对机械背诵而获得孤立的知识与技能，力主通过培养学生的兴趣获得知识与技能；反对教育是为学生遥远的未来生活做准备，提倡教育是对学生当下生活的关照；反对精致的目的和教育资料，提倡熟悉世界的变化。

理论本身是抽象的，只有把这些理论运用到实际之中，它们的意义才能变得真实和具体。由于任何事物都是建立在这样
43 的基础之上，所以它的意义是重大的。从这个意义上来说，前面我们所提出的“非此即彼”的观念非常合适。新教育的理念固然很好，但是，由于抽象理论之间的差异较大，这使得教育者不可能拿出一套切实可行的办法解决学生在智力和道德上的倾向性。新教育运动要冒一定的风险，因为它拒斥传统教育的目的和方法，而在教育实践中由于种种条件的限制，新教育可能依然沿袭传统教育的思路，而不是建构性地发展它自己的教育思想体系。

我赞同这样的观点，即真实的经验过程与教育过程之间存在密切的联系。如果事实就是如此，那在正确经验观的基础上我们就可以建设性地积极开展自己的教育思想体系。进步主义教育存在的问题有：学科内容的地位和作用如何？经验组织的地位和意义是什么？经验中存在一些固有的、有组织的、循序渐进的内容吗？当经验的材料不是循序渐进地进行时，会出现怎样的结局？以反对为基础的哲学可能会忽略这些问题。这种观点倾向于认为，由于传统教育是建立在现存的系统化的知识基础之上，因此它完全拒绝系统化的组织原则，而不去努力发现组织的含义以及在经验的基础上组织是如何进行的。我们或许可以接受传统教育和现代教育之间的不同。当外部权威控制被解除后，剩下的问题就是寻找根植于经验中的控制因素。但外部权威被抛弃后，不是所有的控制都可以抛弃，而是要去寻找更有效的权威之源。由于传统教育是把知识、方法和成人的行为准则强加在年轻人的身上，因而它遵循的是非此即彼的极端化思维逻辑，认为成年人的知识和技能对年轻人的经验具有直接的指导作用。恰恰相反的是，基于个人经验之上的教育意味着成人和未成年人之间的关系比传统教育之下的关系更复杂、更密切，这种教育绝不是排斥他人的指导。但我们面临的问题是，在没有背离基于个人经验的学习原则的前提下，如何更好地建立上述各种关系？解决这一问题需要一套严密的社会学思想体系，需要确保这些思想体系在个体经验的形成过程中发挥积极的作用。

上述的话语暗指，新教育的一般原理没能自行解决教育实际问题，也没能解决进步主义学校在实际操作和管理过程中遇到的问题。然而，进步主义教育引发了一些有待解决的新问题，并试图在新的经验体系的框架内解决这些问题。这些问题至今还未得到认可，更谈不上得到很好的解决。假定有充足的理由拒绝传统的教育理念和实践，这很可能会走向另一个极端。但我们要强调的是许多进步主义学校不会

关注系统学科内容的研究，认为成年人的指导和引导侵犯了个体的自由。教育关注现在和未来，这意味着历史知识在教育中丧失了合理性——我相信你会慢慢理解我说这些话的含义。如果不是故意减少这些不足的话，他们至少道出了其中的意义。

这一过程是通过借助起消极作用的教育理论和实践，或者通过对现行教育做出抵制性的反应而进行的；而不是在经验理论及其教育潜能的基础上，通过积极建构目标、方法、学科内容来进行的。

约翰·杜威曾历任哥伦比亚大学哲学系教授、芝加哥大学教育学院院长和哲学系主任、密歇根大学哲学系教授。

思考题

44 1. 本文解释了非此即彼的思维观念及其在教育中一个方面的表现。你能找出其他的例子吗?

2. 进步主义的主旨是真实的经验与教育之间存在密切的联系，这种联系的本质是什么?

3. 杜威在文中说：“当外部权威控制被解除后，剩下的问题就是寻找根植于经验中的控制因素。”这句话的含义是什么？就课程领域而言，你最熟悉哪些方面？请举例说明在学生的学习经验中还存在哪些方面的控制?

教师之声——理论联系实际

隐性课程的价值

琳达·茵赖（Linda Inlay）

摘要：学校的“隐性课程”表达某种价值，然而学校所宣称的价值却同学生经验的价值有一定的距离。作者描述了一所特许初中学校文化的发展，该学校通过读、写、算的显性课程和价值的隐性课程来表现自己的特点。

无论教师是否打算传授价值，他们都要进行传授，而实际上教师的表现根植于日常课堂中的道德行为（Jackson，Boostrom & Hansen，1993）。同样，学校文化通过教师、家长、学生间的互动方式和学校关于纪律和决策等问题的政策体现其价值。

古德莱德（Goodlad）通过对1 000多个班级的八年研究发现了一个“巨大的伪善”（great hypocrisy），即学校所宣称的价值和学生经验的价值存在明显的差异。这些差异使愤世嫉俗的学生们不再认真看待学校所宣称的个性特征（Postman & Weingartner，1969）。

小河学校（River School）是一所有大约 160 名学生的特许初中，我们努力通过读、写、算的显性课程和价值的隐性课程来形成该学校的整体文化特征。阿德勒学派的心理学家罗蒙德·考斯尼（Raymond Corsini）把价值的隐性课程称作 4R：责任（responsibility）、尊重（respect）、丰富性（resourcefulness）和反馈（responsiveness）（Adler，1927/1992；Ignas & Corsini，1979）。
45 三十年前，学校校长、天主教主持 Sr. Joan Madden 同考斯尼合作实施个别教育，并雇用我当老师。从那时起，我就开始采用个性教育的方法，还告诉自己说：“你不是教学科内容，而是教你自己。”

在小河学校，我们没有讨论过个性，也没有颂扬过价值，因为我们知道有效的个性教育是要学生做出我们希望的价值表率。我们努力协调学校的每一部分：从评价到奖励，从决策到惩罚，都尽力鼓励和提升学生的个性发展。我们的使命是通过个人和社会责任的实例使学生形成强烈的自我意识。

提升个人责任

例如，我们在学校的新校区还不足一个月的时候，火警被拉响了。这是因为我们还没有建立起安全公约，其中两个学生在做游戏（horsing around）时不小心拉响了火警。我还没到办公室时，拉响警报的两个学生就很自觉地承认了错误。他们通过向受影响的不同人道歉来澄清他们的错误（clean up their mistake），一个学生很自觉地向消防领导承认了自己的错误。这样，错误变成了重要的经验，其实所有的错误都应该如此。

这些学生很愿意为自己的行为负责。我们把负面的表现作为需要的信号，我们带着积极的心态做出反应，而不是仅仅惩罚错误的行为。人们抵制任何带有暗指他们是“坏或错”的典型信息的精神；相反，这些学生已经听到了责任的呼唤：

> 你做错了。做人就意味着犯错，要从错误中吸取教训，你认为你应该来澄清你的错误吗？

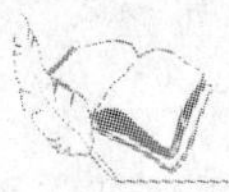

教师强调创造一个即使犯了错也让学生感觉安全的氛围。我们承认我们不该对学生的错误感到愤怒。在情感安全的阈限内，我们支持学生为他们的行为负责，允许他们经历适当与自然的结果。如父母明白他们不应为孩子忘记带家庭作业而负责任。

责任是我们系统分析个性方法的一个必要概念，同我们基本的人类的假设相联系。人类是自我决定的动物，我们自由地做出选择，因为我们具有思考、辨别和反思的能力，所以我们才渴望做出我们自己的选择。

如果人类能够自由并且有能力做出选择，那么经历“好或坏”的选择结果就是人类如何选择的过程。在小河学校我们安排了适合不同年龄学生选择的学校课程和文化，就是为了学生在试误中学习那些有利于或不利于独立学习和个人成长的东西。

初中将能检验和摆脱小学中已学的东西，我们希望学生跨越不同的边界学习选择、影响、自由与责任。学生们说，他们清楚我们的纪律系统是不同的，因为我们对待他们像成人一样，甚至当他们不像成人一样行动时也是如此。我们相信我们的学生经过一段时间的练习会具有做出良好决策的能力。

我们认为，责任是反映个人把自己看作引发事件者，而不是受害人的自动自发的态度。自认为积极而不是被动的学生不会责备别人。他们把错误或情景作为他们
46 选择后的结果。若这种情景无法控制，他们对该情景的反应就是自己所做出的积极或消极的选择。

这种方法减少了外部控制，培养了学生学习的动力，增加了他们面对挑战和克服挑战的信心。

提升社会责任

自我决定是人类需要的一个方面，集体和归属感则是另一个方面。如果不认为集体是一个接纳不同性格的个人的安全地方，那么也不会认为学生个体能充分发展。尤其是在初中，我们看到学生正努力实现这种需要，他们尤其需要拥有他们认可的同伴的行为方式和外在标志，同时他们也尽力打破传统所形成的对他们的个人认同。

作为成长的个人，学生必须相信学校集体接受个别差异。如何更好地对待不善交往的学生是对学校传授社会责任有效性的一个检验。大部分时间，我们的学生相互尊重；当他们不这样做时，学校便有机会学习如何让每位学生都感觉到学校的安全。

例如去年，学生们指责一个可能有点孤独症的同学。经过学生们的同意，我们尽力开展了几次小组会议，帮助学校集体理解为什么他死盯着别人或发出奇怪的嘈杂声，对话的结果是学生们开始把他拉到餐桌边，减少对他的嘲笑。即使有人嘲笑时，其他同学也尽力保护他。这种公开的谈话使每位学生意识到在学校中他对别的同学的意义。

我们如何教授“反应”（responsiveness）即相互负责的价值？我们开始意识到，我们需要满足学生自我价值和对学校文化归属感的需要，我们要倾听学生的话、尊重他们的意见而且要信赖他们。

我们把学生分成几个家庭倡议小组，其中家庭教师是倡议者。家庭小组又被进一步分成小的“倾听组”，每隔一周同教师分享他们的问题与获得的成功。这些会议给学生参与解决学校问题提供了思路。

例如，一种情况是，有人弄脏了男浴室，学校建议讨论这个问题。一个家庭小组自愿全天监视浴室。学生们没有保持学校以往习惯的沉默惯例，而是揭发了那个男孩，因为他们相信在惩罚的过程中他能得到尊重的对待。另一种情况是，学生不喜欢教师和学委会制定的穿衣规范，学生们在教师会议上提出了改变的意见，并通过做大量的工作来实现支持他们认可的穿衣规范的目的。

我们开发课程的时候，认真听取了学生的意见和问题。我们遵从国家课程协会(National Middle School Association，2002)的课程整合方法，这种方法建立在征询学生自己的实际标准的问题上。

如果一个学生感觉到教师有问题，他
47 能要求召开一个协调会，会议的目的不是质疑权威或谁对谁错，而是让教师和学生能相互理解对方的观点。例如上半年，一个学生感觉教师指责他，便要求召开一个会议，教师也受到“邀请”，并问该学生：“你想对我说什么?”学生回答完后，教师换一个角度表述学生所述，反之亦然。经过这样一个积极倾听的平台，每一个人开始能够理解对方行为的原因，随后他们的关系和课堂交往得到了提升。

我们同学生、教师和家长使用同一个会议平台。矛盾的改善者经常是提供建议者或校长，新教师也可通过在教师会议中的观察和特殊训练学习这些交往技能。在某些情境下，学生在倾听小组中改善他们自己的冲突，或要求教师给他们足够的时间去这样做。例如，去年两个学生在万圣节时互相嘲笑对方的服装，他们的矛盾出现四个月后，协调会帮助他们解决了问题。他们主动相互道歉，很愉快地度过该学年的其他时光。

一旦有了理解，双方就能达成共识，集体中的矛盾变成了学习处理差异、倾听和解决问题的机会。我们以这种方式赋予我们学生权利，让他们更有效地表达自己的意见。无论学生们表达的是对个人关系、穿衣规范还是第一修正案的意见，他们都必须有逻辑地和理性地思考自身的立场。这些积极的参与能提升学生批判思维的能力，使学生对集体和学习产生责任意识。

学生也明白集体离不开他们，因为他们是集体的核心，能够提供社区服务、规划学校会议和问题。当学校环境适应学生自我实现和归属需要时，学生乐意同别人合作和追求美德。

不难看出，我们学校的隐性信息非常明显，即我们深深地尊重我们的学生。这并不是因为他们是我们的学生，而是因为所有的人类有权彼此尊重。尽管我们的计划并不是全新的，但我们却把这些理念付诸学校实践，所以我们的整个学校文化成了我们的隐性课程，我们所做的和所说的每一件事情都传达了我们学校自己的个性。

参考文献

Adler, A. (1927/1992). (Trans. C. Brett.) *Understanding human nature.* Oxford, UK: One World Publications.

Goodlad, J. (1984). *A place called school.* New York: McGraw-Hill.

Ignas, E., & Corsini, R. J. (1979). *Alternative educational systems.* Itasca, IL: F. E. Peacock Publisher.

Jackson, P., Boostrom, R., & Hansen, D. (1993). *The moral life of schools.* San Francisco: Jossey-Bass.

National Middle School Association. (2002). NMSA position statement on curriculum integration [Online]. Available: www.nmsa.org/cnews/positionpapers/integrativecurriculum.htm

Postman, N., & Weingartner, C. (1969). *Teaching as a subversive activity.* New York: Delacourt Press.

琳达・茵赖，加利福尼亚州纳帕小河学校负责人。

思考题

48 1. 参考你熟悉的分类层级和学科领域，举例说明茵赖的“无论教师是否打算传授价值，他们都要进行传授”。

2. 茵赖说：“我们需要满足学生自我价值和对学校文化归属感的需要。”你在多大程度上支持或反对茵赖的观点?

3. 根据茵赖的观点，小河学校的文化成了学校课程的一部分，反思一下你所参加的学校，描述你所经验的隐性课程。

学习活动

批判性思考

1. 想象一下，如果杜威今天还活着，并在你最熟悉的学科和层面上教学，描述一下学生在他课堂上的课程经验。用同样的方法形成在本章中出现的其他有影响的课程理论家——如赫钦斯、巴格莱、克伯屈和布莱梅尔德所假设的情景。

2. 回想一下从幼儿园到大学教过你的老师。哪一位属于典型的永恒主义、要素主义、进步主义、重构主义?

3. 你怎样看待小学老师、中学老师和大学老师的课程哲学导向的差异?

4. 本章中的四种哲学导向，你最喜欢哪一种? 最不喜欢哪一种? 如果让你倒回十年前，你的观点会有变化吗?

5. 研究一下你所选择的课程规划目标并尝试判断它们是否是“学科中心”、“社会中心”或“学习者中心”。你认为它们属于哪一类? 四种哲学导向哪一种更接近实现课程目标的三种方法之一? 和班上别的同学分享你的看法。

6. 在20世纪，有关教育目标有多种论述，每一种对课程规划的进程都有影响。其中，最有影响的要数1918年中学重组委员会发布的“教育的七大基本原
49 则”。中学基本原则的七大目标是：健康、基本技能掌握（读、写、算）、有价值的家庭支持、具备才能、公民的职责和权利、有效业余时间的利用和民族性格。美国克林顿政府时期的教育部制定的2000年目标又附加了八个领域：学校入学情况，学校毕业情况，学生的成绩和公民的权利，数学和科学，成人教育和终身学习，安全、纪律和禁止酗酒及吸毒，教师教育和专业发展，父母参与。这些目标是如何发生变化的? 在哪些方面仍然没有变化?

应用活动

1. 要想保证你的课程哲学导向的动态、发展和常新而不是静止和局限，应该采取什么举措来维持你的职业生涯?

2. 调查一下现代教育杂志，努力分清楚哪些是永恒主义、要素主义、进步主义和重构主义。

3. 帮助教师设计一个包括4～6个学生的小组活动，其中，学生扮演教师是为了决定课程的一般目标。其他学生观察和记录扮演者所表达的课程导向。15～20分钟的活动后，全班讨论课程规划过程。

4. 在一个月的时间内，尽量记录媒体有关大、中、小学的评论。比较你和学生记录的评论异同，并辨别评论中所反映的哲学导向。

实地体验

1. 访问一所学校，并同管理人员探讨学校课程的目标。他们的评论反映了哪一种教育哲学导向，是永恒主义、要素主义、进步主义还是重构主义? 对高等教育的研究生荣誉项目的负责人、通识教育的指导者、教育系主任、学术主任或部门主管做一个相似的访谈。

2. 观察两个你最熟悉的不同教师的课堂，他们的课程最符合哪一种哲学导向？ 50

3. 让你的导师给你安排一名当地学校的课程协调员听你的课。另外，了解这个人的工作，要他描述他们学校的课程规划过程。另一种情况是让你的导师给你安排一个相似的访谈，访谈对象是高校的领导：研究生荣誉项目的负责人、通识教育的指导者、教育系主任、学术主任或部门主管。

网络活动

本书中的网络活动是帮助你进一步学习课程规划，使用同课程规划有关的关键词和你喜欢的搜索引擎了解最新的信息和资源。

1. 访问下列三个网站，搜索你感兴趣的有关课程哲学导向的材料：美国哲学协会主页（www philosophy sites），滑铁卢大学主管的“www philosophy sites”和哲学空间（Philosophy in Cyberspace）。

2. 访问南伊利诺伊州的杜威研究中心，并汇集同杜威教育作品有关的文章、协会和参考资料。

3. 在线加入杜威讨论小组，然后参与讨论在线的兴趣活动。

4. 在美国大量的组织影响了课程目标的形成。访问下列网站，并比较它们观点中的课程目标的异同。

Alternative Public Schools Inc（APS）
American Federation of Teachers（AFT）
National Education Association（NEA）
Chicago Teachers Union
National Congress of Parents and Teachers（PTA）
Parents as Teachers（PAT）
Texas State Teachers Association

第2章

社会力量：现在与未来

51 焦点问题

1. 当前有哪十种社会力量影响课程？
2. 三种有助于学习者完成的有效课程的开发任务是什么？
3. 社会力量有哪三个层次？它们是如何影响课程的？
4. 哪一种社会科学理念有助于课程规划者理解影响课程的诸多社会力量？
5. 在开发课程时，许多准备是着眼于学生的未来的。那么“未来规划”有哪些作用？

尽管教育在塑造明日之世界中扮演着重要的角色，但同时它也被当下和未来的经济、政治、社会、人口以及技术力量所塑造。既然教育反映了一个社会的目标和价值，那么教育就必须同特定时空中人们的生活和观念相协调。因而，作为课程规划者，必须理解学校和学校制度是如何反映周围的社会环境的。

鉴于社会环境是极具影响力、不断变化的，因而对社会的描述必须加以提炼、不断修改。课程规划和教学的批评维度正是对当下社会力量和未来趋势的不断反思。尽管无人能够准确地预知未来，但它对课程规划具有深远的影响。正如阿尔文·托夫勒（Alvin Toffler，1970，p. 363）在《未来的震惊》（*Future Shock*，该书30多年前曾经轰动一时，举国瞩目）一书中所说的：“教育皆源于未来的镜像。如果社会所拥有的未来镜像整体上模糊不清，那么教育制度将会欺骗年轻一代。”因此，应该经常审视现代的社会力量和未来的趋势，并力图理解它们对课程的意义以及对幼儿园和高等教育的重要性。

52 21世纪伊始，我们面临着一系列上个世纪初未曾想象和遭遇过的机遇和挑战。尽管目前我们还无力把握新世纪的走向，但我们确实知晓教育与人类未来的生活质量休戚相关。现在我们更强烈地意识到，教育在塑造人类美好的未来中所肩负的历史重任，而且世界上每一个国家都深深地感受到，教育无论对个体还是对人类共同的福利都至关重要。

课程与未来

对课程规划者而言，非常关键的问题就在于“我如何才能将未来未知的要求整

合到现在的课程规划之中?”接踵而来的问题多得像跑道上的飞机，诸如日益增大的种族和文化差异、环境、价值观和道德观的变迁、家庭、微电子革命、职业的不断更替、平等权利、暴力和犯罪、生活的目的和意义的缺失，以及全球化等。正是这些问题，不仅对未来各个层次的教育产生深远的影响，而且对课程规划的过程也无疑将产生重大的影响。

1. 种族和文化差异。二战后美国少数民族在总人口中的比例持续增长。根据美国统计局的报告，2000 年居住在美国的外国移民已达 2 840 万，同时每 30 秒钟就有一人移居美国。

新移民和移民的子女已占美国人口增长的 3/4 强（Center for Imm igration Studies，2004)。20%的国会议员是移民的后代，在世界上没有别的国家能对它的合法领导体制作出这样的宣称。此外，统计局预计：

- 到 2010 年，非裔和西班牙裔美国人的总数将与白人人口数持平。
- 到 2025 年，美国年轻人将有一半是白人，一半是少数民族。
- 到 2050 年，没有一个群体能够成为社会的多数民族。

当然，这种持续增长的差异性在美国的中学、学院和大学得到了鲜明的体现。2000 年，39%的公立学校学生来自少数民族群体，自 1972 年以来增长了 17%。这在很大程度上要归因于西班牙裔学生比例的增长。2000 年，西班牙裔学生占公立学校招生人数的 17%，比 1972 年高出 11%。非裔美国人占公立学校招生人数的 17%，较 1972 年上升了 2%。同时，来自其他种族和少数民族的学生人数也从 1972 年的 1%增加到 5%（National Center for Education Statistic，2002)

在一段时期内，人们普遍认为，美国是一个民族“熔炉”，不同的民族文化在其中融为一体。然而在我们这个社会，民族和文化的差异依然很大，用“色拉盘”来比喻我们这个社会的文化多元主义是再恰当不过了。我们认为，文化的多元特质应予以保护，而不是简单地融为一种文化。美国一直都在吸收不同民族的精华，因此课程规划者应当保护文化的多样性，并高度重视其价值。

2. 环境。现在人类对大自然的开发越来越娴熟，以满足人类自身日益增长的 53
种种需要。科学技术的突飞猛进，美国工业化程度的加深，使许多人相信，人类可以随心所欲地控制和利用大自然。然而，我们现在已经认识到这并非事实。先进的电脑模拟和生态学专家警告我们，如果我们不精心呵护地球，我们所做的一切注定会失败。有些人甚至认为，人类已经到了无法挽回的地步——空气和水被严重地污染，自然资源遭到了掠夺和抢劫。如果我们还不采取有效的措施遏制这种行为的话，人类走向毁灭只不过是迟早的事情。一些物种濒临灭绝或者变种，这会危及其他物种的生存。所有这些现象表明，世界的生态系统已经处于危险的边缘。显然，诸如人口过于拥挤的问题、污染问题、臭氧层的破坏，以及其他可怕的环境灾难发生的可能性，是各个层次的课程需要致力解决的问题。

3. 价值观和道德观的变迁。我们的社会正在失去信仰，包括政府机构、学校、宗教、各种专业机构。全球重大事情发生的节奏之快令人头晕目眩，这使得人们价值观的变化十分迅速，正如社会中的各种时尚来去匆匆。例如，在很短的时间内，我们经历了价值观的如下变化：从提倡节约到崇尚高消费，从提倡“生态型节约”到倡导新的高消费。在今天的中年一代中，这种变化还远未停止。这种价值观的不断变化主要归因于年轻人缺乏价值观教育，学校没有把好的价值观传授给他们。当今道德标准的不断波动，主要是受到人们私人生活不断变化的影响，诸如成人和少儿的吸毒、青少年酗酒和较高的离婚率等。

一部分教育家越来越相信，课程内容应该包括价值观的推理过程和价值观的分类。价值观教育和道德推理的方法被称为“个性教育”。《2004 年度的成绩报告：美国青少年的道德品质》（*2004 Report Card：The Ethics of American Youth*）反映了对个性教育的需求。该报告是在对近25 000名高中学生调查的基础上形成的，由一家非营利性的中立公司——约瑟夫森道德研究院主持。报告显示，62%的学生曾经考试作弊，27%的学生在过去的 12 个月中有过商场偷窃行为。此外，40%的学生承认有时为得到钱而撒谎。

另外一些教育家力主进行广泛的调查研究，断言道德判断的教育过程应在各个教育阶段恒久地进行，促使儿童能依据平等、公正、关爱和同情的原则生活。但也有少部分家长和教师反对将价值观和道德教育列为教学的范畴，而认为这些理应由家庭和犹太教堂来完成。在最低程度上，我们的各种社会机构，包括学校、大众传媒、政府、宗教团体以及家庭有必要重新规定和阐明在道德观和价值观教育方面它们所负有的责任。

54 4. 家庭。在传统意义上，家庭是美国社会最重要的构成之一。然而时至今日，在许多情况下，家庭在社会这个严密的组织系统中不再有良好的运作。由于人口的流动性颇大，家庭不再紧密地维系社区，家庭成员也散布在不同的地域，越来越多的儿童在缺乏父爱和母爱的环境中成长，父母亲的作用因此也发生了巨大变化。

在这个复杂的社会里，家庭承受着来自方方面面的压力并很难得到解决。对一些家庭而言，这种压力可能是毁灭性的。诸如经济困难、吸毒或者家庭暴力很容易导致家庭的崩溃。这些家庭的孩子在学校读书时，更有可能陷入健康和情感方面的困境。

随着离婚率的升高和更多的妇女进入劳动力市场，众多美国家庭发生了剧烈的变化。父亲在外工作，母亲在家带两三个孩子的家庭类型不复存在。在过去的 20 年里，单亲家庭、继亲家庭、混合家庭、延伸型家庭的数量迅速增加。300 多万的孩子由他们的祖父母抚养，而同样数量的孩子则由同性的家长抚养（Hodgkinson，2002）。2000 年，28%的孩子由单亲抚养，其中，20%的孩子跟母亲生活，4%的孩子跟父亲生活，另外 4%的孩子没有跟父母亲中的任何一方生活。（Federal Interagency Forum on Child and Family Statistic，2003）

5. 微电子革命。未来的学习者需要掌握丰富的电脑知识和技能。他们要学会使用电脑，以便在全球范围内进行广泛的交流，并能够创造性地解决一些复杂的问题。为了能让学生在互联网、光盘和数据库中获取大量信息，中小学和大专院校必须为学生创造各种相关的条件，教师也因此需要更为娴熟的信息技术知识和技能。尽管信息技术的快速发展势不可当（Mehlinger，1996），但我们必须明白，电脑仅仅是一种工具，它可以用来拓展人们的能力，增进互动，为学生提供有组织的学习环境。电脑的运用有助于培养学生综合的获得信息和处理信息的能力。

显然，网络以及相关的通信技术已经改变了我们所生活的世界，包括工作的时间和空间的改变，产品和服务范围的拓展，学习的时间、空间和学习方法的改变。电脑、多媒体和通信设施具有强大的威力，对各种水平的课程和教学产生了深远的影响。在信息技术广泛应用的背景下，埃里克·沙勒（Erica Scharrer）强调学校教

育、继续教育以及由各种各样的社区组织开办的针对成人的培训项目开设信息知识课程的重要性。同样地，凯文·马尼斯（Kevin Maness）建议教师们应为学生提供一些关键性的信息知识技能，把孩子们从信息爆炸中解脱出来。

6. 变化中的工作世界。微电子革命极大地改变了我们的工作和工作场所。很 55
明显，我们生活在所有工作都在发生改变的革命浪潮之中。

指导幼儿园、中小学校、研究生院的课程规划者，其重要的目的是丰富教育经验。学生希望获得这种教育经验，它能够使学生终身进行自主的学习。在激烈变化的劳动力市场，职业变更将成为平常的事情，因此，个体必须在工作中不断地学习。

7. 平等权利 。美国妇女和少数民族群体现在更自由、更积极地争取平等权利。尽管非洲裔美国人、拉丁美洲裔和西班牙裔美国人、亚裔美国人和来自太平洋诸岛国的美国人、美国土著人和阿拉斯加土著人就如何争取平等权利这一问题的意见尚未达成一致，但他们拥有共同的事业，这就是与多年来业已存在的不平等现象、边缘化和经常性的非人道待遇抗争。此外，那些已经意识到自己身处贫穷境地的人们，不管他来自何种种族，具有什么肤色，都在为争取更好的生活而不懈地斗争。最后，在历史上占主导地位的英国和欧洲后裔的美国人当中，有部分成员认为，由于过多地考虑其他群体的权益，他们自己的权益正在遭到破坏。

不论社会地位的贵贱、能力的高低，也不论性别、性取向、民族或者种族存在何种差异，为所有的学生提供平等的受教育机会已经迈出了坚实的步伐。尽管如此，在这方面仍然需要做出进一步的努力。根据弗里德里克·M·赫斯（Frederick M. Hess）和彻斯特·E·芬恩（Chester E. Finn, Jr.）的观点，《不让一个孩子掉队法案》（No Child Left Behind, NCLB）最关键的目的是确保教育机会的公平："《不让一个孩子掉队法案》承诺国民最终确保所有孩子享有获得美国人梦想的机会。"但在另一方面，丽莎·圭斯邦德（Lisa Guisbond）和蒙提·尼尔（Monty Neill）认为 NCLB 加剧了而不是解决了教育不平等问题。

尽管向学生提供课程和教学经验的法案并不总是恰当的，但由于缺乏足够满足不同学习风格的青少年需求的教育选择，使得没有残疾的学生在特定的教育班级中结束学业。随着对高标准的不断强调，存在着这样的风险，即给学业成就低的学生贴上残疾的标签。本章中，提纳·M·安科蒂尔（Tina M. Anctil）向教师们提供了满足不同学习能力学生各种需求的操作指南。

尽管对学校应促进社会的变革和平等这一点已经达成共识，但一些人依然认为，通过对来自不同社会经济阶层的学生授以优质的课程，教育实践可以再生产现存的社会秩序。事实上，学校有助于维持社会中现有的分层，保持"无产者"和"有产者"的区分。正如乔·斯普林（Joe Spring, 1999, pp. 290-291）所言："美国社会富有的成员设法让他们的子女住在富人学区或是进入私立学校，以保证他们的
子女享受教育和经济的特权。富人的子女进入的是高精尖的高等教育学府，优越的 56
教育背景使得他们轻而易举地步着父辈的后尘，在金融界获得成功。"迈克尔·W·阿普尔（Michael W. Apple）坚持认为："美国保守势力集团把教育融入一套更为宽泛的意识形态承诺的范畴，它的主要成就之一在于，转移对失业和待业的责难，对经济竞争的失利、家庭和教育中假定的传统价值观和标准的责难，对经济、文化、社会政治领域、统治集团、学校和其他公共机构的责难。"

8. 暴力与犯罪。我们的社会是一个充斥暴力和犯罪的社会，恐怖主义、街头犯罪、家庭暴力、团体暴力、积怨而起的犯罪、有组织的犯罪是最好的证明。对政府最高层面存在的犯罪和欺骗、社会福利和税收中的欺诈行为、商业中的腐败、电视和电影汇总的暴力、滥用毒品等现象的多次调查结果表明，我们的社会存在着对他人权利和财产的惊人的侵蚀。

犯罪对教育的影响令人吃惊，国家每年用于修复学校被破坏的公共财物的资金高达 6 亿多美元。国家家长教师协会指出，这笔费用大大超出了用于支付全国中小学教科书的全部费用。国家校园安全协会统计出每年校园犯罪宗数大致有：

- 12 000 宗持枪抢劫；
- 270 000 宗偷盗事件；
- 204 000 宗严重暴力事件；
- 9 000 宗强奸案件。

根据美国司法统计局和国家教育统计中心联合发表的 2003 年《学校犯罪与安全报告》(*Indicators of School Crime and Safety*) 显示，自 1992 年以来，美国学校的犯罪率已经降低。但 2001 年，年龄在 12～18 岁的学生在764 000起暴力犯罪和 120 万起校园盗窃事件中成为牺牲者。71%的公立学校有过一次或者更多的暴力事件，36%类似这样的事件向警方报案。

此外，美国司法部估计美国有超过30 500个团伙和大约816 000名团伙成员 (Moore and Terrett，1999)。根据 2003 年《学校犯罪与安全报告》，22%的公立学校学生报告他们所在的学校有街头团伙，而私立学校只有 5%。城市学生报告的所在学校的街头团伙比例 (29%) 高于城郊学生 (18%) 和农村学生 (13%)。

自 1996 年以来，伴随着校园枪击事件的增多，国家加大了对校园犯罪和安全的关注。这些团体涉及的悲剧性的事件有，Moses Lake，华盛顿 (1996)；Pear，密西西比 (1997)；West Paducah，肯塔基(1997)；Jonesboro，阿肯色州(1998)；Springfield，俄勒冈州 (1998)，Littleton，科罗拉多州；Conyers，佐治亚州 (1999)；Santee and El Cajon，加利福尼亚州 (2001)。既然在每一起校园恐怖暴力事件后都在重复问
57 的问题是“为什么”，那么就需要对理解青少年暴力的根源重新做出努力。

9. 目的和意义的缺失。许多个体因缺乏足够的能力，无法达到他们所认定的目标，从而丧失了生活的意义。联盟的崩裂、家庭结构的变更、部分领导的非道德行为、社会公正的偏离、收入的落差、科技令人头晕目眩的快节奏、全球经济的巨大波动、科学和“专家”的失信，所有这些让人们确立生活的目的和意义变得尤为困难。越来越多的人感到，他们正在与社会疏离，同时也与家庭和他们自己疏离。

越来越多的儿童和青少年生活在极度的压抑、家庭暴力、贫穷的煎熬、犯罪、缺乏成人引导等境况之中。为了寻求生活的目的和意义，他们不得不借助音乐、游戏、电影、性或者在超级购物商场闲逛、与朋友在街头游荡等来填补心灵的空虚。当代青少年的脆弱在《巨大的转变：为青少年进入新世纪做好准备》(*Great Transitions Preparing Adolescents for a New Century*) 一文中得到了生动的刻画。这是美国“卡内基青少年发展委员会”所作的报告。报告指出：“将近半数的美国青少年处于极度和轻度的危险之中，这表现为他们的生活机遇受到严重的损害，这种损害或许是即时而明显的，或许是延迟的，就像在青少年中安放了一枚定时炸弹” (卡内基青少年发展委员会，1995)。我们对儿童和青少年中出现的下列现象表示深

切的关注是明智的，比如学业失败、留级、辍学、意外事故、厌食、暴力行为、犯罪活动、迷信和崇拜、精神压抑、滥用毒品、自杀、青少年怀孕、性病的传播等。

10. 全球化。世界各国之间的联系对各级教育的课程开发具有重大的影响。教育有助于我们理解各个国家之间的联系，并增进全世界人民对彼此之间的需要和动机的敏锐度，这是非常重要的。我们未来的幸福取决于人类明智地参与全球化的合作。因此，未来课程必须强调全球的相互依赖、尊重其他人的观点和价值观，通过国际合作，解决对安全、健康、环境和人权所构成的威胁。

我们的命运同世界上其他国家人民的命运维系在一起。例如，2001 年全球都感受到"9·11"事件的恐怖。因此，各个教育阶段课程的一个重要目的就是，增进对社会、心理和历史背景的理解，从而使彼此的思想和行为趋于一致。

社会力量与个体

如果我们充分考虑到民主社会的公民必须完成三大发展任务，那么，社会环境与教育事业的协调发展也就是必然的。首先，每个人必须选择职业，在我们的社会中，个人的身份主要是由他的职业所决定的。工作环境是根据大多数个体日常活动的经验布置的，而朋友是在一起工作的同事中产生的。其次，民主社会需要这样的公民，他们随时能够应对政府中现存的各种重大问题。最后，每个人面临着自我实现和自我 58
发展的挑战。因此，从单个学习者的视角来看，比较满意的学校教育——从学前教育到高等教育，必须不断提升学习者的能力，以完成三大方面的发展任务：职业、公民身份和自我实现。这三大方面的发展任务的性质在不同的社会是不同的。比如说，在发达的工业化社会，迅速变革是永恒的真理。因此，完成生命发展任务的途径也要不断地变化。

由于社会力量在不断地变化，教育事业理应作出相应的调适。而且，每种社会力量不可能独立存在，他们是相互联系和相互依赖的。社会中的每一个体都会感受到这些势力的影响，当然，这些影响不是同时的。关于这一点，我们可以通过如下家庭的情景来加以具体说明。

> 莉莎（Liza）是一个非洲裔美国人，居住在大城市中的一个贫民区，14 岁，是家中 9 个孩子中的老大。她父亲 5 年前就离开了家，因为他找不到工作。他也清楚，只要他离家出走，他的孩子们就有可能从政府那里获得更多的救济金。莉莎的母亲在晚上工作，所以莉莎放学回家后，需要照看房屋，照顾弟妹。她家只有两个房间，老鼠到处乱窜，室内管道破旧，卫生间设施简陋，暖气设备也经常出问题。弟妹们每天只吃一顿正餐，在学校也没有零花钱，穿着破旧。
>
> 凯文（Kevin）是一个白人男孩，居住在中等富裕的郊区，14 岁，有一个 17 岁的姐姐，他的父亲是位律师，在城区工作，通常很晚才回家，母亲社会应酬较多，而且酗酒。父母经常大声吵闹，甚至公开谈论离婚。姐姐吸食可卡因，经常与男朋友一起共度周末。凯文营养良好，家居豪华，有较多的零用钱。
>
> 罗伊（Roy）也是一个白人男孩，家住在郊外的一个工厂附近，14 岁，有一个哥哥、一个姐姐，他的父亲是工厂的工人。罗伊住的房间虽小，但比较舒

适。他家虽然没有多少奢侈品，但他们的需要一般都能得到满足。他的父母是虔诚的教徒，每周带他上两次教堂，时间是周三晚上和星期天。他父亲是退伍军人，有时会骄傲地向子女们展示他在服役期间获得的几枚奖章。父母经常和孩子们待在一起，罗伊也经常能听到父母在谈论激进分子和少数民族群体如何抨击国家。

这三个年轻人在同一所学校上学，是同班同学。每天罗伊步行三条街到学校，莉莎和凯文乘公交车上学。请思考下列问题，并试着用你自己的语言回答：

1. 三个年轻人有什么相似之处？

2. 他们有什么不同之处？

3. 社会力量在他们的生活中起什么作用？

4. 考虑到他们拥有不同的社会背景，学校课程规划怎么才能满足这些学生的不同需要？

5. 这三个学生拥有不同的社会背景，作为他们的老师，教学时该如何从他们的相似性和差异性入手，做到因材施教呢？

59 显然，每个学生都有各自的特殊性，社会力量对他们的生活的影响是不同的。学校课程不仅应该充分考虑学生的个体差异，同时也要满足整个社会的需要。如果你对下列问题进行深层思考，你会更明白上述问题。

1. 学校应该如何积极回应社会力量对学生的影响？

2. 讨论社会问题的学习应占课程内容的多大份额？

3. 许多家长认为，现行课程要么过分强调社会问题，要么不够重视。学校对此应做什么反应？

社会力量的层级

课程规划者应着力思考课程的社会力量的三个层级（参见图 2—1）。社会力量的第一层级是国家与国际这一层级，它关注的是课程规划必须辨明和运用的十种趋势和关键问题。

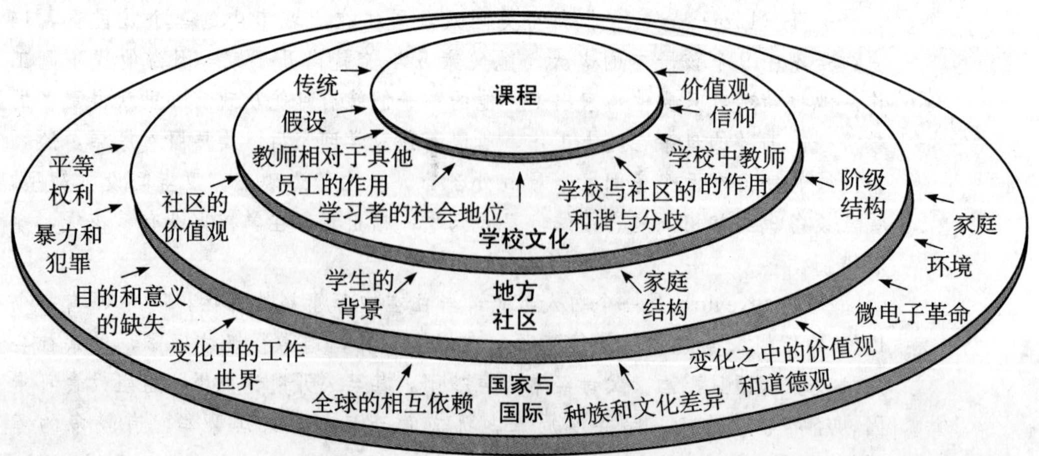

图 2—1　影响课程规划的社会力量的三个层级

社会力量的第二个层级是地方社区，包括家庭结构、种族、肤色、学生的宗教

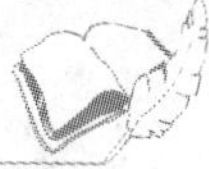

背景、社区的价值观。社区层级上的社会力量对学生的影响颇大，决定性地影响着他们所体验的课程的适合程度。

最后，社会力量的第三个层级是文化。社会力量直接决定着学生在学校的生活
质量。在文化层级上的许多社会力量包括个体学习者的社会地位、学校中教师的作 60
用、教师相对于其他专业技术人员的作用，以及教师与其他专业技术人员的和谐程度。这典型地反映出学校——社区的关系。学校、学院和大学是相似的，同时，它们又是不同的，每种机构都有其特定的文化。有些文化是在公共场合体现出来的，在大众场合，大家拥有相同的目的和承诺，在课程经验之外，为学生提供有意义的、严密的思维。有的文化缺乏统一的目的和方向感，年年都在变化。还有的文化表现出外部的失和、冲突。在学校文化中，暂且不管它们是如何凸显出来的，但文化上的社会力量在课程规划和教学中起着重要的作用。

源自社会科学的概念

有好几个概念来自社会学、人类学和社会心理学，它们对界定和描述课程规划中必须考虑的社会力量具有重要的意义。它们分别是人性、文化、文化适应、亚文化和文化多元主义。上述概念可以引申出许多相关的概念。当考虑社会力量对当代课程规划的影响时，这些概念是最突出的。

“人性”的概念是课程规划中一个非常重要的构成因素，它是一个非常重要的概念。尽管世界各国都在独立自主地发展自己，但在致力于解决人类共同面临的环境污染问题、能源和食物短缺问题、恐怖主义问题时还需要国际合作。在美国和加拿大，课程规划者除了试图理解影响社会的社会力量之外，他们还要从总体上思考影响人性的社会力量。跨越国界的“文化的普适性”应成为课程规划的重要指导思想。例如，艺术方法用于世界各国，这或许能够拓展学生对课程诸多领域的理解。

“文化”这一概念有诸多的界定方式。简单来看，“文化”是特定人群共同拥有的生活方式，它表达了这些人认知世界的方式，它同样包括价值观、态度以及影响人们行为的信仰。世界上有成百上千种不同的文化，无人能够了解所有的文化。尽管各种文化之间差异颇大，但所有的文化在一点上是相似的，那就是它们在群体内起着重要的作用。比如，某种群体文化可能规定了一定的获取食物、衣着和居住的方式，也可能表明了群体内的分工模式，还有男性、女性、儿童之间，以及年轻人和长者之间的关系模式。在美国国内，我们发现不同的文化群体在语言、道德、宗教、政治、经济和地域等方面是完全不同的。例如，南方的本土文化与新英格兰的差异很大，而北卡罗来纳州与加利福尼亚州的文化明显不同。社会经济因素，诸如
职业和收入也是社区文化的重要方面。例如，我们在前面谈到的莉莎、凯文和罗伊 61
三个学生就具有不同的文化背景。

个体从生到死一直受着文化的浸润。在儿童的早期生活当中，他开始学习的是人的行为模式，这种行为模式自他一出世就受到文化的支撑。学习这种原创文化的过程被称为“文化适应”或者是“社会化过程”。由于我们的社会变得越来越复杂，对父母的要求日益增多，他们面临的压力也日益增大，各种社会机构承担起更多的社会责任，以促进儿童、青少年的社会化过程。

“亚文化”是文化群的一个分支，是在拥有某些共同特征的人群中形成的，而这些人群拥有主流文化的重要特征。例如，美国社会有好几种亚文化，许多出自这

些亚文化的儿童来到学校，他们拥有不同的生活经验，甚至有的生活经验是学校和教师前所未遇的。因此，课程规划者和教师应该理解社区中以及民族文化中亚文化的差异性和相似性。

另外，重要的是学习者对他们自己的文化情有独钟。课程规划者和教师应该懂得儿童带入学校的非主流文化是完全不同的，儿童的行为、态度和信仰差异很大。舍雷·布莱斯·希斯（Shirley Brice Heath）在 1996 年所著的《说话的方式》（*Ways with Words*）中非常有见地地分析了儿童说话的方式是如何受“罗德威尔”（Roadville）和“特拉克顿”（Trackton）两种亚文化的影响，并与学校所教的方式完全不同。

> 罗德威尔和特拉克顿的居民具有不同的文化传统。在每一社区中，口语的使用、意义的表达、行为、举止和身份获得等方面的传统是相互影响、相互交织的……罗德威尔的父母们认为，与孩子们一起进行读写学习是他们应尽的责任；而特拉克顿的父母们则认为，如果有必要进行阅读学习的话，最好是顺其自然，让孩子自己去学会阅读。对特拉克顿而言，书写的词汇是用来进行对话和控制的，这两个过程既严肃又好玩，而且词语是表演者用来不断创造他们自己形象和他们所知世界形象的工具。对罗德威尔而言，书写出来的语词限制了表达的种种变化，这对儿童上学之后的说话方式产生一定的影响（Heath，1996，pp. 234-235）。

“文化多元主义”是指种族和世代文化的多样性，而且它是基于复杂化的价值观、多种语言、不同的肤色和认知世界的不同方式之上的。“多元主义”这一术语从理论上还暗含文化的相互包容。文化多元主义意指每一个人有权受到尊重，具有平等人格，享受自由，具有法律和传统所赋予的公民权利。

文化多元主义要求课程规划者和教师注重开发学习经验和环境；在其中，每一社会群体对整个生活所作的贡献能够得到真正的认可，而且这种认可能够被最大限度地反映在课程之中。促进文化多元主义理解的学校所传播的是政治、实践和教育
62 上的包容性。

未来规划

什么样的课程最适合学习者应对未来的挑战？当然，没人能给出精确的答案。然而，这对课程规划者深入地思考未来是非常重要的。“未来规划”是对未来的诸种可能性进行概念化的过程，同时，也是采取步骤创造我们所期望的未来的过程。我们必须明智地从多种行动路线中进行选择。正如阿尔文·托夫勒在（Alvin Toffler，1970）《未来的计划》（*Futures planning*）一书中指出的：“每一种生活面临的不仅仅是有希望的未来，而且是一些可能的未来，甚至是更好的未来。”对这种变化的管理就是，力图把某种可能性变成有希望的事情。确定未来有希望的事情需要“未来主义”的科学勾画这种可能性，需要未来主义的艺术规定更好的未来，需要未来主义的政治构建更好的未来。

未来的规划者把当下的社会力量设想成未来的社会力量，希望确认一种方法以迎接与这些社会力量相关的各种挑战。与以往的未来主义者不同，当今的未来规划者很少预见简单的未来——用预言家托夫勒的话说，他们开发了许多的“可能性”

未来。

在对未来进行规划的过程中，课程规划者和教师、学生、家长以及其他的社区成员一道共同努力，讨论和明确现在的趋势，预见一种趋势对另一种趋势的影响。在力图改变未来的基础上，通过有为或者无为的方式去设计未来的图景。

例如，互联网及其相关的通信技术表明了根据当下的社会力量对未来进行规划是如何影响课程的。三十多年来，微电子技术得到了不断地改善和提高。电脑已经从实验室、大学和大公司走进了寻常百姓的日常生活，出现在百货商店的结算柜台和普通家庭之中。每天，世界数千万的人在虚拟空间中花费了大量的时间，他们在聊天室聊天，进行商业交易，参加远程学习，接收具有重大新闻价值的各种即时性信息。从当今社会微电子技术如此快速的发展中，课程规划者应得到什么启示呢?显然，运用电脑进行学习和解决问题是未来非常重要的一种文化能力。

这种迅速变化的快节奏要求课程既要为儿童、青少年和成人的现在做好准备，又要着眼于他们的未来。依据未来可能的各种变化培养学生的预见能力，学会观察地方、了解全球的发展趋势乃是课程的一个部分。今天，课程应帮助学习者通过参与现在有意义的学习经验来对未来进行规划。 63

标准问题——社会力量

从本章所谈论的社会力量中可以得出哪些标准问题?学习者的个体差异性、教学的价值观、自我认识的培养以及问题解决技能的培养，是课程规划的四个重要标准，这些标准阐明了社会力量是如何影响课程的。

首先，学习者之间的个体差异性与家庭背景、社区背景和亚文化有关。前面对莉莎、凯文和罗伊的描述充分阐明了社会力量提供了理解课程中个体差异的金钥匙。考虑到学习者中的个体差异性，课程规划者和教师的标准问题为:

1. 影响学习者个体差异的社会或者文化因素有哪些?

2. 课程如何适应学习者的个体差异性?

其次，所有的课程是在社会氛围中得以实施的。在这种氛围中，教师的价值观也许没有得到清晰地阐明，或者课程规划者和教师还没有意识到这就是我们通常所说的“隐形课程”，它通常是学校的文化无意识地传授给学生的态度和知识。本章中对文化多元主义的讨论阐明了社会力量与教学价值观之间的关系。因此，关于教学价值观的标准问题是:

3. 我们正在传授什么样的价值观?

4. 我们希望传授什么样的价值观?

再次，自我理解作为一种课程标准，是与文化的多元主义以及各种社会力量有关的。比如说，变化中的价值观以及家庭生活的改变。有效的教学应该帮助学生更充分地理解他们自己，无论他们来自什么样的家庭背景，他们的生活处境多么艰难。关于促进自我理解的主要标准为:

5. 学校教育如何帮助学习者达成自我理解和自我实现的目标?

最后，问题解决作为课程标准，要求课堂和教学有助于学习者阐明问题以及培养恰当的解决问题的策略。测量课程的有效性，提高问题解决技能的三个标准问题为: 64

6. 课程是否得以规划和组织，以帮助学习者确定个人和社会问题?

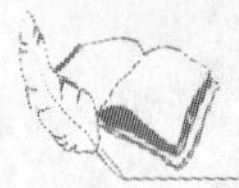

7. 课程有助于学习者获得现在和将来他们所需的解决问题的技能吗?
8. 课程是否考虑到了未来规划的技能培养?

参考文献

Annie E. Casey Foundation. *Kids Count Data Book 1998*. Baltimore, MD: The Annie E. Casey Foundation, 1998.

Bureau of Justice Statistics and National Center for Education Statistics. *Indicators of School Crime and Safety, 2003*. Washington, DC: Authors, 2003.

Carnegie Council on Adolescent Development. *Great Transitions: Preparing Adolescents for a New Century*. New York: Carnegie Corporation of New York, 1995.

Center for Immigration Studies. 2004. (Retrieved from: http://www.cis.org/topics/currentnumbers.html).

Heath, Shirley Brice. *Ways with Words: Language, Life and Work in Communities and Classrooms*. Cambridge: Cambridge University Press, 1996.

Henry, Eric, et al. *To Be a Teacher: Voices from the Classroom*. Thousand Oaks, CA: Corwin Press, Inc., 1995.

Lickona, Thomas. "The Return of Character Education." *Educational Leadership* 51, no. 3 (November 1993): 6–11.

Mehlinger, Howard D. "School Reform in the Information Age." *Phi Delta Kappan* 77, no. 6 (February 1996): 400–407.

Moore, J. P., & Terrett, C. P. *Highlights of the 1997 national youth gang survey. Fact sheet*. Washington, DC: U.S. Department of Justice, Office of Justice Programs, Office of Juvenile Justice and Delinquency Prevention, 1999.

National Center for Education Statistics. *Projection of Education Statistics to 2006*, 25th Ed. Washington, DC: National Center for Education Statistics, 1996.

National Center for Education Statistics. *The condition of education 2002*. Washington, DC: U.S. Department of Education: Author, 2002a.

Spring, Joel. *American Education*, 8th Ed. New York: McGraw-Hill, Inc., 1999.

Toffler, Alvin. *Future Shock*. New York: Random House, 1970.

U.S. Department of Justice. *Sourcebook of Criminal Justice Statistics, 1998*. Washington, DC: U.S. Department of Justice, 1998.

U.S. Department of Justice. *1995 National Youth Gang Survey*. Washington, DC: U.S. Department of Justice, 1995.

Wirt, F. M., & Kirst, M. W. *The political dynamics of American education*. Berkeley: McCutchan, 1997.

65 NCLB 抛出救生筏：为困难学校中的学生提供公立学校选择和额外服务工作

弗里德里克·M·赫斯（Frederick M. Hess）
彻斯特·E·芬恩（Chester E. Finn，Jr.）

摘要：《不让一个孩子掉队法案》为那些被认为是有待提高的学校中的学生所提出的诊疗方案可能并不像预想的那样奏效。在本文中，作者分析了法案中与选择相关的规定，提出了对法案进行中期修订的建议，以便使法案取得预想的成果。

正像人们所预料的那样，《不让一个孩子掉队法案》（NCLB）已成为一个政治上的足球。在最热烈的文辞和最富有激情的保证之中，很容易令人忘记 NCLB 只不过是由许多完全不同的片段构成的一个糟糕的纲要。当政府官员声称需给出一个绝对的判断，即 NCLB 是一个极好的进步还是一个难以实现的错误时，观察者和教育者应该认识到，像这样笨重和复杂的法律将不可避免地产生混杂的结果。

将那些混杂的结果进行分类需要审视法律的许多因素，并懂得其中的每一部分是如何起作用的。在这一部分中，我们将注意力集中于第一个补救方法，由 NCLB 为那些被认为是有待提高的学校中的学生所提出的诊疗方案：额外的教育服务和公立学校选择政策。二者构成了 NCLB 所设计的基于选择的成分。这些政策是 NCLB 一个有限、但却是至关重要的组成部分。他们是国会抛掷给最困难学校学生的救生筏，同时也是重击各区的铁锤，督促各区采取一些对改善那些学校来说是十分必要的有力措施。

法案通过不到三年的时间，这时来评价它的“成功”——即它究竟是帮助还是抑制了学生的成就还为时过早。但是追问各种各样的政策是否已经被尽责地、建设性地贯彻执行了，或者是否像预期的那样发生作用却正是时候。如果答案是肯定的，那么应当在密切关注和客观评价 NCLB 的那些政策的同时，给予其一定的时间去发挥作用。如果答案是否定的，那么联邦政策制定者应该考虑对法案中的一些组成部分进行中期修订。

避免谈及法案是如何起作用的这一问题，或天真地认为只要有动机好的努力就足够了，这些都是毫无成效的。正像资深分析家迈克·克斯特（Michael Krist）所说，经过十年多时间的多重立法的和行政上的调整，1965 年《中小学教育法案》（Elementary and Secondary Education Act，ESEA）的第一部分项目才像预期那样发挥作用。富有雄心的、新出台的联邦项目的惯例是：它们很少在最开始时能进行得顺利。相反，它们带来的是一串不可预知的问题、不能设想的结果、不愿见到的漏洞和毫无作用的特征。

实际上，NCLB 比 ESEA 有更大的抱
负，ESEA 的第一部分项目是想用额外的 66
资金去建立制度和机构。ESEA 的机制是纯财政上的，在实施上主要的挑战是如何得到新的资金以投入到预期的接受者身上，并确保这些资金以一种被允许的方式花出去。尽管这需要复杂的计算和精确的程序，但在实际中，第一部分项目在现存的体系中找到了其合理的位置。与此相对，NCLB

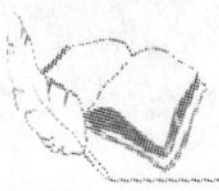

的目标、机制和改进方案并不能很好地适应现有的状况。有人可能会公正地说，他们让各州和校区去参与不熟悉甚至不合规律的法案。

NCLB的核心是，公立学校每年都要测试3～8年级所有学生的阅读和数学水平，并且每个州都要测量州内公立学校中普通学生在那两个核心科目上的能力，学校是否取得了“适当的年度进步”（adequate yearly progress，AYP）。在每个年级和各种各样的人口统计学意义上的群体中，学校都要显现出稳定的进步。如果学校做不到这一点，各种处罚和干预就会以一种按部就班的顺序不期而至。

其中的两个干预措施，是NCLB为那些薄弱学校中学业困难的学生提供更好的教育选择而设计的规定，同时也想通过竞争的压力为那些学校创造前进的动力。如果受到法案中的第一部分资助的学校连续两年不能实现AYP目标，就会给该学校的学生提供“公立学校选择”的机会。如果一个学校连续三年不能实现AYP，该区就要为学生提供参加“额外教育服务”的机会——实际上这相当于30个小时的课外免费辅导。各式的——包括私人的供应者——都可以提供辅导。学校受到法案第一部分项目资助所得的部分资金将用于支付这些辅导费用。

NCLB的选择政策的设计并不是主要用来提高学校选择自由或去巩固每个人的选择，认识到这一点是非常重要的。这种选择政策首先是给每个困难学校的学生提供获得进入其他地方和接受其他教育服务的机会，以使他能学习阅读和数学，达到NCLB所要求的标准。第二，通过缩减失败学校的入学人数和预算，推动困难学校不断发展、取得进步。

由于是在实施周期的早期阶段，评价者很难以一种结论式的方式评价这些措施所取得的成果。实际上，在父母和学区如何利用这些改善措施上，公众之间存在很大的分歧。如今比较恰当的问题是有关选择政策的（事实上，包括NCLB的所有规定），即作为最新制定的法案，他们是否存在一个合理的可能性让其在给定的时间和实践中获得成功，或者他们是否设定了极不可能实现的事情。如果后者是事实，那么就需要重新考虑或重新设计相关规定，而不仅仅是需要耐心、实践以及做一些小范围的调整。

吸取教训

到目前为止，我认为从选择政策的运作角度看，可以总结出六个比较重要的经验。

第一，目前NCLB的选择政策依赖于地方学校系统参与到多数他们不熟悉和不合规律的行为中去，这与他们自身的兴趣相矛盾。各区——某些程度上的州——被命令处理这样一些任务，各区和州现在不会做、将来不会做或没有能力做的任务。这样的现实很可能使NCLB的选择政策变得十分糟糕；当然，有一些情况除外，那就是它恰好与先前存在的政策和实践相符合。

一个进退两难的困境是，那些有足够空间去吸收困难学校中的学生的比较成功的学校，很可能要承担学术上的后果。而 67
在NCLB类型的责任计量之下，这些学生所摆脱的那些学校在学业方面可能会受益，也可能会受到损害，这取决于哪些学生换了学校。如果相对高学业成就的学生离开了一个低水平学校，那么其后果就可能是对学校造成损害，其损害的程度甚至像是在一所高水平的学校中增加在成绩上拖学校后腿的学生一样。在这种情况下，对于输出和接收学生的学校来说，还有实施选择的动力吗？

第二，NCLB的额外服务和公立学校选择政策以不同的方式运作，前者不期然地被证实在某种程度上更易被校区所接受。许多政策设计者——包括我们自己，都假设当法案通过以后，学区实施公立学校选

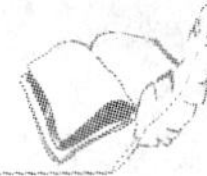

择政策将会更轻松自由，因为公立学校选择政策至少使联邦资金运用于教育系统内部。实际上，比起额外服务要求所带来的挑战，各区对于公立学校选择所带来挑战更加感到困扰。也许这是由于学区自身就是服务的承办者，同时，相对于其他供应者来说，它也是仲裁者和守护者。

给我们留下同样深刻印象的额外服务（被一些支持者看作是“小型代金券”）被各区广泛地看作是最低限度的破坏。享受额外服务的学生仍然留在他们习惯的学校，这意味着在一个学年相对较晚的时间中选出符合条件的学生和服务提供者并不是一个难以克服的问题。另外，有了自由选择权，学区应该在取得适当的学年进步的学校中寻找空间。由于学区不想打乱规定的线路，所以经常受到掌管学生分配和种族平衡的法律、政策或司法程序的限制，它们经常将公共学校选择命令看作一个大麻烦。

一些校长和学区官员看起来是将提供额外服务看作一个潜在的有效工具，能够帮助提高学生的学业表现成就、改善学校的最终成果并增长实现 AYP 的期望值。与此相对，他们把公立学校选择看作使儿童从一个学校流动到另一个学校的机制，而不能解决输送学校的任何问题，并且它有可能给接收学校带来新的问题。

第三，施加在 NCLB 的公立选择政策中的法令压力产生了受限制的选择权。在许多社区，大多数学生被禁止获得适合自身的更好的教育机会。公民权益市民委员会公布，在 2003—2004 学年，只有 5.6%符合条件的学生要求转到高学术水平学校，同时少于 1/3 的学生（仅有 1.7%符合条件的学生）最终成功转学。

学生的流动不仅被现存的选择所限制，同时也被缺少创造新选择的动力所限制。由于学区必须为学生提供转移到其他学校的机会，而这些学校必须是实现 AYP 目标的学校，所以，在最困难学区学校的年轻人很少能真正拥有这样的机会。因为来自低水平学校的学生不太可能提高接收学校的成绩，实现 AYP 目标的学校的校长也没有动力去容纳更多的学生。高水平学校——经常是郊区的学校，对于来自邻近区域困难学校的学生并未表现出接收的倾向，城市区域可能只有一所学校，学生人数也不多，不能吸引私人提供者的额外服务。结果是，高水平学校没有足够的空间为多数学生提供充满吸引力的选择机会。

同时，NCLB 包含一些为州和学区创造高学术水平学校的动力。法案中没有提及州或区领导人通过实行这些措施会受益，也没有提及不这样做的惩罚。

例如，在过去的两年中，由于更多的 68
州采取行动限制特许公立学校的发展和扩大，控制他们的资金，以额外的约束来增加他们的负担，特许公立学校日益受到政治上的限制和审查。NCLB 的选择和责任政策的一些荒谬的后果甚至有可能会妨碍一个学区认定自己的选择规划。需注意的是，流动的学生可能会使输送学校和接收学校降低 AYP 期望值。

NCLB 财政上的考虑也可能会导致阻碍学区有热情地推进法案的选择权。学校利用 NCLB 选择权的机会越多，学区越需要拿出法案的第一部分的预算投入到这些活动中，而不是拓展项目，甚至 20%也不一定足够支付所需的费用。

第四，除了为学生提供少量可行的自由选择权，NCLB 的选择机制并没有使学校或学区“感觉到”是在推进他们发展。许多困难学校位于有各种学校选择的州或区域——包括跨区的选择、磁石学校和特许公立学校，这种选择很久以来已成为规范。像密尔沃基、休斯敦、迈阿密、洛杉矶、圣地亚哥、波士顿或华盛顿，这些地区的学校在发展中的选择项目框架中已经运作了数年。如果一些区域的学校在处于这种竞争的规则几年后，不能实现 AYP，人们就应该思考，为什么应该认为 NCLB

的微量改变就能显著地改变状况。

第五，各州学校领导者们不热衷于利用NCLB选择政策作为推动学校进步的杠杆。更多的情况下，将要实行NCLB的选择政策时，州教育和政治领导者似乎把自己看成是旁观者。虽然联邦机构表彰了各州发展和创新办公室（负责实行NCLB选择项目的部门）不同寻常的创造性和负责的领导精神，但实际上，各州并没有做他们分内的事。

第六，NCLB所列的规则与预先存在的责任系统之间的矛盾碰撞在加利福尼亚
69 和佛罗里达这样的州产生了很多混乱。家长和教育者都不完全理解哪所学校和哪个学生符合什么，也不完全理解在州和联邦系统下双重学校等级评定的真正意义。在将处罚与不能实现AYP联系起来的州（如密歇根州），这种混乱更加深化，已导致学术标准的降低和责任系统的松动。

NCLB的进程表同样是不现实的。从教育学上讲，在一学期将近结束时对学生进行评估是较有意义的，可以测量学生那一学期学到了什么。但是各州往往在春末进行测试，这样在劳动节之前识别出失败学校就会遇到很大的困难，导致自由选择权的混乱和额外服务选择的困难。

自我管制存在的问题

NCLB的治疗政策设计的一个内在困难是，它依赖于州和教育者的自我管制，赞赏天才的领导和鼓励实行强硬的、坚决的措施，这样的联邦激励能为努力进行的改革提供一个有益的刺激。但是，这些并不是法案所寻求的州和区的典型目标。

对NCLB的治疗政策不热心的确能以无数方式拖它的后腿：给家长寄发难以辨别的信；制造一个像荣誉徽章一样的“有待提高”的标签；为家长提供在他们的选择权方面的不明确的指导（大量录音）；极不情愿地同额外服务者接触；在为公立学校选择的流动者寻求新的空间时一点也不热心；对那些外来的补习服务者设置后勤上的障碍。同时，许多州不能及时地识别出哪些学校是符合要求的，不能提供有效的履行法案方面的指导。

所以，很难相信NCLB选择政策正在许多困难的区产生很大的作用。但是，人们不应该过于批评执行者。他们是以一种正常的、可预期的方式行动，一个自由的社会给了他们继续那样做的庇护所。一些组织机构不会去做那些对他们自身感兴趣的东西产生威胁的事情，除非他们被强迫这样做。但NCLB选择政策几乎没有强迫、强制或惩罚（或者引诱或奖赏）。从这种意义上讲，NCLB是一个更多以其精神而不是内容来定义的法案。

另外，督导提出的两个合情合理的担忧给我们留下深刻的印象。第一，不管政府对不允许以空间限制来阻止学生的选择有何说法，事实是建筑物只能容纳一定数量的学生。此外，NCLB给学生权利终止其在所在学校的学业，但是该学校所在的区却没有像高水平学校那样有足够的空余席位去容纳这些学生，这是一个明显的事实。

第二，让我们看一下额外服务，一个区按法案可以询问额外服务提供者的教育规划与区的（或州的）学习课程是否相互联系。考虑到这些学生所加入的校区，仍然有义务在州测试中取得AYP，如果额外服务的提供者提供的内容是与学校学习课程不同的其他内容，可能对学区和学生都不太好。

建议

如果NCLB的读者对于利用选择为孩 70
子提供更有效率的教育机会十分重视，他们就需要促使法律制定者修改这部分的法案。我们在这里不想指出对其进行修改的细节；相反，我们对法律制定者有几条原则上的建议，以确保家长、教育者和政府官员拥有所需要的作出决定的信息。

建立选择体系。

第一，应同样提供潜在的、可供选择的事物（如高效率的明智的学校和可行的服务提供者）与要求相连的规则，通过这些规则，学生能获得享有这些权利的机会。应该扩大适当的可转入学校的供应量，这种扩大可以通过增加区选择权，扩大特许公立学校的可获得性，或者强调无区域限制的选择权（如区域间的转移和电脑学校）来实现。特别是，为那些想要提供新教室和辅导计划的创办者，在现存的区域边界内外提供动力和支持是必要的。农村地区将更需要依赖有创造力的选择权，如虚拟学校、远距离教学、校中校和其他能够有效降低地理制约的学习方式。

如今，对于“输出”校和“接收”校，NCLB并没有提供鼓励或表扬，这点是需要改变的。例如，吸引低学术水平学生的学校应按每个学生的状况被给予的“额外津贴”，或者应该留出额外的联邦或州资金用于资助那些实现AYP的学校的发展和扩大。

第二，当一个州或区渴望将选择作为一个工具实现学校改革时，就需要给予其弹性，以使NCLB的政策融合成为各州自己的。一些州和区——如科罗拉多、佛罗里达、圣地亚哥，多年以来已经使学校选择作为它们发展的一个主要信条。相对于要求它们改变这些安排、顺从NCLB的较好做法是，将这些地方看成是测试场所，允许其展示出新的和有效率的方法。

州有能力从美国教育部获得这样的放弃权，州督导不应该羞于做此事。联邦教育部鼓励州推进“赢得你的自由”计划，一些达到某种标准点的区，将免受一些规则的约束。例如，区里可能安置广泛的选择体系使困难学校的学生受益，培养特许公立学校的部长，关注跨区的流动，或者发展一些其他的创造性方法。

第三，校区需要作为额外服务的提供者，或者作为其他提供者的管理者起作用，但并不是两个同时起作用。不管狐狸的意图有多么高尚，允许狐狸来给母鸡看家绝对不是一个好主意。在那些想要自己提供服务的区，各州有责任找出另一个实体去鉴别、监督服务提供者——也包括学校系统。

协调责任系统。

第四，颠倒提供额外服务和公立学校
选择的顺序是具有意义的。虽然许多人建 71
议，区应该抵制服务政策而不是学校选择政策，但实际上它们比采纳公立学校选择更易于实行。另外，在一个学校内帮助儿童提高他们的成就看起来似乎更优于给他们机会离开那个学校。这样我们就看到了改变NCLB的一个例子，即如果学校连续两年不能实现AYP，该校学生就符合了提供额外服务的条件。如果学校在第三年也不能实现AYP，那么就为其提供公立学校选择的机会。

第五，目前AYP所策划的惩罚那些不接受公立选择命令的校长的方式正在起作用。从理论上讲，成功吸引大量转移学生的学校，接收了来自低学术成就学校的学生，这很可能降低接收学校的成绩，可能导致其不能实现AYP目标。换言之，法案不鼓励理智的校长通过NCLB规定的公立选择政策吸收薄弱学校学生的愿望。

修订评估系统以使学校因其不录取这些学生而受惩罚将是有意义的。也许这所学校里的所有学生都应接受测试，但是AYP的计算应仅基于在学校学习至少两年的学生的成绩，或者新入学的学生可以基于学生发展进行评价，以确保接收学校能将他们进行很好的安置，而不会因接收低学业水平的学生而受到处罚。事实上，这说明为什么会有如此普遍的愿望想去修订AYP的计量，以便真实地反映学生所得到的等级和他们的绝对成绩水平。

第六，法案未能区分真正令人惊恐的学校和那些仅仅在一个或两个检查项目中未能实现AYP的学校，这就制造出太多的

“失败”学校和太少的“成功”学校，这使得表现较好的学校对于特殊年级水平或特殊学生群体的小波动十分紧张、焦虑，其结果就是忽略了对转学生的适当安排。完善法案以使选择自由权仅适用于那些明显能力不足的学校的学生，这将有助于各区集中资源，确保更少的学生寻求转移，同时有更多的学校能够接收他们，从而减少管理上的问题。

第七，各州应修改他们的测试和公布结果的周期，至少要早于下一学年开始的前三个月识别目标学校，这将使各区为他们的选择和额外服务项目做准备，同时有助于家庭作出明智的决定。毋庸置疑的是，这将这意味着重新制作测试体系（可能还有信息技术体系），这样学生的学习成绩能够以一种更及时的方式进行分析并被公布。

或者，可以修订 NCLB，以使法令在测试结果出来之后推延一年的时间，那么 2003—2004 年学校的成就就决定了 2005—2006 年学生的自由选择权。另一个方法是，以一个三年的总成绩的平均值来衡量一个学校的地位，那就能平缓由多种现象所激起的年复一年的波动——其中一些波动纯粹是统计学意义上的。

告知家长和政策制定者。

第八，大多数不能达到 AYP 目标学校的学生家长不知道他们孩子所在学校的真正情形。调查数据对此有极好的说明。这种范围广泛的公众的无知源于责任体系的混乱、家长的不重视和许多地区对告知家
72 长有关其子女学校地位这件事的忽视。

各州应该采取措施督促区以一种直白、友好的方式尽早地、经常性地告知家长他们的自由选择权。例如，所有的区都应以开放的信件形式告知家长学生和学校的情况，并确保这些信的语言十分清晰并切中要害。

在 NCLB之下，为州教育领导留有扮演较为活跃角色的空间。几年来，法案的第一部分授权州官员扣留或重新支配不符合法案的区的资金。由于法案不是经常被使用，它的全部潜力还不为人知。但是，州可以重新分配一些联邦资金，在那些未能恰当告知各个家庭有关他们选择权信息的社区中，州教育当局可以直接为家长提供信息。而联邦进一步的指导在这方面将会有所帮助，富有想象力的州官员也有机会重新界定这种许可。

第九，迫切需要较好的统计数据，这些数据是关于自由选择权是如何被利用和运作的。如今，无人负责统计接受额外服务的学生人数，也没有任何关于多少区及时告知家长他们的自由选择权的成体系的数据，以及多少公立学校选择为符合条件的学生提供服务这样的数据。但这样的信息是十分必要的。这给我们的提示是，我们为国家教育统计中心找到了一个有价值的任务。

第十，如果家庭要作出有明智的选择，必须要做的是，真正地为他们提供信息和自由选择权，并了解区是否想合作。当区不想参与 NCLB 的自由选择权时，家庭应该有一个其他可行的机制。这样，不管区是反抗还是无能为力，都会有一定的选择。在这样的地区，州应该挑选一个自发成立的组织确保家庭得到较好的服务。

结语

NCLB 承诺，国民最终将确保所有孩子享有追求美国梦的机会。为了使法案不仅仅是一个崇高的渴望，法律制定者尝试对不能完成他们自己义务的学校、区和州施加制裁，为低效率学校中学习困难的学生提供资源。这是一个值得称赞和鼓励的努力，每个级别的政策制定者和政府官员正在不断奋斗，以一种虔诚的信念努力将 NCLB 付诸实践。

但是仅有好的意图是绝对不够的。1965 年的《中小学教育法案》(Elementary and Secondary Education Act，ESEA) 在当时是里程碑式的立法，但是自它通过的 40

年后，很少有证据证明它在弱势青少年的学校教育中产生了显著的变化。如果NCLB想做得更好，仅提供令人振奋的演讲是不够的，十分必要的是，要严肃地反思法案是如何运行的。

额外服务和公立学校选择提供的是NCLB非常有限的一部分，但是它们扮演了一个关键的角色，对NCLB的成功具有极其重要的意义。

73 国会明智地试图利用选择权力、公司和市场力量来运作NCLB。家长很可能是教育改革的积极发起者，竞争可能是教育发展强有力的推动力量。但就像我们在各地所见到的，基于选择的学校改革不是一件简单的事。现在，国会和白宫自身面临着选择：是要尽快汲取已经存在的经验教训，并在早期利用这些经验，还是盲目地坚持认为事情能以某种方式圆满地解决。对于我们来说，这比在两所学校之间作出选择更为容易。

思考题

1. 在本文中，作者是《不让一个孩子掉队法案》的支持者还是批评者？文中的哪些证据能证明你的结论？

2. 作者认为，要使NCLB的制定更完善、能取得它预想的成果就要进行关键的“中期修订”。作者关于“中期修订”的建议是什么？你认为他们的建议可行么？

3. 作者对NCLB中与选择相关的规定持批评态度的主要原因是什么？对于这些规定你的想法是什么？你怎样看待公立教育中的“选择”？

74 致使学生失败：NCLB削弱了教育的质量和公平

丽莎·圭斯邦德（Lisa Guisbond）
蒙提·尼尔（Monty Neill）

摘要：根据作者的观点，《不让一个孩子掉队法案》（NCLB）为美国描述了一个“有价值的目标”。但是，NCLB实际上并不是解决了而是加重了致使许多学生落后的问题。圭斯邦德和尼尔提出了一个责任计量的新方法，将其作为对NCLB进行全面修订的基础。

《不让一个孩子掉队法案》（NCLB）为我们的国家描述了一个有价值的目标。不幸的是，现实是NCLB并不是解决了，而是加重了致使许多学生落后的问题。联邦政府要想真正致力于提高低收入和少数民族群体学生的教育质量，就应该彻底审视NCLB。

我们的公正测试中心是一个努力去终止对标准化测试的误用以及推进对教师和学生的公平评估的非营利组织，我们追踪了NCLB实施的头两年，并鉴别出在其概念、设计和执行过程中的根本性错误。相对于接受NCLB的危险的指令，我们提出了一种责任计量的新方法，作为对NCLB全面修订的基础（Neill and Guisbond，2004）。

许多错误的假设巩固了NCLB的基础，最严重的假设有以下这些：

1. 推进标准化测试是学校的主要目标。这种假设导致了一种以偏赅全的教学，使学校集中于测试准备而削弱了提供给所有学生一个高质量教育的努力。

这种排他性行为仅仅关注测验成绩而忽略了一种普遍的愿望，这种普遍的愿望即是在政治民意调查中所报道的学校应提出一个宽泛的学术和社会目标。最近的一项民意调查显示，美国人认为学校应该做的最重要的事是培养负责的公民。公立学校第二个重要的任务是去帮助学生成为经济上自足的人（Rose and Gallup 2000）。另一项近期调查显示，人们主要关心的大多数是社会问题，而这些社会问题不是由标准、测验或责任计量所反映出来的（Goodwin 2003）。

2. 由于劣质的教学是导致令人不太满意的学习成绩的主要原因，所以威胁和命令能促使学校得到改善。这样的威胁只会鼓励教师仅仅关注于提升测验成绩。但是，这些惩罚性行为并没有解决潜在的问题，如家庭贫困和学校资金的匮乏，而这些是许多学生从一开始就落后，并且很可能永远也赶不上的主要原因。

新的责任体系应该始于正确的假设，包括学校对教学的更宽广的视野，远离NCLB测试的惩罚方法。这种新的方法假设教育者想要完成他们的工作，但需要协助才能做得更好。我们相信，与其使用基于测验结果的命令威胁教育者，更有效的方法是致力于收集关于学校教育多方面的多重形式的证据，并利用它们支持学校发展。由于学校需要提高能力去确保所有学生接受高质量的教育，所以各级政府应该
履行他们的职责，提供适当的公正的资源。 75
公正测试的建议也赋予父母和社区在履行责任过程中的核心角色，而不是在不可理解的统计程序和目前由NCLB要求的官僚体制命令式的报道中的核心角色。

设立标准致使失败

NCLB具有破坏性的核心是，通过严格的和不现实的“适当的年度进步”（AYP）规则实现的标准化测试和沉重的法令之间的连接。问题在于，政策不是基于任何经证实的学校发展理论。正如哈佛研究生院教育学教授所解释的：“AYP 的要求是一个完全武断的数学上的功能，它植根于无可辩护的学校发展的知识或理论。AYP 的这种要求可能导致惩罚或关闭那些实际上是在学校发展方面很有作为的学校。”（Elmore，2003）

另外，其他许多专业分析人士也推断说，NCLB责任政策的核心——即 AYP 机制——迫使大部分国民学校走向失败。例如，州议院国家会议估计，根据这些标准，全国范围内的 70%的学校将会失败（Prah，2002）。最近，康涅狄格教育协会发起的一项研究表明，多于 90%的康涅狄格中小学在十年之内将不能实现 AYP 目标（Moscovitch，2004）。

失败率如此高的原因是，法案中预想的取得进步的步伐是难以令人置信的——预想的是所有的学生在 NCLB 通过十四周年的时候将达到精通的水平。问题的部分原因在于术语“精通”，教育部部长罗德·派格（Rod Paige）将其定义为纯粹的、年级水平上的成就。事实上，这个名词来自于美国国家教育发展评估会（NAEP），它已经由于其不切实际的和不正确的标准而受到广泛的指责（Bracey，2003）。目前，只有大约 30%的美国学生在 NAEP 的阅读和数学测试上的分数达到精通水平（NCES，2004）。那么，在十年多一点的时间内，希望所有学生都像现在只有 1/3 的学生所做的那样好，是不太现实的。

根据在过去的十年间 NAEP 测验的趋势，优秀的测量专家罗伯特·林（Robert Linn）计算出，将花费 166 年的时间才能使所有 12 年级的学生在阅读和数学方面获得像 NAEP 所定义的精通水平。另外，由于要求所有人口统计学上的群体都实现 AYP（Linn，2003；Linn，Baker，Herman，2002），一些研究断定，拥有更综合的学生团体的学校要比那些学生差异较少的学校更容易体验失败（Kane and Staiger，2002；Novak and Fuller，2003）。使事情更为混乱的是，州所定义的精通通常无缘由地发生变化，这就很难去进行有意义的州与州之间的比较（Kingsbury，2003）。

AYP 的规定进一步反映了在 NCLB 背后的有缺陷的推理：假定学校已经有了足够的资源，如果它们能有效利用这些资源，就会使所有的学生都达到精通的水平。其含义就是，管理人员和教师工作不够努力、做得不好或者两者都存在。因此，只要有了意志力和努力，学校和区就能引导他们达到空前的成就。这种推理忽略了真正阻止教学进步的因素，如大班教学、书本的匮乏、落后的教育技术和非学校因素——如贫穷和学生的频繁流动。

测验分数的局限性

对于 NCLB 的拥护者来说，法案几乎完全依赖于测验成绩去决定学生、教师和学校的进步，这反映了对教育成果进行客观评估的愿望。例如，布什总统曾经说过， 76
“如果没有每年的测试，我们就不知道谁落后了，谁需要帮助了。没有每年的测试，我们常常在可以补救的时候也发现不了失败”（Bush，2001）。但是标准化测验分数通常不过是简单印象，常常是失真的，在时间上所反映的只是学生的瞬间成绩。用它来作出关于学生和学校的重要决定时，将会是误导人的和具有破坏性的。而且，好的教师其实已经知道谁是真正的落后者了。

国家使用标准化成绩去驱使学校进步和改革所产生的困扰已经不是新鲜事了。

教育研究者调查了这种趋势，对基于测验的改革有效性产生了极大的怀疑。以下是一些发现：

● 测验成绩提高时并不必然象征着真正的进步，成绩下降时也不必然代表落后。每年不应该用成绩的波动作为奖励或惩罚学校、教师或学校领导的标准（Haney，2002）。

● 许多评价我们的学生、教师和学校的测验都是标准化的，这意味着它们是特别设计出来用以确保一定比例的失败的（Haney，2002）。

● 在问题设计中，评分和公布中的失误一直是标准化测验中的一部分，并且很可能随着 NCLB 的测验命令的增加而不断地增长（Rhoades and Madaus，2003）。

NCLB 刚性的 AYP 机制和法令引发了对标准化测验的弱点的强化，如他们的文化偏见，他们对于高阶思想测量的无能为力以及测量误差的问题。这样狭窄的范围和强制的命令的测验推动了为应对测验的精深的教学，而这将削弱学校和教师在提高教育质量方面的努力（Von Zastrow，2004）。

肯塔基州一名 7 年级的学生解释说，“测验使学校的真正意义消失了。不是学习新的事物和掌握生活技能，取而代之，学校的使命是在测验中有出色的表现”（Mathison，2003）。

甚至在 NCLB 成为法律以前，就有足够的证据显示它的许多假定和它所基于的模式存在根本性的缺点：

● 没有证据支持标准模式、测验、根据成绩奖励和惩罚是治疗公立学校教育的缺陷的良方。相反，一些研究显示，相对于那些低等级的测验项目，在高标准的测验项目中各州的成绩是下降的（Stecher，Hamilton and Gonzalez，2003；Amrein and Berliner，2002）。

● 教育者的调查确认了这种模式提升了应付测验的教学，窄化了课程，特别体现在吸收那些低收入和少数民族学生的学校（Pedulla，2003；Clarke，2002）。

● 无党派分析人士发现，测验通常不能测量决定学术标准的教育者最为看重的目标。由此，教给学生这样的测验将不能使学生接受高质量的课程，同时公众也并不知晓相对于那些标准而言的学生的成绩（Rothman，2002）。

● 教育的质量遭受这种模式的压制是因为，通常设想所有失败的学生都需要同一类型的辅导。正相反，研究者已经发现，学生是由于各种各样的原因才导致学业失败的，他们需要不同的教育方法去追赶其他的同学（Riddle，Buly & Valencia，2002；Moon，Callahan & Tomlinson，2003；Hinde，2003；Mabry，2003）。

● 研究驳斥了这样一种假设，那就是一个较高要求，将有助于激发低学业成就的学生更努力地学习、学得更多。正相反，大多数情况下，低学业成就的学生在这种环境中更有可能气馁并很快放弃（Harlen & Deakin-Crick，2002；Ryan & La Guardia，1999）。

● 有证据显示，在高标准的州中，毕业率持续降低；也有证据表明，学校滞留额外的学生，期望能在关键的年级得到较 77
高的测验成绩。数十年的研究支持这样的论点，留级的学生很可能辍学（Haney 2003）。

在其一千多页的文本中，NCLB 法案包括一些潜在有益的规定；但是，法案的缺陷淹没了它们并产生了损害教育质量和公正性的后果。例如：

● NCLB 呼吁采用多样的措施评估高智能的思考，这从理论上将是有益的。但是，这些规定既没有坚持也没有深植于多数州的实践中。

● 法案要求学校（或区）制定改进方案，但是在实践层面上，改进意味着提高

测验成绩。这种分裂性的法令是基于不切实际的 AYP 比率的，这就否定了学校检视自身在改进方面的努力是否发生作用的可能性。

NCLB 另一个潜在的有益组成部分是，提倡对所有学生配备高质量的教师。不幸的是，法案的要求缺少有效的细则：如果一个教师拥有学士学位并通过了书面的标准化测试，那么这个教师就会被认为是一个“高质量”的教师。这种范围十分狭窄的定义绝不可能确保所有的学生都拥有好教师。

没有一个有说服力的证据能证明，在通过标准化测验和教师在教室中的良好表现之间有重大关联。国家科学学会报告说，测试那些教学候选人——即教师资格证考试的任务是提高教师的质量，在这方面提供最全面的学习。但发现提高测验的合格分数并不会提高教学质量，而可能减少教学职业上的种族多样性（Mitchell，2001）。另外，研究推断，测验不能“预测谁会成为高效的教师”。

可是，NCLB 允许像美国优秀教师认证委员会（American Board for Certification of Teacher Excellence，ABCTE）这样的团体去推进实行快速的和不充分的补救。例如，这个团体提供了一贯的标准化测验作为解决低收入地区吸收强有力的教师队伍到他们的学校中去这一严重问题的方案（Jacobson，2004）。ABCTE 是前 NCLB 教育领导者委员会的一个保守的方案。即使教育部自身的评论小组有 2/3 的成员表示反对，ABCTE 也已经从联邦得到了大约 400 万美元的支持。

“高质量”这一强有力的定义确保了教师成功地工作，与多种多样的学生一起获得一系列重要的成果，而不仅仅是关注测验成绩。尽管 NCLB 确实包含了一些提升教学动力的好的理念，如指导正在进行的专业发展，但它们必须打消促使窄化学校教育，使其仅仅为测验做准备的想法。这些起促进作用的成分将易于成为一个修正的责任计量和学校改进体系的关键部分，这将取代 NCLB。

NCLB 也在其他方面损害而不是帮助了处于危难中的学校。法令企图推动学校进步的意图，最终使资金从尽力帮助所有孩子取得成功转移到帮助少部分家长为他们的孩子取得转校和辅导机会。法案最终的法令使学校的管理私人化，员工被解雇，州被接管以及进行相似的测量——没有证据证实法令是成功的。

正如许多教育者所指出的那样，联邦政府并没有为法案提供充足的资金。像许多学校被当前的法案冲击一样，许多州的教育预算都在缩减。更糟糕的是，联邦和州政府都不谈及将所有学生都变成教育精通者所需资源的缺乏，也不谈及贫困的深化将持续阻碍一些学生的学习。

78

真实的责任计量运动

这些问题催化了探索检查 NCLB 不断发展的运动。州官员、父母、教师和学生正在动员反对法案。不幸的是，一些努力——如修改 AYP 规则的建议，所寻求的仅仅是将 NCLB 带来的破坏降到最低。其他人表示，这些只是外围的问题，而不是法律中有缺陷的前提和假设。

对 NCLB 的有效的反对应该包括真正的责任计量、更稳固的平等和改善学校的具体步骤。公正测验正在同整个国家的教育者、民权组织、家长联合会和研究者一同奋斗去设计新的责任模式。在一系列草拟原则的基础上，一个更好的责任体系的核心因素已经包括在其中。

1. 使联邦、州和地方政府一同努力为所有学生提供一个学习丰富课程的公平机会。由于当前政府没有确保提供充足、公平的资金并且过于强调测验分数，所以政府没能实现这种基础性的责任要求。

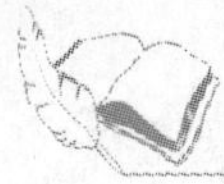

2. 收集多种形式的证据来评定学生的学习。如果我们想知道学生们学得怎么样，我们需要在极大范围之内查看学生的真实作品。如果我们想要学生学得更多、更好，我们应该提供给教师和学生一个有益的反馈，这种反馈基于能够反映学生真正所学的多个侧面的高效率的教师评估。

3. 集中于帮助教师和学校确保所有学生在教育上的成功。想要达到目标，就要求学校构造一个安全、健康、支持性的和富有挑战性的环境。这意味着提供给学校帮助它们提高教育上的学术水平和社会性方面的数据，并确保它们有效地利用这些数据。

4. 使主要的责任机制本土化。这些机制应包括教育者、家长、学生和地方社区。开放的、供人分享的过程是必要的，它包括地方学校委员会、年度报告和回顾学校发展的会议。

5. 州政府的主要职责是在主张公平的公民权利的同时，为学校和教师提供工具和支持。只有在给予地方充足的资源和支持后仍不能提高成绩时，或者当错误的民事权利违背法案的时候，才可以进行干预。

简而言之，应该对 NCLB 强硬的 AYP 政策和严厉的处罚进行修订。州不应该再每年测试 3～8 年级的所有学生的阅读和数学能力，并且所要求的测验数量应该减少。对于同样学校的表现和学生学习状况的附加测量应该包括对于进步的评估。国会也应该评估 NCLB 授权的全部内容。

公正测验中心的报告——《致使我们的学生失败》（*Failing our Children*），使用了基于社区评估系统的真正的教育改革。在内布拉斯加州和马萨诸塞州联合会所做的工作，将其作为构造责任计量的一种不同方法的模式。

从更根本上讲，政策制定者应该严肃地对待 NCLB 所造成的损失和国家教育资金的不足带来的问题这两个方面。他们应该从聆听教育者、家长和社区中的人们寻求高质量教育的呼声开始，而不是从对儿童进行测验提供的准备入手。

除去 NCLB 官僚化的语言，其实它从本质上讲是一个惩治的法案——它使用带有缺陷的标准化测验去标定许多学校是失败的，然后以有害的法令去惩罚它们。NCLB 应该转变为这样一个法案：支持持续的教育进步，并很好地遵守承诺。用儿童权益保障基金会的话说，就是“不丢弃落后的孩子”。

参考文献 79

Amrein, A., and D. Berliner. 2002. An analysis of some unintended and negative consequences of high-stakes testing. Tempe, AZ: Education Policy Studies Laboratory, Arizona State Univ. http://www.asu.edu/educ/epsl/EPRU/documents/EPSL-0211-125-EPRU.pdf (accessed June 18, 2004).

Bracey, G. 2003. NCLB—A plan for the destruction of public education: Just say no! *NoChildLeft.com* 1, no. 2 (February). http://www.nochildleft.com/2003/feb03no.html (accessed June 29, 2004).

Bush, G. W. 2001. Press conference with President Bush and Education Secretary Rod Paige to introduce the President's education program. http://www.whitehouse.gov/news/releases/2001/01/20010123-2.html (accessed June 18, 2004).

Clarke, M., A. Shore, K. Rhoades, L. Abrams, J. Miao, and J. Lie. 2002. *Perceived effects of state-mandated testing programs on teaching and learning: Findings from interviews with educators in low-, medium-, and high-stakes states.* Boston: National Board on Educational Testing and Public Policy, Boston College. http://www.bc.edu/research/nbetpp (accessed June 18, 2004).

Elmore, R. F. 2003. A plea for strong practice. *Education Leadership* 61 (3): 6–10.

FairTest. 2001. Reports blast teacher tests. *Examiner.* http://www.fairtest.org/examarts/Winter%2000-01/Reports%20Blast%20Teacher%20Tests.html (accessed April 29, 2004).

Goodwin, B. 2003. *Digging deeper: Where does the public stand on standards-based education?* Aurora, CO: Mid-continent Research for Education and Learning.

Haney, W. 2002. Lake Woebeguaranteed: Misuse of test scores in Massachusetts, Part 1. *Education Policy Analysis Archives* 10 (24), http://epaa.asu.edu/epaa/v10n24/ (accessed June 14, 2004).

——. 2003. Attrition of students from New York schools. Invited testimony at public hearing, "Regents Learning Standards and High School Gradu-

ation Requirements," before the New York Senate Standing Committee on Education, New York. http://www.timeoutfromtesting.org/testimonies/923_Testimony_Haney.pdf (accessed June 16, 2004).

Harlen, W., and R. Deakin-Crick. 2002. A systematic review of the impact of summative assessment and tests on students' motivation for learning. Evidence for Policy and Practice Information and Coordinating Centre (EPPI-Centre), Univ. of London.

Hinde, E. R. 2003. The tyranny of the test. *Current Issues in Education* 6, no. 10 (May 27), http://cie.asu.edu/volume6/number10/ (accessed June 16, 2004).

Jacobson, L. 2004. Education Dept. ignored reviewers in issuing grant for teachers' test. *Education Week* 23 (27): 10. http://www.edweek.org/ew/ewstory.cfm?slug=27Amboard.h23&keywords=education%20leaders%20council (accessed June 21, 2004).

Kane, T. J., and D. O. Staiger. 2002. Volatility in school test scores: Implications for test-based accountability systems. Brookings Papers on Education Policy. Washington, DC: Brookings Institution.

Kingsbury G. G., A. Olson, J. Cronin, C. Hauser, and R. Houser. 2003, *The state of standards.* Portland, OR: Northwest Evaluation Association. http://www.young-roehr.com/nwea/ (accessed June 14, 2004).

Linn, R. L. 2003. *Accountability: Responsibility and reasonable expectations.* Los Angeles: National Center for Research on Evaluation, Standards, and Student Testing, Univ. of California.

Linn, R. I., E. L. Baker, and J. L. Herman. 2002. Minimum group size for measuring adequate yearly progress. *The CRESST Line* 1 (Fall): 4–5. Los Angeles: National Center for Research on Evaluation, Standards, and Student Testing, Univ. of California. http://www.cse.ucla.edu/products/newsletters/CL2002fall.pdf.

Mabry, L., J. Poole, L. Redmond, and A. Schultz. 2003. Local impact of state testing in Southwest Washington. *Education Policy Analysis Archives* 11, no. 21 (July 18), http://epaa.asu.edu/epaa/v11n22 (accessed June 16, 2004).

Mathison, S. 2003. The accumulation of disadvantage: The role of educational testing in the school career of minority children. *Workplace* 5, no. 2, http://www.louisville.edu/journal/workplace/issue5p2/mathison.html (accessed April 26, 2004).

Mitchell, K. J., D. Z. Robinson, B. S. Plake, and K. T. Knowles, eds. 2001. *Testing teacher candidates: The role of licensure tests in improving teacher quality.* Committee on Assessment and Teacher Quality, Board on Testing and Assessment, National Research Council, Washington, DC: National Academy Press.

Moon, T. R., C. M. Callahan, and C. A. Tomlinson. 2003. Effects of state testing programs on elementary
80 schools with high concentrations of student poverty: Good news or bad news? *Current Issues in Education* 6, no. 8 (April 28), http://cie.asu.edu/volume6/number8/index.html (accessed July 15, 2004).

Moscovitch, E. 2004. Projecting AYP in Connecticut Schools. Prepared for the Connecticut Education Association. Gloucester, MA: Cape Ann Economics.

National Center for Education Statistics. 2004. *The nation's report card.* Washington, DC: National Center for Education Statistics, Institute of Education Sciences, U.S. Department of Education. http://nces.ed.gov/nationsreportcard/ (accessed June 14, 2004).

National Conference of State Legislatures. 2004. *Mandate Monitor* 1, no. 1 (March 31). http://www.ncsl.org/programs/press/2004/pr040310.htm (accessed June 18, 2004).

Neill, M., and Guisbond, L. 2004. *Failing our children: How "No Child Left Behind" undermines quality and equity in education and an accountability model that supports school improvement.* Cambridge, MA: FairTest. http://www.fairtest.org/Failing_Our_Children_Report.html (accessed June 14, 2004).

Novak, J. R., and B. Fuller. 2003. Penalizing diverse schools? Similar test scores but different students bring federal sanctions. Policy Analysis for California Education (PACE), policy brief 03-4. http://pace.berkeley.edu/pace_publications.html (accessed June 18, 2004).

Pedulla, J., L. Abrams, G. Madaus, M. Russell, M. Ramos, and J. Miao. 2003. *Perceived effects of state-mandated testing programs on teaching and learning: Findings from a national survey of teachers.* Boston: National Board on Educational Testing and Public Policy, Boston College. http://www.bc.edu/research/nbetpp/reports.html (accessed June 18, 2004).

Prah, P. M. 2002. New rules may guarantee "F's" for many schools. *Stateline.org,* December 9. http://stateline.org/stateline/?pa=story&sa=showStoryInfo&id=275753.

Rhoades, K., and C. Madaus. 2003. Errors in standardized tests: A systemic problem. National Board on Educational Testing and Public Policy, Boston College. http://www.bc.edu/nbetpp (accessed June 14, 2004).

Riddle Buly, M., and S. W. Valencia. 2002. Below the bar: Profiles of students who fail state reading assessments. *Educational Evaluation and Policy Analysis* 24 (3): 219–39. http://depts.washington.edu/ctpmail/PDFs/Reading-MRBSV-04-2003.pdf (accessed June 14, 2004).

Rose, L. C., and A. M. Gallup. 2000. The 32nd annual Phi Delta Kappan Gallup poll of the public's attitudes toward the public schools. *Phi Delta Kappan* 82 (1): 41–58.

Rothman, R., J. B. Slattery, J. L. Vranek, and L. B. Resnick. 2002. *Benchmarking and alignment of standards and testing.* Los Angeles: National Center for Research on Evaluation, Standards, and Student

Testing. http://www.cse.ucla.edu/CRESST/Reports/TR566.pdf, Univ. of California.

Ryan, R. M., and J. G. La Guardia, 1999. Achievement motivation within a pressured society: Intrinsic and extrinsic motivations to learn and the politics of school reform. In *Advances in motivation and achievement,* ed. T. Urdan, 45–85. Greenwich, CT: JAI Press.

Stecher, B., L. Hamilton, and G. Gonzalez. 2003. *Working smarter to leave no child behind: Practical insights for school leaders.* Santa Monica, CA: RAND Corp.

von Zastrow, C. 2004. *Academic atrophy: The condition of the liberal arts in America's public schools.* Washington, DC: Council for Basic Education. http://www.c-b-e.org/PDF/cbe_principal_Report.pdf.

丽莎·圭斯邦德是国家公正测验中心（Fair Test）的研究者和提倡者，蒙提·尼尔教育博士是中心的执行主管。

81 **思考题**

1. 圭斯邦德和尼尔对《不让一个孩子掉队法案》（NCLB）持极度批评的态度。他们的主要抱怨是什么？他们的批评公正吗？

2. 根据作者的观点，NCLB是通过什么方式使问题恶化，令许多孩子落后的？

3. 作者提出了一个责任计量的新方法，将其看作对NCLB进行全面修订的基础。他们的建议是什么？他们的建议可行吗？他们用什么来赢得教育政策制定者的支持并推进他们的观点执行？谁将是最有可能反对他们观点的人？

创造全纳课程和课堂的"三 A"模式

提纳·M·安科蒂尔（Tina M. Anctil)

摘要：提纳·安科蒂尔回顾了常规教育中教师全纳的教学实践。同时也讨论了全纳的法律基础、残疾的普遍存在以及残疾儿童教学的课程和评价策略。安科蒂尔提供的是在今日课堂中每一个面对不同能力水平学生的教师都需要了解的信息。

自从里程碑式的保障所有残疾儿童享有免费的、适当的公立教育（FAPE）的《残疾儿童教育法案》（1975）颁布以来，残疾儿童已经在公立学校中受到照顾。这次立法之前，残疾儿童在很大程度上是无法接受教育的，他们同社会团体或家庭成员居住在一起。如今，这种在"常规"教育的教室里对残疾学生的接纳引发了一场变革。《纽约时报杂志》（*The New York Times Magazine*）上最新摘录的一段文字捕捉到了一个教室中的场景。

> 托马斯（Thomas）是一个运动机能受损、失语的学生，他坐在一个普通的轮椅中，蓝色的眼睛睁得大大的，柔和的脸庞显得十分愉快。当其他学生绘画、谈天、探索研究的时候，他看着高处。在他小房间里张贴的班级名单上面包括一些学生，还有一小队教师——包括一位职业治疗专家，一位语言治疗专家，一位交往专家和一些其他助手，这些人都曾站在门口欢迎托马斯和他的父母。即使是那些第一次来到这所幼儿园的家长也能感受到这个班级的与众不同，为首的教师苏灿·布莱克（Suzanne Blake）说："全纳"。

当然这个例子并不是当今学校的教室中残疾学生的典型写照，因为95%的残疾学生在常规的学校中接受教育，大多数有身体重大残疾的学生仍然没有完全被常规课堂所接纳。在2001—2002学年，有超过500万的适龄孩子由于特定的缺陷被识别出需要接受特殊教育服务。美国学校中最常见的残疾是特殊的学习障碍，包括语言 82
障碍、智力落后、情绪异常。在那些受到特殊服务的学生中，白人学生占62.3%，非洲裔美国人占19.8%，西班牙裔美国人占14.5%，亚裔美国人/太平洋岛民占1.9%，美国印第安人/本土阿拉斯加人占1.5%。当与特殊教育学生的总体人数进行比较时，特定的残疾类型在一些种族中所占比例过大；与此同时，在一些种族/种族划分群体中，残疾人口所占的比例较小。表2—1具体显示了根据残疾类型和种族/种族群体划分的特殊教育人口。

表2—1　2000—2001年度IDEA（残疾个体教育法案）服务下的6～21岁学生比例

残疾种类	美国印第安人/本土阿拉斯加人	亚裔美国人/太平洋岛民	黑人（非西班牙裔）	西班牙裔美国人	白人（非西班牙裔）	所有学生
特殊学习障碍	56.3	43.2	45.2	60.3	48.9	50.0
讲话或语言障碍	17.1	25.2	15.1	17.3	20.8	18.9
智力落后	8.5	10.1	18.9	8.6	9.3	10.6

续前表

残疾种类	美国印第安人/本土阿拉斯加人	亚裔美国人/太平洋岛民	黑人（非西班牙裔）	西班牙裔美国人	白人（非西班牙裔）	所有学生
情绪异常	7.5	5.3	10.7	4.5	8.0	8.2
多重障碍	2.5	2.3	1.9	1.8	1.8	2.1
听觉障碍	1.1	2.9	1.0	1.5	1.2	1.2
整形障碍	0.08	2.0	0.9	1.4	1.1	1.3
其他健康障碍	4.1	3.9	3.7	2.8	5.9	5.1
视觉障碍	0.4	0.8	0.4	0.5	0.5	0.4
孤独症	0.6	3.4	1.2	0.9	1.4	1.4
失明失聪	0.0	0.0	0.0	0.0	0.0	0.0
脑外部损伤	0.3	0.3	0.2	0.2	0.3	0.3
发展迟缓	0.7	0.6	0.7	0.2	0.6	0.5
所有残疾	100.00	100.00	100.00	100.00	100.00	100.00

注：不包括纽约州

资料来源：U.S. Department of Education, Office of Special Education Programs, Data Analysis System (DANS)。

从事评估、发展和研究的 Phi Delta Kappa 中心（Rogers，1993）提供了一个用来描述常规课堂接纳残疾儿童的一些名词的概要，这些名词在实践中经常被误用和混用：

主流性（mainstreaming）一般是指有选择地将一个残疾学生放到一个或更多的常规教育课堂中。经常有这样的假定：主流的学生需要通过同样的教导程序"保持"与其他学生相同的教学进度。

容纳（inclusion）是一个更带有全球性意义的名词，是指致力于将残疾儿童放在与同伴同样的课堂和学校中。它所建议的是"给孩子带来必要的支持（而不是将孩子送到服务机构），并要求必须是那个孩子能从中获益的课堂（而不是追赶其他学生）"（Rogers，1993）。

83 全纳（Full inclusion）表现出的是，学校有教育能力让所有的学生进入正常的学校和教室（Rogers，1993，p.2）。许多全纳的拥护者将从事特殊教育的教师看成是一个训练者和常规教育教师的技术助理。

全纳的法律基础

《个性化残疾人教育法》（Individualized Disability Education Act，IDEA）特别着重于创造一个新焦点，即要求确保残疾学生在学习上有"更宽松的环境"，同时也提出了彻底革新为残疾学生所提供的服务的重要性（包括对有资格的专业人员的诊断），适合每个学生的个性化教育项目以及学生和家长的参与决定。最新通过的 2004 年修订版本声明了纪律、文书工作、少数民族在某些特殊教育种类上的比例过大、雇用高能力的教师、诉讼和其他议题。

对于课程计划同样重要的是在 1973 年通过的《复原法案》（Rehabilitation Act）的第 504 款，它是禁止基于残疾而进行歧视的第一个民权法案。需要特别指出的是，这个法案要求联邦资助的所有实体（如学校、图书馆、大学等）为所有年龄的残疾者提供物质和项目的适应性安排。许多有健康障碍的学生——如患有糖尿病的青少年，不想干扰课堂学习，可以接受第 504 款的安置而不是 IDEA 所提供的服务。例如，如果一个 7 年级残疾学生在一天中需要经常休息，以便监控他的胰岛素，学校将根据第 504 款建立一个 504 计划，而不是个性化的教育计划（IEP），去确保这个学生能得到相关安排。

最新常规教育法案的旗舰，是于 2002 年颁布的《不让一个孩子掉队法案》（NCLB），它取代《中小学教育法案》（ESEA），给美国的教育体系带来了显著的变化。虽然它不是一个特定的特殊教育法案，但 NCLB 对于残疾学生有重大的影响，特别是在评估方面。建立于 IDEA 的基础上的 NCLB 要求学校测定残疾学生在阅读和数学课程上学得如何。法案包括为最严重的认知障碍学生制定的规定，适当的时候允许进行已设计的可替换的评价。由于要求大多数残疾学生达到他们所在学校的学术成就目标，他们也必须接受常规的教育课程。斯莱格（Shrag，2003）主张："显然，如果不受到正常的教育内容的训练，残疾学生就不会掌握那些知识。我们目前最大的挑战就是确保这些学生能接受这样的教育。"（p.10）另外，斯莱格警告说，由于过于强调高标准的测验和学术上的成功，一些学校可能试图将更多的学生放在一个更具有限制性的环境中，这只会将他们同常规的课程和同伴相隔离（2003）。

NCLB 对残疾学生的其他间接影响可能是，学校不太欢迎有特殊学习需要的学生，因为他们可能会威胁到学校的评估结果。最后，由于 NCLB 包含对于残疾学生的评估规定，却没有充足的资金去履行这种规定。如果学校正在努力达到 NCLB 要求达到的精通水平，要让学校"提供许多
84 残疾学生需要的恰当的辅导补救或特殊教育服务"就是十分困难的。

总而言之，课堂中的教师需要理解这些法案规定对于残疾学生教育的期望是：教师为残疾学生既提供常规的教育同时也提供特殊教育。理解教师的教学实践是如何适合国家立法规定的能为教师们提供一个框架，使其在课堂中有更好的表现，包括设计教育任务和提供适合的评价。

创造全纳课程和课程的三"A"

对许多教师来说，满足残疾儿童的教育需要是无法抵抗和令人恐惧的。幸运的是，常规教育的教师在这方面努力的道路上并不是孤单的，特殊教育的教师、学校的顾问、护士、语言病理学者、专业临床医学家、教育助手和教育管理者在支持常规教育教师教育残疾学生方面都有其独特的地位。即使如此，常规教育教师在有关全纳的心理前摄方面掌握渊博的知识是绝对必要的。

怎样确保一个常规教育教师运用有效率的教育教学技术满足课堂中所有学生的教育需求？实践创造一个全纳课程的三"A"（意识，积极，成功）是一个绝好的开始。

将三"A"创造的全纳课程看成是一个花园，那么每个因素对于生长来说都是必要的。花园中一些植物比其他植物生长得更为艰辛，许多植物在开花之前需要特殊的关注、照料和修剪。课堂和学生需要教师，就像是花园中每个个别的植株需要花匠一样。

意识（AWARE）　将意识看成是花园里的土壤。有效率的花匠懂得每个植株特殊的需要，并确保土壤能够使花园中的所有植物尽可能地取得成功。

一个有意识的教师能明确地说出教室中各种学生的个性化需要。有意识的教师不仅知道哪一个学生是在进行个体教育计划（IEP）或 504 计划服务的对象，而且知道计划的内容。

积极（ACTIVE）　有效率的花匠应该在一个有规律的基本原则的基础上种植花园中的植物，一些植物需要天天浇灌，而另一些植物则对干旱有抵抗力，还有一些植物需要经常被剪枝。如果土壤中的营养十分均衡，但是没有以一种恰当的方式来培养植物，许多植物也将不能存活或茁壮成长。

同样，成功的全纳教育实践要求教师一直积极地参与到学生的学习中。在知道学生需要什么的基础上，还应该留意变化

多样的学习方式，并以此为根据设计并经常修改课程。教师应该适应学生而不是期望学生适应教师。残疾学生很有可能由于其他一些不能满足学生需要的教师而脱离学术，他们需要重新接受教育。许多积极的教师参加并参与 IEP 会议，他们的目标是想多了解学生的实力和弱点，以便更好地适应他们学习和课程上的需要。

成功（ACHIEVE）　现在花园已经铺满了肥沃的土壤，各式各样有独特需要的植物被谨慎地加以关照，花匠期望植物生长、开花。但是，即使有了这些生长所需的理想条件，也不是所有的植物都能成熟：也许周围环境所提供的条件已经成为富有挑战的因素，如极端的天气或者害虫的侵袭；还可能有一些其他不曾留意、但对于
85 植物的健康和其生命力构成威胁的因素。那么花匠会放弃变坏的植物还是坚持这一进程并继续努力满足植物的需要呢?

同样地，一个成功的全纳教师给所有的学生提供丰富的参与式的课程，并期望所有学生都能成功。但是，当学生不能获得恰当的成就时，有效率的全纳式做法要求教师去估测为什么：为什么学生不能够在当前的课程中达到学习目标，需要表达、适应或改变什么以使学生取得成功？很多时候环境的因素妨碍了学生的学习能力。例如，要适应由于父母离异而行为失调的学生就要求学校顾问的介入，而不是对课程进行修改。不管怎样，教师应该评定学生学业失败的原因并告知他们。

真正的教学和全纳

除了实践三“A”所创造的全纳，NCLB 强调学校进行基于研究实践达到州教育标准的重要性。布莱登（Braden）、斯科罗德（Schroeder）和伯克利（Buckley）说明了课程中高质量的全纳行为的重要性。

> 致力于取得教育上的平等要求全纳。学生不会自然地学到没有教给他们的知识，教育者应该接受残疾学生，给他们机会去学习，并提供给那些学生达到普通教育水平所需的扶持。

根据纽曼等人（1995）的观点，真正含有智力性活动的包括三个主要组成部分高阶的思考、知识和理解的深度以及与真实世界的连通性。

例如，高阶思考要求学生以传递他们意图和含义的方式巧妙地处理信息和想法，而不是死记硬背。在真正的学校和课堂中知识的深度和学生的理解，要求学生通过发现关系、解决问题、构造解释、推断结论成功而产生新知识。真正的教育，即与真实世界的连通——最后一个关键组成部分所表达的是学生生活的环境与更大的社会背景之间存在联系。例如，一个科学实验与环境的联系或者一个历史任务同当前历史性事件的联系。

当课程通过真实的任务来设计时，所有的学生都能获得成功。根据由斯科罗德等人（Chawszczewski，2001）所做的一项研究，真实的任务和学生的学习之间有重大关联，换句话说，当教师设计真实的任务时，学生也就创造了真实的活动。另外，在他们的研究中也提到，“62%的残疾学生的活动同其他健康同伴在真实任务中表现得一样好或者更好”。

最后，学会如何设计真实的任务需要不断地学习和掌握技巧，而且一旦掌握了就能改变教师的教学实践。想要获得更多信息和 86
高水平的真正任务的例子，可以参见威斯康星州麦迪逊大学中等教育改革研究院的网站：http：//www. wcer. wisc. edu/riser。

适应性评定和残疾学生

实践全纳的另一个本质问题是对残疾学生进行适应性评定。适应性评定是教育中的一个极具有争议的话题，特别是关系到大型标准化测验——如州范围内的高标准测验。而本文的目的仅仅是想探讨课堂

中的评价。

课堂中的教师必须一直将每个适应性评定分别看成是随着每个学生和每个评价任务的不同而不断变化的。适合某个学习存在障碍的学生的某种必要的安排可能并不适合另一个学生。

区分适应性评定、修正评价和教育支持也十分重要。适应性评定并没有改变评定内容而只改变评定过程中的成分，如背景、时间、管理、反应形式。相反，修正评定的本质是改变评定内容。同时，教育支持能够帮助学生学习普通教育课程。

在了解以上所提区别的基础上，布莱登等人（Braden，Schroeder & Buckley）提出了适应性评定框架和对残疾学生进行适应性评定的原则。这个框架允许教师制定更多见多识广的适应性评定（参见表 2—2）。

教师要想实践一个有效率的全纳教育，就应该对教室中哪些是残疾学生和这些学生中每一个个体的特殊教育需要有明确的意识。

表 2—2　　适应性评定框架：实施原则

评定框架	实施
只有当学生需要时，才为其提供适应性调整。	通过让学生尝试任务而不进行适应性调整，从而鼓励学生冒险，为随后的安排提供无惩罚的选择权。
适应性迁就认为，目标和获得目标的技能可以明确地加以识别。	了解评估想要测量的知识的技能，知道完成任务需要什么样的技能。
适应性调整应该表现的是可及性，而不是目标或技能。	应该使适应性调整接近于任务，但是，如果它改变了评定所要求的技能就不能这样做了。适应性调整在这个环境中是恰当的，在另一个环境中却不一定。
当技能评估不充分的时候，应该修改目标技能的复杂性。	一些技能水平远远低于目标水平，即使成功地获得了这些技能，这个任务也是没有任何教育价值的。人们应该始终努力消除获得技能过程中存在的障碍。不管怎样，如果任务所需的一些目标技能同测试者当前所有的技能有很大不同，评估的意义就不大。
即使任务被修改成一个更简单的技能水平，评价也应该保持真实性。	教师不应该以受限制的真实性任务代替评价。

资料来源：Braden et al.，2001，p. 8

87 ## 参考文献

Belkin, L. (2001, September 4, 2004). The lessons from classroom 506. *The New York Times Magazine*, 40–49.

Braden, J., Schroeder, J., & Buckley, J. (2001). *Secondary school reform, inclusion, and authentic assessment*. Madison, Wisconsin: Research Institute on Secondary Education Reform: Author.

Individuals with Disabilities Act Amendments of 1997.

King, M. B., Schroeder, J., & Chawszczewski. (2001). *Authentic assessment and student performance in inclusive schools*. Madison, WI: Research Institute on Secondary Education Reform: Author.

Newman, F. M., Marks, H. M., & Garmoran, A. (1996). Authentic pedagogy and student performance. *American Journal of Education, 104*, 208–312.

Newmann, F. M., Secada, W. G., & Wehlage, G. G. (1995). *A guide to authentic instruction and assessment: Vision, standards and scoring*. Madison, WI: University of Wisconsin-Madison, Wisconsin Center for Education Research.

Rogers, J. (1993). *The inclusion revolution*. Bloomington, IN: Phi Delta Kappa Center for Evaluation, Development, and Research: Author.

Shrag, J. A. (2003). No Child Left Behind and its implications for students with disabilities. *The Special Edge, 16*(2), 1–12.

U.S. Department of Education. (2002). *Twenty-fourth annual report to Congress on the implementation of the Individuals with Disabilities Education Act*. Washington, DC.

提纳·M·安科蒂尔是华盛顿州立大学教育管理学院和心理咨询服务部的助理教授。

88 思考题

1. 这篇文章挑战了你可能怀有的对残疾人的刻板印象吗？有关教室中的残疾学生的数量和类型的统计数据令你惊讶吗？

2. 作者解释了一些种族中残疾人是如何被过度诊断的。这是怎么发生的？要想防止类似事件的发生需要做什么吗？

3. 当考虑将全纳课程的三“A”应用于你自己的教学中时，哪一个“A”是你实施过程中对你最具挑战性的？为什么？你需要做些什么才能在你的教学中将三“A”成功地整合？

多元文化教育和课程改革

詹姆斯·A·班克斯（James A. Banks）

摘要： 在本文中，詹姆斯·A·班克斯描述了多元文化教育的五个维度，将目光聚焦于知识的建构过程。强调这五个维度，以显示文化上的假定、参考框架以及主流学者和研究者是怎样影响学术知识的建构从而使制度化的不平等合法化。本文同样描述了变革的学者所创造的挑战现状、制裁行为和改革对抗的知识以及释放的课程这一过程。这个过程被认为是一种多方兼顾的有助于学生成为民主社会中有效公民的方法。

每年有大量移民来到美国，贫富差距的扩大和学生人口特征的变化导致了美国的种族危机，使得学校的改革势在必行，以帮助学生和教师对美国重新想象、重新思考、重塑概念。在我们的教育系统中根本性的改变是必要的，这样我们才能够——用罗德尼·金（Rodney King）的话说，“使所有事情都很融洽”。国家的学生人口正在发生显著的变化。到 2020 年，国家几乎一半（大约 48%）的学生将是有色人种。现今，美国 18 岁以下的年轻人有 31%是有色人种，大约五分之一的学生生活在官方规定的贫困水平线以下。

多元文化教育是一项由 20 世纪六七十年代的民权运动引发的学校改革运动。如果能以彻底的、具有创造性的、有效率的方式加以贯彻，多元化教育将有潜力去变革学校和其他教育机构，使这些学校和教育机构能够为学生在即将到来的世纪里生活和更有效地行使职责作准备。我将描述多元文化教育的主要目标和维度，讨论知
89 识的建构和课程改革，并描述在国民学校、学院和大学中变革的学术知识是如何被用来重新创造、重新构想课程的。

多元文化教育和学校改革

不管是大众观念，还是教师和其他教育实践者，他们对有关多元文化教育的看法都存在很大的混乱。多数的混乱是由多元文化教育的批评家——如斯科雷新格（Schlesinger，1991），德苏达（D'Souza，1995）和萨克（Sacks）与泰勒（Theil，1995）引起的。批评家记载单独的事件、奇闻逸事、贫乏的概念化例子，声明并重复多元文化和多样性的主张，并据此进行教育实践，而这样的方式使多元文化教育变得更加混乱。但由主流多元文化教育理论家所发展的研究和理论却很少被民间的批评家所引用。

多元文化教育批评家通常将批评的矛头直接指向他们所说的多元文化主义——多元文化教育的理论家和研究者很少使用这个术语。那么，区分批评家所说的多元文化主义同多元文化教育理论家所命名的多元文化教育是十分重要的。多元文化主义是经常被各色批评家用来形容他们所反对的一系列教育实践的术语。他们运用这一术语去描述他们所认为的与西方《圣经》、民主传统和全球化的自由社会相对立的教育实践。

多元文化主义和多元文化教育有不同的内涵。我以多元文化教育的三个主要组成部分定义多元文化教育的概念。这三个部分是理念或概念、教育改革运动和过程（Banks，1993a）。作为一个理念或概念，多元文化教育坚持不论种族、民族、社会

阶层或性别，所有学生应该享有平等的学习机会。另外，多元文化教育还描述了一些学生是如何由于种族、民族、社会阶层或性别特征而被剥夺了平等受教育机会的（Lee & Slaughter-Defoe，1995；Nieto，1995）。多元文化教育是一种致力于变革学校，使其为学生提供平等学习机会的教育改革运动，它描述了为学生赋权以及给学生发言权的教学策略。

多元文化教育是一个持续的过程。它最主要的目标之一是在学校和社会中创造民主的理念，即迈罗德（Myrdal，1944）所说的"美国人的贪欲"价值观——如正义、公平和自由等价值观。这些理念写在开国的文献——《独立宣言》、《宪法》和《权利法案》中。它们永远不能被完全实现，而处于民主社会中的公民应该为实现这些目标始终如一地努力。但是，当我们为特定群体实现这些理念的时候，其他的群体又会成为种族歧视、性别歧视和偏见的牺牲品。所以，在民主、多方兼顾的社会中，多元文化教育是一个没有终点的持续的过程。

多元文化教育的维度

为了有效地将多元文化教育课程、项目和实践概念化并贯彻实行，有必要不仅在总体上定义概念，而且应该进行有顺序地描述。要实现这一过程，我提出了一个叫作多元文化教育的维度类型学（Banks，1993b，1995a）。这个维度类型学能够帮助从业者辨别并阐明将多元文化教育以彻底的、创造性的、有效的方式进行的改革。
90 这种维度类型学是韦氏意义上的理想类型构造。这些维度是高度相关的，它们之间内部的和外部的边界是相互重叠的。但是，在概念上它们是泾渭分明的。

对每个维度的范围进行概念上的描述促进了概念的清晰化和合理教育实践的发展。正如雷（Gay，1995）所指出的，多元文化教育的理论、研究和实践之间存在鸿沟。学校中的实践违背多元文化教育理论和研究中多种合理的原则，这些实践是批评家的炮灰，批评家经常引用可疑的实践将其化装成多元文化教育，以此证明他们言论的有效性。尽管教育的所有领域中都存在理论和实践严重脱节的现象，但这种脱节的后果在那些新的领域中是尤其严重的，因为这些新的领域是被边缘化，正在寻求在学校、学院和大学中的合法性的。因此，多元文化教育的维度能作为概念化的、发展和评价理论、研究和实践的基准。

在我的研究中，我确定了多元文化教育的五个维度（Banks，1995a）。它们是：内容的综合；知识的建构过程；歧视的减少；平等的教学以及一种授权的学校文化和社会结构。下面，我将简要地介绍每一个维度。

内容的综合描述的是这样的方式：教师们使用多种文化和团体事例及内容去阐明所教的学科领域或科目中的关键概念、原则、概括和理论。知识的建构过程包括方法、活动和问题，教师利用它们帮助学生理解、研究并测定学科中固有的文化假定、参考框架、观点和偏见是怎样影响知识的建构的。当教师实现了知识建构过程时，就能帮助学生理解知识是怎样被创造出来的，并且是如何受个体和群体的种族、民族和社会阶层地位影响的（Code，1991；Collins，1990）。

多元文化教育中减少偏见的维度（歧视的减少）指的是，学生种族态度的特征以及教师使用的帮助学生形成更民主的价值观和态度的策略。自从 20 世纪 30 年代末以来，研究者一直在研究青少年中的种族意识、种族认同和种族偏爱（Clark & Clark，1939；Cross，1991；Spencer，1982）。这里并不能很好地对研究加以总结，因为这个研究很大并且非常复杂。但是研究表

明——举例来说，在上幼儿园之前，不管是有色人种的孩子还是白色人种的孩子都显现出“白种人偏见”（Phinney & Rotheram，1987；Spencer，1982）。这个研究建议所有学科领域的教师都需要采取行动帮助学生发展更为民主的种族态度和价值观。它同样指出，当学生年龄较小时，这种培养的效果较好。因为当孩子长大了，要改变他们的种族态度和信念就很难了。

当教师改变他们的教学，以促进来自不同的种族、民族、文化和性别的学生的学术成就时，一种平等的教学就诞生了（Banks，1995b）。许多研究者都描述了文化上敏感的（有时也称作文化上适合的）教学策略，它的目的是提高来自不同文化和种族的学生的学术成就，也描述了对这些学生有效教学的特性。该研究表明，当教学策略和活动建立在学生的文化和语言的能力基础上，有色人种的学生
91 和低收入家庭学生的学术成就会有所提高。其他研究者坚持认为，教师也需要对这些学生持有较高的期望，明白无误地教给他们掌控教室中的交互作用的权利规则，并创造课堂中平等的氛围（Cohen & Lotan，1995）。

尽管其他维度所涉及的是学习或教育环境的特定方面，授权的学校文化和社会结构维度表达的则是将学校看成是一个复杂的社会系统。这个维度将学校看成是一个比其任何一个组成部分——如课程、教学材料以及教师的态度和理解都要大的社会系统。对于学校的系统性观点要求如此，以便有效地改革学校，所以应该重组整个系统，而不仅仅是其中的一些组成部分。尽管改革可能会从系统的一个部分开始（例如课程或员工发展），系统的其他部分（如课本和评价项目）也应该重新建构，以便有效地实行与多样性有关的学校改革。

当改革涉及像种族、阶层和性别这样复杂和负载情感的问题时，对于教育改革系统的看法就显得十分重要。教育从业者面临难以处理的挑战、有限的资源、不甚耐心的公众的高期望，以及由此导致的可解决问题的时间有限。由于这些原因，教育从业者经常想要快速解决复杂的教育问题。这种对于种族和种族划分问题的快速解决方法的寻求，部分解释了许多情况下多元文化教育的实践对于理论和研究的违背。教育改革的系统性观点对于进行彻底的、创造性的并且有意义的教育改革来说是十分必要的。

知识建构和课程改革

我仅聚焦于多元文化教育的一个维度：知识建构。在我最新出版的著作《多元文化教育：变化的知识和行为》（*Multicultural Education：Transformative knowledge and Action*，1996）中，我描述了知识的类型学，它包括五种类型：个性的/文化的，大众的，主流学术，变化的学术和学校知识。我只想讨论其中的两种知识类型：主流学术和变革的学术。

主流学术知识

主流学术知识包括概念、图表、理论和解释，它们组成了行为和社会科学中传统的、确定的知识。主流学术知识中一个重要的原则是存在一组能通过严格、客观的研究程序检验的客观真理，它们不以人们的兴趣、价值观和看法为转移。组成国民学校、学院和大学的学术大厦的大多数知识都是主流学术知识。

西方殖民地传统的概念化是主流学术知识形成的图表、教规和观点在学院、大学和学校课程中制度化的一个有力例证。在 1893 年美国历史协会会议上呈现的一篇有影响的论文中，弗里德里克·杰克森·

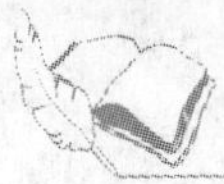

特纳（Frederick Jackson Turner）认为，人口稀疏的荒野和缺少文明的边境是美国民主和自由的主要发源地。尽管现在特纳的理论受到了修正主义历史学家的批评，但是他的论文建立了这样一个概念：西部在美国学术、大众文化和学校教科书中是具
92 有非常大的影响力的。

如今，美国历史和文化范例被有力地、使人信服地、深深地确立在国家学习机构的课程中。这样，就常常妨碍了教育中不同层级的学生获得对美国历史、社会和文化的精通世故的、综合的和富于同情心的理解。因此，应该严肃地考察并解构西部范例以使学生获得这样的理解。例如，应该教给学生西部的观念是一个以欧洲为中心的观念，应该帮助他们理解美国社会中不同的群体是如何将西部加以区别的概念化并被不同对待的。

例如，在1848年《瓜达卢佩—伊达尔戈条约》之后成为美国人的墨西哥人，宁愿将战后墨西哥割让给美国的领土看成是墨西哥的"北部"。居住在西部地区的印第安人群不是将自己的祖国看成是西部，而是看成宇宙的中心。对于从亚洲来到美国的多样的移民来说，他们来自"东部"或者"黄金山之地"。通过帮助学生从不同的视角和观点看待以欧洲为中心的观念——如西部、"美洲的发现"和"新世界"，我们可以增长他们概念化的能力、辨别深植于课程材料中暗示性的观点的能力，并成为更有思想、善于思考的公民。

变革的学术知识

通过使用来自变革的学术知识的范例、观点和看法革新课程，教师可以帮助学生获得关于美国历史和社会发展的新观点。变革的学术课程包括挑战主流学术知识的概念、范例、主题和解释，它扩充了历史的和文学的经典（Banks，1996），这样它就挑战了主流学者关于知识的本质和一些主要范例、发现、理论和解释方面的假设。当主流学者声称，他们的发现和解释是普遍的、不与人们的兴趣相联系时，变革的学者将知识看成是同个体和群体的文化经历相联系的（Collins，1990）。变革的学者同时也相信，知识的一个主要目标是改善社会（Clark，1965）。

变革的学问和寻求民主

在过去的20年间，由社会边缘学者发展起来的变革的学问大量增加（Banks，1995a）。这种学问挑战了国民学校、学院、
大学内被制度化的许多范例、概念和解释。 93
多数但不是全部的这种学问是由有色人种和女性学者发展的。例如，《边缘和主流：美国历史和文化中的亚洲人》（*Margins and Maiustreams*：*Asians in American History and Culture*，1994）探讨的是通过挑战破坏民主和人权的实践，社会边缘群体在美国社会中的主流民主价值中扮演十分重要的角色。

正如我在最新出版的书中所指出的那样，变革的学者和不断变化的学问在美国有很长的历史（Banks，1996）。变革的学者同他们的著作一起，为制度化的种族主义实践和政策提供意识形态的和学者的辩护，通过挑战这种种族主义的学问和意识形态，他们能够使学术团体始终保持民主。一篇讲演赞扬了查尔斯・H・汤普森（Charles H. Thompson）——《黑人教育杂志》（*Journal of Negro Education*）的创刊者，一个有变革能力的学者和教育家。这个杂志的建立是为了给有变革意识的学者和研究者提供一个发表他们在世界范围内有关黑人教育的发现和解释的平台。他们中的许多研究都挑战了主流研究，并对非裔美国人的教育和独立作出了贡献。

杂志创刊第一期的社论名为《为什

么创办黑人教育杂志？》（Why a Journal of Negro Education?）。汤普森（1932）拥护黑人的自我决定，他相信杂志将为非裔美国人在自己的教育中承担更重要的角色提供一种传播媒介。正如汤普森所说：

> 黑人教育研究的领导阶层应该在更大的程度上由黑人教育家组成……但是没有现成的、移入感情的供（黑人研究者）的研究成果发表的通道……所以，我们相信这个项目的发起将激励黑人在寻求在自己的教育中出现的问题的解决方法上起到更大的作用。（p. 2）

如今的黑人自治同汤普森写下这段话的时候同样重要。《黑人教育杂志》第一期出版于1932年4月。杂志已经延续了变革的传统63年，其他变革的杂志是由非裔美国学者创办的，包括由卡特·G·伍德森（Carter G. Woodson）1916年创办的《黑人历史杂志》（*Journal of Negro History*），菲龙（Phylon）于1940年在亚特兰大大学创办的《家族谱系》（*Phylon*）。在这些杂志创办之前，变革的学者很少有发表他们作品的机会。20世纪60年代以前，主流学术群体和它们的杂志编辑对有色人群的研究和成果不感兴趣，特别是那些展现对少数民族人群的积极的描述以及与主流的种族主义学问相对抗的作品。当我们考察美国学术的历史时，就会对种族主义和变革的学问在这一时期内如何调和而感到惊异。接近世纪之交时，描述种族群体间本质区别的研究和理论在美国社会科学中被制度化了。一群改革的学者极大地挑战了这些概念。

变革的和主流的社会科学两者的关系是交互式的，相互影响。随着时间的流逝，
94 变革的知识影响着主流知识，变革的知识与也主流知识相混合。

对革新的、解放的课程的需求

20世纪60年代之前，非裔美国学者和他们研究非裔美国人的白人同事处于主流学术群体的边缘，有关种族和民族在主流学术群体中成为制度化的大多数范例、解释，都是由这些群体之外的学者创造的。主流学者发展的大多数范例、观念和理论巩固了现状，给有关有色人种群体习俗化的陈规和误解提供了有力的辩护。这种说法的一个重要例子是1918年由奥鲁森·B·菲利普（Ulrich B. Phillips）出版的《美国黑人奴隶制度》。菲利普描述了奴隶同那些从西方文化中受益的人一样快乐或自卑。他对奴隶制度的解释在美国学院和大学中成为制度化的解释，他也成为国家最受尊敬的历史学家之一。

在20世纪五六十年代的历史学家发表 95
的对奴隶制度的新解释之前，主流学术群体内对奴隶制度的观点并没有受到过严重的挑战。对于奴隶制度持有其他观点的变革的学者早在1943年就开始发表观点，当时奥普斯克（Aptheker）出版了《美国黑人奴隶改革》（*American Negro Slave Revolts*）。但是，这部著作在很大程度上被主流群体忽视和边缘化了，部分原因是它与已存在的有关奴隶和奴隶制度的看法相矛盾。

最近关于非裔美国人的认知和智力能力的研究显示，主流学术群体中反平等主义的研究仍然具有影响力。例如1969年，享有盛誉的《哈佛教育评论》（*Harvard Educational Review*）在该年的第一期上用了123页来刊登亚瑟·延森（Arthur Jensen）关于白人和非裔美国人不同智力水平的文章。虽然在随后一期上其他学者对这篇文章进行了评论（Kagan，1969），但持有不同观点的变革的学者的文章并没有在这个有影响的期刊上得以发表。即使延森

的文章在一个广为人知的杂志上占据了很大的篇幅，但当他出现在大学校园的公共演讲和论坛时，他得到的是公众的蔑视和拒绝。

在将近 1/4 个世纪后面世的由赫雷斯坦（Herrnstein）和默里（Murray）(1994) 所作的《快乐随风飘》（*The Bell Curve*）在学术和公众群体中获得了热情、热烈的接纳。受到公共媒体的广泛讨论，并持续多周出现在《纽约时报》畅销书名单上。尽管它引起了许多的讨论和争论，但它在学术和公众群体中得到了很高的地位。

公众对《快乐随风飘》的出版表现了狂热的接纳，它所表现的社会和政治内容，给正在学习知识建构的学生提供了一个可供讨论和解释的完美学习案例。学生们可以审视著者所提的论点，并找出这些论点和假设是如何同社会和政治背景相联系的。学生们可以讨论以下问题：为什么它会被如此广泛地传播并受到公众的欢迎？谁从《快乐随风飘》的论点中受益？谁受到损失？为什么有关非裔美国人天生劣等的论点和理论持续不断地重新浮现？这种论点是如何与社会和政治思潮相联系的？

《快乐随风飘》的出版和公众对它的接受，是我们社会中许多制度化的知识仍然支持不平等、优势群体霸权、边缘群体的无权的强有力的范例。《快乐随风飘》被人们所接纳和它的合理性也凸显了这样一种需求，即教育学生成为具有批判精神的知识消费者，自身成为知识的创造者，有能力作出经过深思的、决定性的并有助于创造和维持民主和公平社会的行为。像《快乐随风飘》这样的作品和公众对它的反应，提醒我们民主是脆弱的，威胁到民主的东西是严重的。幸运的是，变革的学者所做的工作表明对人类自由的寻求是无论如何也抑制不住的。

参考文献

96

Aptheker, H. (1943). *American Negro slave revolts.* New York: International Publishers.

Au, K. H. (1980). Participation structures in a reading lesson with Hawaiian children. *Anthropology and Education Quarterly, 11*(2), 91–115.

Banks, J. A. (1993a). Multicultural education: Characteristics and goals. In J. A. Banks & C. A. M. Banks (Eds.), *Multicultural education: Issues and perspectives* (2nd ed.) (pp. 3–28). Boston: Allyn & Bacon.

Banks, J. A. (1993b). *Multiethnic education: Theory and practice* (3rd ed.). Boston: Allyn & Bacon.

Banks, J. A. (1995a). Multicultural education: Historical development, dimensions, and practice. In J. A. Banks & C. A. M. Banks (Eds.), *Handbook of research on multicultural education* (pp. 3–24). New York: Macmillan.

Banks, J. A. (1995b). Multicultural education: Its effects on students' racial and gender role attitudes. In J. A. Banks & C. A. M. Banks (Eds.), *Handbook of research on multicultural education* (pp. 617–627). New York: Macmillan.

Banks, J. A. (Ed.). (1996). *Multicultural education, transformative knowledge, and action.* New York: Teachers College Press.

Banks, J. A., & Banks, C. A. M. (Eds.). (1995a). *Handbook of research on multicultural education.* New York: Macmillan.

Banks, J. A., & Banks, C. A. M. (1995b). Equity pedagogy: An essential component of multicultural education. *Theory into Practice, 34*(3), 152–168.

Blassingame, J. W. (1972). *The slave community: Plantation life in the antebellum south.* New York: Oxford University Press.

Boykin, A. W. (1982). Task variability and the performance of Black and White school children: Vervistic explorations. *Journal of Black Studies, 12,* 469–485.

Clark, K. B. (1965). *Dark ghetto: Dilemmas of social power.* New York: Harper & Row.

Clark, K. B., & Clark, M. P. (1939). The development of consciousness of self and the emergence of racial identification in Negro preschool children. *Journal of Social Psychology, 10,* 591–599.

Code, L. (1991). *What can she know? Feminist theory and the construction of knowledge.* Ithaca, NY: Cornell University Press.

Cohen, E. G., & Lotan, R. A. (1995). Producing equal-status interactions in the heterogeneous classroom. *American Educational Research Journal, 32*(1), 99–120.

Collins, P. H. (1990). *Black feminist thought: Feminist theory and the construction of knowledge.* New York: Routledge.

Cross, W. E., Jr. (1991). *Shades of Black: Diversity in African American identity.* Philadelphia: Temple University Press.

Delpit, L. (1995). *Other people's children: Cultural conflict in the classroom.* New York: The New Press.

D'Souza, D. (1995). *The end of racism: Principles for a multicultural society.* New York: The Free Press.

DuBois, W. E. B. (1940). Apology. *Phylon, 7*(1), 3–5.

DuBois, W. E. B. (1975). *The Philadelphia Negro: A social study.* Millwood, NY: Kraus–Thomson Organization Limited. (Original work published in 1899)

Elkins, S. M. (1959). *Slavery: A problem in American institutional and intellectual life.* Chicago: The University of Chicago Press.

Franklin, J. H. (1943). *The free Negro in North Carolina, 1790–1860.* New York: Russell & Russell.

Franklin, J. H. (1947). *From slavery to freedom: A history of Negro Americans.* New York: Knopf.

Gay, G. (1995). Curriculum theory and multicultural education. In J. A. Banks & C. A. M. Banks (Eds.), *Handbook of research on multicultural education* (pp. 25–43). New York: Macmillan.

Genovese, E. D. (1972). *Roll, Jordan, roll: The world the slaves made.* New York: Pantheon.

Gould, S. J. (1994, November 28). Curveball. *The New Yorker, 70*(38), 139–149.

Herrnstein, R. J., & Murray, C. (1994). *The bell curve: Intelligence and class structure in American life.* New York: The Free Press.

Hyatt, V. L., & Nettleford, R. (Eds.). (1995). *Race, discourse, and the origin of the Americas: A new world view.* Washington, DC: Smithsonian Institution Press.

Jacoby, R., & Glauberman, N. (Eds.). (1995). *The Bell Curve debate: History, documents, opinions.* New York: Times Books/Random House.

Jensen, A. R. (1969). How much can we boost IQ and scholastic achievement? *Harvard Educational Review, 39*(1), 1–123.

Kagan, J. S., Hunt, J. M., Crow, J. F., Bereiter, C., Elkin, D., & Cronbach, L. (1969). Discussion: How much can we boost IQ and scholastic achievement? *Harvard Educational Review, 39*(2), 274–347.

Kleinfeld, J. (1975). Effective teachers of Eskimo and Indian students. *School Review,* 83, 301–344.

Ladson–Billings, G. (1995). Toward a theory of culturally relevant pedagogy. *American Educational Research Journal, 32*(3), 465–491.

97 Lee, C., & Slaughter–Defoe, D. T. (1995). Historical and socio-cultural influences on African American education. In J. A. Banks & C. A. M. Banks (Eds.), *Handbook of research on multicultural education* (pp. 348–371). New York: Macmillan.

Nieto, S. (1995). A history of the education of Puerto Rican students in U.S. mainland schools: "Losers," "outsiders," or "leaders"? In J. A. Banks & C. A. M. Banks (Eds.), *Handbook of research on multicultural education* (pp. 388–411). New York: Macmillan.

Myrdal, D. (with R. Sterner & A. Rose). (1944). *An American dilemma: The Negro problem in modern democracy.* New York: Harper.

Okhiro, G. (1994). *Margins and mainstreams: Asians in American history and culture.* Seattle, WA: University of Washington Press.

Phillips, U. B. (1918). *American Negro slavery.* New York: Appleton.

Phinney, J. S., & Rotheram, M. J. (Eds.). (1987). *Children's ethnic socialization: Pluralism and development.* Beverly Hills, CA: Sage Publications.

Quarles, B. (1953). *The Negro in the Civil War.* Boston: Little, Brown.

Sacks, D. O., & Theil, P. A. (1995). *The diversity myth: "Multiculturalism" and the politics of intolerance at Stanford.* Oakland, CA: The Independent Institute.

Schlesinger, A., Jr. (1991). *The disuniting of America: Reflections on a multicultural society.* Knoxville, TN: Whittle Direct Books.

Shade, B. A., & New, C. A. (1993). Cultural influences on learning: Teaching implications. In J. A. Banks & C. A. M. Banks (Eds.), *Multicultural education: Issues and perspectives* (2nd ed.) (pp. 317–331). Boston: Allyn & Bacon.

Sleeter, C. A. (1995). An analysis of the critiques of multicultural education. In J. A. Banks & C. A. M. Banks (Eds.), *Handbook of research on multicultural education* (pp. 81–94). New York: Macmillan.

Spencer, M. B. (1982). Personal and group identity of Black children: An alternative synthesis. *Genetic Psychology Monographs, 106,* 59–84.

Stampp, K. M. (1956). *The peculiar institution: Slavery in the ante-bellum south.* New York: Vintage.

Thompson, C. H. (1932). Editorial comment: Why a journal of Negro education? *Journal of Negro Education, 1*(1), 1–4.

Thornton, R. (1995). North American Indians and the demography of contact. In V. L. Hyatt & R. Nettleford (Eds.), *Race, discourse, and the origin of the Americas: A new world view* (pp. 213–230). Washington, DC: Smithsonian Institution Press.

Todorov, T. (1982). *The conquest of America: The question of the other.* New York: HarperCollins.

Tucker, W. H. (1994). *The science and politics of racial research.* Urbana, IL: University of Illinois Press.

Turner, F. J. (1989). The significance of the frontier in American history. In C. A. Milner, II (Ed.), *Major problems in the history of the American West* (pp. 2–21). Lexington, MA: Heath. (Original work published in 1894)

U.S. Bureau of the Census. (1993). *We, the American children.* Washington, DC: U.S. Government Printing Office.

Woodson, C. G. (1930). *The Negro in our history.* Washington, DC: The Associated Publishers.

Woodson, C. G. (1968). *The education of the Negro prior to 1861.* New York: Arno Press. (Original work published in 1919)

詹姆斯·A·班克斯是拉塞尔·R·斯塔克大学的教授，华盛顿大学多元文化教育中心主任。

思考题

1. 班克斯所讨论的多元文化教育的五个维度是什么？哪一个最能使你产生共鸣？为什么？

2. 班克斯聚焦于知识建构的过程，以此去阐明主流学者和研究者是怎样影响他们建构学术知识、使制度化的不平等合法化的。使制度化的不平等得以发生的知识建构过程是什么？要改变这个惯例需要做些什么？

98 3. 在你自己的教育经历中，什么样的多元文化经验帮助你形成你看待我们所生活的多方兼顾的、民主的社会方式？与其他事件相比，有对你影响比较大的事件吗？如果有，是什么事件，什么使它对你来说有如此重要的意义？

课程中的媒体素养示例：成果和评价

埃里克·沙勒（Erica Scharrer）

摘要：为了将关键的媒体素养问题放到课程表中，作者做了一些与媒体素养相关的对成果的鉴定和潜在评估的基础工作，它是关于学校、课外项目和由社区组织运作的成人项目中广泛采用媒体素养课程的讨论中的关键一步。

令人惊讶的是，很少有人讨论目标或“成果”与参与媒体素养项目两者在观念上的联系。无论如何，有关媒体素养的著作在增多。在本文中，我试图为有关媒体素养的鉴定和成果的潜在评估做一些基础的工作。它是在学校、课外项目和由社区组织运作的成人项目中广泛采用媒体素养课程的讨论中的关键一步。

参加媒体素养课程的结果通常不能明确地定义和测量，但是会对于这些成果是什么有一个大体的观念。媒体素养通常融入“有区别地做出回应”的目的或培养参与者的批判性分析能力（Brown，1998）。媒体素养包括“对有关你看到和读到的东西提问”（Hobbs，2002，p.5），从而鼓励批评性质询的结果。确实，在媒体素养通常声明的目标中，其中一点是发展“具有批判性的观众”。媒体素养中心的理事伊丽莎白·托马斯（Elizabeth Thoman，1999）将具有批判性的观众定义为“学会分析和质疑荧屏上的东西，它是如何建构的，可能遗漏了什么”。由斯里布莱特（Silverblatt，1995）论述的媒体素养的另一个重要组成部分，是意识到每天从媒体中接收的多种信息和这些信息对态度和行为的影响作用。这样，媒体素养教育能帮助人们培养批判性思考的能力，讨论与媒体相关的问题，包括媒体信息是如何创造的，如何进行市场运作，如何被散播以及其潜在的影响（或信息是如何被接受的）。

媒体素养的指导方针

克瑞斯特（Christ）和柏特（Potter） 99
（1998）指出，在美国不存在有关媒体素养的评估，以及从中得到的成果是否包括知识、能力、行为、态度和价值观的国家标准。克瑞斯特和柏特认为，这些指导方针是由语言信息协会（现在称为国家信息协会）推进的。这些指导方针要求个体应该能够“说明多种类型的电子声音和视觉媒体的效果”，并“在各种类型的声音和视觉媒体中辨别和使用对信息传达中有能力的参与者来说必要的技能”。前者的提议是一种认知的、批判性的思想类型的成果，而后者是一种行为上的成果，需要学习技术上的技巧（例如电脑、录像机和声频设备的技巧）。当然，除了这些有点概括性的标准，还有为媒体素养实践服务的其他官方指南。

从社会科学研究的视角来定义和测试这些预期成果的研究是十分少见的。虽然在这方面也有一些比较显著的成果，但大体上，鲜有研究证据证实媒体素养课程的效力。需要更多的努力去发现：（1）批判性思考能力是否增强了，批判性的观察是否受到了鼓励；（2）学生是否提出有关媒体的问题；（3）在测定参与媒体素养教育的效果上，什么样的其他结果才恰当。

媒体素养的视角

关于媒体素养有两种哲学上的视角，

任何对于潜在成果的讨论都是在与其中一个的联结的基础上有区别地构成的。一种文化研究方法的视角，十分强调学生对媒体产生自己的，通常是愉快的经历。这个阵营中的成员可能是媒体素养项目的推动者，他以家长式作风和保护主义为理由存在预定的一系列“学习成果”。换言之，那些使用这种哲学视野的人可能反对教师强加于学生身上的观点，特别是当这种观点以从上而下的途径传播时。

另一种哲学上的视角称作冲突调解、接种（Anderson，1983）或干涉主义（Kubey，1998），通常聚焦于有关媒体的消极的结果（例如暴力、性别角色的刻板印象或广告中的幕后操纵），将媒体素养解释为有助于保护年轻人免受有害作用影响的策略（Hobbs，1998）。这种视角所推动的结果似乎是媒体对那些参与媒体素养项目的个体影响不大。例如，如果能使孩子对暴力节目以非侵略性或不太敏感的方式作出反应，那么，有关电视暴力的媒体素养项目将会被看成是最有效率的。多里特（Doolittle）（1975）、休斯曼（Huesmann）和他的同事（Huesmann，Eron，Klein，Brice and Fischer，1983）将这种方法用于他们的干预研究（早期的媒体素养课程）中，干预研究强调用于产生暴力的电视场景生产技术的虚构本质。他们的研究结果表明，干预研
100 究在减少孩子观看暴力电视后产生的侵略性反应上仅有中度的成就。如果干涉主义的媒体素养不能使人们免受负面媒体作用的影响，它能得到其他潜在的比较重要和有益的不同成果吗？

媒体素养有裨益吗？

为什么媒体素养在帮助个体抵制媒体的效果上不成功？也许对媒体素养怀有这样的目标是不公平、不合适的。媒体素养课程可能在改变每一个体对媒体信息的独特和多样的反应这样一个复杂的现象上是不充分的。正如在媒体面前不是单一的（重要的但不是个别起作用的）因素影响我们的想法、观点和行为，在决定一个人在特定时间点上对媒体作用的易感性上，参与媒体素养课程是仅仅以一个因素去较量多种其他的因素。期望参与一个短期的主题受限制的课程，将使我们对每天面对的媒体反应方式产生直接的、意义深远的差别，是将问题的严重性过度单纯化了。

对媒体批判性的观点能导致媒体影响的消除吗？这样的联系可能不会一直发生。我们可能会批评一个电影太暴力或太生动了，但是仍然会对令人兴奋的动作画面或悬疑的情节感兴趣。我们可能会很清楚媒体人物有自己的特征，同普通大众很少有类似之处，但是当我们观看他们时仍然可能会丧失自尊。我们可能知道新闻媒体不能分派太多的电影或电视节目的时间给第三党的政治候选人，但在观看新闻之后我们仍然会留下这样的印象，即这些候选人在选举中无一席之地。简言之，我认为批判性思考不能总是自然而然地产生对媒体影响的抵制。

此外，如果批判媒体能使我们抵制媒体的作用，这种抵制也不会在我们第一次尝试媒体素养教育后直接发生，它也达不到足够强的程度去突破媒体素养框架的限制。即使参与媒体素养课程能成功地抵制媒体的作用，这种抵制又能存在多长时间？一个媒体素养单元课程能产生持久的抵制性的观念吗？如果不能抵制，在参与过后的一个星期还将继续存在吗？一个月呢？一年呢？很有可能的是，任何获得的抵制观念都会随时间的流逝而衰退。

抵制媒体作用也可以看成是一个不太恰当的成果，由于来自媒体自身潜在的竞争信息冲击，它可能不会被人们保留太久。由于我们每天都在接受媒体信息的轰炸，参与鼓励批判性思想的媒体素养课程的效果，不可避免地在持续的时间上受到了限制。美国年轻人每天观看电视的时间平均为三个半小时（Comstock & Scharrer，

1999)，每天花在所有媒体——包括电脑、计算机游戏、收音机和CD播放机上的时间平均为六个半小时（Roberts，Foehr，Ridecout，and Brodie，1999)。期望参加部分媒体素养课程将降低这些无所不在的媒体的潜在影响看起来是一个过高的要求。

101 最后，有关媒体作用的研究告诉我们，媒体素养框架中判别一个媒体素养计划的作用应该考虑个人个性特征的不同。正如不能假定媒体以通用的方式影响所有的观众成员，参与媒体素养教育也不应该认为对所有参与者都能起同样的作用。个体的不同带来了经历（例如，先前与父母或其他人对媒体的批判性讨论）和情境（例如课程是如何进行的以及学生当时的情绪）的不同，在判别和测量成果时也应该考虑这些方面。

积极成果

如果抵制媒体作用的成果仅仅在某些条件下的某些参与者中发生，或许仅仅在参与多种媒体素养课程后相当长的时期才起作用，那么，媒体素养是无效的或无组织的吗？我相信，即使不能减少负面的媒体影响，媒体素养教育也能产生重要的成果——即有助于思想、观点和态度的形成。通过持续不断地延长参与时间、进行媒体素养教育，当从长期累积和长远方面考虑时，这些成果可能会降低媒体消极行为的影响。如此，参与者形成了知识、意识、态度和看法并随时间流逝逐渐稳固，他们也许会形成未来的行为。然后我们也许能以期望无数次的媒体素养努力去消除媒体的消极影响的可能性。但是从短期来看，从参与者的反应以及课程中仅有的一个媒体素养单元来看，认识领域的成果和效应是更切实可行并很可能发生的。

实际上，不应该低估这样的成果。如果分享媒体素养课程允许个人学习有关媒体信息、实践、过程、制度或影响的新的或更多的东西，那么他将表现出重要的认知发展。这些成果需要增加有关媒体研究使用的关键概念或名词方面的知识以及对中心问题意识的增长。在一些例子中可能包括一些用于广告业中有助于人们产生喜爱反应的策略性知识。知道暴力在媒体中的呈现方式使人们看起来很冷静，或者使人们更关注女性、有色人种和其他“少数群体”在媒体上的角色。同样，如果参与媒体素养课程有助于使学生赞成一些媒体信息、实践、过程、制度或影响而反对其他的，这也是媒体素养值得称赞的成就。

总之，如果一个学生发展了“解构”的能力——拆分组成部分、精密的分析媒体信息、实践、过程、制度或影响，那么媒体素养教育就是有效的，那个学生就成为一个有关媒体的“批判性思想家”。比起期望人们增强对媒体效应的抵制，这样的成果是媒体素养课程有效性（从文化研究或从干涉主义的观点看）的更好测量方法。质疑媒体素养的关键问题的过程（谁拥有媒体？媒体内容中所呈现的是什么类型的主题？媒体是如何产生的？媒体在我们的生活中起什么作用？媒体对我们的想法、感受和行为有什么影响？）所得的思考和信念都是媒体素养教育的重要成就。我认为，它不仅对于从媒体素养中得到的成果是重要的，而且对是否获得了那些成果所进行的评价也是至关重要的。许多方法能测量学生的学习。这些方法包括让学生写作文，提出开放的或封闭的问题，评论一个电视节目或者一段广告，并自己创造媒体内容（例如构造一个微型公告板，写一篇报纸评论文章，编写一个电视剧场景）。这样的测 102
量能够记录媒体素养的效力，是使媒体素养在从幼儿园到高中的课程中占据中心地位的必要步骤。

参考文献

Anderson, J. A. (1983). Television literacy and the critical viewer. In J. Bryant & D. R. Anderson (Eds.), *Children's understanding of television: Research on children's attention and comprehension* (pp. 297–330). New York: Academic Press.

Bazalgette, C. (Ed.). (1989). *Primary media education: A curriculum statement.* London: British Film Institute.

Bowker, J. (Ed.). (1991). *Secondary media education: A curriculum statement.* London: British Film Institute.

Brown, J. A. (1998). Media literacy perspectives. *Journal of Communication, 48*(1), 44–57.

Buckingham, D. (1998). Media education in the UK: Moving beyond protectionism. *Journal of Communication, 48*(1), 33–43.

Christ, W. G., & Potter, W. J. (1998). Media literacy, media education, and the academy. *Journal of Communication, 48*(1), 5–15.

Collins, R. (1992). Media studies: Alternative or oppositional practice? In M. Alvarado & O. Boyd-Barrett (Eds.), *Media education: An introduction* (pp. 57–62). London: British Film Institute.

Comstock, G., & Scharrer, E. (1999). *Television: What's on, who's watching, and what it means.* San Diego, CA: Academic Press.

Doolittle, J. C. (1975). *Immunizing children against the possible antisocial effects of viewing television: A curricular intervention.* Unpublished doctoral dissertation, University of Wisconsin, Madison.

Dorr, A., Graves, S., & Phelps, E. (1980). Television literacy for young children. *Journal of Communication, 30*(3), 71–83.

Halloran, J. D., & Jones, M. (1992). The inoculation approach. In M. Alvarado & O. Boyd-Barrett (Eds.), *Media education: An introduction* (pp. 10–13). London: British Film Institute.

Hart, A. (1997). Textual pleasures and moral dilemmas: Teaching media literacy in England. In R. Kubey (Ed.), *Media literacy in the information age* (pp. 199–211). New Brunswick, NJ: Transaction.

Hobbs, R. (1998). The seven great debates in the media literacy movement. *Journal of Communication, 48*(1), 16–32.

Hobbs, R. (2001, Spring). The great debates circa 2001: The promise and the potential of media literacy. *Community Media Review,* pp. 25–27.

Hobbs, R., & Frost, R. (2001, May). *Measuring the acquisition of media literacy skills: An empirical investigation.* Paper presented at the annual meeting of the International Communication Association, Washington, DC.

Huesmann, L. R., Eron, L. D., Klein, R., Brice, P., & Fischer, P. (1983). Mitigating the imitation of aggressive behavior by changing children's attitudes about media violence. *Journal of Personality and Social Psychology, 44,* 899–910.

Kubey, R. (1998). Obstacles to the development of media education in the United States. *Journal of Communication, 48*(1), 58–69.

Masterman, L. (1985). *Teaching the media.* London: Routledge.

Quin, R., & McMahon, B. (1993). Monitoring standards in media studies: Problems and strategies. *Australian Journal of Education, 37*(2), 182–197.

Roberts, D. F., Foehr, U. G., Rideout, V. J., & Brodie, M. (1999, November). *Kids and media at the new millennium.* Menlo Park, CA: Kaiser Family Foundation Report.

Silverblatt, A. (1995). *Media literacy: Keys to interpreting media messages.* Westport, CT: Praeger.

Singer, D. G., & Singer, J. L. (1998). Developing critical viewing skills and media literacy in children. *The Annals of the American Academy of Political and Social Science, 557,* 164–180.

Singer, D. G., Zuckerman, D. M., & Singer, J. L. (1980). Helping elementary school children learn about TV. *Journal of Communication, 30*(3), 84–93.

Thoman, E. (1999). Media literacy education can address the problem of media violence. In B. Leone (Ed.), *Media violence: Opposing viewpoints* (pp. 131–136). San Diego, CA: Greenhaven Press.

埃里克·沙勒是马萨诸塞大学安姆斯特分校信息学院的助理教授。

103 思考题

1. 什么是媒体素养，为什么如今它对课程非常重要？区分一个具有媒体素养的人和缺乏媒体素养的人的特征是什么？

2. 沙勒所认为的对课程中广泛采用媒体素养的一些成果十分重要的潜在评估是什么？

3. 以我们日常所看到的所有媒体画面作为基础，你认为为什么媒体素养教育跟不上媒体的发展、没有成为一个课程主题？要使媒体素养教育成为课堂学习的基本要求，教育内部需要做什么样的改变？

牢记资本：土豆条与教育的关系

迈克尔·W·阿普尔（Michael W. Apple）

摘要： 美国出现了新保守主义教育与新自由主义教育的联合。新保守主义教育提倡选择性规划、标准化运动，对现行的学校课程进行了猛烈的抨击，批评学校课程未能提升传统的价值观，未能满足工商业的需要以及未能实现美国的教育目的。新自由主义教育被视为新保守主义教育的补充力量，宣称民主社会的教育应该吸收自由市场的理念。因此，学校教育是同社会的统治和剥夺方式联系在一起的。

开会时，每个人都惊奇地注视着系主任常坐的那把椅子，事实上，他早已离开了。屋子里很快充满了嘈杂声，许多人都表现得非常愤怒。系主任在离开时告诉我们他被降职了。以前也发生过系主任被降职的事情，但这毕竟是另外一次。显然，屋子里的每个人都正在丧失竭力保护教育的力量。

几天后我们获悉州公共教学和立法部作出了一项重要的决定，这项决定对威斯康星州的所有学生（从幼儿园到大学）都非常有利。即从第二年开始，毕业后志愿当老师的本科生必须学习“就业教育”这一课程。事实上，这门课程涉及的具体内容是关于“自由企业制度的利益”。在小学和中学阶段，所有学校的课程不得不对就业教育这部分的内容进行整合。因为教育是“人力资本”的提供者，我们不能过早地进行就业教育。

我一开始就讲这样的故事，是因为我觉得把我知道的一切原原本本告诉大家将非常有益。师生的教学活动应该从自己的
104 经历开始。尽管华盛顿地区的行政管理可能会采用右派的方法（总体上还是一种有效的方法），在保守派看来，现存的社会和经济情况已经发生了重大的变化（Apple，1993）。在州政府出现了财政危机和两大政党认可保守派的经济成就的情况下，我们对中小学和大学将要发生的事情不能期望过高。刚才我所讲的故事实际是一个隐喻，特别是对大学和其他地方性的教育中发生事情的一个隐喻。

从教育变革和广阔的社会背景中去寻找故事，这是我们尽力要去做的事情。由于论文的篇幅有限，我在这里讨论得尽可能简洁。如果读者想要更详细地了解我的分析，请参考我最新出版的《文化政治与教育》（*Cultural Politics and Education*）一书（Apple，1996）。

新保守主义与新自由主义之间

单从字面意思来理解，保守主义就是思想非常保守。实际上，保守主义有各种解释，有的解释曲解了它的真正含义，比如有人认为，保守主义认为不要第一个去尝试任何事情（Honderich，1990）。从目前的情况来看，这种说法带有一定的欺骗性。现在各个国家的右派在政治上处于支配地位，右派积极分子在各个领域中的表现非常活跃。

现在的保守主义政治家经过了多方面改良，显然，“不要第一个去尝试任何事情”的观念不能满意地解释在教育乃至其他方面所发生的事情（Honderich，1990）。事实上，保守主义在不同的时间和场合有不同的解释，有时候包括保护性行为，有

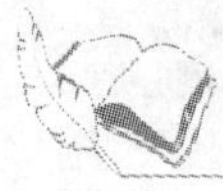

时候也包括在反对现状时采取积极主动的措施（Honderich，1990）。今天我们见证了这两种情况。

政府部门和经济部门内的实权人物以及极权主义社会运动，通常是以一种倒退的方式重新解释教育、社会福利和其他公共利益方面的讨论。教育应当怎么进行改革呢？首先，教育不再被视为社会联盟的一部分，这种联盟把许多“少数民族”群体、妇女、教师、社区中的积极分子、开明的立法者、政府官员联结在一起。其次，大力发展双语教育和多元文化教育。努力建立新的联盟，让它在教育和社会政策的制定中拥有越来越大的权力，把商人、新右派和新保守主义知识分子连在一起。新的联盟的兴趣不在于增加妇女、有色人种和体力劳动者（这些群体显然不是相互排斥的）的生活机会，而在于提供各种教育条件，这种教育条件有利于提升国际竞争力，增加商业利润以及让我们回归到“理想”的家园（Apple，1993）。因此，有必要敦促白宫在上述方面继续施加影响。

新联盟的影响力可以在下面各种教育政策和建议中窥见一斑。这主要有：（1）担保人计划和税收信用等各种“选择性”计划，使学校看起来完全像处在理想的自由市场经济中；（2）全国范围内掀起的“提高标准”运动要求提升教师和学生的“竞争力”，现在通过增设国家统一考试来提高课
105 程目标和知识水平；（3）对学校课程反家庭、反自由的偏见和世俗的人文主义进行有效地抨击；对缺乏爱国主义精神、轻视知识、藐视“西方传统”的“价值观”进行有力地抨击；（4）强烈要求各级各类的教育目标能够反映工商业的需要（Apple，1998、1993、1996）。在大学中，我们深深地感受到教育财政的巨大危机以及对“政治改良”的抨击。

支持保守主义的新联盟，实质上是把教育融入一套更为宽泛的意识形态体系中。因而在本质上，教育的目的同那些经济和社会福利的目的是一样的。这种目的包括拓展“自由市场”，急剧减少为满足社会需要而承担的各种责任，重视灵活的竞争结构，降低人们对经济保险的期望值，推广社会达尔文主义的思维方式（Bastian，Fruchter，Gittell，Greer & Haskin，1986）。

实际上，在美国和英国，保守主义思想的残余主要体现在四个方面，即私有化、集权、职业化、分层（Green，1991，27）。新自由主义和新保守主义之间的差异很大。新自由主义的视力较弱，看不清自由市场这只“无形的手”在社会中的各种作用，这种社会是提倡效率和民主的社会。而新保守主义在某些方面的视力又很强，能看清身体政治、社会性别和种族联系、标准、价值观、行为规范及其作用，以及我们对未来一代应该传授哪些知识（Hunter，1988）。新保守主义和新自由主义都能给出这一问题的最好答案。但想要联合新保守主义和新自由主义并不容易。

由此，右翼主义运动存在一些矛盾。比如说，他们把失败和怀旧的情感体验同无法预测的市场联系起来，希望通过价格的波动把损失夺回来（Johnson，1991，40）。

在中小学教育阶段，新保守主义和新自由主义之间的矛盾是借助罗杰·戴尔（Roger Dale）所说的“保守的现代化”这一策略解决的。这种策略主要与下列情况有关：

> 个体在经济方面获得“自由”的同时却被社会牢牢地控制住了。经济强大而面积较小的州由于转让市场而限制了其经济活动范围，但市场是相互依赖并服从利益法则的。教育中依靠竞争和选择而建立新的联盟并非不普遍；相反，教育需要的是双轨制度，需要两极分化的贵族学校和贫民学校。(Edwards，Gewirts and Whitty)

这就意味着教育存在较少的控制，教

育将为经济宽裕的儿童设立更多的私立学
106 校，而其他经济地位比较低下的有色人种的孩子，尤其是住在城区的孩子，将不得不进入条件最差的贫民学校。这些学校的境况可想而知，通常受到学区的严格控制和管理，资金不足，学校教职员工的待遇比较差。

经济实力较强的州同市场化结合的主要影响在于，“根据公众意见革新教育政策”。也就是说，把选择权留给学生的父母。让“市场这只无形的手去做其余的事情”。在此过程中，教育理念是公共政治领域的一部分，公共政治的目的在于减少公共争论。

民主试图在政治和学校教育实践中提高人民的权力，而新自由主义强调市场化和私有化，这二者之间存在很大的区别。前者的目的是为了扩大政治，利用公共讨论、争论、协商等手段激活民主实践，采用民主的观点并视民主为教育实践。而后者力图包容政治，把所有的政治缩减为经济、“选择”道德和“消遣”道德（Jnhnson，1991，68）。社会实际上成为一个巨大的超级市场（Apple，1993）。

扩大私有部门的目的是为了买卖的方便——简言之，竞争是社会的主要伦理，包括一系列有联系的原理和规则。它假定这些原理和规则能够激发更多的个体更勤奋地工作。众所周知，美国公务员工作缺乏效率，比较懒散；而私人企业的雇员则恰恰相反。它还假定个人利益和竞争是创造的动力。越来越多的知识被创造出来，以更新我们现有的知识，进而减少浪费现象，供求基本维持平衡，努力发明生产效率更高的机器，把管理成本降至最低，并合理地配置资源（Honderich，1990，104）。

当然，竞争不只是让少部分人受惠，每个人都有平等的机会攀上珠穆朗玛峰。而且竞争还为每个人提供最佳的登山路线以及制度和经济方面的保障（Honderich，1990）。

在传统社会，个人的支付能力越强，获得的私有财产就越多。而社会的公共财产（急剧减少的部分）的多少主要取决于社会需求的大小（Honderich，1990）。在传统社会，私有财产将得到最大化，而公共财产则趋向最小化。

然而，大多数保守主义者在大量的争论和政策制定中并没有考虑人的本性——人的本性是利己的。保守主义者贬低人的本性，强迫所有人去遵守那些虚假的东西；不幸的是，他们的方法从来没有成功过。由于受到专制主义思想的蒙蔽，许多政治领导似乎全然不知他们的所作无为，而是一味指责别人的个性（Honderich，1990）；与此同时，他们还批评穷人和丧失公民权的人，认为这些人缺乏价值观和个性。

在这里我想表达我对上述事情的愤怒，这似乎有点离题，但请原谅我的做法。如果我们连对自己孩子的生活发怒的权利都没有的话，我们还能对谁生气呢？

遗憾的是，有些重构的内容是不可能在某些群体讨论会的议事日程上体现的。
这些群体是教育中的“激进主义”和进步 107
主义的联盟，尤其是其中的一部分人（并非所有）现已逐渐转向后现代主义。

失去记忆

我在这里只是想进行一种尝试性的表达，以对我的直觉作出回应。我有这样一种直觉，即一场巨大的政治风暴即将来临，这是一场关于我们是否应该把世界作为一种文本和话语来建构的政治风暴。我们或许正在失去教育中的新马克思主义所确立的最有价值的见解。

我衷心希望我在这里所表达的内容听起来不像斯大林主义。我想要大家牢记和理解教育和权力之间的关系，这种关系非常复杂，但非常重要。我们思考的权力正是今天的教育似乎忽视的东西。

后现代主义和后结构主义正在发展之中，观点纷呈，这表明了我们的话语以及

我们对文化和权力之间关系的理解发生了根本性的改变。后现代主义和后结构主义拒绝宏大叙述，而宏大叙述试图把所有的关系纳入其中，这无疑是一种天真的幻想；后现代主义——即后结构主义——关注政治场景的微观层面，解释权力和知识的复杂关系；广泛关注阶级、性别和种族，拓展政治领域的研究；强调去中心的学科思想——在这种思想中，身份不是固定的。后现代主义和后结构主义既关注政治和消费实践，又关注生产，认为尽管生产中存在许多问题，但生产依然非常重要（Clarke，1991；Best and Kellner，1991）。

近年来，激进的教育和文化研究中的后现代主义、后结构主义作品越来越多。我们感到现在有一种倾向，即对传统疏离得太快。可是，传统依然充满活力，现在还主导着各个教育阶段学校的课程和教学。就像阶级一样，尽管它不能对所有的事情进行解释，但我们不能否定阶级权力的存在。阶级固然是一种分析的产物，表明了外在于我们思维的种种关系。这是因为我们的头脑中固化了许多先前认同的关于阶级的思维方式（Apple，1992）。

经济的情形也是如此，资本主义制度在不断地改进，它作为强大的构成性力量始终存在。许多人或许不用经典的阶级理论所预定的方式思考问题。但这并不能以为是种族、性别和阶级划分的消失。此外，即使我们采用了先进的生产方法，但我们也不能忽视生产关系（由于我们对经济和文化的思考是不同的）（Apple，1992）。

我之所以阐述以上内容，主要是因为现在的教育研究确实存在危机。一方面，我们在研究中失去共同的记忆，片面追求理论的活力。相当多的教育研究在追赶时髦，其具体表现在从一种理论到另一理论的迅速转变，肤浅地认为越难理解的东西或者对欧洲文化理论（特别是法国文化）
108 挖掘得越深，研究的价值越高。福柯（Foucault）是一位另类的社会学家，他提出了怀疑和反历史的概念，否定了社会运动的力量。在我们快速转向后结构主义时，我们可能忘记结构主义的动力对各种活动的巨大影响。

现在许多激进的教育工作者已经成为理论家，这确实是一个问题。在这里我想讲一个故事，通过这个故事，我希望大家对我前面所谈到的内容有一个清晰的把握。这个故事大家都非常熟悉，尤其对那些反对北美自由贸易协定（NAFTA）的人更是如此。

吃土豆条

我们行驶在双车道的公路上，炽热的阳光似乎烤焦了小汽车发动机的外罩。当我们到达目的地时，我全身湿透，不知身体中还存有多少水分。此时，我比任何人都心切，盼望着马上就能欣赏到威斯康星州的雪景。当然，在印度这个亚洲国家，对冬天的向往似乎有些不切实际。由于我有许多爱好，我们一路上谈论的话题很多，谈得最多的不是天气，而是教育工作者如何积极地在印度创建一种更加民主的教育。这是一个非常危险的话题，只能用哲学和正规的学术词汇来进行讨论。同时，上述话题要求我们对控制整个国家的日常生活的经济、政治和军事权力结构进行仔细地分析。

我们沿着乡间小路行驶着，大家聊得非常投机，话题主要是关于印度教育改革的可能性以及生活在这块国土上的人民正面临压迫的真实情况。突然，我被路边的景象深深吸引，它不期然地揭开了现实的面纱。我的目光停留在一个表面看来微不足道的东西上，那是竖立在公路旁的小指示牌，每隔一定的距离就竖有一块。我们对指示牌中的符号非常熟悉，它们是美国最著名的快餐店的标识符号。我们沿着热带平原，穿过几片荒芜了的田地，继续向前行驶了几英里，经过了一块块指示牌——每块大小一样，不足一英尺的高度。

它们看起来正好像美国中西部农庄附近的小指示牌，那是每户农民在自己田地中树立的，用来标识不同类型玉米种子的标示牌。

我向同伴询问了一些情况，他是我以前的学生、亲密的朋友。他回国以后致力于国家的社会和教育改革，这是该国非常需要的。但结果显示他的想法和努力比较天真，因为他们的国家正面临许多棘手的问题。后来我问他："那些小指示牌上的符号表达的意思是什么？这附近有某某西餐馆吗？"我的朋友用惊讶的眼光看着我，然后说道："迈克尔，难道你还不知道这些符号的含义吗？在附近方圆 50 英里之内没有西式餐馆，这些符号只是表达这个国家的教育出了问题。"

这个故事在我的心里留下了难以磨灭的痕迹，它用生动的历史经验浓缩了许多国家教育工作者和活动家的努力以及在日
109 常生活中不同权力的运作方式。我朋友在讲述这个故事的时候，富有激情、绘声绘色，这是我无法企及的。当我们瞭望那片宽广无垠、人烟稀少又不失美丽的平原时，我无法表达别人所拥有的复杂感情。

印度政府决定引进外资，以提高自己的生存能力，引进国包括美国、德国、英国、日本以及其他的投资国。显然，在印度开办工厂可以创造就业机会，带来投资资本，也能促使该国快速奔向 21 世纪（当然这是精英群体的话，我们假定统治集团内所有的人都相信这样的话）。这个军人统治的政府计划利用外资大力发展农业综合企业。为达到这样的目的，该国政府为国际农业综合企业提供大片廉价土地。我们穿过的这片平原已有大片土地转让给美国一个较大的快餐连锁集团，他们在这片土地上种植土豆，为餐馆提供土豆条，其中有一个食品已经被打造成国际品牌。

集团趁机想把土豆的生产从美国转移到亚洲，由于现在美国许多农场的工人是联合在一起的，他们都有权要求达到合理的工资水平。而亚洲国家的政府不赞成任何形式的联合，因而生产土豆的成本相对较低。况且，那块平原最适合运用新技术种植和收割庄稼，机器完全可以取代手工耕作，因此，不需要聘用很多工人。该国政府也不太注重环境保护。总而言之，在那片土地上种植土豆确实能赚钱。

当然，世世代代以这片土地为生的人民，他们生产出来的农产品，除了供他们自己食用以外，只有少量被出售。这并不妨碍政府发展农业综合企业。因为人们盼望日子越过越好，而平原上的村民也意识到，他们原来在这块土地上没有多少作为。让成千上万以小规模农业生产为生的农民搬离平原、腾出这块土地，用以大面积生产土豆，同时剥夺他们在这块土地上的生计，然后为他们创造其他的工作机会，这是不难做到的事情。

我聚精会神地听着朋友的讲述，驶过竖有小指示牌的田地，接着又来到一个被废弃的村庄。那些被征用了土地的村民已经集体迁移到城市，他们在城市中被列为"第三世界"的人，因为他们带着少得可怜的财物，住的是贫民窟。他们在城市中奢望能找到一份有一定薪水的工作以维持生存。

政府部门和商业界的精英们对下面发生的事情感到非常沮丧，即在迁移到城市的农民的居住区，不时会发生暴徒焚烧贫民窟的事件，使得居住区周围的环境非常恶劣，没人再敢住下去。成千上万的迁移者一无所有，为了生存，他们随时都有可能失去理性。政府对丧失耕地的移民是要提供补偿的，但如果他们都集中在少数几个地方，情形将非常可怕。政府还有什么其他的办法呢？在城市附近兴办一些工厂，结果工人们的工资少得令人难以想象，有时候工人们用工资购得的食物所提供的能量还不抵他们在生产过程中消耗掉的。但这毕竟是一份带薪的工作，只有幸运的人才能得到。

因此，政府收益良多，人们纷纷涌进城市，国际资本十分活跃。这并非是一个好的故事，更重要的它关涉教育问题，我的朋友继续着他的教育故事。

110 由军人统治的政府对所有国际商业集团给予20年的减税政策，以吸引他们来投资办厂。政府没有经济能力为那些被驱赶到城市、在城市谋求美好未来的成千上万的移民提供公共健康设施、住房、自来水、电、污水处理和学校教育。政府机构不建造这些设施也是非常明智的，我们以缺乏正规的学校教育为例来对此加以说明。如果政府要修建学校，它必须设法表明有正当的需要和理由才能申请到经费。申请者编制出来的统计数据必须得到官方的认可，这只有借助官方的人口出生登记数据才能完成。但事实上，在正式的统计过程中想要确认成千上万的儿童是否存在是不可能的事情。

为了孩子们能上学，父母必须在当地医院或者政府部门对孩子的出生进行登记。而在这些贫民区，既没有医院，也没有政府办公室。即便你能找到这样的办公室，政府官员对来自农村的人也并不欢迎。他们通常拒绝承认搬迁的合法性，以此阻止搬迁的农民不断涌入城市地区，这也是防止城市人口猛增的手段。对于那些没有取得“合法”居住权的居民，他们所生养的孩子是不算数的。这似乎是一项非常明智的策略，国家创建了不同类型的合法性，这种合法性用非常可笑的方式减少了各种社会问题。(Curtis 1992 and Fraser 1989)

由此，出现既没有学校和教师，也没有医院和行政机构的现象。如果我们关注国际上和国家间资本形成的连锁现象，关注国家的一些矛盾性需求，关注阶级关系以及城乡之间的关系，上述现象就不难得到解释。

我和朋友驾车行驶了很久，我已忘记了炎热。最后，我的朋友以缓慢而平静的语气说了一句很具有冲击力的话，作为故事的结束语。他说：“迈克尔，这些土地是城市不兴建学校的理由，由于多数乡亲看起来就像土豆条一样便宜，所以没有必要建学校。”

我讲这个故事，有两个方面的理由。第一，讲故事是我提醒自己的最有效的质疑方法，能使所有的人从相互联系的角度认识到教育的重要性，从根本上明确教育与整个社会的剥削和统治的关系。第二，我讲这个故事的目的在于形成激进的理论和政治观点。权力关系确实复杂，我们需要慎重地看待后现代对地方的关注。意识到许多社会正在发生的深刻变化，懂得知识与权力关系的复杂性非常重要。我们应该力图避免“宏大叙述”所带来的危险。不要以为资本主义已经消亡，阶级关系不值一提；也不要以为我们从政治角度所理解的世界已经不复存在。

基本的人权遭到剥夺，环境受到破坏，生存条件变得可怕，故事中提到的成千上万的儿童没有美好的未来，所以这些都是我们在寻求后现代主题时，在我们的学术著作中有待进一步诠释的文本。事实上，每个人每天都有不同的体验，这是现实。
教育工作如果不对这些现实进行深刻的理 111
解，它将会面临失去灵魂的危险。因为孩子们的生活要求从来都不会减少。

参考文献

Apple, Michael W. *Teachers and Texts: A Political Economy of Class and Gender Relations in Education*. New York: Routledge, 1988.

Apple, Michael W. “Education, Culture and Class Power.” *Educational Theory* 42 (Spring 1992): 127–145.

Apple, Michael W. *Official Knowledge: Democratic Education in a Conservative Age*. New York: Routledge, 1993.

Apple, Michael W. *Education and Power,* second edition. New York: Routledge, 1995.

Apple, Michael W. *Cultural Politics and Education*. New York: Teachers College Press, 1996.

Bastian, Ann, Fruchter, Norm, Gittell, Marilyn, Greer, Colin, & Haskins, Kenneth. *Choosing Equality*. Philadelphia: Temple University Press, 1986.

Best, Steven, & Kellner, Douglas. *Postmodern Theory.* London: Macmillan, 1991.

Clarke, John. *New Times and Old Enemies.* London: HarperCollins, 1991.

Curtis, Bruce. *True Government By Choice Men?* Toronto: University of Toronto Press, 1992.

Education Group II, eds. *Education Limited.* London: Unwin Hyman, 1991.

Edwards, Tony, Gewirtz, Sharon, & Whitty, Geoff. "Whose Choice of Schools." *Sociological Perspectives on Contemporary Educational Reforms.* Edited by Madeleine Arnot and Len Barton. London: Triangle Books, in press.

Fraser, Nancy. *Unruly Practices.* Minneapolis: University of Minnesota Press, 1989.

Green, Andy. "The Peculiarities of English Education." *Education Limited.* Edited by Education Group II. London: Unwin Hyman, 1991.

Honderich, Ted. *Conservatism.* Boulder, CO: Westview Press, 1990.

Hunter, Allen. *Children in the Service of Conservatism.* Madison, WI: University of Wisconsin Law School, Institute for Legal Studies, 1988.

Johnson, Richard. "A New Road to Serfdom." *Education Limited.* Edited by Education Group II. London: Unwin Hyman, 1991.

迈克尔·W·阿普尔是威斯康星-麦迪逊大学课程与教学论和教育政策研究中心教授。

思考题

1. 你可以引用哪些事实来说明保守主义对 K—12 乃至高等教育课程的影响？
2. 统治和剥削问题怎样融入你熟悉的课程中？

教师之声——理论联系实际

112

为具备媒体才能的学生讲授大众媒体

凯文·马尼斯(Kevin Maness)

摘要:教师很自然地希望通过提供给学生批判性的媒体素养技能,保护学生免受媒体的轰炸。凯文·马尼斯提出了一个媒体教育框架,能帮助学生提高对媒体的理解力,并利用知识影响个体和团体的行为。

当我开始在中学英语课堂中讲授媒体素养技能时,我投入了极大的热情。我想从各种社会不幸中解救学生,其中首要的是使学生免受商品消费的蹂躏。我想我的经历是十分普遍的——许多教师最初都是被一种警报所触动,这种警报就是媒体正在对我们的孩子做的事情。1988 年 1 月,《英语杂志》发表了一位教师的有关媒体素养的文章,文章的开头引用了一段冗长的甚至是令人烦扰的数据:美国家庭拥有电视1 620万台,学生每天花费 7 个小时观看电视节目,到中学毕业时,他们看了 26 万个广告牌,23 076份杂志和报纸,35 万到 64 万个电视广告(Curry-Tash 43)。教师很自然地希望通过提供给学生批判性的媒体素养技能,以保护学生免受媒体的轰炸。

普遍假设

教育学生反对媒体而不是讲授有关媒体的知识这一问题,其假定是:学生是媒体的被动观众,缺乏必要的批判、分析技能去抵制媒体的操纵。虽然现在这种假设已经不流行了,但一些教师对媒体素养教育的讨论证明了它仍然以一定的方式存在着。我经常看到对于青年人“坏的”观看习惯与成人“好的”批判性观看技能的绝对划分。当媒体教师假定学生是被动的、闲散的电视观众,他们就冒着这样一种危险,那就是他们设计媒体的课程不承认学生在大众媒体语言中的辨别力。学生上中学之前常年非正式的媒体素养训练形成的对媒体的理解,给英语教师设计媒体素养项目造成了进退两难的局面。

基于多年在高中英语课堂中的媒体教学以及现在进行的对媒体教育的实质性的研究,我自己的理解是,除非教师发现学生已经理解了大众媒体的某些方面,否则媒体素养教育是不会有效的(Fisherkeller,“Learning from”;Shor,esp. chs. 1-2)。当媒体素养教育不是基于学生先前的经验时,它经常降格为“教授”学生他们已有的媒体素养技能,或者强加给那些无意放弃他
们旧的、“坏的”习惯的学生新的、“好的” 113
媒体习惯,这种努力是无效的。要使学生更具有媒体素养,懂得已有学生的媒体素养就是重要的,也是经常被忽视的首要步骤。

挑战我们的偏见:我们的学生怎样才能具有媒体素养

事实上,青年人将相当多的技术带入使用大众媒体产品的过程中。在最近 25 年的时间里,有关学生媒体经验的研究来自于一系列心理、社会、症候学和文化研究的新的视角。不是集中于大众媒体利用和操纵观众的手段,取而代之的是,当代有关观众的研究强调青年人多种利用媒体的方式,以及他们平常在媒体经验中使用的

十分熟悉的媒体技能和媒体知识。

媒体的利用

珍妮·R·斯蒂尔（Jeanne R. Steele）和简·D·布朗（Jane D. Brown）观察到青少年像成人一样，对媒体的利用出于多种目的：改善他们的情绪，对文化规范和价值进行分类，显示他们的身份，仿效渴望的行为（如模仿典型角色），幻想一个可能的（可供选择的另一个）自我。作者描述了一个循环的过程，在这个过程中，青少年利用已有的经验选择特定的媒体产物；在解释和评估的过程中使那些媒体相互作用；之后将媒体产品的某些方面应用到他们的生活中，然后将其用于激发新的媒体选择，并延续这一过程。

大卫·白金汉（David Buckingham）和朱莉娅·塞弗顿·格林（Julian Sefton-Green）坚持认为，媒体为青年人提供用来"定义并抵制可用的多种社会身份"的"符号资源"。由于自由受到众多因素的限制，不去询问很难知道或猜测学生是怎样体验和使用媒体的。

初中女生是马格莉特·芬德斯（Margaret Finders）一项研究的对象，她声称学生通过媒体产生有力的社会功能，包括归属感、成员资格、地位和权力。她的调查特别感兴趣的是一群女生对青年杂志的利用，她们利用杂志去显示她们的女人气质，并将自己与其他女生相区别。在群体中，杂志也有重要的用途，女孩们一起阅读杂志，对模特和名人发表评论。除了制定和维持全体成员内部的规范，这些集体的阅读行为服务于她们对实践杂志所描述的青少年角色的预演，所以，当女孩们的认同处于特别变动和不稳固的时期时，杂志提供了一套稳定的角色。显然，这些年轻的女人参与了一个明显带有批判性的、可估价的活动。

琼琳·费舍尔凯勒（JoEllen Fisherkeller）对纽约市青年人做了一项关于他们如何利用电视媒体的研究。一个新近搬到纽约市的青年男学生发现了观看电视篮球节目的收获，不仅在观看时能获得愉悦，而且为了明确地学习篮球运动的技巧和风格。另外，观看比赛也使他能与他想与之成为朋友的其他男孩谈论相关的事情。这个男孩利用电视发展个体身份，处理并培养加入他的学校和周围环境的社交圈的能力。

从这个事例可以得到有关青年人使用媒体的两个重要观点。第一，青年人使用媒体的目的同成人使用媒体一样，范围很
大而且十分复杂。第二，青年人利用媒体 114
去达到与他们的身份和社会交往密切联系的目的。这种对媒体的利用不分好与坏、健康与非健康。这种使用在青年人的生活中是十分重要的。费舍尔凯勒提出了一个重要的问题：我们含蓄或明确地期望学生抵制媒体中的故事，而媒体中的故事给他们提供一种意义，即他们是谁，怎样得到权利和被主流接纳的意义。可以肯定的是，媒体代表权力、成功、美丽。我们需要批判性地审视媒体，但是教师应该从他们学生的角度考虑什么是危险的，并对此保持注意。

媒体技能

为实现他们的意图，青年人必须使用一系列批判性的媒体技能。尽管这些技能可能是在不经意中被使用，但它们是长期有效的。

青年人对他们利用的媒体也许是持批判态度的。费舍尔凯勒提醒我们，不应该让孩子们尽情享受媒体的乐趣。这一观点提示我们，青年人对媒体产品并不总是同样持有批判的态度。她指出，青年电视观众将电视看成是讲故事的媒介（集中于叙述的质量）、"故事的组织者"（集中于叙述的结构模式）和"一个产业"。

所以，在课堂内开始进行批判性媒体素养学习之前，教师应该清查他们的学生

已经掌握的批判性媒体技能，这样他们能鼓励学生为了实现不同的目的而更自觉、更有效地使用它们。

媒体知识

青年人同样拥有相当多的能应用于他们媒体体验的知识。费舍尔凯勒比较了学生日常的媒体知识与通常表现出媒体教育特色的知识目标，发现她研究的学生已经知道大量有关媒体代理、分类、技术、语言和代表的知识，但他们并不是“知识渊博”的媒体观众。需要更谨慎地评估学生到底知道多少有关媒体的知识，这样才能更有效地改善教学。

媒体教学的模式：倾听，活动，拓展

媒体教育的意图主要不是教授新的知识，虽然它也确实发生了，而是“鼓励学生清晰化，重新阐述，质疑他们已掌握的知识”。反省是至关重要的元素，应该给予学生机会和鼓励——不仅仅是从媒体文本中理解含义，或者去产生他们自己的文本，而是去反省并理解“读”和“写”媒体文本的过程。

费舍尔凯勒对此表示赞成。对我来说，当她能从其有关观众的研究中提炼出的三个主要观点时，她也提出了媒体教育的三
115 阶段模式：

> 研究者和教育者能够：(1) 识别青年人“非正式”媒体知识和经验的完整性；(2) 根据媒体教育的目标将他们目前的理解归类；(3) 同他们实际的文化体验进行有意义的联系。

为了明确表达我所提议的媒体教育模式，我提取了本研究的本质，形成三个发展阶段。这些阶段不是前后相继的步骤。它们在一节课、一单元、一学期或一学年中将通常同时发生并不断重复。无论如何，通过呈现这三个截然不同的发展阶段，我希望这个模式能成为设计媒体教育的框架。这三个阶段是倾听、活动和拓展。

倾听

任何媒体教育实践的第一个阶段都是倾听学生，这是去判别他们先前的理解和进一步理解的需要。我知道我经常将自己的意图、假设和议程放在首位，忘记倾听我的学生的意见。因而，尽管学生们在我的媒体教育课中有互动、有参与，但是我没有信心说我们的教导确实是基于学生的需要和经验的。

倾听学生先前的理解直接产生了第二个阶段——活动，而且倾听学生的需要有助于获悉第三个阶段——拓展。

活动

教师必须帮助学生明确他们的媒体技术，并将其看成是具有社会和学术上的价值的。尽管学生拥有大量的媒体技能和知识，但他们通常没有意识到这些是技能和知识，并且他们有时不能觉察到自己在学校或课堂以外的生活中是怎样因它而受益的。

利用学生在进行媒体教育课程的学习之前所大体掌握的批判的媒体技能和知识，解构广告，分析电影，比较电视新闻和杂志新闻业，分析流行音乐歌词，甚至比较流行文章和规范的文学作品。以一段口头介绍、一段录像或者一篇文章结束一个单元的学习，将会把媒体教育限制在刺激学生的自发观念上，并没有真正鼓励学生理解它们，质疑它们或改变他们的媒体行为使其变为必要的行为。

学生们应做得更多。教师要鼓励学生反思他们的媒体写作和阅读过程，这种反思在课程过程进行期间和完成之后都可以进行。它能帮助学生发展元语言和元认知技能，玛丽·美森·戴维斯（Maire Messenger Davies）认为，这种元语言和元认知技能对于学生对媒体的理解力是十分关键的（Davies 16—17）。

拓展

当媒体教师倾听学生时，我们可以发现的不仅是媒体技能领域内的事情，而且还有对媒体技能的需求。学生可能需要特定类型的媒体技能和知识，或者他们也许需要理解他们自身、媒体和社会之间的关系。

费舍尔凯勒深信，学校的责任之一是帮助学生在社会上获得权力和成功，她强调将学生的媒体经验与他们的目标和梦想、他们“对可能性和意图的理解”相联系的重要性。对学生媒体理解的拓展可能涉及“政治上
116 的”领域，这可能会困扰一些教师。但是柯里-塔斯（Curry-Tash）提醒我们，忽视媒体中社会的和政治上的牵连“本身就是一个政治行为”。如果媒体教育的目标是使学生成为批判的、自治的人，那么至关重要的是，我们帮助学生扩充他们的媒体技能和知识，超越对文本的无声解构练习和教室中的口头报告，到超越课堂的更大的社会中去。

媒体教育课堂的建议

在《英语杂志》和教师所使用的其他许多印刷的以及在线的资源中，我所读到的媒体教育活动，都能轻易地被改编成我们在前面所建议的包含所有三个过程的活动。以下内容有助于提高媒体素养教育活动：(1) 判别学生先前的媒体技能和他们的教育需求；(2) 将更多的教师协助型的反思融合到媒体写作和阅读过程中；(3) 将“最终的产品”看作是进一步进行反思讨论的机会，而不是一个教学单元的结束；(4) 将“最终的产品”拓展到能影响学生和其他社区成员行为的教室之外的世界。

当我教中学时，我强调对媒体工业本身的学习，因为抑制工业的因素（经济、政治等等）对媒体经验有非常重要的影响。这将是十分困难的，因为它涉及大量单调的和压倒性的信息。除了传统的教科书读物和影印的文章，我还发现在教工业动力学时使用录像的益处。《酷商》（*The Merchants of Cool*）和媒体教育基金会的《广告和世界末日》（*Advertising and the End of the world*）激起了人们对广告工业，特别是其对青年观众的行销的讨论。我认识到特别重要的一点是，将这些影片当作文本呈现出来加以解释和质疑，胜于将其作为其他媒体产品的直白的、权威性的信息展示出来。每次当学生们观看并反省杂志时，我展示大约十分钟的录像，然后我们探讨当中所展示的观点和提出的问题。这使得学生们提取他们的媒体经验，去提问并进行比较和判断，同时也督促他们考虑呈现在他们面前的新的信息和观点。

费舍尔凯勒的建议

媒体教育能够并且应该表达学生对未来的希望。教师可以倾听学生们谈论他们想从事的职业（以及为什么），探索“成功的”媒体模式，评价他们的实力和弱点，并寻求可替代的其他模式。这能帮助学生精练他们的目标，并为了实现目标寻求创造性的方式。

教师可以鼓励学生将主流媒体和其他媒体进行对比，提出批判性的问题说明其中的相同点和不同点。学生们可以进行创作媒体文本的试验，这既可以仿效常规的媒体，也可以探究其他的媒体形式。

媒体教育者应该对以损害成果为代价、过分强调解构的练习保持警觉，因为媒体教育更多依赖于直接的结构性解释和批判——就像我上面谈论到的，通常看起来是鼓励学生去抵制商业性的媒体产品，而这种媒体产品有时对他们来说是十分宝贵的。

教育者可以鼓励学生比较“成人认可 117
的”媒体和学生所喜爱的媒体。特别是从身份和社会权力的角度看，如何形成了不同的符号世界？这能帮助学生发展对于媒体的价值判断如何形成而言重要的元认知理解，并可以产生价值是从何而来的质询。

教育需求

如果学生对媒体十分了解，为什么还要

如此麻烦地去教他们媒体知识？所以，在我们的课堂中讲授批判性的媒体教育存在多种重要的原因。

虽然“媒体是通过提供符号资源以使学生形成身份的”这个观点是正确的，那些资源受到媒体工业的商业本质的严重限制也是事实。信息研究者引证了对于青年确定身份的操作中更大“范围内使用可获得的符号资源”的需求。我认为这个建议同样适用于媒体教育者。尽管学生有很强的使用媒体的能力、技能和知识，但对其进行有关大众媒体的教育还是相当必要的。

可能倾听、活动和拓展已经是多数教师媒体教育课程的一部分。我希望这个模式能帮助媒体教师将这三种重要的因素更自觉地进行合并。这样做将提高教学的效率。

我之所以着手进行大众媒体教学，是由于今日大众媒体的新鲜和流通使我的教学活跃起来，也是由于学生呼吁进行有关媒体的学习。我希望通过鼓励学生成为更独立，并具有批判性的代理人后，他们将质疑媒体、他们的身份、他们未来成功的梦想与他们生活的社会之间的关系。那些能掌握倾听学生的经验和需要、激发他们先前的知识，并将那些拓展到新领域的媒体教师，能够使学生成为美国社会各方面中活跃的、见多识广的、有思想的和国际性的参与者。

118 思考题

1. 为什么马尼斯认为现今的学生在某种程度上具有以前的人所不具备的媒体才能？是什么使得当今的学生具有如此的媒体头脑，为什么这成为一个问题？当他们接近媒体时他们还缺少什么才能？

2. 马尼斯声称，除非教师能找出学生已经理解了有关大众媒体的那些东西，否则媒体素养教育是不会有效的。为什么他会有这样的主张？当教师没有调查学生拥有的有关媒体的经验时，教师在冒什么样的危险？

3. 马尼斯为媒体教学所设计的“倾听、活动、拓展”模式是什么？你认为这是一个如果不是全部也是多数教师能教的模式吗？使教师采用这样一种模式将存在一些什么障碍？在你自己的课堂中你将如何利用这一模式？

学习活动 119

批判性思考

1. 读了本章后，你个人有关社会作用力的信仰和态度改变了吗？如果是，是怎样改变的？

2. 谈谈你所熟悉的一所学校、学院或大学，描述反映在课程里的社会作用力，并将其与应该反映在课程里的社会作用力相比较。看一看两种社会作用力之间存在多大的区别？

3. 一些人提出，强调我们国家多元文化的传统是以损害社会凝聚力为代价来提升种族和民族自豪感的。怎样使一个课程既强调多元文化的多样性差异又有助于形成社会凝聚力？

应用活动

1. 复习本章中有关未来计划的部分，然后为一个你最熟悉的教育级别的指向未来的课程确定一些目标和适当的学习活动。

2. 赫伯特・A・海伦已经发展了一种称作“小组调查”的教学模式，这个模式将民主的过程和问题解决过程进行了合并。描述一下你将如何用这种方法表述社会作用力对你最熟悉的课程的影响。

3. 调查一些近期的课程指导手册，测定其中做了什么（如果有）准备去应对课程中正在变化的社会作用力（如价值观、工作、环境、家庭）。根据本章所呈现的材料，你建议在这些课程指导手册中进行什么改变或增加什么内容？

4. 在本章对社会科学领域的概念的讨论中，指出“人性的概念是课程计划中一个主要的组织因素”。要得到对于这个概念怎样用于课程计划的进一步理解，参见爱德华・斯蒂辰（Edward Steichen）在《人类的家庭》（*The Family of Man*）中所展现的来自 68 个国家的 503 幅照片。通过观看这些通常被称为“空前最伟大的图片展览”的照片，一个人从中学到了有关人性的什么知识？这种知识如何被应用于课程计划？

实地体验 120

1. 拜访一所地方学校，然后进行有关该学校的文化案例研究。用以下的方式组织你的案例：（1）环境：描述物质的和人性的资源方面的学校设备。描述学校氛围。学校课程在多大程度上反映了周围社会环境？（2）正式实行：学校里有多少个年级？课程的目标是什么？（3）传统：对于学生、教师、管理者和家长来说，什么事件、活动和典礼是重要的？社区成员是怎么形容学校的？

2. 拜访一所地方学校，收集学校为满足由处于问题家庭中的学生提出的需求而开展的活动、项目和服务的信息。

网络活动

1. 登录由妇女教育平等法案委员会创建的 Equity Online 主页，收集整理出与你最熟悉的教育级别和科目相关的性别平等课程材料的清单。

2. 登录"Futures-Related links and World-Wide Resources"主页，收集一些用于将以未来为导向的视角融入你的课程计划活动的资源。

3. 探索美国政府的儿童、青年、家庭教育和研究网（CYFERNet），并收集有关本章中所讨论的社会作用力的一些信息和资源。

4. 进行在线关键词搜索，搜集本章中所讨论的十种社会作用力的一种或多种。与班级中的其他人分享你的发现。

第3章 121

人的发展

焦点问题

1. 学习者在发展过程中有何区别？
2. 课程设计者在课程设计中所遵循的五个原则是什么？
3. 什么是“匹配问题”（problem of the match）？它是如何影响课程设计的？
4. 学习者有哪些显著的认知特征、社会心理特征和道德发展特征？

人的终身发展是课程计划的基础。几十年来，对孩子和成人的发展方面的研究已经成为 K—12 教育知识的重要组成部分。随着人们对终身学习的理解的不断加深，课程设计者必须对成人阶段的发展予以更多关注。

人们通常把人的发展分为几个阶段，包括婴儿期、儿童期、前青春期、中青春期、后青春期和成年。小学阶段大致处于儿童期教育。前青春期、中青春期和后青春期大致对应初中、高中和大学阶段教育。在更高层次的教育上，课程设计者对成人不同阶段的研究具有相当的重要性。

有关人类发展的知识有利于课程设计者设计出有助于个体学习者特点和需求的课程。本章包括关于人类发展的不同方面的有关文章。比如说，詹姆斯·P·库姆（James P. Comer）在《建构围绕儿童发展的学校》（Organize Schools around Child Development）中探讨了如何根据学生在不同领域的发展需求设计学校课程。还有大卫·A·汉姆伯格（David A. Humburg）的《成就健康青春期的发展策略》（Toward a Strategy for Healthy Adolescent Development）检验了决定成年人特点的生物、物理、行为和社会因素的转变。这几篇文章和本章中的其他文章都阐释了课程设计的必要
性，表 3—1 展示了引导人类发展的五个方面：个体差异的生理基础、生理成熟、智 122
力发展和成就、情感成长及发展、文化和社会发展。

人类发展的不同阶段的定义对于理解不同水平学习者的不同需求方面有很大的帮助，但这不能定义任何人在特定年龄段的发展。每个人都是先天独特的，而这种先天的个性特点决定了为学习者提供不同选择的教育课程的重要性。然而，学习者又有很多相似之处。例如，阿什利·蒙塔古（Ashley Montagu）在《我对教育的看法》（My Idea of Education）一文中从人类学的角度强调每个人的可教性。他指出，每个人在适当的教学条件下都能学会任何东西。他说，我们需要“按孩子的方式长大”而不是大人的方式，也就是说，我们需要保留孩子们所展现出来的显著的学习特点。

表 3—1　　引导课程和教学设计的五个人类发展阶段

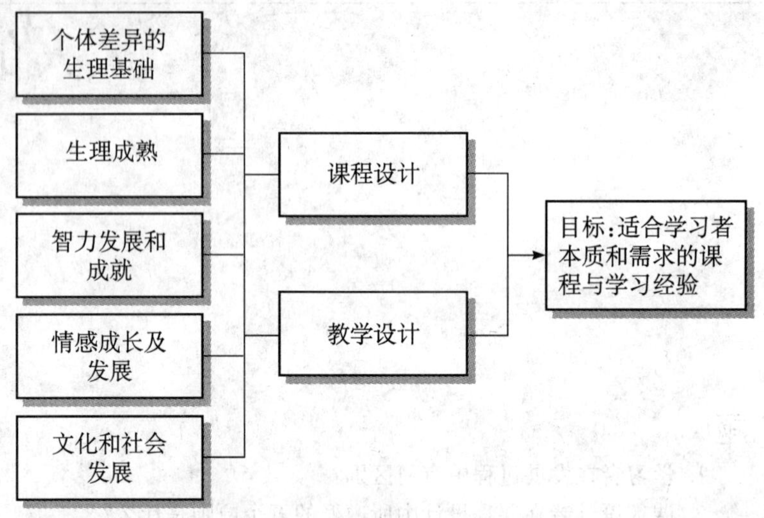

在人的一生中，成熟和改变将贯穿人的发展的始终。这一点为所有年龄段的课
123 程设计提供了基础，包括高等教育和成人教育。对于不同个体，不同的发展课程导致不同成熟期的产生。其中一个由对人的发展研究而产生的课程设计的指引就是《匹配问题》（*the Problem of the match*）。换句话说，学习者的发展阶段和明确的课程必然有矛盾；同样地，学习者的发展阶段与非正式的“隐藏的”课程一定有矛盾。比如说，非正式的课程设置经常强迫学生产生一种在学校范围内的认同，而这种认同往往会遭到不同人的反对。而且，一些学生还必须经历发展中的挑战，这些挑战在人潮拥挤而又无人投资的学校里，在贫困的社区和街坊里随处可见。就像新老师莫利·奈丝（Molly Ness）在“教师之声”中所指出的那样，“新的老师了解得很透彻，我的学生遇到无数的挑战，他们以无限的勇气、慷慨、力量来应付这些问题，而这些问题是大人们都无力解决的。”

人脑发展阶段的研究对于不同年龄段的课程计划的设置和匹配问题都有着重大的意义。这项研究表明，人脑的发展有五个生长关键期（growth spurt），它们在成长过程中交替出现，通常出现在从出生到 17 岁左右。赫曼·爱普斯坦（Herman Epstein）——一位生物学家指出，生长关键期发生在 3～10 个月、2～4 岁、6～8 岁、10～13 岁、14～17 岁。他指出，“重要知识输入应该安排在关键期”。在平常期大量的信息输入则会减少学习者在更适合时期的学习能力。对于课程设计者的挑战在于，制订适合已知大脑成长特点的学习时间表和学习内容。

人的发展理论

一些理论家和研究者的关于人类发展领域的理论已经对课程计划有了深刻的影响。其中包括皮亚杰（Jean Piaget）的认知发展理论，埃里克·埃里克森（Erik Erikson）的“成长为完美人格”的发展轮廓阶段，以及柯尔伯格（Lawrence Kohlberg）的道德发展的认知发展观点。这三位人类发展理论家认为他们描述的人的发展阶段有一个固定的顺序，每个人都要经历这一固定的顺序。对于挑战的充分的解

决对于一个人充满精力和自信地由一个阶段顺利进入下一个阶段是很必要的，然后，"可教期间"或者叫"机会时刻"就会出现。

皮亚杰的认知发展模式

皮亚杰的理论认为，孩子通过与周围环境接触来学习，就像科学家一样，孩子的思考过程要经历四个认知阶段。在感觉运动智能阶段（大约从出生至 2 岁左右），124 行为大体上都是感觉的和运动的，认知发展即将开始，而孩子还没有真正在概念上"思考"。在前运算阶段（大约 2～7 岁），语言开始发展了，孩子能够超越现实环境思考客观世界。在具体运算阶段（7～11 岁），孩子能掌握基本的概念，像物体、数字、时间、空间、因果关系等，并能运用逻辑思维解决问题。最后，在形式运算阶段（11～15 岁），孩子能做到预测、假设，并能抽象地思考问题。

埃里克森的社会心理发展模式

这一章中的《埃里克森的发展阶段：每个儿童的健全人格》展示了埃里克森关于人的情感成长和发展的观点。他的这一模式是基于人的成长的八个阶段，即从婴儿期到老年。每一阶段都以个人情感和社会成长的心理社会危机为特点。这些危机都用相反的词表示，比如在婴儿期，心理社会危机被命名为相信和不相信。婴儿必须足够信任这个世界，才能顺利地进入下一个阶段——关于自治和羞耻疑虑。在 1994 年埃里克森去世的前不久，他假定了人的生命周期的第九个阶段为超验阶段。在这一期间，人必须要面对——或者有可能的话——超越他们即将腐烂的躯体的现实。他在 1982 年发表的《结束了的生命周期》（*The Life Cycle Completed*）的最后一章中，乔·M·埃里克森（Joan M. Erikson）——他的妻子，也是他一辈子的战友，描述了进入超验阶段所要面对的种种挑战。

> 八九十岁的老年阶段带来了新的要求：重新认识自我和日常困难。即使是再好的身体也要逐渐衰弱，不再像从前那样听使唤。尽管你已经尽全力保持体力、留住健康，身体仍然逐渐地衰老下去。悲观失望在第八阶段是难免的，在第九阶段仍然奉陪到底，因为大家不可能知道会有什么紧急情况和身体状况的突变将会发生。当自力和自控都受到挑战的时候，自尊心和自信心也相应减弱了。从前给人以坚强的后盾支持的希望和信心，也不再像以前那样稳固了。这时，以虔诚和适当的谦虚态度面对悲观失望则是最明智的选择了。

柯尔伯格和吉里根（Gilligan）的道德发展模式

在众多关于人类的道德发展的观点中，柯尔伯格基于皮亚杰的认知发展阶段理论和杜威的道德发展阶段理论提出了认知发展理论。这一理论对课程计划产生了深远的影响。然而，你可能会问，道德教育也要作为人的发展的一个方面而由课程设计者和老师们考虑吗？也许这个问题没有什么实际意义，因为不管我们愿不愿意，道德都是一个大问题。学生们的课堂体验——包括他们长时间地观察老师的行为以作为道德规范，对于我们考虑道德问题有深刻的影响。

柯尔伯格认为道德准则是基本的"正义准则"，在道德发展的每一阶段，正义 125
这一概念都被重新认识。然而，柯尔伯格和他的同事吉里根都相信，他们的这一研

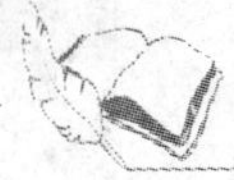

究主要是根据对男性的研究。女人的道德观念则更考虑对他人的关心和关注。在《男人生命中的女人》一文中，吉里根考察了这两个观点，并指出，女人对道德的看法是基于对道德和关系的理解，而男性则是基于对权利和规则的理解。

标准问题——人的发展

虽然人的发展阶段可以划分，但是没有任意两个人在同一个年龄段的生理、心理、智力或社会发展方面是完全一样的。了解人的发展阶段，对课程设计者和教师在确定两项课程标准方面会很有帮助，这两项反映在课程中的标准是：个体差异和学习的延续性（也就是课程计划和“学习者的起点水平”）。

从人的发展理论中演绎出一些标准问题，以下是一些代表问题：

1. 课程设置是否反映了学习者的个体差异和天生的独特性？

2. 课程设置中谈到受教育者的发展差异了吗？

3. 课程设置中提到学习的持续性了吗？

4. 在设计课程的过程中，有没有考虑到以下问题的重要性：成长的任务、成长为成熟性格的发展阶段以及道德的发展。

5. 课程设置有没有提到以下两方面问题：不恰当完成的早期任务以及由于持之以恒所取得的成功。

参考文献

Epstein, Herman T. “Stages in Human Mental Growth.” *Journal of Educational Psychology* 82, no. 4 (December 1990): 876–880.

———. “Growth Spurts During Brain Development: Implications for Educational Policy and Practice.” In Jeanne S. Chall and Allan F. Mirsky, eds., *Education and the Brain, The 77th Yearbook of the National Society for the Study of Education, Part II*. Chicago: University of Chicago Press, 1978.

Erikson, Erik H. *The Life Cycle Completed: Extended Version with New Chapters on the Ninth Stage of Development by Joan M. Erikson*. New York: W. W. Norton & Company, 1997.

126

我对教育的看法

阿什利·蒙塔古（Ashley Montagu，1905—1999）

摘要：某一位前人类学家认为把人和其他生物区别开的是可教育性和对爱的需要。

作为一位几乎六十年来一直潜心研究有六百万年进化史的人类的人类学家，我确信区别人和其他生物的特征是可教育性和人类所有基本心理需要中最重要的对爱的需要。所有这些已经被学校和教师所证实。

人类在适当的环境条件下有可以学习任何事情的能力。人类的大脑是一个可以同化不同经历和把事故转变成机遇的器官。它是最能变通、最能适应环境的，在世界所有大脑中最具有可塑性。它有把不可能的事变成现实的能力。一些人用大脑把别人认为完全不可能的事变为真理和结论。比如，最开始发明飞行器时，世界上一流的专家都认为是不可能的事。我们必须承认人类大脑的可塑性，尤其对孩子，他们的大脑最具可教育性。大多数人不理解的一件事是孩子的天性和他超群的可塑性。而且，我们不理解我们应该去培养成的是儿童而不是成人。我的意思是应该保留一些儿童特有的显著特征。

这些特征是什么？除了可教育性之外，对爱的需要、敏感性、深思熟虑、学习、工作、组织、好奇心和想象力、公正无私、经验、想象力、创造力、好玩、幽默感、幸福感、欢笑、乐观、诚实、信任、同情心和在所有领域发展和成长的渴望。

渐渐地，我们越来越感觉应该限制可能发展到的某一阶段，我们称之为婴儿期、儿童期、青春期。儿童的发展阶段就像是编年体记录一样。

这种划分方法很不好，并且已经给儿童造成了巨大的伤害。每一个儿童都有自己的发展水平，一视同仁地去对待不平等的事对于人类来说是最不公平的。我们是有个体差异的，因为我们的不同，所以需要区别对待。我们不应该被作为特定年龄的附着物来对待。

虽然大多数老师承认儿童有差异，但是他们却因为学校制度和领导而不做任何事情。这些高层领导人认为知道儿童心理、教师的需要、教育的目的并不重要。教育是关于人类的事情，换句话说，发展这些特征是对个人、家庭、团队、社会和世界都非常有益的。最后，教师在课堂上所讲 127
授的知识决定着世界的趋向，因为在那里孩子学到了在家所不能学到的知识。

不幸的是，大多数孩子在家里不可能学到这些知识，因为家长们不具备这些能力，为什么？简单地讲是因为他们所处的社会还没有认可人类的本性和孩子应该发展成什么样的本性。我们现在知道人类应该怎样做，因为我们第一次理解，在我们人类的历史上居于第一位的心理需要是对爱的需要。它代表着人类需要的中心，就像太阳是行星所围绕的中心一样。因此，基本的需要，如氧气、食物、水、休息、社交等，都围绕着爱的需要——人类的太阳。

对爱的需要使得母亲很满足，我们很长时间以前就已经对母亲在医院生孩子予以干涉，在医院里把孩子从母亲身边带走，用奶粉抚养孩子或做一些其他对孩子不利的事，而这些对于一个刚刚出生的孩子是多么大的不幸。这些不仅给孩子带来伤害，也给母亲和社会带来伤害。家庭应该包含一个仪式，庆祝一个家庭新成员的到来。这时家庭的责任就是把他培养成一个合格的人，那是婴儿从出生时就有的渴望。那么有人会问，你怎么知道婴儿渴望的是什么。关于这个问题我研究了很多婴儿。我观察他们，和他们谈话。我发现婴儿和我一样，他们需要学习爱，不仅是被爱，还有去爱别人，如果他失败了，他将不能成长为一名合格的人类。

这是非常简单的，但我们却需要相当长的时间才能理解。

没有生物化学的、生理的、心理的爱的孩子与那些有爱的孩子是非常不同的。前者与后者的成长也是不同的。我们现在所了解的是人类出生就是为了爱。

我相信的唯一宗教是爱。这就是我们在学校所教授的。一位教师给学生最好的礼物就是爱。

教师可能承认班级里的问题学生就是因为缺少爱的关怀导致的，所以他们一次次地在老师那里寻求爱，因为他们已经失败多次而不轻易相信人了。

每次教师都向他们施爱，他们可能没有提高；但是如果教师坚持下去，他们就会赢得孩子的心。这是我从一位老教师那里得到的经验。我非常了解他的工作，因为我自己经常应用这些方法。

我知道这在许多事情上是非常难的，并且在美国的部分地区是尤其困难的。在那里，教师面临着最坏的问题，暴力和野蛮行为在校园内持续增加。然而，即使在那些地方，我认为每一位教师也都可以通过爱使那个地方变样。

我们怎样变成热心而又可爱的人呢？我们要表现得热心而又可爱。如果我们表现成那样，总有一天我们就会变成那样了。因为我们不是只说不做，而是用实际行动去表现我们自己。

我已经讨论过爱，但是我没有给它下 128
定义，简单的原因就是，一个定义在最开始是没有意义的，只有经过岁月的洗礼才能完美。

在我们的社会里，爱是一种与他人交流和沟通的能力。

爱是我们在学校里应该学到的，其他任何东西都不能与爱相提并论。读、写、算在使人成为热情、可爱的人中仅仅处于次要的位置。

这就是我对教育的看法，如果这种观点被大众所接受并付诸实践，我相信当今世界的所有问题都能予以解决。

阿什利·蒙塔古，人类学家。他出版的著作有《成长的年轻人》（Growing Young，1981），《人类联通》（*The Human Connection*，1979），《触摸》（*Touching*，1978），《史前生活》（*Life Before Birth*，1978 第二版），《人类进化方向》（*The Direction of Human Development*，1970），《论人类》（*On Being Human*，1966）和《成长的青年》（1988）。

思考题

1. 当蒙塔古说“我们并不理解我们应该去培养的是儿童而不是成人”的意思是什么？你是否同意该观点？

2. “一视同仁地去对待不平等的事，对于人类来说是最不公平的”，你在多大程度上同意蒙塔古的观点，这在课程与教学中的含义是什么？

3. 蒙塔古说：“我们的社会还没有认识到孩子的本质，人类的本质以及孩子应有的本质。”请举出支持该观点的证据。

4. 你是否同意蒙塔古的“读、写、算在使人成为热情、可爱的人中仅仅处于次要的位置”说法？围绕这一理念的课程要素是什么？

成就健康青春期的发展策略

大卫·A·汉姆伯格（David A. Hamburg）

129 **摘要**：对于青少年来说，青春期是一个关键的过渡阶段。当今社会，许多青年人都承受着巨大的压力和风险。对于一些人来说，甚至是精神和肉体的双重破坏。然而，在家庭、学校、保健专家以及社会团体的大力支持下，青少年则能成长为有责任感的好公民。比如说，学校可以通过设置生命科学课程、生活技巧训练、社会支持等方式来开展健康发展计划。

在人的一生中，青春期是最复杂的一个转型期，这一时期实现了从童年到成年的转化。从生理、行为和社会关系的转变大致与从小学、初中到高中的转变相符合。这一时期能影响人的整个一生。

很多青少年都能顺利经历这个关键时期。在家人的关怀下，在学校的引导下，在健康知识的保护下，在社团机构的支持下，他们健康茁壮地成长，受到良好的教育，和谐地与家人和朋友相处，为以后的工作和作为一个合格的公民做好了充分的准备。然而，还有一些青少年，他们成长的路上总少不了种种挫折，这对他们的身心都造成了伤害，对于学业、工作以及人际关系都有不利的影响。

10～15 岁的青少年总是遭受种种压力，他们会使用合法或不合法的药品、武器，还会采取不成熟、没有保护措施的性行为。还有一些人没有能力处理人际纷争，诉诸武力解决。17 岁的年轻人中，已经有 1/4 的人会做出损人不利己的行为了，例如怀孕、服用毒品、参加反社会活动、辍学等。总之，许多青少年都极有可能毁了自己的一生。

最近几十年的科技和社会变化已经为年轻人提供了大量的物质利益和机会，但是与此同时也给年轻人带来了巨大的压力和风险。这些变化对年轻人的家庭结构产生了极大的影响：离婚率高，父母在外全职工作，单亲家庭增多。这些问题更随着邻里关系的恶化以及传统社会救助系统的崩溃而加剧。孩子们在大人公司所待的时间已经远不如几十年前多，他们更多的时间花在电视前或大街上。

这种情况在所有的经济阶层、社会背景和地理区域的家庭中都普遍存在。但这种状况在极其贫困的家庭更为普遍。来自这样家庭的青年人一般缺少两个对健康成长有关键作用的先决条件，一是有至少一 130
个大人可以依靠，二是相信大人对孩子的好的影响意味着有益的机遇。

要做到健康的青春期发展有哪些基本要求呢？1）在一个健全的群体中有自己发挥个人价值的地位；2）学会建立亲密持久的人际关系；3）有自我价值感；4）做决定前胸有成竹；5）充分利用能得到的帮助；6）勇于表现自己的好奇心，做事勇敢；7）相信会有美好的未来和机遇；8）乐于帮助他人；9）在多元民主中仍能尊重他人；10）培养终身学习的习惯和适应环境的能力、解决困难的能力。

青春期早期，年轻人会开始有冒险行为，但还不至于完全形成危害形势。这就为我们对他们的行为予以干预提供了一个好机会，进而引导他们走上成功的人生道路。十年来，很多知名文章都相继发表了

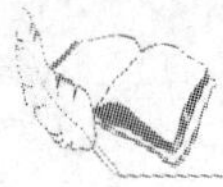

卡内基委员会关于青年人发展的报告，文中推荐成立一些关键机构来适应当今情势的发展以满足青少年发展的需求，这些机构包括家庭、学校、医疗系统、社团组织以及媒体。

时下许多针对青少年的干预措施只能解决少数问题，例如滥用毒品，或青少年早孕。虽然这些措施有一定的作用，但它们一般对研究中的两个重要方面缺乏适当的考虑：1）严重的问题行为会发生在同一个人的身上，而且加剧各种行为的作用；2）这些行为一般在童年时期都会有先兆。

这样以一种可理解的方法达到基本的要求就成为必然，这就是青春发展战略。关键的机构对青少年的经历有很大的影响，培养青少年健康的生活方式，既是他们的机会，也是义务。经过深入考虑其潜在因素，他们能提出或好或坏的结论。不管怎样，这些机构对青少年青春期的发展有很大影响。

预防青春期期间的疾病

过去的几十年，青春期疾病所产生的负担已由传统的病因转向一种“新病态”，这与一些有损健康的行为有关，例如，失望、自杀、实物使用（酒，烟，毒品），性传播的疾病，以及枪杀。

青春期早期主要以自我寻求像大人一样的角色和地位的探险行为为特点。这种情况虽然包括一些探险行为，但还是属于合适的成长现象，也是符合社会规律的。然而这种行为极易变得更危险，并可能产生严重后果，例如性传播疾病、死亡或暴力损伤、酒后打架事件等。更严重的是，长期下去导致癌症和心血管疾病，一般由高卡路里、高脂肪的饮食习惯，缺乏运动，过量吸烟所致。这些行为也可能限制了你的人生选择。比如说，一个青年母亲，初中或高中就辍学，一辈子的前景就是长期劳作、过着贫穷的日子，她本人和孩子的健康都面临着威胁。

青春期初期形成的健康方式有长期和短期的效果。最近几年的研究已表明这些前线机构（the frontline institutions）如何提供对个人有用的充分的健康信息，既能培养生存技巧，使人产生兴趣，又能避免各种风险而采取健康的方式。

有关青年人健康方面的观点对他们采 131
用的健康的行为举止很有帮助。对健康的看法会因性别、道德观、社会经济地位的差异而有所不同，但他们的个性、自我评价、与同学的关系，学习的压力还是起了更重要的作用。很多青少年极其相似的问题都是关于毒品滥用、性关系、营养和运动。他们都盼望着将高危行为产生的后果最小化，并且默默地对自己说：“这样的事不会发生在我身上。”这种观点与对青少年的社会支持设计有关——包括医疗方面。因此，健康专家出于对青少年的关爱而制订的解决方案就会有相当的价值。

青春期初期的健康教育

健康与教育相互联系，密不可分。身体状况不好就不能好好学习（滥用药品破坏注意力的集中）。相反，投入学习的年轻人更易形成健康的生活习惯。许多青少年上了中学后不能顺利过渡到成年阶段，他们的所作所为往往会违反传统公立学校的规定。

在培养青少年的健康习惯方面，中学扮演着重要的角色。中学可以制订相关课程、学校政策以及树立榜样。健康教育的可行性措施包括：1）课堂里传授适当的营养学知识，并在餐厅提供相应的食物；2）无烟楼的建立和无烟计划的实施可以帮助师生员工远离烟草；3）讲解酒和非法毒品对大脑及其他器官的伤害；4）为包括大学在内的所有学校机构提供实践机会；5）加强安全意识，拒绝暴力——包括与此直接相关的毒品问题和武器携带问题。

卡内基青少年发展委员会于1989年发表了关于中级教育的跨学科分析的文

章——《转折点》（Turning Points），要求做出一系列改革来为中学提供可持续发展的健康措施。例如，在学校范围外组织小团体为全体群众服务，这样对学生个人的关注就有了群众基础，师生间能产生共同的道德观念，例如通过跨学科集体教学、合作学习、学术指导社团服务等。这些小团体能激发思考技巧——尤其通过现实生活科学课程、提供生活技巧训练，特别在做决定、建立人际关系、解决非暴力问题、把握机会方面很有帮助。三种渠道（生命科学课程，生活技巧训练，社会支持）为健康发展提供了极大潜能。以下依次对这三方面进行阐述。

生命科学课程。生命科学涉及青春期初期固有的好奇心。学生对发生在自己身上的生理特征变化极感兴趣。生命科学主要研究人的成长和发展，特别关注青春期的发展。对人的生理研究包括对人的行为的科学探讨，阐述高危行为的各种方式，尤其是影响人一生健康的青春期行为方式。

生活技巧训练。从生命科学演化的这一课程是很重要的一门学科，但在形成人的行为习惯方面还需要被不断挖掘。当它与人际关系训练和决定技巧相结合时显得更为有用。这种有用性主要体现在以下几
132 个方面：1）帮助学生抵制由同辈人或媒体所产生的压力，以免发生高危行为；2）帮助学生加强自控能力；3）帮助学生获得减轻压力的方法，不致参与有害活动；4）帮助学生学会如何交友，学会自立；5）帮助学生避免使用暴力。研究还表明，此类技巧通过系统讲述和角色扮演付诸实践会更加有效。

社会支持。研究表明，可信赖的有共同观点的社会支持是促进青春期健康的有力杠杆，学校、社团组织和医疗机构能通过有效的社会支持措施来补充家庭教育的不足。

总之，生命科学课程、生活技巧训练和社会支持共同构成了青少年健康发展的有效系统。

在年轻人的终身健康教育方面，各类方法相互补充，这里挑选出四种方案简做说明：对性要有责任感，做好为人父母的准备，防止青年暴力，防止滥用毒品。当然，其他问题仍值得关注，但心理健康显得更为重要，尤其是针对青少年的悲观情绪。

对性要有责任感

青春期初期对性生活没有严肃的认识，但青少年却真的对其神往。他们对身体幻想的希望与适当的性行为，尤其是从媒体和同辈人所得的影响中产生了矛盾的想法。他们迫切需要了解性——包括亲密关系所产生的力量，这时就产生一种生理变化——性冲动。这样，性疾病传播的危险就产生了——包括感染艾滋病病毒的危险。

青少年对于性知识的了解主要来自于同辈人，也有的来自于家庭、学校、电视和电影。从同辈人得知的知识通常是不够的。例如，他们会有一种广为流传的假设，“每个人都做”。这种说法适用于很多危险行为，例如吸烟、饮酒。家庭和学校在这方面能起到更好的作用，为青少年提供充分的性知识和保护措施。与家长沟通不好的孩子更容易吸烟、喝酒、发生性行为；与家长沟通好一点的孩子则不会。然而，家长要学会生育健康的相关知识，避免与孩子谈论性时的尴尬情绪。

青少年应该在有性冲动前就对性和生育有所了解。在青春期初期以前，各中学和社团组织就该有组织地作出相应的准备。对青少年来说，在健康教育方面，防止艾滋病传播的知识是很重要的。但这一点还存在着争议。一种典型的现象是，青少年不知道艾滋病会有好几年的潜伏期，而且母亲会把艾滋病病毒传染给后代。这种情况下，就需要为年轻人提供相应的情感支持，并教会他们面对这些情况的做法，避免高危行为的出现。家庭、学校、媒体可

以通过相关健康知识的普及作出应有的努力。

即使这样，单有这方面知识的技巧还不够，执行的做法仍然稀缺。如何处理这个问题仍是个艰难的任务。最近一个医学院对不到25个减少意外怀孕的方案进行了仔细研究，发现其中只有一半的方案在短期内是有效的，可见在这方面的研究还没有得到足够的重视。

青少年怀孕绝大多数都是意外怀孕，
133 因此，健康教育必须明确：要想成立一个成熟的家庭，不仅要懂得生育知识，控制生育，防止意外怀孕，还要懂得家庭不仅会有快乐，还要有责任感。想要成为合格的父母，还有很多要学。

做好为人父母的准备

年轻人在准备组成自己家庭的阶段，健康发展常被忽视。相当多的年轻人在怀孕时才发现，他们还远没有做好应对养一个孩子这一挑战的准备。每个孩子潜力的挖掘都需要家长的精心考虑，比如时间、精力、喂养、财力、毅力、所要遇到的困难。

1994年卡内基发表了《起点：满足我们孩子的需要》(*Starting Points*: *Meeting the Needs of Our Youngest Children*)，文中强调了做好为人父母准备的重要性。如果人们经过认真思考、做好准备后再要孩子，他们更容易成为称职的父母，孩子更容易健康成长。反之，父母没有准备好承担责任，孩子成长的危险就更大了。

这样，《起点：满足我们孩子的需要》极力推荐为青少年做好为人父母的准备。不但家庭是教育的第一来源，教书育人的学校以及社团组织在这方面也很有作用。现行的儿童健康社区服务能为青少年提供抚养孩子所需的生活体验。适龄青年做父母的准备教育应安排在初中。这既是一门生命科学课程，也是健康教育课程，对青少年有重要的现实意义。

防止青年暴力

每年都有接近100万12～19岁的青少年成为暴力行为的牺牲品，而且问题还在不断恶化。当然针对其的预防措施也随之产生。这需要个人和社会的共同努力使其行之有效。能够在满足青少年发展基本要求的基础上建立学校、家庭和以年轻人为中心的社团组织将达到最佳效果。另外，针对青年暴力的特殊措施则会教会年轻人以非暴力方式处理问题。政策变化——例如用更严厉的措施来禁用枪支是当务之急，特别是愈演愈烈的青少年使用枪支或半自动武器问题的日益突出。

防止青年暴力的一个可行方案是，在初高中的健康教育中教导青少年解决冲突的技巧。研究表明，解决冲突的课程能减少暴力行为。冲突解决方法的监控练习更为重要，这种教育方法作为一种技巧，对于青少年抵抗压力、以非暴力方式解决问题以及正确使用武器都相当有益。

贫困区的高危年轻人急需社会系统的支持和生活技巧训练，学校及其相关的健康中心、社团组织、教堂活动、体育项目等都能提供。与家长和同辈人建立持久的良好关系是关键。这样，年轻人有了归属 134
感，就会享受到生活的乐趣，珍惜机会，尊重师长，也能赢得社会的尊重。

防止泛滥毒品

与十年前相比，现在的毒品更加便宜和泛滥。美国历史上有最高的成瘾比率，司法体系充满了与毒品相关的案件。青年人认为，酒精和其他毒品与前几年相比危害要小。对许多孩子来说，吸食毒品，甚至买卖毒品，是达到他们所认为的成人形象的方法。社会在拼命寻找解决办法。

一些地方团体范围的干涉行为，已经成功减少了青春期早期为提高个人和交际能力而对“入门”物质的吸食（香烟、酒

精和大麻）。许多针对青少年的阻止规划已经显示部分青少年减少了毒品的吸食。如果达到足够的强度和持续性，对生活技能的学习在防止香烟、酒精和大麻的过程中是有效的。

当高中提供支持团体时，早期干涉阻止的努力持续表现在高年级阶段。防止吸烟是非常重要的，既因为它的“入门”功能，也因为许多终生的病状是由青春期初期的成瘾带来的。设计良好的团体范围干涉有助于降低吸烟的人数。一个显著的例子就是，最近报告中非洲裔美国人的吸烟人数在下降。

除了有目标地针对物品滥用的方法，家长、老师和健康专家要明白，较低的自我尊重、校内的不良表现、沮丧或者无法作出慎重和可靠决定这类的发展问题会加剧青少年的高危行为。吸食毒品也许成为感觉成熟、勇敢、世故或其他成长特点的方法。家庭辅助的培养功能通过团体阻止和健康社会服务，能够提供正确的信息和可靠的人际关系，使青少年即使在逆境中也能健康发展。

加强对青少年的健康服务

1991 年，美国技术评估办公室领导的一项针对青少年健康的全面研究指出了建立青少年发展的适宜健康服务的阻碍。目前的服务在疾病预防和健康促进方面不足。

1/7 的美国青少年没有健康保险，更多的也只是有一点。由于经费限制，医疗补
135 助制度内的人口中，只有 1/3 的青少年被覆盖。

有管理的保健组织能够与基于学校为青少年服务的健康中心签约。许多健康团体和基于学校的青少年健康中心已经对如何克服大量阻碍，以使青少年得到足够的、有利于形成健康的生活方式提供了很重要的帮助。

目前，缺少有经验的和得到过良好训练的健康提供者能够敏感对待青少年的健康问题。此时，精神病学、小儿科和内科医学的结合是很重要的。

一个有希望为青少年满足这个服务缺口的办法表现在学校相关的健康设施上。这些措施已经证明了其在处理急性医疗问题上的能力——包括精神健康。它们在疾病预防和健康促进方面有很大的潜力。

由于学生经常由于低落感、孤独和焦虑而寻求帮助，这些中心必须提供精神健康服务。

结论

青少年早期已经成为具有终生影响的健康危害行为增长的起始点。然而，青春期早期表现出了促进健康方面的被忽视的机遇。青少年对他们发展中的身体的兴趣可以变为建立健康生活方式的有效力量。满足这一期望的机会就在于保健专家、学校、团体或组织、家庭和媒体提高对青少年发展的理解。

一个关键因素是监护人的指导和推动的影响。信息和技能是必要的，但并不足以规范青少年的行为，除非他们被推动使用针对他们自己健康的服务。健康政策的制定者必须找到方法，使青少年通过可靠的主要监护人和与学校相关的预防服务机构——包括精神健康服务机构得到保健。

一个全面的健康促进战略需要有与青少年相关的全部机构的共同努力。这对青少年的生命健康、构建模式和终身学习有着重要的作用。

大卫·A·汉姆伯格是纽约卡内基公司的名誉主席和斯坦福大学医学院的精神病学学会前主席。1996 年，他接受了自由总统勋章（Presidential Medal of Freedom）——国家最高市民荣誉。1998 年，他从美国国家科学院获得公共福利勋章。

136 ## 思考题

1. 反思你青年时期的经验。你的学校经验在哪些方面帮你排除了青春过渡期的压力?

2. 对汉姆伯格要求学校强调生命科学课程、生活技能训练和社会支持，一些教师、家长和社会团体提出了什么样的问题?汉姆伯格又是如何对此作出回应的?

3. 哪些证据表明你们当地社区的青少年不是朝健康方向发展的?

道德教育的认知发展方法

劳伦斯·柯尔伯格（Lawrence Kohlberg，1927—1987）

摘要：基于杜威和皮亚杰有关道德发展的理念，柯尔伯格认为，人对正确与错误认识的差异的推理过程通常有三个发展水平。在前习俗水平，人们认为正确的事物是基于个人需要和与他人制订的规则上。在习俗水平，道德决定反映了得到其他人赞同的渴望和得到家庭、团体、国家肯定的愿望。在后习俗水平，决定是基于被习惯价值分离的推理和个人选择的。

在这篇文章中，我介绍的是道德教育认知方法及其研究基础的大纲，我的同事和我以这种方法进行实验，并与其他方法进行对比讨论。

Ⅰ. 道德时期

认知发展方法由约翰·杜威首次提出。这个方法之所以是认知的，是由于杜威认为道德教育像智力教育一样，以鼓励儿童积极思考道德问题为基础。它之所以是发展的，是由于它把道德教育的目的作为贯穿道德时期的行为。根据杜威的观点：

> 教育的目的是成长或发展，包括智力和道德两方面。行为和心理准则能引导学校塑造一个自由、强大的环境。只有了解命令和心理发展的各个时期之间的联系，才能保证这点。

杜威认为道德发展有三个水平：（1）前道德或前习俗水平是由物体和社会激发的
137 行为。（2）习俗水平，这一阶段较少用群体的标准进行反思。（3）后习俗水平，如果目的是好的，个体的行为要经过自己的思维和判断，并且不会接受没有经过自己反思的群体标准。

杜威关于道德时期的想法是理论上的。基于以前对认知时期的研究，皮亚杰第一次做了尝试去定义道德推理时期。他的理论是通过采访正在做游戏的儿童，并对其观察得出的。用这种采访的素材，杜威定义前道德习俗的独立水平如下：（1）前道德期，这一时期没有规则意识；（2）他律期，这一时期是接受外部规范，服从权威指定的规范（4～8 岁）；（3）自主时期，伴随规则而产生的目的和结果是基于其互利作用而形成的（8～12 岁）。

1995 年，我开始（通过纵向和跨文化的研究）重新定义和规范杜威-皮亚杰定义的道德水平和时期，研究结果见表 3—2。

各个道德阶段的概念包括如下特征：

1. 结构整体阶段或思维系统构成阶段。个体在道德判断上是一致的。

2. 变量系列阶段。个体没有间断地跨越时期，而是循序渐进地向前运动。

3. 分层整合阶段。包括并综合了低级阶段的思想。只有这样，个体才能发展到更高的阶段。

道德时期的各个阶段能够依据具有详细记分的道德两难项目进行解释。验证者研究包括：

1. 一份对芝加哥地区 50 个男孩跟踪 20 年的报告，这些孩子来自中产阶级和工人阶级。最初采访的是 10～16 岁的男孩，他们在三年后又重新被采访。

138 表 3—2 各个道德阶段的定义

Ⅰ. 前道德水平

在这个水平，儿童对文化规则、好坏、对错非常敏感，但既不能用心理形式也不能用行动的结果来解释，把这种水平划分为下面两个阶段：

阶段 1：惩罚顺从导向。行为的心理结果决定他的好坏，不考虑人的目标或结果的价值。无效的惩罚和绝对顺从权力是对他们自己权力的评价。他们不是以尊重的方式，而是通过支持惩罚和自律强调道德法规。

阶段 2：相关工具导向。正确的行为是以满足自己需要，进而满足他人需要构成的。人们之间的关系就像他们在商业中的关系一样，公平、互惠、共享。但他们总是用心理学的、注重实效的方法来解释。互惠就好比你帮我挠后背，我也帮你挠后背一样，不需考虑感激、公平、忠诚。

Ⅱ. 道德水平

在这个水平，个体把维持家庭、团体、国家的期望作为评价自己的权利标准，而不考虑当前显而易见的结果。这种态度不但要顺从个人期望、社会法规，而且也包括感激公平、忠诚、积极的支持，正确的命令，个人团体的肯定。这个水平包括下面两个阶段：

阶段 3：和谐的人际关系导向。良好的行为能够得到他人的拥护，这与典型的自然行为或主体行为相一致。行为通常由意图衡量——他人好的第一印象很重要，一个人可能由于评价好而得到别人的支持。

阶段 4：法律与命令导向。正确的行为由一个人的职责，对政权的尊敬，为自己的利益而维护社会法律组成。

Ⅲ. 后习俗自律水平

在这个水平中，要清晰地定义道德价值和主要方面，区分群体中权力或个体掌握法规的合法性与适用性，区分这些群体中个人的自我确定。这个水平也包括两个阶段：

阶段 5：社会契约法律导向。通常联系功利主义者。正确的行为往往定义成普通个体的权利和标准。除去自由民主的看法，权力被认为是人的价值和观念。这一阶段主要强调合法的看法。超越法律的领域，纷纭的看法对应的是盲目的责任，这就是美国政府的官方道德。

阶段 6：广泛的道德理论定位导向。权利被定义为符合自我选择的道德法规的法律解释。这些规则是抽象并合乎逻辑的。成熟的道德判断并不高度依赖 IQ 与语言能力。在某种意义上，认知发展比道德发展更为重要。

---

2. 一个长达 3 年的对土耳其的农村和城市相同年龄段男孩的纵向报告。

3. 一个在加拿大、英国、印度、以色列、洪都拉斯、尤卡坦半岛广泛实施的横向报告。

按照整体和连贯的标准，我们发现超过 50%的个体的道德观念总是沿着相对固定的顺序，由一个时期发展到另一个相关的时期。

按照固定的顺序，我们的纵向结果发表在《美国矫正行为医学期刊》(*American Journal of Orthopsychiatry*)，并指出每个重新测试的个体既不在 3 年前所处的时期，也不在继续发展的时期。这在土耳其如此，在美国也同样如此。

为了理解道德发展阶段，一方面要弄清道德各个逻辑阶段（或智力）的内在关系，另一方面也要弄清外在的道德行为，这是十分重要的。道德判断的成熟同 IQ 或言语能力并不是极其相关。然而在阶段论的意义上，对道德发展而言，认知发展比相关性更为重要。皮亚杰发现儿童学会说话后的三个推理阶段：直观阶段、具体运算阶段、形式运算阶段。在大约 7 岁的时候，孩子进入具体的逻辑思维阶段，他们便能作出逻辑推理，澄清、处理具体事物的定量联系。青少年通常进入形式运算阶段，在这一阶段他们能进行抽象的推理，考虑各种可能性，形成假设，从假设进行复杂的推演，并且能够根据现实对其作出评价。

因为道德推理很明显是一种推理，所以高级道理推理主要与高级的逻辑推理相
139 关。一个人的逻辑推理水平决定了他的道德水平。一个人的逻辑推理的具体操作阶段主要局限在前习俗道德阶段。一个人的逻辑水平部分受习俗时期限制。而逻辑发展对道德发展是必要的。比起道德水平，大多数个体的逻辑水平发展更高一些。举一个例子，超过 50%的青少年和成年人能充分、正式、理性地思考，但这些人中只有 10%的人展示出合规律的道德理性。

道德水平由道德判断和道德推理构成。道德判断结构区别于道德判断内容。例如，我们引用了多种研究所使用的辨别道德水平的两难案例。故事是这样的，一个男人为了救垂死的老婆去买药，药剂师却以十倍于成本的价格出售药品，女人的丈夫没有足够的钱，而药剂师不肯低价出售，也不肯赊账。这个女人的丈夫该怎么办呢?

这一选择中的事物（偷还是不偷）被称作此时道德判断的内容，这个男人关于选择的推理解释了他道德判断的结构。关于理性分析集中于下面 10 个广泛的道德价值：

1. 惩罚
2. 所有权
3. 角色和情感问题
4. 角色和权力问题
5. 法律
6. 生命
7. 自由
8. 广泛的公平
9. 真理
10. 性别

道德选择是指包含在具体选择情境中的两个（或多个）价值冲突的选择。

一个人的道德判断结构或阶段可以解释为：（1）认识众多道德事件（生活的，法律的）中的价值，以及如何解释这些价值。（2）为什么认为它是有价值的，并给出原因。例如，生命在阶段 1 是以权力或个人财产的形式评估的；在阶段 2，是由于满足个体或他人需要的目的性；在阶段 3 依据的是个体和他人之间的关系；在阶段 4 是社会和法律的形式。阶段 5 和阶段 6 是把每个生命作为不可分割的整体除去其他因素。

道德判断与道德行为

弄清了个体的道德判断的几个阶段，接下来我们必须考虑道德判断与道德行为
的关系。如果逻辑推理是道德判断的必要 140
但不充分条件，那么成熟的道德对成熟的道德行为也是必要但不充分条件。如果一个人不能理解道德规则，他便不能遵守道德规则。然而，一个人能理解规则也可能不遵守这些规则。例如，我和理查德·克里伯斯（Richard Krebs）发现，仅有 15%的学生显现出欺骗的想法，与其相比，55%习俗期的被试和 70%前习俗期的被试具有该想法。这表明道德推理变成道德行为需要道德判断的附加因素。第一，这些因素包括地位和压力，第二，取决于个体的动机和情感，第三，还取决于一个人的意志感、目标或“自我力量”。

如果成熟的道德推理仅是道德行为的一个因素，那么为什么道德教育中的认知发展方法要如此“过分”地来强调道德推理呢？原因如下：

1. 道德判断，是道德行为中所发现的一个最重要的影响因素。

2. 尽管别的因素也影响道德行为，但道德判断却是道德行为中最重要的道德因素。

3. 道德判断的变化是长期的和不可逆的，更高的阶段仍然存在，道德行为在新的情境下具有更大的情境性、可逆性和易失性。

Ⅱ. 道德目标和公民教育

道德心理学是以经验性研究描述道德

的发展。道德教育必须考虑道德心理，它告诉我们道德发展的理想状态。心理学发现一个固定的道德时期，道德心理学必须回答下一个时期是否会更好。成人期之后便是衰老死亡期，这并不意味着衰老死亡期会更好。我们承认，道德推理的最后期是道德的最佳阶段，这一观点必须依据对道德心理的充分认识。

我们追求的传统的道德哲学是自由、理性的传统，尤其从康德到罗尔斯的形式主义的传统。这个传统的核心是完善的道德就是原则，这一原则对人类而言具有普适性。原则（principles）与规则（rules）是有所区别的。原则对道德决定而言更具有普遍的指导性。例如康德的“绝对的命令”就有两层含
141 义。其一，要最大限度地尊重人性——行为是结果而不是过程。其二，普适性。选择因你而定，原则就像康德所描述的道德选择或行为的形式条件一样。在女人垂死挣扎这种进退两难的情况下，由于药剂师拒绝低价出售药物，药剂师没有体现出道德行动，虽然他没有违背普通的道德规则（他既没有偷窃也没有谋杀），但是他违背了基本的原则，即他简单地以自己的利益出发来对待病人，而没有选择大家期待他选择的方法（如果药剂师站在垂死挣扎的女人的立场，他则不会那样做）。在大多数情况下，选择是一般的道德法则和基本法则的巧合。通常的基本法则意味着禁止偷窃，然而在为了活命只有通过偷窃的情况下，基本规则否认普通规则并默许可以偷窃。原则不同于社会政权支持的规则，由于道德的有效性，它是可以被自由选择的。

道德选择的概念是道德公正原则的自由道德哲学。就本质而言，道德冲突是个人要求与公正原则间的冲突，公正的核心就是要求自由、公平、互惠。然而在每一道德阶段都存在道德的问题。学生对教师最经常抱怨的话就是“他不公平”。然而在每个更高的阶段，公正是被一致认同的。在阶段 1，公正是以“以牙还牙，以眼还眼”来惩罚坏人的；在阶段 2，是用公平方式交换利益；在阶段 3 和阶段 4，是以传统认可的规则来约束人们；在阶段 5，所有法则均来自于公正和保护所有人平等权利的协约；在阶段 6，个人选择的道德原则也是公正原则，如果社会成员不知道自己的社会地位和自己的劣势，他将会选择公正原则。从这一点来讲个人自由的最大化要同别人的自由相兼容，同时也要平等地尊重别人的利益。

可供选择的方法

我们已经提出用高级阶段的哲学方法作为道德教育的目标。依据这种理性，道德教育发展的方法能避免另外两种道德教 142
育的固有问题。其中一个可供选择的方法是灌输道德教育的思想，这一方法强调教师和文化对儿童的影响。在美国，当灌输方法以系统的方式进行发展时，它便有了“个性教育”的称谓。

我们把个性教育中的道德价值称为“道德包”。在哈格·哈茨肖恩（Hugh Hartshorne）和马克·梅（Mark May）的性格分类的研究中，道德选择是诚实的，服务的并以自我为中心的。只要一个详细的测试列出有关的道德定义的细节，我们就能容易地得到一个简单结论。当注意到每个道德定义的细节时，我们发现得出结论并不容易。难道诚实就意味着不能用偷窃的方法保命吗？难道学生不应该帮助其他学生做作业吗？

个性教育和其他形式灌输的道德教育是以传授普适的价值为目的的（认为诚实是所有社会渴望的特征），但是所使用的细节定义是对的，它们受教师的观念和以教师的权力为基础的传统文化限制。在这一意义上，个性教育的意义接近学校隐性课程中教师所传达的无须反思的价值。由于当前道德教育灌输方法并不流行，教师常常用一种叫作“价值澄清”的家庭教育方法，价值澄清的第一步就是引导儿童在价

值冲突的情况下形成自己的判断，而不是把教师的观点强加给他。然而价值澄清并没有超越引导价值意识。就像彼得·英格尔（Peter Engel）所述，人们必须对价值澄清和价值教育进行比较。价值澄清暗含这一原则，即在考虑价值时不存在单一的正确答案。儿童应用这种方法讨论道德来展示不同的价值观。教师应强调我们的价值是不同的。如果这个程序系统地进行下去，学生将变成相对主义者，相信没有正确的道德答案。例如，一个学生欺诈，他可能狡辩他没做错什么事，因为他自己的价值同教师的不同，这便使欺诈成为合理的了。

像价值澄清一样，道德教育认知发展法强调开放或者公开讨论道德两难问题。然而这种讨论却有一个目标：刺激道德推理的下一阶段。像价值澄清理论一样，发展法反对灌溉法。激发下一阶段的推理并不是灌输。理由如下：

1. 是推理方式的变化而不是所包含的具体信念的变化。

2. 班级里的学生处在不同的时期，教育的目的是帮助每个学生，使其行为发展到下一个阶段，而不是集中到一个共同的形式。

3. 教师自己的观点不要强加给学生，它仅仅是许多观点中的一个，是大有希望进入下一个更高阶段的观点。

143 4. 要鼓励学生发表自己的观点，并有充分的理由和证据说服他人。

除了有比价值澄清更明确的目标之外，道德发展法把价值观教育限制在教授正确的道德价值，或者更确切地说，教授公平观念的范围之内。这样做有以下两个原因：第一，无法确定个人、政治和宗教价值等道德范围是否是毫无关系的范畴，也就是说，他们之间可能存在一种普遍存在的、具备一定固定顺序的发展关系。第二，公立教育并没有清晰指出和要求建立一种正确的发展价值观的总体要求。在我们看来，公立学校的价值观教育应该明确一个正确的、强化教育的观点：是公平意识，还是我们宪法体系中有关他人的权利意识。尽管《权利法案》禁止学校有关宗教信仰或者是一种单一的价值体系的教学，但是它并没有禁止教授学生作为我们宪法基础的权利意识和公平原则。

如果道德教育被认定是以公平为中心，并且从价值教育和情感教育中分离出来的话，那么很明显，道德教育和公民教育就变得毫无区别了。这个等式，曾经被柏拉图、亚里士多德、杜威等贯穿于历史各个时代的著名哲学教育家认定是自然成立的，是我们以下理论的基础，我们认为道德教育应该成为社会学的核心教育目标。

公民教育是用来指代社会学的，社会学是一种关于社会科学、历史、公民的现状和概念的学科。它是一种分析理解的方法，一种价值量度，以及一种作为有效途径的民主制度下的公民所应该了解的动机，它应该是政治教育。公民教育，或者叫做政治教育，是一种能够把针对政治和社会决定和履行情况的判断推进到一种更高级形式的道德判断。我们的研究显示，针对政治决定的判断和所得出的结论是一种更宽泛意义上的道德判断所得出的直接产物。我们就一些具体的政治问题采访了高中生和大学生，其中包括政府住房政策、公民反对越南战争的斗争、可能会扰乱国内秩序的自由出版权问题，还有通过纳税来均衡收入水平的措施。我们经过研究发现，对于这些政治问题的评判可以根据道德阶段进行划分，也就是说一个人的有关政治的价值观阶段和非政治的价值观阶段基本上处于一种平行状态。从评判到行动的研究，我们基本上得出了相同的结论。1963年，有一个研究调查了加利福尼亚大学伯克利分校参加和没有参加“自由言论”运动的人。在那些处于第6阶段的参加者中，有80%的人坚信自由言论准则被折中了，并且所有试图与官方妥协和进行对话的努力都是失败的。与此形成对比的是，只有

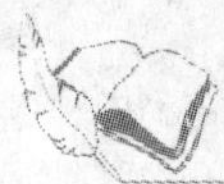

15%的处于第 3 阶段和第 4 阶段的学生参加这一运动（处于第 5 阶段的学生的比例处于它们之间）。

那么从心理学和哲学的角度来看，政治观念的发展是道德发展的一部分。在《理想国》中，柏拉图把政治教育看作是一种比道德评判更宽泛的教育的一部分，并且对它进行了哲学的原理阐述。近代的杜威也和他持相同的观点。

从历史学角度来看，美利坚是第一个在更广泛的、公平后社会约定的基础上建立起来共和政府。在我们建国之初，原则性道德和政治评判还只是属于少数人的理论，即使是当今社会，情况基本上也是相同的。今天，和我们国家建立的时代相同，我们中的大多数人还是停留在常规道德评判的阶段，尤其是“法律和命令”道德阶
144 段（或者第 4 阶段）。国父们凭自己的直觉，而不是通过详细的社会科学研究就可以预知到这一点，所以，他们所设计的政府结构在保证了公平原则的同时，还保证了重要的原则——那就是国家领袖并不是权力的完全行使人。这种政府结构包括各个机关彼此之间的相互制衡机制，独立的司法机构，以及自由出版的权利。这种机制的作用最近的一次发挥是在水门事件中。查理·尼克松的悲剧，正如亨利·杜鲁门所说，是因为他从来都不懂得宪法，但是相反，宪法却了解尼克松的所作所为。

因此，水门事件并不是民族道德败坏的表现，它只表明了理解和履行公平原则的人，仍然只是社会中的少数这一事实而已。至于现在仍然存在的道德败坏的现象，它表明在社会和价值观冲突的今天，社会约定的道德力量正在减弱。这种趋势在前社会约定的前提下，会使生活不幸的青少年变得偏执，比较幸福的青少年则倾向于接受各种社会规则。我们可以看到现在遵守社会规则的青年比我们的国父所处的年代要多得多，与此同时，处于前社会约定阶段的青年的比例也在增加。

鉴于这种形势，当今学校进行道德和公民教育的任务变得更加紧迫。在今天的中学里，人们经常可以听到处于前社会约定阶段和开始要超越社会约定的青年发出的对学校不满的怨声。我们的政治制度正处于第 5 个发展阶段（也就是，通过民主过程来确保公平），而我们的学校仍然处于第 4 阶段，是确保社会约定和权威的机构。在当今时代，民主学校比以往更多地注重系统的公民教育。

我们关于道德和公民教育的方法把有关法律和政府的研究与民主学校的组建体制（在这个体制内，道德困境已经被讨论过并确定下来）以一种激励道德发展的方式连接了起来。

有组织的道德教育

在过去的很多年里，道德观念的建立都被心理学家认定首先是由家庭教育和家庭整体情况所决定的。尤其是，家庭中关爱和权威的状况是关键性的决定因素，那些温和与严厉的平衡对道德发展是极其有利的。这种观点使人们开始怀疑道德是否是一种由父母和文化武断规则所产生的内化结果，因为这种认同必须建立在爱和对父母的敬畏的基础之上，而不是建立在某种理性原则的基础之上。

有关家庭是连接各个道德发展阶段的纽带的研究不支持这种关于道德发展的内化观点。相反的，它们认为在家庭内部得到的发展过程和在学校的过程是相近的，并且这个过程和认知发展理论的过程是一致的。认知发展理论认为，道德是一种普遍存在的、人类倾向于心灵相通或者角色扮演，倾向于把自己放在一种特定的意识之中的心理产物。它也是一种普遍存在的人类向往公平意识的产物，应该用互惠主义和平等意识来连接两个人的意识的产物。举一个例子，当我的儿子只有 4 岁的时候，他成了一个受道德观念支配的素食主义者，他拒绝吃任何肉类，拒绝父母的一切关于

增加他的蛋白质摄取量的努力。他的理由是："杀害动物是不对的。"他遵守的素食主义道德并不是通过教导和父母的权威震慑而得来的；这种意识来源于一种普遍存在的、年轻的个体倾向于把自己的意识和价值放到其他的生命上的意识。我儿子的素食意识同时包含了一种公平意识，这在一次我给他读关于爱斯基摩人的书的时候得到了揭示，那本书描述了一次猎杀海豹的过程。他说："爸爸，有一种肉我可以吃——那就是爱斯基摩人的肉。"这种自然的公平和互惠主义的意识属于第1阶
145 段——一种以牙还牙，以眼还眼的方式。我儿子关于生命价值的意识同样属于第1阶段，这种意识不包含人类个性和其他生命体的区别意识。尽管他的道德意识属于第1阶段，但是是自然的、内在的。道德发展超过第1阶段以后，就不再是内在的，而是由于角色意识和公平意识的重组作用而趋向于更高层次。这种重组使孩子先天的道德结构与他将要面对的社会和道德情况切合得更好。我们把这些切合的情况分成两种：一种是处理道德讨论和交流的情况；一种是处理孩子所生存的总体道德环境或氛围的情况。

有关道德讨论的主要情况是：

1. 体验下一更高道德阶段的评判；

2. 体验在现阶段道德结构下可能遇到的困境和冲突，从而导致他对自己现阶段道德结构的不满；

3. 一种可以让前两种情况相互交换和交流的氛围，在这种情况下冲突的道德观念得到公开的比较。

在研究印度和美国的家庭时，我们发现在一些家庭中，父母具有很高学历，他们的孩子一般学历也很高。父母们经常通过敞开心扉的谈话和交流培养孩子们的品德。

莫西·布莱特（Moshe Blatt）提出了这个想法，并用它来刺激人们的进步。这个想法在中学和大学的四个班里展开了一个学期的艰难实验。每个班的同学们都将进行三个阶段的研究。因为在同一个阶段被研究的孩子们所回馈的结果不同，所以他们在不同阶段就产生了分歧。

布莱特的研究表明，道德教育可以提高到新的阶段。我们经历了下一步：为了看看在高校社会实践中，老师的道德教育是否能得出相同的结果。在波士顿和匹兹堡，24位老师围绕一个两难实验给出相同的说明。大约一半的老师的课堂有了重要的变化，1/4～1/2的学生有了进步。在控制一些班级进行没有道德两难选择的测验时，同样的老师并没有使他们的学生们进步。思想品德课对任何一个年级水平的学生都是一个有用的和有效的科目。研究结果表明，道德水平低的老师在道德研究过程中同样会有所提高。

然而，道德讨论和课程知识只是刺激道德发展的一部分。当我们回到分析更宽泛的生活环境时，我们必须考虑家庭、学校、社会中的道德氛围。社会氛围的第一个基本特点是它承担着社会角色的责任，鼓励孩子们进入社会其他角色中。道德社 146
会氛围的第二个基本特点是环境的公正水平。一种情形的公平结构是指在施行奖惩，追究责任，在成员中选取优先权时观察到的规则或原则。这个结构存在于我们的任何一个道德阶段。

一年前，我和同事接受了一个来自于丹佛基地的委托（同时也获得了肯尼迪基地的支持）分别到波士顿（剑桥和布鲁克林）和匹兹堡的两所高校开设品德教育课。这个计划有两个部分。第一是开设思想品德课和开展道德讨论来训练顾问、进行社会研究、培训英语教师，把道德讨论作为课程的一个完整部分。第二个是在一个公立高校中建立一个社区学校。

我们已经提到了高中社区学校，主张讨论真实生活的道德情形、公平行动、民主决定以及在理论和行动上共同提高的理论。竭力建立一个民主的政体，但是我们

观察不到积极的参与性的民主。我们的理论表明了为什么我们能够成功而其他人失败的原因：首先，我们觉得民主必须是一个学校的基本原则，而不是一个人道的伪饰。民主作为一种道德为教育提供约束。第二，民主在一些学校失败的原因是它使学生们很厌烦。学生们宁愿让教师在人事、课程、安排方面作决定而不是参加冗长的复杂会议。我们的理论论述的一个民主制度应该包括道德与公平。而现实却出现了吸毒、偷盗、分裂和阶级。第三，我们的理论指出了大的民主的社团会议应该改为小组的道德讨论。

现在我们可以报道这两所学校在我们的理论基础上建立起来的民主制，然而，我们还不能过早地说明在促进道德发展方面
是有效的。 147

我和同事以及剑桥与布鲁克林的老师们正在计划着英语和社会研究课程，这些课程强调道德讨论、扮演角色和交流，强调把学校的管理、法律和公正系统同美国社会和别的社会中的东西相联系。通过学校民主和道德决策，这样更能够整合知识课程来加深学生对社会的理解水平。

我们所做的事情并非多新，在7年前，杜威就想建立立足于道德和智力发展的民主实验学校。也许杜威的时代已经到来了。

劳伦斯·柯尔伯格，哈佛大学教育研究院道德教育中心的系主任，教育学和心理学教授。

149 思考题

1. 学校课程中可不可以包括不论哲学、政治或宗教信仰如何，教育者、父母及社区成员都一致同意的道德价值观？这些价值观是什么？

2. 柯尔伯格把道德判断的结构和道德判断的内容区分开有什么意义？请举出一个道德困境的例子，并阐述此点。

3. 道德判断和道德行为的关系是什么？哪些因素决定一个人的道德判断是否能转换为道德行为？

男人生命中的女人

卡罗·吉里根（Carol Gilligan）

摘要：不同于柯尔伯格的道德推理模型是建立在男性研究的基础上，强调个体的权利，吉里根认为道德推理应从女性角度建立，强调个体对于他人的责任。她总结到，生活周期理论应该包括两个性别的经验。

关系，尤其是涉及依赖关系，男性和女性的经历是不同的。对于男孩和男人来说，独立和个体性与他们的性别特征紧密联系，因为与母体的分离是男性独立的基础。对于女孩和女人来说，女性特征或女性特点并不依赖和母体的分离，也并不依赖个体性的过程。因为男性特征是通过分离定义的，而女性特征则受到独立的威胁。因此男性常常在关系方面受到威胁，而女性则在分离方面受威胁。男人和女人社会交往和人际关系的质量不仅是描写的不同，而且是儿童发展和进入成人的里程碑。女性的不能独立则被定义为不能发展。

道德问题源于冲突的责任，而不是竞争的权利，因为这种思维模式是情境性和具体的，而不是形式和抽象的。这种道德观念就是强调道德发展为核心的关怀活动，是围绕对责任和关系的理解进行的。

这种女性在道德问题建构上的不同可
150 能可以视作她们在柯尔伯格的系统中发展失败的关键原因。柯尔伯格把所有责任结构都看作传统道德理解的证据，他认为道德发展的最高阶段是对人权的反思理解。权利的道德不同于责任的道德就在于它强调的是分离，而不联系，是个人为先而不是关系为先，这能在关于道德本质问题的两种不同回答中得到说明。第一个人采访者是 25 岁男子——柯尔伯格研究的参与者：

> ［对你来说，道德这个词意味着什么?］世界上没有人知道答案。我认为，道德是指个体的权利，其他人作为个体的权利，不去打扰他人的权利。想要他们对你有多公平，你就得对他们多公平。我认为这在最根本上就是保证人类的生存权利。我认为这是最重要的。
>
> ［自上次采访以来，你对于道德的观点有什么改变?］我认为我对于人的权利有了更深的认识。我过去仅仅是从自己的方面去看，仅仅为我自己想，现在我认为我更加意识到个体都有什么权利。

柯尔伯格（1973）引用这位男子的回应，来证明人类权利的原则性概念。柯尔伯格这样评论这一回应：“他把道德定义为公正，认为其他人的权利是自然并且是内在的。人类有能够做自己喜欢做的事情的权利，以及不侵犯他人的权利，这是一种把权利置于社会立法之上的模式。”

第二个回答来自一位参加权利和责任研究的女孩。她当时也是 25 岁，是法学三年级的学生：

> ［对于道德问题，当真有一些正确的解决方法吗？或者任何人的观点都是同等正确的吗?］不，我不认为任何人的观点都是同等正确的。我认为在有些情况下，可能会有一些观念是同等有效的，一个人可以下意识地采取

> 几项措施中的一项。但是，我认为也有正确和错误的答案，这似乎是人的一种本质的属性，每个需要自己生活并令别人也可以生活的个体都具有这个属性。我们需要相互依赖，希望这不只是一种身体需要，也是一种我们自身成就感的需要，一个人的生活是通过与他人合作，力争与他人和平地生存下去，在这种情况下，可以从不同的活动过程中选择某一种明显地促进或者有害于那个目标的活动。
>
> [过去你是否经历过用不同的方式思考这些问题的情况?] 哦，是的。我经历过，我认为事情都是相对的，我不能够告诉你去做什么，你也不能告诉我去做什么，因为你有你的良心，我有我的。
>
> [这一情况发生在什么时候?] 我当时在读高中，我猜当时我才明白我自己的想法改变了，因为我自己的判断标准改变了，我觉得我不能评判其他人的评判标准。
>
> [你认为是什么使你改变了呢?] 也就是看更多的生活，就是认识到有很多可怕的事情在人们当中十分常见。你认识到，比起其他容易造成反面影响的事情，有一些事情是可以带来好一些的生活，好一些的关系以及更大程度上的自我成就感的。

这个回答也代表着随着一个阶段的追
151 问和怀疑，个人对于道德观的重构，但是对于道德重构的理解并不是建立在个人权利优先和统一的基础上的，而是建立在“非常强烈的对世界责任感”的基础上。在这个结构之内，道德困境从怎么行使人的权利变成了在不妨碍他人权利的情况下，怎么“过一种总体上对我自己、我的家人及人们有义务的生活。”这个问题就成为一个不抛弃道德顾虑的限制责任问题。当被要求描述她自己时，这位女孩说，她赞成：“一些人是与我联系在一起的，一些人是我需负责任的。我有种非常强烈的对世界负责任的感觉，我不能仅仅为了自己的享受而生活，而生活在世界上这个事实让我有责任去做我所能做的，不论我所能做的分量有多大，都会把世界变成更好的生活的场所。”因此，在柯尔伯格的主题中担忧人们打扰到其他人的权利时，而这位女孩则担忧“任务的可能性，你不能帮助其他人而他们却能够帮助你。”

这位女孩提出的问题在简·伦维纳格(Jane Loevinger) 自我发展理论的第五阶段——“自动”阶段中得以强调。在这一阶段，在关系的情景中，自动被定义为通过认识到其他人对于他们自己的命运也有责任来调整过度强烈的责任感。简·伦维纳格(1970) 的自动阶段认为应该放弃道德的二分法，取而代之的是“一种对于真实人物和真实情景的复杂多面感”。

因此，为何道德的权利和非干预特征对于女性而言是个潜在的威胁，这个问题已经变得很清楚了。同时，根据语义上一贯的相对性，为何从男性角度来说道德的责任看起来是不确定的、分散的，也变得清楚了。如此，女性道德判断说明了在性别发展不同描写中所遵从的模式，但是它们给成熟提供了另一种定义，借此可以估测性别差异，以及揭示性别差异的内在含义。女性心理学，常常被描述为以更倾向于关系和互赖为特征，更依赖于语境的判断模式和不同的道德理解。假定女性关于自我概念和道德的定义是有差别的，女性把一种新的观点引进了生活，就会以不同的优先话语来组织人类的经验。

德墨特尔和普西芬尼 (Demeter and Persephone) 的神话，被麦克兰德 (McClelland) 引用，用来解释女性对于权力的态度。就像荷马在《德墨特尔赞歌》(*Hymn to Demeter*) 中所说的那样，普西芬尼的故事说明了互相依赖的力量，这力量就是麦克兰德在他的研究中发现的用来定义成熟女性风格的动机。因此，麦克兰德把神话看

作一种“特殊的女性哲学表达”，这也是同等精彩的生活故事。

德墨特尔的女儿普西芬尼在草地上和女友玩耍，看到一朵漂亮的水仙花，她跑过去捡。这时，地壳突然打开，她被冥神哈迪斯（Hades）抓走了。土地女神德墨特
152 尔，因为失去女儿十分忧伤，她拒绝一切作物生长。依靠土地生长的作物都枯萎了，男人和动物都要死了。宙斯知道后同情人类的遭遇，劝说他的哥哥把普西芬尼还给她的母亲。但在离开之前，普西芬尼吃了一些石榴子，这使她在一年中总有一段时间要在地下和冥神一起生活。

这个晦涩的女性发展的神话说明女人在人类生活中日渐突出的重要地位。女性在男性生活圈中的作用是保护联系的认知，而人类发展的冗长过程中却不断赞扬着独立、自主、个性和自然权利。普西芬尼的神话直接代表了观点的扭曲，这个观点提醒我们，自恋将导致死亡，土地的肥沃以某种神秘的形式，与母女关系的持续相联系。生活本身就起源于男性主宰世界和女性主宰世界的交替。只有当生活理论分散他们的注意力，使男人和女人生活在一起，他们的观点才会涵盖性别经验，他们的理论也将相应变得更加丰富。

参考文献

Kohlberg, L. (1973). “Continuities and Discontinuities in Childhood and Adult Moral Development Revisited.” In *Collected Papers on Moral Development and Moral Education*. Moral Education Research Foundation, Harvard University.

Lovinger, J., and Wessler, R. (1970). *Measuring Ego Development*. San Francisco: Jossey-Bass.

McClelland, D. C. (1975). *Power: The Inner Experience*. New York: Irvington.

卡罗·吉里根，纽约大学教授，哈佛大学教育研究院人类发展和心理项目中心教授。

思考题

1. 对你而言，“道德”这个词是什么意思？你的回答与谁的道德观更一致——柯尔伯格的还是吉里根的？

2. 你同意吉里根的论断——“男性特征是通过分离定义的，而女性特征则受到独立的威胁。因此男性常常在关系方面受到威胁，而女性则在分离方面受威胁”吗？根据吉里根的观点，这些性别差异是如何反映在道德推理中的？

3. 吉里根的男性和女性道德推理观的全部课程含义是什么？

153

构建围绕儿童发展的学校

詹姆斯·P·库姆（James P. Comer）

摘要：关于儿童发展原则，库姆描述了为儿童提供援助和行为榜样的学校改革（现称为学校发展）的方法。通过包括管理和经营团队（现称为学校计划和经营团队），心理健康团队（现称为学生教员援助团队）和家长项目（现称为家长团队）的集体方法，重构学校以满足学生在社会互动、心理情绪、道德、语言和智力认知方面的发展需要。

你试图在没有地图或其他办法确定方向的情况下，从纽约到达洛杉矶并不是不合理的。美国就曾经以同样的方式进行学校改革——没有概念地图，无组织和无方向的主题。这就是为什么从建立重构标准到学校选择似乎是合理的方法。

任何有组织的主题都聚焦于明显的关注点——学生——他们如何成长与学习的，然后，如何建立政策和应用资源去推进发展与学习。有充足证据表明，当年轻人的发展需要得到满足时，他们能达到最佳的学习状态，包括在社会互动、心理情绪、道德、语言和智力认知领域。但过去几十年来我们的传统教育方式和学校改革的努力都没能给予儿童发展足够的重视。

很多教师对儿童发展知之甚少，更别说如何推进它了。一直以来，职前和在职的教师教育也大多忽略儿童发展，甚至到现在，这一主题也没有以一种为教师准备支持在校学生发展的方式被传授。大多数学校都没有以推动儿童发展的方式来进行组织和管理。大多数课程不是通过理解儿童发展安排的，并且教育政策通常不是由具有儿童发展专业知识的人们制定的。

基于我们的耶鲁儿童研究中心——新天空学校，我相信学校改革的努力应该强调儿童发展并以此原则为指导。这一规划开始于1968年，一个耶鲁儿童研究中心的四人团队进入新天空的两所小学，这两所学校的成绩、出勤率和品行在全市的33所小学中都是落后的。学生基本都是黑人，并且几乎都来自贫困家庭。

刚开始，我们的同事无法理解学生们的种种表现，他们打架、对老师无礼、无法专注学习，并且无法与其他学生很好地相处。老师们常常把学生看成坏的、不够聪明的、没兴趣的和不可激励的。老师们的反应——与我们的文化名词相一致——是试图惩罚和控制，并且对他们有较低的学业期待。教师被期待教育和控制儿童，或者问题出现时把他们交给负责人或专业
的援助人员。 154

在学校的工作中，我们认为学校互动的困难是来自经济和社会压力下的家庭的儿童发展不完全的结果，惩罚型和控制型的教师使得情况变得更糟。在混乱的环境中，孩子们不能足够地模仿、认可和内化成人监护者的态度和价值来提升学术学习所需要的自信和个人约束。

我们的解决办法是分别为成人监护者创建一个监护和管理团队——由家长、老师、行政人员和非专业援助人员组成。监护团队使家长和教员一起鉴别问题和机会，并且为学校找出策略和方向，从而逐渐减少冷漠和混乱，疏远和怒气，无助和绝望，这是以学校为基础的管理。秩序、控制和责任最终增长，很大程度上是由于有效的监护和管理团队的工作——但学校效能的

增长不是通过使用规矩、规定和权力，而是由于团队帮助创建了帮助学生发展的学校氛围。

我们为孩子们创建良好氛围的努力促进了心理健康团队和家长项目的建立。在传统学校，社会工作人员、心理学家、特殊教育教师和其他援助人员中容易产生分离和重复的工作现象，致使所付代价昂贵而无效。通过以团队的方式工作，我们的援助人员能够协调他们的努力，但更重要的是，他们能够系统地与其他人员和家长分享他们关于儿童发展的知识和关系技巧。这使得所有校方人员——不只是援助人员——开始支持学生发展而不是简单地惩罚他们。家长项目使得家长与校方人员一起创建学校良好的社会氛围。

在评估规划时我们认识到，我们正给予低收入家庭的孩子们一些技能，对于那些中产阶级孩子来说通过在使用技能的家庭中成长容易使他们获得符合学校要求的社会技能。我们推论，如果作出系统的努力，我们改善的学校社会氛围能够完成同样的事情。此外，我们建立了“城市儿童社会技能课程”的项目。

到 1984 年，我们工作的两所目标学校，在出勤率、成绩和品行方面都居于全市小学的前五位（其中一所最初的学校在研究过程中被另一所相似的学校所取代）。使用同样的方法，17 个学区的 165 所学校都显示出了效果。

我们已经看到，国内很多学校在改革之初成功率很小、失败甚至注定要失败，最根本的原因是他们没有理解改革的核心问题——发展问题。在许多教育者的脑海中模糊地存在着一种教与学的工业化模式：学生就像原材料，教员就像流水线上的工人，或多或少地各自独立发挥作用。我们的工作——也是其他人的——表明这种学校教育体制阻碍了许多有能力的教员、家长和学生充分发挥作用。

现在我们必须作出的关于如何改善教育的决定与二战后制造业者所面临的问题类似。美国制造业者选择的是弗里德里克·泰勒（Frederick Taylor）的流水线、大生产模式。日本的制造业者采用的则是威廉·戴明（William Demming）的指导原 155
则，这一原则是以人为中心的，更加强调不同工作间的协调，为了寻找合适的工作方式可以不断地进行变化、调适，而不是把人限制在严格的系统中。半个世纪过去了，美国制造业在衰落而日本制造业则日渐兴盛。如果美国的教育要兴盛，就必须有一种关注人的指导方法——这里说的是儿童发展理论。

詹姆斯·P·库姆是耶鲁大学儿童研究中心的教授，耶鲁大学医学院的副院长和学校发展规划的主任。

思考题

1. 库姆认为“大多数课程并没有表现出对儿童发展的理解”，你认为什么可以解释这一重要的课程基础常常被忽略的事实？

2. 关于库姆针对学校改革的方法，一些老师，家长和社区成员将提出什么反对意见？如果你是教育方面的领导，你将如何应对这些反对？

教师之声——理论联系实际

一位新教师的完全讲述

莫利·奈丝(Molly Ness)

摘要: 莫利·奈丝回顾了自己作为一名新教师的经验,她当时任教于一所位于加利福尼亚州奥克兰市的学员超多且教育资金不足的学校。这所学校享有美国的支教项目。她意识到在教育这些孩子的过程中遇到的各种困难,远远比他们生活在贫穷和城市的嘈杂中轻松得多。

大学一毕业,我就加入了"教育美国"项目,并且在之后两年里任教于全美最落后的学区。

作为美国教育联合会项目的一部分,"教育美国"有其明确的任务,那就是给每一个孩子——不论人种、民族、背景或宗
160 教信仰——接受良好教育的机会。"教育美国"成立已经有十年历史,每年都有800多名大学毕业生通过这个项目到全美国最贫穷的12个学区,像巴尔的摩、洛杉矶、海湾地区和纽约等的城区,以及像密西西比三角洲和格兰德河谷这样的乡村地区。

联合会成员不断填充着教师缺乏地区的空席,他们中的大多数人面对的是条件最艰苦的学校里面的最难胜任的职位。在上任前的五周时间里,成员们集体学习教育理论和提高学生理想的方法,学习怎样成为一名有效的老师以及怎样提高操场利用率的方法,以便使那里的学生得到和家庭背景较好的学生平等的受教育的机会。

联合会成员直接受雇于学区,并且他们中的很多人在服务的两年中完成了州"信任书"计划。当完成两年的志愿者服务之后,他们中60%以上的人继续从事教育事业,其他的人或者去大学,或者去私立学校。

我毕业之后去了加利福尼亚州奥克兰东部的罗斯福中学教6年级。罗斯福中学是一所学生过多的学校,那里教师的辞职率高达40%。学生中50%是亚洲裔,25%是拉丁裔,25%是非洲裔。学校所在学区毒品泛滥,流氓社团势力猖獗。

我的学生的母语几乎都不是英语。他们说十多种不同的语言,包括阿拉伯语、柬埔寨语、西班牙语、越南语和汉语。我的学生中有很多是新近移民。我被指派教他们英语会话、写作以及州政府规定的社会实践课程。

更加艰难的现实

尽管在开始我的"教育美国"志愿者服务以前,我就被告知我将经历前所未知的困难,但是我仍然坚信教育是一件轻松的工作,坚信我能够在学校完成我的工作,并且把我的私生活从我的职业生涯中完美地分离出来。

我曾经认为我把学生带进教室,锁上门,就可以把所有城区社团的纷扰都锁在外面。我曾经相信我可以使我的学生热爱学习,忘记他们在学校外生活中面对的种种骚乱、纷扰。

我曾经发誓我对学生们的爱和热情永远都不会消退。我永远都不会允许自己像其他新教师那样情绪化。我将会保持积极的态度,避免许多新教师所经历的梦想破灭的历程。

每一天，我都将以如工作之初一样的热情和精力走进教室。不论是阴郁的周四的下午，还是大病初愈，我都会一如既往。

我永远都不会成为一个“只为教书而教书”的老师。我不是把语法表塞到学生们的面前就作罢，而是要教他们如何用糖块建造自己的金字塔。我不仅对学生们期待极高，对自己也是如此。

无止境的挑战

很快，我就大学毕业了，打好行李包，开车横穿整个国家，在一个全新的环境里开始我的新生活。在那里我没有家庭，没有朋友，没有家人的温暖。一开始，我就像一个激情澎湃的探险者——重新定居，找到人生中第一份真正的工作，开始承担起成人对生活负有的责任。这是一场飓风般的冒险，从此我开始谱写我人生的新篇章。

但是，刚到 11 月（我工作后的第 3 个月），这种激情就消耗殆尽了，我开始了解到现实的残酷。我只身在一个陌生的城市，远离我的家人，远离我过去的“根”。在一个压抑的环境维持一种积极的学习态度是一场永无止境的挑战——我的生活中充斥
161 着无数的计划、规定、书面工作以及地区官员带来的麻烦。

更糟糕的是，我感觉不到学校领导和我的学生对我的尊重。每天回家后，我倒在沙发上，不禁会想：“我再也不要去学校!”所有的一切都让我感到精疲力竭。渐渐地，我感觉到我的状态使我的学生也感到灰心丧气了，就好像我在课堂上所做的任何事情都不可能让生活变得对他们更公平一些。

我真的成了一个“为了上课而上课”的老师，这是我曾经发誓绝不会发生在我身上的。我感觉在为我的学生服务的过程中，我好像丧失了自我。随后，我开始用一些尖刻的问题来质问现实，质问我自己，质问我的人生，质问我曾经的誓言。

我常常感到“教育美国”在刻意回避我们这些教师在日常生活和工作中遇到的种种困难。好像在我服务的两年里，我唯一能做的只是咬紧牙关、坚持到底——直至有一天，我能够反思过去所发生的一切，直到那时我可以对自己说：“那是一段无法想象的艰辛岁月，它使我比别人拥有更丰富的阅历。”

尽管所有志愿者都对这项事业怀有深厚的感情，作出了巨大的贡献，质疑他们对美国教育和学生的贡献似乎是一种禁忌。尽管如此，实际上我几乎每天都在质问我曾经的誓言。我清晰地记得我曾打电话给一个洛杉矶的朋友，他也是 1999 年开始在康普顿服务的志愿者，我问他：“你愿意和我一起放弃吗?”

起初，我认为怀疑自己的誓言是对事业不忠实的表现，并且有一双无处不在的万能的“教育美国”的眼睛正向下监视着我的一举一动。但事实上，也许所有这些对誓言的质疑都成了一股推动我在课堂上做得更好的动力。

直到我回家过寒假的时候，我都不知道应该怎样向我的家人和朋友讲述我作为“教育美国”志愿者的这段经历。我是应该说好的方面，还是不好的方面呢?

我应该告诉他们我教的 97 个学生几乎都不会说英语吗？我是否应该说我们从来就没有足够的标记笔、剪刀，甚至没有足够的课本给学生们看？我应该告诉他们我那个只有 12 岁却因为持枪抢劫，正在少年教养所服刑的学生吗？也许我应该告诉他们我有一个 13 岁的学生，甚至不会拼写“狗”（dog）这个单词。我渐渐意识到，我所陈述的这些“陈词滥调”在别人看来将会是多么的陈腐和不真实。

我几乎不能形容出当时我心里的那种矛盾。我是想放弃，或者退出吗？还是想为“教育美国”献出我全部的生命和精力？我怎样才能分辨出我的真实感受——是讽刺，还是乐观？我应该谈论那些不好的经

历吗？还是应该用积极的方面去抵消它们？

我开始反省我刚刚当老师时的种种经历。我想起初次走进教室时那种激情澎湃的感觉。我到底是从哪里开始教这些孩子英语和社会科学的？更重要的是，我该怎样教导他们教育是唯一能使他们摆脱困境、取得成功、赢得美好未来的途径？

我怎样才能教导他们成为一名正直的公民？怎样才能让他们在生活中遵守礼貌规范？怎样才能让他们学会解决问题、有责任感、有自尊？

当我告诉父亲我的烦恼的时候，他说："尽你的全力就好。你已经处理了一些难以想象的艰难情况了。别人能要求你的只有尽你的全力而已。不要用不可能完成的任务来折磨自己。"

在此后的很长一段时间里，我坚信我父亲的理论——罗斯福中学的情况的确是坏得令人难以想象了。我告诉自己，一名新教师在毫无帮助的情况下，来到这样一个资金匮乏的学校，接受了这样一个艰难的职位，这一切都是难以想象的。

太现实

但是过了一段时间，我发现父亲说得不对。他的话有些过于现实了——而这正是问题的症结所在。事实上，我们国家有
162 太多的孩子在像我所在的这样过度拥挤的学校上学——这里没有足够的教材，没有良好的教育，甚至没有足够的关注给每个孩子。太多的孩子将要接受这种劣等教育，这似乎说明贫困循环不会被轻易打破。

在这种课堂上教书的老师们往往得不到实质性的帮助。他们甚至找不到足够的理由让他们把教育当作一生的事业。一些很优秀的老师经常在他们还没有取得真正的成功以前，就选择结束他们的教师生涯。众所周知，教师是一个劳累过度、工资低、不受尊敬的职业，而我也正在亲身经历着这一切。

在刚完成我的第一年教育生涯的时候，我艰难地总结了自己在那一年里面所学到的一切。我相信，在那短短数月的教育生涯里我所体会到的世间的疾苦，远远比我在大学里的许多学期所体会到的要多得多。

我看到孩子们的承受能力是我们无法想象的。我的学生经历了无法计数的挑战，他们用勇气、尊严和力量渡过了重重难关，这些甚至是许多成年人所无法做到的。

我学到为了得到更好的结果你有时不得不作出一些个人牺牲。我还了解到在当今社会，人们宁愿选择忘记像奥克兰这样的学区，而不是去尽全力改变它落后的现状。

我发现我们可以在思想和言辞上很理想主义，但是要在现实生活中还保持这种激情就困难得多。我已经意识到，我们这个社会并没有很多人想要用他们全部的生命、精力和灵魂来使我们的社会变得更好。

我终于领会到谦卑的意义和价值。更为重要的是，我学习到我只不过是一个单独的人，但是作为一名老师，我的力量的辐射力将远远大于我的想象。

莫利·奈丝，《要学习的经验：来在美国一线教师的呼声》(*Lessons to Learn*: *Voices from the Front Lines of Teach for America*)的作者，现在是弗吉尼亚大学的文学博士。在写这篇文章时，她是加利福尼亚州奥克兰市一所中学的老师。

思考题

1. 你认为奈丝在奥克兰的第一年任教期间所获得的最有价值的经验是什么？她最大的遗憾又是什么？

2. 负责美国支教项目的美国教学联合会以安排没有经验的年轻新教师到全国最具挑战性的教育岗位而闻名。这算是一种引领教师走进职业教师生涯的好方式吗？这种做法可能存在哪些缺点？另一方面它又有什么优点呢？

3. 像罗斯福中学所在的这样的学区，怎样改革才能减轻任课老师肩上的负担呢？资金不足是否是问题的关键所在？还是存在其他一些社会问题？

163 # 学习活动

批判性思考

1. 描述一下你所熟悉的一所学校、学院或者大学的有关人类发展的教学大纲。本章中所反映的有关人类发展的规则在多大程度上在上述大纲中得到了体现？

2. 在《全都是成人，无处可逃：少年犯罪实录》（*All Grown Up and No Place to Go：Teenagers in Crisis*）中，大卫·阿尔坎德（David Elkind）说青少年按照他们内心中"臆想的成人模型"（这种观点认为人们总是对别人的外表和行动有先入为主的成见）和"个人寓言"（这种理论相信青年是不遵守道德规范的，并且不屈从于制约着其他人的社会规则的限制）进行活动。学校的教学大纲怎样才能帮助学生在这两方面同时得到提高？

3.《黑莓的冬天：我的早年生活》（*Blackberry Winter：My Earlier Years*）一书提到人类学家玛格丽特·米德（Margaret Mead）的观点，她认为当今社会孩子在成长阶段缺乏祖父祖母的关爱是社会和孩子的巨大损失。她论述道：孩子在成长过程中需要同时和三代人相处。你同意这种观点吗？为什么？现在，许多社区投入很多精力的"认领祖父母计划"能否真正给这些成长中的孩子提供帮助？

4. 威斯康星—麦迪逊大学的"学校组织和改革研究中心"经研究发现，在那些改革成功的学校里，如果学生能够感受到学校给予他们的关爱，他们会更愿意服从和接受学校的培养计划。把这一观点与本章提到的"老师能给予学生的最大的礼物就是他们的关爱"这一观点进行比较。老师怎样才能将他们的关爱有效地传达给学生？

5. 皮亚杰的认知发展理论由于仅仅把认知发展分为四个阶段而遭到众人的批评，批判者认为皮亚杰这一理论过度低估了孩子们的认知能力和理解能力。你在多大程度上赞同他们这种批评？

6. 当今时代，儿童和青少年在成长过程中有多少不为父母和祖父母所熟知的必须克服的困难？

应用活动

1. 请你的老师邀请一位 K—12 或更高教育层次的顾问来你们班。让他谈一下
164 他们最经常遇到的学生们的发展需求，并且对教学大纲如何满足这些需求提供建议。

2. 2003 年 3 月的《教育领导》（*Educational Leadership*）集中讨论了怎样建立学校关爱机制。研读这份杂志上的文章，做一份可以加入到你最熟悉的教学大纲里面的学习记录。

实地体验

1. 访问一个你最熟悉的班级，注意不同发展阶段的学习者有什么差异。这些特点又在多大程度上影响着他们的学习？

2. 选定一位你最熟悉层次上的学生，和他交谈，如果可能的话，观察他在课

堂上的表现。然后，写一篇关于这个年龄阶段学习者普遍发展目标的个案研究报告。

网络活动

1. 访问詹姆斯·P·库姆（James P. Comer）关于“学校发展计划”的主页，收集关于构成学校发展计划的结构和构成该项目的三个小组的“业务期望”信息。

2. 访问下列几个关于K—12学生的网站，判断每个网站在多大程度上反映了儿童和青少年的发展需求：

贝里特的最优儿童网站（Berit's Best Sites for Children）

加拿大学校网（Canada's SchoolNet）

儿童链接（KidLink）

儿童网站（Kid's Web）

牛顿的苹果（Newton's Apple）

在线教育专家（Online Educator）

青年上网指导（Young Person's Guide to the Internet）

探索发现频道学校（Discovery Channel School）

第4章

学习与学习风格

165 焦点问题

1. 行为学习理论的重要原则是什么?
2. 社会化在学习中起怎样的作用?
3. 认知学习理论的主要原则是什么?
4. 建构主义者的学习观点是什么?
5. 学习风格是怎样影响学习的?
6. 什么是多元智力?

本课程的第三个基本点是学习与学习风格的本质特点。关于人类如何学习的观点对课程计划显然具有核心作用。学习理论者和研究者还没有达成一个被广泛接受的、精确的有关“学习”的定义。然而，大多数人都同意“学习是在不同的经历中个体知识与行为的改变”这一说法（Mazur，1997；Slavin，2003；Woolfolk，2005)。我们通常所熟知的两种学习理论是行为学习理论和认知学习理论。这两种理论之下还有许多附属理论。至少，课程计划者应该了解这两种理论的区别所在。因为每种理论对课程的定义不同，并衍生或支持不同的指导策略。另外，课程与教学实践通常是基于这两种理论体系以满足不同学习者或不同知识类型的需要。

166 行为学习理论

行为学习理论强调学习者因刺激—反应联系而引起行为的明显改变。思维是刺激反应系列的一部分，它的开始与结束都外在于学习者，学习是有计划的产物而非偶然的结果。学习是个体获得新的刺激的条件反应。动机是刺激行为反应的动力。行为受外界环境刺激引导，个体作出一种反应，而不是其他反应的原因就在于先前条件和活动中生理动机的特殊的组合。个体不必为了学习而学习。假如人们能够适合活动发生所需要的条件，他们可以学会他们有能力学会的任何事。

刺激—反应的学习理论的一种主要构成是奖励反应（rewarded response)。反应受到奖励，学习就会发生。虽然在某种程度上奖励对学习者十分重要，但是，“奖励”的重要性也是因人而异的。“奖励”通常对某一类型的学习者有效，如较少对学习任务做准备的，慢型学习者，他们需要一步一步学习。有些教师在课堂上以

“奖励性反应”理论为基础，建立了一套奖励体系。

约翰·B·华生（John B. Watson，1878—1958）和 B. F. 斯金纳（B. F. Skinner，1904—1990）是行为主义学习方式的两位主要创始人。华生主张人类行为是引起某种反应的具体刺激的结果。华生的学习观点一部分是基于苏联心理学家巴甫洛夫所做过的实验。巴甫洛夫注意到，在他给参加实验的狗食物时，狗会分泌唾液。他发现给狗食物的同时摇铃，并且重复几次以后，单独的铃声（条件性刺激）也会引起狗的唾液分泌（条件反射）。华生相信所有的学习都符合巴甫洛夫的刺激—反射模式，这就是著名的经典条件反射。斯金纳扩展了华生的基本刺激—反射模式，发展了一种更综合的条件反射的观点——操作性条件反射。他的模式基于一个前提：令人满意的反射是有条件的，不满意的则是无条件的，正如他所说：“我们所谓令人愉悦的东西对我们的行为有强化作用”（Skinner，1972，p. 74）。

斯金纳相信，科学的刺激—反射的学习方法能服务于人性化的目标和帮助创造一个更好的世界。在他的小说《桃源二村》（*Walden Two*）中，斯金纳描绘了一个乌托邦式的社会是怎样通过“行为构建”被创造出来的。教育者通过强调塑造与维持人类行为的外在条件将他们的注意力从注重病态的内在质量和能力转向为外在的可观察和可操作的行为。

社会学习理论

当社会学习理论反映了诸多行为学习理论的原则时，社会学习理论将重点更多地转向行为的外在表现和思维是如何影响行动的，以及行为是如何影响思维的。社 *167*
会学习理论为社会学家、人类学家以及社会心理学家所广泛提倡。它主张人类拥有无限的学习能力，然而这种能力是受社会期望和当时社会环境认为合理的行为方式所限制的。依据这种观点，学习过程首先是社会性的，学习是由于社会化而发生的。社会化发生于各种各样的社会背景之下，包括家庭、同龄人、学校、工作，并且贯穿于整个社会生活。依社会学习理论的创始人阿尔伯特·班杜拉（Albert Bandura）所说：“事实上，所有的学习现象都源于直接经验。这些经验是通过观察别人行为及其替代性结果的基础之上发生的”。班杜拉的学习理论经常被称为模仿学习理论或观察学习理论。

认知学习理论

认知学习理论主要研究人们学习新知识和新技能的大脑加工过程。不同于行为学习理论注重外在的行为，认知理论将侧重点放在非外显的大脑信息的加工、存储和提取上。依据认知学习理论，个体行为、创造和思维是最重要的学习来源，而行为主义学习理论则认为个体是通过对外界刺激的反应进行学习的。

认知学习理论强调个人意义、泛化、原则、先行组织者、发现学习、编码，以及上位范畴。在第 6 章中，认知学习理论的先驱布鲁纳（Jerome Bruner）使用泛化说明了课程计划，即结构、组织、发现学习、知识“联结”、意义及“问题法”。

认知学习观为现行的有效教育方法和学习评价提供了理论基础，正如 M·布鲁斯·金（M. Bruce King）、珍妮佛·施罗德（Jennifer Schroeder）、大卫·乔斯克维奇（David Chawszczewski）在《全纳初中的真实评价与学生表现》（Authentic

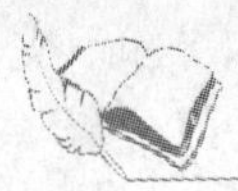

Assessment and student Performance in Inclusive Secondary Schools）一文中所述"高水平的教学和学习与理解性教学为改变传统强调基本技能和知识的教学提供了可选择性，并且这些方式增强所有学生的学习能力"。同样，凯瑟·F·南里（Kathie F. Nunley）的"层次课程（Layered Curriculum）"整合了学习的三要素：选择、责任与复杂思维。

认知科学

认知科学研究为认知学习理论的发展作出了贡献，因为它使我们明白人类是如何思考和学习的。从语言学、心理学、人类学及计算机学等领域的研究中，认知科
168 学家们研究学习者获得新知识时的大脑活动过程。通常，认知科学家们发现计算机会勾勒出学习者如何运用他们的短时记忆和长时记忆去控制信号和加工信息的图式。在《认知科学及其对教育的启示》（Cognitive Science and Its Implication for Education）一文中，格里·D·克鲁斯（Gray D. Kruse）讨论了学校活动应该如何改变以反映目前的认知研究新成果。同时在《给大脑科学降降温》（Let's Put Brain Science on the Back Burner）一文中，布鲁纳归纳了认知科学与神经科学（大脑生理学）的不同，并提醒教育者不要想当然地认为神经科学可以为推动教学实践充当向导。

格式塔理论

20 世纪的前几十年中，德国几位心理学家（之后在美国）开始观察学习者怎样通过组织使信息形成一种模式和整体。格式塔是德语，意为"建构"或"模式"。格式塔理论者坚持"整体"是第一位的。获得"鸟瞰"（overview）是学习的重要一步，否则就会出现"只见树木，不见森林"的状况。

格式塔学习理论的另一个主要观点是：整体大于各部分之和。一个完整的旋律要好于单个的音乐符号。整部电影要比看组成电影的单个图片重要。整体的性质决定了部分的意义，部分的比例决定了整体的意义。

建构主义学习理论

20 世纪 80 年代中期，几个教育研究者就曾试图定义学习者是如何构建对新内容的理解的。建构主义学习观点也因此开始集中研究学习者是怎样理解新信息的，以及他们如何基于已有的知识来建构意义。一定程度上来说，建构主义的根源可以回溯到格式塔理论，即学习者寻求将信息组合成有意义的整体。

依建构主义者而言，学生通过积极的建构过程发展新知识。他们不仅仅是被动的接收或是复制教师和课本上讲的，而是主动地理解它，并将其与他们对此类话题已知的或设想已知的信息建立起联系。建构主义指向的课程和教学策略注重学生对所学内容的思考。通过认真质问，使学生更深入地理解新材料。在建构主义方式的课程与教学的共同要素中，研究者已经确定了下列有效的实践：

1. 课程设置使学生拥有知识、技能、价值观、课内外都有用的性格。

169 2. 教学目标强调在应用的情景中形成学生的才能，强调对知识的概念性理解和自我调节技能的运用。

3. 要通过限制性内容来平衡课程的广度与深度，但是为了提升概念理解水平，

一定要充分地开发这些内容。

4. 内容组织要围绕有限且强大的理念（基本理解和基本原则）来进行。

5. 教师的作用不仅仅是讲述内容、提供信息，还要对学生的学习作出反应和提供支持。

6. 学生的角色不仅是吸收或复制输入的东西，还要主动理解和构建意义。

7. 诱发学生将原有的知识作为教育的起点，然后积累精确的原有知识，并激发必要的概念转化。

课程规划和教学一个基本建构主义方式就是"支架教学"（scaffolding），也就是在学习初始阶段给学习者提供更多的支持，然后随着他们承担责任能力的增加而逐步减少这些支持，支架理论是以苏联著名心理学家维果夫斯基的理论为基础的。维果夫斯基将学习者需要帮助才能继续学习的那一水平称为最近发展区。根据这一观点，有效教学既不超越学习者目前的理解水平，也不低估学习者脱离教师的独立学习能力。有效的教师会根据学习者的此时理解来调整所提供帮助的多少。

> 假如他们不明白某一水平上的教学，那么就需要给他们提供更多的帮助。如果他们理解了，教师就应该退出，并且给孩子更多的创新的空间。通过这种方式，孩子们将不会在碰到困难的时候被遗弃，也不会被教师太直接的具有侵扰性的教学而制约。（Wood，1988，p. 81）

学习风格

最近大部分学习研究都集中在学习风格上，学习风格也就是对学习者来说最好的学习方法。另外一种说法是，学习风格指个体特殊的加工信息和寻找意义的方式。也有不同的称呼，如学习模式、学习风格偏好或认知风格。

学生喜欢的学习方式由遗传因素与环境因素共同决定。某些学习者可以快速掌握他们所接触的新知识，而某些学习者独自学习效果更好；某些学习者在正式的专业的环境下学习得好，而其他学习者喜欢非正式和放松的氛围；某些学习者在完全
安静的条件下学习，而其他学习者可以在吵嚷、繁忙的环境中学习。某些学习者靠 170
直觉学习，而另外一些学习者则按部就班。

学习风格是一个新兴的概念，并不存在一个唯一正确的学习风格观来指导课程规划者。本章的"教师之声"（Teachers' voices）部分，伊尔萨·C·布鲁（Elsa C. Bro）以时间顺序记录了她是如何运用人种志的研究方法定义一个大二学生碰到学习困难时的学习风格倾向的。例如：在"多元化视角的学习风格：文化参与教育的案例"（Learning Styles from a Multicultural Perspective：The Case for Culturally Engaged Education）一文中，赛恩斯亚·B·第拉尔得和迪奥涅·A·布鲁（Cynthia B. Dillard and Dionne A. Blue）指出，没有一种单一的学习风格是某个种族或某个文化群体所偏爱的。文化中或文化间学习风格的差异是巨大的。

过去的十年间，研究者们进行了大量的关于学生学习风格倾向的调查，并出现了多种概念模式和相应的学习风格评估工具。同时，评论家已经指出许多学习风格模式的缺陷，并认为没有证据表明这些模式是有效的。课程规划者应该了解学习风格的概念，并意识到有些课程对有些学生会更有效，另外，尽管喜欢的学习风格能

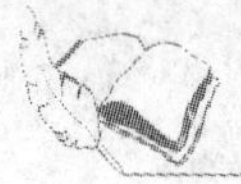

被强化，但它们也会随着人的成熟而改变。

多元智力

一些学习理论家认为智力是学习掌握和运用新知识的一般能力，其他理论家则相信“目前有充分的证据相信智力是多元的。任何单一的能力都不能包含所有的方面”（sternberg，1996，p. 11）。霍华德·加德纳（Howard Gardner）在《智力结构：多元智力理论》（*Frames of mind*：*The Theory of Multiple Intelligences*）一书中提出：“有可信服的证据说明的确存在几种相对自主的人的智力能力，也指人的智力。每一种智力的本质和范围还不能得到满意的解释，智力的准确数目还不能准确确定。”加德纳认为至少存在七种智力：逻辑—数学智力，言语智力，音乐智力，空间智力，身体—运动智力，自我智力和人际智力。（20 世纪 90 年代中期他又提出第八种智力——认识自然的智力。）

多元智力概念在课程规划和教学中非常有用，然而在《智力结构》（*Frames of Mind*）出版后的 12 年，加德纳宣称：“多元智力理论仅是一种教育处方。教育者处于最好的位置来决定应该用哪种智力……”另外在《深入探究多元智力理论》（Probing More Deeply into the Theory of Multiple Intolligouces）一文中，加德纳指出：“教育者应该小心地定义学生的智力情况”。

171 评判标准问题——学习与学习风格

鉴于学习者的个体差异，课程规划者与教师需要有多种方式鼓励学习，关于学习与学习风格的理论知识为不同个体和教学提供重要指导，下面是从本章讨论的有关学习与学习风格理论中获得的标准问题。

1. 课程规划中是否要考虑到行为主义和认知主义的学习观点？

2. 课程规划中有没有考虑到个体学习风格的重要性和学习者是怎样构建意义的？

3. 课程中是否包含多种学习行为？

4. 课程是否允许学习者展现和发展不同形式的智力。

5. 课程中是否对下列的学习理论概念的重要性有所反映：奖励性反应、社会化、标准化，支架与最近发展区？

参考文献

Bandura, Albert. *Social Learning Theory.* Englewood Cliffs, NJ: Prentice-Hall, 1977.

Gardner, Howard. *Frames of Mind: The Theory of Multiple Intelligences.* New York: Basic Books, 1983. (A tenth-anniversary edition with a new introduction was published in 1993).

———. “Reflections on Multiple Intelligences: Myths and Messages. *Phi Delta Kappan 77,* no. 3 (November 1995): 200–203, 206–209.

Good, Thomas E., and Brophy, Jere E. *Looking in Classrooms,* 9th Ed. Boston: Allyn and Bacon, 2003.

Mazur, J. *Learning and Behavior,* 4th Ed. Englewood Cliffs, NJ: Prentice-Hall, 1997.

Skinner, B. F. “Utopia through the Control of Human Behavior.” In John Martin Rich, ed., *Readings in the Philosophy of Education*. Belmont, CA: Wadsworth, 1972.

Slavin, Robert. *Educational Psychology: Theory and Practice,* 7th Ed. Boston: Allyn and Bacon, 2003.

Snider, Vicki E. "Learning Styles and Learning to Read: A Critique." *Remedial and Special Education (RASE)* 13, no. 1 (January–February, 1992): 6–18.

———. "What We Know about Learning Styles from Research in Special Education. *Educational Leadership* 48, no. 2 (October, 1990): 53.

Sternberg, Robert J. "Myths, Countermyths, and Truths about Intelligence. *Educational Researcher* 25, no. 2 (March 1996): 11–16.

Wood, David. *How Children Think and Learn.* New York: Basil Blackwell, 1988.

Woolfolk, Anita. *Educational Psychology,* 9th ed. Boston: Allyn and Bacon, 2005.

172

认知科学及其对教育的启示

格里·D·克鲁斯（Gary D. Kruse）

摘要：认知科学给人脑的结构与功能提供了一个更好的解释——例如，人脑很少休息而是在不间断地获取意义。与讲解学习过程相关的认知科学的十大发现已然存在。学校应该应用这些发现并采用新的时间观、课程观、学习观和教师角色观。

关于脑的功能和运行机制的清晰理解在过去的几十年间已经有了很大的发展。这个成长的知识体对于教育方式和教育实践有巨大的启示。脑是数千年人类进化的产物。直到最近，我们依靠先进的技术才开始在分子、细胞和功能的层面上阐明人脑的秘密。

脑结构学

脑的基本工作单位是一千亿个专门化的神经细胞（神经元），当意义形成时，每个神经元又能够进行 50 000 个连接，它是一种能够区别、登记、储存，并且提取所有人类学习本质的能力。神经元通过叫作神经转换器的化学物质来交流或制造连接。这个过程采取借助神经突触从一个神经元到另外一个神经元的电化冲动的形式来实现。神经元之间通过使用化学信号电化“冲动”能够产生引起意义的力量（Sylwester，1995）。

大脑最早期的结构是脑干，它似乎是我们的脊髓的扩展。脑干主要引起我们的一般警觉，并为大脑其余部分提供即将到来的感官信息的报警系统。因此，所有的学习开始于认知过程的知觉水平。意义和理解是大脑认知功能的进一步功能（Ornstein & Thomson，1984）。

边缘系统位于脑干顶端，这个系统提供影响活动注意、专心的化学物质。丘脑，位于边缘系附近，是所有信息涌入到头脑里的“阀门”。海马体是系统的一部分，充当短时信息存储的中转站，短期记忆可能存在于这个结构之内。

脑的最大部分是大脑，胼胝体把其划分成由大量神经连接的两个半球，胼胝体在两个半球之间充当通信“桥梁”，用于理解进入大脑的大量信息。每个半球通过不同的方式来获得意义。

大脑半球的单侧认知过程使我们能够进行集中与发散思维，它使我们理解了从直觉到逻辑的生活的复杂性。大脑半球从“部分到整体”和“整体到部分”的信息处理过程形成我们对客体、事件和关系进行整体和部分的思维方式（Ornstein & Thomson，1984）。

覆盖大脑的是大脑皮层，大脑皮层中包含了大脑所有神经细胞的2/3。在这由亿万神经元组成的薄层之内真正的学习发生了（Suzuki，1994）。

大脑皮层被划分成不同的突触，每个 173
突触载负着各种各样的功能。研究人员发现了相似作用的神经元在这些突触之内被组合起来。在大脑的后方有视觉加工过程区，在这个区域之内大约有 100 000 个神经元，它们的工作是辨认面部特点，例如细线高度或眼睛之间的确切距离（Ackerman，1994）。这些“面部细胞”帮助我们辨认哪些是朋友、兄弟或者仇人的面孔。

颞叶具有大量的负责学习的重要特征。

左颞叶有一个银元大小的区域负责接受所有口语并将这些声音传递出去做进一步确定语义处理。这个区域可以区别 44 个英语中的“语音字节”。另一个位于右颞叶的相同大小的区域帮助处理空间信息意义。研究人员也发现颞叶具有长时记忆的证据（Ornstein & Thomson，1984；Damasio & Damasio 1992）。

大脑皮层的额叶充当我们思维的中心，正是在这里发生了计划或决策类的目的性活动。神经元遍布在皮层中帮助我们完成意义建构。例如，字母表里的字母符号，在颞叶中被连接起来创造出词，然后结合成为句子、段，最后才是故事。这些联想区域在早先的信息处理和形成概念理解上会相互结合与帮助（Damasio & Damasio，1992）。

人类学习有关概念

人类学习是大脑联合记忆系统和创造性的一个直接结果，科学家当前正在对其进行研究。然而，神经元相互交流的能力使这些联想机制成为所有人类学习的核心。尽管复杂，我们还是正在逐步理解学习的生物学基础，理解这一事实的意义对教育而言是令人敬畏的（Kandel and Hawkins，1992）。

研究者将大脑描述为一种极端动态的器官，看起来它很少休息，一直在搜寻意义，而且，这个器官会随着意义的增加而增长，同时也会建立新的突触神经联结。当解释信息的意义时，大脑的半球将为其提供大量不同的观点。大脑除了帮助解密我们之外的世界，似乎也有能力独自产生新的想法（Suzuki，1994）。

很显然，这种学习器官绝不像以前所想象的，是被动的技能和事实的贮藏库。目前的证据表明关于认知的过程有以下几点：

1. 大脑是我们的学习器官。
2. 大脑不停地搜寻意义。
3. 大脑是一个动态信息处理器。
4. 我们可以增强或阻止大脑的运作。
5. 学习是一种社会认知行为，将社会作用、认知过程及语言以一种相互作用的方式联系起来。
6. 将技能和事实嵌入自然经验的多重感觉活动可以增强大脑搜寻意义的能力。
7. 学校中概念教学间的联结可以推动大脑搜寻意义。
8. 教学步调似乎影响大脑搜寻意义。
9. 给学生提供的建立在他们先前理解基础上的从一个抽象的水平到具体水平的背景信息可以推动大脑搜寻意义。
10. 学习（超越感性）就是要求学生“进行学习”，进行意义学习。

一个最不谦虚的建议 174

传统的教育方法和实践将大脑作为一间被动的贮藏库。学科专家在自我封闭的课堂情景下进行知识的传授。现在的教学实践通过要求学生采用大量孤立的听、读、练加速了学生的被动学习。学校教学由小的时间段构成（例如，50～90 分钟一阶段），在这期间，学科专家分期讲解抽象的技能和记忆性知识。以流水线的方式，学生从一个学科转向另一个学科，很少遇到概念联系（Gardner，1991；Brooks and Brooks，1993）。

传统教学和学生评价已经变成了对认知能力与回忆能力的衡量，而不是对概念的真正理解。在当前的教育系统下，课程被认为呈垂直分布（K—12），并不考虑每天、每星期或每个学期应该教什么样的知识和概念，学生与学科之间也不存在任何联系。

这种安排建立在一种错误的概念之上，认为人类学习是头脑之内的一个线性过程，认知研究者对此颇有争议。他们指出通过情景和经验建构的知识在很大程度上受学习的速度、背景、联结、原有理

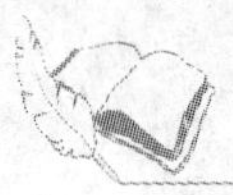

解、人的能力或者学习自由程度的影响。传统的垂直课程观导致教科书驱动的教育系统和快速教学，这使得许多学生在处理认知信息时产生了困难（Brooks and Brooks，1993）。

我们学校的许多特征不同于认知研究的结果。知识的零碎和隔绝既不会完成也不会增强人类大脑的联想力。现在知识传输的方法可能会消除大脑“从整体到部分”的处理能力，因此消除对学生的整体理解。一种对口语和印刷的词的严重依赖有效地关闭了其他有利于的大脑意义搜寻的感知输入。现在给青少年的信息是，认识和记忆的能力比在生活中理解和运用概念的能力更加有价值。

最后，目前的情况是传授信息严重脱离了背景，而实际上脱离情景传授信息既无意义也同大部分年轻人毫无相干，还可能使他们在加工信息时出现严重的问题。这种一般的教学形式是当前学校中产生机械练习的主要原因。

为了引起学校对这种认知加工过程的反思，我们应该采用新的时间观、课程观、学习观和教师角色观，这就要求教育部门要有大的转变（Hart，1983；Kruse and Kruse 1995）。

我们的时间观需要作显著改变。20 世纪的大多数时间，我们都认为学校时间是由标准的学习时间组成的。常识和研究告诉我们的是恰恰相反的结果。每个学生真正的学习速度和学习程度是各不相同的，只有学生和教师才能对学习的“多快”或“多少”作出最佳判断。

传统的教师角色也必须改变。教师应该被训练和被组织成包括不同的年级水平和专业知识的团队。应该创造一个连贯的学校时间，这样学生的头脑中能够获得概念性连接、贯穿始终的联系以及基于学科专家的必要的对话。两个教师可以整合在一起做事，当然，整合也可以更完整和更丰富，包含出现在真实生活中的进行概念联系的一个整体的专业团队。这种组织形 175
式要求完全改变传统“部门”的做法，它最初的目的是寻求真理，而不是教育年轻人（Kruse，1994）。

课程应看作是渗透到整个教学过程的，应该用团队之间持续的对话使其连贯起来。团队活动应该将必要事实和技能包含入自然经验，这是团队的一个主要责任。最终，未来教学时间应该将最重要的价值放在通过尊重学生的问题促进学生理解上，放在允许学生合作学习，放在鼓励学生通过互动来实践大量的认知功能上（Kruse and Zulkoski，1997）。

结论

理解大脑具有将新信息联想到已有理解的能力对教学实践、教学情景和组织教师的教学方式都有巨大的启示。在教学时间内培养大脑的联想力需要极大的一致性。要实现这些，一种新的时间观、课程观、学习观和教师角色观是必需的。在提供相关性和意义中知识与知识传播的真实性是必不可少的。

在将来需要教师更大程度上的联合领导，这意味着一个完全不同的教育形式的出现，和过去沿用多个世纪的教育机构的结束。或许认知研究所提出的最重要的要素就是大脑的学习潜力。如果教育实践和方法是“补充而不是复杂化的”，那么这种器官的学习潜力将是不可限量的。

参考文献

Ackerman, S. J. “Face Facts, How Does the Circuitry of Our Brain Allow Us To Recognize Faces?” *Brainwork—The Neuroscience Newsletter,* November/December 1994.

Arwood, E. *Pragmatism, Theory and Application.* London: Aspen, 1983.

Brooks, J. G., and Brooks, M. G. *In Search of Understanding. The Case for Constructivist Classrooms.* Alexandria, Va.: ASCD, 1993.

Caine, R. N., and Caine, G. C. *Making Connections:*

Teaching and the Human Brain. Menlo Park, Calif.: Addison Wesley Longman, 1994.

Damasio, A. R., and Damasio, H. "Brain and Language." *Scientific American*, September 1992.

Gardner, H. *The Unschooled Mind. How Children Think and How Schools Should Teach*. New York: Basic Books, 1991.

Goldman-Rakic, P. S. "Working Memory and the Mind." *Scientific American*, September 1992.

Hart, L. *Human Brain and Human Learning*. New York: Longman, 1983.

Kandel, E. R., and Hawkins, R. D. "The Biological Basis of Learning and Individuality." *Scientific American*, September 1992.

Kotulak, R. "Unraveling the Mysteries of the Brain." (A series of articles) *Chicago Tribune*, April 1993.

Kruse, C. A., and Kruse, G. D. "The Master Schedule: Improving the Quality of Education." *NASSP Bulletin*, May 1995.

Kruse, G. D. "Thinking, Learning, and Public Schools: Preparing for Life." *NASSP Bulletin*, September 1994.

Kruse, G. D., and Zulkoski, M. "The Northwest Experience: A Lesser Road Traveled." *NASSP Bulletin*, December 1997.

LeDoux, J. "Emotion, Memory, and the Brain." *Scientific American*, 1994.

Ornstein, R., and Thompson, R. F. *The Amazing Brain*. Boston, Mass.: Houghton-Mifflin, 1984.

Suzuki, J. *The Brain*. (A five-part television series) Discovery Channel, 1994.

Sylwester, R. *A Celebration of Neurons: An Educators Guide to the Human Brain*. Alexandria, Va.: ASCD, 1995.

格里·D·克鲁斯，内布拉斯加州格瑞德岛西北高级中学的副校长。

176 思考题

1. 某种课程可能以哪种方式“增强或约束”人类大脑的运转?

2. 克鲁斯说“可以将技能和事实嵌入自然经验的多种感官活动可以增强大脑搜寻意义的能力。”在你最熟悉的课程中你认为这个论断的含义是什么?

3. 垂直分布的某种课程以怎样的方式与认知科学的发现相矛盾?

4. 在哪种程度上，你相信 K—12 学校和高等教育能够补充克鲁斯的“不谦虚的建议”中所包含的建议?

给大脑科学降降温

约翰·T·布鲁纳（John T. Bruer）

摘要：目前有关大脑发展和神经功能的知识还不足以指导教育实践。本文讨论了三个关于神经系统科学和教育学的误区。教育者们更急于使用认知科学而不是大脑科学来开发大脑终生的可塑性的学习环境。

教育家们对大脑的研究兴趣正日渐增长。然而，最近这种兴趣越来越由慢热状态转换到沸腾状态了。例如，在过去18个月里，我们看到了《美国校务委员会学报》（*The American School Board Journal*，February 1997），《教育领导》（*Educational Leadership*，March 1997）和《学校行政管理者》（*The School Administrator*，January 1998）的特刊。现在《NASSP 公报》（*NASSP Bulletin*）也提出了新的大脑研究对教育者具有重要意义。

这些专刊包括很多文章——基于大脑的课程倡导者的文章，教育未来派的文章，认知（非大脑）科学家的文章。事实上，教育著作里很少有神经科学家的文章。这些文章中，引用了学习、认知、智力、记忆方面的认知科学研究的具体事项给教育者提供了最有用的参考和建议。

教育者应该知道认知科学——大脑的行为科学不同于神经系统科学——大脑的生物科学。多数认知理论被公式化，而不考虑大脑是怎样实施或执行思维过程的。虽然如此，这些认知理论对教育者也是很有用的（Bruer，1993；McGilly，1994）。当“基于大脑的课程”（brain-based curriculum）提供正确的建议时，他们也许更应该称为“基于思维的课程”（mind-based curriculum），因为他们经常从认知而不是从大脑研究中得出结论。涌现出的多数其他的脑科学和教育学的主张经常是隐晦的、过时的、隐喻的或者是基于误解的。本篇文章将说明其中的一些误解。

神经系统科学和教育

尽管人们十分关注，但我认为我们当前没有足够了解大脑发展和神经功能，进而以一种有意义的方式来理解教育实践。在媒体或专业期刊上读到大多数关于“大脑”的文章将明确地陈述或暗指我所谓的 177
“神经科学和教育争论。”

神经系统科学和教育争论依赖并且丰富了神经生物学的研究结果：第一，从幼年开始并且延续到之后的童年，存在一个突触生长的爆发期，之后是大脑中突触神经的“修剪期”。第二，至少在一些感官和动力系统发展中有经验独立的临界期。第三，复杂或丰富的环境导致了新突触的形成。

这些观点没有给教育者提供导向，因为它是基于一种对这三种结论的误解和过度泛化。我曾经在别处谈论过这些误解（Bruer，1997）。这里与其重复这些观点，还不如将精力放在这三个发现之一——关于童年时期突触形成和消失的意义的误解上。

大多数的神经系统科学家赞成大脑不是一出生就成熟的，那些具有重大意义的发展事件发生在出生后阶段。其中一个重大发展事件就是出生后阶段的突触迅速形成。20世纪70年代中期，神经系统科学家通过计数猫和猴子大脑标本中的视觉皮层中的突触首先发现了这种现象（Cragg，

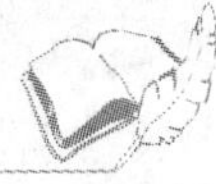

1975a；Lund，Booth，and Lund，1977）。70年代中期以后，大多数研究表明这个发展阶段在所有科学家所检查过猴脑的区域都有发生——视觉的、动力的、体觉的和前面大脑皮层中负责看的、动的、感觉的和计划、记忆的基本区域（Rakic，1994；Rakic，Bourgeois，and Goldman-Rakic，1994；Goldman-Rakic，Bourgeois，and Rakic，1997）。

对于猴子来说，突触的迅速形成开始于猴子出生之前两个月。出生时每个单位体积内的突触数量（突触神经的密度）同成猴脑中突触神经密度相近。突触迅速形成的这个过程在诞生后两三个月内一直持续，直到猴脑中的突触神经的密度超出成年猴脑的突触神经密度。

从3个月到3年，也就是恒河猴性成熟的年龄，有一个突触神经密度的"高原期"。在青春期，突触迅速消减期开始了。在这期间，突触神经的密度稳定在5岁左右成年猴的水平。因此，对于恒河猴来说，突触神经的密度（突触的数量也一样）形成一个倒U形，出生时低，青年期高，而后低。虽然只有少量数据是可利用的，但看起来人脑发展同样遵循倒U形。自1979年以来，芝加哥大学的彼得·哈特恩尔（Peter Huttenlocher）在验尸（患者的死亡年龄从婴儿前期到70多岁）时，从53名患者中提取脑组织并计数了三个大脑区域——可视区、前庭区和前区的突触数目（Rakic，1994；Rakic，Bourgeois，and Goldman-Rakic，1994；Goldman-Rakic，Bourgeois，and Rakic，1997）。

人类突触的形成

人类的突触迅速形成似乎发生在不同的时刻、不同的大脑区域（由于我们没有可比较的人类数据和猴子数据，所以这仍然是个未解决和有争议的问题）。

在人类的视觉皮层中，突触神经连接数量的迅速增长大概是在2个月前后，在8～10个月的时候到达顶峰。之后突触神经的密度有一个平稳的下降期，直到10岁前后到达成人水平。在听觉皮层，出生之后 *178*
同样也有一个迅速上升时期，密度高峰期发生在3个月时，之后是一个高原期，最后在青春期稳定在成人水平。在人的大脑前皮层，高峰密度发生在2岁前后，并且保持在这个水平直到8岁，当在16岁时慢慢地下降到成人水平（Huttenlocher，1990）。

人类也有这种发展模式的证据。许多教育文章都提及大脑扫描技术。例如，允许科学家在正常和活动的条件下测量大脑活动。正电子放射断层扫描技术（DET）使用被标记的放射性物质（像氧气或葡萄糖），大脑以这些作为能量。当这些物质进入被试时，它们通过血液到达大脑需要能量的区域，并且那里最终散发正电子。探测器接收这些放射物，并且根据放射轨迹的数据建立消耗氧气和葡萄糖的活动图像。

对儿童的启示

虽然神经科学家提供了明显的突触神经增加和减少的时间线路，但他们也不确定这究竟对儿童的行为、智力和学习能力有什么样的意义。

在突触迅速形成开始后，也就是两个月左右，婴儿开始丧失他们固有的婴儿反射。两个月时，当这个过程在视觉皮层很好地进行时，婴儿的视觉能够有较好的发展。四五个月的婴儿视觉能力激增。8个月的时候，突触在前皮层开始迅速形成，婴儿首先显示出了保持信息的短时（也就是几秒钟）记忆能力。这些例子都是具有重要意义的发展里程碑，毫无疑问，这取决于大脑的发展。我们知道这些里程碑与突触神经的密度和数字上的变化有关联，但那就是我们知道的所有了。

教育家应该注意到关于这些例子的一件事，它们是有关基本的感觉、动力和记忆功能的出现或变化的例子。这些变化在发展过程中的意义重大。然而这些不是儿童能够在

学校和幼儿园里学到的能力和技能。在几乎任何环境里，正常孩子在差不多相同的年纪都需要这些能力。极其非自然的环境和情境都会影响儿童或动物的发展能力。

神经科学和教育：误区

以神经科学和教育的争论为基础，大
179 部分神经科学已经都超过 20 年了。教育家把这些东西解释成为似乎是常识的东西，从而引起更大的争论。这个争论的原因是如此有趣以至于把争论本身变成了大脑开发、智力和学习的"定量"观——突触越多越好。我们挽救尽可能多的突触是非常重要的。适当的时候采取正确的做法能够实现最优的"突触守恒"和学习。然而，人们对其存在一些误解。这里有三种最常见的误解：

1. 丰富的早期儿童环境可以促进突触快速增长

我们经常看到这种说法："通过适当的刺激，大脑突触会快速增长，在两岁能够达到成人水平，在接下来的几年里能够远远超越成人"(Clinton，1996)。或者，"增长的证据表明早期的神经刺激会促进脑细胞间突触连接的生长"(Kotulak，1996，p. 186)。

我们有直接的证据（以猴子研究为基础）表明这些观点是不准确的。经验、环境和感官刺激看上去对生命早期的突触快速形成没有影响。证据来源于剥夺和刺激实验。在妊娠期间被革除视网膜的恒河猴同在相同阶段正常的、不盲的恒河猴相比，具有相同的视网膜突触密度。

尽管盲的猴子的视觉皮层要比不盲的猴子小，但完全的视觉丧失对突触的形成速度没有影响（Rakic，1994；Rakic，Bourgeois，and Goldman-Rakic，1994；Goldman-Rakic，Bourgeois，and Rakic，1997）。

在刺激实验中，出生 3 周的猴子接受了大量的视觉刺激，看这种刺激会不会加速突触在视觉皮层的形成。与实验者的预料相反，前期的高刺激的猴子的突触密度与所有时间正常刺激的猴子的突触密度没有区别。

突触形成速度和突触密度看起来不受刺激量的影响，而与动物发展年龄有关，这似乎被认为与基因控制有关。大脑发展的有些特征，包括婴儿期和童年早期的突触的快速形成，不是剥夺和增加刺激量的准确反映，而实际上具有极大的弹性。早期经验没有导致突触快速形成，早期丰富的环境也不会将儿童引上突触快速增长的轨道。

2. 突触越发达，脑力越强

人们经常听说这种说法：神经系统科学证据表明拥有越多突触就越聪明。这种假说认为大脑中的突触数目和脑力或智力之间有某种线性关系。

神经系统科学家的证据并没有支持这种观点。证明显示突触数目和密度在人的一生中呈倒 U 形——低、高、低。然而我们一 180
生当中的行为、认知能力和智力很显然不遵循倒 U 形。

出生时和成年早期的突触密度基本上相同，但不管怎么说成人更聪明一点，有更多灵活的行为，也比婴儿学东西要快。还有，成年初期是突触的快速下降阶段，紧随就会出现从成年早期向成熟转变的突触密度发展的高原期。年轻的成年人开始进入突触丢失期的时候并没有变得不聪明或是不能学习了。另外，人的一生都在持续不断地学习复杂的东西，同时并没有明显的或有价值的突触变化。

对有精神缺陷的个体的脑细胞的研究也同样不支持这种说法。某些精神缺陷的形式似乎与不正常的低突触密度和数目有关，但有些却与不正常的高突触密度和数目有关（Cragg，1975b；Huttenlocher and Dabholkar，1997)。不管突触和脑力之间关系如何，那绝不是一个简单的线性的和数字化的问题。"没有人相信神经发展的既定角度和功能手段之间有一个简单的线性的关系"（Goldman-Rakic，1986，p. 234；Huttenlocher，1990)。突触越多，脑力越好这种说法是不正确的。

3. 高突触密度和高大脑新陈代谢的高原期是学习的最佳时期

有人说高原期的大脑是超密度的，就像一块超级海绵，从出生到 12 岁左右是最具有吸收能力的（Kotulak，1996，p.4）。

认为大脑高速增长期是学习的最佳时期的观点已经是一个很老的说法了。19 世纪 70 年代，赫尔曼·埃普斯蒂恩（Herman Epstein）主张这些大脑高增长期可能是儿童学习的最具接受能力的时期(1978)。为了证明这一点，他提出了一个假设，而不是作为事实。没有更多的证据支持它，但是在大脑科学和教育文献中，这个假设被提升到了事实的地位。

神经系统科学对这种言论的支持极其微弱。十分重视猴子和人类突触的神经系统科学家仅仅指出，在高原期，猴子和人类形成了系列的技能和行为。他们从婴儿成长为青年。青年阶段是突触快速减少的时期，年轻的灵长动物在能力上基本与人类相同。它们可以像成人那样运动、感知、交流、行动和生育。

这是另一个相关的争论，神经科学家观察到大脑的一些现象，并从行为科学中找寻普遍经验或是结果以期解释他们所观察到的现象和可能的宽泛意义。他们利用我们所了解的发展和行为的东西来制订关于所观察到的大脑变化意义的假设。那些观察到的大脑内部的变化不被用于解释我们在儿童发展和课堂行为中的表现。大脑科学有关突触水平的研究还不够成熟。

181 教育者们说生命的第一个十年是大量信息习得的独特期，这一时期是大脑最像海绵的学习阶段，他们是在做一个本能的猜测，而不是在陈述一项研究结果。无须多说，人类的本能是不同的，神经科学研究经常会被引证来支持这种观点：3～10 岁是学习的最佳时期的观点是 PET 对大脑新陈代谢研究的结果。这种研究显示3～10岁之间有一个大脑新陈代谢的高原期。在教育文献中“高葡萄糖新陈代谢”成为“高大脑活动”，进而转化为“高学习潜力”。

但是这些 PET 研究根本与学习没有任何关系。这些研究衡量了相对静止的大脑新陈代谢。大脑活动尽可能少的时候，它用多少能量。当被试在黑房子里时，会减少感官输入。我们知道高休眠的新陈代谢和学习间存在什么关系，并不比我们知道的高突触数目和学习能力之间存在什么关系多。任何这种观点都是猜测，它把常识性的行为观察和试图理解大脑在做什么的神经科学结果联系起来。

我们也可以做相反的猜测，就像一位神经科学家曾经做过的一样。彼得·哈特恩洛切尔（Peter Huttenlocher）曾经怀疑大量突触活动的出现会对儿童大脑功能有副作用，因为大量不具体的突触可能会干扰大脑前区有效的信息处理（Huttenlocher，1990），可能会让儿童学习起来更困难。

尽管儿童的大脑比成人的更活跃，但高休眠状态下的新陈代谢活动并不意味着高认知能力或高学习能力。童年是大脑快速成长的阶段，也是身体快速生长的阶段，生长就需要能量。神经科学家能够告诉我们的是，所有的快速增长的时期可能并不是最好的学习时期。

这些意义何在呢?

大脑令我们所有的人瞠目结舌，我们应该在活跃的神经科学中找到可利用的东西。作为教育者，我们也应该对什么样的基础研究可能有助于发展教育实践感兴趣，但是我们应该提防那些神经科学家的关于教育实践的观点。神经科学和教育理论试图将学习尤其是早期学习与神经科学已经发现的神经发展和突触变化连接起来。

神经科学已经发现了很多关于神经和突触的东西，但还是不能有效地指导教育实践。教育者同所有有知识的公民一样都应该知道基础科学有助于自我了解和专业实践。但是，教育者应该仔细考虑神经科学在连接大脑和教育时的说法。

神经科学指出，大脑的终生自我形成能力是对经验的反映，这一真正最新的结论则在有关脑和教育的文献中很少提到。教育者面临的挑战是创设能利用大脑终生可塑性的学习环境和实践。挑战就是要解释我们想要教的行为和设计传授知识的学习环境，以及不断地检测其教育效度。我们将会仔细研究人类行为及其变化来迎接这些挑战。大脑是如何运作的意义则是次要的。目前来说教育者应该批判性地阅读和评估这些认知科学的文章，给脑科学降降温。

参考文献

182 Bruer, J. T. "Education and the Brain: A Bridge Too Far." *Educational Researcher* 8(1997): 4–16.

———. *Schools for Thought: A Science of Learning in the Classroom.* Cambridge, Mass.: 1993.

Carnegie Corporation of New York. *Years of Promise: A Comprehensive Learning Strategy for America's Children.* New York: Carnegie Corporation, 1996.

Chugani, H. T.; Phelps, M. E.; and Mazziota, J. C. "Positron Emission Tomography Study of Human Brain Function Development." *Annals of Neurology* 22(1987): 487–97.

Clinton, H. *It Takes a Village.* New York: Touchstone, 1996.

Cragg, B. G. "The Density of Synapses and Neurons in Normal, Mentally Defective and Aging Human Brains." *Brain* 98(1975b): 81–90.

———. "The Development of Synapses in the Visual System of the Cat." *Journal of Comparative Neurology* 160(1975a): 147–66.

Education Commission of the States. "1997 Education Agenda/Priorities." September 1997. http://www.ecs.org/ecs/231e.htm.

Epstein, H. T. "Growth Spurts During Brain Development: Implications for Educational Policy and Practice." In *Education and the Brain,* edited by J. S. Chall and A. F. Mirsky, pp. 343–70. Chicago, Ill.: University of Chicago Press, 1978.

Goldman-Rakic, P. S. "Development of Cortical Circuitry and Cognitive Function." *Child Development* 58(1987): 601–22.

———. "Setting the Stage: Neural Development Before Birth." In *The Brain, Cognition, and Education,* edited by S. L. Friedman, K. A. Klivington, Synaptogenesis in the Prefrontal Cortex of the Nonhuman Primate." In *Development of the Prefrontal Cortex: Evolution, Neurobiology, and Behavior,* edited by N. A. Krasnegor, G. R. Lyon, and P. S. Goldman-Rakic, pp. 27–47. Baltimore, Md.: Paul H. Brooks, 1997.

Huttenlocher, P. R. "Morphometric Study of Human Cerebral Cortex Development." *Neuropsychologia* 6(1990): 517–27.

———."Synaptic Density in Human Frontal Cortex—Developmental Changes of Aging." *Brain Research* 163(1979): 195–205.

Huttenlocher, P. R., and Dabholkar, A. S. "Regional Differences in Synaptogenesis in Human Cerebral Cortex." *The Journal of Comparative Neurology* 387(1997): 167–78.

Huttenlocher, P. R., and de Courten, Ch. "The Development of Synapses in Striate Cortex of Man." *Human Neurobiology* 6(1987): 1–9.

Kotulak, R. *Inside the Brain: Revolutionary Discoveries of How the Mind Works.* Kansas City: Andrews and McNeel, 1996.

Lund, J. S.; Boothe, R. G.; and Lund, R. D. "Development of Neurons in the Visual Cortex (Area 17) of the Monkey (*Macaca Nemestrina*): A Golgi Study From Fetal Day 127 to Postnatal Maturity." *Journal of Comparative Neurology* 176(1977): 149–88.

McGilly, K., ed. *Classroom Lessons: Integrating Cognitive Theory and Classroom Instruction.* Cambridge, Mass.: MIT Press, 1994.

National Education Association. "The Latest on How the Brain Works." *NEA Today,* April 1997.

Rakic, P. "Corticogenesis in Human and Nonhuman Primates." In *The Cognitive Neurosciences,* edited by M. Gazzaniga. Cambridge, Mass.: MIT Press, 1994.

Rakic, P.; Bourgeois, I. P.; and Goldman-Rakic, P. S. "Synaptic Development of the Cerebral Cortex: Implications for Learning, Memory, and Mental Illness." In *Progress in Brain Research,* edited by J. van Pelt, M. A. Corner, H. B. M. Uylings, and F. H. Lopes da Silva. Amsterdam: Elsevier ScienceBV, 1994.

Shore, R. *Rethinking the Brain.* New York: Families and Work Institute, 1997.

U.S. Department of Education. *Building Knowledge for a Nation of Learners: A Framework for Education Research 1997.* Washington, D.C.: U.S. Department of Education, 1996.

约翰·T·布鲁纳，密苏里州圣路易詹姆斯·S·麦克唐纳基金会主席。

183 思考题

1. 布鲁纳为什么喜欢基于精神的课程多于基于脑的课程？

2. 布鲁纳讨论了神经科学和教育争论的有限性，将神经科学误用到教学过程的原因是什么？

3. 在你最了解的学校领域，说出影响大脑可塑性的学习环境的特征？这样的环境在什么方面不同于现存的环境？

深入探究多元智力理论

霍华德·加德纳(Howard Gardner)

摘要：多元智力理论的创始者讨论了教学过程中教育者误用的几个概念，这七种智力有明确的标准，是在同具体的真实世界交往中形成的。虽然教育者在不同的任务中能熟练地运用，但他们并不能对其进行合适的评价。

没有人比我更惊讶于教育家们持续地对多元智力(又叫MI，已经是众所周知的了)理论怀有兴趣。在《智力结构》的手稿完成将近15年之后，我仍旧是几乎每天都能听到为实现多元智力而进行研究和试验的学派。而且，有时我还能读到系列的深思、随笔之类的文章。

由于这一领域的持续影响，我也开始期待对于多元智力的或正确或错误的理解和领悟。我开始对那些阐述作出回应，首先是通过信件"回复"进行评论和批评。1995年，在10年的沉默后，我作出了一个相对正式的回应，即在《关于多元智力的神话》(Myths about multiple in telligonce)中(Gardner，1995)作出反应。这篇文章给了我一个机会，能对这一理论的错误理解直接给出我最好的说明。

自从出版了这些反应以后，我开始从另一种不同的视角思考这个理论。像任何的新公式一样，"多元智力理论"在最初以特定的方式被理解。有时开始的时候就得忍受理解(和误解)，更普遍的是，它们随着时间而经常以可预见的不同方式和方法而变化。

我自己在观察这一程序时，也经常看到有关这一理论的常见的误解。在这些带有误解的评论中，我一步步地验证和鉴别，使我更深入地反思有关这一理论的文章。

从书的标题来判定它。任何出版过非小说的作者都会认识到书的最表面阅读症状。我已经读到和听过关于"多元智力"的谈话，他们认为的智力是由许多非直接的部分组成的。而这些组成部分是与我所宣称的存在大量相对自主人类智力相矛盾的。有些人通过展示阅读目录的能力开始 184
写"六种智力"，然而我从来都没有断言会少于七种智力。这一失误的明显原因就是：在《智力结构》中我用了一个单独的章节写两种个人智力，这似乎暗示那些快速阅读者这两种智力可以成为一种。最后，我不得不列举我已经假定的"灵性智力"，虽然我从未如此做，而且事实上，无论是在口头或是书面语中我都已经明确地拒绝了那种可能性(Gardner，1995；1999)。

基于那种快速或酒会式交谈的"多元智力"。那些尽全力去理解作者意图的人都会发现"多元智力"是一个复数，至少有七种独立的智力因素，但只有最近被承认的那一种是属于自然主义者的。而同等重要的是，他们明白我的理论包含了对一种或两种智力霸权的批评，这两种是通常在学校极其有价值的语言能力和逻辑能力。他们推测我并不喜欢标准心理品质测量。而实际上，这些读者更多地被他们认为我所反对的东西(比方说智商测试，SAT考试，一种单方面的测试)所吸引，而不是被这一理论的实际主张所吸引。

这些人证明了我早期提到的最容易误解的概念，这些都是我乐意从他们那里听到的：

1. 一个人应该有七种测试（你不能从以往的心理测量学得到多元智力）。

2. 智力如同一个领域、训练或手艺（实际上，任何的领域都能使用多种智力，而任何的智力都能被放在很多领域中）。

3. 智力与“学习风格”没有差别（事实上，“风格”变成了一个委婉的概念，它完全不同于一种智力）。

4. 有官方的加德纳或是学校“多元智力方法”（没有如此的方法，而且我也希望永远不会有）。

我的心理学同事们更可能屈从于以下三个神话：

5. 多元智力的理论不以经验的数据为基础（这种荒谬的观点是被那些还没有花上 5 分钟通读全书的人提出来的）。

6. 多元智力理论与遗传论者和环境保护者不相容（事实上，理论在不同智力来源的描绘上没有占据任何位置）。

7. 加德纳的智力概念太宽泛（实际上，是心理测量的视野太狭窄，要用丰富的包含人类意识的能力替代墨守成规的烦琐哲学）。

一个更深层次的误解就是许多快速的囫囵吞枣式的读者甚至那些连扫读都没有过的读者的观点。这种观点的态度就好像我会支持不严谨课程，会弃绝标准纪律、辛勤作业和正式评价。

任何事情都是有真理的。我实际上是支持那种教授正统纪律的教学方法的，我试图遵守对别人和对自己的最高准则。和许多的读者不一样，我发现多元智力和追求严格教育没有不相容。我倒认为，我们只有认可了多元智能，才会让学生获得更多的机会来展示他们所了解和领会的东西。

深入掌握多元智力理论

那些已经学习多元智力主要著作和对该理论进行反思和对话的人开始理解许多
185 重要的观点。接下来，我要陈述这些观点可能具有的教育启示。

这些智力有明确的标准

多元智力理论远不仅仅是个人偏好的问题，在《智力结构》的第四章明确提出了八种标准。这些涉及从超常智力的存在（例如神童）到大脑不同区域的智力分布，再到符号系统编码的敏感性。到现在为止，在诸多被提议和评论的智力中（如听觉或视觉、幽默或烹饪、直觉或道德），只有八种符合这些标准。被假设的其他智力有责任根据这些标准去进行评价，并可利用这一评价结果（Gardner，1999）。

智力反映了一种特定的科学赌注。智力已经经过千年历程，是对人类生存环境的反映。它们构成过去进化的认知记录。如果我的智力系列成为标志的话，那么我和我的同事在理解大脑进化方面是成功的，用现代的话语来说就是，我们抓住了事物的本质。

的确，文化并不是简单地进化来适应自然的，而是我们渴望获得的各种技能的确反映了个人实际拥有的能力。教育家面临的挑战是要理解如何帮助个人利用他们特有的智力去掌握社会需要的任务和学科。

智力是对世界特定内容的反映

按照科学的方法，智力是作为“生物心理构造”的最好思想。也就是，如果我们的理解多于人类智力的基因和神经方面，我们可以描绘人类能展示的多种心理技能和能力。然而，尽管存在可以利用的词语，但也不能在抽象的意义上理解智力。智力之所以产生是因为我们生活的这个世界里充满了不同的内容，它们中不仅有声音和语言的句法、音乐的节奏、自然的物种、我们环境中的别人等。

这些事实导致了多元智力理论最具挑战性的含义。如果我们的思想是对世界的不同真实内容的回应，那么假设“通用的”（all-purpose）能力的存在就没有了意义。在最后

的分析中也不存在通用（generalized）的记忆：能够记忆语言、音乐、空间环境等。尽管现在有专业术语，我们也不能用一种自然的方式谈论批评性或创造性的思维。然而，的确存在使用一种或两种智力的批判性思维，在某一领域也存在更多的创造力。

有影响的教育含义潜藏在这里。我们必须快速地宣称要提升思维、问题解决或记忆性的一般能力，检验哪个问题能被解决、哪类信息能被记忆是十分重要的。更重要的是，教师必须小心迁移。虽然技能的迁移是任何教育家的正当目标，但这种迁移不能被视为理所当然，尤其是那种在跨智力时产生的迁移。谨慎的教育家假定特殊的智力能够被加强，但是要对一种智力技能的使用必定能够提升别的技能的想法持怀疑态度。

尽管有那诱人的术语学，我们也不能评价智力：我们最多能评价不同任务中的精确性。

如果存在多元智力假设，将会出现一
186 种明显的倾向，这种倾向使我们能够评价个人的智力水平或智力的不同方面。甚至那些认识到标准测量局限性的人仍然被诱惑而创造促进不同智力升温的环境。我知道：我自己就已经不止一次屈从于这种诱惑。

但是，由于智力的结构性，所以用任何信度去评价个人的智力都是不可能的。人们在心理上能够评价的东西仅仅是某种任务的表现。而且，即使一个人在学习曲谱方面做得很好，我们也没有权利宣称她有“音乐智力”。我们最多能推断出来的是这个人刚好在这一特定的测量标准上表现出了音乐智力。

抽取任务的样本越大，智力是“强”或“弱”的有效性就越高。然而，这里我们必须得很小心。我们不能仅仅因为它用一种特定的智力来解决任务，就判断事实如此。一个人可以随心所欲地用他自己喜欢的方式解决问题和完成任务。对意识或脑机制的推断只能作为精密设计试验的结果，大部分教育家们（事实上是大多数研究者们）无权传导。

对智力的实际推断都是有问题的，所以，教育家应该对学生智力方面的特征持谨慎态度。当七个或是八个标签可能比一个（聪明或是愚蠢）更可取时，标签仍旧是有害的，没有实验保证时尤其如此。

理论与实践的分道扬镳

许多个人（实践家和理论家）在理论和实践之间的关系上采用的是敌视态度。在这种“导管”的观点上，研究者们收集数据然后形成一个主题（比如，人类智力的本质）的理论；理论的含义相当直接（比如，让我们平等训练所有的智力）；实践者消耗原材料和试图尽可能忠诚地运用理论（瞧，那是一间多元智力的教室）。

这种描述在任何一个方面都是错误的。在研究界里，理论、数据和推论的关系是复杂和多变的。任何理论的陈述或结论都可能引起大量无法解释的启示。只有“真实的世界”中实际的测试才能显示它的启示。最重要的是，那些把人类世界理论化的人要尽可能多地向实践者学习，反之亦然。

我承认我曾经拥有这个心智模型的版本，虽然当初我没有想要把我的理论运用到实际情景中，但我承认通过进一步的研究，该理论一定要被修改。

过去十年里的这些事件是最幸运的也是最具启发性的。同事和我都看到了来自于多种多样的实际项目中的大量数据，而这些项目是受到我们自己设计的多元智力理论的激发产生的。同样，这些项目也是由天才的实践者（如这些文章的作者）创造的（Krechevsky，Hoerr，and Gardner，1995）。当这一主题的读者们沉思苏·迪尔（Sue Teel）的关于不时转换智力热情的文

件时，沉思皮特·斯麦格瑞格（Peter Smagorinsky）和艾伦·威伯（Ellen Weber）努力激发初中生的热情与想象力时，沉思汤
187 姆·霍尔（Tom Hoerr）和他的全体组员在课程和评估中心对个人智力的先驱性涉足时，沉思舍利·乔丹（Shirley Jordan）的关于放宽我们对年轻人能完成的想法时，沉思理查德·康威（Richard Colwell）和丽里·大卫森（Lyle Davidson）的对音乐智力培养的有效争辩时，他们能够从中受益。智力和教育的新方法并不限于现在的这些作者，读者还能被罗伯特·斯滕伯格（Robert Sternberg）和约瑟夫·高德（Joseph Gauld）的文章所指导。

发展心理学和认知心理学使我们更加坚信一个道理：缩短学习过程是不可能的。甚至那些谙知多元智力理论的人也需要按照他们自己的方式和进度来理解。如果我自己对这一理论的理解还一直在变，那么，我很难指望其他人尤其是那些理论家能接受“结论式”的阅读和知识。但是，我还是希望这些反思有助于接触“多元智力”理论的读者。

参考文献

Gardner, H. *Frames of Mind: The Theory of Multiple Intelligences.* New York: Basic Books, 1983. (A tenth anniversary edition with a new introduction was published in 1993.)

———. *Multiple Intelligences. The Theory in Practice.* New York: Basic Books, 1993b.

———. "Reflections on Multiple Intelligences: Myths and Messages." *Phi Delta Kappan,* November 1995.

———. "Are There Additional Intelligences?" In *Education, Information, and Transformation: Essays on Learning and Thinking,* edited by J. Kane. Englewood Cliffs, NJ.: Prentice-Hall, 1999.

Krechevsky, M.; Hoerr, T.; and Gardner, H. "Complementary Energies: Implementing MI Theory from the Laboratory and the Field." In *Creating New Educational Communities,* 94th Yearbook of the National Society for the Study of Education (Part 1), edited by J. Oakes and K. H. Quartz. Chicago, Ill.: University of Chicago Press, 1995.

霍华德·加德纳是哈佛大学教育研究院教育学教授，零项目的联合主管，波士顿大学医学院神经学客座教授。

思考题

1. 为什么教育者应该警惕把学生的智力个性化？

2. 当加德纳说“理论与实践分道扬镳”时，他指的意义是什么？你用什么样的专业经验证实加德纳的观点？

188

分有所值

凯瑟·F·南里（Kathie F. Nunley）

摘要：凯瑟·F·南里论述并讨论了以学生为中心的教育有必要提高学生的学习。学生学习能力各不相同，开发多种适合学生的教学策略以吸引学生的注意力便显得非常重要，因为注意力是通往学习之路。此外，南里还介绍了“多层次课程”（Layered Curriculum），多层次课程将学习的三个关键要素：可选性、责任感与综合思考融入其中。

教育体制或许变化缓慢，教育实践者却不会。在过去的十年里，我们快速地从对大脑的研究中获得宝贵资源并对我们教育实践的思维方式作出了重大改变。教师们发现，他们对教学策略所作的一些简单改变甚至会对课堂的有效性产生巨大的影响。

一直以来，科学研究不断揭示出一些对学生大脑来说很基本但很必要的要素，也研究出大脑是如何进行学习的。首先，教学策略的多样性是成功课堂的关键之一。没有两个大脑是相似的。从被孕育到青春期，学生的大脑会将80%的脑细胞淘汰出局，最后留下的20%左右是最为有用的。留下的神经细胞会组成不同的大脑通道。通道因使用频率的不同而有功能强弱之分。因此，在课堂上教师必须首先意识到：每个大脑、每个学生都是与众不同的。由此也看出，即使是最好的教学手段或策略也并非对每个人都是最好的。

其次，注意力虽然是大脑的一个最初级的功能，但也是通向学习之路。正如一百多年前詹姆斯（1890—1955）曾经说过的：“有数不清的事物摆在我面前，但它们或许永远都不会进入我的世界。为什么呢？因为它们引不起我的兴趣，我要经历那些我想经历的。只有能引起我注意的才能在我脑中留下痕迹。”同样地，如果教师抓不住学生的注意力，学生便不会有学习可言。给学生多个作业选择项，整个课堂便以学生为中心。学生必须参与手头的任务，那么吸引学生的最简单的办法是让学生感受到选择与控制的自由。任何以学生为中心的课堂都会增强学习性，因为学生知道这是他们自己决定要做的一项作业，他们是活动的主人。虽然课堂必然需要安排结构、需要程式化，但绝对不需要独裁统治。传统的必须接受“我的方式”的教学方式阻碍了学生的学习，不仅因为它限制了学生的选择，也因为它限制了学生对活动的控制。

每个人都希望对涉及自己的决定有所控制。如果无法进行控制，人们便会努力去接受它。许多课堂管理问题都是控制问题。任何为课堂管理所作的努力都不如将部分控制权，至少对控制的感知，转让给学生更为有效。

随课堂控制权的转移而来的是学生责任感的增加。既然学生自己做了决定，他们就要对自己的选择以及决定的后果负责任。刚开始，从传统的以教师为中心的课堂过渡过来，学生或许会畏缩不前，但是，果断和责任是学生必须学会的。我们不能每天早八点到晚三点地控制学生的各个方面，甚至长达十二年，以为最终他们会在社会上如鱼得水，做出明智的为自己行为负责的决定。如果学校不教给学生，将来 189
社会也会教给他们，到那时，后果也许会

更加严重。

学习者的责任感

孩子的大脑细胞受到刺激就会生长，并且终生都会生长。不过这种生长在儿童期和青春期会比较快。正是这种生长令大脑变得更为强壮、有力，并最终决定我们生活的质量。我们教师或许会把自己比作园丁，帮助学生使大脑枝节生长得更漂亮，但是要这样，我们必须首先引起学生的重视，得到他们的合作。为达到此目的，我们可通过以下方式：提供选择权、控制权，将新旧知识相连，最重要的是，增加学习者的责任感。

前不久我去参观马里兰的一所高中，在一个学生的课桌前停了下来。他正在做词汇作业——把其他同学的作业抄到自己的本子上。我问他在做什么，他很坦诚地告诉我说他在“抄定义”。

我为他毫不脸红地抄别人作业感到吃惊，于是问道：“你为什么不自己做呢，这样怎么能学会这些词？”

他回答说：“哦，我都会了。我要做的就是把定义抄下来。”

“那为什么要做这个呢？”我又问。

“不知道，教师让做的。”

不幸的是，这种情况在学校已经司空见惯。学生已经不知道（或许从来就没有知道过）每天的学校功课、家庭作业与学习之间的联系。或许这是因为教师很少停下来问自己为什么：我为什么布置这个作业？学生为什么要做？

原因之一便是：这里没有责任。虽然教育责任制在政界和媒体中已成为一个流行话题，却很少有人提及学生责任制。如果学生不对自己的学习负责，教师和学校又能怎么负责？责任必须是自下而上的，而不是自上而下的。

这个问题未必是教育实践者的错，因为长期以来这种做法已成为教育体制的一个必要组成部分，甚至成为一种规则。教育过多地侧重于过程，以至于在某种程度上忘记了考虑结果。我们只是追问：“你做作业了吗？”而不是问：“你从作业中学到了什么？”如果你做了作业，就会有学分。这也就意味着重在做而无须考虑学习。我们甚至经常听到家长说，“哦，她做过了，难道这不重要吗？”

正如大家所知，有时候“做”作业就意味着你知道吃饭时与谁坐在一起，因为事实是，只要有足够多的朋友，任何人都能完成作业。现实中经常发生这样的情况，学生做许多作业以在成绩表上挣取足够的分数来弥补考试所得的低分，这样学期或学年结束时就会有个及格分。这也是为什么有些学生年级升高了，但科目所学甚微（如果有的话）的原因之一。

十年前，当“多层次课程”还处于初期，仅是一个主要面向高中课堂的以学生为中心的教学模式时，几乎没有人明白我为什么如此重视学生的责任感。如今，这种模式被人们无数次地改进和应用，但是责任感依然是这种模式的基石。这种模式的目的就是要保证学生的注意力，鼓励学生向更高层次思考，增强他们的责任感。

当课程分为多层时，使用任务选择吸引学生的注意和赋予其主人翁地位，同时又能使学生的思考力在课堂上得以充分发挥。学生成绩与任务的难易程度有关。所有的任务都要求口头辩护，以此衡量学生
所学多少，给予分值。分值以及随后的成 190
绩是根据学生学到了什么而不是做了什么来给予的。

例如，一份单词的教学卡片作业分值10分，但是仅仅作出卡片并不能给学生任何分值，分值要从口头评估中得来。口头评估由教师和学生一对一完成。比如，我在教室里走动时会随意抽出五张卡片提问学生单词，学生每回答对一个就会得2分。如果五个单词中他认识四个，那么就会得8分，两个就会得4分，以此类推。

最初，口头辩护让学生感到惊讶，有时甚至有点愤怒，因为学生从没被要求为自己每日的作业辩护过。我得到的反应是这样的："噢，你是说我做这些一点儿用都没有？"当学生发现如果他们从作业中学不到任何知识，事实上是所做的一切毫无用处时，他们感到很吃惊。

其实，做作业的目的，例如做单词教学卡片，并不是为了看谁会做卡片，而是为了学习单词。因此，分数来自"学"而不是"做"。显然，这对教师和学生来说都意味着思想上的转变。

事实上，我想对学生说的是，"这是我想让你学会的。只要你能学会，我并不在乎你怎么学。我给你一些意见和主意，让你了解别人是怎么学的。只要你学会，无论你采用哪种方法都没有关系。"课堂中这种作业选择的多样性为学习某一任务或达到同一目标提供了多条路经。

再举一个例子，我们来看一份典型的数学家庭作业。我们会对学生说："家庭作业就是做这 40 道例题。"但是，为什么是 40 道？为什么不是 4 道或 400 道？众所周知，有些学生做 5 道题就能掌握做题技巧，而有的学生做 40 道还学不会，那么做作业的真正目的是什么呢？是做 40 道例题，还是学会做题技巧呢？

我最喜欢的例子来自一位数学教师，他是这样布置作业的："或者做这 40 道练习题或者依自己需要的多少而做，直到掌握技巧为止。"作业分数可依其中任何一种方式而给。学生既可以交 40 道练习题，也可以由一堆例题做出 3×5 索引卡片，把题目做正确。无论哪种，你都会得到分数。

在这种课堂上，学生明白作业的目的何在，因为目的很明确："你要会做这种类型的题目。"这种课堂管理方式很明显地把责任放到了学生身上，而教师在其中扮演了助手或教练的角色。我们要对学生说："你需要学习这个。如何学习由你决定，我会尽可能以各种方式帮助你，但是底线是你需要学习这个。学分和成绩会根据你学到了什么而定，而不是根据你如何学会而定。"

设计多层次课程

20 世纪 90 年代初期，我曾试图将一些最新的研究成果融入我所教的高中理科课程中，但是随着新信息的出现发生了改变，最终设计出以学生为中心模式的多层次课程，将三个关键要素——选择性、责任感和更多的综合思考融入其中。

教师为了写多层次课堂计划，只需要将在一堂课上教授的主要概念、任务和技能依困难程度，按布卢姆（Bloom）的生物分类学分成三个层次就可以了。简单、基本的概念归为 C 类；较复杂的思考技能归为 B 类；最复杂、高层次的思考技能归为 A 类。学生所得成绩正好与每类所标的 C、B、A 相对应。如果学生完成规定的基本知识和背诵作业，便可得 C。如果学生做到了 C，还做到了 B，完成了更复杂的活动，如使用新知识或应用新技能，那就可得 B。 191
要得 A，学生就不仅要达到 C 类和 B 类的要求，还要完成 A 类的要求，要批判性地思考，将研究与伦理、价值观、个人观点融合到一起。

每一层次（类）都提供代表了不同的学习风格、能力和对能力不足所作的调节的可供选择作业的清单，学生可选择自己愿意做的作业。各作业依据复杂程度不同而所得分值不同。学生要做逐渐复杂的三个层次的作业，而且所有作业都要求口头辩护。

具有成效的包含

将注意力从"做"转到"学"还有另一个好处：让更多的学生成功。我前不久去加利福尼亚的一所高中参观，有幸在一堂生物课上与学生一起探讨合作。很多学生从第一次上课就进入了正规课堂生活。

我停下来去帮一个年轻小伙子回答练习册上的问题。他已经盯着空白的页面发了好一会儿呆。我拉过一把椅子坐下，就班上同学所读的课文材料和他愉快地聊起了天。年轻人似乎对此话题很感兴趣。我们对书上的每个问题进行了讨论。

我们对整个部分都讨论完毕后，我被深深地感动了。“啊，太棒了，”我说道，“你对这些材料是真正的了解，我认为你已经完成这项作业了。”

“不，”年轻人答道，“我还必须把它写出来。”

“为什么？”我问。

“不知道，我们必须做。”

说到这儿，他埋头动笔，直到铃声响起。那堂课结束了，学生们离开教室时都
192 交上了课堂作业，但那个年轻人却没能交上。他那天没有写下答案而得了零分。对那个学生来说，写是如此艰难的一项工作，以至于他宁可为自己的所学不得学分，也不想做对他来说如此痛苦的事情。

口头辩护解除了学校里很多让学生畏缩不前的束缚。它在应当给学分的地方给学分，还常常确定学分什么时候是不应给的。不过，教师要开发出有效的口头辩护技能却很花费时间，尤其是在大课堂上。刚开始，不要试图把每个学生每天的每份作业都打成绩，要逐步达到这个目标。开始，教师可以每单元至少访问学生一次。或者学生可以将作业放到一个文件夹里面，抽出其中的两到三份去与教师讨论。大多数教师在实践后发现口头辩护变得越来越容易、越来越有效了。

把课堂的控制权由教师移交到学生手里不仅令课堂更为有效，还让课堂重现生趣。我们大部分人教学并不是为了那巨额的回报、美味的学校午餐或者周一下午生动的职工大会，而是因为我们深爱与学生建立起的关系。当你在课堂上与学生一一相对，与他们分享他们的发现和所学时，你是在享受教学的真正乐趣。那也正是年复一年召唤我们回到教室的原因所在。

表 4—1

层级课程计划	
层级	年级
A 最复杂的、高水平的思维技能，伦理、价值和意见的综合研究	A
B 比较复杂的思维技能，如信息处理和新技能的应用	B
C 完成基本的具体数量的基本知识和背诵学习任务	C
在层级课程计划中，基本概念变成 C 层；更加复杂的思维技能在 B 层；更复杂的、高级的思维技能在 A 层。	

参考文献

James, W. (1890/1950). *Principles of psychology.* Mineola, NY: Dover.

Ratey, J. J. (2001). *A user's guide to the brain: Perception, attention, and the four theaters of the brain.* New York: Pantheon Books.

Shepherd, G. M. (Ed.). (1998). *The synaptic organization of the brain* (4th ed.). New York and Oxford: Oxford University Press.

凯瑟・F・南里，《学生大脑：家长和教师手册》（*A Student Brain*：*The Parent/Teacher Manual*）的作者，犹他州盐湖城市的教育者和研究者。她还创设了网站（the Brains. org），开发了层级课程的教学方法。

思考题

1. 南里在文章中写到的层级课程是什么？这种方法与当今教育中使用的其他方法有什

么不同？她的三种学习要素（选择、责任和综合）与许多老师使用的有什么不同？

2. 南里在她的文章中为什么强调学习责任？把学习者放在所渴望结果的中心的课程意义是什么？根据南里的观点，学生在学校作业和学习之间是如何失去联系的？

3. 你同意南里的“教育过多地侧重于过程，以至于在某种程度上忘记了考虑结果”的观点吗？今天的责任运动是转向更多的“结果驱动”的教育信号吗？

193 多文化视角的学习风格：文化参与教育的案例

赛恩斯亚·B·第拉尔得（Cynthia B. Dillard）
迪奥涅·A·布鲁（Dionne A. Blue）

摘要：当面对具有不同种族和不同文化背景的学生授课时，教师应该意识到他们个人的视角是会影响课程安排的。因为没有一种特别的学习风格为一个种族、文化团体所钟爱，所以教法得当的教师会使用一系列策略来辅助学生的学习和成长。教师们把"文化参与教育"（culturally engaged education）框架应用到课程的设置中，可以创造一种支持和发展学生的教育方式。

对于公共教育来说，多文化主义并不是一个新名词。尽管，在美国仍然有一些公共学校有相当一部分单一种族学生使用单一语言，但无视我们学校快速变化的学生结构是很难做到的。美国是一个真正多文化的社会。

来自不同文化和语言背景的学生人数在增加。根据1988年美国教育理事会和美国教育委员会公布的报告《一个民族的三分之一》（One Third of a Nation）估计，截至2000年最少有三分之一的美国居民将是有色人种。他们中的许多人将来自母语不是英语的家庭。国家双语教学票据交易所（1980）报道来自非英语家庭和社区的人口数量预计从1987年的3 300万增加到2000年的近4 000万。多文化与多语言人口的增长在我们国家创造了一个教育的新气象。

为具有不同种族和文化背景的学生提供恰当的适合他们的教育并不是一件易事。戴尔皮特（Delpit，1995）提醒我们"不考虑文化和社会的内涵而为好教师提供一个教学的模板是不可能的"（p. 37）。不幸的是，一些人已经倾向于认为这些学生是先天不足的——无论是在文化、语言、经济还是社会方面。这种缺陷视角已经诱使许多教师认为对于多种族背景孩子的教育是挽救性的，而不是发展性的或成长趋向性的。这种观点经常会导致学生的格格不入。学生可能会反对学校文化或权力规则取代允许他们选择创造力和权力实施方式的那种模式（Delpit，1995）。

还有一些人视这种种族、文化多样性的学生为充实教学经验的源泉，他们利用这种多样性来影响他们的教学进而提高学生的学习。他们意识到在教学中接受和综合运用多文化视角的重要性。

超越内容：教师视角的作用

教学不只是一系列策略的简单运用。课程和教学方法的选择是建立在个人视角的基础上的。斯布坦尼（Shibutani，1955）这样定义视角：

> 对世界的规律认识——是想当然的关于各种事物、事件和人性属性的认识。这是一系列按照它们被认识的
> 样子而记忆和期望的东西，一个关于 194
> 什么是貌似真实的，什么是可能实现的有组织的概念。这些组成了人们借以认识环境的母体。（p. 564）

这种视角指导教师对课程与课堂教学策略的决定。如果我们寻找一种同设置课程有关的更具有文化多样性的视角，我们必须同时承认扩展我们自己视角的需要。我

们必须非常直接地承认我们授课和意识的个人角度，同时也必须认同对于学生而言它们的局限性（Greene，1978；Vogeler，1990）。更进一步指出，我们必须认可我们的课堂里学生特有的无数种角度，而其中一些可能是与我们所使用的相矛盾的。我们自己的视角不应该是我们评价学生道德和智力水平的标准（Brown，1988）。取而代之的，我们编排课程的任务是帮助学生和我们自己“集中”我们的个人历史和经验。根据布朗（Brown，1988）的认识，这不是一个简单的脑力过程，而是多种理解世界方式的可能性，“多种运行框架的可能性的过程”（p. 10）。布朗所叙述的事实对课程开发具有深远的意义。

就实质而言，教育是一种社会活动。在我们的课堂里，学生观察和经历很广博的课程，有他们参加过的课，也有他们从未参加过的课。他们参与学习决策的决定，他们见证并参与各种结构模式在教室和学校的应用。他们看到了新旧信息及其多种表现方式。因此，哈斯、伍德沃德和布尔可（Harse，Woodward，Burke）建议开发一个真正的包括理解我们的学生在课堂参与中能起积极作用的多文化课程。

因此，课程开发可以看作是一个社会性的、合作努力的结果，这其中包括教师、学生、家长和其他人的参与。此外，对于学生学习风格的理解有助于对我们在课堂和这个世界上所展示的众多经验的认识和理解。这就意味着我们对于什么对学生重要这一点的理解是需要同学生进行商榷的。如此这样，学习风格在支持多文化理解的环境中会关注教育的社会内涵，在这里每一个人都是一种学习的可能性。现在让我们转到对学习风格在多文化课堂的社会文化环境的运用的检验中去。

社会文化背景中的学习风格

对于学习风格的理解我们已经有过许多尝试，包括从简单的定义式到详细地对于组成一种特殊风格的元素归类。尽管如此，记住没有一种特别的学习风格是严格地被一个民族或文化群体所偏爱的是很重要的。事实上，文化的多样性是巨大的，它依赖于诸如地理、语言、社会阶级等因素。此外，根据斯卡瑟拉（Scarcella，1990）的观点，任务、学科内容和课程将影响在特定情况下学生更钟爱于哪一种学习风格。希斯（Heath，1986）在他的语言发展的社会文化背景研究中进一步指出学习风格在家庭、社区、学校和课堂都会有极大的变化。因此，如斯卡瑟拉（1990）提议的，教师应该使用不同的教学手段帮助不同学习风格的学生学习。

尽管学习风格的定义有许多种，我们这里将采用汉特（Hunt）在早期学习风格著作中所推崇的广义概念：“学习风格所描 195
述的学生是根据他或她最适宜学习的教育条件来进行的。学习风格描述一个学生怎样学习，而不是他或她学到了什么”（p. 27）。汉特的定义意味着教师不仅需要考虑学生的个人文化与学校的切合点，还需要考虑那个切合点的社会背景。一方面，学生的学习风格是明显而私人的，与其个人的生活经历密不可分。另一方面，一个人的学习风格是遵循（或不遵循）相关学校的大社会背景的。因此，“可靠性”这个概念在建立学生多文化背景中的学习风格上是很重要的。对于这个讨论，可靠性是指真正地让学生以对他们有益和合适的方式来学习。学生从历史边缘化的背景和语言传统可以看到他们个人的学习风格是同他们的教师和其他同学的一样行之有效的。得知自己的学习方法是有效而重要的，这可能对于那些被遗忘或被推到教室角落里的孩子们来说有着深远的意义（Dillard，1994）。根据肖、皮埃尔（Shor，Freire，1987）的看法，这样的知识是对于学生成功真正有效和重要的。进一步而言，当我们为课程提供可供执行的多种风格的空间时，我们同时也帮助学生理解学习的不同

方法。

课程协商：为课程规划者的考虑

从这个讨论中，我们可以清楚地了解到学习风格必须从学生自身和个人文化以及学校社会文化环境因素来考虑。在多文化课程开发中有如此多的必要因素去考虑，那么教师在这里处在一个怎样的位置呢？我们怎样在这种种族和文化团体内部与外部存在众多多样性的情况下设置最适当的课程来回应和尊重这种多样性呢？

沙尔文（Salvin，1987）认为协商的时期由教师决定。与我们在国内学校中常看到的与以教师为中心的教学方式相对应的在合作与协商的基础上建立起来的课堂环境可以帮助学习者得到最有意义的教育。根据贝内特（Bennett，1995）的观点，多文化教育的目标是“最大化课堂里可以同时出现的明星数量，形成能够同最具有多样性的学生合作的运行方案”（p. 163）。这样的环境要求同时考虑可供选择的多种学法和教法，还要求我们重新考虑怎样促进我们自己和学生的学习。同时我们还必须考虑采用什么样的方式才能把学生在多文化课堂中有关学习风格的讨论提升到超越陈规旧习的关于教育学和实践的有意义谈话形式。班克斯（Banks，1995）也描述出多文化教学中可以推动这个谈话进一步向前发展的因素。他的多文化教育理念，即“内容的综合，知识的建构，偏见的减少，平等的教育，以及学校文化和社会结构的有效运行”（p. 4）为教育者提供了与文化相关的教育学框架。这种框架牵涉每一个学生的参与，并且评价他们带到课堂里的各种学习风格。仅仅理解各种族群体有代表性的学习风格是远远不够的，教师必须同时考虑重新调整课程从而使学生以与他们文化背景相吻合的不同学习方式来学习。这个要求扩展了我们的视角，把学习风格看作是学生个体的延伸。

许多学者推崇一种综合的课程开发方式，这种方法对于学生不同学习风格是很敏
感的，而且对于我们学校的多文化和多语种 196
学生是非常适用的。他们认为一门课程是教师与学生之间合作性的尝试，在这里学习风格不是像特别的种族特点一样被认可，而是学生的文化、语言和课堂上表现得到评价的渠道。比如说，肖（1986）提议，如果要对多种学习风格有所回应，那么以下因素应在所有的课程安排中予以考虑：

1. 问题解决：让所有的学生都明白对于解决一个学习团体兴趣的问题而言，他们的参与和贡献都是被期待的、有价值的，也是必需的。

2. 重要的读写能力：对读写能力的提问方面，包括读、写、说、听、想，同样扩展学生的知识，并且有利于他们对知识的进一步掌握而不是仅仅停留在记忆阶段。

3. 情景教授法：整合经验与概念，这两种方法都必须建立在身处教学环境中的人们的生活经历上。

4. 跨文化交流：为学生提供长期的、真正的与不同文化和背景的学生交往的经历。

5. 教育作为一个变量：认识到学校密切影响着社会并与其紧密联系。

6. 跨学科整合教学法：视学校的教学为互相联系、互相影响的内容，帮助学生提高理解力和观察视角。

7. 参与性学习：在学习环境中通过让学生对他人行为作出反应并对他人负责来塑造民主理念。

拉德森-比林格斯（Ladson-Billings，1994）的文化相关的教学法概念是提供课程改革中协议多文化学习风格的另一种版本。连续运行一个周期之后，拉德森-比林格斯（1992）操作性地描述文化相关的教学方式如下：

> 用来授权给学生一个特殊的位置，

在这里他们可以批判性地检验教育内容和过程，并且质询他们在创造一个真正民主和多文化社会中的作用。它利用学生文化来帮助他们创造意义和理解世界。因此，不仅是学术成就，社会和文化成就也在这里得到强调。(p. 110)

因此，文化相关的教师进行了教学提议，要视学生为集体的组成部分并把他们的作用返还给这个集体。教师们相信成功对于所有的学生而言都是可能的，并且部分成功是有助于他们自己与集体乃至同国家的、民族的和世界的认同感相联系。所有的学生都有联系，并且鼓励他们合作。最后，文化相关的教学认为知识是可以持续创造、重建和共享的。尽管如此，与文化相关的教师对知识持一种批判态度，他们认为知识是社会和文化建构的，并且在向学生教授这种批判性思考时他们展现了很大的热情(Ladson-Billings，1992；1994)。

与其相关的观点是胡克斯（Hooks，1994）的参与性教学法概念。它是一种承认教和学的信条的方法，力争以互惠可信的方式参与更多亲密的学习团体，并且鼓励教师和学生去认识、讨论，最终通过信条的执行向充满活力和变化着的自由方式转变。以这种方式，胡克斯通过把教和学看作紧密互惠的教学过程扩展了拉德森-比林格斯的概念。

尽管拉德森-比林格斯的文化相关授课法和胡克斯的参与性授课法为注意多文化课堂环境中的学习风格提供了稳固的基础，
197 但每一种方式在描述有深远影响力的、涵盖面更广的方法时都是有局限性的。在这种方法中教师和学生可以真正体验学习风格的巨大影响——它是个人的、文化认同的，是师师、生生、课程间的互动。在此，我们更愿意介绍另一种方式，它更加突出地重塑了多文化教学中的学习风格，它以一种对我国校内多样的学生人群更敏感的方式重塑了它，这种综合建构就是文化参与教育（Dillard & Ranson，1998)。文化参与教育为了支持和发展教师和教学的目的而寻求整合、互相联系，并且加强教和学的联系。因此，教学和课程在这里具有宽泛的含义，它超越教师所进行的一系列审慎的工作，是一个由个人、学术和智力因素共同参与的结果。这个扩展的内涵创造了理解和支持师生的多种关系，除此之外，也为有色人种制定了通过教育转变和解放的更宽泛的日程表。

在这个结构中意识到这一点是很重要的，即考虑到它其中固有的等级假设的存在，甚至教师和学生这两个词都是有问题的。但是我们不能忽视教师所享有的相对权力特性，我们认为，文化参与教育认为教师在教学活动中能够改变，这因为他们必须尝试将其平生所学全部展现给学生。由于这个视角将成为一个更具有包涵性的方式去重新定义教学，所以，我们以在今天多文化课堂中发现的与多种学习风格相吻合的文化参与性教育的十条指导原则作结。

1. 文化参与教育起始于自我调查。理解自身是文化建构主体是关键的，这种了解可以通过对一个人的自传、生平的记述和故事的研究来作为理解一个人学习风格（教学风格）的第一步，它是建构不同文化联盟的基础。

2. 文化参与教育模式必须鼓励和涵盖来自不同种族和文化团体的声音和来自不同视角的看法。教师和学生的自我认知都是有效和相关的“真理”版本。

3. 文化参与教育模式具有内在固有的互惠性，建立在基于授课者和听课者组成的团体的关系中，并且依赖于特定时刻拥有知识和经验的人。

4. 文化参与教育模式认为由经验获取的知识是必需的，它要求不同民族、语言/话语、背景长期的直接经验，以及对不同理解（理论）和生存（文化）方式的文化支持和社会支持。

5. 文化参与教育模式要求对“差异”的理解是真实和有价值的，而不是不正常和不受欢迎的。

6. 文化参与教育模式要求极力囊括学习团体中的所有声音，它们是有关课程的、政治的和文化发展的，并且都是真实的而不是象征性的。

7. 文化参与教育模式承认种族歧视的系统本质、形式偏见，以及其他社会弊病，同时也鼓励人们参与个人和社会解决与完善这些弊病的行动的责任。

8. 文化参与教育模式要求通过不断的努力来打破神话与特权，并且使获取知识和把握机会更加容易，尤其在 K—12 学校里。

198 9. 文化参与教育关涉审美，并且鼓励在理解与存在方面的创造性。它是神圣的、寻求个人完整的实体。

10. 文化参与教育模式崇尚谦虚、教育热情，关注工作的重心，追寻自我和人类的改善。

参考文献

Banks, J. A. (1995). Multicultural education: Historical development, dimensions and practice. In J. A. Banks & C. A. M. Banks (Eds.), *Handbook of research on multicultural education* (pp. 3–24). New York: Macmillan Publishing.

Bennett, C. I. (1995). *Comprehensive multicultural education: Theory and practice* (4th edition). Boston: Allyn and Bacon.

Brown, E. B. (1988). African-American women's quilting: A framework for conceptualizing and teaching African-American women's history. In M. R. Malson, E. Mudimbe-boyi, J. F. O'Barr & M. Wyer (Eds.), *Black women in America: Social science perspectives.* Chicago: University of Chicago Press.

Commission on Minority Participation in Education and American Life (1988). *One-third of a nation.* Washington, DC: American Council on Education and the Education Commission of the States.

Delpit, L. (1995). *Other people's children: Cultural conflict in the classroom.* New York: The New Press.

Dillard, C. B., & Ransom, R. M. (1998, February). *(Re)defining recruitment and retention: A model of cultural engagement for colleges of education.* Paper presented at the annual meeting of the American Association of Colleges for Teacher Education, New Orleans, LA.

Dillard, C. B. (1994). Beyond supply and demand: Critical pedagogy, ethnicity, and empowerment in recruiting teachers of color. In *Journal of teacher education, 45,* 9–17.

Fine, M. (1989). Silencing and nurturing voice in an improbable context: Urban adolescents in public schools. In H. A. Giroux & P. McLaren (Eds.), *Critical pedagogy, the state and cultural struggle.* New York: SUNY Press.

Greene, M. (1978). Teaching: The question of personal reality. In *Teachers College Record, 80,* 23–35.

Harste, J., Woodward, V., & Burke, C. (1984). Methodological implications. *Language Stories and Literacy Lessons.* Exeter, NH: Heinemann.

Heath, S. B. (1986). Sociocultural contexts of language development. In *Beyond language: Social and cultural factors in schooling language minority students.* Sacramento: California State Department of Education Bilingual Education Office.

Hunt, D. E. (1979). Learning style and student needs: Introduction to conceptual level. In *Student learning styles: Diagnosing and prescribing programs.* Reston, VA: National Association of Secondary School Principals.

Hooks, b. (1994). *Teaching to transgress: Education as the practice of freedom.* New York: Routledge.

Ladson-Billings, G. (1994). *The dreamkeepers: Successful teachers of African American children.* San Francisco: Jossey-Bass Publishers.

Ladson-Billings, G. (1992). Culturally relevant teaching: The key to making multicultural education work. In C. Grant (Ed.), *Research and multicultural education: From the margins to the mainstream* (pp. 106–121). London: Falmer Press.

National Clearinghouse for Bilingual Education (1980). *Non-English Language Background Projections by Language Groups, 1976–2000.* Rosslyn, VA: National Clearinghouse for Bilingual Education.

Scarcella, R. (1990). Appealing to a variety of learning styles. In *Teaching language minority students in the multicultural classroom.* Englewood Cliffs, NJ: Prentice-Hall.

Shibutani, T. (1955). Reference group as perspectives. *American Journal of Sociology, LX,* 564.

Shor, I., & Freire, P. (1987). *A pedagogy for liberation.* South Hadley, MA: Bergin and Garvey.

Shor, I. (1986). Equality is excellence: Transforming teacher education and the learning process. *Harvard Education Review, 56,* 406–426.

Slavin, R. (1987). Cooperative learning and the cooperative school. *Educational Leadership, 45,* 7–13.

Vogeler, I. (1990). Cultural diversity: Ideology of content. *Issues in Teaching and Learning, 3,* 17–20.

赛恩斯亚·B·第拉尔得，俄亥俄州州立大学教育学院拓展系助理系主任，教学系副教授；迪奥涅·A·布鲁，俄亥俄州州立大学教学系博士生。

199 思考题

1. 什么是影响你课程安排的“个人视角”?

2. 什么是“文化参与教育”? 就你最感兴趣的课程及教育等级水平举两个例子说明什么时候“文化参与教育”理念可能是有用的课程标准。

全纳初中的真实评价与学生表现

M·布鲁斯·金（M. Bruce King）
珍妮佛·施罗德（Jennifer Schroeder）
大卫·乔斯克维奇（David Chawszczewski）

摘要：本文扼要论述了真实性智力工作模型，并提出了在美国四所中学中对于全纳教育和改革研究的最新调查结果。一般而言，教师有能力为了维持智力挑战来调整评价理论，以适应特殊教育的学生。与其他研究相一致，任务要求的真实性与学生活动的真实性之间有紧密的联系。经过更多真实性和挑战性的学习环境训练的残障学生，比接受较少真实性任务的健康和残障学生表现得更好。

在如今学校改革的背景下，具有高智力素质的教育和学习（Newmann & Wehlage，1995）与理解导向型的教学（Cohen，Mclaughlin，& Talbert，1993）为以基本技能与内容为焦点的传统授课方式提供了极大的选择性。在以真实性教学法和学生成就为远景目标而重建的学校中，学生可以学到更多的知识并且学习在学生群体中更加公正公平（Newmann，Marks & Gamoran，1996）。与此同时，要求改革特殊教育的呼声也集中在了普通班级中残障学生的全纳教育上(Lipsky & Gartner，1996)。

我们以简明的方式调查了这些改革活动的交汇之处，明确提出以下两个问题：

1. 在进行全纳实践的中学中，教师设计的评估模式真实到何种程度？

2. 健康学生和残障学生在这种评估体系中如何表现？

数据来源于参加五年国民研究的中学，这项研究由威斯康星—麦迪逊大学残障青年中等教育改革研究所（Research Institute on Secondary Education Reform，RISER）发起。

200 真实性全纳性改革

近年来的许多教育改革对于残障学生的研究及对其改革深意的考虑都是有局限的。但是，特殊教育的改革并没有脱离宽泛的国家政策。因此，RISER 关注那些同时考虑残障学生并试图寻求使全体学生都受益的教学实践的改革学校。

RISER 是建立在真实性智能工作模式上的，它已经发展成民族研究中学校调整的一部分（Newmann & Wehlage，1995），真实性教育和学习为正常学生和残障学生同时参与的课堂提供了一个框架。真实性智能工作与最近所强调的建设性教学是一致的，这种教学方法之所以得到提倡，是因为它被视为特殊教育中传统教学方法有效的替代者。这些传统的教学方式被批评为是按照缺陷模式运行的，因为在这种模式中对残障学生的学习期望值极大地降低了（Trent，Artiles & Englert，1998）。

真实性智能工作
知识的建构 训练式探究 校外价值

真实性智能工作由三个概括性的特点来定义（Newmann & Wehlage，1995）。第一个特点是知识的建构。在传统课程中，学生很大程度上是来证实别人已经创造的知识（比如，通过辨析动词与名词的区

别，表明植物各部分的名称或搭配历史事件及其发生的时间)。然而在真实性工作中，学生不仅是记忆、重复事实、信息、概念、公式来创造新知识和了解新含义，这种工作还包括学生以一种全新的方式进行的分析、解释、评价信息的高级思维活动。仅有知识的重现不是真实性教学成就。

第二种真实性成就的定义特征是它依赖于一种特殊的认知活动——训练式探究。训练式探究包括：(a) 使用一个知识基础，(b) 努力寻求相关知识和概念的深层理解，(c) 用详尽的交流方式表达结论。与之相对应的，许多传统教学法要求学生仅仅表现他们对众多话题的肤浅关注并且只要求简要回答(例如：判断正误，多项选择或简答题)。

第三种真实性学习成就是它有校外价值，即它具有除文件和证书形式以外证明学习者能力的意义和价值。在真实活动中，学生把他们的所学与重要的个人和社会问题建立联系。这种成就——不论是表演、展览还是书面交流——事实上都影响他人，也因此具有问答式和标准化测试手段(他们只评价学生个体的知识和技能)所缺失的价值。

我们评价参与学校教与学的智力素质标准就建立在这三个特点之上(请在侧边栏查看评判教师在写作和数学方面布置任务的得分标准。查看此研究中用到的所有标准和评分条件请登录 RISER 网页：www. wcer. wisc. edu/riser.)。教师的课程、作业和学生任务的完成情况可以根据这些特点中的其中一些取得高分，其他方面的得分也可能很低，人们不能期望所有的活动都能同时在这三项中得高分。练习、记忆、训练对于准备更有挑战性的工作或升迁考试的知识和技能储备是必需的。但是教师应该为学生，包括残障学生，提供
201 尽可能多的机会让他们参与并逐渐胜任有挑战性的智能工作。

教师在写作方面布置任务的标准

标准 1：知识的建构

这项任务要求学生以书面的形式解释、分析、综合评价信息及相关话题而不仅仅是信息的重现。

标准 2：训练式探究通过详尽的书面交流来实现

这项任务要求学生得出结论或作出总结和评论，然后以展开的书面证据支持其观点。

标准 3：校外价值通过与学生生活相联系来实现

这项任务要求学生把话题同他们的经历、感情或生活中的重要时刻相联系。

教师在数学方面布置任务的标准

标准 1：知识的建构

这项任务要求学生组织和解释信息，通过提出数学概念问题或议题的形式。

标准 2：训练式的提问通过详尽的书面交流来实现

这项任务要求学生以书面形式描述他们的理解、解释和结论。例如，通过文章、表格、公式或图解的方式来解释一种解题途径。

标准 3：校外价值通过与学生生活相联系来实现

这项任务要求学生解决一个概念或问题。此问题是与他们亲身体验过的相类似的或在校外生活中很有可能遇到的问题。

同样对于 SAIL 模式的核心问题是处在主流普通教育课程中的全纳性特殊教育。批评家指出，尽管全纳教育在国家特殊教育改革日程中占据显要地位，但其中仍有许多隐患。全纳教育的支持者反驳，随着

对残障学生教育的适度调整，特殊教育和常规教育都会从中受益。就全美而言，大多数有残障的学生都正在全纳教学环境中接受教育。在这个对中学教育执行全纳模式的研究中，我们探究了教师设计的评估体系的真实程度以及常规教学学生和特殊教育学生在这个评价中的表现。

研究方法论及分析

我们这里所举示例都是 1999—2000 学年中收集的数据。第一组数据库（整个班）包括评价任务以及学生对两个学校各 8 名教师任务的反馈。这 16 名教师分别代表主要课程领域：语言艺术、科学、数学、社会研究。一个学校的 8 名教师分别在这四个领域中教 9～10 年级，另外一个学校的 8 名教师教 11～12 年级。教师需要呈递一份评价任务书，而它被认为应该是学生在他们课堂中所学知识的重要体现，同时需要附有学生在班中完成此任务的情况。他们同时需要列出一份他们为残障学生所做调整的清单（如果这种情况存在的话）。

第二组数据（配对式）来自 3 所学校的 35 名教师（Schroeder，2000）。教师分别代表主要学科领域的语言艺术、科学、数学和社会研究（分别是 8 个、7 个、10 个和 10 个教师），分布在 9～12 年级中。这些教师同样递交一份评价任务书作为说明学生在其课堂中所学内容的证明。尽管如此，这组数据却与第一组不同，因为教师所呈递的工作只是由教室中的两名学生
202 来完成的，其中一名是残障学生。这样就可以在每项任务中进行正常学生与残障学生的比较。与此同时，如果他们为常规教育和特殊教育做过调整的话也同样要求递上一份清单。

这两组数据，每种任务都是以它符合真实性成就特点相应的三条标准的程度来评判的。这三种标准分别是：知识的建构，以详尽的书面交流方式达到深层理解，并与学生生活相联系。例如，如果一项写作任务在知识建构中得分高那么它应符合以下标准：“这项任务的主要意图是让学生理解、分析、综合或评价信息而不仅仅是知识的重现。”也就是说这项任务要求学生通过书面的方式来展现他们的解决方案并且引用示例或模型作为论证依据来解释其方法。在第三个标准中得分高——联系学生生活——一项科学活动需要向学生提出科学问题，此问题是与他们亲身体验过的相类似或在校外生活中很有可能遇到的那种，它要求学生在真实场景和话题中建立联系。

学生的反馈同样是以相应的真实性智力工作特点的三条标准来评判，但是这些标准由于课程领域的不同而变化。数学、科学社会研究方面的活动标准是分析，训练式概念以及翔实的书面交流。写作方面的标准是知识构建，形式及常规，以及翔实的书面交流。

这两组数据将任务的评分和学生对这三个标准的反馈综合在一起得到两个总的分值，其中一个是任务的真实性，另一个是学生所做工作的真实性。将每个标准的分值以及这两个总分进行比较，然后进行数据分析来确定在各标准间、各学科间健康学生与残障学生间是否存在差别。比较结果报告如下。

调查结果（第一组数据，整个班级）

任务整体真实度。在 16 个班上交的任务书中，平均任务真实度是 6.53（SD=1.33；SD 代表与标准的偏差，即与平均值有多大偏差）。任务真实度值可以从最低值 3 波动到最高值 10，这就意味着平均值应该是这两个数之间的一个分值。尽管这样，实际评价任务的样本分值是从 3 到 8。因此，没有人得到任务真实度的最高分，但却有人得到最低分。

在任务执行中 16 名教师对于前两项标准（知识的建构和翔实的书面交流）基本

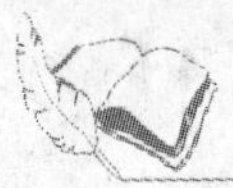

给予同样的重视。社会研究、科学和写作方面的任务在知识建构和翔实的书面交流方面的得分始终要比数学高。第三条标准——联系学生生活这一项，在所有任务中始终都是得分最低的一项。这个结果例
203 证了学生在表达真实性问题、探讨概念和问题联系方面一直存在困难。

先前的研究已经表明在实行更高水平的真实环境教学法的班级里，学生在数学、社会研究和写作方面的表现要更好些（Avery，1999；Newmann & Associates，1996；Newmann，Lopez & Bryk，1998；Newmann，1996）。我们现在探究在我们的研究中常规教育和特殊教育的学生是否存在这种联系。

学生行为的整体真实度。就这 16 项任务而言，学生行为真实度的平均值是 7.21（SD＝2.41）。学生行为真实度值可以在 3 到 12 之间波动，这就意味着平均值应该是这两个数之间的一个分值。学生活动样本的实际分值是从 4 到 12。因此，一些学生的行为确实得到了可能的最高真实值，没有人得到最低分。

与学生行为相关的真实值通过学生的残障程度予以进一步比较，没有残障的学生得分与有残障的学生得分进行比较，来决定是否这两个群体所做的工作存在重大的差别。从整体看，没有残障的学生工作真实平均值是 7.42（SD＝2.47），有残障的学生是 6.54（SD＝2.05），这个结果具有统计学意义，表明有残障的学生所做的工作真实性要低于健康的同龄人。

任务和学生成就之间的关系。最后我们总结这两个关系的调查结果：（a）任务真实性与学生在任务中的成就的关系；（b）健康学生的成就与残障学生取得的成绩的关系。第一个重要的调查发现，与前面的研究相吻合，任务要求的真实度与学生所做工作的真实度有非常重要的联系。这就是说，任务真实度要求低则相应的学生行为的真实度也低。反之，任务真实度要求高则相应的学生行为的真实度也高。这个关系同样适用于健康学生和残障学生完成任务的情况。

对低于任务平均值和高于任务平均值的任务归类让我们更清晰地了解这种关系。当任务要求真实度低于平均值时，学生的平均工作真实度是 6.24（SD＝2.27）。然而，当任务要求真实度高于平均值时，学生的平均工作真实度是 8.43（SD＝2.01），差别大于 2（见图 4—1）。

当任务要求和学生工作以学生的残障
情况来分析的话，我们会得到相似的结果 204
（见图 4—2）。在低于平均真实值的任务中，健康学生的作业得到平均分值是 6.42（SD＝2.39）。就同一任务要求而言，残障学生作业得分是 5.63（SD＝1.66）。这个分值稍微低于健康的学生，但是在数据上的差距不是非常明显。

在高于平均真实值的任务中，健康学生的作业得到平均分值是 8.62（SD＝2.00）就同一任务要求而言，残障学生作业得分是 7.72（SD＝1.92），仍是稍稍低于健康学生。

就平均水平而言，尽管残障学生没有健康学生得分多，但我们注意到了两个重要的倾向。第一，与给予低于平均值任务的残障学生（5.63）相比，被给予高分（也就是高于平均值）任务的残障学生表现得更好（7.72）。也就是说，在这些课堂里的残障学生中，那些接受更高智能挑战的残障学生要比接受更少智能挑战的残障学生表现出色。

第二，与给予低于平均值任务的健康学生（6.42）相比而言，被给予高分（也就是高于平均值）任务的残障学生表现得更好（7.72）。在这些课堂里的残障学生中，那些接受更高智能挑战的残障学生要比接受更少智能挑战的健康学生表现得出色。

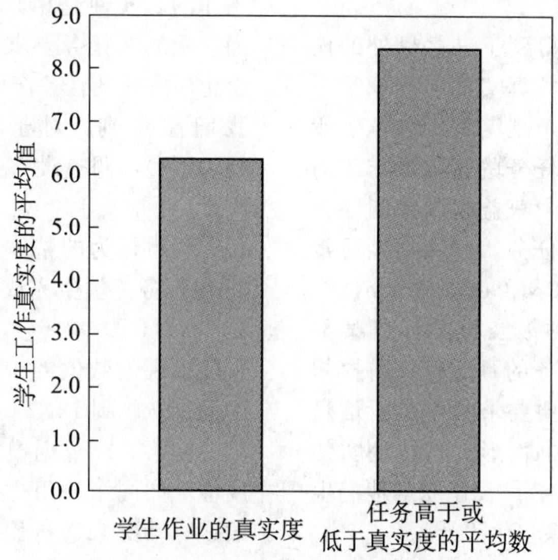

图4—1　当任务要求归类为低于或高于平均值时（第一组数据）

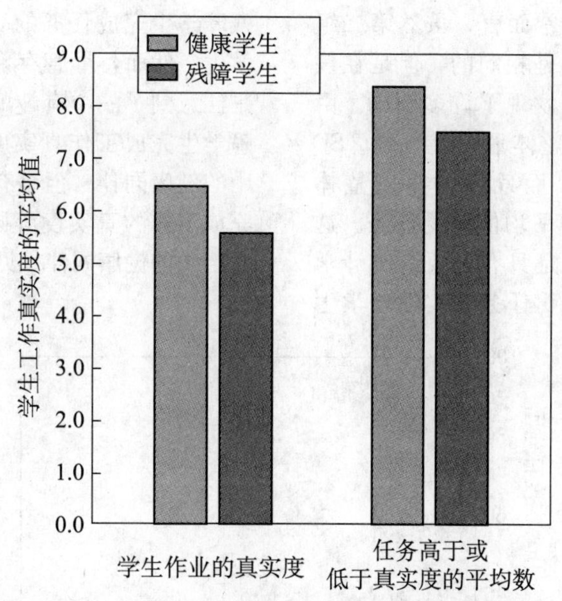

图4—2　健康学生和残障学生工作真实度平均值与任务评价低于或高于平均值的相关变化（第一组数据）

调查结果（第二组数据，配对式）

第二组数据中的配对研究丰富了我们关于任务和学生工作的相关信息。尽管如此，这两组数据模式的差异让我们有比较组内学生的可能。

在第二组模式中的35位教师里，所有任务真实度的平均值是7.30（SD=2.09）。这个平均值恰好高于可能出现的数值的中间值（稍微高于第一组模式，其中间值是6.53）。事实上，数据中任务评价的分值是从3到10。因此，在这个数据模式中，与第一种不同，一些任务确实达到了任务真

实度的最高值。

这些数据为我们得到了一些额外的比较值。将健康学生任务真实度与残障学生任务真实值进行比较来判定是否为学生所做的教学调整改变了任务的智能要求。为了在一般的教育模式中获益以及像同伴一
205 样有能力完成相同的任务，残障学生通常需要教学的调整（McGee，Mutch，& Leyland，1993）。一种涉及排除任务某部分的调整可以降低任务的真实性。前提是这些被剔除的部分需要要求学生分析信息（知识的重建），通过书面形式进行翔实的解释（详细的书面交流），或建立与他们生活相联系的话题（联系学生生活）。

调整可以提高任务的真实度，尽管在这组数据中没有任何一项做到这一点。

对于每对学生通常而言，虽然第二组数据模式中的任务都是相同的，但是在任务真实性上我们还是发现了许多不同。由于调整，健康学生以整体平均值 7.43（SD＝2.12）接受任务，而残障学生以整体 7.17（SD＝2.06）的平均值接受任务。这个差别虽然细微，但是具有重要的统计学意义。因为有证据表明任务真实性与学生工作的真实性是相联系的，所以由于调整而产生的在任务要求方面的变化可能会对学生所完成的任务产生重要的影响。然而，我们注意到，对于绝大多数任务来说（85.7%），调整没有达到影响智力要求的程度。

学生行为的整体真实度。对于呈交的 35 份任务，学生完成任务的真实度平均值是 7.47（SD＝2.64）。这个平均值恰好高于可能出现的数值的中间值。学生工作真实度值是从 3 到 12。

在第二组数据模式中的学生工作真实度值，如同第一组中的一样，也通过学生的残障情况来进行比较。健康学生工作真实度平均水平是 8.03（SD＝2.64），残障学生为 6.91（SD＝2.65）。差异显著表明残障学生完成任务的真实度要低于健康的学生。然而，尽管存在这些差别，我们还是注意到了一个有趣的发现，有 37%的残障学生完成工作真实度低于他们的配对组中的健康同伴，但是有近 63%的残障学生完成工作的真实度等同于甚至高于他们配对组中的健康同伴（见图 4—3）。

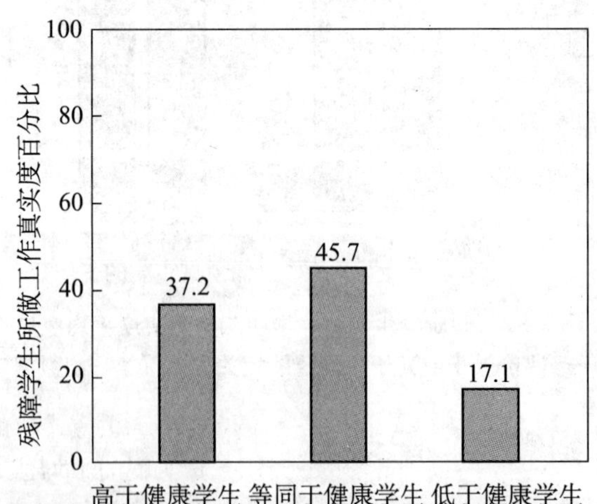

图 4—3　残障学生所做工作真实度百分比（SWD）低于、高于或等同于健康学生所做工作的值（第二组数据）

任务和学生成就之间的关系。与前面研究和第一组数据相一致：任务要求的真实度与学生所做工作的真实度有非常重要的联系。这就是，任务真实度要求低则相应的学生行为的真实度也低。反之，任务真实度要求高则相应的学生行为的真实度也高。

206 结论

运用更多真实评估的教师可以引导健康学生和残障学生更具真实性的工作。如同这些数据所表明的，真实性学科环境要求高阶思考、分析和解释、深层理解、密切联系所学知识的能力以及关注课堂外生活的兴趣，设计和采用这种方法的教师将使学生以更有经验的方式来应对生活中的相关问题。教师鼓励学生利用知识建构的方式来理解问题而不是简单的知识重现。这种要求学生有创造性的处理问题的评价方式为学生提供了一种新的成功方式，而这在传统教育模式中是无法得到的。

这些研究结果表明，残障学生可以很好地回应真实度较高的任务。尽管在更多的真实性任务中他们不能同健康学生一样取得好的分数，但是经过更有挑战性的任务的训练，残障学生可以比没有经过这些训练的健康学生和残障学生表现得都好。学生的成就似乎得益于更多真实性评价方式的运用，对于残障学生这个在中学教育中未受到关注的群体来说，他们成就的取得也不例外。

在第二组数据模式中，虽然调适大量使用，但它们也仅仅改变了这 35 项任务中 14%的真实性。这个结果表明教师可以在保持教学具有挑战性的前提下为特殊教育学生改变教学设计。很重要的一点是，教师可以在全纳课堂中保持对学生的高期望值。与此同时，结果也表明挑战性任务可以在混合学生群中适用，这里包括残障学生（下面当然要做相应的少许变动）。

无须考虑任务真实程度，有关残障学生得分与健康学生得分的区别也是可以解释的。对于他们，这里的评价机制对于阅读和写作的文化水平的要求可能会因为残障而给他们带来更多困难。详尽的交流方式可以允许学生以各种媒体的形式来表达他们的深层理解，而不是简单的书面形式。学生可以选择如表演、展览也许可以解决这些问题，但这些在学校中还不是非常常用的典型方式。在评价机制运行的教学法中产生了另一种解释：尽管在我们这项研究中未涉及，但是考虑到残障学生的特点及课堂的调整情况，在特定评价体系中所使用的课程和教学方法可能会影响残障学生的反馈能力。简而言之，教学方法的选用会影响学生处理和成功完成评价任务的能力。

关于这个话题的研究我们还有很多工作要做。我们现在正收集参与我们研究的另外四所中学的评价数据（教师任务和学生回馈）。我们也正在视察在主要四个课程领域中观察教师课程的学校。这些课程都是按真实性教学法来评价的。这些数据将有利于我们更进一步执行残障学生真实性和全纳性的教育改革。

参考文献

Avery, P. (1999). Authentic instruction and assessment. *Social Education, 63*(6), 368–373.

Cohen, D. K., McLaughlin, M. W., & Talbert, J. E. (Eds.). (1993). *Teaching for understanding: Challenges for policy and practice.* San Francisco: Jossey-Bass.

Hanley-Maxwell, C., Phelps, L. A., Braden, J., & Warren, V. W. (1999). *Schools of authentic and inclusive learning* (Brief #1). Madison, WI: Research Institute on Secondary Education Reform for Youth 207
with Disabilities.

Lipsky, D. K., & Gartner, A. (1996). Inclusive education and school restructuring. In W. Stainback & S. Stainback (Eds.), *Controversial issues confronting special education* (pp. 3–15). Boston: Allyn & Bacon.

McGee, A. M., Mutch, L. M., & Leyland, A. (1993). Assessing children who cannot be “tested.” *Educational Psychology, 13*(1), 43–48.

Newmann, F. M., & Associates. (1996). *Authentic achievement: Restructuring schools for intellectual quality.* San Francisco: Jossey-Bass.

Newmann, F. M., Lopez, G., & Bryk, A. S. (1998). *The quality of intellectual work in Chicago schools.* Chicago: Consortium on Chicago School Research.

Newmann, F. M., Marks, H. M., & Gamoran, A. (1996). Authentic pedagogy and student performance. *American Journal of Education, 104,* 280–312.

Newmann, F. M., & Wehlage, G. G. (1995). *Successful school restructuring: A report to the public and educators.* Madison, WI: University of Wisconsin, Wisconsin Center for Education Research.

Schroeder, J. L. (2000). *Authentic learning and accommodations for students with disabilities and without disabilities in restructuring secondary schools.* Unpublished master's thesis, University of Wisconsin–Madison.

Trent, S. C., Artiles, A. J., & Englert, C. S. (1998). From deficit thinking to social constructivism: A review of theory, research, and practice in special education. *Review of Research in Education, 23,* 277–307.

M·布鲁斯·金，威斯康星—麦迪逊大学威斯康星中心教育研究所研究科学家。

珍妮佛·施罗德，得州农工大学助理教授，并在公立学校任学校心理咨询顾问。

大卫·乔斯克维奇，威斯康星密尔沃基教师教育家和顾问。

思考题

1. 什么是真实性评估，为什么它对教育很重要？同样地，你认为真实性教学法是什么？

2. 你怎样把从这项研究中学到的东西应用到课堂中？是这项研究结果的什么特点指导你作出这样的转变的？

3. 作者认为教师运用更多真实性评估引导健康学生或残障学生做更真实的工作。这一点告诉你学校工作的特性是什么？你会以怎样的方式与同事分享你对这项研究的收获？

教师之声——理论联系实际

208

生命线：对一个接受个别化教育方案学生的人种学研究

伊尔萨·C·布鲁（Elsa C. Bro）

摘要： 教学是一项充满挑战的工作，教师就如同导航员——这两种职业有着许多相同点。这里，作者讲述了她对一个有学习障碍的中学二年级学生的研究经历和认识。

有些时候我生活在辞藻的飓风中，然而它们中没有一个可以解救我。

——内奥米·谢哈布·奈（Naomi Shihab Nye）

几年前的一个暑假我在泛舟指南学校（raft-guide school）学到了可以同样应用于课堂的有价值的一课：为每一个想象中的事态都准备一套营救方案。未雨绸缪，在通常情况下这些知识只是传授给新的导航员，而没有在低风险的情况下给予实践的机会。结果，我整个暑期的救生筏指导员工作都是靠运气完成的。凭直觉领航对于花钱游玩的游客是可以接受的，然而对于在课堂中信任我的学生来说则是行不通的。

不论是教学还是引领游客沿河游玩，都有出差错的可能性。有些时候平静无事，有些时候却动荡不安。在我学习教学以前，我有时间观察其他教师组织课堂，我的目标是成为一个博学的引导者——既能理解学习的本质也能理解其模糊的形式上的不同，这样我才能引导学生走向成功。

在乐维斯克拉克学院的识字和文化课上，我突然有了一个想法：如果我要认识、预见和阻止那些吞噬学生参与学习团体能力的缺口，我就需要数据。就这样，我成了一个人种学者，我收集了一个有识字困难的学生的大量信息。在有了太多九死一生的引航员经历之后，我更愿意花时间为我第一年的教学计划好好准备一下。我想把对这个案例的研究作为一个参照，以利于今后为不同学习需求的学生调整教学方案。

教学日志　　　　　　9月8日

这周我发现做一个好的观察者很不容易，尤其是当我抓住点滴时间来了解众多我在12月份即将教授的孩子们时，更有此体会。接受他们的邀请参加到他们小集体的活动中去会使这个工作变得简单。就像类比求解一样，这要比隐藏在其周边更有趣、更有吸引力。

但是，当作为一个旁观者时，我可以用更敏锐的视角观察他们。从我那个紧挨学生档案的角落里，我注意到香农懒洋洋的性格，他总是与周公为伴；我 208
注意到泰荣那不停歇的踢踏地面的脚和他脑袋里冥想的音乐；我注意到总是同样的学生阅读和交回作业；还有，拉提亚从塑料袋里拿出片绿箭口香糖嚼着。

这个观察时间是一种恩惠，这是许多教师得不到的，他们忙着布置新课程，考虑不同学习需求和不断增加的班级人数。在这个位置上我将理解这些孩子作为个体是什么样子的。我有一种预测：培养和保持这种敏锐的观察力对于新教师是一种富有挑战的工作。

解读风景

当我还是一个实习生时，我听了乐维斯（Lewis）女士的第五节课——那是给二年级学生的一节英语课。我置身于一个这样的情景中：热情洋溢的脸庞，此起彼伏的声音和敏捷快速的反应。这个教室里的热情和活力再一次坚定了我要教学的决心。十周以来我在课堂里的任务就是调查，发现任何潜在的可能影响这30个十五六岁的孩子走向成功的障碍。我寻找“暗流”和那种可以把受害者吸进去的“旋涡”，然后认真准备顺利行程的计划。

在中央中学的第三天，我加入了一个异种族团体，他们阅读《安提戈涅》的第二和第三幕。这个团体中有两个接受个别化教育方案的学生康尼和卡拉——还有乔斯和帕特森，两个学习好的孩子。他们以和声的形式试探性地按照剧中人物来读。乔斯和帕特森很乐意地扮演着他们的角色，但是卡拉却干巴巴地读着。

“这不是上帝的……宣……”

“宣告，”帕特森纠正道，他是中央中学全州壁球冠军之一。

卡拉微弱的声音降下去了，她继续读时声音低得几乎让人无法听清了，“那个最后的审判世界没有制定这样的法律，你的法……”

“法令！”帕特森插嘴道。

“你的法令，国王，是强壮的。但是你所有的力量是弱小的，当你反抗不……”

卡拉努力去把发音和字母相匹配时，乔斯和帕特森就叹气，绝望地摇着头。“朽木不可雕啊！”乔斯和康尼盯着课文。我想对他们说：“给她读出来的时间！”

低着头，卡拉小声地笑，以掩盖她的尴尬。“好，”最后，她在座位上直起身子，深深吸了口气，抢救式地读完了最后一句“不朽的未记录的上帝的法规。”

读完之后，我们组决定做个人的概要式提问。来自其他教室的声音使我们难以集中注意力，因此我把第一个问题重复读了好多遍。凭借多年在不同环境中阅读和学习的经验，我惊讶于我是多么不专注，如果我都无法专心，何况学生呢？ 209

我的思想转移到了卡拉那里。她总是一个人在那里思考，这使她脑中的故事更神秘，更令人难以捉摸。她非常明显地缺乏她那个年龄的孩子应该有的活跃——嬉笑。耳语，当教师讲课时与同伴低声谈话——这些打断了我的思路。在不惹她反感的情况下，我怎么才能更好地了解她呢？就我青春期的经历认识，我知道脱离群体就是一个游民；通常，十几岁的孩子对一一对应的谈话更能接受。离午餐铃响只有两分钟的时候，我决定在同学面前点她的名。

“卡拉，你今天表现得怎么样？”我指着她空白的本子，“你没有回答任何问题。”

“我累了。我昨天凌晨两点才睡的。”她身体趴在了课桌上。

“为什么？”

“因为我和妈妈打了一架，不得不去我弟弟家。”

“发生了什么事？”

“哦，我妈妈有严重的酒瘾，我们相处一直不融洽，”她继续说道，“我曾经同我父亲住在一起，但我再也不会去那儿了。”

我不知道该说什么——当我意识到一些孩子无家可归我该说什么？“我很抱歉。你有可以和你谈论这些事的人吗？”

“有！”她肯定地回答道。午餐铃响了，所有的孩子都涌出了大厅，只有她孤独一人漫步到门口。 210

教学日志　　　　9月14日

想象一下你在同学面前阅读剧本的整个两幕并且在每句都有发错的读音。帕特森已经将自己当成了发音方面的权威，当卡拉读错时他每次都纠正她。我想知道卡拉对这样的阅读练习做何感想。是什么使她难以发出正确的读音？她是否真正得到了她要成为一个好的阅读者所需要的真正服务了呢？需要查看一下模式。

当她面对她的同学对我说她自己的事时是那么自然，这使我感到非常惊讶。她完全不在乎公开自己的私人信息。现在她那没有神采的表情似乎说明了什么。看来，她在家里确实面临着挑战，正是这个影响了她功课上的进步。

寻找根源

日程表上的事务一项项地运行着。学校假期、集会以及学生的缺勤问题……如果我有半个钟头为我的研究案例做现场笔记并可以每周挤出20分钟的会议时间，我会认为这是很幸运的。随着我带班时间的临近，我必须找到造成卡拉阅读障碍的原因所在，这样我才能知道对她应该选用何种有别于其他学生的教育方法。

我应该以怎样的教师的身份来了解她？我怎样能够成功地为每一个学生准备一套个性化的教学方案？我需要单独做这些吗？在寻求这些问题的答案的过程中我意识到了另一个教学的事实：把工作带回家是难免的。要成为一个伟大的教师，必须进行深入研究。

《读者与作者的区别》（Readers and Writers with a Difference）一文为我们识别有问题的读者提供了一些有用的思路。罗德斯（Rhodes）和杜德林·马林（Dudley-Marling）提到，“朗读错误……遵循一种模式……并为我们提供教师在阅读中的思维过程……当好的读者发生错误时常常是在语意上犯错。阅读能力差的读者则往往倾向于在语音方面出错”，作者认为注意学生的教师在阅读时严重依赖于一种模式。另外，考虑错误的产生是由于文章内容的功能变化还是学生的背景经历不同，这对我们今后制订发展性的、合适的、有挑战性的课程计划是很有帮助的。

我注意到卡拉针对《安提格涅》的阅读错误是明显的语音错误。她的关注点是正确发音而不是解读文章含义，希腊悲剧的抽象语言对她而言太难理解，充其量只能理解对零星单词。同她9年级老师进行交谈和进行阅读访谈对进一步了解她是有益的。

教学日志　　　　10月1日

在今天早上与我的指导教师谈话的过程中，我们谈到了她的失望——超过半数的学生没有通过初级精通证书（CIM）所要求的叙述短文测试。卡拉是唯一一个没有交上文章的学生。乐维斯女士允许卡拉可以在任何时间完成这项作业。总体而言，卡拉的出勤率很好，这让我对她的落后更存有疑问。我想知道我可以做什么来帮她准时交上作业。

进行一次有关阅读的访谈

第二天，我在第一节营销课上遇见她，并跟随了她一整天。我很好奇她在所有课上的行为举止和阅读方式是否保持一致。我的主要问题是：不同的教学活动怎样与 211
卡拉的学习需求相吻合？什么过程能够帮助她阅读理解？

卡拉把手机重重地丢在课桌上并且开始阅读为即将到来的比赛作准备的仪仗训练备忘录。她看起来很疲惫。

“这么早让你来上课对你而言是不是很困难？”我问道。

“有些时候是，但是现在我感冒了，一直没好。”

“你吃过早饭了吗？”

“没有，我没时间。”她轻轻地回答。

我被她桌上的东西吸引了：一个白色的塑料活页夹，外面用马的图片包了起来。

“你对马很感兴趣吗？”

“是啊，我每周末去叔叔那里训练可骑的马。我以前在那里也有属于自己的马，不过现在没有了。”

我想知道卡拉怎样学习骑马和驯马并

且是否将这个过程延续到了课堂上。

瑞斯（Resch）先生发了三张带图片的文章并且解释了广告者分类目标市场的不同方法。他指导我们读这些文章并且写下目标市场是什么。在我读的时候，我看到卡拉也在读。

卡拉不费劲地完成了阅读并找到了支持这些目标市场的证据。她的回答很一般，句子也不完整，但是没有拼写错误。我的答案包含了更多细节。看看其他学生的答案，我发现也很简略。

教学日志　　　　　　10月2日

我：我看到你和你的同学一起完成了阅读。你以前说过当你不得不大声读出来的时候你会觉得看懂那些故事很难。是什么帮助你理解在营销课上的阅读材料？

卡拉：我也不知道。这些文章不是很难读懂，而且我也不用听别人朗读。

我：我明白了。默读和朗读，哪个更容易？

卡拉：它们都比较难。我是一个阅读速度很慢的人，因此我需要更多时间。我通常需要有人给我介绍书里讲了些什么。这是我为什么慢的原因。

我：是什么使你完成作业有困难？

卡拉：嗯，我在放学后要参加仪仗队训练。我在家很难做作业，因为妈妈总是抱怨我不理她。当我在自己房间的时候她砸我的门，所以我很难集中注意力。同时我还有诵读困难症。

我：噢，我不知道。这个怎么使你的阅读有困难了？

卡拉：我阅读和写作的速度非常慢。我需要更多的时间理解正在发生的事，在班里我觉得无聊。

我：你说你觉得无聊是什么意思？

卡拉：哦，在听课时做笔记是很难的，因此大部分时间我走神了。

我：哦，如果你觉得可以的话我将和乐维斯女士商量一下，看看我们可以怎样调整教学方法来使它更适合你。

卡拉：好。

日志反思　　　　　　10月8日

在两次单独相处的时候，卡拉暗示我她在家中面临的两难困境：作业和妈妈。由于巨大的压力和犯罪感伴随着卡拉，这个母亲是个酒鬼的孩子急需指引、慰藉和支持。在放学和仪仗队训练之后她没有安静、不被打扰的时间去完成作业。卡拉已经确定离群索居是她唯一的方式，她把自己锁在房间里以避开因为不被关注就会生气的母亲。

专注地完成一篇文章变得不可能，就如同读10年级的课文《安提格涅》或《你去哪儿了，迷人的比尔?》一样。在重复阅读同一句话无数遍之后，卡拉最终放弃了。对于像卡拉这样缺乏家庭支持的孩子，在课堂上为她们提供阅读时间、校对错误练习和问题的答案都是势在必行的。

信任标签

在第三节初级法语课上，瑞尼尔
(Rainier）先生快速地开始了讲课，在我还 212
没有拿出记事本时耳朵里已经充满了法语对话。他像作曲家一样挥舞着手臂指挥着学生。当其他学生在潦草地记忆动词变位时，卡拉只是听着。这个场景让我想起了希兰（Thelan）先生，我的独裁者，一个不停淌汗的中学法语教师。无数的练习和在期末口语考试中的“D”使我想起来就不寒而栗。

瑞尼尔先生在教室中排与排之间走动检查当天作业的完成情况。卡拉的作业单有一半是空着的，当瑞尼尔先生经过的时候，她很老练地把没有完成的一部分藏到了一堆词汇表下面。逃过一劫！

瑞尼尔先生在班里走来走去下发一堆作业纸。一张作业纸飘到了卡拉桌上，那

顶端空白处的“F”仿佛要跳出纸页了。她快速地把它翻到背面。

“卡拉，我们什么时候谈谈这事，好吗?”他点着头说道。

卡拉照着瑞尼尔先生的样子顺从地点头回应着这位教师。

法语课继续进行，但是卡拉并没有被邀请参与到其中。我想知道是否教师有意不让接受个别化教育方案的学生加入，因为他们正试图避免羞辱学生的可能性。难道瑞尼尔先生和卡拉已经协商好了选择其他方式来评价她的进步吗？有一个可以保证使卡拉建立可达到的目标并最终实现它们的计划存在吗?

“那么，你的法语作业怎么办?”在我们去餐厅的路上，我以尽可能委婉的方式问她。

“没关系，”她回答道，“因为瑞尼尔先生知道我在接受个别化教育方案。”

我却并不这么认为。

教学日志　　　　10月26日

很显然地，在最后一刻胡乱地抄袭或掩饰没有完成的作业是那些晚上没有安静的地方完成作业的学生的生活。我理解卡拉要装作有学习成就的样子必然比普通少年难，但是我不能不想她对课堂的漠视是不是由她利用个别化教育所给她的便利所造成的。

弗里曼（Freeman）警告教育者为学生贴标签的不可逆转的恶果。被贴标签的学生“开始认为他们自己是能力有限的”(140)。那些对学生的表现抱以低期望值的教师认为学生是没有接受挑战、冒险和拓展的能力的。一旦学生得知自己是“不同”的，他们就经常否认和脱离他们的学术经历。结果，更糟的表现肯定了教师的观点，这样“建立了一个恶性循环”(141)。

在观察了卡拉在所有课上一致的表现形式之后，我得出一个麻烦的结论。当在阅读和写作中有困难时她不去寻求帮助，而是依赖个别化教育方案来勉强应付。在调适和修正标题中，她的个别化教育要求是这样的：对于相应晚交的作业给予部分学分；把长期作业分成更小的更容易的方式完成；延长在考试、阅读和写作方面的时间；如果需要的话可以以开卷的方式进行测试和问答；可以坐在有利于集中注意力的最佳位置。根据评估调适和调整的要求，当卡拉作多项选择测验或要求表现性评价和工作样本时，如果需要她可以延长时间。但在补充帮助、服务和支持学校人员方面还是空白。

我的指导教师痛恨这种烦琐的使师生关系非人性化的表格，但是她并没有试图去改变它。在学年初期她就拿到了个别化教育方案，这个在档案中有记录。纵观我对中学二年级第五节英语课的调查，没有一个接受个别化教育的学生在班级讨论中被点到。直到有一天我问乐维斯女士她的 213
基本原则是什么，她承认是有意不叫这些学生以免他们感到尴尬。我想教师应当扪心自问，这种方法是否是对学生的尊重或是否可以帮助他们解决问题。

教学日志　　　　11月3日

我在卡拉所参加的任何一门课中都没有发现修正和调整的证据以帮助她成为一个积极的课堂参与者。在我实习阶段她没有要求或给予较多的时间来答题，也没有教师把难以完成的任务分成易于理解的小部分。应该采取的第一个行动：重新排座位，使卡拉与教师距离更近——这样会降低她上课走神的可能性。

确认困难

了解到卡拉可能永远不能交上叙述短文，乐维斯女士让我给她提供一次写作商谈。我仍然不理解卡拉告诉我她有诵读困难症意味着什么。她的个别化教育方案中没有这一条，诵读困难症是被归在“学习障碍”一类的，只是给满足学生需要提供了一个非常模糊的理解。我不确定我可以怎样帮助她。在卡拉的同意下，我复印了一份她的作文，希望我们可以一起找到她写作过程中遇到的令她感到困难的单词和字母。但结果让我非常沮丧。

教学日志　　　　　　　　11月12日

我大概扫了一眼，卡拉的文章是对一个棘铁丝球的回忆。句子被擦掉又重写，划掉并用箭头重新标出这里或那里。有严重的拼写和结构错误，尽管开头和结尾还不错。很幸运的是，她今天是在上修改课，所以收获还不少。

她的问题主要是同音异形词、缩写、混淆元音，当需要两个辅音时她只用一个另外还有单词中字母的错位等问题。基于我对她所写的单词的了解，我可以每周开一小节课针对她重复的拼写错误。另外，我还会在每篇文章中给她修改一两条比较复杂的常规惯例，直到经过检查和修改再没错误发生为止。

我的人种学研究开始于研究和收集书面资料，对有“学习障碍”的学生研究资料的匮乏不禁让我想质询学校的顾问和特教案例工作者。他们是谁？他们在哪里？我的指导教师为什么和他们不熟悉？

我到负责卡拉的顾问办公室想弄清谁是卡拉的“学校监护人”，当家庭生活出现问题时，谁来监督她的学业进展以保证她不会落后。在我理想化的思维里，总认为一定有一个对年幼学生的辅导计划。毕竟，中央中学刚刚成立了服务于高年级学
214 生全员职业中心。

“不幸的是，卡拉没有被家访的优先权。除非她是三年级学生并且在危机中或处在高危阶段才行。”顾问解释说，同时递给我顾问团为两个离校女孩所做工作的小册子。“对于家庭收入低的孩子我们有奖学金。”她笑着说。

顾问团可以给卡拉在家庭中欠缺的自尊和支持，但是我对这种转换机制并不看好，它可能会带来挑战。片刻间我考虑到为卡拉安排自由发展道路的可能性，但是又突然意识到在什么地方我还应该牵着她、引导她。尽管我想为她做得最好，但作为一个新教师从开始就确立恰当的界限是必要的。

“既然卡拉在接受个别化教育方案，确实有案例工作人员知道怎样更好地满足她的学习需求。如果你去主管办公室，他们会告诉你在哪里能够找到资源中心。”

我开始感觉到我对这种安排的抗拒。“我可以做些什么来帮助她在班里更成功吗?”

“她有规划师吗？在这里。”顾问指着一盒棕色的中央中学学生手册问道，“你拿一本，给卡拉也拿一本。通常当学生学会组织和统筹时间的技能时，分数就会提高。”

我怀着沉重的心情离开了咨询办公室。我对学校给予那些依赖他们获得成就感的学生如此少的支持感到失望。如果学生不是在学校学习，而是走上社会他们会怎样做？显然卡拉的家庭生活和阅读障碍已经可以把她归到了高危一类了

教学日志　　　　　　　　11月15日

卡拉的课堂表现直线下降。今天有两项作业未完成，她的二年级英语水平是64%，法语不及格。没有人严肃地对待她写作中的愚钝表达和不连贯。我害怕，如果我们这些指导教师不通力合作把她拯救出来的话，她会变得无可救药。

满足个别需求

当我得知我不用独自淌过这片未知水域时，我感到很庆幸。在支援班里，卡拉的案例负责人布莱尔先生，告诉我个别化教育方案是怎样运作的。一旦学生被评价为有“学习障碍”，案例工作人员就会监督

学生的出勤和成绩，会进行三周的商谈安排，除非有明显的失败的风险或执行的冲突才会终止。在这三周的过程中，布莱尔先生让我确信他可以提供如下帮助：写咨询建议书、校对、作业辅导和为高风险计划制订目标。他甚至在我需要时可以在训练中扮演那个“严厉的坏人”的形象。

许多接受个别化教育方案的学生都被鼓励参加至少一门特教课程，例如英语学习实验室——在这里他们可以接受课业辅导。个别化教育方案的调整目的是在制订适应学生需求的课程同时减轻课业负担。特殊教育可能适合某些学生，但是一些学生可能在普通班级与不同能力的同学一起学习时受益更多。弗里曼告诉我们在多种族的群体中，互动会使学生学到更多。比如，以主题单元安排的课堂采用跨学科教学法，会适应所有学生的需求。

不幸的是，这就使得那些自信的家长和活跃的学生也得接受克服影响学习进步的阅读障碍的支持。事实上，大部分学生都不想作为“有差别”的被单独挑出来，他们会努力回到常规班中来挽回面子。卡拉好像就是这样。在布莱尔先生看来，她与他并不保持应有的经常性联系。如同教学手段与评价机制不可分一样，卡拉处理家庭危机的方式波及了她在学校的生活，她更喜欢被视而不见。父母双方的糟糕家
215 庭氛围使卡拉已经将自己与成年人之间的关系内化成一种消极的联系。与她亲近的成年人不可避免地伤害了她，也许在她眼里，大人是不能被信任的。

拯救孩子策略　　　　　　11月21日

我下决心要拯救她。首先，对她负责，我将调整她的个别化教育方案。我会提前给她提供大部分阅读文章和阅读任务以使她有充足的时间。布莱尔先生也会收到高风险作业复件以为其提供支持和评估。最后，如果卡拉认可的话，我将一周见她一次来检查完成情况。在我们的商谈中，我将以朗读的形式读文章或问题，口述答案，进行写作练习或谈话。

在课堂教学中通过给学生提供必要的单元问题的视觉效果，我将从战略的高度形成学生的思维。每天的日程安排将致力于固定学生转瞬即逝的注意力，学生将知道什么时候他们会有能力全身心参与学习过程。我会通过搜集信息和调整具体目标来提供“跨栏帮助”，满足学生不同等级的技能需求。不同能力的群体将在培养视角和相互感应的同时支持学习过程。

我对卡拉的家庭生活、学校成绩、学习需求的好奇同先前开始研究时一样。尽管如此，对于她在阅读和写作困难方面的问题我已经有了更进一步的理解，这一点是让我感到欣慰的。曾经认为作为观察者和人种学研究者的经历不会对我这个教师有多大帮助。但现在我可以非常自信地通过趣味性地调整教学方法来避免不必要的麻烦，并且我希望人种学研究能够有利于其他新教师寻找了解学生的多种途径——这些学生往往是充满活力和多才多艺的。

甚至在这个人种学研究之后，我都在想，作为教师研究者应该怎样真正地了解学生个体。我意识到这个问题不只我们关注。我，一个从教第一年的教师并没有因而感到受挫。我知道到哪里去寻找合作的同事，或者说是抛下救生索的人，我希望这些绳索可以被抓住并且能够成功地拯救落水者。

伊尔萨·C·布鲁来自艾奥瓦州，现在法国阿尔卑斯小学任第二语言英语教师。

思考题

1. 布鲁是如何采用人种学数据收集方法来研究学生的？如果采用其他数据收集方法是否会得到不同的结果呢？

2. 如果布鲁的文章中没有包括她的教学日志和访谈的详细记录是否会显得不完整？

3. 布鲁针对卡拉学习困难所采用的方法中的什么特点是你可以试着用到你的课堂中的？它们如何能够适用于所有学生而不仅是有明显学习障碍的学生？

学习活动 216

批判性思考

1. 按照建构主义学习理论，教师怎样提高他们对学生理解力的理解程度？教师应该怎样把学生的社会、文化、语言和学术背景等都考虑在内？

2. 你比较喜欢哪种学习风格？在哪里，什么时间，以怎样的方式你的学习效果最佳？

3. 就多元智力理论而言，哪种智力是你最擅长的？哪种最不擅长？这些最擅长和最不擅长的智力怎样影响你的学习？

4. 使用学习风格或多元智力理论来为学生设计学习活动的风险在哪里？

5. 赫尔伯特·A·泰兰（Herbert A. Thelen）指出："如果我们的环境太舒适，我们就停止了成长。学生在他们舒适的范围里活动会给我们带来压力。让我们好好对待他们吧，帮他们学会在不舒服的环境中成长。"泰兰对发展学习活动"适应"学生学习风格的课程设计者们所说的这番话是什么意思？

应用活动

1. 检验你所感兴趣的或你研究领域内的课程指导，来确定一条学习理论（或多条理论）是我们所建议的学习活动的执行基础。建立在其他学习理论上的什么学习活动可以被增添进来？

2. 在《学校的实用性智力》（*Practical Intelligence for school*，HarperCollins，1996）中，加德纳和一组研究者提出另一种形式的智能——实用性智力，"理解某人所处环境的能力，并且利用这种知识想出使某人最好地达到目标的方法"（p. ix）。他们认为实用性智力包括可以教授的五个主题：了解原因，了解自己，了解差别，了解过程和修改。在设置课程到你最感兴趣的程度这一点上，实用性智力概念有哪些用途？

3. 在你最感兴趣的学习等级和内容中，举出几个使用加德纳七种多元智力理论中任意一种智力形式的学习活动示例。

实地体验

1. 采访你最感兴趣的教师，以澄清指导这位教师的一条学习理论（或多条理论）。按照这章材料设置访谈问题。

2. 观察你最感兴趣的年级和课程中的一名教师，确认他或她所使用的学习理
论（或多条理论）。你注意到学生对他们教师的反应有何不同？是否有证据表明在 217
学生中存在不同的学习风格？

网上活动

1. 就下边所列的一个或多个话题进行网络搜索。收集与你最近或参与过的课程设计活动有关的资料和信息。

多元智力理论　　　　学习风格

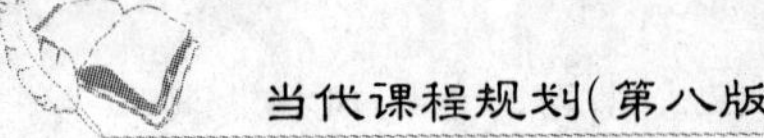

学习理论	行为矫正
认知科学	脑研究
建构主义学习论	神经科学

2. 登录由霍华德·加德纳参与指导的哈佛大学教育研究学院零点方案的研究计划网站。近四十年来，零点计划一直致力于研究孩子和成人是怎样学习的。在这个网站，收集与你最近或参与过的课程设计活动有关的资料和信息。

第二部分
课程开发及实施

第5章 课程开发方法

焦点问题 219

1. 在课程开发过程中应如何应用课程理论及相关研究?
2. 最高和最低程度的课程开发的本质区别是什么?
3. 学科本位课程和学生本位课程的区别是什么?
4. 在课程开发过程中标准的作用是什么?
5. 关于课程最高标准的争议是什么?
6. 当今课程开发的趋势是什么?
7. 学生在课程开发过程中可以扮演何种角色?

通过对第1章至第4章的阅读，读者现在已经了解目标和价值的重要性以及课程计划的三个基础——社会力量、人类发展以及学习和学习方式。本章的主要目标是从设计课程转移到发展课程。

弗兰克林·博比特（Franklin Bobbitt）的经典著作——《如何制作课程》 220
（*How to Make a Curriculum*，1924）认为发展课程是一个线性的过程。根据博比特的说法，课程的发展过程应该是科学的，应该分析成人生活的日常活动，然后为这些活动创设行为目标。

博比特的方法建议人们只要在课程开发过程中求助于课程理论和研究即可。但是，课程理论和研究不是凭空出现的。发展课程对思考课程理论和研究是有益的，因为这为课程开发提供了经验法则。

很明显，发展课程没有一种单一的正确方法。正如约翰·杜威在《教育科学的源泉》(The Sources of a Science of Education) 一文中指出的，“没有一种科学研究的结论能够直接作为教育实践的法则。因为没有一种教育实践不是高度复杂的，也就是说，在科学研究的成果中包含了许多其他条件和因素”。任何一项教育实践研究的重要意义只有在其研究结果与影响环境的“条件和因素”取得平衡时才能够实现。研究结果与周围环境之间的关联要在两者相互支撑、促进或者其中一方给予另一方更多的意义时才能够建立。

当这种关联原则被理解后，课程开发者更容易在课程开发过程中作出最佳选择。为了作出这种明智的决定，杜威认为教育者应该建立和发展一种以“优秀工作者的思维方法和资源”为终极目标的基础思维过程。根据杜威的理论，这种思维方法是即将作出的从发展课程到选择教学策略一系列教育决策的评价标准。杜威同样也提出了一些拥有这种思维方法的人的性格特点，如独立思维，责任心，主动，学习技能，乐于对教育问题进行思考和保持敏感、质询精神等。并且，杜威强调养成将整个课程看成是连续发展并反映思想本身发展的习惯是十分必要的。

课程开发方法

本书前四章关于课程目标、课程价值和课程三大基础的文章明确表明，在规划课程时可以有许多种不同的设计。这些设计并不是相互排斥的，可以根据多种不同的课程目标、不同的学习者以及不同的知识混合在一起或者独立使用。

在发展课程中并没有什么简易程序。虽然有许多课程设计模式，但并没有为发展课程提供分步程序。然而，拉夫尔·泰勒（Ralph Tyler）的经典著作《课程和教
221 学基本原则》（*Basic Principles of Curriculum and Instruction*）提出了四个问题，即现在的泰勒标准：

1. 学校要达到什么样的教育目的？
2. 达到这一教育目的需要哪些教育经验？
3. 如何才能有效地组织这些教育经验？
4. 如何确定这些教育目的正在被实现？

作为课程开发的一般指导，泰勒标准被许多课程规划者使用。然而也有人对这一标准提出批评性意见，认为它是线性的，是一种方法—目的的模式，使课程规划过于简单化，认为泰勒标准低估了课程开发的复杂性。这一标准倡导的直线式分步过程，事实上在学校很难实施。然而，许多学校是利用泰勒的经典著作来确定课程开发过程中规划的程度和焦点的强弱的。因此，正如课程理论家弗朗西斯·霍金斯和帕特里克·汉密尔（Francis P. Hunkins & Patricia A. Hammill，1994，p. 7）所言，“即便存在所有这些关于泰勒的批评，他的主张在全美的校园中仍然是主导”。

在首次提出时，泰勒的模式反映了课程设计的现代观点。根据泰勒的主张，发展课程需要自动的、合理的方法，能够在任何背景下，被任何学生团体有系统地实施。然而今天，以不同的声音、意义和观点为基础的后现代主义观点正领导着课程设计。如同霍金斯和汉密尔指出的：

> 我们正越来越明智地意识到，生活是有机的，不是机械的。世界是动态的，不是静止的。课程开发的过程不是一步步地被动接受，而是在特定背景下在系统中的反应；而目标常常就产生于人们所参与的各种实践。

同样，在《教师、公共生活和课程改革》（Teachers，Public Life，and Curriculum Reform）一文中，亨利·A·吉鲁克斯指出，课程语言像其他话语一样并不仅仅反映既定的事实，相反，它通过人们努力命名的“表征”如什么是知识、学习共同体、社会关系问题，什么样的未来是合法代表等有选择性地描述这个大的世界。

课程开发核心

在讨论发展课程时，先区分一下课程开发的两个维度会比较有益，这两个维度

是目标和时间方向（见图 5—1）。课程目标可能处于宏观层面或者微观层面。

222

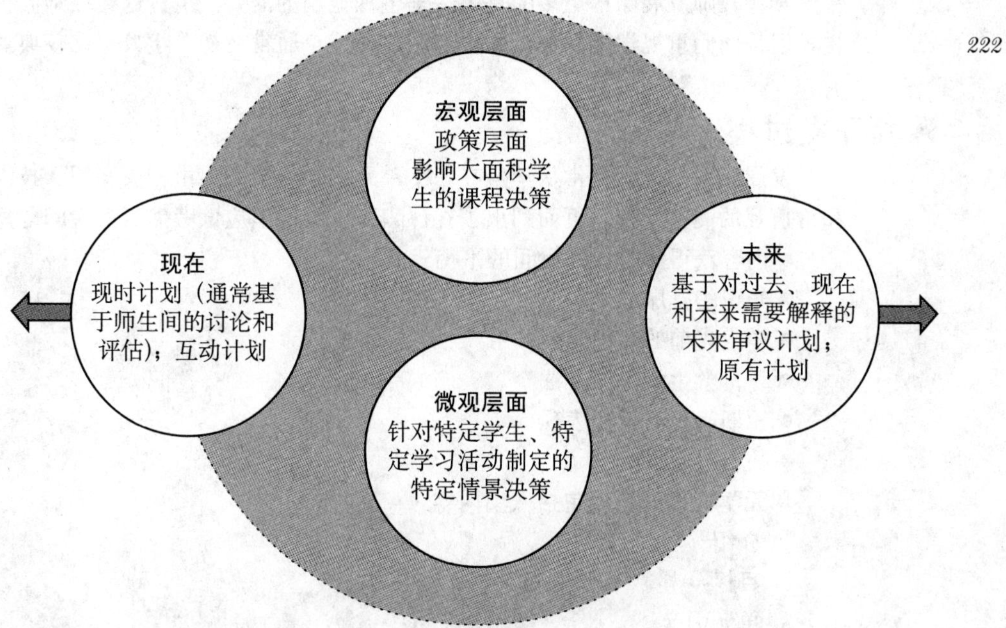

图 5—1　课程开发的二维导向：目标与时间

资料来源：Forrest W. Parkay and Beverly stanford，*Becoming a Teacher*，6th ed. Boston：Allyn and Bacon，2004，p. 349.

在宏观层面上，关于课程内容的决策则要顾及数量众多的学生团体。比如说，全国教育目标以及州一级的课程标准就是宏观课程决策的例子。在微观层面上，课程决策则要顾及特定学校或者特定班级中的学生团体。某种程度上，所有的教师都是微观层面的课程开发者——这是因为，他们都为各自班级中的学生提供了许许多多课程实践方面的方案。

课程开发的另一个维度是时间方向——课程是针对当前还是将来？学校教师制订的学期计划、月计划、单元计划以及国家课程目标和州一级课程标准都是面向未来的课程开发的典型代表。面向当前的课程开发通常发生在班级中，往往是受到特定的学生团体的特别需要所影响的。教师制定的每天的课程决策或者周课程决策和教学方案都是面向当前的课程开发的典型代表。

学生本位课程与学科本位课程

课程开发要考虑的中心问题是更关注学科领域要求还是更关注学生的需要。设想一下学校课程应放置于下面这条线的哪个位置可能会有些帮助。

学生本位课程←————————→学科本位课程 223

虽然没有一种课程是完全的学科本位或者学生本位，但不同的课程在对学生本位和学科本位的重视程度上有着相当大的差别。学科本位课程关注的基本点是学生应该学习的学科的逻辑顺序。开发这种课程的老师是学科问题的专家，主要关注点是帮助学生理解学科知识的知识点、方法和原则。学科本位课程在高等教育中比较

典型。

某些教师发展课程更多的是关注学生和他们的需要。虽然这类教师同样教授教材，但是他们重视学生的成长和发展。这种特点通常在初等学校中比较典型。

课程开发过程

发展课程的过程通常从学生在一个单元的学习结束后由相关知识、技能，态度和价值观的测验开始。下面列出了在课程开发层面上应该考虑的一些问题。

- 内容获得和过程掌握间的平衡
- 知识的排序
- 学生先前的知识
- 评价学生学习的方法
- 短期表现与长期表现
- 数量与质量

单元学习计划应该包括六项内容：

1. 介绍
2. 目标
3. 单元内容
4. 方法与活动
5. 教学材料或教学资源
6. 学生学习评价

标准与课程开发

自从 20 世纪 90 年代开始，课程开发越来越重视更高的世界级标准。基本标准教育（standards-based education，简称为 SBE）的信念是所有的学生都能够达到高标准。

224 过去，对来自贫困家庭的学生或者是属于少数民族的学生的期望有些时候要低于对其他学生的期望。如今，SBE 被看作是一种确保优秀和公正成为美国公立学校系统组成部分的方式。正如乔治·W·布什在 2004 年竞选第二轮中获胜时指出的那样："在教育中区别对待非裔美国人、西班牙裔学生与白种学生是由于低期望这种固执的偏见造成的"。与之相似的是，在《一位校长的回顾：标准问题》（A Principal Looks Back：Standards Matter）一文中，马歇尔总结了市内初等学校的普遍现象，指出"1998 年以前，由于缺少富有意义的客观的标准，因此减弱了我们那些艰苦和热心的努力在学校发展中所发挥的作用"。

为了回应对较高标准的呼唤，州教育部门、学区和学校进行了许多课程改革，发展了更多的准确的、权威的评价学生学习的方法。典型情况是，较高标准被家长、公众和法律制定者分析解释，以表明教师应该对学生有更高的期望值。为了这一目标，有了许多不同的宏观层面的命令，例如要求学生在更加有活力的标准下应该掌握的知识和技能的具体内容；在升级或者升入高一年级的教育考试中获得更好的考试成绩；以及更加强调英语、科学和数学。到 2004 年，已经有 49 个州（除爱荷华州外）调整了学生应该学习的知识和能够做到的事情这两项内容的州级标准。

现以三个州的几何学标准进行说明：

> 科罗拉多州：学生在问题解决的情境中能够运用几何概念、性质和关系，同时就问题解决过程中运用的推理进行交流。
>
> 北达科他州：中学生理解并应用几何概念和空间关系来呈现和解决在数学和非数学情境中的问题。
>
> 怀俄明州：学生在问题解决的情境中能够运用几何概念、性质和关系。学生就问题解决过程中运用的推理进行交流。

对 SBE 的回应来自多个方面，例如，《美国国家教育标准——公民指导》（*National Standards in American Education：A Citizen's Guide*）的作者教育史学家戴安娜·拉维奇（Diane Ravitch）指出的：

- 如果标准明确规定教学的内容以及哪种成就是为人所期待的，标准可以促进成就。
- 标准（国家、州和地方）是实现机会均等的必要条件。
- 国家标准提供了有价值的统一功能。
- 标准和评价通过向学生和家长提供充足的信息，保护了消费者的权益。
- 标准和评价为学生、家长、教师、雇主和大学提供了重要的标示工具。（Ravitch，1996，pp. 134-135）

另外，很多对发展世界级标准对美国教育系统的作用持否定态度的人也发表了 225
他们的见解。下面列举了这些批评者所提出的一些观点：

- 较高标准拉大了教育机会的差距，更有利于来自于优越背景的学生，强化了美国社会按阶级划分的社会结构，加大了财力雄厚的学校和资金匮乏的学校之间的差距。
- 提高标准可能确实会促进全国课程的发展，但那是通过提高中央教育部门的地位和角色实现的。
- 高标准的推动者主要是保守政治团体，他们希望废除历史上不具备代表资格的团体所做的教育标准。
- 提高标准过多占据了人们的注意，妨碍了其他更有意义的教育改革。
- 世界级标准通常是模糊的，没有相应的明确的评价和分数。

20 世纪出现的最有争议的标准可能是由学校历史科目国家中心制定的关于美国史与世界史的课程标准。该标准在 1994 年颁布后，就立刻遭到了许多保守派团体，包括基础教育委员会在内的反对，他们谴责该课程标准在提及某些历史人物和西部扩张运动中的正面事件和美国生活的其他方面时掩盖了对少数群体和妇女的歧视。某些批评者甚至提出这一标准是如此的“在政治上正确”，以至于其反映了一种“反西方”的偏见。为了回应规模如此巨大的批评意见，中心重新编写了该课程标准。这一次包括基础教育委员会、三十三个国家教育组织和上千名教育家参与了课程标准的编写。在获得了对先前标准持反对意见的一些团体的认可后，改编的课程标准于 1996 年颁布。

内容与成就标准

州级教育部门、地方学区以及专业化联合委员会所公布的课程标准文件一般都

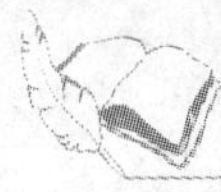

提及标准的两项内容——教材标准和成就标准。教材标准，就像术语所显示的那样，涉及广为接受的教材或者说是学生在不同学术领域需要掌握的知识和技能。在课程标准文件中教材标准通常会以这一短语呈现出来：学生应具备的知识和能够做到的事情。

教材标准通常会被细分为若干基准（简称指标）。所谓基准是指学生在特定的年级水平或者发展阶段所应该理解和能够做到的具体内容。如“在8年级后期，学生理解两维或者三维数字的基本性质”。

此外，许多课程标准文件提及成就标准。成就标准规定了“多好才是足够好”。成就标准用于评价学生在学术领域内已经达到的标准的程度。成就标准要求教师对
226 所要求的表现质量和精确水平进行判断。成就标准与教材标准是不同的，这是因为成就标准反映的是学生的水平。举例来说，在评价学生书面文章的时候，成就标准的内容是“5＝卓越，4＝典范，3＝合格，2＝进步，1＝未达到标准”。

专业联合委员会改进的标准

除了国家、州和地方在努力提高标准外，专业联合委员会也在SBE中扮演着关键角色，负责制定反映学生在学科知识方面应该掌握的知识、技能和态度的标准。在许多个案中，专业联合委员会已经发展了特定的年级水平的成就标准。这些标准包括反映需达到的成就水平、成就质量或者合格程度的规定。除此之外，专业联合委员会还发展了和标准相联系的课堂活动。

教育资金管理者可以在以下几个方面使用专业联合委员会发展的课程标准：

- 州级教育部门、学区和学校可以将标准作为发展课程和学生学习评价的指导。
- 教师可以使用课程标准来（1）发展单元和课程的目标，（2）评价教师教学，（3）发展教学活动和课堂评价的方法。
- 家长和社区成员能使用标准来评价当地学校的教育质量和监视他们孩子的学业水平。

符合标准的课程和教科书

美国SBE中的一个重要组成部分是使课程和教科书符合国家和州一级的课程标准以及课程纲要。使课程符合标准和纲要可以采用两种形式：特定年级水平的教师进行学科教学并检验学校的课程以确保这些课程内容和教学与学科领域范围相吻合，这种形式属于水平符合；课程的垂直符合是指不同年级水平的学科是相互联系的，学生的经验会使他们随着年级的升高逐渐适应复杂化教育项目。

像教师一样，全国的教科书出版人和作者由于学科标准的发展也受到了极大影响。由于出版公司的底线是获得利润，那么他们必须密切注意教育政策制定者对全国学校更富有活力的标准的呼唤。

许多出版商正在修改本公司的教科书以便能够适应州一级的课程标准和课程纲要，特别是某些州，如加利福尼亚州和田纳西州已经在全州范围内调整了教科书。在这样的一些州，学区只能够出售列在州教科书调整单上的教科书。因为人口密集
227 度较高的州比人口较为稀薄的州更多地影响了出版商，人们发现，“随着加利福尼亚州和田纳西州进行了全州教科书调整清单的工作，其他州也随之实施了调整教科书清单的工作”。

课程纲要

课程纲要通常是指由州教育行政部门颁布的文件，其中提供了指导、推荐的教学和评价策略，建议的资源以及教师在发展课程适应国家以及州一级课程标准时的模式。课程纲要通常由教师和州政府教育部门的人员组成工作小组共同完成。作为“桥梁”，工作小组起到了将国家和州课程标准与地方课程和教学策略相联系的作用。例如，在阿拉斯加州，课程纲要以光盘形式与具体学科的纲要资源统一由教育与早期发展部发放到教师手中。刻有课程纲要的光盘提供不同形式的信息，包括教育家通过视频讲解的以课程标准为基础的课程。

课程标准与《不让一个孩子掉队法案》

2002 年，美国总统乔治 · W · 布什签署了《不让一个孩子掉队法案》（No Child Left Behind，简称 NCLB）。在 NCLB 中，高标准是一项关键内容。正如布什 2004 年所指出的那样：“我们必须继续教育改革工作，以提高教育标准与成效，这一工作不仅要面向初等学校，同时也应包括高等学校”。

NCLB 改革草案强调学术目标，它规定每年都要对 3～8 年级学生的阅读和数学进行测验，学校应该对学生在年级水平测验的成绩表示重视和关注。NCLB 的要点是：

● 各州自行制定本州各年级学生应该学习和了解的内容的标准。数学和阅读领域的标准必须马上提高。到 2005—2006 学年，科学的标准也必须发展和提高。

● 在标准确定之后，各州必须对每位学生向这些标准靠拢的进步情况进行测验，测验必须与所制定的标准相吻合。从 2002—2003 学年开始，所有学校必须分别对下列三个年级段进行监督，它们是 3～5 年级，6～9 年级和 10～12 年级。从 2005—2006 学年开始，3～8 年级的数学和阅读测验都必须被监督。到 2007—2008 学年，必须开始科学成就测验。

● 各州、各学区以及各个学校被期望能够作出适当的年度进步（AYP）以达到各州的课程标准。他们将通过对不同种族或少数民族的学生、残疾学生、英语精确性困难的学生的测验结果分类来评价学生的年度进步。

● 学校以及学区的成绩将会公布在学区和州报告卡上。 *228*

● 如果学区或者学校没能成功地实现足够的年度进步以达到课程标准，那么他们将会被高度关注。

虽然 NCLB 法案允许美国的 50 个州自行选择他们喜欢采用的测验，盖洛普关于公众对公立学校的态度的测验显示 68%的被试都乐于要求 50 个州都能采用统一的国家标准化测验（Rose & Gallup，2002）。

技术与课程开发

根据《教育技术前沿通讯》（*Technological Horizons in Education Journal*，T. H. E）的编辑的见解，技术应该反映课程开发进步：

> 我们必须重新审视我们的国家、我们的州为学生和教师所制定的核心课程标准。当科学家在进行科学研究时非常依赖技术时，我们的科学课程标准能否

> 不关注技术呢？当大多数人在工作中写一个句子都会使用文字处理软件或者商界人士在做研究时要到网上搜索信息的时候，我们的英语或语言课程标准是否能够不关注技术呢？我们需要让我们的课程跟得上21世纪的现实。我们在评价学生的知识和技能时需要使用一种能够把这些知识和技能与它们在现实世界中的应用问题相联系的方法。这就是我们所有的课程和教学都必须和技术相统一的背景（Flecher，2004，p.6）。

《不让一个孩子掉队法案》要求所有学生在8年级末都必须成为“技术意义上的受教育者”。“技术意义上的受教育者”的定义由各州来决定，并且该法案没有要求各州就向这一目标努力的进展情况进行报告。然而，NCLB要求各州说明它们如何确保到2007年初，技术能够融入所有的课程和教学中。

学生和课程开发

正如在第一章中指出的那样，学习者必须清楚地意识到他们的教师所努力的目标以及这些目标已经融入课程当中。此外，学习者在整个教学过程中必须形成他们自己的课程目标。事实上，正像本章“教师之声”部分詹妮·吉尔尼斯（Jane Gilness）在《如何将个性教育纳入课程》（How to Integrate Character Education into the Curriculum）中指出的，“我们发现将课程的所有权交给学生能够促进积极的课堂氛围的形成，并且使学生产生一种自己是集体核心的感觉”。

教师用来指导计划的目标以及学习者所追求的目标不需要区分，而应该重合。
229 在学习过程中，教师和学习者必须了解彼此的目标，师生的目标必须是协调一致的，否则就难以实现应有的效果。实现这种一致的有效方法是通过一些“师生计划表”。正如格兰·汉斯（Glen Hass）在《谁应该规划课程》（Who Should Plan the Curriculum）一文中所指出的，学生是“课程规划中不可取代的主要资源”。

标准问题——课程开发

本章对课程开发的进展提出了多种展望。课程开发应该反映对目标、价值和三大课程基础的慎重考虑。下面这些评判性问题可以从本章对课程开发的不同观点推论而来：

1. 这些课程是否反映了在学科本位与学生本位之间的恰当的平衡？
2. 这些课程是否反映了在获得知识和取得进步之间所需要的平衡？
3. 课程是否反映了清晰、适当的高标准？
4. 课程开发进程是否考虑到了学生先前的知识？
5. 课程是否包括了评价学生学习的方法？

参考文献

Bobbitt, F. *How to make a curriculum.* Boston: Houghton Mifflin, 1924.

Bush, G. W. The essential work of democracy. *Phi Delta Kappan 86,* no. 2, 114 (2004): 118–121.

Dewey, John. “The Relation of Theory to Practice in Education.” In *The Relation of Theory to Practice in Education,* the Third Yearbook of the National Society for the Scientific Study of Education, Part 1. Bloomington, IN: Public School Publishing Co., 1904, pp. 9–30.

Fletcher, G. H. Integrating technology throughout education. *Technological Horizons in Edu-*

cation (T.H.E.) Journal, 32, no. 3 (2004): 4, 6.

Hunkins, Francis P., & Hammill, Patricia A. "Beyond Tyler and Taba: Reconceptualizing the Curriculum Process." *Peabody Journal of Education 69,* no. 3 (Spring 1994): 4–18.

Ravitch, Diane. "The Case for National Standards and Assessments." *The Clearing House* 69, no. 3 (January/February 1996): 134–135.

———. *National Standards in American Education: A Citizen's Guide.* Washington, DC: The Brookings Institution, 1995.

Rose, L. C., & Gallup, A. M. The 34th annual Phi Delta Kappa/Gallup poll of the public's attitudes toward the public schools. *Phi Delta Kappan, 84*(1), (September, 2002): 41–56.

Tyler, Ralph W. *Basic Principles of Curriculum and Instruction.* Chicago: The University of Chicago Press, 1949.

U.S. Department of Education. Introduction. *No Child Left Behind.* Washington, DC: U.S. Department of Education, 2002. http://www.nclb.gov/next/overview/index.html [Accessed May, 2003].

230 **附录：**

单元学习的一般计划表

教师____________ 年级____________ 科目____________
教师年级水平科目____________ 单元目标时间段____________

1. 简介：本单元的内容和范围是什么？本单元对学生有何帮助？简而言之，本单元对技能、概念、事件和活动作了什么规定？

2. 目标（所期待学习成果——例如，期望学生在学习了这一单元后能够做什么？目标的内容可以包括认知、运动和情感领域）：

a 我期望学生能够做什么？

b 我希望看到学生的行为有何变化？

c 每个学生能够做什么说明其已经掌握了本单元的每项目标。

3. 单元内容：

a 在教学中我将进行那些主题？我将在何时教授这些主题？

b 单元中包含的技能、主题、副主题、概念、事件、信息等。

c 所有的活动与时间（例如，一周、两课时）的列表。

4. 方法和活动：

a 我计划如何实施教学？

b 我计划使用哪些方法？如大组讨论、合作学习、发现学习、技能学习等。

c 学生将会参与哪些活动？例如，准备口头或者书面报告，在小型团队中工作，去田野短途旅行，参加有教育性的游戏活动，听邀请的专家讲座等。

5. 教学材料或者资源：

a 教授本单元你需要哪些教学材料或者资源？

b 学生需要什么材料？

c 将会使用什么教材、软件或者参考资料？

6. 学生学习评价：

a 我计划如何衡量和评价学生的进步或者成就？

b 我将如何知晓我是否达到了本单元的目标？

c 在衡量学生学习时我将使用何种评价？随堂测验、考试、班级学生的行为观察、课堂行为观察、档案袋评价、项目、成绩等。

231 # 教育科学的源泉

约翰·杜威（1859—1952）

摘要： 杜威建议可以把“科学”看作是在专业性活动中的一种系统的质询方法。因此，如果诸如课程计划、教学和学校的组织与管理等教育活动是系统进行的，并且在进行这些活动时特别重视活跃的思维方法，那么教育活动将有可能被看作是“科学”的。科学不应该被看作是为适应教育艺术提供的规划，但是科学丰富了专业化的评价并且为教育问题提供了范围极广的选择。

教育作为科学

这一标题所暗含的思想实际上是在预先抛出一个问题：教育科学是否被认为是存在的呢？并且更加基础的问题是：教育科学能否存在？教育的程序和目标有可能被认为是科学吗？在其他领域存在着相似的问题。这个问题在历史上就很有名，它曾是在医学和法律领域提出的问题。就教育问题而言，我可能需要立刻承认我已经把这个问题放置在亟须解决问题的列表中，以避免对这个非常重要并充满争议的问题的争论所导致的歧义。

在讨论前，我们注意到“科学”这个词有着广泛的含义。

有些人把这个术语归结为数学或者能够通过多样描述方法推导出精确结果的学科。这种定义甚至否定了物理、化学是科学的论断，因为这两门学科只有一部分是严格数学化的。原先被定义为科学的生物学的科学地位就更加受到怀疑了。而且如果用这一定义衡量的话，那么人文社会学科和心理学就根本很难被定义为科学了。很明显，我们必须将科学的概念放宽，放宽到通常被看作科学的学科都能够进入到“科学”这个概念中来。重要的问题是发现众多被称为科学的领域其核心到底是什么。当以这种方式提出这一问题时，就使我们在学科问题上强调的是主观问题的处理方式而不是客观特征。从这一点来看，我认为，科学表达的是一种系统探究的方法，大量事实的提供能使我们更好地理解它们，更明智地控制它们。

没有人会怀疑，与过去相比，我们在遗传学和医药学方面的实践少了许多偶然性，猜测和传统相结合产生的结论变了，而这种变化是由于观察和测验的方法向前发展的缘故。通过一种智力技术，我们可以不断发现和组织材料，通过这种方式，探究者能够重复别人的研究，证实或确认这些研究，还能够增加主要知识的积累。更进一步而言，他们使用他们喜爱的方法去提出新问题、新调查，这些能够重新解释旧程序并创造出新的、更好的程序。

在这个意义上，要考虑教育科学的资源问题。通过什么方法能够在教育功能的所有分支和下级——课程材料的选择、教育教学的方法、学校的组织和管理中系统化地提高智能控制和理解。我们能够且应该采用何种资源以便降低教育活动受陈旧 232
规定、传统、偶发事件影响的程度呢？为了有一个稳定和持续的智力发展、交流情况和指导力度，我们需要何种资源？

对于那些在这一领域进行教育研究的人，上述问题的答案是在教学和学生指导工作中取得的，通常与掌握教育理论知识没有直接关系。A 可能在教学、唤醒学生学习热情、通过个人榜样和接触激发学生道德感等方面比 B 要成功得多，然而和 B 相比，在忽视教育史、教育学、研究方法等方面，他没有投入足够的关注。事实是具有说服力的，但是没有人能估算出这些天才教师的贡献在过去受到如此局限所造成的损失和浪费，唯一避免继续浪费的方法就是对这些天才教师的教学进行深入研究，从中提炼出精华传授给其他人。科学的存在使天才的经验更具有普遍的效力。

牛顿、焦耳、达尔文、莱尔等人的个人才能并没有由于科学的出现而遭到破坏；他们与别人不同，他们根据过去的科学发现作出了看似不可能的预测，也就是说，前人的科学不可能为他们的活动提供规则指导。但是科学能够使其他人从这些天才人物取得的成就中系统地获益。

科学方法的出现使我们避免了研究这些有着非凡能力的人物时可能遇到的一些危险：现在任何人都能够注意到一个天生的有能力的老师所产生的影响并不都是好的。受他影响的这些人经常显示出单一的兴趣，倾向于将学校变成别的问题和真理的必需品，他们倾向于利用自己掌握的语言不断地重复着前人的思想，而无须对他们有创见意义的洞见。研究同样显示，这种结果更多发生在那些科学方法发展迟缓的学科。在那些方法发展程度好的学科，学生长期采用的是方法而不单单是结果，学生要灵活地利用它们而不是把它们仅仅作为字面的东西。

这种分离似乎是正当合理的，不仅仅是因为反对科学理念的人把独特个性和天才放在反对科学上，而且也因为欢迎科学的人认为程序的一致性才是重要的。因此，从科学的观点思考学科里形成的这些事实似乎是有价值的，反之亦然。有控制的科学方法和系统的学科知识解放了个人，使人们看到新问题，设计新程序，呈现多样性而非单一性。

教育作为艺术

我想，这一主题与另一个人们经常讨论的“教育是艺术而不是科学”的问题联 233
系密切。在具体情境，教育是艺术，是机械化的艺术或者高深的艺术，这是毫无疑问的。我应该和认为教育是艺术的人被划分到同一阵营。这个阵营没有对立面，虽然阵营内部有所差别。我们必须不被语言所迷惑。工程学在实际操作中是一门艺术。但是，它是一门逐渐融合越来越多的科学的艺术。科学是这样的一门艺术：最开始是由于科学科目的问题将它引导向实际操作，这为特殊个体的大胆创新项目留有空间。但是，这些项目的特别之处不在于它们求助于科学，而在于它们将科学材料进行了新的组合，使之产生新的、前人不熟悉并且没有预想到的应用。在教育中，当任何心理学家或实验者想把自己的发现变成一致使用的规则时，那么只会出现一种结果，那就是对教育作为艺术展开的反对和破坏。

但是这种情况并不是由科学技术造成的，而是由于脱离了后者。一个有能力的工程师不会把科学发现当作是必须要严格遵守的、强加于他的特定课程：只有三流或者四流的人才会采纳这种课程。甚至可以说只有毫无技术的人才会去遵守它。因为即便采用的实践遵从科学，但它转换成一致的程序规则时，它就变成了经验规则过程，这就像一个不懂数学的人仍然可以使用对数表一样。

没有人能够否认教育仍旧处于从经验向科学转化的阶段。在经验形式下，决定教育的主要因素是传统、模仿性生产、外在求胜的压力以及个体教师的天赋、创新、获得等。在这种情况下，使用有效的程序成为确定教师能力的趋势。学生的成功由课堂秩序、学生的背诵情况、顺利通过测验、升学等来衡量。

在大多数情况下，这些都是一个社会

对教师价值的评判标准。有前途的教师来到培训学校，无论是普通学校或是大学，头脑中都带有这种想法。他们非常想要找出到底怎样做才最有可能获得成功。简而言之，他们想要回报。现在，科学被推崇是由于它的价值而不是由于它被视作想象和自由的源泉。它被推崇是因为它被认为能够提供可以在学校的教室中使用的、不被质疑的、权威的特别程序。所以科学被认为是教育作为艺术的对立面。

经验和抽象

较为成熟的那些科学的历史具有两个特点。它的原始问题是在普遍领域内提供给它们苦难事件的经验。人们通过将木材摩擦来获得火，并且通过彼此传递信息了解到该如何取暖，这早在人们获得热的理论之前。这种日常经验最终导致了“热是
234 分子运动的一种模式”的概念。没有抽象就没有科学，科学的基本意思是从熟悉的实践经验到反思性或理论性的探究中排除某些事件。

在及时实践问题的需求中能够暂时脱离纠缠是任何科学问题产生的条件。提前获得一些直接结果或者实践应用，总是会局限科学质疑——它限制了注意和思考的领域，因为我们只注意那些和我们当时想要做或者得到的事情有直接联系的事情。正如人们所说的，理论最后是所有事情中最有实践性的，因为它拓宽了注意的范围，超越了近处的目标和需要，最终导致了更宽广、更远大的目标的产生。然而，理论的形成需要绝对远离前人已经进行过的实践活动。

至于考虑建设教育实践和艺术的科学内容的人来说，保持这一分离是相当困难的。他们有一种立即获得成果，并且在学校中展示迅速、短期的有效性的压力。有一种将数字化质询以及实验室实验的结果转化为引导学校管理和教学的方向和规则的趋势。理论缓慢、逐渐增长的悠闲环境是真正科学形成的一个重要条件。在教育科学中有一种特别的危险，因为它那特有的现时性和新奇性会让人产生一种对其可能性和价值的怀疑。

为现时的状况选择一种过于接近的例子可能会有些不讨好。然而，需要一些事例证明说过的东西。我选择的例子年代久远且没有任何加工。研究人员发现11～14岁的女生成熟的速度要比同龄的男生快许多。从这个现象，或者说从这个推测出的现象，他得出的结论是：为了达到教育目的，男生和女生在11～14岁期间应该被分离开。他将这个“智慧”的发现立即应用到了学校实践的规则中去。

没有人能否认这种实施非常鲁莽。原因非常清楚：学校管理与教学工作要比科学结论中的现象复杂得多。教育事件中的一个现象的重要性只有在这个现象与许多其他现象取得平衡时才能够确定。从中我们可以发现，这种推测是这么粗糙，它可能只从一个现象中得出结论。但是，其中包含的原则却有广泛的应用价值。没有一种科学研究的结论可以立即转化为教育的规则。因为没有一种教育实践不是高度复杂的。也就是说，没有一种教育实践不是包含着比科学发现多得多的条件和因素的。

然而，科学发现是具有实践应用性的。将科学的价值与教育艺术隔离开就是错误地理解了上述情况。它所反对的是将科学发现转化为实践的规则。假设男、女生在某一特定年龄段的成熟度有所差别这一结论不断得到证实，那么就能说这个结论是一种现象。虽然不能将其转化为固定程序的特别规则，但是它还是有价值的。真正了解这一现象的教师将会改变个人态度。他将会注意对某些曾经被忽略的情况进行特别观察；他将能够解释一些曾经令他感到困扰和难以理解的事情。这种认识和理 235
解将会使他的教育实践更加理性，更有灵活性，能更好地进行调整以有效处理客观存在的实际现象。

每一项研究和结论都是特别的，特定

结论的数目不断增加，类型不断扩大的趋势将会产生一种新的观点和更广阔范围的研究。各种各样的特别发现产生了一种逐渐增强的影响，它们彼此加强和扩大，并及时导致了一种原则。这些相互联系并将不同的现象联系在一起的原则，我们称之为规范。

相互联系的现象构成了系统，构成了科学。那些了解系统和它的规则的实践者很明显地拥有一种观察和分析的强大工具。这种理性工具影响了他在实践中的态度和反应的模式。由于理解的程度加深和加宽了，他能够深刻理解隐藏于观点背后的，容易在活动中被忽视的偏僻观点。与此同时，他解决问题的实践变得越来越灵活。当看到更多的关联时，他能看到更多的可能性、更多的机会。他正在减少遵从传统和特别先例的需要。他的判断能力逐渐提高，在处理个别情境时他有了更广的选择范围。

科学意味着什么

如果我们将这些结论进行汇总，我们将得到以下结论：没有一种真正的科学是由孤立的结论构成的，无论那些获得这些孤立的结论的手段和方法从科学意义上来说是多么的正确，也无论这些结论是多么的精确。当这些多种多样的发现彼此联系构成一个相互关联的系统，当它们彼此能够证实和解释，当每一项发现都能给其他发现带来更多含义时，科学才会产生。现在这种发展需要时间，需求时间的原因在于从经验条件到科学条件的转换是短期的和不完善的。

思考题

1. 杜威提出的“天生的有能力的教师的影响并不全是好的”是什么意思？你有没有被这种类型的教师教育过？如果有，那么这些经历给你的学习造成了什么影响？

2. 根据杜威的观点，可以利用什么样的方法来弥补教师不被欢迎的状况？

3. 根据杜威的观点，什么时候“理论是最具备实践性的”？你同意他的结论吗？

236 教师、公共生活与课程改革

亨利·A·吉鲁克斯（Henry A. Giroux）

摘要：与课程和教学相关的话语反映了参与其中的这些人的观点，这些话语脱离历史、权力和政治问题。课程和教学的主流观点强调客观性，但是这些观点无法将学校教育与复杂的政治、经济和文化力量相联系，并且它们把教师看作是机械的、官僚的，是不具备智能的。因此，课程的主流观点必须考虑代表性、公正和权力问题。为了这个目的，教师的角色要重新建构，因为他们变成了承担风险的主要代表，而且作为给未来带来平等、公正的“公共知识分子”形象。

重申课程理论中的政治优势

课程和教学之间的联系是由一系列并没有总是以当今的教育改革运动的语言呈现的问题构成的。主流课程改革者经常把课程看作是向学生传授的客观文本。

与此观点相反，我想讨论的是行政人员、教师、学生和包括其他任何设计、实施或者接受学校课程的人所使用的语言实际上产生了特别的社会身份、“虚构的社会”、特别的竞争和独特的生活方式。甚至，课程语言，像其他讨论一样，并不仅仅反映既有的现实；相反，它能有选择地通过表征来描述世界，这些表征是人们努力去命名的知识、学习团体、社会关系和未来的合法代表。

当然了，如果课程被看作是一个领域的斗争主要来伦理层面的攻击，那么认为讨论教师和课程不应该脱离对历史、权力和政治的考虑的观点就变得更加明智。毕竟，课程语言既是历史的又是现时的。课程理论产生于过去的斗争中并且总是极大程度地考虑那些有权力、权威和参与教学立法的人群的利益。

课程在州政府同样也具有政治性，地方选举的学校委员会，有权力的商业和出版业都能对教学实践和课程政策施加强大的影响（Apple & Christian-Smith，1992）。甚至，学校文化通常也是被证实、被支持、被选择、被立法的主流文化的特点的集中体现。因此，学科地位间的高低，学科知识的组织和不同群体间的知识分配都表明政治工作是如何影响课程的。

在课程与教学论的主导版本中，尤其是它们的实施中，理论上没有给理解权力动力的空间，特别是围绕实施路线机制、种族和性别歧视、测验和别的排除机制（Oaks，1985）。主流教育改革家如威廉·本尼特（William Bennett）、彻斯特·芬恩（Chester Finn）、迪艾娜·莱文斯（Dianne Ravith）等也对教育在不平等条件下对产生不同历史、
社会群体和学生认同的作用展现出了不理 237
解。部分而言，这是对的，因为主导课程与教学版本是通过毫无问题的宣称客观性和充满经验主义的责任形式来认定自己是合法的。但是，更重要的是，许多主流课程论的理论家拒绝将教育同复杂的政治、经济和文化相联系，这些仅仅被视作移动和变化的边缘地带。

当牵扯进复杂的权力、差异和社会公平问题时，学校无法脱离错综复杂的历史、语言和身份相融合、价值观冲突，不同团体为如何维护自身权利而斗争的更为广阔的社会背景。维权、公正和权力问题是课

程核心理论的中心。特别是在一个大多数非裔美国人、妇女和其他有色人种在学校和其他主流文化机构都不能够体现自我的社会，事实更是如此。

教育者通常对政治抱有深深的怀疑，尤其是政治变为教条主义时更是如此。对于教师来说，如果缺乏对政治以及政治所提供给思考和形成自身行动的可能性的更深入地了解是无法成为教室中的代理人的。对教师认识自身工作的政治本质的坚持可以理解为是为体现形成课堂行为的兴趣和设想所进行的能起到更关键作用的努力的一部分。罗杰·西蒙（Roger Simon）抓住了这一敏感问题，认为通过将政治性问题引入教学者的话语，能够开启而不是封闭责任问题。

下面，我想为教师工作的目的和意义下一个定义。在其他章节中，我曾经提到过教师是知识分子，我想通过将教师重新定义为“公共知识分子”并分析其中的含义来扩展这一论述。我想通过引述自己作为教师所受到的培训以及在公立学校实际工作中面对的问题来探索。通过强调解释性原则，我能够断定建立对教师具有意义的公共知识分子形象的内容与背景。

传统与危机教育

让我们以“我们正生活在一个非常危险的时代”这一说法作为开始……无论“复兴”在我国是多么不受欢迎的一个词，我们都确实处于复兴的环境之中。我们所处的社会受到了极大的威胁，不只是冷战引起的，同时还包括国内的因素。所以任何自认为有责任感的国际公民，特别是你们这些以年轻人的思想和灵魂作为工作对象的人们，必须做好“贡献全部力量”的准备。换个角度，你们必须了解如果为纠正历代的错误观念和暴行进行努力（不单单发生在课堂上同时也发生在社会中），你将会遭遇最令人惊奇、最粗暴和最顽固的抵制。假装这些情况不会发生是毫无用处的。任何自认为有责任感的男女都有责任检验这个社会，努力改变它并且在任何危险面前捍卫它。这是社会唯一的希望。这也是社会改变的唯一方法（Baldwin，1988，p.3）。

我在阅读著名的非裔美国小说家詹姆
斯·鲍尔德文（James Baldwin）的作品时 238
感受到更多的是希望而不是讽刺和无力感。鲍尔德文的作品之所以能够打动人是因为他先假设教师是重要的角色，教师为了向危险挑战能够在理论和实践之间发挥作用，能够将他们所看到的进行提炼，能够对学生和他们所生活的世界发挥重要作用，这就向教师传递了一种道德和政治使命感、责任感。为了能够响应鲍尔德文向教师所提出的“贡献全部力量”的号召，在课堂和现实世界表现出勇气和正直，对于教育工作者来说非常重要的一点是要认识到现在的公立学校所带来的挑战是最严重的，是以往和未来的任何一代教师所不曾或不会面对的。政治上，美国经历了12年的改革，其中要求教师要降低自身技能，成为技术人员，或者用更加理想的术语，使他们接受“办事员”的角色。在我们身处的时代，国家立法者和政府官员都在越来越多地要求对教师进行测评和实施标准化课程，同时，国家立法者和政府官员忽略了在改革中最重要的人物——教师。在如此令人不快的情况下，教师的意见被忽略了，被置于教育讨论之外。现在情况变得更糟。

经济方面，教师的工作条件，特别是在纳税水平较低的城市地区，非常艰苦。大家都熟悉这样的情况：教师工资水平低，教室内学生人满为患，资源缺乏，针对教师的暴力活动逐渐增加。出现这些情况一部分是联邦政府持续不断地缩减公共部门财政支持的结果。20世纪70年代中产阶级掀起的税收改革已将城市和各州对公共服务的拨款能力推到了极限，社会大多数部门对此表示反对，并认为学校被看作是把培养未来的劳动者作为唯一目的的场所，教师相应的被看作是附设的“小兵”，向学生提供商业社会所需的必备技能。简而言之，教学危机有一部分是把学校看作团结、平等和社会公平的附设部门的结果。但是这确实为日后和当今的教师带来了挑战，将教师带入到例如教师培养、教育领导的重要意义和课堂教学的主要形式等一系列重要课题的争执中。

我认为如果未来和当前的教师乐于像鲍尔德文所说的“奉献所有”，他们将需要再一次把教育当作“批判性和可能性”工程的一部分。但是现在不单单是谁控制教师工作条件这一个问题。这个问题是很重要，但是同样需要呈现如何在学校中发挥作用的新语言和新方式。正是通过一种更加具有批判性的语言，教师才有可能意识到自身权力以便在下列问题中发挥作用：在学校的培养目的中，什么知识是最重要的，对于教师和学生来说了解一些事情意味着什么？教师和学生需要什么样的引导？在组织教学时需要什么样的权威？这些问题非常重要，因为它们强迫教育工作者进入到自我批评中，同时强调教师在改革公立学校的任何有效活动中的核心角色。

我自己的教师生涯主要是本科教育培训和大学一年级的学生教学。而这些经历的内容构成了我自己作为一名教师对教师这一角色的核心认识。在我的第一份工作
239 中，这些经历并没有让我准备好解决我必须面对的特别任务和许多问题。在下面我将介绍我自己的经验，以便说明形成了我的教学观念和我试图实施的课堂实践的教育理论的不足之处。

学习成为一名技术工作者

在我为成为教师学习的过程中，大部分学习内容都是如何掌握课堂方法，如阅读布鲁姆的分类学，学习熟练管理考试等。但是我从未被要求思考考试是如何可能成为追踪和忽视某一团体的分类工具的。和同时代的师范生一样，我学习了如何掌握各个学科的知识，但是我从未学习过思考这些知识是如何联系和组织成为整体，以及这些知识是如何确定权威和权力的。例如，从来没有人教我思考哪些知识值得学习，为什么值得学习，为什么学校确定某些知识形式而忽视其他，为什么英语比艺术重要，为什么学习课程被认为不值得。甚至我从来没有机会思考那些实际上构成班级生活的权威原则以及这些原则是怎样通过分析校外的社会、经济和政治条件而被理解的。如果一个学生上午趴在课桌上睡觉，我会认为这是教学和管理的问题。我根本不会意识到可能是某些社会原因造成了这种行为。例如可能是这个学生服用的药物造成的，可能是因为饥饿或者由于其家庭生活状况而造成的疲劳。我学会了快速地将社会问题从学校教学问题中分离出来，因此要理解学校和更广阔的社会情况之间关系的复杂性就非常困难了。

我最开始的教学任务是在一所教师每年转行率超过85%的学校任教。我走进学校的第一天就遇到一群在大厅聚集的学生，他们用捍卫自己“领土主权”和怀疑的眼神盯着我，其中一个开玩笑地问我：“嗨，伙计，是新来的吧？叫什么名字？”我记得当时我认为这些学生采用这种方式对待我破坏了师生关系的某些规范。我当时根本没有意识到涉及教育和教学问题时应该考虑学生身份、文化和种族问题。我不知道创造丰富和安全的课堂以将教学和学生自身的文化、语言和生活经验相联系对于学生来说是多么重要。我很快发现在学生的教育经验中给他们权力和自主能够形成对我而言是承担风险和自我批评的语言，对他们而言是有意义、实际的和可变化的语言。

缺乏远见的领导者

在我从事教学的第一年，我从美国友人服务委员会租了一些影片，我忽略了一

些官方要求的课程教科书，并且把我自己
240 的书籍和杂志文章放在了学校图书馆供我的学生们阅读。我希望能够在学生产生知识的条件方面施加一些影响，我鼓励他们通过使用学校的摄影器材、录像机和日志来创造自己的学习内容。在极短的时间内，我便与学校的校长产生了冲突。这位校长是巴顿将军和原始摩登人的混合体。他身高6.3英尺，体重113磅，外表看起来十分有压迫感和威胁性。他第一次把我叫到他的办公室，我就知道了他是如何被教育的。他告诉我在他的观念里学生就应该安静地待在教室里，教师要严格地讲课和写板书并且从不向学生提出他们不能回答的问题。他进一步暗示，与其自发探索课堂上的资源不如通过地方商业和公司使用已开发的可使用的配套课程。他坚决相信：严格管理控制、严密的责任系统和固定的原则是教育领导的核心。因此，我发现自己处于世俗的地狱中。学校将教学变成了枯燥无味的逻辑流程图。甚至，这是一所白人男性管理者拥有极大权力，进而加剧了大多数教师孤独和失望感的学校。我加入到与这种管理对抗的各种类型的“游击战”中，但是为了“生还”，我必须招募其他教师和社会上其他成员来帮助我。在这所学校工作了整整一年后，校方暗示我不要继续留下。幸运的是，我有另一份教师工作做后备，并且去了一所好得多的学校。

追溯起来，教育管理的主流观点是在里根和布什时代复苏的。它的影响包括限制教师在课程开发和规划方面的权力，加强学校的等级组织管理，将教师排除在评价和实施课堂教学之外。国家考试、国家课程标准和一致对开发多元文化课程予以攻击的呼声是很明显的。引导这一教育模式和观点的理念是教师的行为需要被控制，无论学校和学生数量是否有差别，教师的行为应该是一致的和可预测的。这种理念的影响不只是将教师排除在考虑和讨论的过程之外，同时也僵化了学习和课堂教育的本质。这种教育方法假设所有的学生能在统一标准的资源、教育方法和评价模式下进行学习。那种学生来自于不同的历史、经验和文化的观点是被这种教学方法所忽视的。同时，教育必须关注特殊内容的观点也同样被忽视。

作为公共知识分子的教师

我想通过讨论重新思考和重新构建教师工作的本质的方法之一是把教师看作公共知识分子。这种把教师角色定义为公共知识分子的不舒服的表达在美国有着悠久的传统并且已经成为当今各种争论的焦点。在一个层面，一些保守党派人士争论到，从鉴定立场上表达公共问题的教师仅仅是他们所称作政治正确运动的一部分。在这种情况下，对教育工作者发表热切社会言论并将这些言论与教学相联系的任何可能性都被强烈地怀疑。甚至，在这种观点的外延下，学校被看作是对政治不感兴趣的机构，其主要目的就是将学生培养成为职场所需要的人才，同时将共同的普遍定义的“美国人”生活方式的价值观再生产。与此同时，许多自由党派人士则认为教师
应该根据个别的教育方法的观点发表应有 241
的公共言论。当格兰特·格拉夫（Gerald Graff）号召教育工作者教授“冲突”时，这一观点更加清晰。以这一观点，对代表权的斗争代替了政治意义是如何帮助学生识别、参与和改变产生种族主义、性别主义、贫穷和别的压迫情况的权力关系。甚至，一些激进的女权主义者已经提出教师要成为公共知识分子的召唤促进了在她们捍卫的权威的形式中占有绝对优势和压倒性比例的领导模式。也许在这两种立场和观点中都有一定的正确性，但是他们同时也都有着许许多多的理论方面的弱点。保守主义者经常拒绝反思他们自己认为的合法知识是有问题的，也不对他们通过对个人、群体和挑战现有基本原则的观点简单地贴上标签来挽救特殊权力形式是如何运

作的进行反思。另外，自由党派人士在拒绝获得教育的固有的观点以及坚定地支持学术上严厉且公正的教育学观点之间摇摆不定。纠缠在关于公平的讨论和对有争议的教学方法的争议中，自由党派无法用语言清楚地表达构建他们所认为的知识和权威的关系的观点以及由这种观点促成行为的道德理念。甚至，他们越来越倾向于相信从某个特别的观点进行教学相当于将一种思想强加于学生头上，在某些情况下，这将导致麦卡锡主义的一种形式——富有批判精神的教育家最终将被当作是思想教育的罪人而被摒弃。同时，女性主义评论是最有趣的，它轻描淡写地描述了允许教师有更多在自我批判方面运用权威的可能性，同时为学生认识到自身和他人的自由意志的作用提供条件。在发表这一双重主义的言论时，一些女性主义教育评论者扼要地阐述了他们反对者的立场，并借此呈现了危机教育学的非历史化的、简化的观点。最重要的是，所有这些立场在确立教师成为学校和学校之外的民主化运动的动力的可能性方面都失败了。

作为公共知识分子，教师必须在教室和其他教育部门施加影响力，勇气、分析工具、道德观念、时间和奉献对于帮助学校重返其基本任务都是必要的：学校应该是创造一种氛围，培养能够控制自己生活特别是知识获得的条件的公民，实施危机教育的机构。任何改革的核心都是要认识到民主并不是一系列关于参与的正式法规，而是赋予最大多数人权力的活的经验。并且，学校应该是民主的公共活动部门的呼声，不应该局限于对平等的入学机会、平等前途或者平等原则的语境下其他讨论的号召。平等是民主化学校的关键部分，但是教师不应该局限于号召平等的要求。相反，教师的新呼声应该有组织地围绕着赋予学校中最广大学生权力的活动，这些学生应在极其民主的精神下接受教育。

这就提供了在定义公共知识分子时的另一个维度。这些知识分子必须同时兼备教育者和批判者的角色。这要求教师必须将课堂教学的实践和在更广大社会中的权力发挥相结合。与此同时，他们必须参与到能够影响学校教学和教育工作的更广大的社会力量中。在此讨论的是允许一部分教师成为公共知识分子，将社会公平原则扩展到经济、政治和文化生活的各个领域。在这里的讨论中，在学校中创造知识、身份和社会价值观产物的经验不可避免地要和更广大社会道德和政治生活水平相联系。因此，学校教学的改革必须被看成是公共生活的更广大的复兴的一部分。

这并不表明教师作为先锋群体的公共 242
知识分子仅仅在重新生产另外可供掌握的知识方面发挥作用。事实上，作为公共知识分子，教师将自身的批判角色与在参与和其他教育工作者、社区人士、各种文化工作者以及学生的讨论时对自身想法进行批判的能力相联系是非常重要的。作为公共知识分子，教师需要意识到他们自身地位的局限性，将自身的教育内容个别化，挑战当前教学中的知识结构，与其他人团结起来获得对自身工作条件的控制。至少，这意味着教师将不得不与多方面进行斗争，以便能够转变学校现有的工作和学习的条件。这意味着教师不仅要和社区人员、其他教师、学生和家长合作在教室中开辟更广阔的空间，同时也要与其他文化工作者建立合作关系以便同地方、州和联邦政府形成的教育政策进行斗争。

作为公共知识分子，教师需要为学生提供学习条件。这些学习条件应该使知识不受权力的约束，关注学生的背景和经验，教师的言行能够被看作是改变周围世界的斗争的一部分。更为特殊的是，教师需要召唤一种能够缩小学校和真实世界之间差距的教育形式。课程应有组织地围绕着与社会、文化、传统相联系的知识，这些知识能够赋予学生历史感、身份意识和时空感。这要求教育手段不仅要使教育内

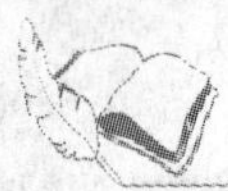

容个别化，同样也要求扩大文化内容的范围，因为文化能够决定什么应该被看作是知识。作为公共知识分子，教师需要理解和运用构成了大众文化的电子媒介知识形式。这是一个媒体的世界——电视、电影、音乐和其他大众文化系统构成了出版物和书籍的技术的外部环境。另外，课程的内容需要表明并且批判性地丰富学生用以调整和形成自身生活的意义、语言和知识。

对于教师，扩展课程的相关性以便将丰富和多样的教学对象都容纳进来是十分重要的，他们因此也需要将课程安排恰当。也就是，学生应该积极参与到管理中来，“包括设置学习目标、选择课程、自主组织(包括自由言论)”。在教室、学生和管理者之间权力的分配不仅提供了学生学习成为自己学习过程的管理者的机会，同时也提供了整体学习、公民行为和道德责任感的基础。并且，这些内容成了学生的生活经验而不是学科知识。

此外，作为公共知识分子，教师需要为有关文化差别的讨论提供课程开发和研究的明确的原则。在一个人口变化、大规模移民、多种族的社会，教师必须确切地意识到文化多样性是学校教学和公民之间关系的核心。首先，这意味着要扫除狭隘主义和种族沙文主义的残余，这些残余是最近几十年学校改革的阻力。里根和布什年代证明了对少数民族权利、公民权利的合法性、赞成的行为以及怂恿欧洲中心利益的课程改革合法性的全面攻击。教师们为了使学校更能关注学生带到公共学校的文化资源，通过课堂内外和别人的团结一致来改变政策，来确信他们对公共民主生
243 活和文化民主的贡献。在一个层面上意思就是努力形成保护所有群体公民权利的法律。同样重要的是需要教师在为不同文化差异主体开放学校课程的鼓励性项目中起到主导作用，而不是陷入到“另类”经验的浪漫陷阱之中。倡导将公共教育看作是更广大的伦理和政治讨论的一部分的教育法规的发展正处于危机中，挑战最近几十年课程改革的是复杂的种族主义。这部分地表明了关于学校和国家认同间关系的争论术语的变化，从同化伦理和深深的欧洲中心文化到显示国家身份的多元传统和历史的观点转换。

总之，教师作为公共知识分子需要表现出身份的必要性。这部分意思表明学校是如何创造条件让学生成为社会代表，愿意拓展促进民主的关键的公共文化。结果是，任何教学概念都必须作为文化政治的一种形式，也就是强调教育作用的政治，因为它发生在多样的公共场所，是开辟而不是关闭保持公正的可能性，是在可能性紧缩的情况下充满希望的活力。

参考文献

Apple, M. (1993). *Official knowledge*. New York: Routledge.

Apple, M., & Christian-Smith, L. K. (Eds.). (1992). *The politics of the textbook*. New York: Routledge.

Aronowitz, S. (1993). *Roll over Beethoven: The return of cultural strife*. Hanover: Wesleyan University Press.

Aronowitz, S. (in press). A different perspective on educational inequality. *The Review of Education/Pedagogy/Cultural Studies*.

Aronowitz, S., & Giroux, H. A. (1993). *Education still under siege*. Westport, CT: Bergin & Garvey.

Baldwin, J. (1988). A talk to teachers. In Simonson & Waler (Eds.), *Multicultural literacy: Opening the American mind* (pp. 3–12). Saint Paul, MN: Graywolf Press.

Finn, C., Jr., & Ravitch, D. (1987). *What our 17-year olds know*. New York: Harper & Row.

Frank, J. (1993). In the waiting room: Canons, communities, “Political Correctness.” In M. Edmunson (Ed.), *Wild Orchids: Messages from American universities* (pp. 127–149). New York: Penguin.

Giroux, H. A. (1988a). *Teachers as intellectuals*. Westport, CT: Bergin & Garvey.

Giroux, H. A. (1988b). *Schooling and the struggle for public life*. Minneapolis: University of Minnesota Press.

Giroux, H. A. (1992). *Border crossings*. New York: Routledge.

Giroux, H. A. (1993). *Living dangerously: The politics of multiculturalism*. New York: Peter Lang.

Graff, G. (1992). Teaching the conflicts. In D. J. Gless & B. H. Smith (Eds.), *The politics of liberal education* (pp. 57–73). Durham: Duke University Press.

Hirsch, E. D. (1987). *Cultural literacy*. Boston: Houghton Mifflin.

Oaks, J. (1985). *Keeping track: How schools structure inequality*. New Haven: Yale University Press.

Simon, R. (1922). *Teaching against the grain*. Westport, CT: Bergin & Garvey.

Wood, G. (1933). *Schools that work*. New York: Penguin Books.

思考题

244　1. 为什么吉鲁克斯倡导“对教学的讨论应注意政治背景”？你是否同意他的这一观点？哪些观点是出于批判吉鲁克斯的观点而提出的？

2. 如果教师成为“公共知识分子”，将会对他们的课程规划活动产生哪些影响？换句话说，他们做的事情将会不同吗？

3. 关于你最熟悉的教育配置形式，如果我们的行为像吉鲁克斯所建议的那样“尽全力”，将意味着什么？我们可能会遭遇到哪些形式的阻力？

4. 你是否同意吉鲁克斯在教育领导限制了教师参与课程开发和规划方面的主要观点？以你的专业经验为基础，你是否能举例说明教师对课程的参与度正在提高？

谁应该规划课程

格兰·汉斯（Glen Hass，1915—1997）

摘要： 许多团体在课程规划中都扮演着重要角色。学者从学科角度对应该教什么和如何实施课程提出了自己的观点；家长和其他公民在这个多元社会可以协助构建课程中的目标和价值观；学生处于评价现行课程优缺点的极佳位置，能够参与课程规划的很多方面，从确定哪些应该作为学习内容到确定评价成功学习的方法。最后，教育者在促进合作性课程规划的创建中起着重要的作用。

在这个许多问题经常无法解决，变化速度极快的复杂的时代，课程规划专家重新审视“谁应该规划课程”这个问题就变得非常重要。很明显，需要的课程规划和教学包括超越任何单一学科和专业范围的多种因素。此外，现在社会和世界的变化是如此迅速以至于当今的课程将无法适应明天的世界，二十年后这些就都过时了，而世界未来的领导现在正在教室中。

我们需要的课程

245 今天的课程规划者应该了解当今社会的条件和趋势以及民主生活可能的条件和要求。在 21 世纪初期，未来教育几乎是没有用的，除非它让学习者做好准备面对那些他们自己和其他人以前都从未遭遇的问题。教育领域的所有专家在规划课程时心中必须有明天的景象。所有那些我们现在觉得是好课程的课程都有面临改正的问题。

在面对未来时我们必须找到方法来教学生学会适应、解决问题，学生必须掌握分析、表达和理解的手段。我们肯定会发现各个年龄的学习者必须为现在还不存在的工作做好准备。我们将会看到无论是顾客、选举人、家长、立法者还是合作规划者，所有人都有无数日益复杂的任务。

所有有兴趣的公民、家长、学习者和来自于各个学科的学者都应该被鼓励在课程规划中与教师、校长、课程带头人、州教育部门和联邦教育部门的人员合作。所有这些有兴趣的团体组成的课程规划参与者团队将开始出现在地方学校和学区。无可解释的汹涌而来的未来需要许多不同的自主和可替换的努力来应付挑战和问题。

在过去，许多课程的撰写人已经开始提倡学者应该被鼓励在课程规划中与专业的教育家合作。他们也频繁地宣称在课程规划中合作模式是有必要的。然而，在课程规划过程中，他们对不同类型的规划人员的特定角色投入的注意力不足。我们经常缺少足够的角色定义，作为教育者，我们过分强调了我们教育公众的任务，而太多地忽略了意见。让我们尝试对每一个团体在课程规划中的特定角色进行定义。

学者的角色

来自于各个学科而不是教育的学者在课程规划中的角色是什么？他们可以有两种方法来为课程规划服务，一是就哪些知识应该被教授提出关键性建议；二是可以建议实施课程决策的方法。

例如，在 20 世纪 60 年代，生物、数学和物理领域的学者与教师和其他课程工作者合作决定应该教授哪些内容。这些规划者发现当时使用的教材中几乎没有现代的概念，虽然在知识领域内在过去五十年中发生的变化比之前五百年还要多。他们同样认识到在统一概念方面应该投入更多的注意力，以便降低需要学习的基本知识的总体数量。目前需要学者的合作来识别同未来最相关的概念，目的就是为了它们能成为课程的核心。

社会学家在确定达到教育目标的方法和在社会变革中应该学习的核心价值观和行为模式方面能够提供特别的协助。同样重要的是，社会学家作为未来的规划者，能够协助教育工作者理解教育对象在未来所生存的那个社会的某些特点。为了让孩子们为未来生活做准备，他们将共同提出更好的教育计划。

人类学家能够指出文化的各个方面发展的原因。他们能够帮助学校做计划来抵消“一致”所带来的压力，更多地重视批判性评价和创造力。他们能够帮助计划发展每个学生对于自身创造和适应社会的力量、局限性的理解力。人类学家能够帮助发展面向未来的课程计划。

许多学科的学者能够帮助规划课程，通过界定核心概念和规则来发现学科的本
246 质。他们现在所代表的许多学科越来越难以被教授。我们需要哲学的统一来适应我们这个世界，适应未来。对于学习者而言，他们是能够被教育的——只有通过学者与教育工作者共同合作才能够达到这种统一。

家长和其他公民的角色

长期以来，我们仅仅建立了课程和使用了公众可以接受的教学方法。我们必须同公众共同工作，并采用秩序的参与方式。为了改变公众的信仰、态度和与此相关的行为，他们必须参与课程规划之中。

一个基本的问题是，对于特定社会的学习者来说，在课程中应该表现谁的价值观？课程规划者必须认识到坚如磐石的课程在多元化社会中是不会被家长和其他公民接受的。课程带头人和教师应该和家长以及其他有活力的公民共同合作，在特定的班级、学校和学区设立年度教育目标。在大的学校系统框架里，当地社区、教师和校长应该解释“合作”，每一个学校团体都应该把它作为来年最重要的关注点。

从1960年至今，许多校区以前的做法都是降低公民参与度，越来越多地将课程决策的制定限制在教育专家群体内。在20世纪60年代末期，课程规划急切要求通过大的城市学校的去中心化而进行社区控制——主要的例子就是公民不能参与课程规划。

许多家长都关心子女是否在学习着在社会生存所必需的基本技能。有些家长关心教学内容以及课程是否尊重学生的种族和伦理背景。所有的家长都想知道教师是否真的接受和分担家长对子女学习的关心。在缺乏统一的规划时，每个团体都把其他团体看作是缺乏相关感受的，看作是带着不合理期望和提出不现实要求的。

许多学校创造和使用结构性工具来分享他们由社区公民和专家成员制定课程的想法，这是极其重要的。

专业人员必须学习与公民合作，要认识到公民必须参与而不是被忽视。参与应该从家长和教师共同针对他们所关心的内容做计划这一层面开始，由此再到公民建议委员会和系统的课程委员会。每个社区的专家和每个教室的教师都应该负责建立这种参与的通道。

学生的角色

学生是课程规划中尚未被利用的重要资源。学生在解释当前课程的优点和不足方面处于最佳地位。他们的想法和反应都非常重要。研究表明，许多时候当学生参与课程规划和课程评价中时，学习成绩将明显提高。

在教学过程中，学习者应该参与目标的设立。在特定的学习经验中，最根本的
目标应该是那些学生认为有趣和有意义的。 247
虽然教师用来引导其课程规划的目标和那

些学习者寻求的目标不需要一模一样，但是它们之间应该有许多重合之处。教师和学习者各自的目标必须被互相理解，目标之间必须是和谐的，否则将不能够实现。

教师—学生规划使用得太少了。规划的理解和技能是教育最重要的贡献。可能会有更多的教师和学生一起进行课程规划，如果他们意识到学生—教师规划有至少七个方面，可能会开始就下面的任何一个内容，与学生共同进行规划：

1. 哪些知识要被学习？
2. 我们为什么进行这种学习活动？
3. 我们怎么进行这种学习活动？
4. 我们可以在哪些地方做我们需要做的事？
5. 我们应该何时做？
6. 大家分别做工作的哪个部分？
7. 我们如何评价学习中的成就？

可能学生参与众多主题选择的这种情况仅仅在某些学科存在，过度地在所有学科所有方面使用学生—教师规划的方法是不应该的。

教育工作者的角色

教育专家的角色在他们与学者、家长、其他公民以及学生合作时将得到提高和发展。

为参与课程规划者提供结构，通知、提供建议、带来来自多方资源的共同贡献、制定推荐的行动计划是教师、校长和课程咨询者的工作。专业性教育者在分析规划的课程时，一定要考虑学习者身处的社会和将来的本质特征。

专业的课程规划者应该意识到将学校教学与周围的政治、经济和社会情况相联系以使课程的方法和目标能够在特定的环境中适应学习者的生活。

教育者需要坚持他们的信仰，分享他们的知识和感受。公众依据教育者的指点和鼓励提出课程提升的建议。这种建议应该同目的意义、思维分析能力和对人们要求合理尊重的反应相联系。在提出建议时，教育者一定要避免认为课程仅仅是专家们的事情。共同工作经验有助于解决这个问题。

教师最重要的作用就是同学生交流他们的学习价值。教师要经常激励学习者。学习者也要乐于向老师们学习。

最后，专业教育者必须从别的规划者的立场评价和交换这些贡献，形成在自己课堂上执行的课程计划或者提交给课程委员会以获得支持。

展望

如果认识到所有的公共教育政策都是专业与非专业互动的产物，那么发展中的主要阻力是能够被克服的。加强各类学科专家与教育家之间的交流将会是有价值的进步。下一步将更充分地运用广大的未被开发的资源——学生对课程规划的贡献。 248
在每一个社区，教育专家将转移到建立需要的结构化的工具以便学者、公民、学生和教育专家可以共同规划所需的课程。由于教育的重要性，每一个团体都应该将他们的对课程计划的独特贡献的可能性变成现实。

谁应该规划课程？每个人都对未来感兴趣，每个人都关注今天在课堂上而明天将成为未来领导者的学生现在所接受的教育的品质。

格兰·汉斯，佛罗里达大学名誉教育学教授，约翰·杜威社会学会两任主席。

思考题

1. 你是否同意“学生是课程规划中未被开发的资源”这一说法？同意或者反对的理由

分别是什么？

2. 在你最感兴趣的课程领域，应该创造何种结构来加强下面各个团体在课程规划中的参与度：学生、家长、社区人员和其他教育专家？

3. 教育者在建立统一课程规划时应遵循的原则是什么？

248 一位校长的回顾：标准问题

科姆·马歇尔（Kim Marshall）

摘要：在全国最古老的公立小学——波士顿迈德学校担任了15年校长后，马歇尔审视了他的成就和失败。迈德学校拥有大约600名旧城区的学生——他们中的许多人在家中不说英语——马歇尔面对了无数城市校长都会面临的挑战。他将20世纪90年代迈德中学的进步归因于明确的国家标准以及高水平的马萨诸塞州阅读评估系统测验。

在担任了波士顿迈德学校的校长15年以后，我这个经历无数"战斗"洗礼的"老兵"始终怀着坚定不变的理想。我很高兴有机会回顾一下引进标准是如何影响每天为给所有学生提供第一流教育的"战争的"。

在经历了三年学校领导的挑战经验后，我成为波士顿迈德学校的校长。1969年刚从大学毕业时，我在波士顿中学教6年级，并且像一匹孤独的狼那样，设计我自己的课程，我在课堂教了9年，但是我从来没有在意过任何核心课程。

在1980年，受到"高效学校"研究的吸引，我花了一年时间在哈佛教育研究生院学习，待在爱德蒙德斯（Edmonds）本
249 人的身旁。我加入了关于什么可以促使城市学校运作的研究（强有力的教学领导、高期望、关注基础、有效运用测验的数据以及安全的人性化的氛围），我渴望成为学校领导，将这些理念应用于实际工作。

但是当我研究生毕业时，马萨诸塞州的选民通过了"税限"的公民复选，这导致波士顿的财政预算陷入混乱，有27所学校关闭了。这让我失去了短时间内成为校长的机会，我准备继续我的教师职业。

然而，我被波士顿学校监管人罗伯特·斯伯兰（Robert Spillance）——一个有力且负责的学校倡导者——任命为全市范围新课程制定的主管。不久之后，在斯伯兰的继任者拉瓦·威尔逊（Laval Wilson）的领导下，我主导了充满雄心壮志的系统化的策略的规划过程。我和同伴做了很多有用的工作，但是在中心的办公室工作的那些年让我感到我们总是像幕后操作者。很多校长并不乐于将我们的想法运用到学校，我们的工作经常没有实质上的作用。

当1987年我终于成为校长的时候，我的教师、研究生和政府官员的经历让我意识到城市学校所面临的挑战的三个方面：(a) 有天赋的但是固执地独立着的教师的工作孤立于同事和外界的标准之外；(b) 关于高效的城市学校的关键因素方面有争议的研究理论；(c) 中心办公室在推动有着高度自治权和较少责任感的学校改革方面力量有限。既然我已经坐在校长的位置，我想我将是对教师和学生施加影响的最理想的人物，不是吗？

首先说好消息。在过去的15年里，迈德学校的学生已经取得了极大的成果。我们的学生出勤率从89%上升到95%，职工的出勤率从92%上升到98%。我们的测验成绩较最差的时候上升了2/3左右。最近的一次深入审查通过对学校深入检查和标准测验，我们得到一个B＋的成绩。在1999年，迈德学校被认为是全州所有小学里面MCAS（严格的马萨诸塞州立测验）最大的受益者。我对这些成绩感到骄傲，我为教师技能和培训、学生氛围、慈善支持和环境绿化的提升感到自豪。

接下来是令人难过的消息。我们取得的成就进入了令人难以忍受的缓慢增长期，并且伴随了大量错误的开始、走“弯路”和倒退。学生测验成绩的曲线没有显示出我预期的清晰的线性的进步。在标准化测验中我校太多的学生仍然处于最落后的水平，很少有达到优秀和进步的，而且我校学生的休学率太高。许多重要的工作仍需要进行。

当评价一所学校时，每一个人都是专家。如果迈德的学生成就是卓越的，人们会将其归因于某些明显的原因：校长的领导、校长每周工作 78 个小时、招聘了优秀教师、财政水平的提高以及由其带来了更多的资源、运用了高效学校的研究成果等。但是我们的学生成就并不是卓越的。这意味着即使付出了很多艰苦的努力，仍然没有找到某些重要因素。

我认为 1998 年前的有意义外在评价标准的缺失阻止了我们艰苦和缜密努力的引
250 力。我愿意通过检验高学生成就、引进外在标准的斗争和马萨诸塞最终制定高风险测验后的变化的十大众所周知的困难来检测我的理论。

1. 教师孤立。在我担任校长的最初几个月里，迈德学校的教师彼此之间缺少联系，教师缺乏对学校目标的理解的状况令我感到震惊。我理解教师们渴望关闭教室的大门，做自己的事情的心情——当我是一名教师的时候，我也做过同样的事情。但是在学习了高效学校研究的报告，并思考我自身在中心办公室工作的经历之后，我认为如果迈德的教师一直孤立地工作，可能会有小部分的优秀成绩，但是学校的整体成绩将会继续糟糕下去。

所以，我努力促使全体员工像一个团队那样共同工作。我分发每天的报纸、邮件，尽力注意有关课程和有效教学策略的员工会议。我鼓励员工共享成功，公开赞扬优秀教学，并且多次呼吁并成功地为迈德的教师争取到了市“金苹果”奖金。我招募了一个合作伙伴，在其他事情中，他的慷慨令偶尔的全校职工午餐和年度圣诞聚会得以实现。

但是，看起来士气仍没有走出低谷。学校职工会议转向学生纪律问题，并且作为一个看起来对学生过于友好的年轻校长，我经常遭到反对。我们花费很少的时间讨论教学问题，全校团队意识并没有发展起来。结果教师仍旧像私人手工艺者那样工作，有时技术高超，有时非常平庸，并且整个的结果仍然令人失望。

2. 缺乏合作。在将全体职工组织成一个欢乐的大家庭这项努力失败后，我决定按年级组织分组合作，这样更方便管理以提高合作度。我开始重新安排学校的日程，以便处于相同年级的教师有着共同的自由时间。最开始团队每周至少开一次会并且不定期组织课后或者周末疗养（由教师自己付费）。几年以后，一位规划顾问教我如何通过规划艺术、计算机、音乐和紧接午饭后的体育课堂来创造每周一次的 90 分钟小组会议。

在多次讨论之后，我们引入“循环”的做法，让整个 4 年级组带着同一批学生移到 5 年级（5 年级教师返回到 4 年级）。教师们发现花两年的时间在同一个班级加强了学生和家长之间的关系以及他们团队的关系。几年之后，幼儿园和 1 年级组也决定开始“循环”。

但是，尽管小组合作花费了大量时间，议程中会有一个明显的被问题学生的各种问题和别的管理问题所控制的倾向。我渴望团队能够利用开会来更多地关注学生成就，用数据计划提高成绩的方法，我尽力在培训和有效教学中使用小组合作，但是我在更改会议日程方面受到局限。回顾以往几年的工作，如果我参与团队会议并更多地扮演领导角色，我可能会更成功，但是每天的这个时间我几乎都是在楼下管理自助餐厅并且以教师需要有自行开展自己会议的权利作为理由。

3. 课程混乱。在我做校长的最初几年时间里，大多数教师拒绝使用各年级标准的事实令我感到震惊。在中心办公室工作时，我曾参与创建波士顿全市范围课程目标，我惊讶于这些教师竟对此忽视到如此程度。当然，教师乐于享有他们的“学术自由”，但是这会带来许多问题。当一个年级的教师重视多元文化时，另一个年级的
251 教师以学生对传统历史事件知识的了解作为评价学生的标准；当一个团队强调语法和拼写时，另外一队关注的是演讲的风格和发音；当一个老师鼓励学生使用计算器时，另一个希望学生能够熟练掌握混合运算……这些零零碎碎的“不许干涉”是持续不断的不愉快的来源。但是教师们几乎不会将可能遭到同事冒犯的心理感受说出来。这将导致在深入的教育理念方面的可怕的歧义和冲突，教师们也一定会因此士气消沉。缺乏真诚的讨论令年级与年级之间难以达到有关课程的共识，最终导致迈德的士气由于暗藏的分歧而有着极为严重的问题，测验成绩也糟糕透了。

我把课程混乱看作是管理的主要问题，我一次又一次地试图令教师进入统一的K—5系统。在一次员工回顾会议上，我要求每一个年级的教师都分别与高一级和低一级的同事交流，在更好的课程“自由”方面达成一致。大家都有礼貌地听取他人的意见，但是在教学时基本不做任何改变。我大胆地引进了新编写的马萨诸塞州课程文件纲要和全国课程文件，但是其中没有适合学生的测验，因此这些都被忽视和抛诸脑后了。当1996年波士顿中心办公室推行了新的课程时，我将其改变成为每一个年级的教师都能喜欢和接受的形式，但是，这对许多班级的私人课程的影响也不大。

结果，我们太多的学生在升入高年级时水平参差不齐，我们的5年级生虽然比大多数波士顿小学毕业生准备得充分，可是在升入中学时在知识和技能方面仍然有着较大的差距。这不是一幅美好的图画，我从内心感到沮丧，因为我找不到解决这个问题的方法。

4. 联盟弱小。当我与课程问题做着艰苦斗争时，我发现测验是把教师统一在一起的关键因素。但是很明显，所有学生们参与的标准化测验都和课堂上进行的课程联系得不多（无论课程的内容是什么），并且不受大多数教师的尊重。波士顿在20世纪80年代为编写全市通用课程测验所付出的努力并没有获得多少成效，那些测验不久之后就被弃置不用了。教师每周五和课程单元结束时进行的测验都是不用要求的，包含它宽泛的期望和优秀标准。唯一获得些许尊重的是公民成就测验——针对除幼儿园以外的各个年级进行的阅读和数学测验，测验成绩按照学生所在学校顺序刊登在波士顿的报纸上。

感觉到教师对公民成就测验的重视，我认为这有可能促使教师实施统一课程，令学生具备升入高一年级所需的知识和技能。我对该测验进行了细致地分析，在没有引用测验题目的情况下，我告诉每个年级的教师测验在阅读和数学方面主要的内容。教师使用了我建议的课程及其目标了吗？他们并没有。承认它对我而言有一定困难，但他们却有一个理由。教师们认为通过教学生一些考试中的问题或者波士顿课程并不能提高学生分数。设计的公民常模测验的学生成正态分布，这与特殊的课程目标和良好教学“敏感性”（你能够努力工作，取得好的教学效果，但提高的分数不一定很明显）并不相符。更有甚者，我撕掉了自己的道德外衣，向教师们介绍了系列的测验秘密标准。如果迈德的成绩一飞中天，将可能是个极大的丑闻。

但是我碰巧遇到一个重要的洞见。转变教师根深蒂固的对他们所要求的测验和教授的课程的偏见的关键就是确保测验能
够真正检验缜密的K—12课程。我们需要 252
找到两个遗忘因素——一个清晰的年级课程和一致的测验。我无法说服教师舍弃其

中一个，没有两者我不可能使教师们摆脱课堂孤立的状况。

5. 期望值低。我做校长最初几年时遇到的另一项阻碍就是教师对获得学生成绩巨大提高的成果抱有悲观的态度。教师们由于被缺乏配套的课程和测验搞得意志消沉，不想描述同事的怪异的课堂目标，显而易见的贫困导致的结果也令人得不到鼓励（我校 85%的学生有资格享受免费或者低价餐，学校周围的社区受到失业和暴力事件的困扰），大多数教师都把自己看作是在无望的环境中艰苦工作的殉道者。

从做校长的第二个月开始，我全力以赴，我派了一些教师到效率培训中心，最后邀请杰弗·霍华德（Jeff Howard）来培训所有员工。杰弗的演讲内容主要是如何解决学生缺乏成就动力的问题，解决的方法是让学生觉得自己不是生来就聪明的，但能够通过后天高效努力而变得聪明。他关于直接克服对智力和努力的悲观想法能够动态地提高学生成绩的观念抓住了员工们的注意力。在午饭之后，大多数员工都兴奋地讨论了起来。

但是，午饭之后杰弗必须赶往另一个学校，而他留下的顾问则被教师们反对和越来越愤怒的反应所淹没：他是否暗示教师是种族主义者？是否认为教师把情况弄得更糟？他建议大家在周一做什么？到了下午稍晚时，我意识到试图通过这种方法统一员工的尝试很明显是失败了。

舔舐着伤口，以后的几年我采用了更多的方法，利用私人谈话，小组会议，迈德日志和研究文章来宣扬一种观点——学生成绩的提高在迈德是可行的。我派几组教师接受效率训练，并且将杰弗的一名同事请来给所有员工进行培训。这是一场硬仗，但是逐渐地，效率观念开始被一部分教师所接受，并且表露出对学生潜能的消极期望在迈德成了一种禁忌。

但是我们仍然没有看到在公民测验成绩方面有特别大的提高。单单有理念是不够的。如果想提高每个班级的成绩，需要做更多的努力。

6. 消极主义。在做校长最初几年中，我最没有工作成效的领域就是应对那些对我作为校长所设定的目标公开宣战的某些强势的个体。我们可以发现旧城区学校吸引和繁育了强势的性格并且能培养消极的文化。当领导者开始对周围潜藏这种消极文化的期望和传统表示反对时，那他就是在玩火。当我宣称"所有的儿童都可以学习"时，这些教师从思想到行动都表示反对。迈德日志的某幅滑稽画中就表现出对我的理念的嘲讽："出售：令一切看起来美好的眼镜！现在有售！低价！戴上它即使一切都很糟糕也可以感觉很好"。

我经常惊讶于这些教师攻击我的激情。每月举行一次的员工大会都令我倒胃口，我采用伊茨（W. B. Yeats）的话"最好的方法就是不辩解一句，最好的方法就是充满热情的力量"鼓励自己。我开玩笑地将我的对手称为"六人帮（美国的权力集团，是企业集团的全国联盟），但是当我看到报告中记载的在效率培训的第一天所发生的事情时，我不能隐藏我的失意：早上，一名教师在卫生间中说，"如果我有枪，我就打死杰弗"。我处于不断的失衡中，我犯的每个错误都会成为主要的危机（"人们都愤怒了，气氛不会更糟了"），在许多时候，我没有控制好愤怒和不服从的行为以及维护好作为校长的权利。

经过了几年时间，最悲观消极的人也 253
意识到我不会去其他地方或者改变想法。几乎每年我都要为了捍卫沉默的大多数人的感受和想法和他们进行斗争（并不总是那么有技巧），学校逐渐发展出一种较为积极的文化。然而，只有当我们和强制的外界命令对抗时，那些积极的思想才能有所表现而仍旧悲观消极的员工则陷入沉默。

7. 校长繁忙。正如每个忙碌的校长都了解的那样，工作中最困难的部分是运营学校，在处理无数的管理和教学问题的同时为领导教学留出时间。有那么多数量无限的任务需要完成同样也可以成为不处理更加棘手的提高教学问题的非常有力的理由。在我最初为员工花费了些钱以后，我开展了一项活动来为第350届运动会年度庆典筹集资金，并且成功地把古老的被人忽略的建筑物装饰一新，为学校开辟了很大的公共活动空间。虽然这些进步很重要，但我不认为这些是解决学校问题的关键。

当我更好地处理持续不断地对时间的需要时，我为自己能够同时玩转几个“球”感到骄傲，引用一名实习生的话——我的一天由两百个独立的活动组成——并且这其中不包括在大厅中问候学生。我成了一个“强度成瘾者”，为疯狂的忙碌和不断地被需要而上瘾。我成为了过分活跃浅薄校长综合征（H. S. P. S）的牺牲品——在教学方面花费的时间太少。

这种认识让我开始实施一项计划，随意走访五名教师进行简短的不张扬的监督性参观。这种走访和最后与这些教师的谈话令我更好地处理在课堂中正在发生的事情，增强了我与员工之间的联系，建立了更深入的绩效评估的基础。

但是像康复中的瘾君子那样，我每天仍旧与H. S. P. S进行着斗争。我逐渐接受我无法成为学校员工的发展人（我原本希望是这样）这个事实，我开始邀请在文学、数学、科学方面有专长的人员与我的员工在课堂上和小组会议中共同工作。我停止了派教师去孤立的工作室，转向让他们接受校内培训。这些改变极大地提高了教师职业发展的品质——但是测验成绩仍旧没有提高到我希望的水平。

8. 不重视结果。我不断地被说服造成我校令人失望的成绩的最重要原因是在对待学生正在学习的内容方面我投入的时间太少。教师合同允许我监督课堂教学和干预教师的课程计划，但是不幸的是校长对教师的评价要基于学生的学习成果。拒绝根据学生成绩对教师进行评价可以在某一程度发现：不成熟的监督者可能会使用不适当的工具（例如常模参照测验）或者不公正地评价教师——他的学生由于在前一年受到较差的教育或者有着严重的学习障碍而没有达到年级标准。

但是在学年中完全不看教育成果成了美国日益扩大的“教育，测验，希望做到最好”趋势的一部分。这种在课程中急匆匆向前的势头（无论内容是些什么）几乎不能被有关学生正在怎么做以及现在需要修正什么或者明年需要改变什么的慎重思考所打扰。对于校长，要求通过单元测验的复印品来了解学生成绩下降的情况是反文化的。关心这些私人的“印刷品”不是校长的工作。教师团队也没有对此关注很多。他们基本不会在教学单元的末尾停下来看看教学进行得怎么样，哪些材料产生了最好的成果，哪些没那么成功以及哪些学生需要更多的帮助。有一个明显的意外，我不能让老师放松责任，也不能根据学生 254
实际所做的工作更好地讨论他们的实践。

9. 神秘的评分标准。观察学生的作品，特别是写作和其他开放性主题作品，在没有客观的评判工具的情况下是明显不可能的。在许多学校，达到“A”的标准是作为秘密牢牢锁在教师的脑中的，那些成绩最佳的学生都是能读懂教师想法的。缺乏对学生评分工作的清楚、公开和有用的指导阻止了学生的有益反馈，剥夺了教师群体提升教学的需要。

在1996年，迈德学校对基于标准的思维领域做了一次成功的突袭。受到格兰特·维根斯（Grant Wiggins）（包括《学业评价》在内的两本有关评价的专著的作者）一次夏季研讨会的启发，我们写了学生写作的细目表（评分标准），用了一页纸来表述每一个年级在细节/习语、内容/结构和风格/发音等方面获得4，3，2，1分数的特定评价标准。一旦我们公布了这些标准，我们发现这些标准高到令人震惊，现在我知道优秀是什么样子了。我们也能够保证同样水准的学生作文将会得到相同的分数，不论评分人是谁。受到我们的成果的鼓舞，我们开始在九

月、十一月、三月和六月给学生“冷刺激”(cold prompt) 的写作评估（题目他们以前没有见过，从教师那里也得不到帮助）。教师在一起评分然后讨论结果。

这个过程是一种突破。我们已经找到客观评价学生习作的方法；未来我们将和学生、家长分享评价标准（不用惊讶，没有理由）；在每年的几个方面我们都给予量表评价，每个年级的教师作为一个小组来评价学生的工作。我开始在学生的写作中看到了巨大的进步。

但是在常规评分会议和描述学生的进步的做法进行了若干年以后，我们的努力开始变得无力。找到足够的时间成为主要的问题，特别是自从分数分析会议和我校90分钟的小组会议相冲突以后，并且许多教师放学后有家庭的责任。要继续这种工作需要非常强的领导或者另外一种同样有力量的权力。

10. 缺乏校级规划。几年之后，我们惊讶地发现围绕着学生成就制订了许多不同的计划——有效率的学校、为了所有孩子的成功、核心知识、进步的学校、到来者、不失败的学校、多元智能、所有语言、多元文化和其他——但是没有任何一项计划物有所值地实施成功。结果，我们仍然保持尝试着“自我成长”——令人耗尽心血和沮丧的过程。在20世纪90年代后期，一个“完全学校”改革计划作为波士顿大计划的一部分在各学校贯彻执行。我们非常感激帮助（和资助），但是我们却感到存在一些关键性的失误，而且对他们模式的不断猜测和增加我们自己的因素使项目管理者变得不知所措了。可能我们确实要求得太多。可能我们应该执行这个不那么完美的计划并且给它一个发挥作用的机会。但是我们一直在不停地寻找更好的策略。

当我们不断地搜寻时，两个相对集中的项目产生了大的影响。第一个是阅读恢复，针对1年级的高效、低技术、以数据驱动的项目。最吸引全体教师注意的是大多数似乎注定要失败的学生在接受训练有素的阅读恢复教师12周的帮助之后，他们基本都恢复了正常。

在成功实施了几年之后，有足够多的支持让低年级教师相信读写合作项目（Literacy Collaborative program)，这个项目由艾瑞尼·芳塔斯（Irene Fountas）和盖伊·苏·皮奈尔（ Gay Sue Pinnell）两个人设计，与普通课堂中教授的读写课以及阅读恢复相联系。所有幼儿园到3年级的教师都接受这一项目，他们通过课内辅导和40 255
小时的教师观看学生作业和数据（使用新的阅读技巧量表）来接受培训，然后在低风险的融洽的氛围中不断地谈论最佳实践。这一项目对我们低年级学生成就产生了显著的影响作用，2001—2002学年，我们引进了高年级读写合作项目。

但是这些非常有效的文化计划并不是全校改革计划的核心部分。并且，由于上文讨论的所有其他因素，都阻碍我们的学生可能会获得的成就……

带着中产阶级家庭优势的学生入学以后一般都趋向于表现出色，即使他们进入了效率不佳的学校。但是家庭背景处于劣势的学生只有进入高效的学校才能够学习关键的生活技能，只有这些学校才能引导他们走向成功。除非有一种强有力的力量在后面推动，不然对这些学生来说上述十大因素会把情况弄得更糟。如果教师孤立地工作，如果没有有效的合作，如果课程和测验联系的程度不高，如果对学生的期望值低，如果悲观消极的文化蔓延，如果校长不断地被非学术的问题所干扰，如果学校不评价和分析学生的成就，如果职工缺乏核心的总体的提高计划，那么学生在入学时的不平等将会扩大，贫困的学生将落后得越来越远，学生成就之间的差距最终将变成无法跨越的鸿沟。

对于校长来说，这代表着非常专业性的挑战，因为从理论上讲校长们处于能对所有这些因素施加影响的位置。如果校长是一个高效的教学领导，那些负面因素将被抵制（至少暂时被抵制），学生之间的差距将会缩小。对于脆弱的依赖学校的儿童，这是上帝赐予的幸运。

我该怎么应对这些挑战呢？在十年多的时间里，我成功地限制了那些将差距拉大的力量。只有当强有力的外部标准被介绍过来时，迈德的学生才能开始有真正的进步，因此，直到马萨诸塞州在1998年推行了高标准测验（MCAS）之后，学生的普遍进步才得以实现。

一些同事曾经签名反对让学生成为高标准测验下的牺牲品。但是在随后组织的会议中，教职员工坐在一起共同决定了MCAS的命运，大家得出以下共识：

a）虽然测试很难，但是它确实能够真实地评估学生所必备的知识和技能；

b）MCAS是与课程相关的测验，每一年的题目都是对外公布的，这能够使课程和为测验进行的学习联系起来（很幸运，我们生活在马萨诸塞州——一些州使用的是常模参照测验，测验往往要保密）；

c）我们的学生要达到这一标准还要进行很多努力；

d）但如果整个学校在一段时期都能够实施有效的教学，我们大多数孩子能够达到合格标准。

唯一的问题是马萨诸塞州测验的文本和测试题仅仅规定了“4，8和10”三个分数等级，其他分数等级的课程目标没有明确地说明。但是四分等级测验和伴随的相关文件让我们获得的信息比任何时候都多。我们建立了委员会和顾问们一起梳理这些标准，随后我们像员工那样工作，包括在
256 家长的参与下编写了一本小册子，其中详细介绍了每一分数等级的相应目标，编写带有细目表的精确的年级目标和良好学生作业案例的小册子。我们也设立了全校成就目标（这一想法是由杰夫·霍华德建议的）。每一年，我们都要用越来越高的期望将SMART的目标进行更新。

我相信明确的高标准的MCAS测验对于我们努力为之奋斗的领域有着重大影响，MCAS逐级的相关目标终结了课程的混乱，开启了同这些目标相一致的年度评价中的分层或写作过程，反过来这强调了课程和产生了一些小组能够认真对待的、对会议提供更多内容的信息。我们一年前发展出的那套评分系统是客观评价学生写作和数学演算能力的关键工具，促进了高效团体关于提高成绩的讨论。当教师们放弃某些“学术自由”时，他们彼此间的隔离和孤立急剧减少，年级组有了共同的目标。我们的员工克服了教师期望值的问题，并且当我们组合成一个向合格成绩努力的强大力量时，那种消极负面的能量减小了很多。我作为监督管理者的工作更多偏向于学生学业成绩方面，这有益于和H.S.P.S不断地斗争。并且，最终对完美学校提升项目的永久追寻实现了一个完整的循环：为学生提供下个年级水平成功所需要的特殊技能；5年级毕业生具有任何初中所需的知识和技能。我们开始将所有的能量都集中于促成“力量循环”的每一个模块的不断进步：清晰的单元目标、前测、有效教学、正式测评、数据分析、向学生和家长反馈以及学生们失败时的“安全网”。

使学生成绩获得巨大提高的每一种措施都在得以落实，并且有来自于中心办公室的帮助：波士顿全市课程目标正和MCAS联系起来并且为每一个年级重新设计了简明文件，向所有学校投注附加的培训和专业时间。我相信如果教职工准备好所有模块，实行所有在专门的教工大会上得出的关于有效提高学生作品和数据的方法，迈德的学生成绩将会有所飞跃。最重要的工作在教学日中做起来比较困难，即使是90分钟的会议。特别的课后反思将来要列在教师未来的日程中。资金必须足够充足以支付薪金，教师需要一些特别的辅导来让这些数据分析会议真的有效果。伴随着强大的领导和不断地引进职员，这些因素应该至少能够让所有学生达

到合格水平。

在结尾，我想再一次引用前文所引的爱德蒙德斯的格言。爱德蒙德斯经常说：即使只有一所高效城市学校的出现（其实他发现了多所）也能证明我们知道如何将失败的学校重新建设好——这意味着任何城市学校的低效都是没有理由的。这些话说明爱德蒙德斯将巨大的责任都加在那些没有得到优秀成绩的城市教育家的身上。他这一连串的指责可能会让一些教育家走出梦想的态度，并让他们思考关于提高自己学校的方法。爱德蒙德斯说早在 1978 年我们就知道如何改变失败学校，这正确吗？他对勤于思考、努力工作的学校领导是公平的吗？他说明白到底怎样缩小低效学校和高效学校之间的差距了吗？

从我做校长的经历，我能够清楚地了解到爱德蒙德斯以及他那一代的研究者没有为如何帮助失败的学校寻找到走出困境的方法指明详细的路径。除此以外，大家
257 把成功太多地归结于非凡的天分、伟大的人格魅力、几乎不可能的英雄主义职业道德、强大的教职员工团队，还有幸运——允许这些愤世嫉俗者毫不考虑孤立城市的有特色的成功，并且说他们仅仅证明了更宽泛的学校变化。

但是爱德蒙德斯更为基础的贡献在于向关心城市学校的人传达了三种重要信息：(1) 人口统计并不是命运，城市儿童能够取得良好成就；(2) 某些特殊学校的特征总与突破人口统计问题相联系；(3) 因此我们应该不要再寻找借口，开始工作。

重新建设失败的学校是非常困难的。15 年来为建设一所高效学校所进行的努力让我直面我自己个性和专业的局限性，并且让我成为学习提高学校效率和令个人和机构运作得更成功的关键因素的学习者。我已经学习到起点必须是可以实现的近乎宗教般的信仰，并且爱德蒙德斯就是这个宗教的牧师。第二个关键是认识一所高效学校的总体特点以及高效的城市学校的相关性（这一点在这些年来起到了极大的作用）让我对所有学生在进行高水平学习时所需的条件有所认识。第三个关键是重建失败学校的真实经验。知识爆炸，新知识以令人惊异的速度在涌现。如果我能够回到 1987 年，带着现在的关于学校提高的知识做校长的话，进步的速度一定会更快。

但是如果缺乏第四个关键的工具，学生成就仍旧不会达到理想的程度。这个工具就是：和高风险课程测验相关的强大外部标准。我相信 20 世纪 90 年代后期标准和测验的到来为所有学校的校长提供了抵消将低效和高效之间的差距拉大的力量的途径。

今天的校长根据研究者和实践者不断积累的经验，处在更有利于成功的位置。如果他们充满激情地相信他们的学生能够达到合格的标准，如果他们对促使学校高效的因素有清楚的认识，如果他们利用外界评估，校长们将能够领导学校的教职工为每一个儿童创造一流的教育。爱德蒙德斯将会对我们所做的这一切报以微笑。

科姆·马歇尔，在波士顿迈德学校担任校长 15 年。

思考题

1. 马歇尔列举了哪十种著名的阻碍学校成就的因素？回顾你在高中的经验，你认为他所列举的这些正确吗？对这十种阻碍因素你是否想补充或者删掉某一种？为什么？

2. 马歇尔认为某种因素对迈德中学的成就作出了最重要的贡献，这种因素是什么？它是怎么对学生成绩造成如此巨大的影响的？

3. 马歇尔希望在迈德学校的任期内能作出什么不同的东西？他的经验对你处理学生成绩问题有什么帮助？

258

一团糟的机器：教科书编者的坦白

泰米姆·安萨瑞（Tamim Ansary）

摘要： 为什么有那么多的教科书枯燥且没有想象力？一位教科书的前编辑指出了一个令人沮丧的组合：官僚化的樊篱、政治正确性、自负的审查官，这些都阻碍了教科书成为优秀的教育性读物。

几年之前，我受雇成为一家知名中小学教科书出版社的编辑，当时怀揣着我将与和我有着共同理想的作者来创造令教师兴奋、有许多知识来充实年轻人头脑的书籍的信念。

但事实并非如此。

当我无意中听到我的老板说“书已经编完了，却仍然没找到作者，我今天必须和某人签约”时，我了解到一些细微的迹象。

每次有孩子在上学的朋友对我说教科书太一般了的时候，我就会想起那个时候。“谁写的教科书呢?”人们这样询问我。我不得不告诉他们，不带有一丝迟疑：“没有人!”43亿美元的教科书市场实际处于一团糟的状态。

教科书是课程的核心部分，对教师来说教科书的重要性相当于木匠的蓝图，因此人们可能认为教科书是被作为发展知识的特殊贡献者而被计划、研究、撰写和出版的。事实上，这些教科书中的大部分都远远没有担任起在教育领域中的重要角色。许多教科书产生的过程就是利用一堆已经存在的书，将它们拆卸，然后把这一大堆过去的东西重新组合。这个拆卸和重组的工作主要是由各级编辑来做，这些编辑会在这些书提供给各年龄段的学生之前，删除掉任何可能引起歧义的内容。

欢迎参观这台机器

我帮忙生产的第一件产品是基础的语言文学项目。基础这个词意味着关系到一个复杂的包含着为各个年级的学生准备的教科书、配套的教师工具书、无数的练习册、答案、幻灯片和其他附属材料。我所在的公司已经进驻这个市场好多年了，但是领导感觉我们的主流项目已经过时了。他们想从零开始寻求新的东西。

听起来像是要求改革的命令，对不对?事实却并不是这样的。我们拿到了所有正在使用的语言教科书，仔细地研究它们，记录下我们能够在每一个年级发现的每个题目、副标题和附属技能。我们将这些列成一张技能单，删除那些多余的东西，然后作为我们新教科书的核心内容出版。我乐于将它们称呼为“鱼饵”。

但是等等。如果每个出版社都是按照这个流程进行（他们确实如此），我们怎么能凸显出来呢？是到了在哲学里苏醒的时刻了。

这里的哲学，我指的是教育理念。这些概念化的激情掀起了教育领域的波涛。教科书编辑努力等待新的教育理念的到来，然后让自己编写的东西符合该理念。

新的理念诞生在大学，出版社通过研究论文和会议了解它们。教科书编辑蜂拥到像国际阅读联合会的五日会议这样的场所来获得信息。他们带着不解到处奔走。

它是批判性思维吗？是元认知吗？是建构主义吗？是项目学习吗？

259 在那些一模一样的会议中，高级编辑寻找名气正蒸蒸日上的学者和有影响力的教育顾问，请这些人在已经由“工蜂”们整理好放置在商店仓库的教科书作者一栏填上大名。

260

内容精简

一旦某种教育理念被选定并且加入进来，我们把拆卸打散的材料整理成符合关键课程指导的形式。每个州都有一个关于学生所要学习的内容的概要——冗长的重复的目标。大多数包含着这样的句子：

> 应该给学生提供必要的内容去计划、讨论、批判和评论假设、理论、法律、原理及其优劣。

如果你遇见了一位教科书的编者，他或者她看起来很古怪（古怪的发型、面部抽搐等），那是因为有一个人花费了数百小时来仔细检查了无数页这种活动问题，尽力决定教科书是否能够支持每一个目标。

当然了，不会有人参看每个州的课程概要文件。亚利桑那州的课程指导？说实话，亲爱的，我一眼都没看。罗得岛的？原谅我，我简直要笑死了。有些州绝对比另外一些州重要。稍后我会详细说明。

事实上，在每个年级，编者们从他们所记的笔记中提取“精华”成为详细的指导。最终，他们将指导分层理论上可以解决的部分，然后把这些分派给作者，让作者把它们变成句子。

出现的东西甚至不一定接近课本。我的任务是将 40 位作者使用的 17 英寸厚的一堆纸变成似乎是同一个来源的 3 英寸厚的材料。原始的文本就是矿石。一部分原始的词语被保留了下来，但是我猜想，不是完整的句子。

为了避免在这个地方出现不受欢迎的原始内容，编者们发放给作者大量的课程指导方案。我曾经是其中一名作者，那个夏天我写了 10 页针对阅读项目的故事。而分配给我的装在三环活页夹的任务指导足有 300 页。

好胃口

伴随如此大的风险，我们如何处理这种混乱状态呢？在 20 世纪 80 年代和 90 年代，出版界爆发了回扣风潮，因为他们都努力战斗去吞噬他们的竞争者。

然后进入 90 年代末，即便是规模更大的合作也开始进行了。几乎所有你熟悉的教科书品牌都消失了，或者说被四个出版界的“大鲨鱼”吞入腹中：英国 Pearson 公司、法国 Vivendi Universal 公司、英国丹麦合资 Reed Elsevier 公司、美国独立控股 McGrew-Hill 教科书集团。

金钱和权力的集中导致了极大的变化。在 1974 年，大约有 22 个主要的基本阅读项目，现在只有 5～6 种了。所有学科的基础内容都被缩减了，编辑人员队伍也是如此。许多底层的编辑离开出版社，创办私人企业——发展所，联系教育出版社将数量庞大的项目拆分。他们雇用经理管理自由撰稿编辑，由编辑管理自由撰稿作者进 261
而产生教科书框架，然后开发部门主管上报出版部门主管，最后再让不同的委员去讨论。

几年之前，我从一个发展所获得了一份工作，为实用阅读技能撰写课程。自由撰稿编辑送给我一份来自三大竞争同行的一致的经验。“这些都是其他公司做出来的，”她告诉我，“把它们都包含进去，做得更好点。”我不得不笑起来：这些我要胜过的三个公司的课程都是我受雇于其他四个发展所时写出来的。

最关键的一个月

在教科书出版业，四月是最关键的一个月。这是一些州宣布他们将会选择哪种教科书的日子。当文件发放给教科书出版社时，只有22个州有正规的选择程序委员会。其他28个州则没什么关系——即使它们是那些人口数量极大的州，例如纽约、宾夕法尼亚、俄亥俄——因为它们允许所有的出版社进入并且直接向地方校区销售自己的教科书。

通过比较有些州可以有规律地循环（通常每六年）购买新教材，它们允许某些项目可以在本州销售。它们在每个循环开始列出一些清单，警告某些出版商不被列入清单，所以这些出版商在未来的72个月将会是零销售。

在那些有选择权的州，如得克萨斯州、加利福尼亚州和佛罗里达州具有无可比拟的权利。是的，州的规模起到了重要作用。这三个州加在一起大概有1 300万从幼儿园到12年级的学生就学。另外其他18个州的学生人数总量为1 270万。虽然三个大州的学生人数不同，但是他们每个州的教科书的资金投入都是相同的。这个学年，他们预计投入超过九亿美元购买教学材料，大约是整个联邦在教科书方面资金投入的1/4。

很明显，出版社为这三个大州的教科书专门生产了特定产品，然后再将这些产品卖给其他各州，因为基础内容的生产需要极大的成本——一个幼儿园到8年级的阅读项目就要花费大概6 000万美元。出版社希望从各州巨额的经费中获得补偿完成项目所花费的大量金钱，然后再去哄骗其他“开放的州”以获得利润。那些没有被列在得克萨斯、加利福尼亚和佛罗里达三州择书名单上的出版社只能寄希望于在以后六年中回收成本。即使牢牢抓住为下一个择书期进行的项目所要花费的金钱，他们可能还是会失败。随着恶性循环，他们最终会被其他公司所吞并。

别干预得克萨斯

然而，三个有择书体系的大州是不平等的。在这三巨头中，得克萨斯州居于统治地位。加利福尼亚州的学生人数较多（超过六百万，而得克萨斯仅有四百万而已），但是得克萨斯州在公立学校中投入的经费和其他州相同，大约有420亿美元。更重要的是，得克萨斯州专门划出了一笔巨额经费用于支付教科书的费用。这笔钱不能挪作他用，所有的款项都必须用于购书。而且，得克萨斯在高中教科书方面有着特别的影响力，因为加利福尼亚州的全州统一教科书只规定了幼儿园到8年级的教材，而得克萨斯州择书系统涉及从幼儿园到12年级的教科书。

如果你正在编写新的教科书，那么，你可以从消化理解“得克萨斯州核心知识和技能（TEKS）”开始。得克萨斯教育局的15名成员，其中有5名民主党人和10名共和党人，他们中大约有一半人有教育背景，课程专家、教师和政要人士共同起草了这份文件。

得克萨斯州确实是由小人物掌权。然 262
而，这些小人物可能有着巨大的作用。得克萨斯州允许公民私人研究教科书并提出观点。出版社必须以开放的精神对这些观点作出回应。

在60年代后期，一对得克萨斯的夫妇——麦尔·盖普勒（Mel Gabler）和诺玛·盖普勒（Norma Gabler）指出如何利用本州的择书群众意见对出版社施加压力。盖普勒夫妇没有学位证或者教育背景，但是他们知道他们所希望的教育是什么——语音、节欲、自由、创造力和基督教的最高权力——并且认为这些是与“将学术以政治正确为方向进行拆解”相对立的。专业的组织者，盖普勒夫妇拥有从官方课程指导的文章中形成建议的天分。

盖普勒夫妇在择书群众意见听取会上不再以个人形式出现了，而是通过研讨会、书籍以及参考书，他们训练了一代保守的天主教活跃分子继续他们的事业。

在加利福尼亚州的择书听证会上，市民们也对教科书公司施加了压力。这些反

对意见主要来自于自由党组织或者是这些看到了被提议的教科书在采用之前已经在这个州的 30 个中心展览的个人。在加利福尼亚州，人们的意见都是通常都是“政治上正确”的形式——例如，对使用“印第安人”取代“美洲本土人”这种被感知到的失礼的反对。任何想在教科书出版界待较长时间的人都要对哪些将会和哪些不会同时通过保守党和自由党监察组织的冗长程序有敏锐的洞察力。

对市民在择书听证会上的反对作出反应是一种微妙的艺术。出版商学会了从不与反对观点后面的假设对抗。那将导致更多的批评。

一本社会研究教科书被攻击是由于上面有一整页照片，里面是一个大家庭围绕着餐桌聚会。反对？他们看起来像是阿拉伯人。我们对这种反美的偏见表示出愤怒了吗？我们没有，取而代之的是，我们说这家人是美国人。

当然了，出版商更喜欢面对的是根本没有反对的声音。这就是为什么某些教科书能列位在主要的备选教科书书目中，特别是列位在得克萨斯州的备选教科书书目中，就像在教科书编辑行业获得了专业证书一般。幸存者都了解状况。

他们知道什么？

主要地，他们知道如何审查自身。一次，我记得一组编辑当时正在讨论一本阅读选集中要选择的文学作品。我们正要对其中一个被选作品表示赞同时，有人注意到这篇文章的作者已经在得克萨斯州择书系统中引起了抗议，因为据说他加入了名叫“同一个世界委员会”的机构，说要做一个“激进主义先锋”。

在那个时候，有些人指出另外一个适合我们标准的故事。没有更多的讨论，我们选择了另外一个并且继续下去。只有在回顾几年的工作中，我才意识到我审查第一篇故事仅仅是依据风闻的谣传。

像这样的自我审视都没有进行过报告，因为我们这些审视者几乎不会注意到我们正在做这件事。在房间里，我们谁也没有对任何故事说过“不”。我们只是寻找另外一个不同的故事。而危险的作家恰巧是最佳销量的科幻小说的作者艾萨克·艾斯娜(Isaac Asimov)。

263

成为历史

在美国参考书的审查中没有快速简单的诀窍，但是有几个步骤是改革的关键。

● 改善我们的资金机制来让教师从无数个体的资源中收集自己的课程来取代要求他们仅能依赖于复杂的联邦教科书工厂文书。当然了，我们不可能在不同的教室上不同的课程。但是确实有一种方法在避免无效率的基础上达到和谐。

●为参考书缩减资源——缩减核心课程像字典一样清晰地规定每个学科、每个年级要学习的核心技能和信息的内容。在实体领域，如历史和科学，核心课程应该像小型教科书，能够供专家查阅事实并且由经验丰富的教师对范围和顺序进行再一次审核。

枯燥？不，因为这些核心内容不会成为学生将要学习的实质教育内容。它们和软件操作系统相似。地方学区和课堂教师将会获得资金使他们能够汇总他们自己收集的围绕着核心教学内容的课程和支撑材料，不是从大出版社那里而是从数百个较小的出版所那里购买，如那些现在能够提供增补教科书的机构。

● 像软件开发者创造特别的操作系统程序那样，教科书开发者应该发展能够应用于核心教学内容的材料。小公司甚至个人都能够生产相应的产品来抓住商机。没有人需要 6 000 万美元去保持收支平衡。想象一下，以世界史的核心内容为例，一个出版商可能会生产一系列由作家和历史学家共同创作的历史小说来表现历史中不同的地点和时代；另外一个出版商可能生产一幅世界地图，能够通过触动鼠标显示政

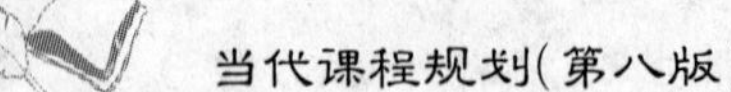

治分界线在数百年中的涌现、缩减和改变；另外一个人可能生产一个游戏来表现商业和文化多样性之间的联系。成百上千的出版商可以竞争来生产课程体现核心课程、参考的要点。

教科书编者的智慧、奉献精神和创造力，在整个生产过程中都是足够的，但是经常被抑制和贬低。我相信这些特质应该能够释放，并为教师和学生提供非凡的成果。

从无数的材料中挑选出内容来设计课程可能本身就显现了教育出版界的工作特点。

可能是无限的。这些无限的可能性不应该成为要点吗?

思考题

1. 在今天的课堂中教科书的内容应该是什么？应该有一种统一的教科书吗，还是应该由地方控制教师用什么材料进行教学?

264 2. 安萨瑞指出的当今教科书市场最大的问题是什么？有哪些解决办法？这些问题能够补救吗?

3. 某些州，如著名的得克萨斯州和加利福尼亚州，是教科书的主要操控力量。这种集中控制的结果是什么?

4. 盖普勒夫妇教会了我们在课程的影响和控制方面的什么内容？谁应该负责对如盖普勒夫妇这样的小型利益团体和他们的非营利公司进行定位?

教师之声——理论联系实际

如何将个性教育纳入课程

詹妮·吉尔尼斯（Jane Gilness）

摘要：詹妮·吉尔尼斯在赞同了“所有教师都有必要在提高学生道德意识中积极参与”这一观点后，分享了关于促进她将个性教育融入自己的实体课程的经验和建议。认识到个性教育不能作为单独的教育孤立于其他，她提出她的实体课程将会继续和社会、礼貌、道德决定的培养相联系。

教授一个人智力而不教授道德等于给社会制造危险。

——西奥多·罗斯福（Theodore Roosevelt）

作为一名语言课的教师，我一直对措辞精致的格言警句的修辞效果感到惊讶。我收集和欣赏那些打动我的句子。我沉湎于哲学的陶醉中。一句简练的格言相当于一本书。当我第一次阅读罗斯福的格言时，我被它激发起教师的责任感，我对自己在教授课程方面的能力相当自信，但是这句格言使我不能无视一个“额外”的责任。我设法解决以下问题：如何利用自己的教师地位用强烈的道德意识熏陶学生，同时又能够完成教学工作？

个性教育成为我主要考虑的内容，我已经搜索了网页，查阅了许多出乎人意料的卷宗，得出了以下结论：个性教育不可能孤立地被编辑、打包到某个教学单元。
265 对品格的评估不能靠测验卷、评分和明确的规定答案。这没有那么简单。

当追寻我的研究时，我一直遇到复杂的哲学结构，这使我最终又回到真理。我将这些整合在一起构成了“品格鸡尾酒”（character cocktail），它是共同体、礼貌行为和伦理决策构成的丰满而和谐的混合体。

共同体

杜威说：“最好和最深刻的道德培养是通过进入一种恰当的与他人之间的关系”。另一个真理是“现在的教育系统如此远离他们正破坏或者忽视的和谐，使获得正常的道德培养变得困难甚至几乎不可能”。第一条真理我在课堂中能够体会到，如果不首先创造一种积极的充满强烈的集体感和融洽的成员关系的课堂氛围，教师不可能开始考虑培养学生的品格。我能够将我的观念带入我的教学策略中吗？这肯定会很困难，但是看起来值得付出努力。我决定依靠我一向较好的品质——镇定的迂回。如果孩子们你太过急切，那么他们会觉得你在说教。

在我的荣誉（Honors）英语课上我发现了一个把社会观念融入课程的方法，那就是通过使用颂词（eulogies）。我告诉学生们我们正在学习词根、词缀。作为例子，我问他们什么是颂词。他们迅速地告诉我，每个人都知道颂词是在葬礼上用的。向送葬人说些赞美死者的话。然后我教育他们看这个词的词根“eu”和词缀“logy”，我让他们对这些作定义，他们得出结论：颂词简单的意思是“说好话”。

一等他们想出了这个词，我就问他们我们为什么要等到我们爱的人再也不能够

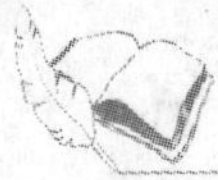

听到的时候才向他们说那些美好的言词呢？因为我是这个学区的新老师，我告诉他们，虽然我不认识他们，但是他们彼此之间非常了解。我让他们说别人的好话，然后由我找出那个人是谁。他们很喜欢这个主意，我允许他们对传递的好话设立规则，但是我很快指出那些不愿意被众人注目的学生可以不参加。带着对死亡事件天生的好奇，他们坚持在伤痛的去世中扮演角色，选择背景音乐等。在一些同学和其他同学分享想法时，我惊讶于他们想法和计划是如此之多。我们有了一些欢乐的泪水和更多的笑声。结果？强烈的团结和友谊感（他们认为这是词汇课和“破冰”训练）产生了。

我也发现了给予学生课程的主动权能促进积极的课堂氛围并且让他们产生一种自己在社会中扮演重要角色的感觉。当学生写了一些我觉得有教育价值的事情时，我请求他们允许我把这些作为给全班同学的教学工具。我总能很快地意识到那些学生们的想法或者策略比我好的情况，因此我很感谢他们，事实上他们帮助我更好地完成了工作。他们真是让人感到骄傲。事实上，他们变得如此有力量以至于我不断地从他们那里找高质量的作品，因为他们知道总有机会通过站在全班同学面前展示范文而受到大家尊重。这种想作为有价值的课堂因素——教学者而受到尊敬的想法当然会促进社会责任感。

最后——在我建设社会感的努力中有
266 一项是我使用仪式。这些仪式能够给学生真正的归属感。我总是藏着些小糖果在手边。如果我叫错了某个学生的名字，我会给他一颗糖来表达我对自己无礼的歉意。这给了我一个机会去展示给学生而不是单单告诉他们：让别人感到自己很重要和受尊重的价值。当学生发现我在语法和用法方面有错误时，我也会给他们糖果。通常我总是故意出现这些错误，但是学生们并不知情，他们确实非常关注这些。如果他们参与，他们就是在学习。当然他们的动力可能是抓到我的错处，揭穿我，然后得到糖果。但是不知不觉中，他们正在学习，因为他们必须关注我说的每个字。用这些仪式我不仅促进了社会感，而且也将它们融入教学策略中。

礼貌行为

约翰·弗兰彻·曼顿（John Fletcher Moulton）提出“主要服从不强制的。这里的服从是一个没有被强迫去服从的人的服从。他是他自己的法律的执行者”。在对市民、文明举止和民主思想进行了几个小时的研究之后，我发现在我的“品格鸡尾酒”中应放入的第二项配方是“主要服从不强制的”。简而言之，它意味着“做正确的事”，即使是在没有人在看或者没有法律让你必须去做的时候。这就是日常生活中的事情——基本的人性和礼节。用一个词来概括，就是“礼貌”。

我将礼仪和礼貌进行了区分。例如，知道应该使用哪一种叉子是一种礼仪，这其中没有道德观的存在。而好的礼貌却有着明显的道德基础。必须处理最基本的逻辑——确保不是故意让别人不舒服或避免做些或说些伤害他人自尊心和自我价值感的事情。

对于教育工作者来说，将这种观念巧妙地融入课堂生活的场景中是绝对必要的。为了做到这一点，我决定把自己的努力集中在做好榜样和模范。因为相信“你给予别人什么，你就会得到什么”，我像尊重其他成年人那样尊重学生。如果我犯了错误，我会承认，会道歉，然后继续向前。学生们会模仿他们观察到的。我尽可能扮演一个让客人们满意的主人，并且事实上他们的反应非常优雅。我不断地提醒他们，如果我的教师是独裁式的，那也是善意的。我再一次通过自己的方式向他们展示什么是礼貌行为。

我发现了由亚历克斯·帕克（Alex Packer）为青少年礼貌问题专门写的一本

书。它的名字是《多么粗鲁!》（*How Rude*!）这本书非常有趣而且适合青少年阅读。我通过让学生进行小组表演在我的人际交往技能课上融入了礼貌行为单元。每一组选择帕克书中的一个主题来表演，其中要包括直观教具、图示、观众参与、角色扮演和讽刺小品。

学生都喜欢这个单元，特别是当他们被允许表现市民行为举止中的应该做和不应该做的行为的时候。当我们结束时，我让学生写一篇小组分析报告。没有浪费时间，有关礼貌的教学都充分融入了课程中。

道德决定

A. K. 本杰明（A. K. Benjamin）认为“一个好的国家需要思考严肃的伦理问题。如果教育忽视了价值观和人类灵魂的道德方面，社会能看到公民做出的道德决定吗?”本杰明的话激励我寻找方法将“品格鸡尾酒”的最后一道配方“道德决定”加
267 入到其中。当然了，我现在的动力不完全是崇高的。某一天当我们慢慢变老时，谁将作出影响我们的决策呢? 我们想让我们未来的领导在道德真空中获得他们的决策技能吗? 我不这样认为，我意识到帮助我的学生掌握一系列基本价值观是让他们做出道德决定的需要。

语言教育者的工作本身特别适合这项任务，但是它要求的工作量异常巨大。所有优秀的文学作品都表现了一些包括那些伦理两难局面的主题，例如真理与忠诚，个体与社会，短期与长期，公正与仁慈。这些冲突是复杂的，如果单单只安排阅读和以后的评估（只包括无关痛痒的阅读测验和客观问题）就会让工作简单得多。然而，除非我帮学生发展了批判性思考的能力和看到其他背景之间的联系，他们将会只是走马观花地看看故事表面。所以我放弃测验，在学生面前大声朗读故事，紧接着进行苏格拉底式的对话和讨论。我让我的学生写反省杂志。毕竟，我非常清醒，毕竟，在清醒的状态下教《远离和平》（*A Separate Peace*）时，我怎么可能不让学生去体验嫉妒、友谊、忠诚和背叛的感情呢? 不将混乱的主题同现代应用的社会秩序相联系我将不可能对《安提戈涅》（*Antigone*）作出公正的评价。当联系到希腊英雄的悲剧时，我怎么能不讨论“中庸”（Golden Mean）的概念呢? 所有这些想法都被表现、讨论和写在日志中。当我的学生写了表现出某种有深度和实质内容的反省时，我在日志中会写下对他们文章的反馈。

我在日志中写得越多，学生们就把更多的思考放入他们的作品中以从我这里获得有针对性的反馈。是的，这是我的工作，而且我觉得很值得去做。

我同样利用一些热身活动来刺激批判性思考并且让学生实践道德决定技能。我利用米尔顿·布拉雷（Milton Bralley）游戏中的叫做左右为难问题的卡片（成年人和孩子都适用）。每张卡片上都包含一个伦理上的尴尬局面。我没有让他们只是简单地回答“是”或者“否”，相反，我让学生们分析整个道德决定中的思考过程。在整个活动中，我们讨论了可能会影响我们决定的未知因素，我们也集中讨论了决定是如何影响其他人的。他们喜欢游戏，而游戏要求他们考虑在共同拥有的价值观基础上进行道德决定。

在我的课上，我恰巧在罗斯瓦斯·凯德（Rushworth Kidder）的《好人如何作出糟糕的选择》（*Good People Make Tough Choice*）这本书中找到了一些真实生活中道德尴尬局面的例子，我将书中表述的情景与小说中相似冲突的专题练习相联系。这些道德尴尬局面为文学单元提供了非常接近的活动。

探求将个性教育融入我的教学的努力还远没有结束。我已经了解我们不可能将个性教育孤立为单独的科目。我的实体课程将会继续和社会、礼貌行为和其他伦理道德这些“品格鸡尾酒”的配方相联系。干杯!

思考题

268 1. 在当今社会，有必要培养学生的道德意识吗？学生的道德指针应该指向谁的标准？换句话说，我们应该怎样将道德和个性教育带入课程中？

2. 吉尔尼斯是怎样把个性教育融入她的实体课程的？你认为这种方案对所有教师都适用吗？

3. 吉尔尼斯是如何将批判性思维和道德推理相联系的？这两个概念能同时出现吗？离开批判性思维可能进行道德推理吗？

学习活动

批判性思考

1. 复习泰勒课程开发原理中的四个问题，在发展课程的时候还有什么问题应该加入进来？给出你的理由。

2. 测验很明显是为提高标准所进行的努力中的重要部分。现在标准化测验对教师“教学生测验”起到了什么样的作用？

3. 如果教师“教学生测验”，是促进学生学习的有效方法吗？

应用活动

1. 反思一下你参加标准考试的经历。哪些因素增加了参加这些考试时的焦虑？哪些因素能减少这些焦虑？根据自己的经验，你是如何帮助你的学生减少这些焦虑的？

2. 让教师对学生的学习负责是公平的吗？那些家庭背景不利于教育的学生的教师应该承担与受到家庭有力支持的孩子的教师相同的责任吗？

3. 要你的指导者安排一位来自当地学区的课程协调员参观你的课堂。除了协助这个协调员的工作外，要她或他描述一下如何努力提升标准。《不让一个孩子掉队法案》已经影响了这个区的课程开发。

4. 使用本章的“单元学习的一般课堂计划”，为你教的（准备教的）年级和学科领域准备一节课堂计划，在你的计划中至少包括一个真正的学生学习的课堂评价。

实地体验 269

1. 计划花费半天时间在学校进行教学。注意你所观察的课堂以学生为中心或以学科为中心的程度，并在你的班级里分享你的观察结果。

2. 课外访谈一些学生。询问他们对教师的课程目标和他们自己的课程目标的融洽度的看法，和班级的其他人分享你的发现。

网络活动

1. 进入州教育部网页，找到州的标准，然后比较你所在的州和别的州的标准。这两类标准有何异同？哪一类更明确？

2. 访问你准备教学的学科领域的专业协会网页，下载协会开发的标准，并同你们州开发的课程标准相比较，这两类标准有何异同？哪一类标准更清晰？

第6章

课程与教学

270 **焦点问题**

1. 课程与教学之间的相互关系是什么?
2. 在学生看来,有意义的规范的学习任务的特征是什么?
3. 教学的要素是什么?
4. 基于行为心理、人类发展、认知过程和社会交往的教学模型有哪些?
5. 课堂教学如何促进学生的学习?
6. 教师运用哪些交互式教学方法能提高学生的学习效率?

本章主要讨论课程与教学之间的相互关系。本章从不同的角度阐述了教师教什么(课程的内容)与教师如何教(教师使用的教学方法)所具有的同等重要性。

在课程研究领域,一些课程专家认为虽然课程与教学具有相关性,是教育的不同方面,但它们是相对独立的。还有一些专家认为这二者的区别是由人为因素造成的。无论如何看待课程与教学的关系问题,这两者都是教学进程中的重要因素。正如后文中一位老师阐述的那样,教学既需要研制课程的专家,也需要运用教学方法达到课程目标的专家:

271 在当教师以前,我常常会想象我教学生的情景:他们将参加一个测验,然后我依据他们测验的成绩来对教学进行评价。事实上,这种循环过程很少。这仅仅是教学中的一部分,对于学生而言,能否鼓励他们,能否与他们一起享受乐趣,才是在完善教学形式的过程中他们更关注的方面。鼓励、尊重和信任——这些是有区别的。我对我所教的学科——数学有很浓厚的兴趣,同时我也十分关注在学习过程中对学生和对我都有极大推动作用的教学环节。当我从学生那里获得激情的时候,教学过程将会更加出色。

课程与教学并非是各自独立的,而是教学过程中相互联系的因素。它们是具有内在联系的、互相补充的。当老师决定教授课程中的某一内容时,这个决定意味着某种教学方法相对于其他教学方法而言将会更适合。换句话说,一种特定的教学方法(例如合作学习)在呈现某一教学内容时将比其他的方法更有效。效率高的老师知道他们必须在知识和技能领域有所发展——从设计课程的内容到计划教学方法。

课程(教什么)←————→教学(如何教)

教学方法

为创造一个有效的学习环境，合适的教学方法和有意义的课程设计具有决定性的作用。教师和学生的行为对于学习活动和课堂的质量具有重大的影响作用。

设计好一个课程后，教师必须回答这样一个问题："什么样的教学方法将会帮助我有效地达到我的课程目标?"教师必须意识到教学活动的最终目的是使学生达到他所需要达到的学习目标。这些活动对于学生而言必须是有意义的、可信的。正如杜威指出的：知识是从学习者的生活经验中产生的，而不是来自于那些生活经验之外。因此，开发合适的教学活动需要慎重并具有对学生学习动机的洞察力和良好的判断力。

真正有效的学习任务应该能帮助学生建立起课程与课堂教学外部世界的联系——包括现在和未来。要想了解真正有效的学习任务是如何促进学生学习的，读者必须借助自身的学校学习经历。你是否因为某些概念将会出现在试卷中而去背诵它？你是否曾经苦恼为什么老师让我去完成学习任务？你是否曾经觉得老师让你完成的任务太多？你对哪种类型学习任务最感兴趣？

赫伯特·A·泰勒（Herbert A. Thelen，1981，p. 86）指出"真实性"是所有教育活动都要遵守的最首要的标准。在泰勒看来，如果一个人在教育活动中有情感的投入和精神上的刺激，那么这个教育活动就是真实的。意识到享受选择和作出决策 272
带来的乐趣。同时，如果个体将一些感性的东西带入到活动中，那么结果肯定是非常重要的。

一项全国性的对改革成功学校的研究表明"有效的教学方法"能够帮助学生：(1) 通过深入思考，构建知识体系；(2) 获得"深入的知识"（对主题深入的理解)；(3) 与老师和同伴一起参与"深度会谈"；(4) 将独立的知识与课堂以外的世界联系起来。除此以外，如图 6—1 所示，高真实性的教学方法可以不同程度地提高学生的学业成就。

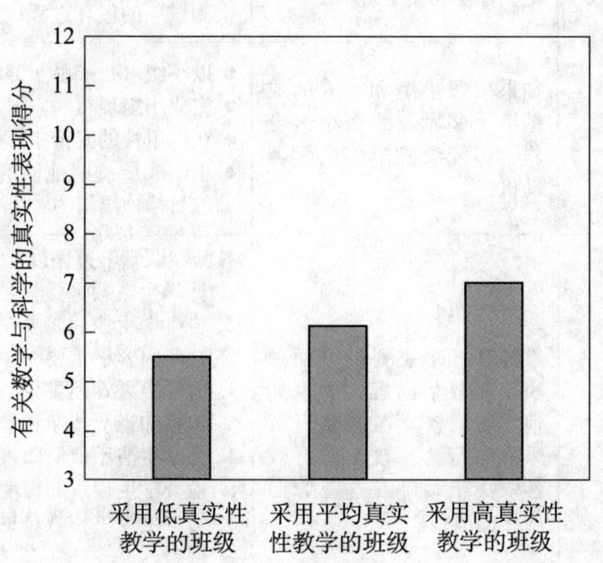

图 6—1

教学模式

273 如前所述，课程目标极大地影响了教师所使用的教学方法（或教学模式）。另外，由于教师类型、学生特点、学校文化和周围环境以及资源的不同也会影响教学方法的选择。同时，这些不同点又促使教师在教授不同的教学目标时形成了不同的教学模式与风格。

教学模式为教师和各种教学“蓝图”提供了需要达到的教学目标。另外，“教学模式实际上也反映了学生的学习模式。当我们帮助学生获得信息、观点、技能、价值观、思考方式和表达自己的方式时，我们同时也在教他们该如何学习”(Joyce，Weil & Calhaum，2004，p. 7)。表 6—1 详细描述了五种被广泛使用的教学模式：掌握学习、合作学习、理论联系实际、行为模仿和非指导性教学。

为了实现多样的课程目标，有经验的教师已经发展了一系列被广泛使用的教学模式。正如大卫·高尔登（David T. Gordon）在本章所指出的“教学技能影响学生学习和理解事物”。在实际的教学中，每一种模式都是有选择性的——换句话说，都是两种或两种以上模式的整合。下面一部分将描述基于行为心理学、人类发展、认知过程和社会交往的教学模式。

274 **表 6—1　　五种教学模式**

	目标和原理	方法
掌握学习	实际上，如果给予所有的学生充足时间和接受合适的教学，所有的学生都能够学好材料。当他们能参与到能够使他进步的结构性和系统性学习项目时，他们能学得更好。	● 确定需掌握的目标和标准。 ● 直接教授给学生相关内容。 ● 为学生提供有关他们学习的适合的背景材料。为学生学习提供正确反馈。 ● 在纠正错误的过程中为学生提供额外的时间和帮助。 ● 遵循“教学——测试——再教学——再测试”的循环过程。
合作学习	如果按照小组和个人的成绩给予奖励，那么小组合作学习能激发学生的学习动机。	● 以小组（4～6 人）的形式进行学习活动。 ● 完成小组项目时，要求学生互相帮助。 ● 在竞争性的安排中，要求小组相互竞争。 ● 小组成员按照他们的能力、兴趣为小组的目标做出努力。
理论联系实际	教师在三个主要的方面做决定：教学内容、学生如何学习、教师在课堂上所采取的行为。教学的有效性取决于教师在这三方面所作的决策。	教师在课堂上遵循以下七个步骤： 1. 让学生熟悉将要学习的材料。 2. 告诉学生他们将要学习的内容以及为何这些内容很重要。 3. 向学生展示所要学习的新的材料，其中包括知识、技能和学习进程。 4. 为学生演示他们即将要进行的活动。 5. 检查学生理解的程度。 6. 为学生提供在教师的指导下进行实践的机会。 7. 为学生布置学习任务，让他们有机会实践他们所学到的内容。

续前表

	目标和原理	方法
行为模仿	教师能通过不同的强化形式来“设计”学生的学习。人类的行为是通过模仿而学到的，同时这些行为是通过积极强化而不断发展的，而那些未被强化的行为会逐渐消失。	● 教师以新材料的形式展示刺激物。 ● 教师观察学生的行为。 ● 教师迅速强化正确的行为。
非指导性教学	如果教师关注学生的个体发展并且创造机会让学生发展他们的自我理解和自我观念，那么将对学生的学习起到促进作用。有效教学的关键是教师理解学生并把这种理解纳入教学合作关系中的能力。	● 教师是学习的促进者。 ● 教师创设能支持学生个人成长和发展的学习环境。 ● 教师担任学习者顾问的角色，帮助学生理解自己，明确自己的目标并且承担自身所采取行为的相关责任。

基于行为心理学的教学模式

很多老师是依据他个人对人们如何获得和改变自己行为的广泛理解来运用教学模式的。例如，直接教学是一种系统的教学方法，它强调知识和技能是从教师到学生的传授。直观教学是基于可被观察的学习行为和实际的学习成果来组织的。一般而言，直观教学最适合一步步的知识获得和基本的技能发展，但不适合教授没有组织结构的、程序繁多的技能，比如写作、社会问题的分析和问题解决。

20 世纪七八十年代，人们对直观教学的有效性进行了广泛的研究。以下八个步骤是对直观教学系统研究后得到的结果，可以适用于教授小学低年级到高中的学生。

1. 告诉学生他们将会学习什么内容，使他们熟悉学习材料。
2. 回顾以前学过的与新的材料有关的技能和观念。
3. 使用案例展现新材料。
4. 通过提问检验学生的理解水平，纠正学生的错误理解。
5. 让学生练习新的技能，应用新的信息。 275
6. 当学生练习的时候提供反馈和矫正。
7. 在家庭作业中放入新的学习内容。
8. 定期复习所学内容。

有一种被称为“掌握学习”的直观教学法，它是基于对学习的两个基本假设：(1) 如果给予足够的时间，并且方法合适，所有的学生都能学好材料；(2) 当学生参与到能够使他进步的结构性和系统性的学习项目时，他们能学得更好。以下五个步骤反映了掌握学习的循环过程：

1. 确定需掌握目标的标准。
2. 直接教给学生相关学习内容。
3. 为学生的学习提供正确的反馈。

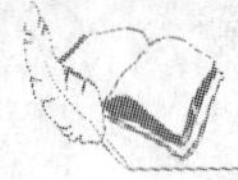

4. 在纠正错误的过程中提供额外的时间和帮助。

5. 遵循"教学——测验——再教学——再测验"的循环过程。

在掌握学习中，先对学生进行诊断性的测验，然后引导他们通过正确的练习和活动促进他们的学习。这些可以通过程序教学、记事簿、电脑练习或者游戏的形式进行。进行了纠错课后，对学生进行另一个测验，这就很容易达到目标了。

基于人类发展的模式

在第三章中提到，人类发展是课程的重要基础。同样，有效的教学方法是根据学生的不同学习需要而不断发展变化的，并且能够反映出在社会生活中学习的重要性。例如，让学生获得高水平发展的方法之一是观察，然后模仿作为他们榜样的父母、老师和同伴。正如乌尔夫尔科（Woolfolk，2001，p. 327）所指出的：

> 当然，在学习舞蹈、运动和手工艺时，就如学习家庭经济、化学和购物等技能一样，榜样作用被长期使用。榜样也能被有效地应用到课堂教学中，帮助学生学习智力技能，扩展学生的眼界——教给学生新的思考方式。教师作为榜样，也示范了非常多的行为，从阅读单词到如何应对一个学生的癫痫发作，再到对学习的热情。

有经验的老师通过"说出你的想法"（thinking out loud）来运用榜样，并且遵循以下有关"智力模型"（Duffy & Roehler，1989）的三个基本步骤：

1. 展示其中包含的推理。
2. 让学生留意其中所包含的推理。
3. 将学生的注意力聚焦在如何运用这些推理上。

276 这样，教师能够帮助学生有意识地关注自己的学习进程，增强学生的学习能力。

从 20 世纪 80 年代中期开始，很多教育研究开始关注学习者是如何形成自己对新的学习材料的理解的。建构主义者认为学习的过程主要聚焦在学习者如何理解新的信息——他们如何在自己已有的认识基础上建构新的意义。具有建构主义观点的教师们非常重视学生对将要学习的材料的思考，通过细致的提示、促进和质疑，帮助学生获得对材料的深层次的理解。构建主义教学的基本要素包括以下几点：

- 教师了解学生关于将要学习材料的已有知识，并且以此作为其教学的切入点。
- 教师不仅向学生出示学习的材料，并且对学生学习该材料所付出的努力进行回应。在教学过程中，教师必须了解学生的学习。
- 学生不仅吸收信息，而且他们也积极地应用那些信息来建构新的意义。
- 教师在课堂上创造一种社会环境，通过学习共同体让学生在建构意义和解决问题的过程中思考并与其他人交流。

持建构主义观点的教师在学生学习新的材料时，为学生提供了支持，或者说是提供了"理解的阶梯"。通过仔细地观察学生和细致地聆听他们所说的，教师以提示、鼓励、建议或者其他帮助形式来为学生提供"理解的阶梯"，使学生的学习获得成效。老师根据学生不同的理解程度给予学生不同的支持。如果学生理解比较困难，教师会给予更多的支持。换句话说，随着学生理解程度的日益提高，教师会逐渐减少给予学生的帮助。总的来说，教师仅仅是为学生提供足够的支持，使学生有能力以自己的力量发现知识。

基于认知发展进程的模式

一些教学模式来源于学习过程中的认知发展过程——思考、记忆、问题解决和创造性思维。例如，信息加工是认知科学的一个分支，与学生如何运用他们的长期记忆和短期记忆来获得信息和解决问题密切相关。计算机同样也能作为学习中的信息加工途径发挥其作用：

> 正如计算机一样，人们通过改变形式和内容来获得信息，储存信息，在需要的时候提取信息并且回应它。因此，信息加工过程包括收集、陈述和解读信息；储存信息；需要的时候提取、使用信息。整个系统由控制进程所引导，而控制进程决定了信息如何以及何时在系统中流动（Woolfolk，2001，p. 243）。

尽管一些系统的教学方法是基于信息加工过程的——告诉学生如何记忆、如何 277
归纳性思考和演绎性思考，如何获得概念和如何应用科学方法的，例如，它们都聚焦于人们如何获得和使用信息。研究学习（往往也被称为发现学习）是一种被广泛使用的教学模式，它发展了学生获得和使用信息的能力。学生有机会对学习的主题进行质疑，这样他们就能自己发现知识。在这一章所提到的《学习中的结构》(Structures in Learning）一文里，布鲁纳指出发现学习同样也能使学生看到知识是有结构的、有内在联系的和意义丰富的。

当老师要求学生们超越文本里的信息进行推理、预测结果或者进行归纳时；当老师不回答学生提出的问题，而是让学生自己寻找问题的答案时，这时老师正是使用了基于质疑和发现学习的教学方法。这种方法适合于教授概念、关系和抽象理论，同时适用于让学生系统地形成并检验假设。

探究学习和发现学习方法往往采用了“研究——分享——演示”的循环过程。在研究阶段，学生提出有关某项内容的问题和假设。他们思考他们自己已有的经验和知识，并集中对一个问题进行研究。研究在一个小组中进行，这个小组的成员聚焦在大研究问题中的一些具体的方面。在分享阶段，知识通过教师和学生之间及学生与学生之间的对话获得发展。通过小组讨论来评估知识是否有用，这个小组实际上就是一个“学习共同体”。在演示阶段，学生综合、系统地将他们预备分享的知识以演示文稿的形式展现给大家。

下面这个案例向我们展示了1年级的学生是如何进行质疑和发现学习的，这样的学习活动培养了学生较强的参与、思考水平。

> 孩子们围在桌子旁边，桌上放着蜡烛和广口瓶。杰克·威斯曼老师将蜡烛点燃，当蜡烛燃烧一两分钟后，将广口瓶盖在其上。烛光渐渐微弱、晃动，最后熄灭。然后他点燃了另一根蜡烛，拿起另一个更大的广口瓶，重复以上的操作。蜡烛也熄灭了，但是比第一次熄灭得慢。杰克又拿出两根不同大小的蜡烛和广口瓶，让孩子们自己点燃蜡烛，并将广口瓶盖上，烛光同样也慢慢熄灭了。“下面我们要用一些知识来解释刚才发生的现象，”他说道，“我希望你们向我提出关于蜡烛和广口瓶的问题，或者是关于你刚才所观察到的现象的相关问题。”(Joyce，Weil & Calhoun，2004，p. 3)

探究学习的另一种形式就是情境教学（CTL）。情境教学是一种基于学生以适合的方式能够学得更好的理论的教学方法。当他们亲自参与活动，有机会在他们熟悉的相关情境中进行个人发现时，他们能学得更好。在情境教学环境中，学生建构、应用和列举相关背景中的知识。他们学习有意义的和同自己未来相关且重要的材料。学生建构、应用和列举相关背景中的知识。

实际上，情境教学并非是一种新提出来的方法。它来源于杜威的思想。在《民
278 主主义与教育》（*Democracy and Education*，1916）中，杜威提出“学校里最大的浪费源自学校的孤立——它与生活世界相分离”。在 20 世纪 80 年代，相互联系的教与学被称为经验学习或者应用学习。

情境教学的课堂里，“教师最主要的任务是培养学生的洞察力，这样意义就会非常明显，同时学习的目的也会立即被学生所理解。这并不是补充的或者讲究的行为。如果学生有能力将所学的与所做的联系起来，那么这就是最基本的要求。”

基于社会交往的模式

就像每位老师都知道的，学生同伴群体可能是学业成绩的一个阻力，然而，他们也能激励学生变得更为优秀。由于学校学习发生在一个社会背景下，以社会交往为基础的教学模式——比如，合作学习——为教师提供了增加学生自主学习的选择权的可能性。

基于社会交往的有效教学模式是小组研究，其中教师的角色是创造适当的环境，帮助学生了解他们要学习什么和如何学习。教师向学生展示一个环境因素，在该环境的背景下“学生回应和发现自己看法、认识和知觉模式之间的冲突。基于这些信息，他们确定将要研究的问题，分析解决问题所面临的任务，组织他们内部成员完成这些任务，并且对结果进行展示、报告和评价”（Thelen，1960，p. 82）。

在小组学习中教师的任务是多方面的，他是组织者、引导者、出谋划策者、顾问和评价者。这种方法对于增强学生的学业成就、培养学生对待学习的积极态度和班集体的凝聚力非常有效（Sharan & Sharan，1989/90）。这种模式使学生能够关注自己感兴趣的问题，让每个学生都能够基于自身的经验、兴趣、知识和技能为小组的任务作出自己有意义的、真正的贡献。

基于社会交往的另一个教学模式是“项目学习”。在这样的课堂中，学生以小组的方式来探询真实世界的问题，并且用演示文稿的形式与大家分享他们的学习成果。与仅仅学习书本上的知识相比，这种方法对学生有许多好处，包括对主题的深入掌握，增强学生的自我导向和学习动机，提高研究和问题解决的技能。然而，这些优势并非一定能够体现出来，正如凯瑟琳·维尔（Kathleen Vail）所说的：“以计划为本的学习方式可能更多的是基于趣味而不是教学内容。”

研究者在英国的两所中学进行了一项持续三年的研究——一所学校采用了开放式的计划，而另一所学校则是采用较为传统的、直接的教学。研究发现两所学校的学生在理解能力和数学标准化测验的分数上具有显著的差异。采用了开放式计划的学校的学生比那些在比较传统的学校里的学生在数学问题分析和概念思维以及对规
279 则、公式的记忆等方面都强。在全国性的数学考试获得高学业成就的学生中，采用开放式计划的学校的学生人数是另一所学校的三倍（George Lucas Educational Foundation，2001）。

基于计划的学习，将教师的教转化为学生自己学，具体包括五个基本要素：

1. 考虑在复杂、真实的世界中学生的学习经验，通过这些让学生发展和应用技能与知识。

2. 认识到有意义学习叩开了学生学习的内驱力、作重要工作的能力，需要认真对待有意义的学习。

3. 一般课程的学习结果是可以提前确认的，但学生学习的特殊结果既不能提前决定也不能预测。

4. 为了解决问题，要求学生从许多信息资源和学科中学习。

5. 让学生从学习使用和分配诸如时间或材料等资源中获取经验（Oaks, Grantman & Pedras，2001，p. 443）。

学习评价

很多教学模式的一个关键要素就是如何评价学生的学习。对大多数人来讲，提到评价就会想到四个步骤：（1）教师准备一份包含了所学内容的测验（或选择一份已存的）；（2）对学生进行测验；（3）教师批改学生的试卷；（4）教师根据学生在测验中的表现给予等级。然而，正如杰·穆克提克赫（Jay McTighe）、伊利奥特·瑟伊夫（Elliott Sief）和格兰特·维根斯（Grant Wiggins）在本章《你能进行有意义的教学》（You Can Teach for Meaning）一文中所指出的，"课堂评价的不仅仅是精确的记忆"。教师可以用评价所提供的信息来（1）决定学生如何学习所教材料；（2）明确该如何对学生作出回应，来促进学生的学习；（3）发展提高教学有效性的策略；（4）决定学生是否达到了某个成绩水平。

对学生学习的评价没有"捷径"可循。很明显，给学生提供多种多样的机会来展示他们所知道的和他们能够做的是非常重要的。如果学生知道他们能通过不同的方式获得成功，作为学习者他们会更加积极地面对自己的学习。他们会觉得学习是一件很愉快的事情。

原来不喜欢某个学科的学生（因为他们总是将那个领域的学习评价和失败联系），如果他们知道有展现他们学习的不同方式存在，他们就能形成对该学科的积极态度。正如评价领域的专家提到的，"我们知道如何通过课堂评价让学生相信就要达到成就目标了……我们必须创造这样一种课堂环境，在这里学生能够通过评价了解成功是什么样的以及下次如何做得更好……如果教师能够进行精确的评价，并且有效地利用评价结果，那么就能够促使学生取得更大的成功。"

教师逐渐开始使用多种多样的评价方法——也就是说，"要求评价的形式是对 280
意义的积极建构而不是对孤立的事实的消极反映"。如果评价仅仅局限于"对孤立的事实的回应"，就会培养出尼尔森·马龙（Nelson Maylone）所提到的"测验式思维"。下面描述了各种各样不同形式的评价方式：真实性评价、档案袋评价、同伴评价、自我评价、表现性评价和替代性评价。

真实性评价

真实性评价要求学生有较高水平的思考技能来表现、创造和解决真实生活中的

问题，而不是像做多项选择题那样在许多已给出的答案中选择其一。教师可能会用真实性评价对个体成绩和小组设计、展示成果的技能或者参与社区活动的情况进行评估。例如，在科学课上，学生必须设计和构建一个实验来解决某个问题，并且以文字的形式来解释他们是如何解决这个问题的。

真实性评价要求学生解决问题或攻克他们所遇到的各种问题。例如，真实性评价可能允许学生选择他们被评价的方式，比如撰写报告、制作图表、写作和指导剧本、评论文章、发明一些有用的东西、制作光碟、创造一个模型、撰写儿童读物等。另外，真实性评价通过给予学生决定哪些信息是相关的以及这些信息应该如何被组织和使用的权利，鼓励学生对问题的真实情况提出自己的见解。

教师应用真实性评价来评估学生学到了什么——以及学习的深度——学生的成就与态度有助于提高学习的有效性。例如，一个对 K—12 学校的 11 对科学和数学教师的研究发现，当教师在真实生活问题解决情境中评价学生的学习时，学习和对学校态度就会提升。

档案袋评价

艺术、建筑、摄影和广告业的专业人员一般通过收集日常的资料来证明他们较好的工作业绩。他们向顾客和老板展示资料档案袋。同时，这些专业人员还会定期地更新档案袋的内容来反映他最近、最好的成就。

同样的，教育中的档案袋评价也是基于对学生作品的不断收集，这些作品“反映了学习者的进步、长时期的成绩和在相关学科的重要成果”。总而言之，档案袋
281 提供了学生取得的重要成果的样本，而且它展示了学生最好的作品。例如，一个中学生物理学科的档案袋里可能包括：（1）一份有关阐述矢量原则和牛顿定律是如何解释物体在两个方向上运动的研究报告；（2）实验过程中的照片；（3）在当地科学展览会上所获得的有价值的证书；（4）互联网上与矢量原则和牛顿定律相关的注释。

对于学生而言，档案袋评价的关键是明确能够放入档案袋中的作品的标准，然后收集、整理相关作品，最后呈现给教师进行评价。学生的档案袋有以下几方面的用途：

- 增强监督的力度，档案袋里的内容反映了学生达到目标的情况和取得的进步。
- 技能的认定，档案袋可用来认定学生圆满完成的教学目标。
- 优秀作品的证明，档案袋包含了学生的示范性成果，展示了学生在每个目标上所达到的最高水平。
- 客观的评价，课堂以外的机构通过档案袋来评价学生的表现，这些机构包括学校、学区和国家机构。
- 与家长的交流，学生会将档案袋带回家，并保存在家里。这样一来就是向家长传递学生在学校的表现情况了（Oosterhof，2003，p. 186）。

档案袋反映了学生的发展情况，为了增强学生的学习效果，以下三条原则必须遵守：

1. 学生必须使自己的档案袋具有个性——也就是说，档案袋必须聚焦在对学生而言非常重要和有意义的成果。
2. 档案袋必须聚焦在学生已完成的成果和最优秀的作品上——而不包括学生

的错误和不足之处。

3. 档案袋必须由教师和学生共同评估。

同伴评价

当学生对其他人的作品进行评价时就是同伴评价。通常，同伴评价一般在班会的时候进行。学生往往更能接受同伴对自己批判性的反馈，而不是老师的。同时，同伴一般能够使用他们那个年龄阶段所能接受的方式（比如在用词上的选择）来表达自己的意见，而且学生也更加容易理解同伴的意思。最后，正如老师们所认为的，同伴评价使老师能够有机会观察整个同伴评价的过程，并且在有必要的时候提出自己的看法：

> 当我们定期地进行同伴评价时——我发现它确实非常有用。很多错误的观 282
> 念会暴露出来，我们就像完成家庭作业那样，对这些问题进行讨论。我将参与
> 整个评价过程，在教室里巡视，并且与学生一对一地交流。（Black et al.，2004，
> p.14）

自我评价

学生完成任务时，自己对自己的作品和思维过程所进行的评价就是自我评价。人们认为“自我评价是课堂评价中最浪费资源的一种形式，但作为一种评价方式和学习工具，又是最具有适应性和推动作用的”（Tileston，2004，p.99）。当学生对自己的作品进行评价时，他们对那些促进或者阻碍自身学习的因素有最清晰的意识。例如，学生可能会在评价时不断地问自己：通过这个活动我学到了什么？在我的学习过程中，我遇到了哪些问题？以后我应该如何解决这些问题？

表现性评价

简单来讲，表现性评价是基于观察和判断的。在很多情况下，老师通过观察评价学生的真实表现或者技能的应用情况；同时也对学生创造性的作品进行评价。例如，教师通过观察学生的科学实验来判断其中所包含的学生的思维过程，或者阅读学生的研究报告来评价学生论证和写作的水平。总之，表现性评价就是用来决定学生应该做什么和能够做什么的东西。

替代性评价

替代性评价是用来评价那些无法参与由学区和州教育管理部门所组织的传统的大规模评价的学生的表现情况的。这种评价方法的出现是参考1997年重新授权的《残疾人教育法案》(Disabilities Education Act) 中“替代性评价”的结果，并且要求国家在2000年正式使用替代性评价。替代性评价是收集有关学生所知道的和他有能力做的事情的资料的一种方式，这种方式不考虑学生的能力缺陷。搜集信息的替代性策略包括观察学生的在校表现、让学生执行任务、注意学生的表现水平，访问家长或监护人了解学生的校外活动。对残疾学生而言，替代性评价能够评价他们独特的教育目标和经验以及在对刺激反应、解决问题和提供反应方面具有的不同能力。

283 考虑到一些学生有较严重的能力缺陷，很多地区正在加快发展当地替代性评价的进程。明尼苏达州大学的国家教育成果监测中心提出了六条原则来发展评价和责任系统：

原则1：所有在能力上有缺陷的学生全部包含在该评价系统之内。

原则2：残疾学生如何参与评价系统的决定是简单明了地参与、调适和替代性评价做出决策过程的结果。

原则3：无论是否他们参与替代性评价，是否经过调适，所有残疾学生都同别的学生一样以同样的频率和形式公开他们的分数。

原则4：残疾学生的评价成绩像其他学生一样对最终的责任指标具有相同的影响。

原则5：通过正式的控制程序、不间断的评价和对已有研究和实践的系统训练，评价系统和责任体系必须不断提升。

原则6：每一项政策和行动都反映了一个观点，即所有的学生都必须包括在国家和地区的评价与责任系统中。

2003年，美国教育部决定有严重学习问题的学生可以与那些没有学习问题的学生进行比较。新的规定使更多的学校证明他们每年都在不断进步，年度进步指标是《不让一个孩子掉队法案》的主动要求。

在教育部颁布新的规定以前，参加替代性评价的学生从不被看作是“能手”，另外，很多学校每年都很难提高成绩，因为学校里那些能力上有缺陷的孩子的分数相当低或者根本没有参加“常规”评价。因此，每年学校向所有的学生报告他们的年度进展时总是处于不利的位置。此外，为贫困学生获得联邦救助但又没有相当的年度进展的学校将要面对来自政府的更多的制裁。

按照新的规定，国家会制定新的标准来评价那些有严重认知缺陷的学生。联邦政府要求对于能力上有缺陷的学生的评价标准应该与国家的学科评价标准联系起来。对这些学生采用与他们智力发展水平相适应的标准进行测验，他们的分数也将作为他们学校学术成就的一部分。

284 课程与教学的基本原则

在《课程与教学的基本原则》(*Basic Principles of Curriculum and Instruction*, 1949)一书中，泰勒强调了分析教育目标、学习经验、组织学习经验和评价结果的重要性。泰勒的有关课程与教学的相互关系的范式被看作是“现今支配该领域的有关课程学习的长期范式”(Schubert，1986，p. 82)。

很明显，在泰勒的著作里所讨论的“教育目标”是通过课程来实现的，下面是为学习者提供的三种目标：(1) 他们需要对主题的理解；(2) 他们能够将所学应用到新的环境中；(3) 他们有一种希望继续学习的渴望。然而，对这些结果的鉴别并不能明确地告诉我们如何去获得它们。泰勒的书里并没有给予明确的说明，我们依然面对着这样一些问题：课程与教学的基本原则是什么？在教学过程中，有经验的教师会如何做？他们如何与学生互动？他们如何组织和管理课堂活动？他们采用什么样的教学模式？正如卡罗尔·鲁普敦(Carol Lupton)指出的：“今天的教育者需要获得多种多样的教学经验——语言的、逻辑数学的、音乐的、空间的、具体感知的、人际关系的和个人内在的——为所有的学生提供获得成功的机会。不过说起来

容易，做起来却不易。”

正如之前的章节所指出的，对于上述问题的回答并没有统一的答案。课程与教学之间的关系是互为补充的，非常复杂。最终，我们寻求认可的课程与教学基本原则同国家教育学院公开出版的《教学》（*Teaching*）中的“有效教学原则”有相似的结果。我们以在表 6—2 中所呈现的 12 条课程与教学的基本原则来结束本章的内容。这些原则是基于对教与学的广泛研究提出来的，阐述了课程与教学之间的复杂关系。也许这些原则的表述并不准确，我们期望有能力的教师将他们运用到现实的课堂教学实践中。

表 6—2　　课程与教学的基本原则 285

1. 有支持力的课堂环境：学生在有凝聚力的、和谐的学习环境里能够学得更好。
2. 学习机会：当大部分可利用的时间分配到同课程有关的活动中，学生们能学得更多。
3. 课程整合：整合课程所涉及的所有方面，创造一个具有凝聚力的项目来实现教学目的和目标。
4. 创设学习机会：教师给学生提供初步的框架让学生提前自学，让学生明确预期的成果和核实的学习策略。
5. 连贯的教学内容：为了促进有意义的学习和记忆，必须清晰地揭示教学内容，并且通过强调它们之间的结构和联系让学生获得发展。
6. 有思想的演讲：要求学生围绕有力的观点进行连贯的演讲。
7. 实践和应用活动：学生需要足够的机会来实践和应用他们所学到的知识，并且获得宝贵的反馈意见。
8. 为学生完成任务提供支持：教师向学生提供他们所需要的，能够帮助他们有效开展学习活动的各种支持。
9. 策略教学：在学习和自我调节活动中，教师给予学生示范或指导。
10. 合作学习：学生往往在小组合作中获得益处，互相帮助理解和掌握技能。
11. 目标导向评价：教师运用多种多样的正式与非正式的方法来监控学生学习的进程。
12. 成就期待：教师建立对学习结果的适当期待。

标准问题——课程与教学

本章讨论了课程与教学之间的关系。本章有关标准的问题包括以下几个：

1. 运用了合适的教学方法（或者教学模式）就能达到课程目的和目标吗?

2. 教学活动对学生而言有意义和真实吗?

3. 运用多种形式的评价方法能够确定学生学到了什么以及有能力完成什么任务吗?

4. 对学生学习的评价需要的是积极、有意义的建构，而不仅仅是信息的反馈吗?

参考文献

Appalachia Educational Laboratory. *Alternative assessment in math and science: Moving toward school a moving target*. Charleston, WV: Author, 1993.

Beauchamp, G. A. *Curriculum theory*. Itasca, IL: F. E. Peacock, 1981.

Black, P., Harrison, C., Lee, C., Marshall, B., and Wiliam, D. Working inside the black box: Assessment for learning in the classroom. *Phi Delta Kappan* (September, 2004): 9–21.

Bloom, B. S. *All our children learning: A primer for parents, teachers, and other educators*. New

York: McGraw-Hill, 1981.

Carroll, J. A model of school learning. *Teachers College Record, 64* (1963): 723–733.

Dewey, J. *Democracy and education*. New York: Macmillan, 1916.

Duffy, G., and Roehler, L. The tension between information-giving and mediation: Perspectives on instructional explanation and teacher change. In J. Brophy (Ed.), *Advances in research on teaching*, vol. 1. Greenwich, CT: JAI Press, 1989.

Gagné, R. M. *Essentials of learning for instruction*. Hinsdale, IL: Dryden, 1974.

Gagné, R. M. *The conditions of learning*, 3rd ed. New York: Holt, Rinehart and Winston, 1977.

286 George Lucas Educational Foundation. *Project-based learning research*. Retrieved November 2001 from http://www.glef.org./index.html.

Good, T. E., and Grouws, D. The Missouri mathematics effectiveness project: An experimental study in fourth-grade classrooms. *Journal of Educational Psychology, 71* (1979): 355–362.

Guenemoen, R. F., Thompson, S. J., Thurlow, M. L., and Lehr, C. A. *A self-study guide to implementation of inclusive assessment and accountability systems: A best practice approach*. Minneapolis, MN: University of Minnesota, National Center on Educational Outcomes, 2001.

Joyce, B., Weil, M., and Calhoun, E. *Models of teaching*, 7th ed. Boston: Allyn and Bacon, 2004.

McMillan, J. H. *Classroom assessment: Principles and practice for effective instruction*, 2nd ed. Boston: Allyn and Bacon, 2001.

Newmann, F. M., and Wehlage, G. G. *Successful school restructuring: A report to the public and educators by the Center on Organization and Restructuring of Schools*. Madison, WI: University of Wisconsin, Center on Organization and Restructuring of Schools, 1995.

Newmann, F. M., et al., eds. *Authentic achievement: Restructuring schools for intellectual quality*. San Francisco: Jossey-Bass, 1996.

Oaks, M. M., Grantman, R., and Pedras, M. (2001). Technological literacy: A twenty-first century imperative. In F. W. Parkay and G. Hass (Eds.), *Curriculum planning: A contemporary approach*, 7th ed., pp. 439–445. Boston: Allyn and Bacon, 2001.

Oosterhof, A. *Developing and using classroom assessments*. Upper Saddle River, NJ: Merrill Prentice Hall, 2003.

Parnell, D. *Contextual teaching works*. Waco, TX: Center for Occupational Research and Development, 2000.

Rosenshine, B. Explicit teaching. In D. Berliner and B. Rosenshine (Eds.), *Talks to teachers*. New York: Random House, 1998.

Rosenshine, B., and Stevens, R. Teaching functions. In M. C. Wittrock (Ed.), *Handbook of research on teaching*, 3rd ed. New York: Macmillan, 1986.

Schubert, W. H. *Curriculum: Perspective, paradigm, and possibility*. New York: Macmillan, 1986.

Sharan, Y., and Sharan, S. Group investigation expands cooperative learning. *Educational Leadership* (December/January 1989/90): 17–21.

Stiggins, R. New assessment beliefs for a new school mission. *Phi Delta Kappan* (September 2004): 22–27.

Thelen, H. A. *Education and the human quest*. New York: Harper and Row, 1960.

Thelen, H. A. *The classroom society: The construction of educational experience*. New York: John Wiley, 1981.

Tileston, D. W. *What every teacher should know about student assessment*. Thousand Oaks, CA: Corwin Press, 2004.

Tombari, M. L., and Borich, G. D. *Authentic assessment in the classroom: Applications and practice*. Upper Saddle River, NJ: Merrill, 1999.

Tyler, R. *Basic principles of curriculum and instruction*. Chicago: University of Chicago Press, 1949.

Vygotsky, L. S. *Mind in society: The development of higher mental process*. Cambridge, MA: Harvard University Press, 1978.

Vygotsky, L. S. *Thought and language*. Cambridge, MA: MIT Press, 1986.

Woolfolk, A. E. *Educational psychology*, 8th ed. Boston: Allyn and Bacon, 2001.

学科知识的进步组织

287 约翰·杜威

摘要：下面，杜威阐释了进步主义教育的关键原则——教育经验的连续性。除了向学习者展示与其生活经验相关的教材，课程还应以这些经验作为素材。一旦这种联系建立起来后，教材就会逐渐转化成一种内容丰富的、组织严密的形式，同时，新的知识也会为后续的学习提供基础。

当人们用经验来表达教育时，有一个考虑就会明显地凸显出来。任何东西凡是被称为一种学科的，不论是算术、历史、地理或自然科学中的一种学科，起初一定是从日常生活中得到种种材料的。有些教学程序，一开头就传授经验范围以外的种种事实和真理，因而，就产生一个问题，即要找出一些方法和手段把经验范围以外的事实和真理纳入经验范围之内。在这方面，新教育同这些程序对比起来，有显著的差别。毫无疑问，在早期的初等教育中，种种较新的方法取得巨大成功的一种主要原因是它遵循与旧的程序相反的原则。

但是，在经验的范围之内搜集学习的材料，这仅仅是第一步。下一步是将已经经验到的那些东西逐渐地发展为更充实、更丰富并且也是更有组织的形式，即逐渐地接近于提供给有技能的、成熟的人的那种教材形式。只要不违反教育和经验的有机联系，这种变化就是可能的。事实表明，这种变化发生在学习之外，且偏离正式教育。例如，婴儿起初同种种客观事物的环境相接触，他们所处的环境在空间和时间上都是非常有局限性的。这种环境由于经验本身固有的动力就能不断地扩大，而不需要学术性的指导。当婴儿学习伸手抓东西、爬、走和说话的时候，其经验中本来就固有的材料就扩大和加深了。当它同一些新的客观事物和新的事件发生联系时，又产生了新的力量，而运用这些力量又能够改进和扩大其经验内容。生命空间和生命时间都扩张了，环境和经验的世界不断地更好地生长起来，也可以说是更繁茂地生长起来。教育者在接触处于婴儿末期的孩子时，必须寻找种种方式，有意识地和谨慎地对待前几年里“本性”已经取得的成就。

上面详细说明了两种情况，几乎没有什么必要去坚持前一种情况。教育必须以学习者已经具有的经验作为起点；这种经验和在学习过程中发展起来的能力又为所有的未来的学习提供了起点。这便是新教育有关学习的一条主要的格言。另外的一种情况，即通过经验的生长，使教材的扩充和组织有次序地发展，也要受到同样的注意，对此，我也不怎么相信。然而，教育经验的连续性原则要求用同等的思想和注意去解决这一方面的教育问题。毫无疑问，这一方面的问题比起另一方面的问题，是更为困难的。同学前儿童、幼儿园儿童和小学早期的儿童发生交往的人，对于确定孩子们以往经验的范围或者发现同他们以往经验有重大关系的种种活动，并没有很多的困难。对于更大一点的儿童，这个问题的两个方面的因素都给教育者增加了种种困难。要找出每个人的经验背景是比较困难的，要发现如何指导经验中已经具有的材料，并把这些材料引导到更大的和

更好地组织起来的一些领域之中，也是比
288 较困难的。

如果认为仅仅通过给予学生新的经验就能保证他们轻松自如地处理相似问题，就能满足学生具有不同主导经验原则的假设是错误的。把新的各种事物和事件同较早的各种经验理智地联系起来，这是重要的，而且这表明，在将各种事实和观念有意识结合方面，有了一些进展。因此，教育者的责任就在于从现有经验的范围内，选择那些有希望、有可能引起一些新问题的事物，这些新问题能激起新的观察和判断的方式，从而扩大未来的经验的范围。教师必须始终坚持不把已经获得的东西当作固定不变的占有物，而是当作一种动力和媒介，用这些动力和媒介去开辟新的领域。在新的领域内，对理智地运用现有的观察力和记忆力提出了各种新的需要。生长的连续性原则必须成为教师长久不变的座右铭。

教育者比任何从事其他职业的人都要更多地考虑使自己有一种往前看的长远目光。医生使病人恢复健康之后，也许就认为他的工作已经做完了，但无疑医生还有义务向病人提出建议，让病人知道怎样去生活，以便避免将来出现同样的毛病。不过，安排日后的生活毕竟是病人自己的事情，而不是医生的职责；而且，医生本人对病人未来所作的指导和建议，说明他已经是在承担一位教育者的职能了。律师的职责是替诉讼委托人打赢官司或者使诉讼委托人避免某些纠纷。如果律师在事情完结之后再做进一步的工作，那么他也就变成一位教育者了。就教育者的工作性质而言，教育者担负有义务去考虑他现在的工作已经取得了什么成就，或者哪些工作还没有完成，并把未来的目标同当前的工作联系起来。

这里，还需要再次说明，进步主义的教育者所面临的问题比传统学校中的教师更为困难。传统学校的教师的确需要向前看。但是除非他的性格和热情使他超越传统学校的限制，不然他可以满足于仅考虑到下一个考期或升入第二年级的事情。他可能在学校制度所要求的范围之内去设想未来。而那些把教育同实际经验联系在一起的教师则有义务担负更重要和更困难的任务。他必须意识到引导学生进入自己已有经验的新领域的潜力，必须使用这种知识作为选择和安排影响他们现在经验的标准。

因为传统学校的各种学科是由教材组成的，这些教材的选择和安排是根据成人的判断——认为这些教材在学生将来的某些时候是会有用的，而这些将要学习的材料都是学习者现实生活经验之外的东西。因此，这些材料只同过去有关；只表明它们对过去的人们是有用处的。认为教育应当从现时经验中提取教材，应当使学生善于处理现在和未来的种种问题，这本来是一种正确的观念，可是人们往往把这种正确的观念误解为进步学校在极大的程度上忽视过去。这是走到另一个极端去了，也许这种不幸的事是在一些情况下自然出现的。要是现在能与过去分开的话，这种结论将是正确的。但是，过去的成绩提供的是仅有的理解现在的方式。正如个人必须回顾自己的过去才能清楚地理解他本人现在所处的种种情况，同样，现在社会生活中的种种问题也是同过去有着密切而直接的联系的。因此，学生们如果不从过去探本求源，他们便不能理解这些问题或者不能找到处理这些问题的最好的方式。换句 289
话说，正确的原则认为学习的目标在于未来，而当前的学习材料就在现时的经验之中。现时经验能够扩展到未来，这也仅仅是因为它由于采取过去的经验而得到了扩充。

杜威：在他一生的不同时期，分别担任过哥伦比亚大学的哲学教授、芝加哥大学哲学

系系主任和教育学院的院长、密歇根大学的哲学教授。

思考题

1. 根据杜威的观点，课程组织是如何整合过去、现在和将来的？

2. 关于杜威的“教学的起点应该是学习者已有的经验”这一观点可能有哪些评论呢？杜威会如何对这些评论作出回应呢？

3. 课程设计者和教师应该运用哪些技能来确定学习者“过去的经验的范围”？

学习中的结构

杰罗姆·S·布鲁纳（Jerome S. Bruner）

摘要：每一个知识性的学科都有一个结构，应该让学生获得可帮助他们“发现”这个结构的学习经验。所以，学习的目的就是获得具有这个学科特点的探究过程，而不仅仅是学会有关这个学科的知识。

每一门学科都有一个结构，一个贴切的、美妙的结构。这个结构提供了有关事物的潜在的简约性，并且，通过学习它的本质，我们就能理解这个学科的内在意义。

让我来举一个地理学习的例子。一所郊区学校的 5 年级学生将要学习中部各州的地理状况，并以此作为社会学科学习单元的一部分。前面的单元主要是关于东南各州的情况，采用的是机械的教法——这种方法已被证明是令人厌倦的方法。地理能被视作一门理性的科目来教吗？教师们决定去寻找答案。他们设计了一个单元，在这个单元中，学生将不仅仅要指明事物所处的位置，还要说明为什么它们会在那个位置。这就牵涉到了对于地理学结构的感知。

教师给了学生们一张包含中部各州的地图，但在这张地图上只是呈现了河流、大型的水域、农产品以及自然资源。学生们的任务是找到其中最大的城市——芝加哥，当然，不能参考教科书。

争论立刻产生了。一个学生提出了这样的一个观点，即芝加哥一定是位于大湖泊的交接处。不管他是否知道湖泊的名称——休伦湖、苏必利尔湖还是密歇根湖，但他的理论还是有道理的。一个大城市会生产出大量的产品，而运送这些产品最简单、最合理的方式是水运。

但第二个学生立刻起身反驳。一个大城市需要大量的食物，因此他认为芝加哥应该处于谷物和肉禽等都很富足的地方——艾奥瓦州中间偏右的位置。

第三个学生更加全面地看待这一问题——把前面两种观点中的优点进行了重新组织。他指出，大量的食物可以在河谷区生长（他是否从以前的社会学科学习中或是从培育胡萝卜苗的过程中学过这一点，我们无从得知）。他推论说，如果你有一条河，你将不仅拥有食物，而且也拥有了交通。他在地图上指出了一个位置，这个位置离圣·路易斯不远。“芝加哥就应该在那儿。”他说。

并不是所有的答案在推理上都是如此接近的，然而即使是最具野性想法的学生在有关城市位置的问题上都会从一种对需要的理解出发。

例如，一个学生认为，所有的美国城市都有摩天大楼。这些大楼的建造需要钢铁，所以，他把芝加哥的位置放在梅萨比山脉的中间。至少他有自己的思考，他把一种对限制的理解加在了对城市的定位上。

45 分钟之后，学生们被告知他们可以领取“真正”的挂图（标有名称的地图），并且可以看一看芝加哥在什么地方。在打开地图之后，每一个参与争论的人都指出他们曾经离正确答案有多么近。芝加哥从未被哪个学生真正指对过，但是，对这群学生而言，城市的定位将不会再成为不经思考就可以确知的事情了。

学生们学到了什么呢？学到了一种有

关地理的思考方式，学到了一种处理原始信息的方式。他们也懂得了，在人的生活需要和栖息地之间存在着某种联系。像地理课中有很少的练习一样，新课程是基于知识有内部联系、意义这一事实，要理解和记忆这些事实，他们必须适合知识内部的意义情境。

很多教师问过我有关“新课程”的问题，仿佛新课程就是某种特殊的神奇良方。绝不是这么回事。新课程就像刚才地理课上的练习一样，基于如下事实：知识具有内在的联系和意义，为了能鉴别、理解和记住事实，必须将它们融入语境当中去。

素数系统不是随意确定的一套数系，对于那些既不能归属这一类，又不能归属那一类的一些数量，我们能说些什么？这些讨论将会使你逐步理解素数和合数的结构。

要去辨析清楚知识中的最简单结构，需要的是最深刻的思维。出于这样的原因，在建立新课程的过程中很需要那些大学者、大科学家以及热衷于此的人参与进来。

还有一点。在我们刚才的地理课例子中有了很多发现。在儿童的学习过程中，发现有什么样的意义呢？首先，让我们了解发现承担了什么职责。在偶遇的意义上，新知识的发现仅仅是在知识的边缘上，就像牛顿所说“茫茫无知大海中的真理孤岛”。无论是儿童按照自己的理解作出的发现，还是由科学家作出的发现，发现通常是指对证据的重新安排或转换，这种安排与转换依照的是如下的方式：发现者不能超越这些证据而产生一个新洞察。发现包含着对正确结构的发现，也包含着对意义的发现。

现在考虑一下，儿童在一种基于自己发现的学习经历中会获得些什么益处？这些益处，需要从如下方面进行讨论：即不断提高的智力潜能、内在激励、有用的学习技巧以及更好的记忆过程。

要让儿童发展智力潜能，必须鼓励他找出所处环境中的规则和关系。为了做到这些，儿童需要被给予一种期望，即有一些东西需要他去发现。一旦他的积极性被这种期望调动起来，他就必须设计自己的探索与发现方式。 291

谈到学习的内在动机（相对于外部动机），我们必须认识到，在引导儿童进行有效的认知活动方面，很多问题在于如何把儿童从外部瞬间的惩罚和奖励的控制中解放出来。

例如，研究显示，那些在学校中较早显示出高成就的学生往往成为“正确的做事方式”的追求者，并且，在把他们的学习转换成有用的思维结构方面，他们的能力与那些在智力测验中不能显示出高成就的学生相比，是有所不足的。

从这些研究得出如下假设：如果孩子能够把学习看作是发现事物而不是仅仅学习的话，他将在自己能力和自我成就方面取得更大、有意义的个人回报。

就探究的技巧或发现启发的技巧而言，有很多的方法。其中之一就是对在逻辑、统计、数学等学科中技巧的形式进行仔细地研究。如果一个儿童要把探究作为生命的终极方式进行追求，特别是科学中的探究，那么对形式的研究也是重要的。然而，任何教过幼儿园和小学低年级（热情探究阶段）的人都知道，儿童对于探究的形式方面的理解十分欠缺，并且有时可能完全没有理解。

每一个儿童似乎都有一系列的态度和行为，他们会把这些态度和行为与探究联系起来。

很明显的是，如果儿童要想学会发现的技巧的话，那么他们必须被给予解决问题的机会。他们解决实践问题的机会越多，就越有可能把他们所学的知识归纳为一种探究的类型，这种探究类型能在他们所面临的各种任务中发挥效用。能够不通过参与探究或者问题解决的活动，而只是通过其他方式去提高、改进探究的技艺与技巧

是不太可能的。

在有关改进记忆过程的理论中，第一个前提就是，人类记忆的首要问题不是储存，而是提取。这个前提也许可以从如下事实中获得推断，人类的识别（大量刺激帮助下的回忆）是极强的，同无须外在帮助或刺激的自主信息回忆相比尤其如此。

大量事实表明，通过把信息材料镶嵌到儿童所建构的心智结构中去，任何信息的组织都会降低信息材料的复杂性。这种信息的组织将使得检索变得更易实现。总之，儿童为自己去“解决”或“发现”问题并找出事物的特征，这种态度与活动能够使材料更容易被记住。

如果说人具有卓越的智力是人的完美品质中最重要的因素，那么类似的，我们可以说，在人所知道的所有知识中，最独一无二的知识就是他自己所发现的知识。我们鼓励年轻人的发现，有什么意义呢？正如麦默尼德斯（Maimonides）所指出的，它会在知识和知识的拥有者之间创建一个特别的和独特的联系。

杰罗姆·S·布鲁纳，作为心理学教授、哈佛大学认知学习中心主任，1972—1979年间他还担任了英国牛津大学实验心理学的首席专家。

292 ## 思考题

1. 布鲁纳指出：要辨析清楚知识的最简单结构，需要的是最深刻的思维。这句话的意思是什么？你能给出例证吗？

2. 什么是“智力潜能”？如何在学生中培养它？

3. 什么是“信息流散”？什么样的课程经验能帮助学生避免这一现象？

4. 在建议开发“新”课程的时候，为什么布鲁纳要呼吁，不但“伟大的学者和伟大的科学家”要参与进来，连“最热心的人”也要参与进来？

用心营造生活

凯瑟琳·维尔（Kathleen Vail）

摘要：尽管“反智主义”是美国历史和文化中的一部分，但它并没有对公办学校造成影响。学校必须自己摆脱“反智主义”的倾向，并且确保通过批判性地对待课程（即教师们正在阅读什么，运用什么方式来对待在学术上有天分的学生）使得真正的智能有机会蓬勃发展。事实上，重新重视文科——文学、历史、诗歌、哲学和艺术，可能是帮助学校摆脱“反智主义”的最好方法。

你无须花费时间去寻找美国人不重视智力的证据。我们的英雄是运动员、演艺家、企业家，而不是学者。但是我们的学校有着较高的学术水平、高风险测验和额外奖金来促进学生学业成绩的提高——可以确定我们的学校是“主智主义”的基地吗?

当然也未必。

你的父母、社区甚至是你的老师和管理者，或许正在你不知情的情况下阻止你的学校对学生进行智力培育，阻止他们沉浸在思维生活的欢乐之中。

为什么呢？因为作为一个民族，我们不仅仅只信任聪明的人。头脑糊涂教授的陈旧形象仍然健在，虽然他们能用原始的意大利文背诵但丁的《地狱》（*Inferno*），但却没有意识到这种方式是落后的。我们希望我们的学生具有更多的社会性，而不是书呆子。1995 年的公众调查结果非常清晰地表明人们不再信任学者和学术。10 个美国人里面有 7 个人认为“那些具有高等学位的人往往会变成书呆子，而缺少常识和对风俗的理解”。10 位回答者里面有 7 位提到他们会非常关注他们的孩子是否仅仅获得好的分数，而很少有密切的朋友和参与社会活动的机会。在调查的对象里，一位新泽西岛的家长说道：“如果仅仅聚焦在大脑上，那将是非常沉闷的。”一位辛辛那提的女士公开宣称：“如果每个人都是天才，那么这个世界将会非常无趣。”

学校是我们的孩子获得实践教育的地方——而不是为了获得知识而去学习的地方。我们不难发现学校所弥散的“反智主义”的征兆：

● 在纽约的某学校，从前的一位董事
会成员让自己的儿子和女儿离开公立学校，293
而将他们送到了私立学校。她尝试着让她的儿子有机会进入更多有挑战性的课堂，但是她越来越失望。有些老师抵制创造天才项目，因为其他的学生“如果未被选上，可能会感觉很糟糕”。

● 哥伦比亚一所学校的董事会成员要求管理者对中学英语老师帕姆·库珀（Pam Cooper）进行调查，因为她向 8 年级的孩子教授莎士比亚和乔叟。董事会担心学生不应该阅读那些在高等学校的文学课上才会遇到的内容，那些书看上去似乎超越了学生的能力水平。

● 学校董事会对家庭作业的价值提出质疑。例如，美国新泽西州的校董皮斯卡塔韦（Piscataway）最近限制了教师布置家庭作业的量，鼓励布置周末和假期的任务，而且不允许教师给家庭作业评分。家长抱怨家庭作业阻碍了孩子们参与课外活动。

“学校总是处于一个实用重于才智的社会中”，教育题材作家拉维奇（Diane Rav-

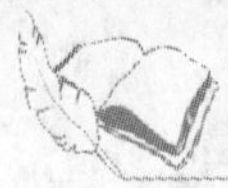

itch）说道，“学校可以成为一个平衡力量。”拉维奇最新出版的《回首：一个世纪以来学校改革的失败》（*Left Back: A Century of Failed School Reforms*）一书追述了她认为的学校中反智主义的根源，她得出的结论是，学校根本不是智力与实用的平衡器。

但是学校可能而且应当是这种平衡力量。如果鼓励孩子放弃精神生活，就会使他们易于被利用和控制。由于缺乏批判性思考的能力，不能捍卫自己的观点和理解他人的观点，他们将不能充分地参与我们的民主生活。作家埃尔·肖瑞斯（Earl Shorris）说：“长此以往，我们将沦为二流国家。我们的社会也将成为不甚开化的社会。”

美国传统

“才智作为权力和特权的一种形式遭人憎恨，”历史学家理查德·胡弗斯坦特（Richard Hofstadter）教授在《美国人生活中的反智主义》（*Anti-Intellectualism in American Life*）一书中写道。这本书获得了普利策奖，探讨的是美国政治、宗教和教育领域反智主义的根源。它出版于1963年，是该领域一部具有分水岭性质的著作，至今仍具有同30多年前一样重要的影响。

对才智的敌意根源于我们国家的原始基因。胡弗斯坦特说，自美国有史以来，我们的民主化和平民化要求驱使我们摒弃任何散发着精英主义气息的东西。实用、常识和天赋被认为是比任何从书本上学到的更崇高的素质。拉尔夫·沃尔多·爱默森（Ralph Waldo Emerson）和其他先验论哲学家认为学校教育和呆板的教材学习将人为限制强加于小孩：“我们被关在中小学校园和大学的‘背诵’教室里10年或者15年，出来的时候我们满腹经纶却一无所知。”

马克·吐温的《哈克贝利·费恩历险记》（*Huckleberry Finn*）诠释了美国人的反智主义。书中的英雄拒绝教化——上学或者学着看书——所以他能保持他天生的善良。

根据胡弗斯坦特的观点，才智不同于天生的智慧——天资是我们不情愿去赞赏的一种素质。才智是心灵里批判的、创造的、沉思的一面。智慧努力去掌握、控制、重构和调整；而才智则进行检查、思考、怀疑、推理、批判和想象。

学校仍然是一个否定才智的地方。胡弗斯坦特说我国的教育系统掌握在这样的一些人手中：他们“公然得意地宣称敌视才智，热衷于认同那些才智潜力最差的孩子”。

反智主义是我们历史和文化的一部分，
但它并没有权力来限定学校的运作。许多 294
观点认为学校应该是这样一个地方：在这里精神世界被看成与高的考试分数、运动才能和社会地位具有同等重要的价值。这些观点有的互相矛盾，赞成这些观点的人们也有不同的政治角色和倾向。但真正的才智是无党派的。为了保证学校的正常运行，最好的方法就是用批判的眼光看待你们的课程、教师和学校文化。

你在教授什么内容？

孩子在学习的时候必须有兴趣并且找到感觉，这一观点已被一些善意的教师所接受。结果，在很多班级里，学生在看电影、在“捣鼓”多媒体、到网上冲浪、进行各种游戏、研究流行歌曲的歌词等。这种观点本来是为了对学生的学习起到促进作用，但是随意地把对兴趣的强调作为管理的替代品导致了一种文化倾向，即学生不再愿意让自己接受挑战或者发展自身的能力。毕竟，如果不向学生展示通过努力学习而理解了某个概念这种实在的回报，他们是不会自己主动来做这些的。

伊莱恩·麦克万（Elaine McEwan）是位教师，同时也是位管理者，是《气愤的家长，失败的学校：公立教育怎么了？你

能做些什么呢？》（*Angry Parents，Failing Schools：What's Wrong with Public Schools and What You Can Do About It*？）的作者。她认为项目学习往往是基于乐趣而不是基于教学内容的。她举了一个例子，在亚利桑那州一所小学的一个班里，学生们用了37个小时——多于一个学周的时间——用纸板制作了一只恐龙。当地的报纸拍摄了学生和他们的手工作品的照片。“那些孩子根本没时间读书，他们把所有的时间都用在糨糊和绳子之间。”麦克万说道。

随着互联网的发展，重视教学技巧而忽视教学内容的趋势越来越明显。因为信息更新的速度越来越快，争论不断地出现，教师教给学生如何寻找信息比将某个具体的信息传授给学生显得更为重要。但是学生一旦脱离了教学内容和文本，那么他们到网上查阅资料的时候可能根本不会离开类似“后街男孩”这样的网站。

提出“将知识和技能一起传授给学生”这一观点的学者中，E. D. 赫谢（E. D. Hirsch）是其中最杰出的倡导者，他是核心知识课程的创设者，也是《文化素养：每一个美国人都需要了解的》（*Cultural Literacy：What Every American Needs to Know*）的作者。弗吉尼亚大学的英语教授曾经将一篇阅读理解的文章给里士满学区大学一个班上的学生进行阅读。这是一篇对罗伯特·E·李（Robert E. Lee）和尤利塞斯·S·格兰特（Ulysses S. Grant）进行比较的文章。赫谢惊奇地发现大部分居住在具有丰厚的美国南北战争历史地区的孩子们，竟然根本不知道他们两个人是谁。这一经历使赫谢有了撰写《有关文化字典》的想法——这是受过教育的人所必须具备的最基本的知识主体，以保证在今后的学习和生活中能够获得成功。

核心知识主体的观点引起了教育者极大的兴趣，比如麦克万正在担心教师会重视教学进程而忽视教学内容。她说，项目学习非常受家长的欢迎，因为家长们都希望自己的孩子在学习中获得乐趣。

圣塔·莫尼卡（Santa Monica）和英语老师卡罗尔·杰格（Carol Jago）非常关注教学内容的质量。他们对加利福尼亚大学的阅读与文学项目进行指导。杰格反对在她的英语课堂上加入有关流行小说的内容，她认为，不管是哪个年级阶段的学生都更应该阅读经典。

杰格说：“出于对学生兴趣的关注，我们给学生的要求越来越少，我们应该扩展和鞭策他们。”她说，教师应该帮助学生进 295
入什么是永久的特殊文献的理性话题，但是对教师而言，为他们的学生提供必要的联系和帮助他们形成批判性思维技能是很难的。杰格指出，在很多课堂里，老师给学生造成这种印象：我不需要努力工作，你们也没必要这样。

杰格担心校董对家庭作业的限制所引起的广泛关注会波及全国的大部分地区。如果英语老师不能布置家庭作业，他们如何能够让学生阅读小说呢？区分学生之间的水平差异的最快的方法就是根据学生的家庭作业来判断。无论如何，优秀的学生都会进行阅读。那些非常需要额外帮助的学生可能会因此而落后。

拉维奇指出反对家庭作业的趋势是学校里反智主义的象征。“家庭作业是让学生用更多的时间来读书和写字。”她说道。减掉家庭作业，给予学生更多的时间进行社会活动将会使让学生严肃对待学校的学习活动变得更加困难。

你的教师们读什么？

“在美国的历史上，学校教师并不是理智生活的典范。”胡弗斯坦特写道。“大多数情况下，教师不仅自己没有过一种充满智慧的生活，甚至在他的教学领域，他们可能都没有足够熟练的能力和技能。”

哈什和胡弗斯坦特的观点都表明：如果教师——站在教育的第一线——都没有一种积极的理智生活，他们根本不可能向

他们的学生表达一种对学习和批判性思考的追求。

在克雷格·豪尔雷（Craig Howley）1995年的著作《心智的迷失：美国学校里的反智主义和能力发展》（*Out of Our Minds: Anti-Intellectualism and Talent Development in American Schools*）里，他引用了一些有关公办学校教师的教育和习惯的研究。其中的一项研究表明，与其他的人文社会科学专业相比，未来的教师学习的文科课程相当有限——除了教育学以外，几乎没有其他相关专业的课程。豪尔雷认为，这种现象表明未来的教师除了学习教育学以外，很少能在大学阶段通过努力来探寻其他领域的前沿研究成果。

豪尔雷认为，在学术领域对文学作品的广泛阅读是学者的标志，因此也比较容易发现教师的阅读习惯。豪尔雷指出，喜爱阅读的人似乎比不爱阅读的人更爱思考，也更具有批判性思维，他发现教师的阅读表现出两种形态：一种是教师阅读得并不多——平均每年3.2本书。事实上，被调查者中有11%的人说他们在最近的几年内几乎连一本书都没读。第二种形态是当教师进行阅读时，他们更喜欢阅读大众读物而不是学术性的或专业性的著作。当然，那些阅读有关教育方面的书的教师，大部分也是阅读那种大众的教育性读物。

一直以来，美国教师的工资不高，也并未受到很好的尊重，这是事实。它意味着那些最好的和最优秀的人都不会来教书。只有当教师真正成为榜样，并且表现出他们自己对学习和学术的热爱，孩子们才能受到感染。

“在成年学习者以及观点活跃的人群中创造一种文化。”《观念的力量》（*The Power of Their Ideas*）一书的作者、教育家黛博拉·麦尔（Deborah Meier）谈道，“学校必须向学生展示一种他们所推崇的文化。如果我们需要孩子们感觉到他们应该追求一种有智慧的生活，那么必须首先要求教师做到这一点。”

如何教育那些聪明的孩子?

“不能将那些中等的、厌学的和能力较差的孩子看成学校系统中的障碍或者特殊的任务，而仅仅关注那些对学习有兴趣的、能力强的、有天赋的孩子。”胡弗斯坦特谈道，“美国教育展开了一项运动来帮助学校 296
里那些对学习没有兴趣和天赋不高的孩子成为胜利者中的一员。”

如果学校一直非常重视智力，大多数在学术上有天赋的学生将会是学校之星。让我们来看看那些优秀学生的家长所建立的网站，你将会看到，他们指出有天赋的孩子和那些没有天赋的孩子一样在学校里也会遇到很多的问题。那些有优秀的智力能力的孩子往往无法获得让他们取得成功所需要的工具。被同学嘲笑、老师憎恶，课程对他们没有任何挑战，他们往往被排斥，心情压抑，令人厌烦。

卡罗林·卡特梅耶（Carolyn Kottmeyer），宾夕法尼亚州一位两个聪明孩子的母亲，详细讲述了一位愤怒的5年级数学老师是如何辱骂她的大女儿的——仅仅由于她的女儿接受了另一个数学老师的个别辅导。这位老师不止一次从女孩学习的图书馆门口经过。有一次，她停下来问那个女孩：“什么是水晶盒的平面图?”女孩不知道，老师就转向站在走廊上的很多学生说道：“你认为你是数学天才吗?”

类似的事情多得让人震惊。在卡特梅耶的网站上，一个家长说老师跟他说让他6年级的儿子学会忍受是有好处的，因为“这将为他以后面对真实的生活做好准备”。家长的抱怨不断：教师认为过多的阅读不利于儿童的视力；管理者不同意一个男孩跳级，因为这样不利于管理；校长不愿意帮助学生，因为其他的家长也可能要求同样的特权。家长说，那些教师和管理者向课堂上表现活跃的孩子们推荐“利他林（用于治疗儿童多动症的药物）”，因为他们令人讨厌；或者不允许那些有天赋的学生进入“快班”，因为他们说这些孩子有由于兴趣缺失而导致的行为问题。

聪明的孩子总是向老师提问，而且不弄明白绝不放弃。他们由于太聪明或者懂得太多而被同伴辱骂。一些无法适应的孩子就会将自己的学术天赋隐藏起来。“家长发现原来特别愿意去学校的孩子，慢慢地越来越不愿意上学了。”华盛顿世界资优儿童协会的行政领导者皮特·罗森斯坦（Peter Rosenstein）说，“家长发现如果有一天教师什么都没有教，孩子会非常不习惯的。”

林尼·伯恩斯坦（Lynne Bernstein）纽约学校董事会的成员，让孩子从公立学校转学。他说他儿子的老师不许他儿子举手发言，而让其他孩子回答问题。“他受到嘲笑，所以不再说话了。”伯恩斯坦说。

富裕的阿莫克学区的学术声誉是让伯恩斯坦和她的家庭搬到该社区的原因。相反，她发现一种无竞争意识的文化使得教师和职员根本不去推动孩子的发展。“我的孩子非常聪明，但是他无法获得任何挑战。”她说。

三年前，被选为学校董事会成员后，伯恩斯坦成立了一个委员会来观察学区为有天赋的学生所提供的教育。有非常多的抵抗力量反对研究这个问题。“不要干涉为优秀的学生建立学习计划的做法。”她说。

但是这并未对学区产生多么大的变化，包括在高年级提供额外的奖励和荣誉。伯恩斯坦说，家长们越来越担心他们的孩子可能无法进入一流的大学，这些家长强烈要求学区做出一些调整。

“学习来自于努力工作，这是一项艰巨的工程。”伯恩斯坦说，“我们并没有给予处于不同层次的学生足够的推动力。”

当非常突出的孩子在学术上表现出成就时，如果没有被及时奖励甚至有时感觉被批评，学校里的其他孩子也不可能在表现好的时候获得任何奖励。

“学校必须创造一种文化，在这种文化氛围下，学习具有重要的价值，人们对信息表现出积极的态度。”老教师麦克万说，“你不需要为了不会用较难的词而感到窘迫，学习不是一种强迫性的行为。”

这些是实践性的吗？ 297

“公共教育的目的从来都不是培养善于思考、分析的有智慧的人。”一位纽约公共教育的教师约翰·泰勒·盖特（John Taylor Gatto）说。“这就是为什么现在人们都没有这样做的原因。”今天的学校是 19 世纪工业主义的产物，当时的目的是培养好的员工——听话的、有用的和能吸引消费者的。盖特说，如果这是公众所需要的，那么用苏格拉底方法来教育学生去批判著作和质疑事物存在的方式，对于整个社会来说都是十分冒险的。

“智慧需要批判性的精神，而不仅仅是较好的记忆。”盖特说，“学校不能容忍质疑。”

盖特是一个对公共教育的率直的批评者，也是家庭教育的拥护者。他认为我们的学校是工厂的缩影，对重复和遵从的强调超过了思考和表达。“按照钟声来进行作息是不对的，”盖特说，“这是一种魔鬼式的训练，以至于其他任何事情都没有意义了。”“当你不断被打断的时候，你在做什么已经不再重要了，”他说，“这会使人产生一种漠不关心的情绪。”

实际上，盖特和部分人认为是教育的东西实际上是培训。在贫困学校的孩子接受的职业教育。中产阶级和富裕学校的孩子接受的培训是要变成豪尔雷所说的“智能职业者”。他说，在这种角色中，他们能够对同工作相关的问题作出有效和实际的反应，但是或者最委婉的来说，不能检验设置问题的社会、经济和政治背景。

对教育过程中的训练的强调显然是源自美国人对实用性的追求。如果告诉家长他的孩子需要一些能使他毕业时获得高收

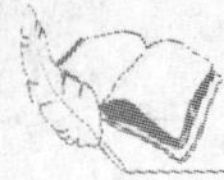

人工作的课程，是很容易让家长信服的。但是，豪尔雷说，如果我们认为教育的唯一目的就是挣钱的话，“我们的社会将会把工作和利益作为所追求的全部”。

他说，更糟糕的是，将教育仅仅作为挣钱的一种方式的观点让我们变成了拜金主义者，人们生活中的唯一目标就是挣更多的钱——而不是对自己或者整个社会负责任。

人文科学的一个事实

提议在人文和自由艺术中设立严格的研究课程，你将会听到抗议：它是传统的。它是精英论者。它不是包容性和相关性的。它不实际，而且它对我们的学生太难了。

可能让学校摆脱反智主义的最好方法就是再次引入人文科学课程：文学、历史、诗歌、哲学、艺术。通过这些课程，学生能够了解人类知识的精华，同时他们能够自主建构自己的精神生活。

学生是基于他们的收入、他们阅读的能力和他们的需求来进行选择的。他们有些无家可归，有些没法完成高中学习，有些坐过牢，有些沉迷于毒品，但他们都是从最杰出的大学里面出来的教授教育的。

“你们被骗了，”肖瑞斯（Shorris）告诉他的学生，“有钱人学习人文科学，但你们不行。人文科学是在社会中交往、思考和学习的基础，并反映整个社会的风貌，而不是仅仅对于压迫你的力量所进行的一种回应……人文科学能够让你变得富裕吗？是的，当然可以，但不是金钱上的，而是精神生活上的。”

肖瑞斯研究了人文科学对于提高人们生活质量的现实材料。在他的著作《变贫 298
困为富裕》（*Riches for the Poor*）中，他详细叙述了他和一个学生的谈话。这个学生告诉肖瑞斯一个关于他同伴的问题，这个同伴使他非常愤怒，以至于他想打他。他努力克制着自己，保全工作，他问自己：“苏格拉底会怎么做呢？”

五年以后，在个人努力和政府授权的支持下，肖瑞斯的有关人文科学的课程在美国、加拿大、墨西哥的 20 多个地区实行。他也正在进行一个项目，这个项目将会把这个课程引荐给公立学校的教师，这样他们能够将知识传递给学生。

教授人文学科的课程可能比训练学生做一些具体的工作更实用，肖瑞斯说：“如果你给予了人们人类所发现的最好的东西，他们就会不断发生变化。”

思考题

1. 你同意维尔在美国学校存在反智主义精神的观点吗？

2. 维尔提出了什么解决办法来帮助学校摆脱反智主义现象？她为教育者提出了可操作性的和现实的计划吗？当尝试着实行她的观点时，学校里的教师和领导会面临什么样的障碍？

3. 反智主义太多的将文化植入了美国学校吗？通过课程，学校能够完成重新将智能主义进入文化的任务吗？

观念的局限：课程与文化的冲突

大卫·T·高尔登（David T. Gordon）

摘要：高尔登检验了《国家处于危险之中》提醒的，保守党和自由党间的对美国学校中什么才是最值得教的读写能力的文化冲突。他观察到传统观念里的教育过程非常有局限性，不可避免地会导致冲突并且并不适合班级中的学生。高尔登强调了对平衡和综合的需求，倾向于进行课程革新——他提出了许多不同的策略来教不同背景的孩子。他认为政策制定者和教育研究者需要更好地对目标、方法和评价方式进行分类以促进改革的进行。一旦这些目标清楚明了了，就需要教师给予学生理解性的训练、支持和鼓励。

在她去世前的头几个月，珍妮·乔尔（Jeanne Chall），20 世纪读写教学的研究者，参加了在哈佛大学教育学院举行的题为“超越阅读中的冲突”的研讨会。在 20 世纪 60 年代，乔尔的《学会阅读：极大的
299 争论》表明了初始阅读者是在钻研课文之前应该学习字母和发音，还是立即深入课文的过程中理解单词的形、音和意之间存在极大争论。《学会阅读》中列出了一些有关初步阅读者所需要的语音教学和有趣的阅读材料的研究。还有更多需要研究的吗？30 多年后乔尔又掀起了有关阅读的新一轮的辩论。

在一次与议长交换意见的过程中，乔尔被问到，是否早些年的报告能够解决这一问题。“当然可以，”她回答道，“基础知识的获得需要较长的时间。可能希腊人曾经知道在进行阅读教学时需要哪种教学的组合。30 年前，我提到过这项研究表明你需要语音学。然后你可以发现你确实需要阅读。”

“那么为什么我们不断地对全语言教学和语音教学进行争论呢？”

“我知道，我的一些朋友认为这是一个政治问题，”乔尔回答，“那些热衷于字母的人们大部分是右翼分子——共和党党员。你能想象得到吗？无论如何，一些人认为根本不需要知道所有字母。你可能能够记住这些单词，那样更有趣，你没必要反复操练。”

“这些有趣的人是民主主义者吗？是那些什么事都不干的人吗？”主持人问道。

“是的，他们是自由主义者。”乔尔说。

这种嘲讽是很具有幽默感的——而且当真如此。但它也反映出在 20 世纪 80 年代到 90 年代间有关阅读教学的要点和本质的争论中令人失望的地方。就像人们说的，乔尔是一个“无论到任何地方都毫无畏惧地遵守证据”的人。随着《国家处于危险之中》这份报告的发表，课程争论不是经常被冷静和无惧对什么是最好的证据的分析所点燃，而是被理想和政治的党性所激发。往往它会产生乔尔所取笑的一些荒谬的特点，以及过分简单地将阅读和数学教学策略转化成文化冲突中所需要遵守的准则。随着语音学和算术成为“保守的”同等物——整个语言和数学改革变成“自由的”，并和进步的税收结合在一起。

依据《国家处于危险之中》中的报告，提高教育质量迫在眉睫，学校改革在某些情况下看来似乎是一场血腥的运动，特别是谈到阅读和数学教学时。在科学和社会学科的教学、高风险测试和择校方面已经出现了激烈的争论。但是有关阅读和数学

的争论更加严重，而且比那些争论更加扣人心弦。这其中的缘由并不难理解。阅读和数学是孩子们学习其他知识的基础，是基础教育阶段的主要学科。孩子们日后能否在升学中获得成功取决于前三年是否在这些学科中获得成功。

2001年两党对于《不让一个孩子掉队法案》的广泛支持表明了在课程争论方面的“休战”。英国保守党员和自由主义者，传统主义者与激进主义者都赞成对“科学”的强调，并且认为需要采取基于研究的教学和标准，这样学生的学业成就可能更少地取决于观念的影响，而是更多地取决于对于班级中的争论所进行的实践性的和已证明的解决方法。

如果这场争论真的结束了，我们从中能学到些什么呢？他们告诉我们的一件事情就是在确立教育计划时正统思想的局限性。当理论学家运用不平衡的方法来解决问题，争论是不可避免的——而此时就很少考虑到孩子们。相关的课是有关课程改革中平衡、整合和方法的重要性——这样可以提供各种不同的策略，照顾到广泛的学生需求。这样不仅能够使得意思更加清楚明白，而且研究表明教师很少将新的材料和改革策略完全地合并起来。如果无法证实所建议的改革确实能够起到促进作用，也没有一个合适的计划将这些改革付诸行
300 动，教师会自己对它们进行解释，并综合运用于他们已经熟悉的实践中。一个教训是：政策制定者和教育研究者需要更好地对改革目标、方法和评价进行分类。最后，一旦这些目标分类后，如果改革将大范围地进行，必须给予教师广泛的训练、支持和鼓励。

观念问题

教育观念是讨论任何问题的起点，因为它描述了不同立场者的理想观点，但对于提出解决问题的方法却帮助不大。发表《国家处于危险之中》后的那几年间，事实一次又一次反映出现实比观念更重要。加利福尼亚的阅读和数学改革就是很好的例子。

1987年，英语学科改革项目试图对阅读教学进行改革，建立一种新的课程，通过这种课程向学生展示“语言的多样性”，并且“与学生的生活紧密联系，激发学生的兴趣和激情”。它要求教学实践中激进的改革。将语音学排除在外——新方法的倡导者认为这种侧重于训练技能的练习——“机械地操练”——让学生厌烦，并且阻碍了学生生来对阅读的热情。全语言教学出现了，它让学生专注于文本材料，而忽略对于字母与读音之间的关系，拼写等等的直接教学。学生学习阅读可能会好像在学习说话一样——依照正确答案进行模仿——聚焦在词语的意思上，而忽略了他们的读音或者其他方面。通过这种方式，基本技能能够以这种方式在语境中掌握。

这时珍妮·乔尔出现了。1961年，纽约卡纳基合作组织邀请乔尔到纽约城市大学来分析这些现象。她分析了1910—1967年的大部分公开发表的研究，对广泛使用的阅读材料和教师参考书进行了评论，与正在进行的阅读计划的作者和编辑进行对话，并观察了美国的数百个班级。她在1967年出版的《学会阅读》里发表了她的研究成果。

最终的结论是什么呢？将对初读者进行语音教学和对所有人进行好的文学熏陶结合起来是最好的。“要想获得好的阅读效果，阅读者必须既能运用字母顺序的原则，也能理解文本的意思，”她写道，“导致初步阅读教学效果不一致的原因是早期对基本规则的学习的重视程度。在初始阶段，教学聚焦于理解意义所产生的效果并不是很好。”孩子们在阅读时通过读出词语的语音来学习字母与读音之间的关系的早期语音教学对于社会经济地位不太高的孩子来说非常地有效，因为他们来自于对语言和文学素养的要求并不是很高的家庭。

在 20 世纪七八十年代，教育研究开始从心理学和神经科学的视角探讨早期阅读的新领域，大量的证据表明早期语音教学的效果与对高质量的阅读材料的挖掘有很大的关系。后来，在 1983 年和 1996 年出版的《学会阅读》论述并强烈支持这一观点，即对早期阅读者语音的重视比对意义的重视具有更大的重要性。

但是，最近“全字法”的具体化成果全语言教学，在这场观念的争论中赢得人们的一致赞同。它获得了教师联盟、学校和其他人对其渐进的基础结构的支持。它认为孩子们是自我促进的、快乐的学习者，通过正确的鼓励，不需要了解一些基本规则就能够建构文本的意义。这种理想化的观念太富于浪漫主义色彩。

不管它的价值有多大，由于其拥护者表现出一种太过于求快的态度，对全语言
301 教学的推广造成了阻碍，将人们对阅读的不同意见提升为一场对好意和恶意的争论，而不是关注它应该是什么样的：怀着好的期望的人们之间的不同观念。在加利福尼亚，这场讨论甚至表现出了“神学的”特点，正如新闻记者妮丘拉·林曼（Nicholas Lemann）所说的，如同一场改革运动，参与者表现出了极强的专制主义色彩。

加利福尼亚的教育官员对观念的信任胜过那些已经被证明的、基于研究的教学计划。与全语言教学的倡导者协商后，他们面临两种选择：（1）为刚开始阅读的人们提供人性化的、全语言教育环境，在这个环境里他们对于丰富的阅读材料的兴趣和喜爱会更浓厚。（2）为他们提供索然无味的基于语音学的教学。当时加利福尼亚公共教育的督学不久后发表声明：“我们的初衷是促进文学素养的发展，我们对语音学持中立的态度，全语言教学运动使得我们不得不这么做。”新的体制并没有直接提到全语言教学，但是它处处反映了这种理论的浪漫主义语言，正如它提到语言的“超自然”和努力激发内心世界和大脑的建议。

另一个类似的观念使人们对国家的数学改革也持有偏见，包括 1985 年和 1992 年对新的体制的介绍。熟悉的话题再次重现，摆脱以学生为中心的观念，强调真实生活中的问题解决而不是无趣的、基于工厂经验的算术练习和纸笔计算。随着数学改革的进行，学生能够使用计算器和操作物——类似豆子、棒子或者小石子等物品——来理解数量关系。他们阅读数学问题并讨论它，试图不仅理解计算的价值，同时理解这些知识如何应用到生活实践中。他们以小组进行活动，将日常生活中所遇到的问题进行分类。学生应通过非常规或者非直接的方式不断强化最基本的技能——比如阅读改革中的语音学。以 1989 年的标准为特征的对基本技能的强调这一变革是由全美数学教师理事会（NCTM）提出的。对于革新者而言，传统教学是“欠考虑的模仿数学”。

当然，观念的超前并不仅仅局限于改革者。在 20 世纪 90 年代早期，在加利福尼亚对数学和阅读体制的反对意见就曾经发展成为一场全州范围的运动。依靠网络和邮箱里新的技术的帮助，家长和数学家组建了名为“数学正确”的组织，倡导强烈反对那些由于赞同估算而不是计算被称为“模糊数学”的组织。同时，媒体也刊登在实践中运用新的方法的典型案例。有这样一个值得记住的事情，《时代》杂志的记者玛格特·霍博劳尔（Margot Hornblower）参观了加利福尼亚日光谷的一个 5 年级的班级，班上教师在上课前问道：“如果这里的每个人都与其他人握手需要多久？需要握手多少次？”孩子们分成小组，反复思考着这个问题——记者说一个小时，后来该老师说是 20 分钟。无论怎样，没有孩子能够找到正确答案，第二天在班上再次进行了这个活动。

这类的故事经常被改革的反对者夸大其词，他们就好像是改革的深度和规模的

代理人。这是不公平的。但是他们具有非常强的政治影响力。1997 年，加利福尼亚修订了它的体制，试图将传统的教学与改革的方法结合起来，更强调算术、计算和纸笔演绎计算。2000 年，全美数学教师理事会也采取了同样的行动。但是全美数学教师理事会指出应该将标准如何使用非常清楚地表述出来，特别是对中、低年级。在某些方面，全美数学教师理事会看到了由于误解而导致的数学争论，并且指出修改过的标准也只是对 1989 年体系的一个澄清，也并不是确定的版本。

阅读教学也发生了类似的“暴动”。1987 年的改革结束后，加利福尼亚的公共
302 教育的前督学比尔·霍尼格（Bill Honig）说，“针对高涨的哲学热情，最好的解决办法就是用现实说话”。他所在地区的全语言教学的致命一击随着 1994 年国家教育进展评估（NAEP）公布的阅读分数而来。仅仅在 8 年时间里，加利福尼亚从所有州中的第一名下降到最后一名，与路易斯安那并列。59%的 4 年级学生无法达到 4 年级学生所应具备的阅读能力，而从全国的平均水平来看，仅有 44%的学生的阅读水平在这个标准之下。非裔美国人和拉丁美洲人的孩子生活条件差，分别有 71% 和 81%的孩子缺乏必要的阅读技能，而白种学生中的这一比例仅为 44%。

全语言教学的倡导者引用了一些原因来解释这种变化，比如较大的班级规模，大批新的插班生，来自社会经济地位比较低的家庭的学生的比例，在全语言教学中对教师的训练不到位等等。他们指出其他应用全语言教学的地区，如新汉普郡，他们的考试分数明显地提高了。但是，这些争论不被听取，特别是关于移民和贫困的争论，认为阅读能力基础水平以下 49%的家长是大学毕业。国家的其他任何地方，本科学历的家长的孩子的分数都没有加利福尼亚的孩子们的分数低。

加利福尼亚的教育明显出现了问题，保守党可以尽情地利用它正确的政治理论提升一个大州当局给孩子强加的文盲的形象。甚至在国家教育进展评估的分数出来之前，共和党在 1994 年已经进行了全面的全语言教学，那是半个世纪中首次赢得了议会多数，它是“自由”思想失败的象征。他们并不仅仅局限于观念上的超前：一些基督教徒建议，帮助学生理解课文意义的全语言教学目标是一种削弱阅读原义或基础主义的努力，特殊的《圣经》除外。

遭遇国家教育进展评估的尴尬后，加利福尼亚在 1996 年调整了它们的阅读体制，在它们学校的阅读教学中提出了“平衡式的综合方法”的口号，这种方法按照全语言教学的倡导者所提出的那样，在教学中直接进行语音、词汇和拼写的教学，当然，“最好的教学还将为学生提供他们所学习的语音与他们所要阅读的材料之间的密切联系。”这正是乔尔早在 29 年前就在《学会阅读》一书中所提出的观点。

对“平衡”的需求

乔尔指出过分强调语音学并没有必要。早期的语音教学是一个必需的工具，最终是为了提高较快地阅读故事的能力。但是她同时也批评了教师职业大半个世纪以来对研究证据的忽视，这主要是由于他们对基于技能的语音教学在观念上的偏见——认为语音学与革新的教育不相容。

20 世纪 90 年代，随着研究继续不断地需要例证平衡阅读方法，全语言理论家以单调的政治术语攻击平衡理论的倡导者。一位全语言理论的创始者疯狂地责备詹妮·乔尔正在命令“右翼”团体破坏公共教育，因为她已经揭开了激进应用他的理论的潜在危害。

这时，联邦政府支持乔尔在 20 世纪 60 年代的工作，这是美国卡内基基金会曾试着做过的事情：超越意识形态上的争论来理解阅读研究所反映的真实结果。国家研究委员会，国家科学研究院的研究分部，

承担了这项任务。如指导该研究的哈佛读写专家凯瑟琳斯诺（Catherine Snow）所说，20 世纪 80 年代在思维方式上的三次转变使得这个项目引起了人们的关注。首先，大量的新的研究让我们更深地理解了在发展读写能力的过程中，学前教育经验的重要性——在学前阶段，孩子们并不是仅仅
303 为阅读教学做准备，而是相当积极地发展读写技能。其次，在前 20 年有关阅读进程的研究中解决了语音学和全语言教育的倡导者所争论的一些话题，推翻了原先的一些理论基础，即斯诺所说的“基本的全语言实践”——研究逐渐进入了深入阶段。最后，将这些意见运用于教学活动中，预防阅读中出现的问题，阅读教学本身也越来越受到人们的关注。

1998 年，国家研究委员会宣布了他们的决定：有关阅读两方面的争论都是合理的——同时也都具有其不合理的方面，指出“有关阅读的争论结束了。”研究结果在《预防幼儿阅读问题》（*Preventing Reading Difficulties in Young Children*）一书中正式出版，强调了对这样一种阅读教学的需要：它能够使得语音学和全语言教育的倡导者的意见达到平衡和合为一体。报告中指出，“好的阅读者会完成三件事情：他们理解识别印刷著作的英语字母系统；他们应用背景知识和相关策略来理解作品中所反映的意思；他们能够非常流畅地进行阅读。”换句话说，他们同时理解和体会文字的语音和意义。这份报告特别强调了学前阶段的影响作用。孩子们在入学前和正规的阅读教学开始以前需要哪些经验呢?

在这本书之后的版本里，作者体现了对“平衡式”这一说法的关注，他们说，这一隐喻“既包含了语音，也包含了语义”，或者说将课堂时间分解为掌握语音和理解语义的活动。也就是说，他们将他们的发现总结为对这些策略的综合，这样“能在同一时间，在同一个教学内容的活动中，获得学习这两方面阅读技能的机会，对教学活动的选择也是使其成为促进读写能力发展的全面的、连贯的方法的一部分，而不是从一些尽管是多样化的但并没有联系的活动中随意选取的。”

反对激进改革的数学家，也赞成“平衡式”的数学教学，这样教师既能教给学生最基本的技能，也能使教学与学生的生活实际内容相联系。他们指出对抽象概念和基本数学事实的深刻理解是培养学生适应各种合理的、真实的情况来解决问题的关键。不可避免，任何原则都是抽象的和理论性较强的，将概念与现实区别开来理解是降低效果，并且使人迷惑的。

教师自身处理问题的方式

当研究者和政策制定者意识到“平衡式”的教学效果是最好的时候，学校里的从业者教师早已知道这一点了。根据历史学家大卫·特亚克和威廉·图宾（David Tyack & William Tobin）的观点，对平衡教育的自然倾向是学校教育改革的典型。“改革者相信他们的革新能够改变学校，然而认识到学校也改变着改革也是非常重要的。教师一次又一次地执行和改变着改革。”他们对平衡教学的追求是学校改革的代表。

例如，在 1995 年的一项研究里，研究者发现进行“全语言”学习的班级里孩子在阅读理解上比那些强调“基本能力”的班级里的孩子获得更多的收获。他们更快地成为独立的阅读者。但当研究者进一步观察，发现那些强调“全语言”教学的班级实际上在基本能力上也为学生提供了充足的教学。

同时，在大卫·K·柯恩（David K. Cohen）和希斯·C·希尔（Heather C. Hill）对加利福尼亚的数学改革所进行的长达 20 年的研究中发现，教师在很大程度上都是运用混合的方法，对课程中有意义的一部分进行教学，而其他部分则被忽略。

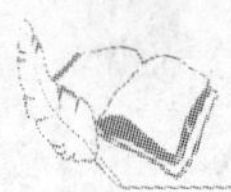

> 改革者将课程内容整合到一起，教师往往重新安排这些内容。他们的逻辑是不一样的，而且比改革者所考
> 304 虑的逻辑框架要复杂得多。改革者认为我们所说的有关教师和学生学习的“传统的”和“革新的”观点是相互不一致的；教师的逻辑思维也与改革的批评者不一样，而改革的批评者与改革者的观点完全相反。因此，一些老师对于主要的改革观点持支持的态度，但大部分的老师并未抛弃与传统相符的观点。

《哈佛教育评论》（*Harvard Education Letter*）1999年发表的一篇报告说发现马萨诸塞州的教师的一个相似的模式：他们的教师和课程的协调者既使用基于1989年NCTM改革数学标准的材料，然后又补充一些基于用纸笔进行问题解决、提高技能的材料。例如，公立学校的数学课程协调者威廉·肯多（William Kendall）告诉教育记者安德瑞·道恩斯（Andreae Downs）：“将课程混合是非常好的。孩子们需要实践。仅仅获得观念是不够的，在你正确地获得它以前还需要实践。”

为什么实践者需要自己解决问题呢？柯恩和希尔对此问题进行了一些猜测。首先，学校的实践者常常从不同层次的政策制定者那里获得相互矛盾的信息，比如，是教授最基本的技能还是忽略这些方面的教育。政府的指示可能与地区或者学校领导的指示相矛盾——校长、教研员和当地的家长代表团的意见与政府的政策不一致。因此各种不同的信息让老师们觉得在问题获得解决以前最好的办法就是维持现状。

柯恩和希尔所引用的另一个解释是“教师从实践中获得信息，而这正是改革者、评论家和政策制定者不太了解的，而且也很少向教师调查的”。当数学改革还没在加利福尼亚实施以前，政策制定者指责教师未建立知识体系也没有有效地进行改革，而是将创新实践和内容与传统的行为混合起来了。但是教师经常会告诉研究者他们的教学经验要求他们不断调整来帮助具体的学生和班级掌握最基本的技能。像律师、医生、建筑师和其他专业一样，教师知道对他们要求的（理论）政策并不容易付诸实践。

在柯恩和希尔对加利福尼亚数学改革的分析中，他们发现在政策所要求的和实践之间存在巨大差异。这使得评价改革及其功过变得复杂——加利福尼亚全语言教学倡导者在解释在1994年国家糟糕的阅读状况时提到了这一点。各地区、学校和班级对标准的解释和执行都是不同的。新的基于课程材料的标准往往会出现错误，对于时间和资源的限制让教师在备课时对于新的素材的使用也是范围很广泛的。

由于改革的努力往往是一部分成功，一部分失败，因此我们对从这些结果里所得出的结论必须认真斟酌，正如比尔·霍尼格说的，“现实提供了意识形态之上的东西”。比如，美国西北大学和芝加哥大学的研究者们比较了不同国家的数学分数来确定加入了4年级“每日数学”改革计划的5年级学生与来自美国和其他国家的学生之间的不同。研究者发现日本的5年级学生的表现比所有的美国学生都好。在日常数学中日本学生优于美国，这是好消息还是坏消息呢？我们看到改革计划中的进展了吗？我们应该以暂时的成效作为基础吗？还是我们仅仅关注到了持续的失败——美国人再次衰落——并且阻止这项计划的实施呢？ 305

帮助教师支持改革

20年的改革让我们知道，让教师转变教学实践比我们想象的要困难得多。教师职业从性质上来说是一个保守的职业。例如，柯恩和希尔谈到大部分老师都赞同的数学改革观念都是那些对常规的教学实践挑战性最小，而且仅需要极小的努力就能完成的——这里多花一点时间，那边的活

动就变化一点。那些看上去对人们心目中的数学教学与学习的本质提出质疑和挑战的观念几乎不被人们重视。“所有这些只有一个解释，”柯恩和希尔说，“学习往往是缓慢的、痛苦的，即便有时是敏捷的，它也要求有继承的观点、知识的结构和熟练的训练。”

一项对美国和中国的数学教学所进行的比较研究反映了教师知识的重要性。在探寻美国学生学习成绩不好的原因时，卡内基教育发展基金会的高级学者李平·马（Liping Ma）研究员发现，大部分的美国教师对于数学的基本概念都掌握得不好，特别是在基础阶段。教师缺乏对标准算法和解决问题的可替代方式的基本理解，也不知道标准算法是最有效的原因。她在她最有影响的著作《了解和教学初等数学》（*Knowing and Teaching Elementary Mathematics*）中写道：“教师应该了解不同的问题解决的方法，了解如何和为什么会面对
306 问题，了解非标准方法和标准方法之间的关系，了解所有不同方式所依赖的共同的概念。”她建议，要想提高美国的数学教学质量，应该在教师的职前准备、在职培训和职业发展中关注基本的数学知识。

但是了解如何教数学不仅仅只包括知道数学知识，仅仅关注数学内容的知识并不能提高教学和学习。根据斯坦福大学的琳达·达琳·哈莫德（Linda Darling-Hammond）的研究，学生从那些既学习过数学教育的高级课程，又具备基本的数学知识的老师那里学习的收获最大。她在《哈佛教育通讯》上谈道：“有时一些非常聪明的人，由于不知道哪些知识应该教，也没有研究人们是如何学习的，因此并不是一个好的老师。内容非常重要，但仅仅关注内容是肯定不够的。”她说：“教师调整课程以满足每位学生需要的能力在任何课程中都是提高教学的关键。”很多人认为教师培训应该主要关注内容而不是教育方法。这种说法没有重视好的教学所需要的特殊的技能。哈佛的教师教育主任凯瑟琳·K·麦希斯，曾经也是一位数学教师，认为基础的知识内容当然是核心要素，但是教师在教学中也需要一定的技能，这对孩子们如何学习和理解事物是非常重要的：

> 你能告诉我为什么 1/2 除以 2/3 等于 3/4 吗？不要告诉我如何做这道题，因为这是大部分人都会做的。给我一个案例。告诉我一个陈述该问题的故事。我们都知道先将分子、分母换位，然后相乘，但是为什么呢？曾经有一个孩子说，“如果 X 等于 5，为什么你叫它 X 呢？为什么不干脆叫它 5 呢？”你要有能力找到知识内容的本质。但仅仅知道知识内容的背景并不足以让你成为一位高效的教师。要想成为一位有效的教师，你必须了解你的教育对象。

在柯恩和希尔的研究中，他们发现“只有当教师有机会了解如何提高数学教学时，努力才能获得成功。如果教师有广泛的机会来学习和掌握他们的学生所需要的新的数学课程，他们会更多地将数学练习与当地的政策目标联系起来。这种一般持续 3 天左右或者更长时间的机会，并不是美国学校里典型的职业教育。”与同事一起检查学生的作品，并且讨论应该进行什么样的改革在促进课堂教学改革中是非常重要的。

阅读课也是如此。教师的职前培训和在职培训对提高阅读教学非常重要。约翰·高德雷是西雅图的华盛顿大学教育更新中心的创立者，认为仅依靠对于大部分小学老师的职前培训——每位教师学习一门有关阅读教学的大学课程——来帮助阅读能力较差的人基本上是不可能的：“对于阅读能力较差者的诊断和补救在很大程度上并不取决于教师的水平，因为他们从短时间的教育培训所得到的仅仅是一个概要。”与此同时，国家学术委员会（NRC）

发现，“教师专业发展，教师支持和专业（或自愿者）指导者是每一个项目不可缺少的整体。教师的技能和儿童早期参与反应之间有着重要的联系，有效的参与项目一定要密切注意教师或导师的准备与监护。”

在《国家处于危险之中》发表 20 周年的纪念会上，这个话题再次出现，不仅仅讨论课程改革，也涉及一般的改革。提高
307 教师的工作是非常重要的，也就是说，所提出的解决问题的方法应该是以实践为基础的，而不是简单地在公共场所中对于意识形态的呼喊的回应。尽管它经常举起偏袒者的火把来吸引政策制定者的注意，但这一理念通常来讲是太简单和固执以至于对形成有效的改革实践是无益的。

只有对课堂层面的工作有深层的评价才能带来不同的提升和改革，《国家处于危险之中》的作者们希望用这样的警惕来鼓舞士气。唯一一点可以希望的是，这种平静可以渗透到将来有关如何教育好学生的讨论中，用清醒和理性来面对乔尔 1999 年所阐述的意识形态的过度影响。这样，就像乔尔一样，无论迹象如何引导，我们都需要勇敢地面对。

思考题

308 1. 高尔登谈到观念上的传统教育议程是非常有局限性的，不可避免会导致矛盾，也很难为班级中的学生服务。他所说的“观念上的传统”是什么意思？它是如何导致冲突并且难以为学生服务的？他引用了哪些材料支持他的观点？

2. 我们应该怎样结束所谓的“阅读冲突”？为了休战，国家文化是应该分割还是采取某种可能的中和呢？我们如何知道我们是否在理论上平衡了课程呢？平衡课程是什么样子的？

测验式思维

尼尔森·马龙（Nelson Maylone）

309 **摘要：**就美国各州关于其公共教育的所有争论而言，无论是持什么观点的人都同意学习成就上的差异是真实存在的。按照马龙所说的，标准化考核所测量的这种技能可能只是在一种背景下——举行考试时是有用的。在这篇文章中，马龙也考察了学生考试行为的观点，他称之为"测验式思维"，试图通过其了解学生究竟在考试中学到了什么。

就美国各州关于公共教育的所有争论而言，无论是持什么观点的人都同意学习成就上的差异是真实存在的。当大多数人谈到"学习成就上的差异"时，他们指的是什么呢？当然是指标准化考试分数的差异。这种差异包括白种学生与有色人种学生考试分数的差异，也包括贫困的孩子与富有的孩子考试分数的差异。

把这种考试分数的差异称为"学习成就的差异"似乎暗示着大家接受了将考试作为对学生的知识和技能进行有效评价的方法的做法。然而在进行标准化考试时，学术上界定的学习成就的差异也许只是反映了学生以特殊的方式来表现的能力的不同。这种方式是指与知识内容无关的或者与一般态度无关的。我把学生这种考试行为称为测验式思维。在目前的"不让一个孩子掉队"的环境下，我认为重新审视这个观点是很恰当的。

我们应该怎样结束所谓的"阅读冲突"？我们如何知道我们是否在理论上平衡了课程呢？平衡课程是什么样的？从我自身的经历，包括这么多年与学生和教育者的访谈，我相信我们能做到这一点。

除此以外，测验式思维者的反应会比较敏捷。他们不仅能在多样化的答案中寻找出正确的那一个，而且回答的速度也很快。测验式思维者知道，一般来说，他们没有时间来仔细思考或者深入分析运用哪种方法可以准确地得到涉及多项选择的问题的正确答案。另外，测验式思维者很清楚与他人的合作是不可能的，同时也不允许使用外部的资源和专家。毕竟，标准化的测验并不是对学生的资源占有率的评价。

测试式思维者能完全掌握有益的而不依赖于知识的测试策略和掌握技巧。他们把排除的过程看作是当他们没有解题的线索时，用来提高正确选择机会的一种好方法。测试式思维者密切注意难以置信的答案和句法线索。他们用一些时间——但不是很多——思考这份试卷的设计者希望他们选择哪个答案。

缺少乐趣

这是日常对话中的一个普遍的现象。我们常常要求其他人澄清自己的论述或问题。想想那些刚刚进入幼儿园的孩子吧。他们问自己的妈妈："我什么时候可以走？""午餐时间。""不是，我的意思是我多大的时候才能再也不去学校了？"孩子回答。

测试式思维者仅仅注意测试者想要的东西，甚至无须扩展，固定的测试试题就能给出多个有意义的选择。

保证对这些没有确定答案的问题能有一个共同的认识的一个好办法就是让所有 310
的教育政策制定者，特别是立法议员参加他们硬塞给孩子们的考试。我的经验是被选中的地区和联邦办公室都不愿意从事这项工作。我相信他们有直觉的理解，这种直觉源自他们自己的学生时代：考试不是公平的，他们的分数可能低得让人失望。

在数学领域，我从事了12年的教学工作，测验式思维者采用清晰的、简明的、逻辑的、严谨的线性思考。他们知道，锐利的、逻辑严密的成人模式的解题方式是最受出题者和评分者青睐的（忽略的一点是出题者往往是预计有些学生不能通过考试的）。猜谜的态度则是最有效的。

遗忘

测试式思维者知道真正决定真实生活中的正确答案的外部因素是被忽略的。显示出实际思维的学生明显不是测试式思维者。没有沉思的时间，测试式思维者快速把数学问题提炼成计算要素，他们知道我们必须忽略别的重要的背景现实。

如果要求测验式思维者将443这个数四舍五入到百，他们绝不会认为那可能是某人的国内税收服务的账单，在这种情况下四舍五入根本没有什么意义。事实上，他们知道其实他们根本不需要提任何问题。

如果某测验题以这一句话开头：“托马斯，8年级，以4分50秒的成绩在3英里的长跑比赛中取得第二名。”测验式思维者不会去思考一个中学生不可能跑得那么快，他们会忽略3英里长跑中的第二名这个条件。他们不会考虑真实世界中的实际情况，他们仅仅只是为了解决这道题目。

如果塔妮亚（Tania）在三月份读了5本书，四月份读了10本书，五月份读了15本书，测验式思维者会想他应该在七月份读20本。他们不会去想那时学校已经放假了，为了鼓励大家读书而举行的聚会也已经结束了。测验式思维者只知道趋势是会不断延续下去的。

如果一个题目是这么说的：“在一个长、宽分别为11英尺和10英尺的房间里，需要买多少平方英尺的地毯来覆盖地面?”测验式思维者会直接相乘得到结果110平方英尺，尽管一卷地毯一般是12英尺宽，也就是说如果只买110平方英尺，可能会要么有一些地方地毯挤在一起，要么出现一些不必要的接口。

对于测验式思维者来说，甚至对于低年级的孩子也有一个与标准测验相配套的明确的高要求。由于这个分数会对大学招生、奖学金产生影响，它是成功与失败的标志，那些以测验为核心思想的人们愿意花大笔的钱来参加考试前的培训课程，使他们成为一个更成功的测验式思维者。

具备应考能力的学生至少对政策制定者和他们的父母有一个含糊的认识，即他们一般都以标准考试的分数作为某些事情的可靠的指标：智力？知识的积累？才能？逻辑推理能力？这些仅仅取决于你问的是哪个。

测试式思维者甚至可能觉察到了家长和立法者的态度：“我是标准化考试的幸运者，这的确塑造了个性，它对今天的孩子有着相同的影响!”布什总统在对现在学生的考试成绩取得表面提高表示担忧时说“太糟糕了!”

社会和雇主告诉教育者必须将学生培养成足智多谋、有创新精神的团队成员。然而，测验式思维者认为为了在标准化测验中取得好成绩，必须“在书本范围内进行思考”，而且必须独立解决问题——合作实际上就是一种作弊。

让我们首先把测验式思维者所提出的 311
考试的优点放在一边。与测验式思维有关的技能真的无用吗？我并不这么认为。逻辑思维是一个重要的技能。电脑程序员必须分解性思考，而飞行员需要迅速正确决策（虽然在两种情况下丰富的直觉可能是非常重要的）。

工作利索有时是非常好的，但是追求速度往往容易冲动、未深入思考和轻率。这就导致了一个严重的问题：那些在标准化测试里表现出色的学生（比如好的测验式思维者）是否很难成为具有合作精神的、

创造性的个体呢？更为重要的是，现在的教育者和学生为获得高的标准化测验的分数而产生的压力会导致可怕的社会问题吗？

不寻常的宁静

如果这样，将会与策划和管理大型考试的人们的观点背道而驰。在我看来，测试的倡导者们所提倡的“竞争的教育经验”为学生进入真正的世界提供了充分的准备，而这些一般都是大学毕业生才具备的。

在密歇根州，新的评价标准下的学校的成功或失败主要是根据州测验的学生分数。换句话说，具有高比率的测试式思维者越多的学校会表现得越好。

如果那是真实的，我并不能确定它是公平的。各种各样的问题都需要考虑到。首先，如果测验式思维是真的存在，那么到底有多少学生擅长测验式思维？哪些学生擅长呢？测验式思维者普遍存在吗？测验式思维仅仅只是有助于考试吗？学生在不同的发展时期有多大比例擅长于优质的测验式思维？

那么测试式思维者可能特别擅长在可选择项目中选择正确的答案，而不是去产生建构性的项目。从可认知的系列中选择正确的答案同从零开始的制造答案是何等的不同？

吵闹声消失

为了阐述这一问题的重要性，请回答这一提问：谁是第一个在太空中遨游的美国人？可能你能够正确地回答出来，也可能回答不出来。如果你回答不出来，奇怪的是当它以多项选择的形式出现的时候，无论如何你都可以回答正确：谁是第一个在太空中遨游的美国人？（A）内尔·阿姆斯特朗；（B）布兹·艾林；（C）艾伦·谢帕德；（D）克丽斯特·麦奥林夫。

我们一起来看看这个题目。我并不知道答案是什么，但……不可能是阿姆斯特朗或者艾林。我认为他们是第一个登陆到月球的家伙。同样更不可能是作为教师的克丽斯特·麦奥林夫，这样看来只可能是谢帕德了。

测试思维中仍然隐藏着许多问题。例证知识和问题解决的非测试思维合法吗？如果合法的话，标准化测试是否会对别的掌握课程的非测试式思维者存在偏见呢？较高的社会经济地位有助于提升良好的测试思维吗？

更加具有煽动性的是，我们可能会问是否美国的有些群体直觉认为测试思维同健康的思维方式的不一致。当尖锐的愤世嫉俗者宣称标准化测验更多的是整理和维持现状而不是合法评价，这正确吗？标准化测验同白人、中产阶级和上层文化相一致吗？

我确实无法回答这些问题，但我坚信，对于与它一起奋斗的教育者、家长和政策制定者，这是非常重要的。可能测验式思维是一种疯狂的假设。可能它可以非常完 312
美地帮助孩子们获得并非真实的考试成绩，并且使他们掌握一种非常有局限性的获得高分的方法。

那么，如果我们将高的奖金与标准化测试的分数联系起来，我们能够不认为真正的主旨就是考试吗？

尼尔森·马龙是东密歇根大学教育学院的教育心理学助教。

思考题

1. 什么是“测试式思维”？对其擅长的学生有什么价值？除了学校以外，生活中的哪些情况有利于测试？将它们列举出来并同其他情况相比较。

2. 你认为现在课程中考试处于什么地位？有哪些学科更容易测试出能力？哪些学科的考试提供较少的价值？

3. 举例说明使用考试作为评价学习成绩的方法的优点和不足之处。这些优点大于它的不足吗？请解释说明。

4. 如果你能够取消所有的考试，然后寻找其他的途径来衡量学生的学习情况，你会运用什么方法？如果运用它来衡量学习情况？它的局限性是什么？它的优越性是什么？最后，你如何能知道你的评价是否反映了学生的真实学习情况？

你能进行有意义的教学

杰·穆克提克赫（Jay Mctighe）
伊利奥特·瑟伊夫（Elliott Seif）
格兰特·维根斯（Grant Wiggins）

摘要： 在目前这种以内容为标准，追求高分的考试情况下，有意义的教学是不切实际的吗？大部分老师都是这么认为的，他们必须用大量的时间为考试做准备，关注考试的各方面内容，认为这样是坚持提高效率的承诺。作者试图揭露两个主要的错误看法：关注考试主题和考试形式是维持和提高考试分数的唯一途径；覆盖的范围越广，对内容的理解和把握就越深入和具体。

教学并不仅仅是关注内容，学习也不仅仅是获取，评价并不仅仅指向精确的记忆。进行这些活动时必须考虑其意义所在，让理解贯穿学生的学习之中。当学生将新的信息与已有的知识联系起来，寻求事实
313 与知识之间的关系，探究核心问题，将他们的学习运用到新的内容中去的时候，他们更需要的是获得有意义的知识和真正理解。

看看以下这些教学方案（Tharp，Estrada & Yamauchi，2000）。一个 6 年级的老师要求学生在家里收集不同家庭成员的身高和体重的数据。学生以小组形式讨论以下这些问题：我们如何呈现这些数据？什么是最有效的方式？学生决定特殊的方法并与全班分享。最好的方法存在于激情的讨论之中。

一个 4 年级的老师要求学生运用研究和讨论的方法探索爱斯基摩文化。参阅了教科书和相关研究资料后，全班同学主要聚焦在以下这个问题上：爱斯基摩人的生活与你们的生活有哪些相似之处和不同之处？同学们界定和描述了爱斯基摩人生活的特点，使用了一个统计表格将观点与事实联系起来。在小组活动中，他们每组制订了一个计划，来研究爱斯基摩人生活的某一方面，分析资料，收集数据，并整理比较爱斯基摩人的生活与他们生活的研究报告。老师向学生展示了优秀的研究报告。她常常对学生的作业提出反馈意见和改进的建议。

这两个案例阐释了一种课程与教学的方法，我们称之为“有意义的教学”。采用这种方法应遵循五个基本原则：

- 理解教学内容的基本观点是学生学习的主要目标。
- 当要求学生进行高水平的探究、思维和解决问题时，他们就能够发现和创造意义。
- 在实践条件下，要求学生应用知识和技能解决有意义学习的相关问题。
- 老师应该经常运用头脑风暴的方法，激发学生的积极性，采取交互式的学习策略。
- 学生需要机会通过使用清晰的成功作业案例、熟知的标准和及时的反馈来修改他们的任务。

在教学中经常运用这种方法的老师，应当将三个关键性的问题置于他们教学计划的核心，这也是任何一项教育改革的核心工作。这三个关键性的问题是：学生应该理解的重要观点和核心进程是什么？老

师应该寻找怎样的途径帮助学生真正地理解这些主要的观点并有效地将他们所学的知识和技能运用于实践中？为了避免无目的地扩大教学内容和基于活动的教学，哪些教学策略可以帮助学生更好地理解课程内容的意义？

运用这种方法进行教学和学习可以使学习者更好地参与到学习中，进行有意义的、持续的学习，而不是传统的以事实和程序为基础的演讲、背诵或者教科书教学，当目的明确的教师和管理者将这些观点付诸实践的时候，经常会听到这样的声音："是的，但是……"要预言什么呢？有意义的学习在理论上是很好的，但面对现实世界的内容标准和高要求的考试，这种方法是不切实际的。《不让一个孩子掉队法案》与测试项目和责任相关，强调国家和当地的内容标准，这更加强化了我们必须使用更多的传统教学方法来产生高水平的成绩。

具有讽刺意味的是，标准化的改革策略中一个有效的途径——运用高标准的客观性考试——无意中为教师避免和减少为学生提供有意义的和深层次理解的教学的做法提供了合理性。老师更倾向于进行测试，尽量涉及很多的内容和进程，运用传统的讲解和记忆的方法，希望更多的学生能够在学习中游刃有余。

在实施有意义的教学的过程中有两个关键性的"是的，但是……"："是的，但是……我们的教学必须要面对国家的统一考试。""是的，但是……我们有太多的内容需要在教学过程中完成。"这是两个误解。

314

误解一：我们的教学不得不为考试服务

许多教育工作者认为教学和理解性评价在全国统一的标准考核中是矛盾的。尽管他们没有提供相关研究来支持这种观点，但是这些教育者在暗示教师教学始终要以考试为目的，而不是自己的意愿。如果他们能够，当然可以进行有意义的教学。暗示性的假设是说现在教师仅仅只能通过扩宽有关考试的知识点和进行模拟考试来维持和提高学生的考试成绩。从这种暗示表达的意义来看，教师根本没有时间进行深层次的和有魅力的教学来帮助学生加深对教学内容的理解。

我们认为教师可以通过运用有吸引力的方法教授课程标准里重要的内容；可以通过全面的评价而非单一的标准测验收集各种资料帮助学生理解教学内容；可以通过运用有吸引力和有效的教学策略借助解决问题和探究的方式帮助学生探索核心概念……这些都能很好地提高学生的考试成绩。

有哪些观点支持这些论点？过去三十年的关于学习和认知的总结表明，意义学习能够产生更好的记忆和使用信息、观念(Bransford，Brown & Cocking，2000)。这一研究的其中一项成果是探讨不同领域的新手与专家的区别。心理学者指出专家的大脑中有很多事实：他们与新手的思考方式是不同的，根据研究者所描述的"专家需要的一些其他东西：概念、原理和探究程序的良好组织"。这一发现表明在学习领域，学生要想变得知识丰富和有能力，他们不仅要掌握事实性知识的牢固基础，而且也要形成促进意义学习的概念框架。

来自"国际数学与科学学习趋势"(TIMSS)的数据也对以考试为目标的教学是提高考试成绩的最好方法这一观点提出了质疑。TIMSS对42个国家的三个年级(4年级、8年级和12年级)的学生的数学和科学成绩进行了考察。虽然TIMSS的结果大家熟知，美国学生的成绩不像别的工业国家的学生成绩那么好，但是这种较少公开的教学研究结果也能够提供额外的洞见。一份有关日本、德国、美国的数学教学的分析报告也明显地表明了有意义的教学和理解性教学的优点。日本是一个高成就的国

家，该国的数学老师将发展学生的概念理解能力作为主要的目标。与美国的教师相比，他们不太重视离散的主题、技能和教科书的教学，而是强调以问题为基础的学习，这种学习使得学生获得和解释标准和法则，进而获得更深刻的理解。最近来自七个国家的TIMSS数据分析表明，所有成绩高的国家都使用了数学问题来帮助学生探讨概念和作出联系，而美国则强调程序的系统规则而不是真实的推理和问题解决（Hiebert et al.，2003；Stigler & Hiebert，2004）。

无独有偶，同样的研究结果也出现在对24所重新改组的学校进行的一项研究中——分布在16个州的八所小学、八所中学和八所高中（Newmann & Associates，1996）。这项研究表明学生在数学和社会科学的学习中会有较好的表现，同时也反映了当课程设计里包含了与考试相同的大部分话题而不会出现一些超出范围的主题时；当教师围绕着挑战性和相关的问题来设计教学时；当要求学生对他们的回答做出口头或者书面上的解释时，表现活跃和表现平平的学生之间的不公平性就大大降低了。

315 芝加哥公立学校正在进行影响学生成绩因素的另外两个研究。史密斯·李和纽曼（2001）调查了2～8年级的十万名学生的考试成绩，并对芝加哥小学的五千名教师进行了评价。这项研究对使用交互式教学方法的教师和没有运用此方法的教师进行了比较，然后研究者观察随后的阅读和数学成绩。

研究者是这样描述交互式教学方法的：

> 教师创造出能使学生询问问题、形成问题解决策略和相互交流的情境。学生们经常渴望解释他们的答案和讨论他们是如何得出结论的。这些教师们通常用讨论、项目或要求解释和扩展写作的测试来评价学生的知识掌握。学生通过对材料的应用或解释形成对所给主题的新的或更深的理解。这一任务可能要花费数天才能完成。在交互课堂中的学生经常被鼓励去选择他们希望做的教师设计的教学单元中的问题或主题。在同一课堂时段内不同的学生要有不同的任务。

这项研究发现了互动式教学方法与高学习成就之间的清晰和连续的相关性。

在一项相关的研究中（Newmann，Bryk & Nagaoka，2001），芝加哥的研究者们系统地收集和分析了三年制的走读和住读学校里3年级、6年级和8年级的课堂上所布置的写作和数学作业。研究者们按照该任务在多大程度上对智力活动提出要求进行了评价，研究者们将这称为“知识建构，就是通过使用严格的探究产生超越学校的有价值的话语、结果或成就”。这项研究同时表明接受了具有挑战性的智力活动任务的学生在爱荷华州基本技能考试中也会在阅读、数学上取得优于平均成绩的成就，同时在伊利诺伊州目标评价计划中的阅读、数学和写作等学科中也有更好的表现。

误解二：教学过程中需要完成太多的教学内容

从幼儿园到大学的老师都面临着信息时代和知识爆炸的挑战：确实每天都有相当多的信息要面对。理论上讲，标准化运动通过确定课程优先内容为信息超载问题提供了解决方法。内容标准试图指出哪些对学生了解知识和应该去做什么是最重要的，因此特别关注并且将课程、教学及评价放在优先考虑的位置上。然而，在教学实践中，国家、州和各地区的内容标准委员会往往是独立工作，并且制定内容标准准则的要点的详细清单。与流线型的标准相比，过多的标准产生了覆盖面的问题，特别是在基础教育阶段，在各学科里教师都必须按照内容标准和基准点来教学（Marzano &Kendall，1998）。由于老师倾向于过多地关注书本知识，并将其作为完成内容标准里所要求的内容的主要资源，这个问题就显得更为复杂。教科书出版商尽力包括各个方面去满足国家教科书裁定委员会、国家学科组织和不同的特殊利益群体。一项有关数学和科学教科书的研究项目发现美国教育注重所开设科目的广度而不重视深度。

面对厚厚的教科书和冗长的内容标准，
316 老师们可能会得出这种不准确的结论，即他们必须面对大量的内容。他们认为："只要这些知识出现在教科书里，就应该进行教学。"这种对教科书所包含内容的无选择性的接受主要是基于并无事实根据的两个假设。第一个假设是如果老师的教学里包含了某些内容——即讲授它，并布置相关的任务——那么学生就能掌握它来应对考试。第二个假设是教师在课程计划里每次只能制定一个内容标准。

并没有任何研究向我们表明，追求广度的教学模式有助于提高学生考试的成绩。事实上，最近的研究表明"非广度"的教学——关注少量的主题和核心理解——更有利于提高学生的学习成绩。TIMSS 研究发现美国学生的成绩分数较低，美国的教学和科学课程是分散的，而且包括了太多的内容（Schmidt，McKnight & Raizen，1997）。相反，高学业成就的国家在每一个年级里都只提供了少数的主题，这些主题与连贯的核心内容相关联。这种集中的关注点有助于教师和学生构建更完善的理解，深入钻研学科问题，获得更高层次的成就（Schmidt，2004；Schmidt，Houang & Cogan，2002）。

森克（Senk）和汤普林（Thompson）最近的一项数学课程改革的研究也对使用"理解"（uncoverage）教学方法来促进学生的学业成绩这一点提供支持。森克和汤普森研究的所有数学课程改革都是为了帮助学生理解基本数学概念和观点而设计的。来自中学的纵向数据表明，学生应用理解为基础的数学课程后，在非常规问题的解决和数学技能上都有很好地表现。其他高等学校数学改革计划的研究表明，实施这个计划的学生不仅很好地发展了别的技能和理解力，同时在传统内容上也没有落后。

第二个假设——即教师在课程计划里每次只能制定一个内容标准——往往是在全国性的标准考试中得到强化，这种考试试图通过一个主题将标准和内容都包含在内。因此，考试和有关标准的材料往往会给教师一种误解，即他们必须每次都教授一个内容。从这一点来看，教师当然没有足够的时间来完成所有的教学内容。

我们建议在一个核心的观点下确定更精确的准则。这种方法应用到有效学习的原则时使教师的教学更加有效。布莱斯福德（Bransford）和他的同事们建议：

> 专家的知识并不是他所研究的领域里的各种事实和公式的简单集合，他们的知识是以核心概念和观点——引导他们在所研究的领域里进行积极思考的知识结构——为中心的。

同样地，采用多样化的评价方式能使学生使用更多有意义的方法应用综合标准里所包含的事实、观念和各种技能，同时也使得教育者对真实的理解进行评价，而不仅仅是评价重复记忆或基本认识。

结论

意义教学和理解教学能促进学生更加持久、有效地学习。尽管我们有一个强烈的案例来对反对两种对这种方法的普遍不满，但我们意识到教育者必须在他们各自的情境中检验、争论和探讨这些观点。

因此，我们鼓励你们在学校和区域层面上进行持续的行动研究来比较课程类型、评价和这里描述的强调内容或标准责任测验相联系的教学。如果你设计有挑战性的问题内容时，学生们愿意参与吗？当学生以展示自己知识的方式进行选择时能显示出学生更深入的理解吗？当学习者有机会
在真实的环境中应用知识时，关于传统的 317

成就评价能被中和吗？探究和问题教学能激发教师的动力吗？

用结果来证明吧。我们希望通过“理解”一些未被发现的要求，我们将要鼓励教育者和学区领导采用更加积极的态度，关注在今天标准为基础的世界里哪些东西才能促进学习。

参考文献

Bransford, J., Brown, A., & Cocking, R. (Eds.). (2000). *How people learn: Brain, mind, experience, and school.* Washington, DC: National Research Council.

Hiebert, J., Gallimore, R., Garnier, H., Givvin, K. B., Hollingsworth, H., Jacobs, J., et al. (2003). *Teaching mathematics in seven countries: Results from the TIMSS 1999 video study* (NCES 2003–013). Washington, DC: U.S. Department of Education.

Kesidou, S., & Roseman, J. E. (2002). How well do middle school science programs measure up? *Journal of Research in Science Teaching, 39*(6), 522–549.

Kulm, G. (1999). Evaluating mathematics textbooks. *Basic Education, 43*(9), 6–8.

Martin, M., Mullis, I., Gregory, K., Hoyle, C., & Shen, C. (2000). *Effective schools in science and mathematics: IEA's Third International Mathematics and Science Study.* Boston: International Study Center, Lynch School of Education, Boston College.

Marzano, R. J., & Kendell, J. S. (1998). *Awash in a sea of standards.* Aurora, CO: Mid-continent Research for Education and Learning.

Newmann, F., & Associates. (1996). *Authentic achievement: Restructuring schools for intellectual quality.* San Francisco: Jossey-Bass.

Newmann, F., Bryk, A., & Nagaoka, J. (2001). *Authentic intellectual work and standardized tests: Conflict or coexistence?* Chicago: Consortium on Chicago School Research.

Schmidt, W. (2004). A vision for mathematics. *Educational Leadership, 61*(5), 6–11.

Schmidt, W., Houang, R., & Cogan, L. (2002). A coherent curriculum: The case for mathematics. *American Educator, 26*(2), 10–26, 47–48.

Schmidt, W., McKnight, C., & Raizen, S. (1997). *A splintered vision: An investigation of U.S. science and mathematics education.* Norwell, MA: Kluwer Academic Publishers.

Senk, S., & Thompson, D. (2003). *Standards-based school mathematics curricula: What are they? What do students learn?* Mahwah, NJ: Erlbaum.

Smith, J., Lee, V., & Newmann, F. (2001). *Instruction and achievement in Chicago elementary schools.* Chicago: Consortium on Chicago School Research.

Stigler, J., & Hiebert, J. (1999). *The teaching gap.* New York: Free Press.

Stigler, J., & Hiebert, J. (2004). Improving mathematics teaching. *Educational Leadership, 61*(5), 12–16.

Tharp, R., Estrada, S., & Yamauchi, L. (2000). *Teaching transformed: Achieving excellence, fairness, inclusion, and harmony.* Boulder, CO: Westview Press.

思考题

1. 作者在文中提到了关于教学的两种注解，它们是什么？你认为作者的结论准确吗？

2. 意义教学（teach for meaning）的意思是什么？你知道谁不想采用意义教学吗？假如是那样的话，作者对该短语的理解是什么？

3. 这一行动研究因素是如何进入研究者的话题的？行动研究是什么？在你的课堂中你如何用它来测量你的教学是否成功？

教师之声——理论联系实际

课堂教学中的理想与现实

卡罗尔·鲁普敦(Carol Lupton)

318 **摘要**:鲁普敦描述了面对真实的学生时,她是如何使她在进入教师职业以前的理想的计划转变为现实的行动的。最后,她提出了一个问题:当学生面对着各种外界的诱惑时,教师如何能在课堂中抓住学生的注意力?她得出的结论是,一旦学生获得任何成就,一定要让学生知道他们正在一步步走向成功并让他们体验其中的快乐。

许多年前,当我还是玛丽·华盛顿大学的一名学生时,在教育原理这门课上,老师要求我们以"我的教育哲学"为题写篇论文作为这门课程的结业考核。我不仅写了,并且一直以来也是那样做的。我将成为一名杰出的老师,是那些终身致力于知识寻求的学生的引路人。当他们在探讨更深层次的含义时,我将会引导他们。我将鼓励他们重视不断提高自身的洞察力,以增强自我意识。当他们认识到人类的普遍真理时,我会称赞他们。通过学习读书和写字,我的学生能轻松地完成这些。剩下的就是我该做的事了,我将给予他们灵感,给予他们激励。我将尽全力帮助每个人得到提高。

每当我回忆起自己理想主义的理论时,都会露出淡淡的微笑。当时我是如何想到的呢?我想象中的班级只会出现在一个不知名的行星上。我忽略了所有影响因素中最重要的一个——今天的学生。

我进入这个行业时胸怀着我自己认为很深刻的哲学理念。遗憾的是我所在的大学并没有开设一门名为"中学教育心理学介绍——准备着在更广阔的天空翱翔"的课程。我曾经在一所中学工作,这所中学里有53%的学生是少数民族学生,想象一下就会觉得很有讽刺意味,对吧?1 200名学生中34%的人都享受免费的或者低价的午餐。也就是说我们有三分之一的学生处于贫困水平之下。我们的学生流动率是30.4%。这一批学生来了,那一批学生又走了。很多学生都是由于环境太残酷而不得不离开,每当这个时候,他们都难过得哭起来,我也跟着哭。除了罗列这些统计数据以外,和大家一起分享一下我的学生的实际生活——武器、毒品侵害、社会服务干预、拘留、青少年怀孕等。只要能想到的,就会发生在他们的生活中。

我一旦成为全职教师,就必须重新检验我的理念。要是一个至高的理念能够促使人完成这么多任务,难道它不伟大吗?记得吗?"我的学生所需要做的只是学习如何读书和写字,其余的事都应该由我来做。"现在的教育研究提出了许多种基本的学习模式。导致现在的教育者为学生提供了各种各样的学习经验——语言学的、逻辑数学的、音乐的、空间的、身体灵活性的、个体之间的和内在性的。这一设计为所有的学生提供了成功的机会。但是说起来容易,做起来却比较难。如果老师们想要实施这一方案,那么必须掌握"如何在课堂集中学生注意力"的方法。要想调动学生的积极性可不是那么容易的事。起码我知道我的学生的积极性不容易被调动。例如,当你试图让他们拿出作业本做巩固练习时,你将会听到学生很大声地抱怨:

319 “毫无价值的任务。”他们需要不断有新的刺激，每天都需要有新的玩意儿来保持他们的兴趣。

教育家们常常这样期盼：“教学过程应是富于创造性与多样性的，教授整个课程内容，遵循基本的原则，同时记住学生在这个过程中必须掌握基本的读写能力。”然而其中存在的一个问题是：我们如何使学生长时间对我们所教学的内容感兴趣，保证他们学会我们所教的技能？每天我都在设法解决这个问题。

我们生活在一个符号社会。人们必须具备基本的读写能力才能获得丰富的发展潜力。当我给学生讲这个道理的时候，他们会说：“谁说的？你吗？”但看看现在的实际情况，我告诉他们：其他学校从 1 年级开始，课堂上就教学生使用课本，那些不喜欢阅读的学生都是一些学业上不成功的学生。那些学业上不成功的学生在今后能成为成功的人吗？我认为不能。学生比较喜欢举出一些个别的事例，但我想当我说完我的观点后，大部分人还是认同的。

我真的认为学生应该积极地参与到课堂教学进程中，当一个表演者而不是观众，这样才能获得成功。然而，在我实践这一理论的时候，必须接受现实的检验。如果有一个比较高位的哲学理论，那么这些看来就似乎不那么重要了。不幸的是，我们生活在一个现实的世界。请随我的叙述一起看看我们班里很具有代表性的一天吧：你见过一个学生故意扭曲身体，把自己卷成饼干状，完全无法安静地坐下来的情景吗？面对那些迟到和早退的学生该如何处理呢？还有一些学生，即使他们带了书本、铅笔或者笔记本，可他们从来都不翻开课本。你再听听他们的借口，一个比一个多，数都数不清。总体来说，我们班上从来不会完全安静。我常常想了解我是否抓住了他们的注意力。他们让我逐渐感觉到短暂的兴趣也将慢慢消失（这经常让我觉得是一个重重的打击）。处于一个要求很高的环境里很容易使他们产生挫败感，但是最基本的行为准则必须保证。

我们必须时刻记得，当今社会的老师在不断地与娱乐世界竞争。我们的学生正在不断走近电视、电脑和媒体播放器。而且这类事物在不断增加。他们无法忍受任何无趣的东西。他们想要做的就是按下按钮转换频道。但学生的行为并不会轻易地改变我。我始终坚信教学需要用宽容的性格来迎接各种竞争。教师必定是生产者、作者和每一天的成果标兵。

最近，我感到自己有勇气要求我的学生对我这学期的教学技能给出他们自己的评价。我一直认为这样做并没有什么隐患存在。我要求他们自己对阅读下定义。答案真是让人眼前一亮。听听这个答案：“书籍给我开辟了一条新的道路。当我感到孤独和无助的时候，我拿起手中的书读起来，这时我的真实世界消失了，我的书籍带我进入了一个新的旅程，迎接更大的挑战。我的书就是我的世界，是我的朋友。”不错吧？经常会出现这样一些出色的回答。那个答案是一个去年暑假在青少年托管中心度过的学生写的。这是另外一份：“我喜欢词语在我的头脑里跳跃和像打篮球一样的感觉。”我被这些学生深深地打动了，我想我做得对！我想我毕竟无法放弃我头脑中的理念。当然，并非所有的回应都是完满的。我也收到过让我发疯的回应。例如，一个学生写道：“阅读就好像把我关进监狱，同时不给我食物吃。”噢，天哪，我只能安慰自己——好歹他也使用了比喻的修辞手法。今年让我最痛心的是这样一段话：“我阅读只是为了完成任务，或者如果我感到无聊了，实在找不到其他事情来做的时候，才会看看书。”但是，在我的印象中，写这段话的孩子，在今年刚开学的时候，仅仅只写了“无趣”这一个词，而现在他可以用这么长的一段话来对我表达同一个意思，我把这看成他的一种进步。你发现了吗？老师永远是乐观主义者。我们必须这样，否则我们的工作将无法进行下去。

320 事实上，我并没有放弃我自己关于教学的理想主义哲学思想。我是那些终身致力于寻求知识的学生的引路人。有时候，正如我原先那样，我蹒跚前行而不是箭步如飞；有时候我会在前进的道路上迷失方向，需要依靠我的学生为我引路。我承认偶尔我会觉得疲倦不堪，但我仍然充满力量，坚持重复我的信念："学会读书，学会写字，教育是成功的关键。"我的哲学观念也许被人们认为是有缺陷的，但在我看来它仍然是最完美的。现在它正在经历一个不断修正完善的过程。

思考题

1. 在作者的职前培训中，她对教学的不现实的期望是什么？你认为这种理想化的想法会经常在那些即将成为老师的人心中出现吗？

2. 当鲁普敦最终面对教学的真实世界时，她的"现实检验"中最合理的部分是什么？在鲁普敦处理日常行为时所遵循的依据中，什么是她的教学哲学论述中所不包括的？

3. 你认为当很多教师开始独立进行教学活动时，会经历一个"现实检验"的阶段吗？你认为他们是如何回应这一经历的？你期望自己如何回应它？

学习活动

批判性思考

1. 反思你自己在中小学时的学习经历。在你自己的学习过程中，对哪些内容的学习进行过自我评价？这种做法对你获得成功起到了什么作用？

2. 你认为教师应该在多大程度上重视在课堂教学中使用不同的评价方法？

3. 同伴评价的优点有哪些？局限性又是什么呢？在你的课堂教学中，你计划在哪些内容上使用同伴评价？

应用活动

1. 在你最熟悉的学科和年级里，考察相关课程材料（教科书、课程标准等等），设计该如何评价学生的学习。根据本章中的内容，你认为使用哪些建议能够帮助你更好地评价学生的学习？ 321

2. 组建教师研讨小组。组建该教师研讨小组的目的是提高教师多方面的与评价学生学习相关的知识和技能。

实地体验

1. 采访一两位老师，了解他们是怎样促进学生学习的。在教学哪些内容时，他们会使用这一章中所讨论的不同形式的评价方法？

2. 采访一组在你所教的科目和年级（或者你即将承担教学任务的年级）的学生，了解他们是怎样评价自己的学习的？在提高学生学业成就的过程中，自我评价的效果如何？

网络活动

1. 调查互联网开始定位和制作书签或喜欢的网站，并且调查不同评价学生学习方法的教师讨论小组。

2. 在网络上访问三个或者更多有关以下杂志的网页。这些杂志经常会刊登一些关于不同的有效教学方法的文章，阅读你感兴趣的某一种文章。那篇文章里如何评论该方法的有效性？作为一名教师，你现在正在使用的（或者即将使用的）方法具有什么特点？

美国教育研究杂志
现代教育心理学
教育心理学评论
教育心理学杂志
教学与教师教育杂志

认知与教育
教育心理学家
教育研究
教育的研究评论
教育研究评论

第三部分 行动中的课程

第7章

学前和小学课程

焦点问题 323

1. 为什么课程制定者应该熟悉所有不同阶段的教育方案，而不是仅仅了解自己所工作的那个阶段？

2. 学前和小学阶段的教育如何促进学生日后的成长和发展？

3. 根据三种课程基础以及其他相关的课程标准，早期教育方案的目标是什么？

为了与第一章有关课程的定义一致，本书第三部分的所有章节都主要探讨教育方案，这些方案不仅发生在学校，而且也包括社区机构、企业和其他可以提供教育的场所。这些章节都是有机地组织在一起的，并且根据美国的制度、教育的等级水平结构来组织。作为本章的目的，儿童教育是指为3～5岁儿童提供的早期教育方案，以及为6～11岁（或者12岁）儿童提供的初级教育方案。第8章，“初中课程”，探讨了初中和中级阶段的教育方案；第9章，“高中课程”，探讨了高级阶段的教育方案；第10章，“中学后课程”，探讨了后高级阶段的教育方案。

为了帮助你理解一些与每个阶段的课程计划都相关的来自“现实世界”的挑
战，本书第三部分各章节也像第一部分和第二部分一样，包括“教师之声”部分， 324
介绍在课程计划指导下的一线教师的经验。另外，每一章都包括一个针对课程实践过程的案例研究，以此来举例说明在制度或者系统范围水平上，在课程实践中提供指导的复杂性。

课程计划制定者和教师应该熟悉各个阶段的教育方案，不管他们的工作是在哪个阶段上。例如，你应该了解早期教育的目标和趋势，即使你的主要兴趣是在其他阶段上。了解学生已有的教育经验，或者他们在将来会有的经验，将会给你在目前满足他们的需要方面提供帮助。别的层面的教育项目知识将能使你理解重要的课程标准，如学习的连贯性，课程平衡和提供个别差异。

初级阶段方案

今天我们所熟悉的小学评分方法是在19世纪确立的，当时教育者对个体差异或者人类发展阶段的种类和程度所知甚少。在19世纪之前，小学教育主要针对的是中等或者上等阶级的男孩；下层社会的男孩或者女孩只被教授一些基本的读写技巧，使他们能够阅读《圣经》或者背诵一些宗教的问答集。

小学的发展与有关儿童发展和教育的流行观点相一致。在很大程度上，人们一般认为个体在教育中的差异是不需要被重视的，政府有义务对新共和国的公民进行教育。郝瑞斯·曼（Horace Mann，1796—1859），马萨诸塞州的参议员以及州教育部的第一任部长，支持“普通学校运动”——产生了今天的免费公立地方管辖小学。曼是一位对儿童普遍自由学校系统充满热情的拥护者——正如他在年度教育报告中所写的：

> 这（普通的自由学校系统）对于穷人和富人，联合的或者自由的，或者介于这几种人之间的人都一视同仁。这些人在这个不完美的世界上寻找不同的途径以到达天堂之门。没有金钱也没有价格，它用力地打开它的门，对国家里的所有儿童传播慷慨。(Mann，1968，p. 754)

当今小学的典型情况是在设备齐全的教室里，一个教师对 25 个孩子教授所有的或者几乎所有的科目。课程经常是一体的，由一个活动或者科目延伸到另外一个。教师和学生经常在同一间教室里度过一天的大部分时间，只是学生经常去另外的教室上美术、音乐或者体育课。个别的学生还要参加特别的课程，例如矫正或者强化的教学，语言障碍矫正，唱诗班以及乐队。

325 一些小学根据团队教学安排进行组织，两个教师负责两组学生。一位教师讲授数学、科学或者健康课程，另外一个教师则负责阅读、语言和历史课程。根据学生的能力水平来确定教师的责任，正是这种安排的变化之一。例如，一位教师也许给低水平的学生教授阅读，同时给中等水平和高水平的学生教授其他科目；而其他教师给中等或者高水平的学生教授阅读，而教授低水平的学生的其他科目。

初级阶段方案的重要性

“早期的几年毋庸置疑是最重要的，如果一个国家最终要达到卓越，我们必须给予早期的几年更大的优先权和重视，开始把小学教师而不是学院教授作为学习的中心。”这是欧内斯特·L·鲍耶（Ernest L. Boyer）——卡内基教学进步基金会的主席所说的话，他提醒我们，儿童在小学获得的经验为他们在成年时期所受的教育奠定了基础。显然小学阶段对儿童有巨大的影响，儿童在 1 年级所度过的第一年，可以说是他的整个人生的 1/6。因此，初级阶段的课程如果缺少对个体差异的适宜指导，则会使某些学生产生强烈的失败感或者被拒绝感。在小学阶段不能获得充分的知识和技能，会导致其在人生以后的阶段付出更大的代价，从而产生一些难以克服的缺点。

社会的变化给小学带来了一些新的巨大的压力。第二章所探讨的所有的社会力量正对儿童的教育产生着重要的影响。本章中克里斯托弗·布朗（Christopher Brown）的文章题目反映了这一压力，他文章的题目是“孩子仍然可以在学校游戏吗？在永无止境的改革背景下解释与捍卫早期教育”（Can Kids Still Play in School? Defining and Defending Early Childhood Education in the Context of Neverending Reform）。另外，21 世纪，小学的主要变化是要在多元背景下让儿童建立一些有意义的交流。这类挑战在欧内斯特·L·鲍耶的著作《基础学校：学习共同体》（*The Basic School*：*A Community for Learning*）的摘录中有很好的记录：

> 去年秋天，超过300万的幼儿园小朋友成为5万多所公立和私立学校的学生。大多数学生进入学校时会感到焦虑，但是仍然表现得十分热切。一部分人是愉快的，一部分人是躁动不安的。一部分人可以跳或者跑，也有一部分人却几乎不能走。新的这一代学生来自于许多邻近的地区，来自具有巨大多样性的文化，能够讲许多我们大部分人都不知道的语言。现在我们面临的挑战是确保每个儿童都能成为自信的、足智多谋的学习者（Boyer，1995，p.3）。

为儿童个体差异、灵活性和连续性学习作准备，这是课程标准主要关注的问题。

早期方案 326

在过去的几十年，早期方案受到越来越多的重视和支持，这也会成为未来的发展趋势。如美国人口普查局所透露的，在1965年，65%的5岁儿童进入了幼儿园；到1980年，这个数字几乎升到了96%；到2004年，实际上所有的5岁儿童都进入了幼儿园。3～4岁儿童的学前入学比例也在继续稳定地增长着。在1991年，31%的3岁幼儿和52%的4岁幼儿参加了学前教育方案，包括开端计划，托儿所和学前班；到1996年，这两个比例分别上升到了37%和90%。在1982年，大约320万的幼儿进入了幼儿园；到2007年，预计约400万的幼儿能够入园。

公立和私立的学校、教会以及营利和非营利的日托中心制定了早期儿童的教育方案；另外，为工业和商业界的员工提供大量的学前教育项目。早期教育可以是围绕游戏和社会化来组织的半日制幼儿园，也可以是围绕幼儿阅读和数学技能教学的全日制幼儿园。关于的早期教育方案的内容和组织在本章中有所涉及。丽莲·凯兹(Lilian Katz)解释了教师如何通过仔细的观察和记录或者“制作文件”为早期教育开拓新的视角，用多种方法帮助幼儿学习和进步。

然而不幸的是，学前儿童的早期教育并没有制度上的保障，支持学前教育方案的资源也是不连续的，例如开端计划、跟随计划以及“让所有孩子都成功”的计划在逐步开展的过程中面临着困难，并且也没有为所有的适龄儿童提供服务。据统计，开端计划以及类似的方案仅仅为国家不到一半的3～4岁处境不利的幼儿提供了服务。虽然一些研究发现在儿童进入小学以后，开端计划的优点则逐渐消失，但也有研究发现这个方案是有效的，每1美元的投资能得到3美元的回报。

从整个国家来说，由于认识到了儿童早期教育的重要价值，学前班以及全日制幼儿园方案的数量正在增长，尤其是针对“社会地位低下”的儿童。一些州——宾夕法尼亚州，弗吉尼亚州——已经变更了它们的鉴定政策（包括从出生到3年级的证明），一些州正在力求为4岁儿童提供正式的公共学校方案。

人类发展和学习理论认为，如果希望婴幼儿的智力潜能得到发展，就必须重视 327
早期的刺激和对其好奇心的鼓励，早期教育的发展也正是由于这个原因。研究表明儿童大部分的智力发展发生在6岁之前，学前阶段的指导能够提升儿童在他的关键发展阶段的学习兴趣。其中最成功的两个早期方案是联邦基金会的开端计划和跟随计划。

开端计划

从1965年开始，开端计划已经为1 600万来自低收入家庭的3～5岁的儿童提供了服务。开端计划的许多服务是由家长和志愿者提供的，主要集中在教育、社会情感发展、生理和心理健康以及营养方面。在 2003 年，开端计划得到了 66 亿美元的拨款，大约 909 600 名儿童进入了 47 000 个开端计划的教室。

开端计划的教育价值在于为儿童提供课程经验，促进他们智力、社会性和情感的发展。另外，开端计划的课程反映了被服务社区的民族和文化的特征。对开端计划成效的研究表明参与其中的儿童在认知测试分数、社会情感测试分数和健康方面都表现出了明显的提高。然而，经过一段时间后，当认知和社会情感方面的受益逐渐消失，先前参与开端计划的学生不再比非参与者有更高的分数。但不管怎样，一些研究已经表明，先前参与开端计划的学生更易于在下一年级阶段得到提高，与同伴相比，他们不易被分到特殊教育班级。

开端计划的独特之处在于该项目能够提供员工发展和培训。开端计划执行儿童发展协会项目，给专业和非专业的员工提供机会去获得早期儿童教育的证书或文凭。在 1998 年，大约 80 000 人持有 CDA 的证书。

跟随计划

跟随计划的目的是在幼儿园和小学阶段，维持和增加来自低收入家庭的儿童在开端计划或者相似的学前方案中的收益。跟随计划满足了儿童在教育、生理和心理方面的需要，包括在正规教室的补充或者专门的指导。在 20 世纪 70 年代，该方案的影响是巨大的，当时成百上千的儿童参与了这个方案，并且政府每年的预算超过
328 了 550 万美元；到 1998 年，资金已经下降到了每年 100 万美元。跟随计划是如何应用个体差异的课程标准发展学生的适宜学习经验的好例子。通过为儿童发展多样、创新的教育方案，然后随着时间来评估这些方案，跟随到底方案已经提出了最能促进儿童成长和发展的知识。

过去，父母和监护人也许认为他们应该把儿童抚养到小学，然后才能离开。但是来自开端计划和跟随计划的证据表明父母对于儿童早期的发展起着十分重要的作用。因此，父母应该在发展和实施教育方案的过程中担当更加积极的角色。其中一种新奇的引导父母和孩子进入学校生活的方式是由约翰·I·古得莱德（John I. Goodlad，1984）在《一个叫做学校的地方》（*A Place Called School*）这本书里提出的，这是在 20 世纪 80 年代发表的最有影响力的教育改革报告之一。古得莱德认为儿童应该在 4 岁左右进入学校。古得莱德建议儿童应该在第四个生日的那个月份入学。这个建议可能会受到每个孩子的欢迎，因为学校开学时可以给他们举行生日聚会。毋庸置疑，正规的学校教育会承担塑造个性的大部分责任。在入学的每个月，教师能够熟悉一些孩子和他们的家庭，这样孩子们也能够进入一个稳定的课堂环境。

儿童教育的目标

儿童教育方案的目标应该是什么？许多人也许会提出一些建议，当然，是从三种课程基础——社会力量、人类发展理论、学习和学习方式的特性中衍生出来的。很多目标一定包括以下几个方面：

1. 帮助学习者发展信任感、自主性和进取心

2. 不用约束自己的语言和创造力来介绍结构与组织。

3. 通过大组、小组以及个性化的活动发展社会性技能。

4. 给予正确和适宜的生理和健康教育。

5. 教授交流和计算的基本技能。

6. 通过提供增强兴趣和好奇心的经验使学习者建立一种对学习的需要和对教育的尊重。

7. 通过让学习者接触各种领域的知识发展其对各学科的兴趣。

8. 为每个幼儿提供成功的机会，从而发展其自我价值感和安全感。

9. 为儿童提供体验成功的机会。 329

10. 学会欣赏他人的价值和差异。

11. 展示概念形成、问题解决、自我指导和创造的过程。

12. 培养学习者对环境、地区和全球以及对未来和他人福利的关心。

13. 帮助学习者审视和发展道德价值。

回顾第一章中威廉姆·舒伯特的《四种传统课程观》，对于这些目标，你认为还有什么需要增加或者变化的地方？理智的传统主义者对儿童教育方案提出的目标会是什么？社会实践家、经验论者以及批判主义者对课程目标的建议又会是什么？

参考文献

Administration for Children and Families. *Fact Sheet.* Washington, DC: The Administration for Children and Families, 1998.

Boyer, Ernest L. *The Basic School: A Community for Learning.* Princeton, NJ: The Carnegie Foundation for the Advancement of Teaching, 1995.

Elam, Stanley M., Rose, Lowell C., and Gallup, Alex M. "The 25th Annual Phi Delta Kappa Gallup Poll of the Public's Attitudes Toward the Public Schools." *Phi Delta Kappan* (1993, September).

———. "The 24th Annual Phi Delta Kappa Gallup Poll of the Public's Attitudes Toward the Public Schools." *Phi Delta Kappan* (1992, September).

Goodlad, John I. *A Place Called School.* New York: Highstown, 1984.

Karweit, Nancy. "Effective Preschool and Kindergarten Programs for Students at Risk." In Bernard Spodek, ed., *Handbook of Research on the Education of Young Children.* New York: Macmillan, 1993, pp. 385–411.

———. "Full Day or Half Day Kindergarten: Does It Matter?" (Report No. 11). Baltimore, MD: The Johns Hopkins University, Center for Research on Elementary and Middle Schools, 1987.

Love, John M., Mechstroth, Alicia, and Sprachman, Susan. *Measuring the Quality of Program Environments in Head Start and Other Early Childhood Programs: A Review and Recommendations for Future Research: Working Paper Series.* Washington, DC: National Center for Education Statistics, 1997.

Mann, Horace. *Annual Reports on Education.* In Mary Mann, ed., *The Life and Works of Horace Mann,* vol. 3. Boston: Horace B. Fuller, 1968.

McKey, Ruth Hubbell, et al. *The Impact of Head Start on Children, Families, and Communities.*
Final Report of the Head Start Evaluation, Synthesis and Utilization Project, Executive Sum- 330
mary. ERIC Documents No. ED 263 984, 1985.

National Center for Education Statistics. *The Condition of Education 2004.* Washington, DC: National Center for Education Statistics, 2004a.

———. *Projection of Education Statistics to 2013.* Washington, DC: National Center for Education Statistics, 2004b.

Nieman, R., and Gastright, Joseph F. "The Long-term Effects of Title I Preschool and All-day Kindergarten," *Phi Delta Kappan 63* (1981, November): 184–185.

Slavin, Robert E. *Educational Psychology: Theory and Practice,* 7th Ed. Boston: Allyn and Bacon, 2003.

Wang, Margaret C., and Ramp, Eugene A. *The National Follow Through Program: Design, Implementation, and Effects.* Philadelphia, PA, 1987.

Wang, Margaret C., and Walberg, Herbert J. *The National Follow Through Program: Lessons from Two Decades of Research Practice in School Improvement.* ERIC Document No. ED 336 191, 1988.

Woolfolk, Anita E. *Educational Psychology,* 9th ed. Boston: Allyn and Bacon, 2005.

331

瑞吉欧·艾米利亚方案

丽莲·G·凯兹（Lilian G. Katz）
西尔维娅·C·查德（Sylvia C. Chard）

摘要：在意大利的瑞吉欧·艾米利亚的学校里，儿童教室里的档案袋成为早期儿童教育的主要特征。瑞吉欧·艾米利亚方案包括通过在学校展示学生作品，以及教师评论、观察、拍照、记录儿童的讨论、评论和解释来认真记录儿童的进步。该方案强调儿童的学习、重视他们的想法和工作，支持连续的计划和评价，鼓励父母参与，拓展教师对儿童如何学习和怎样使学习更加清晰的理解。

瑞吉欧·艾米利亚是一个位于意大利北部的城市，在这 10 年多的时间里它的学前教育一直在吸引着全世界的注意。人们对于瑞吉欧·艾米利亚方案的兴趣焦点主要集中在它给人的印象深刻的特征上——也许它对早期教育的独特贡献在于把关于儿童经历的档案袋当作标准的教室实践。

档案袋，是对儿童观察和全面记录保存的一种形式，它已经在许多儿童早期教育方案中受到了鼓励和得到了实践。然而，瑞吉欧·艾米利亚的档案袋主要关注儿童在活动过程中的经验、记忆、想法和创意。它强调要最大限度地关注和重视展现儿童的作品，包括内容和美感。

在瑞吉欧·艾米利亚的学校里，具有代表性的档案袋包括儿童在不同阶段完成的作品、活动过程的照片、参与活动的教师或者其他成人的评论，关于儿童对活动意图的讨论、评论以及解释的记录，家长的评论。或许也包括观察记录、录音带的录音、儿童讨论活动的照片。儿童的作业和他们对参与过程的书面反思在班级或走廊上展示，这些记录表明了孩子们是如何计划、执行和完成展示工作的。

我们认为这种关于儿童活动和想法的档案袋至少在 6 个方面对早期儿童方案作出了贡献。

1. 强化学习

档案袋能够从儿童的计划和活动中加深他们学习的广度和深度。正如马拉古兹（1993）指出的，通过档案袋“当儿童思考自己所完成工作的意义时，会变得更加有好奇心，更加有兴趣，更加自信”。儿童在准备和展示档案袋的过程中所付出的努力和经验是一种任务报告和活动再现，在这个过程中能够澄清和强化一些新的理解。

在瑞吉欧·艾米利亚学前班的观察表明，他们也从展示的作品中互相学习和促进。对一个或者一组儿童活动的档案的展示经常鼓励其他儿童参与到一个新的主题或者一项新的代表性的技术。例如，苏珊和里瑞对班级同学家庭最喜欢哪个杂货店做了一项调查。当苏珊想做一个有关数据 332
的图表时，她询问了杰瑞，因为他曾经用图表支持过自己关于班级同学早餐食物种类的调查。

2. 认真对待儿童的想法和工作

详细的和吸引人的档案袋展示能够向儿童传达一种信息，即成人很重视他们的想法、意图和努力，展示并不是简单地作为一种装饰。例如，本方案最重要的一个环节是准备展示所用的材料，从而让在同一主题下探索不同方面的儿童能够分享彼此的发现。以这种方式珍视儿童的工作能够鼓励他们精力充沛和敢于负责任地去完成工作，并且在过程和结果中获得乐趣。

3. 持续的计划和评价

基于发展性评估的持续计划是本方案最显著的特征。当儿童从事复杂的工作时——个人的或者是小组的——在几天或者几个星期的时间里，教师每天检查他们的工作并且与他们一起讨论他们的想法和日后的工作。教师可以在儿童发现的有趣的、莫名其妙的或者具有挑战性的问题的基础上做出计划。

在一个早期儿童中心，教师们每周都会一起回顾儿童的活动——几乎是每天——在回顾的基础上，他们一起计划下周的活动。从来不提前太多进行计划，从而有机会萌发新的活动并存档。在儿童离园以后，教师能够反思和讨论正在进展中的活动，同时考虑活动可能发展的新方向。这样他们也更加清楚每个儿童的参与和发展，从而帮助教师最大限度地重视儿童通过有趣的和令人满意的方式表达自己想法的机会。

当教师和儿童一起做计划时，要接纳彼此的观点。相对于儿童一个人做计划来说，在这种情况下，儿童对活动兴趣更大和更熟练。档案袋提供了一种成人和儿童一起活动的不断发展的计划和评价。

4. 父母的参与

学生成长档案袋使父母清楚地了解孩子在学校里的表现成为可能。正如马拉古兹（1993）指出的，档案袋“向父母介绍了一种可以得知自己的期望发生了细微变化的工具，他们……对学校经验有了新的和更加好奇的认识……”

父母对儿童活动的评价体现了档案袋的价值。当他们了解自己的孩子所参与的活动时，也许能够提供一些支持，尤其当他们能够为孩子们获得某一领域的知识而提供帮助或者他们本身是某领域的相关专家时。比如，当一位家长了解到教师想让孩子认识真火鸡的样子时，她就从她叔叔的农场里带来了一只火鸡。

通过查看档案袋，家长也能更好地分配自己“跟班”的时间和精力，例如了解孩子的意愿，帮助他们找到所需要的材料，提出建议，帮助他们记录想法，帮助他们寻找和阅读书籍，在活动的背景下测量或者计数等。

5. 教师研究和意识

档案袋是一种很重要的教师研究方式，
让教师更加敏锐地关注儿童的计划和学习 333
以及自身在儿童经验探索中的角色。当教师检查儿童的活动并准备记录时，他们对儿童发展的理解和对儿童学习的见解被加深了，使他们不仅仅通过测验的结果来评价儿童。

档案袋为教师修正和调整教学策略提供了基础，是教师新的策略的思想来源，同时强化了教师对每个儿童的进步的认识。档案袋呈现了丰富的数据，在此基础上教师能够做出明智的决定，然后采用适宜的方式帮助每个儿童的发展和学习。

儿童最终完成的作品会让人忽视他们开始的那些不成功，而更看重他们在过程中坚持付出的努力。通过检查儿童在调查过程中所做的每一步工作，教师和家长都意识到了每个儿童所作贡献的唯一性以及小组的努力对学习所作贡献的方式。

6. 使学习外显化

档案袋为儿童学习和进步所提供的信息是我们通常应用的正式的标准测试所不

能实现的，而美国教师经常从他们对儿童观察的第一手资料中获得重要的信息和见解，借助各种媒介收集的儿童活动资料的档案袋更加有力地证明了幼儿的智慧是可以通过这种方式来开发的。

参考文献

Gandini, L. "Educational and Caring Spaces." In *The Hundred Languages of Children: The Reggio Emilia Approach to Early Childhood Education* by Edwards, C.; Gandini, L.; and Forman, G. Norwood, N.J.: Ablex, 1993.

Katz, L. G. *Talks with Teachers of Young Children: A Collection*. Norwood, N.J.: Ablex, 1995. ED 380 232.

Katz, L. G.; Chard, S. C. *Engaging Children's Minds: The Project Approach*. Norwood, N.J.: Ablex, 1989.

Katz, L. G.; Cesarone, B. (eds.). *Reflections on the Reggio Emilia Approach*. Urbana, Ill.: ERIC Clearinghouse on Elementary and Early Childhood Education, 1994. ED 375 986.

Malaguzzi, L. "History, Ideas, and Basic Philosophy." In *The Hundred Languages of Children: The Reggio Emilia Approach to Early Childhood Education* (op. cit.).

丽莲·G·凯兹是伊利诺伊大学香槟分校的学前教育系教授，小学教育和学前教育信息中心主任。

西尔维娅·C·查德是加拿大阿尔伯特大学学前教育系副教授。

思考题

1. 细致地运用瑞吉欧·艾米利亚的方法制作的学生作品的档案袋能够促进儿童的学习吗？你会怎样实施这种方法？

2. 瑞吉欧·艾米利亚的方案吸引了全世界的眼球。你认为这个方案最大的成功之处在哪里？

3. 在对儿童活动的记录进行展示时，教师如何证明他们“认真对待学生的想法和工作”？

334 游戏就是我的工作

伊丽莎白·琼斯（Elizabeth Jones）

摘要：在很多幼儿园和一些学前学校，采用直接教学、工作表以及训练的倾向会破坏儿童的能力和自尊。根据埃里克森以及皮亚杰的发展理论，对于儿童来说成为一个“精通的游戏者”是一项关键的学习任务。通过游戏，儿童开始形成他们的个性，获得语言和社会技能，探索周围的世界。因此“游戏课程”是3～5岁儿童的发展性的、适宜的学习环境。

在过去的几十年里，随着人们对早期教育重要性认识的不断增长，早期教育受到了更大的关注和得到了更多的经济支持。然而，在许多教育方案里，行为主义者在儿童早期教育的普通实践为特色的理论颇受欢迎，以发展性理论为基础的儿童早教实践则被忽视了（Bredekamp，1987；Elkind，1986；Kamii，1985）。

在许多幼儿园甚至学前班我们都可以看到直接教学、工作表和训练的踪影。设计这些方案的日的是让孩子更好地适应学校生活，而没有把幼儿当成最有能力的积极的学习者。因而对于许多孩子来说，过早的学校适应可能会打击而不是鼓励他们的能力和自尊。

埃里克森（1950）和让·皮亚杰的发展阶段理论是早期教育理论的基础，他们强调了有关每个阶段要发展的任务：婴儿和学步时期首先应该学会信任，然后逐渐从主要依恋人身边分离，从而通过对自身和世界的积极探索获得有关感知运动的知识。

掌握了这些技能的3～5岁儿童开始转向通过主动性、选择和学习来支持他们的游戏、关系和口头语言——这是他们发展对世界的知识的模式。小学阶段的儿童进入了下一个阶段，此时他们任务的目的是为了达到其他人的标准，进一步了解世界上具体事物之间的逻辑关系。

然而阶段之间的发展是有交错的，掌握每个阶段的发展任务是为下一个阶段做准备，而不因为需要提前练习下一阶段的任务。

精通游戏

成为一个精通的游戏者是3～5岁儿童的最高目标。精通的游戏者要善于用自发的符号形式来表征自己的经验，有时独立进行，有时与同伴一起，他们出于幻想和对日常生活事件的感受而游戏。通过“扮演”游戏，幼儿巩固对世界、语言以及社会技能的理解。有经验的幼儿教师就要为这些游戏创造可能性，同时帮助幼儿更好地游戏。

儿童在游戏的过程中正在建构自我认同以及对世界的知识。实质上，儿童正在说：“这就是我，这就是我想要做的，这就是我需要做的，我需要游戏直到我做完我的工作。”

游戏，对于儿童来说是积极的；儿童用肢体语言和话语做了他正在想的事情。幼儿（2～5岁）需要道具，因为他们是演
员；稍年长的儿童（4～8岁）逐渐学会操 335
作木偶、积木、汽车以及小动物和人物形象来组织小型戏剧。

儿童的游戏是无限制的，能够帮助儿

童建构发散思维的技能，为学校所需要的聚集型的、正确答案的思维模式奠定了基础。儿童通过游戏学到他自身的知识进而扩展到其他人包括教师的知识。

成为一个精通的游戏者是表征发展的中间阶段，当幼儿能够书写和阅读的时候才是表征发展的最高阶段。人类在儿童早期不仅仅拥有经验，他们表征是为了个人反省和互相之间的交往。就像人的一生发展，跳过了这个阶段，后面的发展就会变得更加抽象（见表7—1）。

如果从成人那里接受到相似的反应，那么儿童学书写的过程类似于他们学说话的过程（Ferrero and Teberosky，1982；Harste et al. 1984；Bissex，1980）。说话始于咿呀学语，书写始于涂鸦。就像早期学说话的幼儿从自发的咿呀学语到对他人语言的有意识的模仿，早期学写字的幼儿从自发的涂鸦到对环境中印刷品的有意识的模仿，这反映了儿童在发展中的知识系统。

表7—1　　表征的发展

肢体语言是婴儿用来表征的第一种模式。当幼儿要去“够”一种物体时，成人将动作视为一种交流并做出相应的反应。

谈话，在不久之后发生，以同样的方式发展。当成人把随意的咿呀学语解释为交流的语言时，则会激发儿童有选择性的咿呀学语。

游戏同样始于对身体的探索。学步期的儿童把东西放进某个容器，然后把它们倒出来，再捡起来，或者把它们堆高再打翻。一个杯子也许会引发儿童一系列虚假的表现：假装用杯子喝水或者让玩具娃娃喝水。但是当儿童继续精通游戏，真的杯子就不必要了：一块积木或者想象的杯子足以支持他们的游戏。

制作形象标志着儿童开始探索然后利用标记、蜡笔、颜料、黏土、积木或者木屑等来表征。为涂鸦命名以及逐渐接近他们想要去表征的事物。

当儿童在3岁的时候能够在玩画符号、列清单或者写字母的游戏时在他们的涂鸦中认出单词。

阅读不是始于编码，而是始于观看成人阅读，捡起一本书，找到正确的顺序，打开它，一页一页地翻书以及当这本书有熟悉的内容时说出熟悉的单词。

适宜的学习环境

发展适宜的学习环境应该有益于3～5岁儿童的游戏课程。儿童在扩展的时间段选择他们的活动，利用适宜的材料活动进行相互交谈。环境中有丰富的戏剧游戏的道具，制作形象的工具以及印刷品。教师仅仅用很短的时间和小组进行交流；当儿童在游戏的时候，教师需要使游戏顺利进行、给予反应、给予调停、丰富观察以及对游戏做出计划（Jones & Reynolds，1992）。

336 儿童为小学阶段做准备不是当他们已经记住了颜色、形状以及数字时，而是在他们掌握了游戏以及成为小组的一员之后。

小学低年级阶段的综合课程（Katz & Chard，1989）鼓励儿童通过多种不同的表征方式反省他们有意义的经验。例如，沿海小镇的儿童大都很喜欢鱼，他们如果去鱼市场、同来访的渔夫交谈、喂金鱼、用木头造渔船、在船上工作、读有关鱼的故事、唱船歌以及画画、写自己相关的经验，都会获得基本的技能和信息。

学校应该为儿童提供工具和时间让他们反省自己的经验，去理解它们以及就它们进行交流（Ashton-Warner，1963；Johnson，1987）。儿童对于谈话、游戏、绘画以及记录学校之外重要的人物、地点和事件都有着高度的热情（Graves，1963；Dyson，1989）。

从发展的观点来看，儿童通过作品学会书写，通过阅读学会读书。而“准备”活动则把整体的人物分解成了好像与儿童无关的令他们疑惑的额外的练习。身体和智力的发展都是遵循从整体到部分的顺序，而不是从部分到整体。一个咿呀学语的婴儿需要的是家庭语言的影响，而不是把这些语言拆成单词；一个3岁的幼儿会在对单词感兴趣之前表演阅读的情景。

儿童应当在具有丰富的能够表达对目前所知世界的理解游戏表征后再进入学校。一所发展适宜的学校在扩展儿童创造性经验表征方面的技能时，需对此表示认同，并扩展这类技能。

参考文献

Ashton-Warner, Sylvia. *Teacher.* New York: Simon and Schuster, 1986.

Bissex, Glenda. *GYNS at Work: A Child Learns to Read and Write.* Cambridge, Mass.: Harvard University Press, 1980.

Bredekamp, Sue. *Developmentally Appropriate Practice in Early Childhood Programs Serving Children from Birth through Age 8.* Washington, D.C.: National Association for the Education of Young Children, 1987.

Dyson, Anne Haas. *Multiple Worlds of Child Writers.* New York: Teachers College, 1989.

Elkind, David. "Formal Education and Early Childhood Education: An Essential Difference." *Phi Delta Kappan* 67:9 (May 1986): 631–636.

Erikson, Erik. *Childhood and Society.* New York: Norton, 1950.

Ferreiro, Emilia; and Teberosky, Ana. *Literacy before Schooling.* Exeter, N.H.: Heinemann, 1982.

Graves, Donald. *Writing: Teachers and Children at Work.* Exeter, N.H.: Heinemann, 1983.

Harste, Jerome; Woodward, Virginia; and Burke, Carolyn. *Language Stories and Literature Lessons.* Exeter, N.H.: Heinemann, 1984.

Johnson, Katie. *Doing Words.* Boston: Houghton Mifflin, 1987.

Jones, Elizabeth; and Reynolds, Gretchen. *The Play's the Thing: The Teacher's Role in Children's Play.* New York: Teachers College, 1992.

Kamii, Constance. "Leading Primary Education toward Excellence: Beyond Worksheets and Drill." *Young Children 40:6* (September 1985): 3–9.

Katz, Lilian G.; and Chard, Sylvia C. *Engaging Children's Minds: The Project Approach.* Norwood, N.J.: Ablex, 1989.

Labinowicz, Ed. *The Piaget Primer.* Menlo Park, CA: Addison-Wesley, 1980.

思考题

337 1. 3～5岁儿童的教师应该怎样对待那些不相信“儿童为小学阶段做准备不是当他们已经记住了颜色、形状以及数字时，而是在他们掌握了游戏以及成为小组的一员之后”的家长？

2. 游戏的概念通过什么方式被用来加强幼儿园到小学以及中学的课程？

3. 解释“身体和智力的发展都是遵循从整体到部分的顺序，而不是从部分到整体”这一论述。这种观点适合儿童以后阶段的发展吗？

孩子依然能在学校里游戏吗？在永无止境的改革背景下解释与捍卫早期教育

克里斯托弗·布朗（Christopher Brown）

摘要：儿童早期教育的前景正在发生变化，但是这种改革的压力并非是新的。儿童期面临着许多外部压力的变化，在多数情况下，它需要产生很多经验的反应来为实践辩护。但是当今的政治思潮却忽视了这种工作。相反，政策制定者正在实施“改革的逻辑”，他们认为这样能够改善教育系统以及增进学生的表现。早期教育的政策制定者对改革有着怎样的反应将会影响儿童未来几年的教育经历。

少年时代的记忆对我们选择当老师起着重要的作用。在许多方面，这些经历带着我们到达事业的某个阶段。

当我在教室里和即将成为老师的学生讨论对年幼（从出生到3年级）儿童的教学时，他们立刻谈到了他们幼儿园的经历，他们回忆玩沙盘，在一个戏剧性的游戏区域游戏或者找一个舒适的地方去阅读和探索图书。

但是不管我们讨论多少有关这方面的经历，总有人问道：“孩子依然能在幼儿园游戏和拥有快乐吗?”

立刻，他们让我想到——如果我的回答将会决定他们是否选择早期儿童教育事业，那么我将回答：“那得看情况”。

这依赖于他们的教育理念，依赖于学生的需要，依赖于规定的课程，依赖于原则的需要，依赖于学生家长的期望，依赖于许多的事情。

然而，“它依赖于……”的清单最近几年被缩减了，当我的学生计划去当老师
338 时——州、学区以及学校——也许已经为他们做好了这些选择。联邦、州以及地方的政策已经开始决定什么对学生的学习来说是适宜的（一般叫做学业标准）。并且，各种政策制定者正在告诉教师如何教授内容标准从而让学生完成学业标准。

儿童早期教育的前景正在发生变化，但是这种改革的压力并非是全新的。儿童早期面临着许多外部压力的变化，在多数情况下，它需要经验性反应来为实践辩护。然而当今的政治思潮却忽视了这方面。相反，政策制定者正在实施“改革的逻辑”，他们认为这样能够改善教育系统并提高学生的成绩。

澄清早期教育的领域

早期教育为从出生到3年级的儿童压缩了方案和服务的范围。早期教育的教师在公立和私立的早教方案中为0～5岁的儿童服务；3～5岁儿童的公立和私立的学前学校方案；5岁到3年级的公立和私立的小学方案。这种范围的服务使人们很难解释早期教育的改革如何影响了我的学生可能进入的变化的教室。

从历史上看，地方政府和相关机构决定了适用于小学之前幼儿的方案。例如，在19世纪60年代之前只有三个州为幼儿园之前（pre-K）的方案提供资金。

然而到1965年，这一切都改变了。联邦约翰逊政府的“向贫困宣战”提出了两个方案，该方案为幼儿教育许下了一系列承诺：领先计划和初等教育法案（ESEA）。领先计划目的通过向幼儿即将入学

的家庭提供健康、教育和家庭服务的系列帮助。该计划的第一条规定：为学校提供资金用于额外的教师培训、设计读写方案等，从而提高学生在小学早期的表现。计划中的两点是十分重要的：其一，这些方案的主要目标是要提高学生的成绩。其二，这些方案主要针对一些特殊的学生群——那些处于低的社会家庭经济地位或者有特殊需要的学生。国家一直通过教育部和美国健康和人类服务部为提高这些群体儿童的学业准备和成绩提供资金和服务支持。

虽然开端计划和其他政府方案提升了早期教育在儿童一生发展中的角色，但是这些服务只为极有限的一些儿童和家庭带来了好处。这就使得方案作用的领域分散了，而不是关注大部分群体。但是，一旦儿童进入小学，课程和方案的提供就变得更加统一，即使是一些针对私立学校的方案也不例外。

一旦进入小学，州或者学区对内容和表现的期望影响着学生的学习经验。然而，联邦政府通过《不让一个孩子掉队法案》要求每一个州通过这个法案接受资助为从3～8年级的学生制定阅读和数学的内容和成绩标准。尽管这个关于内容和成绩标准的要求不针对低年级，但许多州也将低年级列入其中。因而，一个早期教育方案，包括小学方案，一旦接受了联邦、州和地区的资助就不得不遵循资助机构的要求。

339 与之不同的是，私立机构的早教方案只需要遵循许可机构的要求。对于非小学方案来说，他们必须遵循方案标准，例如师生比、健康和安全条例、教师培训等。私立小学必须教授特定的内容，但是不用遵循州的内容和成绩标准。

资助越多，责任越多

我的学生对早期儿童教育标准责任改革要求的方向的考虑并不是全新的。每次联邦政府对幼儿做出一系列的投资时，必然引起一片争议。政治的争议主要集中在例如政府在“抚养”孩子的角色、哪些儿童需要服务、哪些方案应该接受资金以及政府应该提供多少资金等方面。进一步来说，金钱的流入又引起了人们更多对于责任和义务的关心。

出于这些考虑，主要有两个问题：(1) 一些方案，诸如开端计划对于学生的入学准备是否有效；(2) 一旦进入小学，这些方案还在提高学生的成绩吗？关于这方面调查的一个例子是“威斯丁豪斯学习室”对于开端计划的评估。这个报告指出，如果不提供干预服务的话，那些参与开端计划的学生的智力获得就会迅速消退，这就增加了人们对政府资助方案效力的关注。了解什么能够影响早期干预方案成为一个中心的政策话题。给予这些争议有效的答复是需要一定时间的。研究者发现虽然智力的增长是不会持久的，参与特殊的早期教育方案（例如佩里学校方案）的学生在进入学校以后会有更加成功的学业表现和社会性的发展。

在20世纪七八十年代，关于方案对于提高学生的学业成绩和入学准备效力的调查研究一直在持续着。在这段时间里，政策制定者和学校领导为学生提供了额外的奖金来证明他们的基本能力。地方政府机构使用最低能力测试来考查学生是否拥有最基本的技能，以至于他能够进入下一阶段的学习或者从高中毕业。基于儿童拥有的技能，这些测试使教育者去决定学生是否做好了入学准备。如果学生在这些测验中获得较低分数，他们不得不留级或者参加一个干预的方案。虽然这听起来像是一个有逻辑的对政策的反应，但一些教育研究一直在表明让学生留级不会提高他们的成绩。事实上，研究者如罗姆伯格（Rumberger，1995）发现留级是预测学生将被开除的最有影响力的依据——让学生留四次级就接近于开除他们了。

学业表现和责任进一步增强了人们对于《国家处于危机之中》这一报告的重要性的认识。这个报告怀疑公立学校让其学生成为劳动力所做准备的能力。并非仅仅
340 针对有联邦资助的项目，这个报告还暗示了整个国家的学校系统。关于整个学校系统问题的论述转移了人们对于教育政策的关注，这一系统的失败使教育政策从学校将要为学生提供什么转向了学生将要知道什么，包括参与哪些课程，何时毕业等。这一报告提升的是严格的学术工作，而不仅仅是少量的能力（Smith & O'Day，1990；Dougherty & Hall，1996）。国家教育卓越委员会所做的经济表现和学术表现之间的系统联系增加了对孩子的要求（Hatch & Freeman，1988a；1988b；Shepard & Smith，1988；Shepard，1994）。学校增加了对阅读测试的运用，从而判断学生是否为上幼儿园或者 1 年级做好了准备（Shepard & Smith，1986；Meisels，1987；Meisels，1989；Shepard，1994），并且地区逐渐增强了对低年级的课程期望（Hatch & Freeman，1988a；1988b）。

一味追求学业成绩的提升导致早期课程变得局限。政策制定者、行政人员以及其他的资金持有者使得早期教育领域的教师和小学教师把他们主要的精力都放到了发展学生的认知能力方面，而忽视了学生身体、社会性和情感的需要。全美幼儿教育协会（NAEYC）通过发表“什么对幼儿来说才是真正的发展性的适宜的实践”的方针来对这种学业的压力做出回应（Bredekamp，1987）。

布莱德卡普等人（Bredekamp，Bredekamp & Copple，1997）基于 NAEYC 关于发展性的适宜的实践的研究考查了幼儿如何学习和发展。这些研究促进了“儿童中心”的课程，强调了基于儿童兴趣的学习机会，促进了儿童的全面发展。

政治上，这些发展性的适宜的方针引起了人们对于不适合幼儿的评估和课程的关注。进一步说，现在研究者有了一系列的标准去比较适宜和不适宜的环境。例如，哈特（Hart，1998）发现学生在不适宜的环境中表现出的有关压力的行为是适宜环境中的两倍。

在 20 世纪 90 年代，政策制定者对于“准备”的关注是一个重要的政治话题。例如，克林顿总统的“2000 年目标法案”的头八个目标中指出“所有的儿童必须在 2000 年前都进入学校学习”。然而，政策制定者和教师必须小心对待。一些机构例如 NAEYC、美国教育研究协会、美国心理学会、国家教育评估委员会（1999）以及国家教育座谈小组 1——早期资源评估小组（Shepard，Kagan & Wurtz，1998）告知政策制定者和教师关于适宜幼儿的课程和评估工具的类型。而不适宜的实践，例如留级，将会被去除（Shepard，Taylor & Kagan，1996；Hauser，Pager & Simmons，2000），这些实证研究的出现向资金持有者证明了对于幼儿来说什么是适宜的期望。

在克林顿的《2000 年目标法案》通过后不久，联邦政府重新通过了《初等教育法案》（ESEA），并且命名为《1994 年美国学校改革法案》（IASA）。这项政策连同其他一些小事件（在 1989 年，成立了关于学校数学课程和评估的国家教师委员会） 341
引发了以标准为基础的义务运动。这个法案强调了关于接受了条款一对 K—12 的阅读和数学的内容开发和成绩提升的资助。像得克萨斯州、马里兰州和弗吉尼亚州等一些州也都制定了它们自己标准的义务系统。有些州如得克萨斯州和弗吉尼亚州的高风险测试结果（留级或者没有高中文凭）隶属于学业成绩标准。

接下来，一个显而易见的问题就是“早期教育应该做些什么呢？”一些研究表明儿童在高年级的表现受到低年级教育经历的影响。例如罗德里克等（Roderick et

al.，2000）发现芝加哥公立学校学生3年级测验分数的提高也许是由于从幼儿园到二年级阶段留级学生的统计意义上的显著增加而引起的。

因此，早期教育改革的历史例证了我的学生对阅读和成绩要求日益增加是如何成为该领域的主题的。事实上，许多在过去80年来一直饱受争议的话题在当今标准责任改革中又重新出现了。

早期教育的现状

目前在接受公共资助和不接受公共资助的早教方案中存在着一种划分（Kagan & Scott-Little，2004）。我的学生的实习机构都是三岁或者四岁儿童所在的学前班或者公立学校的幼儿园。因而，他们获得了关于改革如何影响幼儿园教学的第一手经验。

这些变化基于三种主要的政策形式。第一，对小学（包括学前班和幼儿园）的幼儿，必须实施他们州或者地区的内容和成绩标准。这些标准直接与联邦政府的《不让一个孩子掉队法案》的实施相关联。

NCLB号召提高学生在阅读、数学甚至科学方面的成绩。到2013—2014学年结束的时候，95%接受过这个政策的助学金的学生都必须达到州的成绩标准所要求的熟练水平。不能实现提升每年成绩的要求引起了对学校、社区和州的系列制裁，同时也为学生提供了多样的选择。因而，由于每年的年进步率要达到95%的要求，所以学校、地区和州的教育部门将要更多注意学生进入3年级前所拥有的经验类型（Kauerz & McMaken，2004）——他们具备评估所要求的技能吗？另外，NCLB为基于科学的阅读指导的名为“优先阅读”的方案提供了额外的拨款。如果他们能够遵循国家阅读小组报告中提出的教育项目的指导来进行，就能获得以这些竞争性的标准为基础的资金的资助。尽管这个报告的有效性受到置疑（Yatvin，2002），但它仍然强调低年级学生应该接受教师对音素的意识、看字读音、流畅性、词汇和理解力的指导。

最后，布什总统的“良好开端、聪明成长”（GSGS）的动议是基础教育外的针对早期儿童的单项政策性项目。这个方案 342
的目标是确保每个儿童“在学校的学业表现上有平等的机会，从而保证每个孩子都不会落后”。布什的首创性基于以下三点：

- 加强开端计划，包括发展开端计划义务系统，为参与开端计划的教师提供关于早期读写教学技术的国家培训方案。
- 与州合作提高早期教育，包括州发展早期学习标准，合并学前阅读和语言技能的指导方针，使之与K—12的标准一致。
- 为教师、保育员和家长提供信息以支持他们发展合作关系。

与NCLB相同的是，最初GSGS为阅读提供的额外拨款是通过一个叫做“早期阅读优先”的方案来完成的。资助的目标是发展基于科学证据的项目，即为幼儿进入幼儿园准备，让他们有必要的语言、认知和早期阅读技能，避免阅读困难和确保学业的成功。

由于这个动议，36个州最近颁布了一些早期学习标准（Jacobson，2004）。具体来说，开端计划制定了将要实现的结果，包括儿童在开端计划应该知道的以及当他们进入幼儿园时的100个指标。进一步来说，这项动议执行了开端计划国家报告系统，通过用评估工具测查学生的语言和数学技能。最后，开端计划和公共资助的学前方案进行相互竞争以期获得早期阅读优先的拨款，进而来实施阅读方案，这类方案重点强调口头语言、音素的意识、字母识别以及文字意识。

通过接受联邦的资助为学生在小学低年级的学业表现做准备的做法改变了早期教育方案的目标。通过满足规定的学习标

准的要求，从而使儿童的读写技能与州的K—12的内容和成绩标准接轨，他们才能获得成功。

早期儿童团体（例如，国家幼儿教育协会和州教育部门早期教育专家联合会，2002）支持该标准，但是许多这个领域的资金持有者都认为这个标准强调的是内容而不是教育（Giffith & Ruan，2003；Neuharth-Pritchett，de Atiles & Park，2003）。

然而，联合动议却是促使教师的行为朝向一种标准模式下的特殊课程运作的教学。在最科学的实践下，NCLB和“良好开端，聪明成长”强调了读写基础技能的指导以及与国家的阅读内容和成绩标准一致。这引发了许多关于早期教育未来目标和方向的问题。资金持有者如何回答这些问题影响着我的学生如何在接受公共资助的方案（包括小学）中工作。

未来

就像我在文章开头说的那样，对于我的学生来说，一个主要的问题是如果他们选择在早期教育的教室里当老师，他们不得不教授一些规定的课程或者实施一些和学生的需要不符的指导。我的学生关注的
343 不是幼儿是否掌握了学业技能（Bowman，Donovan & Burns，2000；Shonkoff & Phillips，2000）。令他们担心的是，他们的领导将会期望他们去做一些他们认为对学生不适宜的事情。他们想知道他们是否能够去实施“以儿童为中心”或者“儿童导向”的课程。这种关注是非常真实的，并且触到了早期教育改革的核心问题。

以经验来说，一些早期教育的研究支持我的学生们关于提供挑战学生发展区的学习经验的看法。例如，谢可夫（Shonkoff）和菲利浦（Phillips）等认为早期教育方案必须发展幼儿的情感、规则和社会性技能，这样他们才会成为教室里好奇、自信和注意力持久的学生。简单强调特殊的内容和课程对于确保幼儿的成功是远远不够的。

然而，从政策上讲，目前的改革正在基于幼儿进入的是公立还是私立早期教育方案而发展不同的领域。博曼（Bowman）等认为关于早期方案和政策的系统的分化需要被重新整合成一个统一的方案，从而为所有儿童从出生到进入小学的发展提供支持。最近对SBA改革的抨击忽视了这些，这就是我的学生对此如此关心的原因。并且，为了实现这个目标，必须增加对现有方案的资助和进一步扩大政府幼儿服务的范围，一些东西与目前的州教育改革相抵触。

关于早期教育改革的一个主要问题是：如何通过各种各样的早期方案来执行强调所有儿童发展的政策？

一种选择是州教育部门通过证书去适应早期学习标准和确保基础教育项目贯彻这些标准。但是由于基础教育外的早期儿童教育项目公共投资是有限的，所以通过测量学生进入小学阶段后的成绩的监控行为就会随之而来。如果州或者联邦政府实施这个系统，很显然它就会面临着转化成一种阅读准备测验的可能性，学校会把这种测验作为对幼儿使用一种“准入门槛”的工具（例如，佛罗里达州的幼儿园筛选方案）。

如果早期教育遵循SBA关于K—12学校教育改革的方向，即每个州都阐明自己的早期教育强调认知技能的学习标准和成绩标准，这将会决定什么是重要的学习经验（Kagan & Scott-Little，2004）。虽然如此，如果成绩标准继续成为改革的原动力，人们仍然会对学生是否学得太多或者他们仅仅是被教授如何考试产生质疑（Koretz，Linn，Dunbar & Shepard，1991）。

因而，当我告诉我的学生如果他们决定涉足早期教育的领域，他们必须准备好去改变。作为教师，他们必须对早期教育

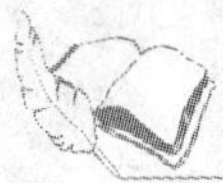

和关于适宜的实践的实证研究有一个清清楚楚的了解，从而捍卫自己的实践。另外，他们需要得到学校学生和一般团体的拥护。最后，他们需要认清自己在教育政策中的角色。通过听从先前早期教育研究者及其拥护者的领导，他们必须用工作去告知他们的家庭、他们的社区以及他们的立法者特殊的实践和政策是如何影响他们对学生的教育的。

344 参考文献

Alexander, K. L., Entwisle, D. R., & Kabbani, N. (2000). Grade retention, social promotion, and 'third way' alternatives. *The CEIC Review,* 9, 18–19. Retrieved March 23, 2004, from http://www.edrs.com/Webstore/Download2.cfm?ID=470459

Allington, R. L., & McGill-Franzen, A. (1992). Unintended effects of educational reform in New York. *Educational Policy, 6,* 397–414.

American Educational Research Association, American Psychological Association, & National Council on Measurement in Education (1999). *Standards for educational and psychological testing.* Washington, D.C.: American Educational Research Association.

Beatty, B. (1995). *Preschool education in America: The culture of young children from the colonial era to the present.* New Haven, CT: Yale University Press.

Berry, M. F. (1993). *The politics of parenthood: Child care, women's rights and the myth of the good mother.* New York: Viking/Penguin.

Bodrova, E., Paynter, D. E., & Leong, D. J. (2001). Standards in the early childhood classroom: Measuring the progress of preschoolers and kindergartners toward achievement standards is a challenge that requires close attention to specific benchmarks. *Principal, 80,* 10–15.

Bowman, B. T., Donovan, M. S., & Burns, M. S. (2000). *Eager to learn: Educating our preschoolers.* Washington, D.C.: National Academy Press.

Bredekamp, S. (Ed.) (1987). *Developmentally appropriate practice in early childhood programs serving children birth through age 8.* Washington, D.C.: National Association for the Education of Young Children.

Bredekamp, S., & Copple, C. (Eds.) (1997). *Developmentally appropriate practice in early childhood programs.* (Rev. ed.) Washington, D.C.: National Association for the Education of Young Children.

Bredekamp, S., & Rosegrant, T. (Eds.) (1992). *Reaching potentials: Appropriate curriculum and assessment for young children.* (Vol. 1.) Washington, D.C.: National Association for the Education of Young Children.

Bredekamp, S., & Rosegrant, T. (Eds.) (1995). *Reaching potentials: Transforming early childhood curriculum and assessment* (Vol. 2.). Washington, D.C.: National Association for the Education of Young Children.

Burts, D. C., Hart, C. H., Charlesworth, R., Fleege, P. O., Mosley, J., & Thomasson, R. H. (1992). Observed activities and stress behaviors of children in developmentally appropriate and inappropriate kindergarten classrooms. *Early Childhood Research Quarterly, 7,* 297–318.

Cohen, A. J. (1996). A brief history of federal financing for childcare in the United States. *Financing Child Care, 6,* 26–40.

Cuban, L. (1998). How schools change reforms: Redefining reform success and failure. *Teachers College Record, 99,* 453–477.

Dougherty, K. J., & Hall, P. M. (1996). Implications of the Goals 2000 legislation. Issue sheet complied by J. Z. Spade & A. R. Sadovnik. In K. M. Borman, P. W. Cookson, Jr., A. R. Sadovnik, & J. Z. Spade (Eds.) *Implementing Educational Reform: Sociological Perspectives on Education Policy* (pp. 459–467). Norwood, NJ: Ablex Publishers.

Edwards, C., Gandini, L., & Forman, G. (Eds.) (1995). *The hundred languages of children: The Reggio Emilia approach to early childhood education.* Norwood, NJ: Ablex Publishing Corporation.

Fleege, P. O., Charlesworth, R., Burts, D. C., & Hart, C. H. (1992). Stress begins in kindergarten: A look at behavior during standardized testing. *Journal of Research in Childhood Education, 7,* 20–25.

Goldstein, L. S., & Lake, V. E. (2000). "Love, love, and more love for children"; exploring preservice teachers' understanding of caring. *Teaching and Teacher Education, 16,* 861–872.

Gomez, M. L., Walker, A. B., & Page, M. L. (2000). Personal experience as a guide to teaching. *Teaching and Teacher Education, 16,* 731–747.

Graue, M. E., & DiPerna, J. C. (2000). The gift of time: Who gets redshirted and retained and what are the outcomes? *American Educational Research Journal, 37,* 509–534.

Griffith P. L., & Ruan, J. (2003). The missing piece in the standards debate: Teacher knowledge and decision making. *Dimensions of Early Childhood, 31,* 34–42.

Hatch, J. A., & Freeman, E. B. (1988a). Who's pushing whom? Stress and kindergarten. *Phi Delta Kappan, 70,* 145–147.

Hatch, J. A., & Freeman, E. B. (1988b). Kindergarten philosophies and practices: Perspectives of teachers, principals, and supervisors. *Early Childhood Research Quarterly, 3,* 151–166. 345

Hart, C. H., Burts, D. C., Durland, M. A., Charlesworth, R., DeWolf, M., & Fleege, P. O. (1998). Stress behaviors and activity type participation of preschoolers in more and less developmentally appropriate classrooms: SES and sex differences. *Journal of Research in Childhood Education, 12,* 176–196.

Hauser, R. M., Pager, D. I., & Simmons, S. J. (2000). Race, ethnicity, social background, and grade retention. Retrieved on October 25, 2004 from http://www.ssc.wisc.edu/~hauser/retain_03.pdf

Helm, J. H., & Katz, L. (2001). *Young investigators: The project approach in the early years.* New York: Teachers College Press.

Holmes, C. T. (1989). Grade level retention effects: A meta-analysis of research studies. In L. S. Shepard & M. L. Smith (Eds.) *Flunking grades: Research and policies on Retention* (pp. 16–33). New York: Falmer Press.

Holmes, C. T., & Matthews, K. M. (1984). The effects of nonpromotion of elementary and junior high school pupils: A meta-analysis. *Review of Educational Research, 54,* 225–236.

Jacobsen, L. (2004). Pre-K standards said to slight social, emotional skills. *Education Week, 23,* 13.

Kagan, S. L., & Scott-Little, C. (2004). Early learning standards: Changing the parlance and practice of early childhood education. *Phi Delta Kappan, 85,* 388–396.

Katz, L. G., & Chard, S. C. (1989). *Engaging children's minds: The project approach.* Norwood, NJ: Ablex Publishing Corporation.

Koretz, D., Linn, R. L., Dunbar, S. B., & Shepard, L. A. (1991, April). *The effects of high-stakes testing on achievement: Preliminary findings about generalizations across tests.* Paper presented at the annual meeting of the American Educational Research Association, Chicago, IL.

Labaree, D. F. (1984). Setting the standard: Alternative policies for student promotion. *Harvard Educational Review, 54,* 67–87.

Linn, R. L. (2000). Assessments and accountability. *Educational Researcher, 29,* 4–16.

McCoy, A. R., & Reynolds, A. J. (1999). Grade retention and school performance: An extended investigation. *Journal of School Psychology, 37,* 273–298.

Meisels, S. J. (1987). Uses and abuses of developmental screening and school readiness testing. *Young Children, 42,* 4–6, 68–73.

Meisels, S. J. (1989). High stakes testing in kindergarten. *Educational Leadership, 46,* 16–22.

Meisels, S. J. (1992). Doing harm by doing good: Iatrogenic effects of early childhood enrollment and promotion policies. *Early Childhood Research Quarterly, 7,* 155–174.

Meisels, S. J., & Atkins-Burnett, S. (2004). The Head Start National Reporting System: A critique. *Young Children, 59,* 64–66.

Mitchell, A. (2001). Prekindergarten programs in the states: Trends and issues. Retrieved October 15, 2004 from http://www.nccic.org/pubs/prekinderprogtrends.pdf.

National Association for the Education of Young Children, & National Association of Early Childhood Specialist in State Departments of Education (2002). *Early learning standards: Creating conditions for success.* Retrieved March 20, 2004 from http://naecs.crc.uiuc.edu/position/creating_conditions.pdf

National Commission on Excellence in Education (1984). *A Nation at Risk: The Full Account.* Cambridge, MA: USA Research.

National Council of Teachers of Mathematics (1989). *Curriculum and evaluation standards for school mathematics.* Reston, VA: National Council of Teachers of Mathematics.

Neuharth-Pritchett, S., Reguero de Atiles, J., & Park, B. (2003). Using integrated curriculum to connect standards and developmentally appropriate practice. *Dimensions of Early Childhood, 31,* 13–17.

Office of the White House (2002). *Good start, grow smart: The Bush Administration's early childhood initiative.* Retrieved June 21, 2003 from http://www.whitehouse.gov/infocus/earlychildhood/sect1.html.

Ramey, C. T., Dorval, B., & Baker-Ward (1983). Group day care and socially disadvantaged families: Effects on the child and family. *Advances in Early Education and Day Care, 3,* 69–106.

Raver, C. C., & Zigler, E. F. (2004). Another step back? Assessing readiness in Head Start. *Young Children, 59,* 58–63.

Reynolds, A. J. (1992). Grade retention and school adjustment: An explanatory analysis. *Educational Evaluation and Policy Analysis, 14,* 101–121.

Reynolds, A., & Temple, J. (1997, September 17). Grade retention doesn't work. *Education Week.* Retrieved March 25, 2004, from http://www.edweek.org.

Roderick, M., Nagaoka, J., Bacon, J., & Easton, J. Q. (2000). *Update: Ending social promotion. Passing, retention, and achievement trends among promoted and retained students, 1995–1999.* Consortium on Chicago School Research: Chicago, IL.

Rumberger, R. W. (1995). Dropping out of middle school: A multi-level analysis of students and school. *American Educational Research Journal,* 346
32, 582–625.

Schweinhart, L. J., & Weikart, D. P. (1980). Young children grow up: The effects of the Perry Preschool Program on youths through age 15. *Monographs of the High/Scope educational research foundation, 7.* Ypsilanti, MI: High Scope Education Research Foundation.

Shepard, L. A. (1994). The Challenge of Assessing Young Children Appropriately. *Phi Delta Kappan, 76,* 206–212.

Shepard, L., & Smith, M. L. (1986). Synthesis of research on school readiness and kindergarten retention. *Educational Leadership, 44,* 78–86.

Shepard, L., & Smith, M. L. (1988). Escalating academic demand in kindergarten: Counterproductive policies. *Elementary School Journal, 89,* 135–145.

Shepard, L. A., Kagan, S. L., & Wurtz, E. (Eds.) (1998). *Principles and recommendations for early childhood assessments.* Washington, D.C.: National Education Goals Panel.

Shepard, L. A., Taylor, G. A., & Kagan, S. L. (1996). *Trends in early childhood assessment policies and prac-*

tices. Los Angeles: Center for Research on Evaluation, Standards, and Student Testing. ED450926.

Shonkoff, J. P., & Phillips, D. A. (2000). *From neurons to neighborhoods: The science of early childhood development.* Washington, D.C.: National Academy Press.

Smith, M. S., & O'Day, J. A. (1990). Educational equity: 1966 and now. In D. A. Verstegen & J. G. Ward (Eds.), *Sphere of justice in education: the 1990 American Finance Association handbook* (pp. 53–100). New York: Harper Business.

The Trust for Early Education (2004). Quality prekindergarten for all: State legislative report. Retrieved October 10, 2004 from http://www.trustforearlyed.org/docs/Legislative%20Report-9-9.pdf.

United States Department of Health and Human Services (1990). *Head Start: A child development program.* Washington, D.C.: Administration of Children, Youth, and Families.

Vinovskis, M. A. (1999). *The road to Charlottesville: The 1989 education summit.* Washington, D.C.: National Educational Goals Panel.

Westinghouse Learning Corporation (1969). *The impact of Head Start: An evaluation of the effects of Head Start on children's cognition and affective development.* Washington, D.C.: Clearinghouse for Federal Scientific and Technical Information. ED036321.

Yatvin, J. (2002). Babes in the woods: The wanderings of the National Reading Panel. *Phi Delta Kappan, 83,* 364–369.

Zill, N. (1999). Promoting educational equity and excellence in kindergarten. In R. C. Pianta and M. J. Cox (Eds.), *The transition to kindergarten* (pp. 67–105). Baltimore: Paul H. Brookes Publishing Co.

克里斯托弗·布朗是奥斯汀得克萨斯大学课程与教学系副教授，他的研究兴趣涉及课程与教学、教育政策、学前教育、小学教育以及责任标准评价等。

347

思考题

1. 早期教育改革对于即将入园的学生来说意味着什么？所有的学生都应该达到你的“标准”吗？对于那些达不到标准的学生来说应该怎么办？

2. （联邦、州或者地方）政府在资助早期教育方案中的角色应该是什么？哪一级的政府最应该为帮助这些项目负主要责任？为什么？

3. 对于早期教育项目的教育政策应该和小学、中学的教育政策一样吗？为什么？

4. 政策制定者、教育者和父母如何一起努力制定出符合幼儿需要的政策？

为什么幼儿园濒临消失？

琳达·H·普列维亚科（Linda H. Plevyak）
凯丝·毛瑞斯（Kathy Morris）

摘要：幼儿高年级阶段进行的标准测验的压力对幼儿园和学前项目的课程都有一定的影响。幼儿园课堂中更多的学术性的动力需求要求儿童入园前已经具有特殊的技能。标准化测试以及较早的不适宜的学术要求正在挑战着幼儿园和学前学校的发展适宜性。

我曾经在幼儿园学到许多有益终身的东西，但是今天的幼儿园由于过度关注学业技能而不是社会技能已经与以前的幼儿园大不相同了。太多的幼儿在幼儿园学习，他们不够聪明或者是在某些方面存在不足。他们不能安静地长时间地坐在那里，也不能出去玩耍和游戏，他们有家庭作业需要完成，他们不能休息，因为老师不能荒废“教育的时间”。家长、教师和学校行政人员唯一关心的是幼儿在进入幼儿园之前需要知道什么。

渗漏效应

当标准化测试开始被用来测量全部的标准的时候，所有的幼儿不得不在升入下一个年级之前去达到这些标准，“多米诺骨牌效应”就产生了。科罗拉多州立大学的研究表明，1 年级和 2 年级的教师开始感到教授更高年级学习内容的压力，他们倾向于让那些在 3 年级标准测试中表现较差的学生留级（Shepard，2000）。于是“多花一年的钱”（留级或者推迟升级）的“哲
348 学”诞生了。幼儿园老师甚至感到了挑选学生的压力，要求幼儿具备 1 年级的技能，比如字母识别、语音以及数学技能（Gubernick，2000）。

父母同样感受到了学业成绩的压力。每当观察幼儿园项目时，通过同其他的父母交谈，或者依据个人经验，许多父母都认为他们的孩子还没有为这种学业项目做好准备。但他们并没有去质疑这种项目，而是让孩子多上一年学前班，或者让孩子进入所谓的“学院的”学前班从而为幼儿做好准备。然而更普遍的是，他们把适龄幼儿推迟一年送入幼儿园，却发现他们的幼儿变大了、高了、重了，更加社会化了——更加烦人了！

梅（May，1994）发现到了 3 年级，没有证据能够表明这多出来的一年学前教育会对幼儿的认知技能和其他能力有任何促进作用。更重要的是，这些幼儿比他们大多数的同伴都要大，他们更容易参加一些危险的性行为和接触烟酒（Byrd & Weitzman，1997）。这些研究结果也许会让那些望子成龙的父母和教师感到吃惊。父母和教师需要了解的一个重要问题是：什么样的迹象和证据表明幼儿做好了入园准备？

入园技能准备

目前，学区有许多种不同的测试和评估来测量“入园准备”。1996 年度的美国教育研究联合会年会上的一份研究表明，父母、儿童照料者以及幼儿园教师公认了三个他们认为最具有代表性的入园准备的指标（Harradine & Clifford，1996）。这三个指标包括：（1）健康、喂养良好以及休息良好；（2）能够表达自己的需要、需求和

想法；(3) 对新的活动有热情和好奇心。

另外一项关于教师和父母对入园准备的期望的研究发现这两个群体的期望有着明显的不同（Welch & White，1999）。父母比教师更倾向于测量孩子的学业技能，例如数数、书写以及字母认知等。教师则把生理的健康、有效的交流系统以及好奇和热心作为最重要的指标。在这项研究完成后的五年，幼儿园学到的知识有益于终身——这种说法已经成为过去式。这种变化的原因也许是幼儿园教师感到了要在课程中加入学业技能培养的压力，尽管他们的教育信念是不同的。

学前学校有益于儿童

学前学校给幼儿提供了很多益处。一个明显的益处就是参加学前学校的幼儿在筛选测验中的分数较高。对于早期教育者来说，这只是学前学校所能带来的最小的利益，而不是主要的目标。佩里在 1999 年对两组 4～6 岁的儿童进行了一项调查研究。40 个幼儿进入优质的学前学校，另外 40 个幼儿不参加任何学前学校项目。研究表明，学前学校的经历对于幼儿入园的准备有着积极的影响。实验组在幼儿入园准备测验中的分数高于那些不参加学前学校的儿童。

这项发现与公共政策报告的研究结果一致，该报告表明一些项目例如开端计划以及其他中心项目与较好的读写和数学技
349 能相关，参与项目的幼儿的相关技能优于那些没有参加任何学前项目的幼儿（Zill, Collins，West & Hausken，1995）。需要补充的非常重要的一点是，在这项研究中所说的"优质"都是以建构主义哲学为基础的。这项研究中的幼儿都有很多机会接触到多种多样的材料，经常参加一些新的活动，在日常生活中渗透语言、读写和数学技能。

这种类型的学前学校不是强调字母表、数字和书写技能的幼儿园的缩影。虽然确实存在一些基于技能发展的项目、考试提升的报告、积极结果的阅读成绩以及持续对 3 年级的研究报告（Shepard，1996）。我们可以对幼儿的认知和学业成绩获得加以区分。索希尔（Sawhill，1999）表明进入学前教育对于提高整体的学校成绩都有较大的积极影响，而不仅仅是最初的认知获得。那些参加过学前教育的学生在整个学校阶段都会有较好的成绩。

走向何处?

如今幼儿园教师面临的压力是巨大的。学业成绩的行政压力以及在艺术、体育、音乐甚至在休息的时间中都要强调学业技能是幼儿园老师不得不面对的事实。越来越多的幼儿在进入学校的时候缺乏正确的健康习惯、语言技能以及积极的情感技能，从而不能适应今天幼儿园严格的要求。幼儿园教师需要提高他们关于幼儿如何学习以及如何通过创造性的方式记录学生的发展的认识。研究已经表明，教师对于学生如何学习的观点影响他们在幼儿园教室中对材料的选择和摆放以及对教室空间的利用。

教师对于读写成绩的观点影响到幼儿如何在教室内玩耍以及他们如何与材料、同伴互动。当务之急是，幼儿园教师要对自身以及他们的实践进行反思，从而应对那些支持沉重的学业和技能发展的人的挑战。小学的行政人员也需要对幼儿发展和学习方式进行了解。幼儿园年龄的幼儿不像其他学校年龄的幼儿一样以同样的方式学习。小学的行政人员一般没有学过幼儿教育的课程或者不具有幼儿教育的背景。以标准测验分数和别的外在的评价方式而言是成功的早期儿童教育项目和学校应该作为评价这些项目的标准。最后，学校应该不断提高自身水平，不断提高学生学业和社会情感生活。

学校面对的是有真实的感情和家庭需要的儿童群体。学校习惯于说自己的存在

是为了教育儿童，但必须面对的事实是：从真正的意义上说，儿童是和他们的家庭一样健康的。学校必须不仅仅是家庭的延伸，幼儿园不应该被迫使开设额外的学业技能课程，从而弥补更高年级的测试成绩的分数。

本文的作者之一凯丝·毛瑞斯是一位曾经与许多家长争论什么时候送孩子去幼儿园的学前学校的教师。去年凯丝·毛瑞斯建议她的三个学生不要升入幼儿园——尽管已经适龄，但是他们在调节情绪方面存在困难，与同伴的关系紧张，使用语言表达自己方面存在困难。她把研究的结论
350 归纳为要重点强调幼儿在幼儿园和更高年级的三种技能的成功与否。凯丝·毛瑞斯认为迫于学业压力而开设更加“学院”的学前学校的做法是无法长久的，应该坚定地鼓励幼儿园教师寻找把游戏引入教学项目的方式。

早期教育者必须让学校聆听他们的声音，有许多资源和大量支持游戏为基础的学前学校以及幼儿园可以作为幼儿园最好的实践的研究。

参考文献

Byrd, R., & Weitzman, M. (1994). Predictors of early grade retention among children in the United States. *Pediatrics, 93*(3), 481–87.

Gubernick, L. (2000). Holding back the years. *Offspring* (April/May), 57–60.

Harradine, C., & Clifford, R. (1996). *When are children ready for kindergarten? Views of families, kindergarten teachers, and child care providers.* Raleigh, NC: North Carolina State Department of Human Resources. ERIC Document Reproduction Service No. ED 399 044.

May, D. (1994). School readiness: An obstacle to intervention and inclusion. *Journal of Early Intervention, 18*(3), 290–301.

Perry, D. (1999). *A study to determine the effects of pre-kindergarten on kindergarten readiness and achievement in mathematics.* ERIC Document Reproduction Service No. ED 430 701.

Sawhill, I. (1999). Kids need an early start. *Blueprint* (Fall), 137–140.

Shepard, L. (1996). Effects of introducing classroom performance assessments on student learning. *Educational Measurement: Issues and Practice, 15*(3), 7–18.

Welch, M., & White, B. (1999). *Teacher and parent expectations for kindergarten readiness.* ERIC Document Reproduction Service No. ED 437 225.

Zill, N., Collins, M., West, J., & Hausken, E. (1995). Approaching kindergarten: A look at preschoolers in the United States. *Young Children, 51*(1), 35–38.

琳达·H·普列维亚科是辛辛那提大学早期教育专业的副教授。凯丝·毛瑞斯是布兰特纳小学的学前教师。

思考题

1. 为什么作者说幼儿园濒临消失？课程中的什么引发了这些转变？

2. 你认为幼儿园对幼儿学业技能和社会技能的要求如何达到适宜的平衡？为什么？这个年龄段的孩子真正需要学习什么？

3. 当发展适宜的课程时，幼儿园教师面对的是什么类型的外部压力？当今的幼儿园幼儿和教师面临着许多不必要的压力吗？这些压力的后果会是什么？这些压力来自哪里？

351 课程实施中的案例研究
在幼儿园中学会阅读：课程开发回避了争议吗？

布鲁斯·乔伊斯（Bruce Joyce）
玛莉林·赫利考克（Marilyn Hrycauk）
艾米利·考尔霍恩（Emily Calhoun）

摘要： 一种流行的说法认为，正式的阅读课程对于幼儿园的幼儿来说是不适宜的。然而，地区行政人员和阿尔伯达地区“北方之光”学校的教师认为通过“教育”的方式教授阅读不会危及幼儿，而事实上还会预防他们在小学阶段或者以后遇到学业上的困难。

我们以一个简单的陈述开始：我们教幼儿园的学生阅读。我们已经知道了如何去做，为什么不做呢？

在学校和学区，关于课程和读写指导的决定要基于目前的知识和判断。但是不能等到所有的争议都得到解决以及所有的证据都具备的时候才做决定。以幼儿园来说，关于幼儿园是否要有正式的阅读课程以及幼儿园项目的内容是否只能包括自然书写等的争论使得幼儿园的课程变得更加复杂了。但是关于如何教授最初阅读者的研究越来越多，我们应该好好利用。

在加拿大阿尔伯达地区的“北方之光”学校，我们打算设计一套正式的阅读课程，准备让教师去实施，同时进行一个关于学生学习的行动研究。我们的决定源于一个关于初始阅读的研究的判断，该研究表明一种有效的、有魅力的以及多维的课程必须在设计以及实施的过程中使学生免受危害。如果这种课程被证明是成功的，那么被过度宣扬的“学习困难”就会减少了。

在“北方之光”的五年里，我们（“我们”包括负责人、理事以及教师和行政人员代表）集中精力为2年级成绩较差的以及4～12年级的学生发展“安全网络”。我们的课程设计是在幼儿早期读写能力研究和年龄稍大学生的读写困难研究的基础上进行的。目前在“安全网络课程”中，大约3/4的学生进步很快，他们逐渐缩小了同社区正常学生的差距。其他的学生还保持原状。

“安全网络”项目的需要以及我们对于
那些需要帮助的学生所经历的挫折和无助 352
的观察迫使我们去考虑K—3的读写课程，去探究我们是否需要加强这种课程以及减少以后对“安全网络”的需要。我们非常重视康尼·乔伊（Connie Juel）的论述，他反对国家研究委员会关于预防幼儿阅读困难的报告，他写道：“那些在1年级努力阅读的幼儿都是白费工夫，他们不喜欢也不想去阅读。”在“安全网络”项目工作的教师认为他们的工作一半是教育，一半是治疗。

在近几十年，由于对“不要让学生产生能力之外的需要”或者“让学生用一种不愉快的方式去阅读”的关注，对幼儿园学生正式阅读项目的研究比较缺乏。一些研究确实表明幼儿园的正式阅读项目能够给予儿童持续整个学校阶段的积极影响。

对幼儿园的干预是这样的，因此我们不得不追溯德洛丽丝·德金（Delores Durkin）30年前的工作。我们利用从1～3年级学生有关学习阅读的文献。建构更好的文学作品是需要考虑的一件重要的事情，同时不伤害我们的学生是更加重要的事情。但是对学生造成伤害的不是那些人文和友善的方法而是野蛮和粗糙的课程，当然，这些问题的依据并不是失败的尝试性报告。

我们认为如果我们在实施的过程中小心翼翼的话对学生是没有危害的，尤其是如果教师小心地追踪儿童的反应以及当学生表现出有压力时更换他们的方法。不挑战学生的认知能力或许比挑战他们的能力是更大的错误。另外，我们希望早期经验不仅仅是有效的，更要是愉快的——学习阅读应该是一种让人开心的经历。

我们关于和谐课程的观点似乎与许多人为幼儿设计的阅读课程相差甚远，并且我们认为他们的课程会让幼儿园的幼儿对正式的读写指导失去兴趣。我们不敢想象那些有练习簿、动画字母表或者逐个字母的发音训练工具的学生。相反，我们想象一种环境：在这里学生可以从听、说词汇发展到阅读字母、句子以及更长的他们所创造出的内容；在这里他们可以在宽松的氛围中翻阅简单的书籍；在这里他们可以通过涂鸦和简单的图画书开始进行书写；在这里他们可以有秩序的阅读；在这里他们可以通过阅读和学习有魔力的小说和非小说的散文文学书来发展理解的策略。如果童年的工作就是游戏，那么我们希望学生能在游戏的过程中逐渐进入到读写的世界中来。

读写的方法：设计课程

我们培育课程的理念来自于课程领域必须应对读写过程的发展。大多数这个领域的著作呈现了1～6年级学生的想法和对他们的研究。我们认为这些著作界定了什么对幼儿园课程来说是不适宜的。事实上，我们从几个维度对这些研究进行了分类：

● 通过广泛的阅读，学生听、说词汇以及认字能力能够得到发展。通过拼写能够认字，如果学了100个词汇，学生就需要有发音分类表和结构分类表。

● 广泛阅读的需要是在不断发展的。刚开始学生能够读懂图画书，逐渐地，他 353
们能够理解在配有说明文字的书中作者所要表达的意思。

● 包括拼写在内的规则学习。学生需要学习对字母进行分类，寻找词汇的发音和结构特征，把语言视为易于理解的。例如，当学生学习单词的词头和词尾（“on-sets”和“rimes”）时，他们会建构概念，例如“以×××开头的词和以×××开头的词听起来差不多”。在遇到其他不熟悉的单词时，他们就会运用这种概念：“如果它以×××开头，那么也许它的发音和×××差不多。”

● 按规则书写的需要和对书写的研究。书写包括通过已知的词汇和句型表达思想——阅读和书写的本质联系。对书写的尝试巩固了在阅读过程中所学到的单词。

● 对理解策略的研究。尽管大多数关于理解力的研究都是针对年龄稍长的学生的，但是幼儿对于意义的理解却很早就产生了，理解策略从最开始就是很重要的。

● 教师和学生进行的有关每周和每月的进步研究，包括学生能够阅读的图书水平、常用单词、发音和结构分析技巧、所学的信息以及写作的流畅性。例如，学生能够建立自己的词汇文档以及能够理解自己正在学习的内容。或者学生能够记录下自己关于词汇的分类，能够理解他们形成的词汇分类（例如，那些以……开头的单词）。了解自己知道的内容能够帮助学生评估自己的进步和庆祝自己的成长。

对于早期的读写课程，我们发现“图图单词引导模式”——来自于“语言体验”，伴随概念形成和教学模式获得的传统——是非常重要的。这种语言体验方法最核心的内容是利用学生已听到和讲过的词汇。学生发起一些话题并且口述给教师听，口述材料成了他们首次面对的单词来源，他们努力掌握字母规则的动力来自于他们对这些单词结构的学习。

附图字母的引导模式，正如名称所指，是从照片开始的，内容符合学生的描述能力。例如，照片的内容也许是某个社区。学生轮流讲述照片中的景物和事件。教师拼写单词，把单词和图片中的相应要素进行连线，从而生成一个带图片的字典。学生会拿到一些复件，他们利用这个带图的字典辨认单词，继续对单词进行分类，标出它们的相同点和不同点，然后教师选择一些分类进行扩展学习。于是，学生对单词发音和结构的特征都进行了学习。教师示范给图片命名和用句子描述图片，然后学生通过复述和学习所复述的内容来创造自己的题目和句子。以同样的方式，教师创造出段落，学生逐渐学习把题目和句子增加到相应图画内容的段落中去。看图学字母的一个循环（探究图片）大约需要 3～5 周的时间。

一个主要的假设支撑了该课程观点：学生需要通过探究语言，在概括词汇的发音和结构特征的过程中学习单词的特征和建构书面词汇。

设计此课程的目的是促进每一个步骤的发展——建构词汇、分类、造句以及阅读——作为一个整体的过程，每个步骤之
354 间都相互支持。正如前面所述，学会了常用单词，通过对这些单词的分析逐步发展到对他们的发音和结构的认识。同样，句子和段落的建构也与不断增长的常用单词的多少有关。当他们阅读的时候，他们将会辨别出已知的单词并通过发音技巧、结构和理解技能来评价新的单词。

提供人力来支持实施

一旦我们认为这种课程是可行的，那么组织人员的发展就是接下来需要做的工作了。我们需要的项目旨在帮助教师实施课程以及形成一个积极的学习团体，这个团体能够研究学生的学习和在合作和探究的过程中感到愉悦。格兰德中心区和冷湖地区三所学校的八位教师最初做出了很多努力。校方正式同意进行实践，所有八位教师也同意了此事——其中两位曾经在小学教授阅读课，但是没有一位曾经参与过幼儿园的正式读写课程。还有两位是 1 年级的教师。负责人、理事会对这个项目都非常支持，将会在春季和秋季初邀请家长参加关于课程介绍的会议。

相关发展包括示范、早期读写的研究、对实践的分析以及对学生学习的研究，遵循乔尔斯开创的模式。同伴指导将会渗透进教师的工作场所。

行动研究

作为最初的行动研究的组成部分，八位教师和地区行政人员被要求关注两个问题：这种多维的课程有效吗？在学习阅读的过程中，学生的舒适程度以及他们对阅读的感受是什么样的呢？

非正式的观察是很重要的，但是它却为教师正式研究学生学习字母表、词汇、一般语言发展（包括语音意识）、阅读或者研究书籍等提供了工具。

性别、学生在进入幼儿园之前的语言发展水平以及班级小组，这些经常在研究文献中作为研究因素出现的变量到底多大程度上解释了成绩的差异？在第一年，三所学校约有 141 名幼儿园年龄的学生被纳入了这项研究。在这三所学校里，学生们来自于不同社会经济地位的家庭。教师判定出只有一个儿童参加过所有层级的幼儿园阅读项目，只有一个学生能够辨认出字母表上的所有字母（打乱字母顺序后的测试）。

数据的采集用了一整年的时间，总的来说，这些数据真实地反映了学生的反应。这里我们重点关注学生学习过程中最显著的方面。八位教师遵循着同一模式。班级之间的差异很小。对于我们来说，这是很重要的。是不是只有一半的教师才能成功地实施课程，我们需要做一些深入的思考。

对字母的认知

在10月初，儿童的平均识字（包括52个大写字母和小写字母）水平是31个，1
355 月份，平均水平是46个，到了3月份，达到了52个。也就是说，所有的学生都能够脱离字母表的情境认识字母。字母的认知与常用词汇的获得是相联系的，但是它们之间不存在必然联系。学习常用词汇能够帮助字母的认知，同样，学习字母能够促进常用词汇的获得。

常用词汇的获得

我们的研究集中在学生学习了多少单词以及学生学习新单词的能力。单词的学习与附图字母学习周期有关，需要4～6周的时间。在这个周期中学生学习单词的数量以及效率都是很有趣的。下面的数据来自其中的一个班级。

第一个周期：图片中共有22个单词。在第1周结束的时候，学生能够脱离情境辨认的单词只有5个。在第4周结束的时候，平均水平是16个，有一个学生记住了所有的22个单词。

第二个周期：同样有22个单词。在第1周结束的时候，学生能够脱离情境辨认的单词有12个，到第3周结束的时候，平均数量达到了20个。

第三个周期：呈现28个新单词。在第1周结束的时候，学生能够脱离情境辨认的单词有20个，到第2周结束的时候，平均数量是26个，有3个学生只能够辨认出24个单词，但没有一个学生能辨认的单词少于24个。

看上去所有学生的效率都得到了提高，在1月底他们就能够大大提高常用单词的认识量，在最初的一两周，所有的单词都通过图片的方式呈现出来。在第一个周期的两周结束后，学生认字数量的平均百分比是30%，到了第三个周期，平均数量已经达到了90%。

对单词记忆的保持

在5月，每个班级都会随机抽取6名学生进行测试，这些测试都是脱离情境的辨认，内容是这一年中所呈现过的单词——例如，对在班级里列举过的120个单词学生记忆保持的平均数量是110。另外，通过一般的标题、句子以及学过的段落不断增加单词，其中的许多词都在高频率的“有用的单词”目录中。

学生在学习和记忆常用单词的过程中存在困难吗？要是学生在形成视觉单词或记忆单词有困难的话，将是向我们发出的严重的信号。但是这一信号并没形成，更重要的是能力的增加才是积极信号。到冬至的时候，学生在第一个周期需要4～6周才能掌握的单词，在此时只需要两周的时间就能掌握了。

单词的分类

这些单词首先被呈现出来，然后就会被输入电脑，然后给每个学生一组单词——学生们可以检查它们，如果有他们不认识的单词，他们可以使用图片字典去查询——对单词进行分类是一项非常重要的活动。学生们要根据单词的特征对单词卡片进行分类，教师会在这一年的时间里示范各种类型的分类。在第一个周期里，大多数学生会给眼前出现的一个或者更多的单词建立目录，然后，逐渐增加更加复杂的目录。教师会有指导性的重点选择目录，然后让学生根据这个目录去添加新的单词和学习不熟悉的单词。例如，在处理单词
“work”、“works”、“worked”、“worker” 356
以及“working”时，学生们需要寻找其他类似的派生词。或者，在了解了“work”后，在以后的阅读中遇到了“working”，他们就可以通过所学到的“ing”后缀来猜测这个单词的意思。

教师会对学生做出的分类进行检查，检查其中出现的有关语音和结构原则的分类。尽管学生分类的结果很复杂而不能简要地概括，但是从总体上来说，大约精确地涵盖了 30 种语音和 20 种结构的概念。

转向阅读

在这一年的时间里，学生会接触到多种多样的书籍。一些书籍可以被带回家当作“阅读和分享的读物”，还有一些由“附图的单词”活动产生的“书籍”可以拿回家读给父母听。当学生开始学习独立阅读的时候，他们可以把相应水平的书籍带回家中。我们的记录显示，80%的学生可以通过这样的方式接触到 50 本或者更多的书籍。

对于独立阅读水平的评估是围绕刚宁(Gunning)的框架建立的，这种框架要求学生在以下水平上尝试阅读一些不熟悉的书籍：

- 图画水平：每一页的单词都有图解。
- 标题水平：短语或者句子，大部分但不是全部都配有插图。
- 简单常用词的水平：较长的或者较复杂的，大部分是高频率出现的单词。
- 初级阅读：四种水平，逐渐增长的文章，较少的复制和预测能力。
- 等级 2A：需要掌握适量的常用词汇和发展良好的猜测词义的技巧。

当进行评价的时候，学生要大声朗读每一个水平的文本。在读完之后他们会被问几个综合性问题。完全理解并达到流畅水平对学生而言是一种较高要求。

在 12 月的评估中，所有的学生都能够在图画水平上读书了，大约有 1/4 的学生能够得心应手地达到标题水平。到了 2 月，大约 1/4 的学生进步到了简单常用词的水平，少数学生能够达到更高级的水平。

另外，也有的学生不能够达到任何一个水平，我们就得到了我们的课程是很失败的警告。然而，儿童的进步远远超越了每一图画单词循环中形成的句子和段落阅读的水平，开始能够“几乎独立地”掌握简单的书籍。

到了 6 月，独立测试团队使用英国出版的一系列特殊组合的书籍来对儿童进行评估，从而减少使用儿童熟悉的书籍的可能性。八个班级最后的统计结果确实是鼓舞人心的。

很显然，八个班级的学生都成功地达到了印刷品读写的某个水平。大约 40%的学生似乎能够阅读扩展的文本，另外 30%的学生萌发出了阅读扩展文本的能力。确实有 20%的学生达到了 2A 的等级水平，包括对长而复杂的文章进行理解和推断词义等复杂的技能。所有的学生都至少能在最简单的水平上阅读书籍。

没有学生遇到可怜的失败，我们认为这一点是非常重要的。即使学生从图画水平上进入独立阅读的第一个等级，他们都具备字母认知技能、有足够的常用单词的储存量、大量的关于语音和结构的概念。然而，需要仔细地观察其中的几个学生，因为虽然他们能够在标题水平上阅读书籍，但是进行了详细的分析以后发现，他们在认知文本和图表的关系或者在使用语音或者结构的概念来推测陌生单词的时候都存在困难。

我们通过一些数据来验证性别和社会 357
经济地位是否会影响到学生的成功，结果是否定的。男孩和女孩的水平分布几乎是相同的，就像需要午餐补助的学生和不需要午餐补助的学生的分布一样。

特别是我所在的那个地区，在八所幼儿园里大约有 20 个学生被提及有特殊的需要。在年末的时候，却只有两个学生被提及有特殊需要，且都是因为演讲问题。

舒适和满意

在这一年的时间里，父母会定期发表他们的意见。到了 5 月，我们会为家长和儿童同时准备好简单的问卷。我们会问父母一系列关于孩子进步以及他们和孩子是否对发展很满意的问题。儿童只需要回答他们是否在学习阅读以及他们对自己的进步感觉如何。我们想方设法地了解是否还有一些我们没有察觉到的不适。但是根据我们的调查结果，没有一个学生或者家长表现出对课程有任何不适或者不满意。不过，有一些家长在开始的时候有些焦虑，等到年末的时候他们仍然有些担心。而还有一些家长会认为我们没有采用“逐个字母”地教整体语音的方式，他们担心儿童将来的发展会出现一些问题。但是尽管如此，到目前为止这些家长仍然认为他们孩子的发展是很好的。

一年之后：1年级毕业的时候

我们对学生在整个1年级阶段的情况进行了追踪研究。到年末的时候，由另外的测试团队对他们进行格雷朗读测试（Gray Oral Reading Test），能力水平（Grade Level Equivalent，GLE）的平均分数是3.5（一般，学生在1年级末的平均分数是2.0），只有5%的学生分数低于2.0，相对于本地区前几年这一数字为50%来说，这是个很大的进步。

2003年6月，在本地区的94名学生中随机抽取了一半即47名学生，在2年级即将毕业的时候参加格雷朗读测试。GLE的平均分是5.0（4年级学生毕业时的国家平均分），男生和女生分数的分布几乎是相同的，只有5个（10%）学生的分数低于2年级末学生的平均分。在美国和加拿大有30%的学生是这种情况。

在以后的几年里，我们仍然继续坚持每年都对学生的进步情况进行跟踪调查，我们给予那些表现较差的学生更多的关注。

解释说明

我们目前面临的问题是：对读写的一些粗浅的研究是否足以支撑我们去设计一种多维的课程，从而让我们的幼儿舒适、满意地进行阅读。我们一直很想知道在幼儿园里一种新的课程能否提高幼儿的读写能力——至少减少学生失败的可能性，让学生从中受益而不是处于危险之中，我们的第一次经历可以说是产生了积极的效应。我们将会对学生进行追踪研究，进而进一步审视我们的课程。

一种正式的幼儿园阅读课程对于教师来说是全新的。在第一年，他们会粗略地掌握大量陌生的指导模式，尤其是附图字母的引导模式，他们花费大量的精力追踪学生的进步，设法去弄清学生是否在顺利地前进，他们的工作是否跟学生的需要相配。随着经验的逐渐丰富，他们无疑会为学生的进步提供更多的建议。

如果知识基础支持我们设计有效的和“仁慈”的幼儿园阅读课程，那么就会出现关于“发展的阅读”话题的讨论。这八个 358
班级学生的进步与普通的1年级学生的进步是同等的，但通过一种非常重要的方式，前者超越了后者：没有一个学生落后，而在普通的1年级教室里1/3的学生会存在学业困难。虽然有六个学生的分数最低，但是他们的知识和技能不比别人差，他们也升入了1年级。

在接下来的几年里，我们将会了解这些学生在小学高年级的表现，同样是为了更好地修订我们的课程。然而到目前为止，我们的结果是令人振奋的。现在我们追踪的学生有400个，我们当然想让那些我们目前看到的出色的学生继续表现良好，但是我们也希望让那些较差的表现不复存在。现在我们能够明白的是，我们的设想是一个强大的、多维的、正式的针对幼儿园学生的阅读项目，它能够改进小学生的表现。并且，如果给予5岁的孩子一种强大的、“仁慈”的课程，他们也能够像1年级的学生那样进行阅读，那么1年级的学生就不会出现这么高的失败率了。

我们希望我们“北方之光”的教师以

及所有其他地区的教师都能够设定较高的标准，坚定地对待他们的学生。当州、省以及地区为学生设定一个非常低的目标的时候，我们就会感到很烦恼——他们期望每年2%～3%的学生能够慢慢地“爬”向下一个水平的成功。95%是一个较好的目标。我们2年级的毕业生现在几乎都能像小学高年级的学生一样阅读，但是他们却都在所谓的学校系统中学习。

思考题

359 1. 作者在“北方之光”学校的课程实验中了解了什么？他们所了解到的知识如何指导其他地区的实践？

2. 作者所提到的用于这个地区的特定学生的“安全网络”是什么？作者如何运用这些研究来强调这些“安全网络”的使用？

3. 根据文章中基于学校的行动研究你可以得出什么结论？针对我们学生、教师以及行政人员的日常活动，这些研究教会了我们什么？

教师之声——理论联系实际

360

班级共同体的建立：美国蝙蝠城的故事

安德里·麦克甘恩·科奇（Andrea McGann Keech）

摘要：当时间的流逝和世界的变迁与发展已经成为儿童耳熟能详的概念时，美国艾奥瓦州的罗斯福特小学的三四年级混龄教室里的儿童，利用他们不断增长的有关城市历史的知识创造了一个他们自己的社区模型（利用教室的外观和社区的方案）——“美国的蝙蝠城”。

“我有一个问题，”一个学生皱着眉头说，“我想要召开一个城市会议讨论一下，我的生意伙伴没能给我足够的支持，我需要一些建议。”

“好，”作为一名官方的城市管理者，我告诉他，“我们可以在今天下午休息之后做这件事情。”

“那么我需要重新安排一下我的休闲娱乐时间，”坐在我们旁边的一个女孩附和道，“我要和我的老师商量一下，然后回来找你们。”

“好的，”另一个男孩点头道，“这个问题需要引起我们的重视了。”

我忍不住对在这个三四年级的混合班进行的严肃的谈话微笑——仅仅是在语言上发生了一些变化，我们的学生似乎真的成了小城的城市委员会成员。教室里的学生正在参加一个叫做“教室城市”的社会学习的模仿练习。几个星期之前，我们举行了剪彩仪式，同时成立了我们模仿的城市，并且给它天真地取名为“美国的蝙蝠城”。

在我们的混龄班里，每年的课程都会随着主题而变化，今年社会学习的主题主要关注的是社区。我们回顾了一下我们自己学校所在社区的变化，开始着手在 116 号房间创办一个我们自己的城市教室社区模式。

今天的罗斯福特小学是与国际相连的。我们临近艾奥瓦大学，那里的项目吸引了来自世界各地的学者和他们的孩子，这使我们学校足够幸运地拥有丰富多样的学习者。儿童尊重这些来自世界各地的不同种族的孩子，与他们共同了解这个世界和他们自身。但正因为这一点，在我们小组中寻找共同的有关“社区”含义的观点似乎有点困难。

我们把有关社区的研究主要集中在学校本身，利用人类、地点和环境、时间持
续性和变化的社会研究主体标准。为了纪 361
念学校几年前的 60 年校庆，诺亚·斯坦布莱奇博士（Dr. Nora Steinbrech）（曾经在这里当了超过 18 年的校长）写了一本非常精彩的叫做《希欧多尔罗斯福特小学的回顾》（*Reflections of Theodore Roosevelt Elementary School*）的书。这本书告诉了我们很多故事，有的令人感动，有的充满幽默，有的关于以前的学生，有的关于以前的教师、校长、父母和朋友们。

我们一起阅读了这本书，回顾了我们自己的故事、经历，这些都是我们期望罗斯福特未来的新一代了解的。很快我们就有了想法。我们去体验了回声，看到了蝙蝠；在中国新年宴会上品尝了所有美味的食物；策划我们的戏剧——泰坦尼克的悲剧。

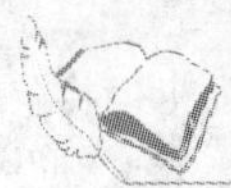

接下来，我们开始努力观察我们学校周围的建筑和设计的细节，在此之前我们总是匆匆走过，对其不屑一顾。随着时间的流逝，我们对它们的欣赏也与日俱增，“看，”也许有人在路过古老的褪色的建筑前时说，“这就是1931年的入口，它是不是很漂亮？快看那个雕刻的石头!”

我们观察学校最近几年新增加的事物、建筑材料的变化、隐藏着“秘密”的故事以及在这几十年里出现的大大小小的变化的痕迹。我阅读了“旧”的罗斯福特学校回忆的书和别的优秀的故事，它们给我们提供了对过去时光的真实感受和对儿时生活意义的体会。

《谁开辟了那条路?》(*Who Came Down that Road*?)是乔治·埃拉·里昂(George Ella Lyon)写的一本书，里面有很多漂亮的图片以及少量的文字。我们把它用来提高自己对时间、持续性和变化的意识。当一个小男孩和他的妈妈在一个很多人走过的小路上散步时，他们设想很多脚步都曾经在同样的道路上出现过：远古的庞然大物、长毛象、美洲野牛和麋鹿、美洲土著、移民、衣着灰暗的士兵，最后是母亲和她的孩子。“下一个会是谁要来呢?”他们猜想——我们也猜测。我们把我们所写的文字以及一些插图添加到书里面，成为新的一页，我们每一个人都要用新的一页来写自己关于下一个到来者——谁会是这位母亲和她的儿子之后踏上这条小路的人——的猜测。一些学生认为这个男孩自己的孩子会有一天经过这条路。对过去的了解可以为我们认识未来奠定良好的基础。

362 在邦妮·普瑞尔(Bonnie Pryor)著的《枫林道的房子》(*The House on Maple Street*)这本书里，我们读到了一个关于箭头和小瓷器杯子的故事——很多年前它们是怎样被遗弃以及若干年后它们又是如何被两个在花园里挖土玩的姐妹找到的。我们写了一些我们可能会在罗斯福特小学中留下的“宝物”——为了让其他人有一天能发现。那些特别的物品又是怎样向未来的“挖掘者”讲述我们的故事？那些考古学家真的会珍视这些小毛孩的发现吗?

我们也利用了一套七张的叫做“美国都市风景的变迁”的海报，海报上所虚构的新上帝的城市实际上是美国各个不同阶段城市的真实建筑的组合。我们看到的第一张海报是1875年的，我们看到了马、双轮单座的轻马车、泥泞的街道以及一个新兴的城市。在接下来的几个星期里我们把剩下的海报都贴到了墙壁上，“这就是罗斯福特小学最初建立时我们的城市的样子，”我把20世纪30年代的海报挂在墙上，对他们说。“这里甚至有一个飞船!”一个刚刚还在全神贯注地研究兴登堡的眼光锐利的男孩说。海报的时间从1885年一直到20世纪90年代，这些漂亮海报上的让人难以置信的细节激发了我们很多关于过去年代特征的生动的讨论和比较。

我们利用这些海报作为模型，让合作学习小组的学生进行一些研究，制作了罗斯福特几十年的学校风景变迁海报。它们呈现了教师和学生的衣着和发型、学生在操场上玩耍的游戏、流行音乐以及在特殊时期学校建筑的尺寸。学生围绕一组一组的海报开心地探讨着历史和它的变迁——这在今天已经成为最普通不过的事情了——做社会研究的教师们还能找到比这更好的方式吗?

通过阅读、讨论以及反思，我们学到了很多关于社区的知识以及人类聚居在一起的原因。时间的流逝和变迁对于我们来说已经成了一种熟悉的概念。传统、习俗以及共同目标都成为了我们研究的组成部分。现在我们已经准备好在我们的教室里创造一种我们自己的社区模式。这种模仿将会是一种使我们的社区变得更加顺利和成功的结构化方式。

为了建设我们的城市，我们使用了许多交互发布的叫作教室城市的单元的有用的元素。我们没有严格遵从系列课程，也就不会在遵从模仿的过程中感受到局限性。

我的学生也许会在计算“分期付款的利息”或者在统计“收入所得税”的时候遇到一些困难，但即使是成人也会经历这样的困难！我们使用“教室城市”课程提供的最
363 基本的组织指导原则。

当儿童竞选公共职位的时候，他们需要发表有说服力的演讲，接着是官员的选举。召开城市委员会会议来讨论事务，每个人都要呈交一份关于国旗设计的说明以表示对国家的尊重，其中一位有天赋的女孩设计了一只飞翔的狐蝠，她还开了一家自己的艺术蝙蝠商店，通过大众投票她的设计被选中。通过头脑风暴，学生们一起探讨“美国的蝙蝠城”可以有什么样的贸易，以及他们可以为市民和游客提供其他什么样的产品和服务。这个模仿扩展了我们对不适宜的社会研究标准主题的学习，例如权力和统治以及生产、分配和消费。一份详细的关于每个人的工作职责、市民角色、责任、目标和活动的清单在“教室城市”老师的指导下完成了。在模仿的过程中，学生们自己建议进行特殊的尝试，如课堂博物馆、甜品店以及游戏站等。

当孩子们决定把城市命名为“美国蝙蝠城”的时候，还进行了剪彩仪式。在课程安排上，我们把蝙蝠作为物理课声音单元的学习内容，孩子们对这一飞行哺乳动物的着迷整整持续了一年而没有衰退，这激发了他们用重要动物为模范城市命名的兴趣。

作为一名教师，为了使一切都能顺利进行，我的职位是城市管理者。公民的思想和实践是我们的模拟城市不可或缺的一个方面，感谢艾奥瓦城市管理办公室出版的那本有用的、内容丰富的名叫《地方政府的儿童指南》的小册子，我们可以把我们“美国蝙蝠城”模拟社区的组织和艾奥瓦的组织进行比较。学生们会选出一位市长和一位副市长。市长欢迎所有城市的来访者，在开城剪彩仪式上，市长会向城市的每一位游客致以问候，然后举行城市委员会会议。副市长第二个发布命令，他是通过城市委员会被选出来的，有权力辞退任何一位没能正确履行职责的公共官员。

我们同样也选举城市委员会的成员，只有城市委员会的成员和副市长才有在会议上发言和选举的权力，但是每个人都可以关注委员会成员的行为并且在委员会之前提起诉讼。我们的班级会议都是一些生动的小事，充满了激情四射的辩论和自由交流的思想。委员会的成员发布了有关健康、失火、安全以及担保罚款发布的命令，他们也让全体市民集体表决来做一桩生意，有意向的商人需要拟一份有关他的商店或者服务目的的方案，是否运用这一方案需要委员会超过3/4的委员的同意。

除了选举出来的官员，还有其他许多职位需要补充，例如在走廊上制止“超速行驶”的行人的警察；每周负责发工资的银行职员；报纸插图的编辑；热情的执行官来处理课桌里的垃圾，让我们的“街道”变得干净；同样，进行消防训练也是很必要的。这里有许多许多的店主，他们都知道如何快速地学会赚钱之道。

这个下午都在忙碌地学习和实践罗伯特的秩序法则，举行城市委员会会议来表决赞成还是反对每一桩生意，为游客制作城市地图，设计城市标志和能飘扬的国旗，为《深夜时报》撰写专栏，为我们的城市将要举行的“旅游节”——那时更小的客人会来参观我们的蝙蝠城——作准备，同时会使用我们的银行职员发的“蝙蝠美元”资助我们的商店。

所有的学生都有工作，根据“教室城市”的教师指导原则，每周他们都可以领到工资。他们也可以通过编辑报纸或者为报纸提供文章来赚钱，对违反城市条例的人收取罚款，做最流行的生意，可以让学
生在这里消费。每个礼拜都会发行运气卡 364
片，用来发奖金（比如，你专门为你的朋友装饰了图书封面，你可以得到12“蝙蝠美元”）或者扣除奖金（丢一本书会罚你9

“蝙蝠美元”作为赔偿)。学生们想出了许多关于挣这些广受欢迎的“蝙蝠美元”的有创造性的主意。

当更年幼的孩子来参观的时候，他们受到市长、副市长以及委员会成员的欢迎，他们会拿到城市的地图以及刚刚从出版社印刷的最新一版的《深夜时报》。我们的客人要学习数钱，所以每个人可以拿到20“蝙蝠美元”，并用20分钟的时间把它们花完。一个幼儿园的小朋友在离开“蝙蝠城”的时候对他的老师说：“我难以相信他们仅仅是三四年级的学生!”

看到这些愉快的小游客以及更加开心的蝙蝠城的市民，我为他们的努力和辛苦的工作感到骄傲，我认为这是一项值得回忆的经历。当孩子们离开这些学校，走向未来更宽广的道路时，他们会久久地记着这些事情。付出的所有努力以及我们在116号房间共同建立的小社区，将会永远珍藏在我们的脑海里。

思考题

365 1. 科奇是如何运用社区的概念来让自己的教室成为一个社区的?

2. 科奇在教室里通过什么样的媒介和人造物品来让罗斯福特小学的学生意识到这是个社区?你所在的地区周围有什么样的媒介和人造物品可以用来教授有关社区的概念?

3. “美国的蝙蝠城”是一个什么样的城市?它和真正的城市相差多少?科奇班级的学生可以从“蝙蝠城”的经历中吸取什么样的经验教训，从而应用到真正的社区当中去?

学习活动

批判性思考

1. 瑞吉欧·艾米利亚方案哪一部分反映杜威的教育哲学思想?

2. 帮助儿童面对他们一生发展中每个阶段所面临的挑战，在这样的基础教育课程中学习经验的特征是什么?

3. 反思一下你作为小学生的经历，什么样的课程经验促进了你的成长和发展?哪些课程经验阻碍了你的成长和发展?要是不考虑最吸引你的教育水平，你的反思对课程计划活动有什么意义?

应用活动

1. 邀请一些小学教师到你的班级中来，要求他们描述一下自己为学生计划课程的步骤。他们认为在实施计划的过程中什么是最重要的课程标准?

2. 到附近的小学找一些理想陈述（或者宗旨陈述），分析和本章所提出的儿童教育的13个目标相关的陈述。这些陈述反映了几项教育目标?

3. 对关注早期教育的教育杂志每十年的内容进行一个比较，这些年有关课程 *366*
的主题和趋势有显著的变化吗?

实地体验

1. 采访学校心理医生、精神健康工作人员、儿童保护服务人员（CPS）。他们能够辨别出干扰学生学习的心理问题的根源、迹象并进行治疗。

2. 访问附近的一所小学，采访一些学生关于他们的课程经验。对这些访问作现场记录。以下这些问题也许对你开始访谈有所帮助：学生喜欢学校吗?他们喜欢或者不喜欢的原因是什么?他们最喜欢的科目是什么?分析你现场记录的内容。其中出现的哪些主题对于这个阶段的课程计划者来说是有用的?

3. 访问社区为儿童或者他们的家庭提供服务的机构。要求一位办公人员介绍一下他们的服务，向班级的其他同学报告你的访谈结果。

网络活动

1. 进入双语教育的国际交流（NCBE）的主页，收集有关有效小学方案的信息和资源。从这里继续“访问”其他的示范性小学，同时收集额外的信息和资源。

2. 进入乔治·卢卡斯的教育基金会，收集和你的学科领域和兴趣水平相关的课程资源和观念。例如，你可以检验包含由罗宾·威廉姆斯主演的纪录片《学习与生活》和一本显示K—12学校创意优点的工具书。

3. 进入下面一个或多个专业组织的网站，这些网站主要涉及对儿童的教育， *367*
收集一下信息、事实、研究结果、资源和公共利益。

国际儿童教育协会（ACEI）

早期儿童关怀与发展（ECCD）

儿童教育国家协会（NAEYC）

儿童教育专业组织（PACE）

第8章

初中课程

368 焦点问题

1. 初中阶段的学生有哪些特征，有哪些比较重要的发展任务？
2. 初中阶段的学生在身体、社会、心理以及认知成熟度方面有何区别？
3. 对初中阶段的学生的健康发展构成威胁的因素有哪些？
4. 适合初中阶段的学生的课程目标有哪些？
5. 教育项目如何才能满足初中阶段学生的特殊需要？

初中阶段是一个过渡期，也就是一个人从童年向青年早期的过渡时期。在美国，初中阶段是指10～15岁这一年龄段。该年龄段是年轻人面临生命重压的一段时期，因为他们生理成熟的速度要比他们认知与社会成熟的速度快得多。譬如，女孩月经初潮的平均年龄已从150年以前的16岁提前到今天的12岁半；同样，男孩达到生殖成熟的年龄也大为提前。由此引发的结果是，年轻人常常会因为没有社会和情感方面的处理经验，而无法应对以现代生活的自由与压力。佩吉·格兰特(Peggy A. Grant）在本章《初中生与服务性学习：培养有能力、有知识的公民》(Middle School Students and Service Learning：Developing Empowered，Informed Citizens）一文中指出："许多威胁生命的行为，如吸毒、酗酒、早期性行为等，都发生在青年早期。"卡内基青少年发展委员会依据委员会自身早期的一份报告《转折点：面向21世纪培养美国青年》（*Turning Points*：*Preparing American Youth for the 21st Century*，1989）而写的报告《巨大的转变：为青少年进入新世纪做好准备》(*Great Transitions*：*Preparing Adolescents for a New Century*，1995)，非常生动地描述了当今青少年的脆弱性："总而言之，将近一半的美国青少年处在严重损害自身生命的高危或中等危险状态之中。这种危害可能马上来临，并且非常明显；或者也可能会迟一些到来，它就像安放在青少年身上的一颗定时炸弹。"

369 主要变化与关键期

相对生命中的其他时期而言，初中阶段的学生之间的个体差异更大。在同性群体中，第一个步入青春期的人与最后一个步入青春期的人之间的时间跨度为4年。一般来说，当他们到20岁的时候，男孩与女孩都同时达到了身体的完全发育与生

理成熟的阶段。但是，社会、心理及认知的成熟通常并不与身体的成熟同步。现代社会的许多压力迫使该阶段的年轻人在社会、心理及认知方面的变化先于他们在生理方面的变化。

同对待其他年龄段的群体一样，当我们规划初中阶段的课程时，要认真考虑制约课程的四个因素：社会力量、人的发展、学习观和知识观。就这一点而言，很有必要重温一下第三章所涉及的有关人的发展的观点，尤其是埃里克·埃里克森的理论、大卫·汉姆伯格等人的观点。这些理论和观点深入分析了这一时期影响学生学习的文化、心理、认知及社会等方面的因素。

初中阶段学生的典型特征是身体迅速且极不均衡的发育，身体某些部位的发育比起其他部位要快得多。当身体发育的时候，他们就必须调整自我概念。男孩与女孩都会经过这样的阶段，即他们的行为举止会显得十分笨拙，而只有当他们的年龄再大一些时，才会显得优雅与灵活。在这一时期，孩子们身体的快速发育需要消耗大量的能量，因而他们需要补充大量的食物、保证充足的睡眠来维持健康的体质。可是，在许多情况下，他们可能会摄入过多的能量，这些能量需要通过各种各样的体育活动才能消耗掉。

在这一时期所发生的变化还不仅仅是身体上的。根据埃里克森的人生八阶段模式的理论，身份认同与身份认同缺失是青少年早期的突出的心理危机。在这一时期，青少年开始具有新的、更为复杂的思维能力，并形成一种个人的身份认同感。然而，当青少年被随之而来的各种各样的角色所困扰时，便会丧失身份认同感。

埃里克森的理论暗示着，当青少年确认其同伴群体、他们的学校以及力所不能及的事业时，他们的忠诚感，即这一时期的“美德”，可以成为“角色认同的奠基石”。在这一发展阶段，有利的一面是，青少年为自己的人生目标、抱负以及梦想而奋斗，他们既忠诚又负有责任感；不利的一面是，人们的事业和生活方式严重影响着父母、教师和其他成人。在本章的“教师之声”中，我们可以找到能够帮助青少年“找到他们自己在现实生活中的位置”并以充分的理由加以确认的课程经验的例证。

期待从家中获得照料、爱护和指导的青春期孩子们必须学会独立，以便完成这一阶段的发展任务并为成年期的到来做好准备。他们必须学会依靠自己做出决定，并学会勇于承担那些决定所带来的后果。父母与老师可以通过表扬他们的成就而不是过于责备其缺点、鼓励他们一定程度的独立及给予不期待太多回报的关爱等方式促进青少年的成长。在本章中，M·李·曼宁（M. Lee Manning）概括了学校环境 370
的七个特点，这个环境为青少年提供了“护理和营养方面的经验”。同样，彼得·C·斯卡尔斯和加得·塔库格纳（Peter C. Scales and Judy Taccogna）提出了四十种促进初高中生成长和发展的“发展性评价”。“外部资源”是指青少年所生活的周围环境所提供的关系和机会，这些环境能指导他们正确的行为方式和做出明智的选择。“内部资源”是指那些提供“内部范围”的责任、价值观和自我感觉，这些“内部范围”指导青少年个人的行为和选择，以使他们有自我控制的能力。

本章节选自《巨大的转变》报告书中的一部分内容提示我们，教育确实能够成为青少年生活中的一个转折点：“青春期是一个让年轻人开始在教育中接受行为模式的时期……这最终将会对他们产生终生的影响。与此同时，青春期也是这样一个时期，此时，就像更为年幼的儿童一样，青少年仍然需要特殊的照料和成

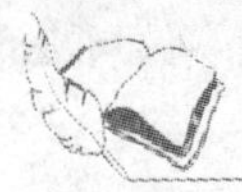

人的指导。正因为如此，青春期提供了一个形成独特的养成健康行为的忍耐机制模式的机会。”在这一点上，报告通过16岁的莎拉（Sarah）所转述的其同伴的话语使其更令人有紧迫感：

> 我认为学会做孩子是人生中最为重要的阶段。这是你开始发展个性的时候，这是你开始了解你自己的时候，这是你了解该对自己做什么的时候，这是你形成信任感的时候，这也是你学会如何在社会中生存的时候。不幸的是，许多孩子从未想过这些。如果你在成长的过程中没有学会如何成为一个有用的人，那么，你长大以后将会有问题。

初中阶段的课程目标

371 卡内基青少年发展委员会的报告宣称“初中的课程与组织和青少年的智力与情感的需求之间根本不协调。”越来越多的家长反对孩子家庭作业沉重，这反映了报告中提到的“不协调”。这些家长认为，为了获得学业上的成就，将增加忽视孩子的感情和社会需要的可能性。同样，本章中，唐纳德·拉森和塔利奇·阿克马尔（Donald E. Larsen and Tariq T. Akmal）认为我们过分强调了学生在学校的学业成就。他们呈现了一个正在改进学生生活的富裕的、有活力的学校个案研究，这个学校已经满足了《不让一个孩子掉队法案》的学术要求。最后，在本章“教师之声”中，南希·金·米尔德拉姆（Nancy King Mildrum）描述了一个在小学和初中课堂中的“创造力的十节课”的模式。“当孩子们已经经历了和创造力相关的态度时，他们就开始对他们是谁以及他们做了什么感到自信。”米尔德拉姆说。

那么，初中阶段教育项目的目标应该是什么呢？对此，人们可能会有许多建议：有些来自社会因素，有些来自人的发展与学习理论，也有些来自学习者有关知识的理论。所列目标应该包括帮助学习者：

1. 建立自信和较强的角色认同感、增强自身能力和自我责任感；
2. 理解并适应他们正在经历的身体变化；
3. 应对更为广阔的社会经历与新的社会变化；
4. 探索不同的知识领域与技能，以便帮助学习者确定潜在的兴趣；
5. 做好儿童教育与青少年中期教育的转换，并为进入高中做好准备；
6. 处理好因他们的认知能力发展、日益增长的独立需求及社会的飞速变化而引起的价值观问题；
7. 应对来自他们的一些同伴从事冒险行为的社会压力；
8. 培养关心环境、关心本地、关心全球不同的地区以及关心其他社会福利的意识。

初中阶段的发展

对青少年而言最重要的问题是中学或别的教育组织能否为他们提供最好的教育。在20世纪五六十年代，人们对初中的不满十分明显，许多人指出：初中只是高中的缩小版而已，是完全的分科主义、广泛的活动项目以及与学生年龄不相称的社会活动等。给人的感觉是，初中既没有为学生顺利进入高中做好准备，也没有满足青少年的特殊需要。

在20世纪60年代早期，一个有组织的“处在中间的学校”框架得以引入。这种新的安排把9年级归入高中，把5～8年级列入初中，并且要研发满足10～14岁年龄段学生需求的课程。到1970年，将近2 500所初中建立起来，到1990年，这类学校已经将近15 000所。

起初，高中与初中有着明显的区别，主要表现在，高中阶段有更多的交叉学科、探索课程、小组教学、教师/顾问项目、灵活的课程表、更细的活动项目及更少的能力分组。如今，它们的区别在某种程度上已经越来越不明显。当初用以满足高中生需求的许多创新实践举措也已被应用到初中阶段。

在20世纪七八十年代，随着初中运动的扩展，支持中间学校概念——不管它 372
们是否是中间水平或初高级项目——有效性的证据越来越多，《初中杂志》1985年第8期刊登了有关“处在中间的学校（5～8年级）”的一个主要研究结果，该研究发现被研究的“有效学校”中的大多数学校是以6—7—8年级或5—6—7—8年级的形式组织的。还有，这些学校的校长了解中间水平项目与研究，并且他们也熟悉组合课程、交叉学科团队、合作课程项目学习形式、教师/顾问项目、发展性年龄分组。

现在，在初中记录良好的教育项目对其他水平的学校教育产生积极影响。例如，本章中，唐纳德·拉森和塔利奇·阿克马尔区分了所有有效学校的三种关键因素：“学校领导的道德目的在目标提升计划、关怀人际关系网站和相关数据引导的规划中得以表现。”

参考文献

Carnegie Council on Adolescent Development. *Great Transitions: Preparing Adolescents for a New Century,* abridged version. New York: Carnegie Council on Adolescent Development, Carnegie Corporation of New York, 1995.

Carnegie Council on Adolescent Development. *Turning Points: Preparing American Youth for the 21st Century.* Carnegie Council on Adolescent Development, Carnegie Corporation of New York, 1989.

George, Paul. “The Middle School Movement: A State-of-the-Art Report and a Glimpse Into the Future.” In Hass, Glen, and Parkay, Forrest W., eds., *Curriculum Planning: A New Approach,* 6th Ed. Boston: Allyn and Bacon, 1993, pp. 446–455.

373 # 巨大的转变：为青少年进入新世纪做好准备

卡内基青少年发展委员会
(Carnegie Council on Adolescent Development)

摘要： 本章节选自卡内基青少年发展委员会的一份报告《巨大的转变：为青少年进入新世纪做好准备》，文章强调了在这样一个复杂多变的现实世界里开展青少年教育的重要性。文章描述了开发新的基于教育工作者、政策制定者、儿童和青少年拥护者的研究与经验基础之上的中间教育项目的八个原则。在15个州里，一项用于改进课程、教学，以及中间学校评价的项目产生了，以提高学生的学业成绩和自尊，避免情感疏远、恐惧以及抑郁症。

如果有可能就我们社会所存在的问题的最优解决方案达成一个共识的话，那么，贯穿人生头两个10年的良好教育将会是首要的选择。任何一个现代化国家如果想要使它的经济具有活力、社会具有凝聚力的话，都必须开发其整个民族每一个人的才智。在我们国家的监狱里很难找到一个受过良好教育的年轻人。然而，在过去的20年里，美国青少年的成就水平实际上是停滞不前的。我们学生的学业成绩太低了，以至于无法在高技术、以信息为基础的跨国经济中支撑足够的生活标准。

在许多教育工作者当中，一直以来存在这样的一个错误概念，那就是，青少年一般来说不能够进行批判性的或者更高层次的推理。许多学校由于不向学生提供具有挑战性的教学而给初中生带来了损害。青少年获取对自我与世界的感觉的经验、促进探索的思维习惯形式，这不仅是可能的，而且也是为生活做好基本准备的组成部分。

为向初中的转变提供帮助

学生在小学的时候，每天的大部分时间都是在同一个教室里与同一个老师、同一批同学一起度过的。从小学升入初中之后，情况就不一样了。学校的环境更大了，接触的人更多了，因而青少年的人际交往能力经常受到严峻考验。这种突如其来的转变正好与青春期身体的、认知的以及情感的极大变化同时发生，这种“并置（即同时发生）”对于某些学生来说可能会导致其自尊的缺失以及学业成绩的下降。

在20世纪80年代的教育改革中，中间学校的教育在很大程度上被忽视了。但是，随着1989年卡内基青少年发展委员会的报告《转折点：面向21世纪培养美国青少年》（下称《转折点》）的出版，重新组织初中以使这些学校更加适合青少年的发展性需要的初步活动得到了有力地加强。

该报告指出：初中教育在智力方面应该更具挑战性，一般应与青少年对知识和思想复杂性的新的评价相一致，并支持他们要求关注个人的愿望。学校应该提供这样的课程：可以为青少年了解自己与不断扩大的世界提供信息、技能以及动机。学校应该促进教师与学生之间相互帮助的伦理观，并在小组教学与合作学习中加以体现。学校应该把同一课堂里不同能力水平的学生整合起来，并为他们提供具有学术性的社区服务机会。

374 改革青少年教育的八条原则

《转折点》的中心要义是改革青少年教育的八条原则。这八条原则是建立在当代教育工作者、政策制定者以及儿童和青少年拥护者的经验知识基础之上的。

创立学习型社区　大型学校应该通过创建更小的单位或者校中校使学校更具人性化。在这样的环境里可以培育师生间稳定的相互关系，并且班级规模的缩小也能够确保每一个学生都能得到老师的关照与尊重。

教授共同的核心知识　在许多初中，考察的东西是被分解的，以至于学生几乎没有机会把不同学科之间的各种概念加以联系。因此，教育工作者，作为教学团队的一部分，其主要任务是关注每一个学科中的最主要的原理与概念，并集中注意力来整合主要的概念，以便创建一个有意义的交叉学科课程。目前注重记忆大量信息的倾向，应该转变到注重对每一学科的主要概念的理解，以及它们之间相互联系的深度与质量方面上来。

向所有学生提供获得成功的机会　大量的合作学习方法已经展示了对每一个人的有效性。在这种合作学习方法中，各种不同能力的人在一起学习。合作学习方法能够帮助学习成绩好的学生通过为成绩较差的学生进行解释，来加深对学习内容的理解。同时，成绩较差的学生又能从同伴那里获取自己需要的帮助。比起一个人独自学习而言，合作学习能使学生更快地掌握课程内容，延长知识的保持时间，更快地发展批判性思维能力。合作性的教育能够使来自于不同背景的青少年相互了解。正是这一点给他们提供了在这样一个多元社会里，学习共同生活所需要的场所。

为初中准备教师　目前，只有很少几个研究生教育项目是为初中教师准备的，这与面向小学教师的情况正好相反。然而，青少年的这种转变是一个独特的阶段，需要教师对青少年正在经历的以及与学习有关的这种变化的连续性有特别的理解。为了有效地给初中培养教师，专业教育项目中应该加入青少年发展、小组教学、交叉学科课程的设计与评价的科目。这些项目还必须提供特别的培训，以帮助教师与来自不同经济、民族以及宗教背景的学生和家庭合作共事。

用良好的身体素质来促进学业成绩的提高　初中学校通常没有健康与社会服务机构的支持来应对青少年的身体与心智健康需求。学校内或附近的发展性的适合青少年健康的设施，对于中间学校的学生来说是重要的，尤其是在那些没有保障的家庭所占比例较高的地区。这种与学校有关的健康中心不仅要与促进健康的各种锻炼
相关联，而且应与健康教育项目以及理科 375
课程联系起来，其中的与健康相关的课程能帮助学生了解他们正在经历的生理变化以及有损健康的各种各样的因素。

使家庭参与青少年教育　正如前面一章所讨论的那样，学校必须使青少年的父母参与到青少年教育的方方面面。事实上这一方面通常被认为是青少年教育问题的一部分，而不是一种重要的潜在教育资源。

加强教师和校长的权力　各州与各区应该赋予教师和校长改革中间学校的权力。教师与校长以及学校教职人员比起那些远离课堂的人来说更加清楚如何去做好各自的工作。尤其是教师，他们需要控制他们达到课程目标的方式。创建由教师、管理者、健康专家、支持性工作人员、家长以及来自社区基层组织的代表组成的控制委员会，是使学校工作变得更为有效的一种方法。

使学校与社区相连接　20 世纪 80 年代，社会服务专家和社区组织领导开始把他们的青少年服务项目送进学校，因为那里有青少年。其结果是产生了被称之为“全方位服务学校”的主要革新。在各州的领导下，“全方位服务学校”项目向青少年

和他们的家庭提供多种多样的社会和健康服务，这些服务由校外机构提供，经费也由它们承担。作为一个学校与社区合作伙伴关系的范例，这些服务正在向人们展示这样做不仅能够减少青少年的高风险行为，而且有利于改善青少年学习的环境。

中间学校州级政策创新

《转折点》的框架已成为卡内基公司激励广泛的初中改革的一个项目的基础。该项目被称为“中间学校州级政策创新”（MGSSPI）。该项目用于奖励 15 个州里正在采用与《转折点》原则相一致的、前景美好的训练学校。还包括使用对来自弱势背景社区的青少年行之有效的方法的学校。而这些青少年就构成了国家公立学校不断增加的人员的一部分。

为了依据 MGSSPI 来改进课程教学与评价，这些州都组织了一定时段的暑假机构，内容是关于档案袋评价以及提供交叉学科教学的。由大学教师提供现场讲座式的专业发展研习班，从而使现场成为学校间交换信息的场所。此外，还聘请专家给教师提供咨询，并且取得了许多其他方面的支持。在地方层面，MGSSPI 已经使 100 多所初中在课程、教学以及评价方面做出改进，这些学校中有些已经着手在中间年级课程中，对用于青少年的教育和健康服务与固定的健康教育进行整合。

伊利诺伊州的一个小组，最初是作为一个联邦政府资助的、称之为“创新型中间水平项目”的一个部分，现在也成了 MGSSPI 的一个组成部分。该小组已经在实施《转折点》的一些建议。到目前为止的评估结果表明，在参加该项目至少一年的 42 所学校中，学生在阅读、数学和语言方面的成绩有着明显的提高。由于改革的实施，他们的自尊心比以前更强，在学校 376
里，也不会像以前那样受人冷落，感到恐惧或绝望。

这些充满希望的发现证明，虽然现在大多数学校没有满足青少年的需求，但是其潜在影响是存在的，并且是随时可能被发掘的。靠着这些重新设计的、明确地为青少年的未来做准备的学校的支持，所有青少年在个人和教育成功方面都将拥有更好的机会。

1985 年纽约卡内基公司利用公共和个人基金创立卡内基青少年发展委员会，目的是预防青少年问题，促进青少年健康发展。

思考题

1. 回顾改革青少年教育的八条原则，考虑在实施这些原则时，课程计划者、教师、家长以及社区领导能够做些什么？你认为在 21 世纪的头 10 年里，这些原则会赋予青少年早期教育项目以怎样的特征？

2. 卡内基报告陈述道：“在过去的 20 年里，美国青少年的成就水平实际上是停滞不前的。我们学生的学业成绩太低了，以至于无法在高技术、以信息为基础的跨国经济中支撑足够的生活标准。”就这一观点而言，前面各章中的作者是如何对此作出反应的？这些作者是：内尔·诺丁斯、迈克尔·阿普尔、阿什利·蒙塔古、亨利·吉鲁克斯。

3. 卡内基委员会建议在每个学校成立确认最重要的原则与概念的初中教学团队。设想你是其中的一员，你打算怎样做？

377 初中生与服务性学习：培养有能力、有知识的公民

佩吉·A·格兰特（Peggy A. Grant）

摘要： 服务性学习为学生提供了能够为本社区服务的机会，并从中获得相关经验。本文以实例说明，服务性学习如何使那些处在个人道德、社会、认知发展的关键时期的初中生认识到他们是谁，他们能为周围的世界贡献什么等问题。成功的服务性学习需要认真地组织、策划并付诸实践。

学生们利用回收的水，在学校的花园里，为无家可归者们种植了蔬菜；他们建立了一个计算机系统，这个系统收藏着有利于不同植物生长的条件的资料；还有各种捐赠的物资，甚至还有他们向国家园艺联盟发信后获赠的设备装置。

7 年级学生为学前儿童朗读故事。他们为儿童选择故事，提高儿童的阅读技能。“当我们为孩子们读故事时，当我们分给他们点心和饮料时，我们非常喜欢他们脸上的那种神情。”

这些年轻人参加的是服务性学习项目，它的教育目的是为了联系年轻人与他们所处的社区，这样就能将现实世界与课堂学习联系起来。本文将讨论服务性学习的如下方面：（1）服务性学习的定义与目的；（2）服务性学习对学校改革及其内容标准的适应；（3）服务性学习对初中生特殊需求的适应途径；（4）合作性服务学习进入初中课堂的规则。

什么是服务性学习？

21 世纪是一个充满挑战和机遇的世纪，尤其是对教师与他们所教的年轻人而言。尽管他们似乎已经开始经历这样的过程，正如国家中等学校校长联合会的前会长所言：“……对课堂内容毫无兴趣，有悲观倾向，缺乏激情”，但是更多的人都拥有理想，希望对他们所处的世界能起积极作用。在后现代时期，服务性学习尽管不是万灵之药，但是的确使老师和学生有一种回到童年时代的感觉。

带领学生进行服务性学习的老师们，往往会组织地区化或者全球化的活动。在活动中，他们的学生可以把他们在学术课堂上学到的知识与技能应用到他们所生活的社区。这些活动可以分为下列类别：（1）跨年龄的指导者与教师，如为幼儿园儿童讲故事，帮助新移民学习英语；（2）将课堂上的创新产品用于外部机构、研究所或者是课堂，如为非英语居民翻译政府文件，为初等学校学生表演反映年轻人压力方面的滑稽小品；（3）列举一个问题并从不同的角度进行讨论，如洪水输导工作或《反对酒后驾驶法》；（4）进入社区提供服务，如烹饪，整理花园。这些活动
在很大程度上反映了现实社会的需要，但 378
是无论是对不同阶段外语知识的学习，还是帮助其他人习得所需技能，都用到了课堂知识。

学校改革中的服务性学习

几种学校改革运动，都包括对学生进入社区的建议，欧内斯特·保尔（Ernest Boyer）、约翰·古得莱德（John Goodlad）和卡内基基金都建议社区服务成为传统的学校项目的重要组成部分。最近，《国家教育目标：建立学习者国家》（National Edu-

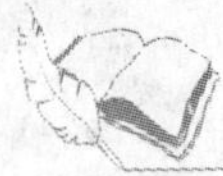

cation Goals: Building a Nation of Learners)包括以下方面:

● 所有学生必须参与提升公民素质,增强体质,参与社区服务,增强个人的责任心等方面的活动;

● 应该使更多的学生拥有解决问题、运用知识、有效进行写作与沟通的能力。

服务性学习不应该与当前的标准相冲突,这些标准在各个领域,如自然科学、数学、社会学习、语言艺术等领域得到了不断更新,不断实施。这些标准强调"课程要以研究为导向,以活动为基础并注重参与。教师的角色必须从信息的灌输者转向引导者,让学生来进行观点的陈述、反驳与定义(Shymansky, Jorgensen & Marberry, 1997)"。数学教学的K—12标准的方法论与当前学校的现有教学观念有许多不同之处,其中一点就是,服务性学习的目标与行动必须同时进行。"这些目标使学生必须运用各种相关经验,鼓励他们从数理方面衡量企业行为"。在联系自然科学、数学知识与真实世界这一点上,如为那些无家可归的人种植蔬菜,能够充实概念学习的内容(Hayes, 1997)。

服务性学习的本质内容是社会学习,如哈彻(Hatcher, 1997)所说,"服务性学习与其他教育实践的不同之处就是,它注重培养学生的社会责任感与公民意识"。本杰明·巴伯(Benjamin Barber, 1992)是社区服务的主要倡导者之一,他认为"城市的公民权利和自由练习太重要,以至于不能仅仅把它当作选修课程"。

社会研究的内容也在新视角下得以衍生,它要求这一领域的学习并不只是简单地学习我们国家的文化与历史上的重要人物或年代。国家社会研究中心发现,教育与学习只有在活动的基础上才是有用的,尤其当他们"用田野研究的方法实施真实世界要求的实际行动时"。

服务性学习把课堂目标与真实社会相结合的典型范例是SSEC服务项目的教师设立的"克伦威多(Colorado)的轨迹:过去与现在"单元。在该项目中,学生们研究"人类生活和经济发展对环境影响"。他们对"环境和经济发展问题"举行了社区信息会议,教育当地企业要为环境负起应有的责任(Schukar, 1997, p. 181)。

在诸如此类复杂的、学生导向的行为中,给予年轻人将课堂上所学的数学、自然知识与社会研究的实际问题相结合并进行创新的机会。在合作中,他们锻炼了解 379
决问题的能力,提高了个人素质。这些行为不断提高了他们所在社区的人们的生活质量。

随着一些残障儿童进入普通的课堂学习,指导者也不得不考虑相关的教育项目,如服务性学习对于这些有特殊要求的、只能个别解决问题的学生的影响。幸运的是,在特殊教育领域内,仍有相应的服务项目。特殊教育领域的教师建议"建立完整的、基于各种行为的学习模式"(Edgar & Polloway, 1994)。该模式认为,当学生互相合作时,"学习必须与社区紧密联系"。社区机构互相联系,满足学生的特殊要求。学生可以利用假期,与他们的同伴合作,创建一个联系社会与知识的模式,使之在校内校外都能成功实施。

教学活动是服务性学习的支撑。活动基础、经验学习与教育目标组织是一致的,并适应有特殊要求的学生,在计划与评价阶段外,也要求个人的不同经验,与他人共同合作,并提出自己的意见。

为什么在初中进行服务性学习?

服务性学习特别适合初中学生,因为这一阶段的学生在个性、道德、社会认知发展上都处于重要阶段。在服务性学习所需要的众多技能中,尽管学术知识、情感、社会成长等非常重要,但是这些方面在课堂里却不是重点学习的部分。沙因(Schine, 1997)对那些重要的技能进行了描述:

> 这些新技能是很必要的，它们包括与同龄人或者成人交往的能力，在合适的条件下进行决策的能力、表达能力以及显示自己特长的能力。

当孩子进入初中时，他们开始发展抽象思维能力，进行“彼此间的比较、内省以及对他人意见的敏感性”（Irwin，1996）。他们开始寻找身份的认同，尤其是对职业选择、性与生命的价值等看法。他们开始从具体思考到更加理性的推理，用一种全新的思维看待自身与周围的世界（Marcia，1987）。

自尊，对于初中生，尤其对于年轻的
380 女学生来说是非常重要的。科恩（Kohn，1994）发现“当班级成员需要作出决定、解决问题时，当他们的话语有作用，对集体有归属感时，当他们的分析与推理能力得到增强时，他们就从中获得了自尊”。“这一结论被那些与儿童共同游戏的初中生的经验所证实。老师们认为，这些帮助者在服务后表现得更加成熟、自信、负责”，并从“他们教育其他人的过程中认识到教育的重要性”（NCSL，1991，p. 29）。

因为许多危害生命的行为——“如吸毒、酗酒、过早发生性行为等在未成年人中日益增多，发展性项目与成人间的积极互动，对于减少未成年人参与这些不良行为是有利的”（Irwin，1996，p. 222）。即使是一些反社会性的行为，如打架、暴力等也会因为社区服务行为而减少。一个经常打架和制造麻烦的学生，在为小学生服务时，发现两个小孩在操场上打架，作为有自我意识并有裁决权力的服务者，他开始考虑自己过去的行为是否恰当（NCSL，1991）。

对于即将终止学业的学生，初中可能是他们接受教育的最后一个阶段。瑟纳和史密斯（Serna & Smith，1995）列举了一系列技能，可以帮助学生在学校更加成功，并减少他们初中毕业就离开学校的可能性。这些技能，包括几点：（1）向一些热心的成年人寻求帮助与建议；（2）与其他人合作，达到目标；（3）计划；（4）贯彻及实施计划；（5）评价；（6）完成风险任务；（7）处理压力。

在服务性学习中，学生们彼此互动。他们开始参与其中并培养一种为周围世界作贡献的意识。这些互动有利于学校的发展、学生学习成绩的提高以及对社区活动的积极参与。参与由社会科学教育协会指导的服务性学习项目的教师经调查得出结论，服务性学习项目带来的益处之一，就是那些曾经是“麻烦制造者”的学生在服务性学习活动中非常积极（Schukar，1997，p. 182）。

在年轻人自身的发展这一点上，社区服务能够为学生提供一些具体的经验。通过这些经验，他们会重新审视自己的人生观与价值观；同时培养他们谨慎的做事风格，成为一个具有同情心、知识渊博且积极参与社区活动的人。

成功实施服务性学习的指导原则

因为服务性学习涉及许多个体、机构甚至设备的参与，它需要认真地组织、计划与实施。吕格贝格（Ruggenberg，1993）为成功实施服务性学习提出以下建议：

- 让学生做有意义的工作；
- 让学生直接接触那些可以从他们工作中获益的人；
- 服务性学习的挑战在于对学生能力的测试与拓展；
- 要求学生掌握决策的技能，树立参与者而非旁观者的意识；
- 与职员、指导者共同讨论他们工作的结果。

在自己班级上长期进行服务性学习项目的阿兰·哈斯科维奇（Alan Haskvitz）老师建议把学生的兴趣与行为作为他们服务性学习的导向。“密切关注学生在做什么，”他这样建议，“假如你看见有学生将 381
一团废纸扔到一个角落里，这就是你的负责范围，你必须问‘为什么要这么做?’‘我们到底扔掉了什么?’‘我们应该怎么

做?’”(Hayes，1997，p.12)

服务性学习的理想状况是鼓励学生参与各种活动，学生们可以通过对自己社区的调查，发现需求，建立服务项目并设法解决。

服务性学习，像所有的经验性学习一样，需要教师更多的指导而不是传统课堂上的教学。当然，教学活动仍是基于活动的学习，如可以想象 50 个 13 岁左右的青少年儿童在社区内游荡，不清楚他们正在做什么，没有动力完成什么，也不明白为什么要参与活动，这些都需要教师制定服务性学习的计划，要将服务性学习的重要意义贯彻在项目前、项目中以及项目后。

课堂学习必须给学生提供机会拓展他们的知识与技能，以便帮助他们更好地理解为什么要开展服务性学习项目。伊根(Egan，1997)这样解释具体经验与抽象理解的本质联系：“实践是非常有用的，是学习抽象概念内容的最有效的手段，它用具体的内容诠释了抽象概念内涵，使其富有意义。”一个经过认真计划的服务性学习项目是教师教学时理论联系实际的重要前提。

哈斯科维奇解释道：“几乎所有的学生所需的实用知识都可以与服务性学习相联系，无论是通过实验还是通过活动形式”(Hayes，1997，p.10)。哈斯科维奇经常进行服务性学习项目的研究，“你不能让学生只是去清理海滩，那仅仅是免费的劳动力。即使是去干清理海滩的工作，我的学生也必须先调查为什么海滩会变脏……如果学生们不做研究，海滩清理工作将会永远持续下去”。

服务性学习最重要的因素在于对经验的反思。康拉德与赫得茵(Conrad and Hedin，1981)解释道：“或许学生们可以得出自己的经验，但如果这些经验会影响他们的社会态度与智力技能，就必须加以指导。”

教师在此过程中的角色是极其重要的，因为他或她会用结构化的反思性经验来强调对学生比较重要的一些方面：(1)要学习事实的内容材料；(2)考虑他们的价值观以及在服务过程中遇到的经验；(3)定义他们使用的沟通与问题解决技能；(4)把他们的具体经验置于更宏观的背景。

总 结

曼尼菲尔德初中(Mansfield Middle School)的学生利用他们的社会学知识，在他们自己的学校成立了“忧心饥饿委员
会”，结合世界上的饥荒问题，他们录制了 382
一个当地粮库的录像，并将该录像在各个家庭中播放，恳求他们捐助粮食。结果，这所初中募集到比该地区其他任何一所学校都要多的粮食(Schukar，1997)。在这一过程中，学生的参与是令人难忘的，他们将地理、人口资料以及当前国际大事联系起来。这一行为也训练了学生的阅读、写作、表达和与他人合作等方面的能力，最重要的是，他们形成了为周围世界作贡献的意识。

参考文献

Barber, B. (1992). *The aristocracy of everyone*. New York: Ballantine.

Conrad, D. & Hedin, D. (1981). *Experiential education evaluation project, executive summary of the final report*. St. Paul, MN: Minnesota University.

Eberly, D. J. (1989). National service and the high school. *NASSP Journal, 73* (516). 53–60.

Edgar, E. & Polloway, E. A. (1994). Education for adolescents with disabilities: Curriculum and placement issues. *The Journal of Special Education, 27*. 438–452.

Egan, K. (1997). *The educated mind*. Chicago: University of Chicago Press.

Hatcher, J. A. (1997). Reflection: Bridging the gap between service and learning. *College Teaching, 45*. Retrieved July 24, 1998 from the World Wide Web: http://www.elibrary.com.

Hayes, B. (1997). From the classroom to the community: An interview with Alan Haskvitz. *Social Studies Review, 36* (2). 10–12.

Irwin, J. L. (1996). Developmental tasks of early adolescence: How adult awareness can reduce at-risk behavior. *The Clearing House, 60*. 222–225.

Kohn, A. (1994). The truth about self-esteem. *Phi Delta Kappan, 76*. 272–283.

Marcia, J. (1987). The identity status approach to the study of ego identity development. In T. Honess & K. Yardley (Eds.). *Self and identity: Perspectives across the life span*. London: Routledge & Kagan Paul.

National Center for Service Learning in Early Adolescence. (1991). *Connections: Service learning in the middle grades.* New York: City University of New York.

National Council for the Social Studies. (1994). Expect excellence: Curriculum standards for social studies. Retrieved October 10, 1998, from the World Wide Web: http://www.ncss.org/standards.

383 National Council of Teachers of Mathematics. Curriculum and Evaluation Standards for School Mathematics. Reston, VA: National Council of Teachers of Mathematics, 1989. Retrieved October 10, 1998, from the World Wide Web: http://www.enc.org/reform.

National Education Goals Panel. National education goals: Building a nation of learners. Retrieved October 10, 1998, from the World Wide Web: http://www.negp.gov, last modified May 28, 1998.

Ruggenberg, J. (1993). Community service learning: A vital component of secondary school education. *Moral Education Forum, 18* (3). 11–19.

Schine, J. (1997). School-based service: Reconnecting schools, communities, and youth at the margin. *Theory into Practice, 36* (3). 170–176.

Schukar, R. (1997). Enhancing the Middle School Curriculum through Service Learning. *Theory into Practice, 36.* 176–183.

Serna, L. A. & Smith, J. L. (1995). Learning with purpose: Self-determination skills for students who are at risk for school and community failure. *Intervention in School and Clinic, 30.* 142–153.

Shymansky, J. A.; Jorgensen, M. A.; & Marberry, C. A. (1997). Science and mathematics are spoken and written here: Promoting science and mathematics literacy in the classroom. In Reform in Math and Science Education: Issues for the Classroom. Columbus, OH: Eisenhower National Clearinghouse. Retrieved October 10, 1998, from the World Wide Web: http://www.enc.org/reform/.

Simon, K.; Parks, B. S.; & Beckerman, M. (1996). Effects of participatory learning programs in middle and high school civic education. *The Social Studies, 87* (3). 171–176.

佩吉·A·格兰特是印第安纳州哈蒙德普度大学卡鲁默校区教育学院助理教授。

思考题

1. 在多大程度上，服务性学习能够与所有教育阶段的课程联系起来（比如在 K—12 学校和高等教育阶段）？

2. 你怎样把服务性学习与课程联系起来，你最熟悉什么样的方法？

3. 教师应该怎样评价学生参与服务性学习的效果？

384 友好型学校的标准

M·李·曼宁 (M. Lee Manning)

摘要：从几个标准中我们通常可以知道初中落实友好型学校这一观点达到了什么样的程度。然而一所友好型学校是有它的不同之处的，李·曼宁提出了最明显不同的友好型环境的七个标准。当提供了反映每个学习者真正思考的教育经验时，他也讨论了友好型的教师应如何强调学术成就和采用适当的行为。

友好型学校为青少年提供关怀与培养的教育经验的需要是十分明显的。汤姆·尔博（Tom Erb，1997）把以人性化的方式承认和满足学生需求的课堂称之为“学生友好型课堂”。此外，几个报告也呼吁中学要成为一个培养和关心学生的青少年服务性机构。通过对李·曼宁的采访，约翰·龙斯伯里（John Lounsbury）认为，家长经常将儿童所面临的问题看得复杂化，因此，他们常认为中学是不友好的。经常以否定和批样的方式谈论青年，像称他们是“荷尔蒙作怪”和“奇怪的群体”，这些评论说明一些教育者并没有从友好型的角度考虑青少年。

通常从几个标准中我们可以知道初中落实友好型学校这一观点达到了什么样的程度。一所友好型学校的不同之处在于：认识到学习者之间的差异，教育者受过有关初中教育的培训，实施鼓励学习者兴趣的探索性课程，对指导和咨询课程的发展性的反馈，积极的校园氛围，父母和家庭积极地参与青少年教育的过程。

友好型学校的标准

友好型学校的几个标准是可以确定的。指出友好型学校对学术成就和适当行为丝毫没有忽视是非常重要的。相反，友好型学校的教师强调学术成就和适当行为。他们提供了教育经验，这些教育经验反映了他们针对每位学习者的真正思考。

标准1——友好型学校提供了表现青少年巨大差异性的教育经验。

中学教育者提供了依据青少年生理、心理、知识、性别文化学习风格和多元智力差异的发展性的教育经验。

与其他一些教育经验认为在青少年中存在太多相同的性质不同，教育者开始试着了解每个青少年并且为他们提供满足个体需要的经验。例如，在其他青少年的认知发展还没有达到皮亚杰所提出的正常水平时，一些学生的心理发展可能已经达到了社会上所认可的外向性这一标准——还有一些学生可能仍会害羞和胆怯。源自性
别和文化的差异也被提了出来，它认为，与 385
竞争性活动相比，一些女孩和一些文化群体更喜欢合作性学习（曼宁和伯鲁斯，2000）。

虽然学生所展现出的不同的特点可能会使这个任务不易操纵。但是，通过诊断性的评价、以前教师的建议和学习记录，我们可以了解每个学习者的个性。通过个性化教学、合作性学习，团体教学和同伴指导，友好型教学能够得到实现。

标准2——友好型学校为初中提供接受过良好教育的教师，这些教师具有一些有关初中教育的先进理念和有关青少年发展的经验。

不幸的是，一些初中教师虽然接受过有关初级或中级教育的培训，他们也可能

会受到认可并且是优秀的教师，但是他们可能缺少有关初中教育的理念和有关青少年发展的经验这方面的知识。

不论是在入职的教师准备或者在后续的教育专业发展中接受到适当的专业培训对青少年都是有益的。适当的专业培训有助于教师更好地了解初中友好型教育经验的理念（像咨询课程、探索性课程和积极的校园氛围）。同时，在友好型学校中，教育者真正地想教育青少年，并且想为青少年提供能够反映他们需要的和对他们具有挑战性的教育经验。

标准3——友好型学校提出探索性课程。

探索性课程，长期被看作是初中教育的核心理念。根据学校安排，每周为青少年提供每节40～50分钟的探索性课程（包括正式课程和特殊兴趣）。学习者还有机会发现他们自身的天赋、独特的能力和价值。发展性反馈性探索项目展示了青少年的短时注意、兴趣快速转变和波动性动机水平(Manning，1993)。

探索性项目也能够培养青少年的兴趣，青少年能够了解更多的可能的职业机会。典型的探索性课程包括商业、唱诗班、家政和独立生活、绘制符号、戏剧、外语、艺术和手工、独立的学习机会、舞蹈、音乐或几乎涵盖了青少年想要探索的任何领域。

因为探索性课程是真正地将学习者的需要视为重点的，所以学生能够在相当广泛的范围内选择他们探索的主题。探索性课程应该是经过精心设计的并且由那些真正感兴趣的教师和对探索有很大积极性的专家来教授。教师对他们兴趣范围之内的发展性课程负有责任，并且在某种程度上，将学习经验集中在每个学习者身上，希望所有的学习者都能积极参与。并且他们也认识到，由于青少年之间存在着巨大的差异，对于其他人来说可能只是无意的兴趣，而对一些学习者来说，他们可能在探索的过程中形成了强烈的兴趣。

标准4——友好型学校提供了发展性的反馈，理解性的引导和咨询性的课程。

初中教育者和顾问需要关注青少年的家庭环境、学校问题、危险行为和来自同龄人的压力等问题。教育者为了解决青少年的问题，制定了一个团队计划以提供指导，这个团队由教师和咨询者组成，他们合作提供建议和咨询服务。友好型学校主 386
要采用了如个别咨询、小组咨询和建设者合作项目等方法。

指导教师的指导课程可以被定义为一种有计划的尝试。在这种尝试中，每个学生都有机会参与到一个与同龄人互动的小团体中，他们共同讨论学校、个人和社会所关注的焦点问题。指导性的课程，可能每天花费25分钟来帮助每个学生至少与学校中的一个重要成员形成一种有意义的联系。当提供个人或学术上的引导时，友好型的指导将会促进青少年社会性成长和情感成长。指导教师的指导课程的主题包括来自同龄人的压力、友谊、与健康有关的问题、职业探究、发展、学校规则、理解父母、闲暇时间的娱乐等。

标准5——友好型学校能够确保学生平等地获得所有的教育经验。

对于友好型学校来说，追求一定的平等是一个有意义的目标。在过去几十年中，由于法律的强制作用，排外性和平等接近之间的差距相对缩小了。然而，不幸的是，一些学校仍然以要对学生进行同质性的划分和要求学生争取有限的教育机会为借口来剥夺学生平等的受教育的机会。

然而，也有初中积极地发展全纳性活动。例如，在一所初中，教师公布了学生有参与一次戏剧表演的机会的消息，所有的学生都参与了——当其他人组成一队唱歌时，一些人充当了旁白者的角色。每个人都希望能够在这场戏剧中得到一些机会，结果是，没有人被排除在外，并且也没有人被怂恿退出或被说服下一次再参加。事

实上，学生表现出了如此大的兴趣，以至于教师最终决定要排五个独幕剧，而不是一个长剧。因此，所有的学生都可以参与其中。

标准6——友好型学校创造了一个积极和安全的学习环境。

友好型学校为青少年提供了学习和互动的机会，和睦、相互尊重并且让人从心理上觉得安全的学习环境——它强调合作与和平共处。

友好型学校的环境为我们展现了学生和教育者之间的合作，这促进了学生之间的和谐和他们之间良好的关系，并且也反映了相互交流的积极意义。教师和学生以一种友好的态度倾听别人的谈话，并且以一种友好的方式支持别人。本质上，他们促进了良好的学校环境的形成。格林（Green）认为在这种环境中，集体中的每一个人都被认为是有价值的并且受到了尊重和爱护。每个人都认为他们对学生的成功负有责任。

在友好型学校的教育者都希望减少教育者和学生之间的冲突，减少学科排名，减少冲突、测验、欺负、威胁和伤害。通过消除“学生和教育者在心理上的对抗”，青少年就会感觉到学校内和谐的关系并且也就不愿有那些敌对和对抗性的行为了。为了确保友好型学校的环境，教育者将要执行时间表、学科进程、教学方法、学校组织和指导课程。

标准7——友好型学校包括父母、家庭和社区成员的参与。

当孩子上初中以后，父母对儿童教育的参与下降了50%（Seline，1997）。因此，
387 教育者会经常感觉到需要重新唤起父母或家庭的热情，让他们重新投入到对青少年的教育中来。友好型学校的教育者要认识到父母参与青少年教育的重要性，并且要利用与父母的沟通以及家长会等形式让家长也认识到这一点，并积极发挥作用。

如果父母积极参与进来，学生往往会表现出较高水平的动机和教育责任感。教育者和家长应该相互了解并且在对儿童进行教育的过程中相互帮助，父母应更多地参与到学校的活动和家庭作业中。并且，家长应知道学校教育的各种目的。

结　论

在友好型学校的课堂中，对青少年学业成绩和恰当行为的期望是十分明确的。这些期望应该在承认学习者多样性的学校中传播，应该给他们提供合适的培训过的教育者，应该保证学习者有探究性项目，应该提供给他们即时的信息和咨询项目，保证平等接近，灌输积极的学校环境观念，并让家长参与进来。只有当初中达到这些标准时，青少年才将会真正获得友好型的教育经验。

参考文献

The revolution in middle school organization. *Momentum, 22*(2), 20–25.

Carnegie Council on Adolescent Development. (1990). *Turning points: Preparing American youth for the 21st century.* Washington: Author.

Cole, C. (1992). Nurturing a teacher advisory program. Columbus, OH: National Middle School Association.

Dickinson, T. S., & McEwin, C. K. (1997). Perspectives and profiles: The professional preparation of middle school teachers. *Childhood Education, 73*(5), 272–277.

Erb, T. O. (1997). Student-friendly classrooms in a not very child-friendly world. *Middle School Journal,* (4), 2.

Green, R. L. (1998). Nurturing characteristics in schools related to discipline, attendance, and eighth grade proficiency test scores. *American Secondary Education, 26*(4), 7–14.

James, M. (1986). *Adviser-advisee programs: Why, what, and how.* Columbus, OH: National Middle School Association.

Manning, M. L. (1993). *Developmentally appropriate middle level schools.* Olney, MD: Association for Childhood Education International.

Manning, M. L. (1997). An interview with John H. Lounsbury. *Childhood Education, 73*(5), 262–266.

Manning, M. L., & Baruth, L. G. (2000). *Multicultural education of children and adolescents* (3rd. ed). Boston: Allyn and Bacon.

National Middle School Association. (1995). *This we believe: Developmentally responsive middle schools.* Columbus, OH: Author.

Seline, A. M. (1997). Parents as partners: Schools seek to build better relationships with families, *High Strides: The Bimonthly Report on Urban Middle Grades, 9*(5), 1, 2–5.

Toepfer, C. F. (1988). What to know about young adolescents. *Social Education, 52,* 110–112.

M·李·曼宁是弗吉尼亚州诺福克市欧道明大学达顿教育学院课程与教学系教授。

思考题

388 1. 友好型学校与一般学校所不同的七个特点是什么？对于大多数的学校来说，能实现这些特点吗？什么样的情况会使这些学校难以实现这些特点？

2. 友好型学校对学生的学习产生了什么样的影响？学生学习的环境和他们的学习能力之间的联系是什么？

3. 李·曼宁写道，当提供反映个体学习者真正思考的教育经验时，友好型学校教师强调学生的学业成绩和恰当行为。你认为这该如何实现？

家庭作业之战

大卫·斯金纳（David Skinner）

摘要：在现代高度生产和早熟的多样复杂的背景下奇怪的教育争论不断涌现。中小学的家长们正在反对孩子们日益增加的作业。这一争论的焦点形成了《家庭作业的终结》（*The End of Homework*）一书，该书的作者是埃塔·克拉维克（Etta Kralovec）和约翰·布埃尔（John Buell），这一争论得到了《时代周刊》（*Time*）、《新闻周刊》（*Newsweek*）、《纽约时报》（*The New York Times*）和《人民杂志》（*People*）的拥护。理解该书的争论——它的优缺点——并不一定必须要理解对家庭作业的争论，但是这对理解整个争论是有益的。

美国儿童是超负荷的。报纸、杂志和书籍告诉了我们这一令人沮丧的消息。来自家庭作业、课外活动和家庭的多方面压力使得儿童所有的天性都被积压了。“从学习西班牙语到空手道，从踢踏舞到网球——还有需要数小时才能完成的家庭作业。过度规划的儿童像一个新的法律员工那样忙碌。”《纽约时报》报道。文章还描述了一种相反的方向，有些家长阻止这种狂热活动，让孩子们以他们曾经悠闲、简单的方式生活，或者就像一位反对者的家长解释的，让孩子在非正式的活动中理解知识。

这是什么？接球游戏是新闻吗？这被认为有社会意义吗？如今儿童的童年时代有一些事情必定是有错误的，通常我们所作出的诊断是工作过多、目标过高，自我方向的缺失危害了美国儿童，在 2001 年，大卫·布鲁克斯（David Brooks）在《大西洋月刊》（*Atlantic Monthly*）中一篇很有影响的《天堂中的布波族》（*Bobos in Paradise*）一文，将早熟的美国儿童称为“组织化的孩子”。报告提到 20 世纪 80 年代早期出生的一代人的特点，他强调这些人热衷于美国名牌大学。布鲁克斯引用 1997 年盖洛普调查（96%的青年能够和父母和睦相处），发现年青一代完全受事业的束缚职业，丝毫不懂反抗，因此他们最适合被称为队员或规则的遵循者。

在现代高度生产和早熟的多样复杂的 389
背景下奇怪的教育争论不断涌现。中小学的家长们正在反对孩子们日益增加的作业。这一争论的焦点形成了《家庭作业的终结》一书，该书的作者是埃塔·克拉维克和约翰·布埃尔，这一争论得到了《时代周刊》、《新闻周刊》、《纽约时报》和《人民杂志》的拥护。理解该书的争论——它的优缺点——并不一定必须要理解对家庭作业的争论，但是这对理解整个争论是有益的。

《家庭作业的终结》最突出的一点就在于它的学术性。埃塔·克拉维克在哥伦比亚大学的教师学院取得了博士学位，并且在大西洋学院指导教师教育整整 12 年。约翰·布埃尔也在大西洋学校从事教学工作，如今是一个报纸的专栏评论员，是《进步》杂志的副编辑，出版了两本政治经济学书。在后记中，作者说《家庭作业的终结》增加了系列对高中辍学者的采访，这些学生认为家庭作业是使他们不愿继续学习的一个原因。不幸的是，家庭作业所希望起到的作用需要更多的条件才能实现。

当克拉维克和布埃尔谈到因为家庭作业的增多而带来的问题时，他们有所保留。他们反对家庭作业可以给儿童反复灌输成年人的好习惯的说法，作者指出在心理学的历史上曾将儿童看作成人的缩影，但是随后就改变了这种观点。“建议儿童学着处理成人水平的压力，我们正冒险对他们做着不可预测的伤害。以这种逻辑来看，近几年学校受攻击的原因是因为他们的行为看起来像‘对待不满意员工的粗暴行为’。”

在一份来自美国“矫形手术”联合会（AAOS）1999年的报告中，最容易看出“家庭作业终结”这种危言耸听的口气。报告称，由于过重的背包，成千上万的孩子都会有背痛、颈痛和肩膀痛的毛病。这是如此的巧合以至于矫形专业自身（不仅仅在AAOS会议中）也参与讨论了这个报告。近期有这样一个例子，在2003年的AAOS会议上呈现了一项调查研究，这项调查研究是建立在对346个学校矫形患者所做的采访的基础上，结果发现，只有1个病人认为是背包导致了背痛。

由于这本书具有明显的政治色彩，克拉维克和布埃尔反对家庭作业的个案逐渐被该书明晰的政治色彩所淡化。实际上，这本书不可避免地充满了大量的左翼社会批评的言论，“最伟大的社会学家C·怀特·米尔克斯”（C. Wright Milks）的表述不清的概念在100页的书中被提到过两次。然而，深刻地影响了这本书的怀特·米尔克斯地位要远低于哈佛经济学家朱利亚特·B·肖尔（Juliet B. Schor）。肖尔由于1992年所写的畅销书《超负荷的美国：空闲不可思议的减少》而成名，他认为美国成人在长期的工作计划的稳定侵蚀下逐渐失去了自己能安排的时间，但是这本书最早发现了现存研究和主流专家对于学科所提出的意见是相互矛盾的。

然而，肖尔努力倡导应该为工作提供大家一致认可的适宜工作日（大约应该是
390 现在水平的一半）发现，《家庭作业的终结》一书中也有相同的反应，《家庭作业的终结》呼吁美国的家庭应摆脱家庭作业所带来的烦恼，重新找回属于家庭自己的一切时间。确实，书中所出现的提示要比社会学者关于过于疲劳的修辞要多。例如，在抱怨成就测验标准化的改革失败后，作者认为继续强调家庭作业与处于主导地位的经济和政治思想体系相符合，并且家庭作业是为了“满足我们社会中的强势群体的需要”。

乔纳森·科佐尔（Jonathan Kozol）也是这本书的支持者，他是一位左翼作家。其著作《野蛮的不平等》（*Savage Inequalities*）较有影响，他用激进社会批判理论来攻击主流的教育论争。克拉维克和布埃尔曾多次采用科佐尔的风格，当他们认真地选取社会科学的数据时，提出了公平这个主题。他们坚定地主张，家庭作业是“做与不做的学生之间的相互较量”，克拉维克和布埃尔没有提出课堂论争的问题，他们正向学生渗透他们不愿意承认这种论争的负面影响：“我们怀疑许多美国人不愿承认美国现存的限制或增强儿童生活的课堂系统。”作者痛斥经济的不平等，但摆在我们面前的是“我们最珍贵的价值，如民主和自由”。克拉维克和布埃尔在其书的最后一章“全球化经济下的家庭作业”提出了解决这种分裂教育问题的几种一般方法。

然而，暗含在作者的极端观点中的是对教育实践有限价值的证明。在很多案例中，家庭作业都是受到攻击的，可惜的是克拉维克和布埃尔并没有把他们自己局限于这个最初的课题。他们认为“对于小学生来说，家庭作业似乎起到不良的后果”，这个观点并不是一些左翼狂热者的产物，并且也值得进一步深思。

多少

当谈到研究的方法和目的时，人类的理解力的局限性经常被激进的怀疑主义作为争辩的依据，这一事实经常发生在关键

的测验中。从反对者的角度来看，一位作者的要求和警告变成了一种假设的争论，即不可能知道什么条件产生哪一种结果。因此，不能确定做很多家庭作业的学生在考试中就会表现很好？也可能成绩好才是他们做许多家庭作业的原因？

从这方面说，许多有价值的设想不能够实现，因而也很少能获得有用的经验。从相反的方面来说，由于教育中充满了认识论的局限，所以我们只能对实在的教育实践形成模糊的概念。

密苏里大学心理科学的教授哈里斯·库珀（Harris Cooper）对家庭作业的研究被评论家们广泛引用，包括克拉维克和布埃尔，这为实践提供了条件性支持。库珀在20世纪80年代的文学评论中提出一个问题“有家庭作业比没有一点家庭作业好吗?”在17年的研究中他检查了3300名学生，结果发现70%的人选择了积极意义。他通过系列年级和标准化考试的分数发现，一般在学习的过程中，做家庭作业的学生会比55%不做家庭作业的学生获得更高的成就。然而，如果不考虑这些一般情况，这一微弱优势的获得可以从别的不做家庭作业的变量中得到补充。

可能最具有主导意义的因素是年龄或是年级水平，库珀在书中提到，高年级的
391 学生从做家庭作业的过程中受益最多。“家庭作业在高中所起的作用一般是初中的两倍，初中又是小学的两倍”。这就产生了一个关于家庭作业年龄群体分布的有趣问题。

儿童负担过重的现实和要求父母过多参与的复杂项目使人们对家庭作业的论争更加激烈。一个5年级学生的家长搜寻对孩子教育和发展重要的证据，结果在库珀的研究中没有发现可以慰藉的东西。4～6年级的教师希望做家庭作业的普通学生可以超过那些占52%的没有做家庭作业的学生，而那两个百分点的优势不足以证明家庭作业对家庭的干扰，这种干扰包括中断晚餐，占用和家人一起的时间，以及孩子和家长之间的冲突。

然而，对于高中生来说，家庭作业是十分有用的。如果考虑到年级水平，库珀发现，家庭作业对小学生成就的影响可以被形容为“非常小”。但是对高中生来说，它的影响是十分大的，如果4～6年级做家庭作业的学生优于不做家庭作业的学生2个百分点，那么初中则会达到10个百分点，高中会达到19个百分点。更重要的是，这种影响不仅变成课堂班级的好成绩——它更容易反映出家庭作业积极的影响——而且在标准化测验中也会有好的表现，这对学生未来的教育是非常重要的。

什么种类

还有其他一些值得一提的好点子。其一，库珀自己仍然赞同家庭作业，但是可能不是那种会引起学生“头疼”的类型的家庭作业。如果学生每星期都做很多的作业，那么家庭作业将会产生更大的作用也是不会令人感到惊讶的。但令人惊奇的是，家庭作业的效果同家庭作业的处理时间成负相关——家庭作业的处理时间越长产生的效果则越小。也就是说，短期且规律的家庭作业会更有效。

克拉维克和布埃尔总结了一些儿童经常发出的抱怨，像家庭作业非常无聊、重复，并且对儿童自身的发展没有什么作用等。有趣的家庭作业——有趣的教师是允许儿童表达自我的，他们认为这样可以促进“创造力”和“批判—思维”和“计划技巧”——这在库珀的调查中并没有达到很好的效果。在全国范围和州范围内，对家庭作业和它所产生的效果进行研究，库珀发现，对于那种只是需要机械地学习、实践或背诵的科目来说，花费在做家庭作业上的时间与其所产生的影响之间的关系较为紧密。而像科学或社会学这样的科目，经常是些较长期的项目，需要多种技巧的整合，是对非学术资源的创造性应用，两者之间的相关性却是极小的。注意两种对

立的教育趋势间的碰撞：通过增加家庭作业和摆脱机械学习来改进标准。

但有意思的是，卷入到这样的家庭作业之争中的人，没有一个人认为家长应该考虑鼓励他们的孩子不要在这种过度地浪费时间和没有教育意义的家庭作业中投入过多的精力。这一点让人觉得很遗憾。为什么在美国的文化中，父母不让那些负担过重的孩子少花点时间来做这么多的作业呢？或者偶尔可以让他们不做作业呢？一些有礼貌的“逆反”可能是向教师传达他
392 们布置的作业太多了这一信息最有效的方式。如果学生因此而得到了一个较低的分数，这只是付出了很小的代价而已。这好像并不意味着他们的前途从此暗淡无光。

家庭作业之争很大程度上是关于成就的，特别是那种官方认可的优秀。克拉维克和布埃尔以及许多报纸和杂志的文章都是描述人们对家庭作业的反对意见的，它们给我们留下的印象与布鲁克斯的“组织化儿童”是一样的，是平等主义的一种扭曲。整个运动反映了一种组织文化，这种文化希望所有儿童能够获得高的分数，而不顾他们的能力水平或学习意愿，以及他们在某方面的优势和家庭的重要性。

时间和家庭作业

一个有意义的关键问题被提了出来。这是一个广泛存在的家庭作业问题的证据——太多的学生承受过重的家庭作业。这里有过去 20 年的家庭作业的细微增长的实证指标。但其他的证据认为家庭作业这一问题被夸大了。然而一些父母和家庭可能有相当严重的家庭作业问题，那也只是一些私人问题，几乎不需要国家或地方去解决。出现在报纸中大部分报告与来自过高要求的父母的引述密切相连。在父母和学校的要求下，美国儿童缺少闲暇的时间，许多调查报告中所呈现的结果都有力地支持了这一结论。但是那些比任何人都了解美国儿童是怎样日复一日地度过这些日子的调查者来说，他们却不会以这种方式来看待这个问题。事实上，在《纽约时报》的一篇文章中，这个调查的最初研究者，桑德拉·L·霍弗尔兹（Sandra L. Hofferth）不承认美国儿童是过度劳累这一概念。他说：“我不认为‘争分夺秒的儿童’……还有许多时间可以用来去做别的事情。”

对于家庭作业的这个问题，霍弗尔兹和他的合著者桑德伯格（John F. Sandberg）反驳了家庭作业有明显且普遍增加这一说法。从 1981～1997 年，3～12 岁的孩子花费在学习上的时间有所增加，但是这些增加很大部分集中在 3～5 岁和 6～8 岁的学生中。其中，3～5 岁的孩子阅读量的明显增加的事实可能反映了父母对孩子准备进
入学校考虑的增加。 393

最近布鲁金斯机构对家庭作业的这一问题进行讨论之后提出了这样一种观点，他们认为“认为儿童负担过重的一切说法都是有误的”。像霍弗尔兹和桑德伯格等作者指出，在密歇根大学的调查中，大部分增加的作业主要集中在那些读书较早和作业引入较早的孩子中。然而，在布鲁金斯的报告中最常谈到就是“典型的学生（甚至在高中）每天的家庭作业都不会超过一个小时。”不用说，这与克拉维克和布埃尔所描述的情况截然不同，并且在报纸和杂志中也没有像所期望的那样对其一遍一遍地报道。

以 1981 年为参照点相比，1997 年密歇根大学的时间利用调查报告谈到，花费在家庭作业上的时间有普遍增长的趋势。但布鲁金斯机构的分析显示，这些增长几乎是不明显的，3～5 岁的学生花费在学习上的时间从 1981 年的每周 25 分钟到 1999 年的每周 36 分钟，这个数据可以转换成每周学习 5 天，每天增加 2 分钟。顺便提一下，6～8 岁的学生被认为在时间上的增幅最大，从一周 52 分钟到一周 2 小时 8 分，它可以转换成每个晚上增加 15 分钟，这样使

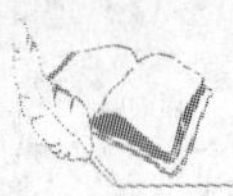

得每晚平均做家庭作业的时间达到 25 分钟。年纪最大的一组是 9～12 岁的儿童，看起来每周只增加了 19 分钟。布鲁金斯从密歇根大学的研究中挑出了另外的一些数据，这些数据显示，超过 1/3 的 9～12 岁的学生是没有家庭作业的。确实，尽管数据显示3～12 岁学生的家庭作业有较小程度的增加，但仍有一半学生说他们是没有家庭作业的。

别的研究也支持这一结果。国家教育进步评估（NAEP）报告中提到，有大量 9～13 岁的学生，教师没有给他们布置家庭作业。在 1984—1999 年间，至少有 26％和 36％的 9 岁儿童在填写调查问卷之前是没有家庭作业的。数据显示，在 13 岁的儿童中没有家庭作业的学生所占的比例相当大并且在不断增长：从 1981 年的 17％增长到 1999 年的 24％。对高年级的学生来说，1999 年国家教育统计中心（NCES）的报告中有 12％的高中生一般在一周中都是没有家庭作业的，余下的 88％的学生大都也说他们每周的家庭作业是少于 5 个小时的。国家教育统计中心所提供的数据也告诉我们，大多数的高中生每天做家庭作业的时间都是少于1 个小时的，并且一周 5 天都是这样的。通过国家教育统计中心评估，仅有 1/3 的 17 岁学生的家庭作业是多于 1 个小时的。

在通过对洛杉矶加利福尼亚大学新生的调查中，我们惊奇地发现，这些学生在上高中时每晚的作业都没有超过 1 个小时。1987 年，只有 47％的大学新生说他们每周的家庭作业超过了 5 个小时，到 2002 年的时候，这个数字就下降到了 34％——这也就意味着，只有大约 1/3 的美国大学新生说他们在高中时每晚的家庭作业是超过 1 个小时的。布鲁金斯的报告评论道，与其他发达国家的同龄人相比，这样的家庭作业负担使美国的高中生看起来是超负荷工作的。

使我们自己满意 394

这些证据告诉我们，尽管大部分学生没有承受那种不可忍受的负担，但确实也有一小部分学生的学习时间很长。我们正在给予学生错误类型的家庭作业，给不适宜的群体增加了作业量。布鲁金斯的报告指出，5％的 4 年级学生每晚的家庭作业时间是超过 2 个小时的。这个数据是令人惊讶的还是仅仅是一个期望的问题呢？但是渴望 9 岁孩子在放学之后再完成这么多的家庭作业几乎是不合理的。而且，这一小部分学生没有必要地过度作业，也不能证明全国性的报纸和研究对这个问题产生兴趣是正确的。

为什么有关家庭作业的争论会引起人们的关注，可能是因为这个问题关系所有儿童的成功。同样，许多上层阶级的家长会用特别的方法去帮助他们的孩子在学校名列前茅以保证他们在现实生活中也名列前茅，这已经不是什么秘密了：这些孩子被送到那种特意安排家庭作业的精英学校中，甚至要求他们参加那些所谓的有利于自身提高的活动。当然，这部分人要比报纸和杂志上所报道的那些家庭要做得多，这样就可以帮助解释那些醒目的标题，像“家庭作业吃掉了我的家庭”（《时代周刊》）、“家庭作业没有任何帮助”（《新周报》）、“过度工作：3 年级孩子需要做四个小时的作业”（《人物》）。

因此，即使过度劳累的美国儿童确实存在，但他们并不具有代表性。但很奇怪的是，他看起来更像一个美国人的一个梦想——从沃伯根湖（Woebegone）的移民趋势可以得知我们是那样的优秀并且努力工作。因此当事实上孩子没有做那么多家庭作业的时候，我们会问我们自己为什么他做那么多家庭作业。

大卫·斯金纳是《一周标准》的副管理编辑，1998 年 11 月之前为《标准》杂志工作，他是《公共利益》的管理编辑，他为《华盛顿时代》、《沙龙》、《慈善》、《公共利益》和《华尔街期刊》写稿。

思考题

1. 在当今的课程中，家庭作业充当一个什么样的角色？家庭作业应该终止还是继续像现在这样？如果家庭作业的改革被执行了，它将会改变什么？谁将监督这项改革？

2. 假如学校之外的这些娱乐——像电视、游戏、运动等——引发了一个不可避免的争论，家庭作业可以使学生对这些娱乐不产生过多的依赖吗？

3. 斯金纳认为这种“过度劳累的美国儿童”不是当今美国儿童的典型代表，他认为今天大多数的学生比我们想象中的拥有更多的自由时间，你同意他的观点吗？斯金纳认为对这一小部分负担过重的学生做这样大量的研究是不必要的？为什么你认为是这样的？媒体是不是会被责问他们生成了这个事实上并不存在的问题？

395 建立发展性评价促进成功的学业和生活

彼得·斯卡尔斯（Peter C. Scales）　加得·塔库格纳（Judy Taccogna）

摘要：现在归属感和对自我能力的信心好像在懒散和无成就的学生的学校经历中正慢慢消失。建立发展性评价是重新联系学生和支持性成就之间的行之有效的方法。透过“评价视角”可以看到学校在学校管理、课程指导、辅修课程计划、支持服务和社团活动上的明显的改变，这些改变可以使整个环境更有益于良好的教与学。

学生生活的学校环境，日益被诸如标准化测验这样的责任测试所占据。基于此，许多学校为了让学生在诸多的学科领域达到国家的标准，都将关注点放在教学上，而学校教学则是紧紧围绕着规定的知识内容和相关技能开展的。例如，在芝加哥有500项教育标准与18个国家目标相结合，同时有超过1 500个课程框架依次与国家的基线标准相结合——课程框架是用来说明教授的内容是什么的（Newmann，Lopez，and Bryk 1998）。然而标准化的课程规定经常与真实有效的教学相背离（Newmann，Secada，and Wehlage 1995），同时也不利于那些最需要与学校紧密联系的学生。

支持学生鼓励成功的最佳实践

增加学生在学校和生活中成功可能性的一种很被看好的方法就是积累“发展性资源”——即人际关系、机会、价值观和技能，当它们出现在学生的生活中时，可以使学生尽可能地不会陷入到有风险行为之中，尽可能在学校、人际关系和日常生活中取得成功（Benson et al. 1999）。积累发展性资源从根本上来说就是建立积极有效、持久稳定的关系，不仅是学生与教师之间的关系，而且要包括家长与学生，学生与学生以及学校教师与其他职员的关系（Scales，1999）。然而发展性资源的关键在于将人际关系的运用作为研究视角来观察学校的政策与实践。人际关系的运用能够影响课程与教学、学校体制、课程项目、社区合作和辅助性服务里的具体变化。其中支持性服务使学校整体环境更有助于学生的参与和成功，也有助于出色的教与学（Starkman，Scales，and Robert 1999）。

建立评价的主要优点之一就是它不仅是文本项目，更多的是一种生活方式，一种区别看待学生的方式，也是一种为儿童与青少年创建支持性的班级与学校环境的方式。这个优点就意味着学习这些新的策略以及将它们融合到一天不同的时间段当中都不需要花过多的时间。但也意味着重新考虑一个人在教室里的行为并且站在
“评价建立的视角”重构这些行为。例如， 396
点名表扬，回应学生的问题和他们所担心的事情，为学生布置作业时考虑个别差异，同时要和家长沟通交流。

发展性评价

许多研究表明（包括调查机构正在做的研究）建立学生的发展性资源与先前大量研究学业成绩相关，也与实际学习指标和学业成绩的测量相关。例如，那些报告经历过31～40项发展性资源的学生比那些平均达到11～20项资源的学生在学校中更有可能在学业上达到A。研究还发现发展性资源和关键学业成绩结果（诸如努力的程度，学术目标倾向性、能力信念、教育

价值观的信念、年级、毕业率和测验分数）
397 之间存在着显著性相关。例如减少酒精和其他药物的使用，更好地解决问题的技能，更出色的社交技能和较少的抑郁等。除了与更高水平的学校成绩相关外，这些资源也致使了更少的吸毒、青少年性行为、行为问题以及吸食大麻的行为，同时在其他令人满意的成果中增加了帮助他人或领导的行为，增加了克服困难的能力（Benson et al. 1999；Leffert et al. 1998；Scales et al 2000；Scales and Leffert 1999）。

这个资源（见表8－1）分为两个主要 398
类型：外部的和内部的。所谓外部资源（分为支持、授权、权限和期望、有效利用时间等）就是指用支持围绕青少年周围的关系、机会和引导他们以健康的方式进行活动和作出明智选择的情景。而所谓的内部资源（包括学习的责任，积极的价值观，社交能力和积极的自我认同）就是指那些义务、价值观、能力和自觉性，当这些被养成时可以为年轻人提供用来指导他们的行为和选择的“内部性原则”。

表8—1　　针对初中生和高中生的40项评价指标

类型	名称和含义
外部	
支持	1. 家庭支持：家庭生活为孩子提供很多的爱和支持。
	2. 良好的家庭沟通氛围：学生和他的父母有良好的沟通，而且学生也愿意向他的父母征求意见。
	3. 与其他成人的人际关系：学生可以从三个或更多的除父母外的成年人那里寻得支持。
	4. 和睦友好的邻里关系：学生处于和睦友好的邻里环境里。
	5. 富有人文关怀的学校氛围：学校提供一个富有人文关怀和激励性的环境。
	6. 家长参与学校教育：家长积极参与到学校中来帮助学生获得成功。
授权	7. 社区重视学生：学生认识到社区成员是重视他们的。
	8. 学生被看作是人力资源：学生在社区里承担对社区有用的角色。
	9. 服务他人：学生每周在社区至少服务1小时。
	10. 安全感：学生在家里、学校和社区里有安全感。
权限和期望	11. 家庭权限职责：家庭要有明确的角色定位，负责监督未成年人的行踪。
	12. 学校的权限职责：学校扮演着明确的角色并产生影响。
	13. 邻居的权限职责：邻居有责任监督青少年的行为。
	14. 成人的示范作用：父母和其他成人要有积极的模范作用和负责任的行为。
	15. 积极的同伴影响：青少年的好朋友对其责任行为具有示范作用。
	16. 高期望值：家长和教师都要鼓励青少年争取成功。
有效利用时间	17. 艺术培养：学生每周应该有不低于3小时的音乐、戏剧表演或者其他艺术课程和实际的创作或表演等实践活动。
	18. 青少年项目：学生每周至少有3小时的时间参加体育锻炼，俱乐部或者参加学校组织、社区组织。
	19. 宗教团体：学生每周至少有1小时的时间参加宗教机构的活动。
	20. 在家时间：青少年每周和朋友（“有特殊情况”）外出的时间不超过两晚或更少。
内部	
学习的责任	21. 成就动机：激发学生想在学校中表现优秀的愿望。
	22. 学校参与度：学生积极参与到学习中去。
	23. 家庭作业：学生反映每天都至少做1个小时的家庭作业。
	24. 学校归属感：学生关注自己的学校。
	25. 乐于阅读：学生每周至少阅读3个小时。

续前表

类型	名称和含义
积极的价值观	26. 同情心：学生应该对帮助他人的行为给予很高评价。
	27. 平等和社会公平：学生对促进平等、减少饥饿和贫困的评价很高。
	28. 知行统一：学生行为正是他们信念与信仰的反映。
	29. 诚实：学生要“说明真相，即便是在非常困难的情境下”。
	30. 责任感：学生要接受并承担个人责任。
	31. 抑制：学生要认识到性行为、喝酒与吸毒都是不应该的，这一点很重要。
社会能力	32. 计划与决策：学生要知道如何提前做好计划和决策。
	33. 人际交往的能力：学生要用心倾听，有灵活的交友技能。
	34. 文化包容：学生要了解并能与不同文化、民族和种族背景下的人民和谐相处。
	35. 抵制技巧：学生能够抵御不良同伴关系和不良环境的影响。
	36. 和平解决冲突：学生要寻求非暴力的措施解决冲突。
自我认同	37. 自立自强：学生要认为他可以掌控并解决好“遇到的突发事件”。
	38. 自尊：学生报告说自己有很高的自尊需求。
	39. 目的意识：学生报告说“我的生活是有意义的”。
	40. 积极的个人发展观：学生积极乐观地面对自己未来的生活。

不幸的是搜寻机构（Search Institute）的研究表明，比较典型的6～12年级学生所经验的资源指标不到总数的一半，而且几乎很少有学生体验那些与学业成功最直接相关的资源指标。在过去10年间，搜寻机构已经调研了全国范围1 000多个城镇中的100多万青年学生来测量他们的资源水平。上述基本研究结果年复一年地保持着令人困扰的一致性，社区与社区之间也是如此。从初中教师和行政管理者的观点来看，情况甚至更加令人迷惑：学生们报告的发展性资源的平均水平从6年级一直到12年级都有下滑（Bensom et al. 1999）。下面仅是搜寻机构的研究针对每一项资源项目中最显著的统计数据，表明了面对教育家，家长和学生的挑战的深刻性。

从外部资源来看，在“支持”这一栏里，只有25%的学生说他们体验到了富有人文关怀的学校氛围。在“授权”这一项里，只有50%的学生认为他们在学校和学校周围有安全感。在“权限和期望”一项里，不足50%的学生认为教师和家长对他们的行为表现怀有高期望。在“有效利用时间”一项里，尽管在课余时间参加由学校或者社区组织主办的俱乐部活动、体育活动或者其他有组织的活动可以减少参加危险性活动的机会，有助于青少年发展其他积极、优良的品质，有助于他们发展良好的社会支持和社交技能，但是依然只有不到60%的学生每周参加这些活动的时间超过3个小时。

对内部资源来说，就“学习的责任”这一项来说，接近40%的学生感到不能融入学校中或者没有获得成功的动机。在“积极的价值观”这一项中，接近40%的学生不能为他们自己的行为负责。在“社交能力”一项中，超过70%的学生不认为自己是一个好的策划者和决策者。在“积极的自我认同”一项中，只有不到50%的学生认为自己能够处理好生活中的突发事件。

建立学校资源

正在寻求向学校共同体灌输发展性资源的方法的学校和地区应该扩大到教育的五个主要领域：课程与教学，学校组织（教室和教学日），课程项目（校内外项目），社区合作（例如，和家庭，邻居，其他社团成员，志愿者和商人）和支持性服务（例如：咨询服务，健康护理服务和志愿性职员）。399

在更为深入地看这些领域中的每一项之前，弄清楚建立评估的六条基本原则是很有用的。

● 每个人都可能是资源建立者。这包括行政人员、教师、保管人员、公共汽车司机、咨询人员、食品供应者以及父母和其他成人，都要归到资源建立者这个角色上来。

● 所有的学生都要资源。这些发展性评价对所有的学生来说都是至关重要的，不仅仅是针对风险学生（at-risk students）、天才儿童或者有特殊需要的学生。

● 人际关系是关键。良好健康的人际关系可以帮助年轻人，让他们参与到学习中去，并使他们的精力集中在积极有效的思考和行动上。

● 评价的建立是一个进行中的过程。教育家补充父母和许多其他人对学生的发展所作的贡献，同时他们帮助学生从未来的人际关系和机遇中受益。

● 信息的一致性是很重要的。当所有的人都处于青少年生活的背景中，而且说着关于价值观和期望这样相同的事情，他们提供了相似的支持和挑战，他的心理世界更加安全和敏感，这增加了青少年的动机意识。

● 持续关注是必要的。建立资源不是一个一次性的项目，而是为所有学生不断提供关怀的关系和挑战的机会，这样才能形成他们的天才、兴趣和价值，从而以这种方式帮助他们实现个人目标和贡献于社会。

有以上六条建立资源的基本原则作基础，学校的行政管理人员应该考虑和其他社区资源合作使他们能更好地建立起所有的 40 条发展性评估指标。然而，在读了下面的例子后，读者可能会主要记住研究（Scales and Leffert，1999）指出的对学术成就最重要的 13 个评估指标：学校参与、成就动机、积极的同伴影响、学生活动、学校归属感（主人翁精神）、学校权限、家庭作业、人际交往的能力、与其他成人的关系、高期望值、父母参与的程度、关注学校氛围和乐于阅读（Starkman，Scales，and，Roberts，1999）。

学校职能的主要领域是如何与以学校为本的发展性评价紧密结合在一起的？相关事例如下：

课程与教学

多学科整合，小组教学和令学生颇感兴趣的探究开发项目有助于使年轻人处于忙碌中，有助于教师调整和监督检查家庭作业，同时可以为学生提供与除了父母之外的成人建立人际关系的机会。多种分类（相对于单一的学术路径）和真实性评价的使用对于激发学生学术动机是有贡献的。服务性学习的经历不仅有助于他们达到很多州的标准，而且也让学生感到自己是有价值的，同时为他们提供了为社区作贡献的机会。合作学习的策略加强了为发展积极的同伴关系和人际交往能力所需要的技能培养。一门综合的健康教育课程要建立包括价值观和社交能力评价在内的指标种类。当老师清楚地阐述了学生为了达到一个特定等级所必须知道的和所能够做的事情时，当老师清楚地表明学生必须知道什么的时候，他们实际上为学校提供了明确的界限。许多课程已经将技能形成（skill-building）纳入交往、决策和计划制定中；对资源积累的教学策略的考虑能够使教学资源更具有目的性。阅读能力是获得成功的关键技能之一。为初中和高中不同领域 *400*
的老师提供教学和支持阅读技能培训是有益和愉悦的事情，这样不仅能增加阅读的愉悦资源，而且更为重要的是通过持续的、有目标的强化有助于加速阅读的成功。

组织

现在学校倡导的几个组织机构能够支持更多和更深的家长和学生之间的关系、增加动机、确保发展和期望的连贯性。此类例子包括在初中或高中校内组织更小的团体（小组），建立指导与被指导体系，应用弹性计划，使学生和家长在几年内都处在相同的小组之中（称其为“环形组合”）。

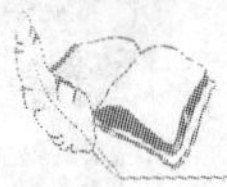

提供学生参与学校管理的方法，这可以加强评估项的力度并有助于发展人际间的竞争。邀请委员会中的家长参与了解环境或制定图书购买决策，增加了家长的参与度。对年轻人参与校内外教育项目的开放态度有力地支持所有资源的建构性利用，也能够为同伴和成人指导提供机会，这增加了积极的同伴影响和同成人资源的联系。

课程项目

课余计划为年轻人提供了大量的机会，活动包括参与创造性的艺术团体、体育活动和各种俱乐部以及从课外辅导教师那里学习更多的学术内容，学生们就是通过这些活动来进行评价的。这些有助于学生发展社会情感智商、领导技能，并为他们进行服务性学习提供了机会。为了建立最为成功的评价，积极召集所有的学生参与到这些项目中来是一个重要的因素，以使学生的参与程度尽可能地具有全纳性。课程项目也是父母参与安全环境中开展的与教育相关，且有益于学生的活动。

社区合作关系

学校与商业和其他社团组织的联系为年轻人积累资源和提升教育项目创造了机会，与此同时，在它所提供“真实世界”的环境中，学生能够学习与内容相关的知识和技能。诸如像基督教青年会（YMCA）、男孩女孩俱乐部、公园和娱乐组织机构是校内外项目的主要支持者，也是年轻人获得积极结果的典型倡导者。用发展性资源的通俗语言来完成这些内容也为社区和学校系统带来了一致性和丰富的信息。

支持性服务

虽然学校也能提供咨询和健康服务，但最好还是能为学生提供如关怀、鼓励和资源性的支持性服务。在学校系统中提供潜在资源建立服务，包括建立网络家庭资源中心，创立缓解学生从小学到初中，从初中到高中过渡压力的项目，同时要按照学生比率为他们提供咨询人员，允许学生们清楚地谈论对他们发展极其重要的问题和短期或长期计划。

401

执行实施面临的挑战

在介绍和把这些资源建立策略并入学校共同体时存在几个挑战。首先，面临的挑战就是学校当局有时感到他们几乎没有时间和精力来调研、观察或考虑那些与内容或者指导性策略发展无关的事情，因此面临的第一个挑战就是如何迅速并使人信服地和学校当局谈论交流资源建立的相关度。然而，建立学生资源是目前所有美国教育学家正在做的事情，虽然可能还不成体系。

其次，帮助教师学习资源建立策略和通过以下几点识别有目的资源建立方式是具有挑战性的。(1) 师生关系，(2) 教育项目，(3) 学校纪律条文，(4) 任务陈述，(5) 政治导向。把学校教育中的五大领域（课程与教学，学校体制，课程项目，社团合作关系和支持性服务）串联起来的是组织资源建立的三种方法：建立人际关系，创造支持性的环境，把项目和时间相结合的资源建立原则。例如，资源建立的基本原则之一就是“人际关系是关键”。因此，在学校教育的五大领域的每一项范围内寻找与学生建立关系的方法都是很有促进性的。老师可以提供那些有助于培养师生关系和生生关系的教育教导行为（例如，合作式学习的机会），同时也可以传授教学内容和技能。

教师和校长通过重新审视学校体制（延长时间，设立小组），合并课程项目（使俱乐部或者戏剧小组集中在放学后）和实施支持性服务（例如，建议咨询教师与学生的比率）来帮助建立支持性的环境。许多学校项目和实践已经恰当地与资源建立原则很好地统一起来。

最后，面临的挑战就是要寻找时间来了解发展性资源，并且增加学生建立资源的目的性。绝大多数仔细考虑过资源建立的学校人员几乎能立即辨别出日常使用的建立资源的行为。然而，越来越有意识地让全部学生实践这些行为和考虑扩展建立发展性资源需要更加精密的计划和对个人行为改变的强调。

时间的投入是很划算的：通过实践来发展一个人建立评价资源能力所需要的时间量要比接受非服务性的培训、学习一种新的实践项目和开始教学所要的时间量少得多，与之相比，老师也更容易接受他人的新思想并投入到当前的实践中来。

参考文献

Benson, P. L., P. C. Scales, N. Leffert, and E. C. Roehlkepartain. 1999. *A fragile foundation: The state of developmental assets among American youth*. Minneapolis, Minn.: Search Institute.

Carnegie Council on Adolescent Development. 1992. *A matter of time: Risk and opportunity in the nonschool hours*. New York: Carnegie Council on Adolescent Development.

Leffert, N., P. L. Benson, P. C. Scales, A. Sharma, D. 402
Drake, and D. A. Blyth. 1998. Developmental assets: Measurement and prediction of risk behaviors among adolescents. *Applied Developmental Science* 2: 209–30.

Newmann, F. M., G. Lopez, and A. S. Bryk. 1998. *The quality of intellectual life in Chicago schools: A baseline report*. Chicago: Consortium on Chicago School Research.

Newmann, F. M., W. G. Secada, and G. G. Wehlage. 1995. *A guide to authentic instruction and assessment: Vision, standards, and scoring*. Madison, Wisc.: Center on Organization and Restructuring of Schools.

Scales, P. C. 1999. Care and challenge: The sources of student success. *Middle Ground* 3(2): 19–21.

Scales, P. C., P. L. Benson, N. Leffert, and D. A. Blyth. 2000. Contribution of developmental assets to the prediction of thriving among adolescents. *Applied Developmental Science* 4: 27–46.

Scales, P. C., and N. Leffert. 1999. *Developmental assets: A synthesis of the scientific research on adolescent development*. Minneapolis, Minn.: Search Institute.

Starkman, N., P. C. Scales, and C. Roberts. 1999. *Great places to learn: How asset-building schools help students succeed*. Minneapolis, Minn.: Search Institute.

思考题

1. 什么是“发展性评价”？文中列举出了斯卡尔斯和塔库格纳认为发展性评价所具有的影响，你同意他们的观点吗？你是如何帮助贵校的学生建立发展性评价记录单的？为学生建立这样的评价记录单可能会遇到什么样的困难？

2. 作者是如何建议学校可以透过“评价视角”来促进学校管理、课程指导、辅修课程计划、支持服务和社团活动方面的明显的改变的？有哪些问题可能会妨碍学校实施这样一个计划？怎样可以提高学校成功实现这些计划的概率？

3. 如何让资源建立使得自己能融入那些已经成为学校文化或者是教室环境重要组成部分的项目和实践中？你能辨别使之成为可能的具体特征是什么吗？

403 课程实施的案例研究
问责时代的目的课程规划：“探索者”初中的方法

唐纳德·E·拉森（Donald E. Larsen）　塔利奇·T·阿克马尔（Tariq T. Akmal）

摘要：以下案例研究表明了“探索者”初中为学校进步所作的努力。在这个学校里，90%以上的学生享受免费或折价午餐。尽管这所学校还需要达到《不让一个孩子掉队法案》所要求的“适当年度进步”的目标，但作者通过一个“目的课程和教学规划模型”来解释“探索者”的管理者、教师、职员、学生及父母是如何推动学校进步的。

“这是最好的日子，这是最坏的日子；这是智慧的时代，这是愚蠢的时代；这是信仰的时期，这是怀疑的时期；这是光明的季节，这是黑暗的季节；这是希望的春天，这是失望的冬天；我们面前什么都有，我们面前一无所有；我们正在直升天堂，我们正在直下地狱。”（Dickens，1859）查尔斯·狄更斯在他的经典小说《双城记》开篇里如此写道。尽管小说的场景和所描述的特征属于18世纪晚期，但许多教育家欣然采用这种二分法来描述美国21世纪前十年公共教育的状态。

《不让一个孩子掉队法案》对所有的教师和学生寄予厚望。甚至在2001年《初等和中等教育法案》重新授权以前，大多数州仍采用了针对学生成就标准制定的改革措施（Orfield & Kornhaber，2001；Stecher & Chun，2001）。通过“适当年度进步”（AYP）来测量教师的胜任力和学生的成就，即学生在州规定的各种统考中的测验分数的综合情况。那些没有达到“适当年度进步”标准的学校将很快被贴上不合格的标签并公之于众；当一个学校表现出不能达到“适当年度进步”的形势时，将被要求制订详细的改进计划，并伴随着其他更多可怕的制裁。美国教育部部长坚持认为，改进的学生成就和更高的教育水平将是美国教育部颁布的命令带来的结果。

由于一些人把标准等同于要求每个学生达到州规定的评估中的特定分数，《不让一个孩子掉队法案》可能提出一套问责制度来矫正缺乏力度的教育实践。然而，许多教师相信，实施州规定的考试响应了更高教育标准的要求，但这实际上限制了他们教学的有效性（Barksdale ladd & Thomas，2000；Sack，1999），甚至引起“技能化”结果。此外，测验分数可能不现实地与学校的有效性及教师的质量等同起来（Reeves，2004；Smith，Heinecke，& Noble，1999）。

教师，特别是那些指导学生发展技能的教师将在春季接受州的相关评定，他们苦于那些犹如显微镜似的仔细彻底的检查以及学校之间、学区之间的比较。这种分析于每个秋季出现在地方报纸上，它提出标准化的测验分数有助于大众和学校纯量化的分析。这就如同消费者报告中的文章建议潜在顾客哪个制造商生产最好的开瓶
器而哪个制造商生产最差的开瓶器。那些 404
在前一年中测试成绩获得提高的学校将被视为成功的学校。州公共教育厅每年发布评估报告，这个报告呈现了没有经过“确认”的数据，即富裕地区7年级的学生中有82%的人通过了评估的数学部分，而他们贫民窟中的同伴只有16%达到了标准，这个分数不是同一水平的比较。这个报告

没有强调贫民窟的7年级教师已经“哄”着16%的学生达到熟练，尽管这其中的挑战和道德顾虑比富裕地区的教师所能想象和知道的都更加让人畏缩。

有人断言，诸如《不让一个孩子掉队法案》这种高赌注的命令带来的只不过是一种由那些负责实施新要求的人作出的外部保证（Fullan，2001)。然而我们的研究(Akmal & Larsen，2004a；Akmal & Larsen，2004b）指出，即使是那些从人口统计学上看起来是低期望值的学校，教师和管理者也可能有意纳入有效的教学实践来满足他们所服务的学生的需求。

“探索者”初中：一个抱定决心改进的学校

在过去五年里，我们把“探索者”初中作为我们研究的焦点。从任何一个传统的标准来说，“探索者”学校的情况都能给人带来绝望。在“探索者”6～8年级大约720个学生中，90%以上的学生有资格获得免费或折价午餐的福利。“探索者”初中几乎一半的学生，其母语不是英语。从1999年到2001年，“探索者”初中的平均学生流动超过了50%。在2002年，流动减少到了31%，但这个比例仍然证明对学生人数平稳性的担忧是有道理的。在7年级的州基准测试中，几乎没有学生在数学上表现优秀，阅读成绩稍微好一些。“探索者”正处于州规定的“学校改进计划”的第三年，这是没有达到州标准和《不让一个孩子掉队法案》定义的“适当年度进步”的结果。

一条始于学校办公室穿越街道的木篱笆清楚地表明“探索者”初中坐落在竞争团体声称的家庭赛马场附近。一辆警察局的巡逻车停在学校前面的路边。当地的警察局和学区合作使“学校资源官员”(SRO）每天出现在“探索者”初中的校园里，以减少对学生团体的外部影响。

呈现了这些事实后，我们就不会惊奇于发现一幢年久失修的建筑、铁石心肠且丧失信心的工作人员、迫切利用一切机会把他们的孩子转移到学区内另一所学校的父母、沮丧至极的管理者以及无动于衷的管理。但我们在“探索者”初中发现的一切都不符合任何此种悲观的设想。

按照《不让一个孩子掉队法案》所定义的“适当年度进步”标准，“探索者”初中是一所失败的学校。对班级的老师来说，推动100%的学生在2014年前达到熟练水平的要求可能让大多数满怀希望的理想主义者感到沮丧。然而，“探索者”的工作人员已经实施了一项有目的的计划。他们区分了两种情况：(1）州希望教学课程内容要和他们春季评估的内容一致，(2）需要涉及更多的学生而不仅仅是提升测验分数。这一目的反映了价值的内化（Fullan，2001)。认真培育关系和数据指导下作出的决策表明老师和管理者正在明确“目的意义”上的合作，明显的策略就是提高学生成绩和生活水平。为了打破这种贫困与低成绩之间的不良循环，这些教育家正在运用一套联结学生、教师和学校的还没有实现的整体方法。 405

两年前，在“探索者”初中的要求下，州指派了学校改进辅助者来指导可能帮助学校从失败的阴影中走出来的步骤。一位具有丰富经验的K—12的教育家弗恩·马蒂森（Vern Madison）到了这里，他同时还与其他16个失败的学校一起工作。

“探索者”初中旅程的第一步始于马蒂森所描述的“准备获利”的审计。他说，一个高功能的学校拥有三项重要且恰当的组成部分：(1）指向学生学习需要的员工发展；(2）与评估相结合的课程；(3）坚持“所有孩子都能学会”的共同信念。在保证了“探索者”工作人员拥有学习能力不受财富、家庭的稳定、种族划分、第一语言的核心信仰的限制后，马蒂森帮助起草了提高学生成就的策略和目标。“探索者”的教师和管理者已经写出了一项目的性很强的改进计划。“《不让一个学生掉队法案》逼迫我们变得更

有目的性，最终的目标是让我们在明天变得比今天更具有目的性。”

理解和运用数据来指导计划

目的性的主要部分依赖于运用可利用的数据来形成学校的计划和决策。上个春季的评估得分于七月中旬到达学区办公室。八月，教学领导团队成员会分析数据并围绕此信息形成叙述。“探索者”初中7年级学生的得分与来自学区里其他学校学生或可能是州其他学区学生的比较，证实了探索者为达到改进目标所面临的艰辛旅程。然而，马蒂森坚称评估信息显示出机遇与挑战并存。

“探索者”教学领导团队的核心职能是基于学生学习的特点和需要作出相应的决策。当教学领导团队分析了评估数据后，他们分解数据以便集中于学校的特殊人口。马蒂森说：“大家研究的不仅仅是数据呈现的问题并且还要追问‘那些数据对教师来说意味着什么?’”

管理者和教师也批判性地检查了作为高成就证据的数据。一位7年级的教师观察到，“当一位老师看到另一位老师好像获得了‘四方运算’教学的真正的成功，我们其余的人就要问‘她那样做有什么用?’”“探索者”的教学计划是围绕核心课程模块建立的，每个核心团队也能检测学科之间、班级之间的个体学生成就。

“探索者”初中的校长乔勒尼·齐默曼(Jolene Zimmerman)指出，在综合水平上，她的角色是“展望更加宏大的数据图景，指出大家正在经历的积极和消极的倾向，但更重要的是，要追问为什么会存在这些倾向。”随着这种自我剖析的过程，教学领导团队在十月时向学区办公室递交了最新的学校改进计划。

406 研究显示标准化的主动性倾向于把教学降低为指导课程如何与州要求的评估保持一致的“一刀切”的规则（Barksdale-lada & Thomas，2000；Dutro，Collins，& Collins，2002；Kohn，2000）。巴斯德尔艾德和托马斯（Barksdale Ladd and Thomas）的一项研究包含了对59位老师的访谈，一位老师叹道：“我曾经使用过的最有效的教学工具现在对我而言并不是那么奏效，因为它们只是帮助孩子应对考试，它们使我成为一个机器人而不是教师。”

“探索者”学校的改进过程引起了一些分歧。2003年的一项区政策要求初中每天保持90分钟的阅读时间。这种阅读已经取代了老师推崇的一些课程。“我们有一些老师正在哀悼自治权的丧失。”马蒂森说。然而，当一些人悲叹他们失去了他们最喜欢的历史单元时，甚至持最怀疑态度的人也从增加对阅读的关注所带来的好处中得到了满足。“天哪，”老师们说，“孩子们在阅读!”

当一门课，比如阅读，被挑选出来成为全校努力的焦点时，其他课程的重要性就相应的降低了。马蒂森和其他老师观察到当学校计划集中于阅读和写作时，内容领域的压力就会上升。然而，马蒂森说，学校改进的目标是把学生的绩效提高到再也不需要强烈干涉的程度。“当学生的技能提高了，”马蒂森说，“我们希望教师把更多内容带回课堂。”

虽然对这项耗时整整一年——从2003到2004年——的对阅读的重视能够获得100%的收益持谨慎乐观的态度，“探索者”的老师担心他们学生生活中的所有其他变量可能会对成就产生副作用。对学生每天的生活现实的同情，并不能让人自动想起教师每个早上都要往返于舒适的家和“探索者”之间。正如一位老师反映，对于一位在中产阶级家庭长大的老师，他不能理解为什么一个学生不带课本来上课，而另外一个学生不能解释没有完成家庭作业的原因。

我们很难了解所有不同的家庭情况——我们的学生中有多少人实际上正担负家里成人的责任，又有多少学生回家时，不知道家里还有没有人……

“探索者”的一位校长助理补充道：“当你的孩子因为犯罪团伙跟在他们后面而害怕晚上回家时，他们并不真的为阅读和写作着急！”目标仍然是帮助学生提高他们的生活并获得摆脱贫困所需的学术技能。

有效计划的关键——关系

407 在“探索者”，伴随着目的性的整个学校改进计划的又一同等重要的部分是聚焦于建立和维持关系，这开始于学校职员、教员及管理者的共同努力，结束于学生和家长在改进进程中的参与。“探索者”学校的教师创造了学习型社区的愿景，指出学生达到预期学习目的所需的步骤，这些都随着职员间联系的增强而变得便利了。

老师和管理者之间的坚固友谊和高度尊重，培育了更加立足于学生评估数据的更深入的讨论。“有时我们不得不看着对方并针锋相对，直到达成一致，”负责人齐默曼说，“但到一天结束的时候，我们仍然是朋友，仍然是同事。”在知道同事不会批评他们，反而会有同感并提供解决方案后，这种紧密联系也允许教师在桌面上就有机会平息他们的沮丧和担忧。

一位教师指出，“我认为全体教员最有效的做法就是照顾对方。我们的教员提出了很多个人遇到的问题，而我们总是如此支持对方，这让人惊奇。这种行为的中心是一种理念，即如果全体教员关心并支持他人，那么他们将能更好地关心学生并为他们提供服务。”

“探索者”员工的关系并非偶然，也是有目的地形成的，是教学领导团队整体策略的一部分。学校改进计划包括建立团队的详细计划，保证教师有足够的时间和专业发展来保证他们在运用数据和制定决策上的熟练。在非正式层面上对所有职员的生日，个人和团队的成就以及家庭事件进行庆祝，或在危急时刻给予支持。暑假里职员纯粹自愿地聚到一起，享受他人的陪伴。周末时，许多职员相互来往，一起参加户外娱乐，继续家庭或社区的规划或一起购物。“一些最棘手的问题有时并不是在学校时解决的。”一位教学团队的成员如此说道，他几乎每隔一周就会去和同事共度周末。这些关系是否影响了计划课程？“当然！”齐默曼校长说道。“我们在会议上再也看不到任何隐藏的议程。每个人都知道我想要什么，他们为说出他们不同意或支持的一个主意而感到高兴。所以在我们讨论一些东西的时候，总是一种诚实的，毫无障碍的谈话。”

经过设计的领导

目的性、道德目的和关系是内在动机驾驭组织的文化必不可少的组成部分（Fullan，2001，p. 51）。但这类组织的领导应该扮演什么样的角色？富兰（Fullan）提出有效的领导会把“能行”的思想慢慢灌输给他周围的人。“他们通常满怀希望——在追求更高价值的目标时传播一种积极的意识和永不放弃的态度。”

理想的学校管理者可能被描述为不仅仅是一个管理者，而通常也是一个教学领导。然而，实际上几乎没有管理者符合这么高的期望。

大多数负责人几乎没有花时间在教室里，更不必说花时间与教师讨论教学了。他们可能为教师会议和专业发展安排时间，但他们很少为教师教学技术的成长提供智力领导。（Fink & Resnick，2001，p. 598）

“探索者”学校里，齐默曼有充分的理由作为第一校长，她的活力、乐观和愿景为整个学习型团体奠定了基调。

“探索者”的教师先前与一位喜欢保密、制造不和且斤斤计较的管理者共事的经历造成了他们对管理者和彼此的不信任。
“存在很多对教师的伤害，”齐默曼说，“很 408
多人没有受到很好的对待，他们不愿意信任我，就因为我说他们应该如何或者我想让他们如何。”但齐默曼开放式的领导引起教师、职员、学生和家长的投入，他们承

诺把使命和实践结合起来。

齐默曼培育了一种开放的交流形式。“我喜欢把所有事情放到台面上，每个人都能看见。”齐默曼说。她的秘书很同意这一点：

> 有一件事是确定的——和齐默曼在一起，你总是知道自己身处何地。如果她对你做的一些事不高兴了，你会知道这一点，如果她很高兴，你也会知道这一点。但我们所共同知道的一件事就是如果我们不喜欢一些东西，我们将有机会说出来。

不管是否被齐默曼的开放式交流所鼓舞，她对承诺的坚持和不可抑制的活力与乐观让“探索者”的职员逐渐倒向她那一边。在齐默曼接到来“探索者”的邀请以前，有18位职员要求调到其他学校去。但最后他们全留下来了。齐默曼授权教学领导团队规定学校预算。“透明”成为教员会议和核心小组会议的标准。

自从被州鉴定为改进学校起，“探索者”改革的过程和步伐提高了对全体职员的期望。也因此出现了职员因为恼怒而放弃的可能。一位在探索者工作了十年的老师说，对目的性教学实践的持续的关注可能驱使教师去寻找对教师要求比较少的学校。

齐默曼说打破惯性并促使“探索者”走向改进的过程，包含了比设置每个人都同意的目标更多的内容。她正学习成为一名负责人，而工作人员正学习一起工作。“这就好像边飞行边建造飞机。”

一种“能行”的文化代替了齐默曼开始时遭遇的自我保护的风气。甚至当老师抱怨时，他们也只是想做正确的事。他们想要帮忙。布莱恩·莫瑞斯（Brian Morales）教师，指出他和他的同事已经学会信任齐默曼给学校带来的愿景。

> 齐默曼知道我们的学生也是如此，所以你不得不说：“让我们尽力一试，看看效果如何。”这只是一种让每个人平静一点的方式。那么人们会说“啊，好的，好的。”我想人们，无论是孩子还是大人，只是需要对事情会变好恢复信心。

今天，“探索者”全体职员把精力集中在孩子身上。一种“不惜任何代价”的态度流行起来。学生成就或测试成绩细微的好转都成了庆祝的理由。一走进学校办公室，看到的第一样东西就是加了框架和垫子的“探索者”的州评估分数的复本。学校管理员帮助训练摔跤。一位厨师运用电脑来记录和庆祝学生的生日。在假期，作为学校干涉的学术项目的一部分，学校的体育馆和选修课保持开放。学生的主动性 409
空前高涨，学生对没有污点的学校的自豪是显而易见的。“我看到‘探索者’从阴影中走出来并成为一所富足、活跃的学校。”马蒂森说。

对许多教育家来说，“探索者”学校改进的处方可能描绘了一种变革的顶点或悬崖。然而，正如艾博德（Abood）评论的：

> 如果你坐下来，切实思考一些我们所做的变革，你会发现，它们是常识。我想对我们来说最难的是改变。改变，这就是我们所要做的。

齐默曼认为，对变革背后的道德目的以及用来鼓舞和维持变革的关系的关注要保持微妙的平衡，但她也相信“探索者”正处在正确的轨道上。

“探索者”还会遇到什么

“探索者”初中改进学生学习和生活的努力稳固地立足于目的性。全校领导的道德目的在有目的地改进愿景、人道的私人关系网和相关数据指导下的正在进行的规划中体现出来，这些都是这所学校的特点。

“探索者”已经发展为一种“嵌套学习型社区”(Fink & Resnick，2001)，这是从俄罗斯等地当成纪念品卖的套娃中得出的隐喻。

> 看起来“套娃”形象起作用了，因为所有娃娃都是独立、自由站立的“人”，但他们享有共同的形式。你不能决定哪个娃娃最重要，中间的娃娃为所有娃娃确定了形态，而外面大的娃娃把所有娃娃都围绕起来。

州有对教学和课程材料要与春季评估的内容保持一致的期望，也有除提高测试成绩外对他们的群体进行更多干预的需要，“探索者”的专家对这两者进行了区分。2004 年春季，在处于学校改进计划三年后，7 年级学生的分数在州评估中翻番了。至今学校里没有一个人准备树立声明“使命完成”的标语。因为全体教师和职员继续致力于帮助学生发展学习的基本技能，测试分数将会继续提高。“即使我们不能看到我们想要的分数，”马蒂森强调，“‘探索者’对学生来说，仍是一个好地方。”

根据《不让一个孩子掉队法案》设置的标准，“探索者”是一所失败的初中，但检查这些数字以外的东西，丝毫看不出失败之处。通过目的课程和教学规划的模型，探索者的管理者、教师、职工、学生和家长正把“探索者”推着前进，从最坏的境况推向最好的时代。

参考文献

Akmal, T. T., & Larsen, D. E. (2004a). Keeping History from Repeating Itself: Involving Parents about Retention Decisions to Support Student Achievement. *Research in Middle Level Education Online, 27*(2).

Akmal, T. T., & Larsen, D. E. (2004b, April). *Aligning state reform with middle school needs: Contextualizing accountability pressure for school renewal.* Paper presented at the annual meeting of the American Educational Research Association Conference, San Diego, CA.

Barksdale-Ladd, M. A., & Thomas, K. F. (2000). What's at stake in high-stakes testing: Teachers and parents speak out. *Journal of Teacher Education, 51,* 384–397.

Dickens, C. (1859). *A tale of two cities.* New York: Walter J. Black, Inc.

Dutro, E., Collins, K. M., & Collins, J. (2002, April). *Teachers' responses to the standards movement: Perspectives from literacy practitioners in three states.* Paper presented at the annual meeting of the American Educational Research Association, New Orleans, LA.

Fink, E., & Resnick, L. B. (2001, April). Developing 410
principals as instructional leaders. *Phi Delta Kappan, 82*(8), 598–606.

Fullan, M. (2001). *Leading in a culture of change.* San Francisco: Jossey-Bass.

Kohn, A. (2000). Burnt at the high stakes. *Journal of Teacher Education, 51,* 315–327.

McNeil, L. M. (2000). *Contradictions of school reform: Educational costs of standardized testing.* New York: Routledge.

Orfield, G., & Kornhaber, M. L. (Eds.). (2001). *Raising standards or raising barriers? Inequality and high-stakes testing in public education.* New York: The Century Foundation Press.

Reeves, D. B. (2004). *Accountability for learning: How teachers and school leaders can take charge.* Alexandria, VA: Association for Supervision and Curriculum Development.

Sacks, P. (1999). *Standardized minds: The high price of America's testing culture and what we can do to change it.* Cambridge, MA: Perseus Publishing.

Stecher, B., & Chun, T. (2001). *School and classroom practices during two years of education reform in Washington state* (National Center for Research on Evaluation, Standards, and Student Testing/RAND). Los Angeles: University of California.

唐纳德·E·拉森是太平洋大学教育管理和领导专业的助理教授。塔利奇·T·阿克马尔是华盛顿大学教学专业的副教授。

思考题

1. 一个学校有 90%的学生有享受免费或折价午餐的资格，这暗示着什么？与那些没有学生有资格获得免费或折价午餐的学校相比，这个学校在社区、外在支持和成就方面可能会有什么不同？

2. 学校领导和教师提到的“探索者”初中年度计划的关键特色是什么？他们是如何推动学校进步的？你认为为了让学校达到《不让一个孩子掉队法案》要求的“适当年度进步”，什么是必要的？

3. “探索者”初中听起来像是你想要在里面任教的学校吗？为什么？学校的什么特征影响了你的答案？

教师之声——理论联系实际

411 # 普通班级创造力小组

南希·金·米尔德拉姆（Nancy King Mildrum）

摘要：对于有天赋的学生，我们有时会根据他们智力和情感的需要，设立特殊班级，从而让他们接受最好的教育，然而，即使无法达到超常人群的智力水平的普通学生也应该接受创造力课程教育。南希·金·米尔德拉姆发现创造力激发课程在普通班级起到了非常重要的作用，她的信念在不断地坚定，因为几年来她的这一发现在各种新教育情境中不断地得到证实，她写道，“看到不同智力水平的学生的创造力都得到开发，真是一件令人高兴的事。”

“虽然创造力课程已经结束一个星期了，我班的学生仍然深受影响。创造力是可以教授的吗？创造力是可以激发的吗？创造力是可以学习的吗？所有的答案都是肯定的，任何年龄阶段，任何能力水平的学生都能从中受益。”

——一名 1 年级教师

过去的八年里，我一直在小学和初中做创造力激发课程的研究。在这些学校里，我为普通班级学生设计了创造力课程模型。这个模型叫 TLC（富有创造力的十类课堂，Ten Lessons in Creativity），是我和佛蒙特州约翰逊州立大学研究天赋教育的罗宾·哈德斯（Robin Hards）共同设计的。这个模型的设计依据如下：

● 创造力的发展（Davis，1986；Shallcross，1981；Torrance，1977）。

● 培养与创造力相关的态度（Davis，1986；Shallcross，1981）。

● 体验概念的转换（Davis，1986；Perkins，1981）。

● 想象力练习（Eberle，1971；Lowery，1982）。

● 发展对元创造力的理解能力（Brunch，1988；Pesut，1990）。

● 提供创造和发展的机会（Renzulli & ries，1985；Treffinger，1986）。

● 强化自我发展的信念（Shallcross，1981；Torrance，1989）。

我们研究的目的在于探讨 TLC 模型在培养普通学生创造能力和创造态度方面的作用和效果。我们在 6 年级做这个模型的试验，综合应用质与量的研究方法做前测和后测。虽然创造力课程通常是超常教育的一部分，但我们相信，所有智力水平的学生都能从这种教育指导中受益，TLC 模型可以适用于普通班级。

研究结果表明，参与创造力课程的儿童得到了这些方面的发展：

● 增加了关于创造能力和态度的知识，这些在运用词汇方面得到明显体现。

● 增强了对元创造力的意识。 412

● 创造力得到了发展。

● 与创造力相关的态度得到发展。

对于有天赋的学生，我们有时会根据他们智力和情感的需要，设立特殊班级，让他们接受最好的教育，然而，即使无法达到超常人群的智力水平的普通学生，也应该接受创造力课程教育。我的这个信念在不断地坚定，因为我发现创造力激发课程在普通班级起到了非常重要的作用，并且几年来这种发现在各种新教育情境中不断地被证实，看到不同智力水平的学生的创造力都得到开发，真是一件令人高兴的事。

思维模式

基于TLC的课程旨在促进学生反应、创造和表现的能力，其重点贯穿课程之中的是促进学生对自身和他人创造过程的理解，通过词汇语言活动，教师不断强化学生的各种能力，例如灵活性、创造性和耐力；不断强调创造态度，例如坚持、富于冒险精神，独立和小心谨慎。

创造性课程一般是每周1小时，持续6～10周，我与班级的老师共同制订课程计划并予以实施。日常生活用品、手工材料、创造力强的名人传记和一些贸易书籍是我们课程的准备材料。上课之前，我们会明确地告诉学生课程要达到的目标以及与创造能力、创造态度相关的训练。

在第一课时，引导学生形成关于创造力的一些概念。经过“头脑风暴”的阶段后，一个4年级的学生就提出“创造力很酷，它就存在于你周围，它是思考，是学习新事物，是解决问题。”然后我们制作一期班级板报，利用“创造力是……”这种比喻，让学生们把句子补充完整，并说明为什么这样补充。当句子补充全部完成时，每个学生对自己的句子进行解释，而小组的同学对其解释作出回应，进行提问和评价。所以在第一课时，每个人的创造力能很快“跳”出纸面，同时他的认识被赋予特殊的意义，吸引着小组的其他成员。

在第一课时形成了普遍的创造力概念之后，接下来的课程便针对培养创造力和创造态度而专门设置。例如在培养灵活性的课堂上，要求学生利用整合的方法把两个观点合成一个新的观点。灵活性可以看成是从不同角度看问题的能力，或是采用一种新的方法从而取得新的结果的能力。进而，发明被看成是整合。在这种整合的活动中，学生每两个人一个小组，从各种词条中任选两个，组成一个新的词条，这些词可能包括闪光灯、餐叉、瓶盖、纸巾卷、塑料玩具、线等。然后学生对两种事物组合成的新事物进行解释，阐述新事物不同于两种事物中任何一种的功能。

当每个小组都准备好自己的解释的时候，各小组分别向其他小组解释他们的创意，其他人往往对这些创意非常感兴趣，而且对“不寻常”的想法显出热烈的回应。在这个简单的活动中，学生能意识到灵活性也是一种创造力。

虽然对创造力的教授采用了一种相对生硬的限定性结构，一些教学技术听起来也类似传统的教学方法——引入、练习、强化、复习和评价，但是这种课程却促进了学生互相学习，关注不同寻常的理解，对有趣的观点充满兴趣。班级里也形成了一种合作、试验和赞赏杰出事物的氛围。随着课程的开展，学生们意识到在练习的过程中，爱好、技能和创造力发展起来了。

创造力教学：天赋教育的标志 413

> “创造力培养课程所使用的教学方法对我来说是一种挑战，对于我来说，紧紧围绕教科书和练习册的教学方法会更轻松。然而，让我感到充满希望的是，它会让我在教学方法领域采用更多的综合方法。”
>
> ——一名7年级教师

在天赋教育中，重点强调的是原创性的思考、万事万物的可能性和对不寻常的推崇。而在普通教育中，教师只要注意教授课程，让学生掌握学业技术就可以了，重点在于形成一致的意见而不是有分歧的想法，学生们的创造能力被忽视了。

在创造力培养课程方面的合作，天赋教育经验丰富的老师可以向普通班级老师提供大量有关天赋教育的第一手经验，例如发现和支持天才儿童，以及开发儿童的优势的原则。在创造力培养的课程中，普通班级教师可以看到以这些原则为基础的教学策略的效果——课堂上，学生们是主动和积极的，因为他们感到他们的观点是重要的，教师们也更加支持学生个人创造性的表现，因为他们可以体验到当学生个人能力得到尊重时，班级中积极的学习氛围。

我可以肯定很多普通班级教师对天赋教育“以儿童为中心”的本质表示怀疑。他们保持着“教师中心”的传统思想，不习惯以学生为中心的教学环境。而在天赋教育中，教师必须做到以儿童为中心，因为教师所面对的是必须从基本能力出发接受挑战的学生。教师必须倾听学生的问题，因为他们对他们感兴趣的东西是极为认真的，把自己的学习偏好看成是一件非常重要的事。在与学生的交流中，教师以学生的能力和爱好为基础，使之形成完整一体的有意义的经验。许多普通班级教师还没有准备好接受让学生更多控制其自身学习这一观念。

当与我合作的普通班级教师观察到我在创造力培养课程中完全尊重学生想法的立场时，他们开始明白，尊重和推崇每一个学生的表现对教学不是一种威胁，反而会对学生学习起推动作用。这是因为教师不可能总是对的，解决一个问题的办法可能不止一个，学生知道的东西可能比教师多。

当普通班级教师的教学实践智慧和培养学生潜在创造力的技术融合在一起的时候，对教师来说，就产生了十分奇特的效果。当和一个1年级教师合作完成创造力课程教授的时候，她写道：“学生所作的每一件事都充满着创造性，他们更加自信，更加有成效。”

创造力小组确保创造力强的儿童发展

> “学生之间的确是互相支持的，他们对彼此为共同的方案所作出的努力给予积极的赞美，提出建设性的意见。”
>
> ——一名7年级教师

创造能力强的儿童在智力水平存在差异的班级中经常会有消极的社会体验，因为他们非传统的行为方式和看问题时不寻常的视角有时会被人们误解或不讨人喜欢。在大多数情况下，在学校要求获得基本技能的氛围中，创造力强的儿童的独特的观点不能表露出来。

当班级关注以发展创造力为目标的课程时，创造力强的儿童获得了表达他们智慧的机会，赢得了“观众”。在每一堂课中，他们都有时间解释他们的作品，获得伙伴们的回应。一旦孩子们意识到他们想法的出众，是从不吝惜积极的反馈的。对 414
于创造能力强儿童的观点，孩子们的赞赏往往会以好奇和提问的形式出现。

“你从哪儿得到的这种想法?”

“为什么你决定用这些材料做这个东西?”

“你怎么做的?”

当一个学生的作品抓住全班学生的想象力时，快乐和兴趣就产生了。

在培养创造力的课堂上，学生们被要求设计一个纸盘子的新的使用方法。我们为他们准备了大量的手工材料，例如胶水、四边形、管刷、圆形小光片、纱、羽毛、纽扣、树皮和纸巾等。要求他们以盘子为基础利用这些材料做一个奇特的东西。学生们的作品通常表现为：面具、花、容器和移动电话，而一个奇特的作品也出现了。一个7年级的男孩为了展示祖父的故事，在计算机上努力设计出一个奇特的作品。“每一个纽扣代表着一个不同的主题，例如动物故事、打猎的故事或者古人的故事，”他自豪地告诉他的同学们，“这个想法就是为了把这些故事保存在一个安全的地方，让我们永远也不会忘记它们，而且可以随时找出来。”他一边讲解，一边指出耳机和光盘的细节所在。

其他的学生和他的老师对他的作品印象深刻，问了许多关于作品的问题。这个奇特的男孩在学校里经常捣乱，是学生和教师消极注意的对象，然而在这堂课中，他感到自豪，他有创造力并善于表达，他的老师和同学对他产生了新的看法。被同龄人喜爱和尊敬增强了那些由于智力水平太高而感到孤独的创造力强的儿童的自我评价。

创造力和自信

> “我想说的是，我和我的学生正在为自我评价问题作出的努力，而创造力课程的确提高了学生的自我评价水平。”
>
> ——一名6年级教师

一旦学生参与到创造力培养课程中来，他们便不再害怕失败从而改变他们的行为，学会相信自己的观点，形成对过程的反应能力。每一个学生都在没有竞争、灵活和合作的环境中体验到成功。

马斯洛对特殊天赋的创造力和自我养成的创造力进行了区分，特殊天赋的创造力是经由严密的训练、智慧和承诺而取得的成就，而自我养成的创造力来源于个性和以一种创造性的方式处理生活中每一方面。他认为，以创造性的态度对生活进行积极的关注，能意识到他所界定的“最基本的人”是健康的存在方式，这与超常智力是不相关的。当学生们具有大量关于对创造性的态度的经验时，他们开始对自己是谁、自己能做什么更有信心。当他们意识到在学校中做真实的自我是安全的时候，他们的自信心就得到了增强。

肖尔克罗斯（Shallcross，1981）认为高创造力的个体认为自己是一个权威，并如同尊敬外部权威一样尊敬自己。当学生们获得创造力课程经验以后，我发现，自我尊敬的态度影响了他们的行为，他们认真地作决定，相互合作完善观点，对表现和回应其他人的作品感到高兴。

创造力教学：不仅仅适用于天才儿童

> “我看到了那些我以前从来没有开发的创造能力，尤其在写作方面。一个女孩的拼写和写作技巧十分糟糕，但是在我们第一次应用纸板报进行活动的时候，我发现她的想法很新奇，真是如此的令人难以置信。”
>
> ——一名7年级教师

在所有的儿童中，创造力不同程度的存在着（Shallcross，1981）。然而不幸的是，一旦儿童进入学校开始社会化的进程，他们被调教，从而追求正确的答案。在他们寻求正确答案的过程中，他们检验自身观念的能力和对自己天性的信任被忽视了。他们不能发现自己的想法是奇 415
特的。

然而当学生给“创造力”下定义，获得创造的机会，学会用语言表达他们自己的创造力的时候，他们为自己独特的个性感到自豪。没有必要害怕失败，因为所有的想法都是有价值的。同时，他们通过努力的工作战胜沮丧和挫折，取得体现他们自己意图的成果。他们开始关注其他同学出众的创造力，学会表达对他们所关注的事物的看法。当学生们在每节课结束，解释自己成果的时候，相互佩服的氛围产生了，竞争让位于合作。每个学生都有足够的创造力，所有学生的想法都是有效的，因为他总是可以从小组中得到反馈。

在创造力培养课程开设的过程中，普通班级教师开始以一种崭新的视角看待每一个学生。例如，不守纪律的学生往往是灵活的，具有自己独特的思考。在很多情况下，普通班级教师都对表现出高创造力的孩子感到惊讶，因为这些孩子在学习上

是不够成功的。一旦教师了解了学生的创造力情况，他就会关注这种能力从而对学生的学习提供帮助。

我在天赋教育方面的工作使我获得了更多创造力教学的必要的技能。毫无疑问，对激发创造力来说，天赋教育是最基本的途径，然而，把这种观念应用于占主流地位的普通教育是十分重要的，这是因为一些不能接受天赋教育的儿童同样具有很强的创造力，所有的儿童都具有可以进一步发展的不同水平的创造力。每个学生都从学习创造力，认识自己创造过程的课程中受益，而且创造力小组中的所有课程都涉及学生的全面发展。我有一些支持不同天赋教师和学生的创造潜力、整合零碎的创造性想法和难忘的体验。

参考文献

Bruch, C. (1988). Meta-creativity: Awareness of thoughts and feelings during creative experiences. *Journal of Creative Behavior, 22,* 2, 112–122.

Davis, G. (1989). *Creativity is forever.* Dubuque, Iowa: Kendall Hunt Publishing Co.

Eberle, B. (1987). *Scamper.* Buffalo, New York: DOK Publishing.

Hands, R. (1991). *Implementing ten lessons in creativity in the regular classroom: Effects on abilities associated with creativity.* Johnson, Vt.: Johnson State College.

Lowery, J. (1982). Developing creativity in gifted children. *Gifted Child Quarterly, 26,* 3, 133–138.

Maslow, A. H. (1968). *Creativity in self-actualizing people, toward a psychology of being.* New York, New York: Van Nostrand Reinhold Company.

Mildrum, N. K. (1991). *Implementing ten lessons in creativity in the regular classroom: Effects on abilities associated with creativity.* Johnson, Vt.: Johnson State College.

Perkins, D. (1981). *The mind's best work.* Cambridge, Mass.: Harvard University Press.

Pesut, D. J. (1990). Creative thinking as a self-regulatory meta-cognitive process—a model for education training and further research. *Journal of Creative Behavior, 24,* 4, 105–109.

Renzulli, S. J., & Reis, S. (1985). *The schoolwide enrichment model.* Mansfield Center, Conn.: Creative Learning Press.

Shallcross, D. (1981). *Teaching creative behavior: How to teach creativity to children of all ages.* Englewood Cliffs, NJ.: Prentice Hall.

Torrance, E. P. (1977). *Creativity in the classroom.* Washington, D.C.: National Education Association.

Torrance, E. P. (1998). On the shoulders of giants. *The Educational Forum, 53,* 2, 117–124.

Treffinger, D. J. (1986). Research on creativity. *Gifted Child Quarterly, 30,* 1, 15–19.

南希·金·米尔德拉姆是佛蒙特州佐治亚中小学教育机构经验丰富的组织者。

416 ## 学习活动

批判性思考

1. 在为过渡期和青年初期的学生设计教育项目时，第三章讨论的哪些变化应该被用来指导课程规划者?

2. 针对过渡期和青年初期学生的有效课程的必要因素是什么?

3. 威廉·亚历山大，被公认为是初中之父，说:“每一位学生都应该作为一个人，成人要为他们承担指导责任。”这里“作为一个人”是什么意思?为什么成人和初中生的关系如此重要?教师和管理者应采取什么措施保证学生拥有这种关系?

应用活动

1. 当你在青年初期的时候，学校里的哪些经验帮你成长和学习?哪些经验阻碍了你?这些经验中哪些能应用到现在和将来的课程规划中?

2. 利用这章的材料，设计一个短的问卷或访谈提纲让课程规划者更多地了解青年初期的学生。

417 3. 邀请中小学教师到你的课堂上，让他们描述他们所用的课程规划的步骤。在规划中最重要的课程标准是什么?

实地体验

1. 同一群处在青年初期的学生谈一些与他们学校、社区、国家和世界相关的社会力量，比较你的发现和学生的发现有什么不同。

2. 访问一所初中，询问学校的发展目标，看看它们在多大程度上反映了本章所表达的观点。

3. 访问一所为青年学生提供服务的社区机构，让工作人员描述他们所提供的服务，向其他同学报告你的发现。

网络活动

1. 访问下列一个或多个网站，收集有关过渡期学生的信息、研究成果、出版物等。

青少年研究中心(Center for Adolescent Studies)

国家初等学校协会(National Middle School Association)

在线教育资源(Online Educational Resources)

青少年教育中心(Center of Education for the Young Adolescent)

初等领导中心(Middle Level Leadership Center)

初等学校信息中心(The Middle School Information Center)

2. 进入 kidlink，这是一个利用网络将世界上所有 15 岁青少年联系起来的组织，从这个地址中访问适合成年人的领域来决定青少年过渡期的教育兴趣、需要及问题。

3. 进入 Kidlind，找到一些整合不同领域课程的教育活动，设计一系列适合过渡期青年的活动，从这里你还可以访问在课堂上利用 Kidlind 的学校的网站。

第9章

高中课程

焦点问题 418

1. 高中生的主要发展性问题是什么？
2. 今天的高中面临的“内部问题”有哪些？
3. 美国综合高中发展的深层原因是什么？
4. 关于“重建”高中，人们有哪些建议？
5. 适合高中生的课程目标有哪些？

高中生的发展性挑战

高中生开始寻求从父母和其他成人那里取得最终的经济独立的保证。他们意识到新的智力和发展新的认知技能的需要。他们支配性的动机大多是在青少年群体中取得社会地位和满足同伴的期望。他们经常能感受到成人赞赏的行为和同伴赞赏的行为这两种取向之间的矛盾。根据埃里克·埃里克森的理论，这个水平的学生在寻求身份承认和自身价值的发展。根据著名社会学家，《文化研究：符号结构和社会结构》（*Case Study in Curriculum Implementation*）的作者本尼特·M·伯格的理论，青春期是文化违背自然的一种方式，多年以来青少年不断推迟他们对权利与公民责任的要求。在这一点上，你或许愿意返回第 3 章，重温一下劳伦斯·柯尔伯 419
格、卡洛·吉里根和其他学者提出的关于人类发展的观点。

今天高中生的世界与他们父母所经历的世界有明显的不同。技术变化、社会选择与价值的多样化、犯罪与暴力的泛滥、媒体的教导和影响、成人与儿童界限的模糊，这些都会对今天的青少年产生巨大的影响。成人或许在理解那些影响了今天许多年轻人生活的现实上存在着困难，例如，有关南卡罗来纳青年危险行为调查的结果显示，青少年中 47%的男孩和 13%的女孩携带武器，大量青少年参与过打架斗殴；携带武器和参与打架斗殴的人最可能是吸毒者和有性行为者（Valois and McKewon，1998）。在本章“教师之声”部分，米拉·瑞因茨伯格（Mira Reisberg）描述了一种课程开发的路径，通过创造学生生活、社区、创造性智力、身体和精神之间的联系来帮助学生理解并超越他们生活的严峻现实。

寻求自我认同

当年轻人进入高中以后，他们通常会较少的看重同伴的反应，而更多地去寻求强烈的自我认同。他们会从依靠别人变为依靠自己；他们对事物的个人意识而不是同伴的反应指导着他们的行动。艾略特·威金顿（Eliot Wigginton）是将火狐方案引入到高中课程的组织者，他在《闪光时刻：火狐经验》（*Sometimes a Shining Moment*：*The Foxfire Experience*）一书中说道，高中生的需要在去做重要的事情——真实世界的真实情境中的真实工作——中能得到很好的满足（1985，p. 236）。学生们有了这种经历，他们认为学校课程没有意义的可能性就会降低，并且出现那些自我毁灭行为的可能性也会降低，如滥用毒品、辍学、旷课、自杀、怀孕、故意破坏、犯罪活动和迷信。在本章“教师之声”部分，米拉·瑞因茨伯格解释了她如何使用类似于威金顿的火狐方案来帮助职前教师进入今天的高中考验严峻的环境。

然而，高中生通常要经过一段与家长、老师和其他成人的冲突期之后才能获得独立和自我认同。在太多的例子中，他们通过前面提到的自我毁灭行为来表达他们的自卫和反叛。这就要求高中课程制定者应该给予学生适当的方式来展现他们的独立感，或者像卡罗琳·马休（Carolyn Mamchur）所建议的给学生机会用他们的能力来决定学什么和怎样学。为了帮助这些青少年度过他们生命中具有挑战性的时期，并且准备好真正地过渡到成人，M·李·曼宁（M. Lee Manning）和理查德·萨德利米耶（Richard Saddlemire），建议高中应该采取四种水平的训练：辅导项目、探索项目、互助学习小组和强化校风活动。

420 美国高中面临的挑战

近几十年来，美国高中不仅遭遇了频繁的犯罪潮和要求改革的冲击，还得应对大量的内部问题。许多高中被敌对、暴力、绝望、冷漠和滥用毒品困扰着。庞大的校园，大量的注册生，还有官僚化的组织结构使情况更加恶化。学生们经常会消极地对待教师、管理者和职工。很多学生感到他们的学校生活虽然说不上痛苦，却很无趣。少数学生会觉得他们受到了不同的对待。学生和教师都认为学生在制定学校政策上没有影响力。许多学生认为他们正在学习的并没有他们应该学习的那么多。高中尤其没有利用社区的丰富资源。

另外，学生们自己认为高中课程没有达到应有的严格程度。一个关于“高中课程应该包括什么”的大学生调查显示，学生希望课程包括更多的阅读、语言和词汇、说写技能、研究论文和计算机课程（sandel，1991）。同样，根据凯·S·希莫威茨（Kay S. Hymowitz）的观点，学生在美国高中，甚至是“好”高中，经历的也不过只是娱乐化的课程。与此相似的是，苏珊·布莱克（Susan Black）认为许多高中生之所以厌学是因为他们在学校接受的只是狭窄的、技能性的课程。

综合高中的发展

20世纪五六十年代，为了满足青少年的要求，也为了追赶苏联对工程师和科

学家的培养，哈佛大学前校长詹姆斯·B·科南特（James B. Conant）等人号召发展综合高中。综合高中“将为所有青少年提供学习的机会，包括一般学生和天才。它的目的是为了每个学生的成功和幸福，使他们都能最大限度地发展他们的潜力，来为他们生活其中的美国社会作最大的贡献”（Gilchrist，1962，p. 32）。

科南特建议，“每个做事高效有益的学生至少应该学习18门学术科目”（1962，p. 29）。这个学习计划将包括四年的数学、四年的英语、四年的外语、三年的科学、三年的社会研究。科南特预计15%～20%的学生能够完满地完成这些课程。

人们对综合高中的期望很高。密苏里大学城公立学校督导于1962年写道：“美国继续发展每个青年的才能。在综合高中，公众和教育者拥有令人振奋的有效的手段来满足美国的未来的需要”（Gilchrist，1962，p. 33）。

然而综合高中已经被证明不能为大量的青少年提供合适的教育活动。许多观察 421
者认为试图开发满足所有青少年的综合高中的课程，结果造成的是缺乏一致性的课程。综合高中试图把太多的内容教给学生，结果，课程更多关注的是内容覆盖面而不是促进理解。

高中改革的大讨论

在20世纪80年代，可以看到太多关于改革的报告和书籍，它们绝大多数是针对高中的，呼吁提高标准，提高质量，重建公众对学校的信任。全国优质教育委员会1983年的报告《国家处在危险之中：教育改革势在必行》掀起了一场关于如何提高美国高中教育质量的全国大讨论。报告警告说，国家已经“不经思考，片面地在教育上投降”，并指出在17岁人口和少数民族人口中的高文盲率、SAT分数的下降、大学和工作单位需要提供读写算补习等现象。针对美国学校中可以看到的无效，《国家处在危险之中》建议提高教育标准（没有清楚界定），要求经常对学生进行评价，延长学校日和学校年。

另一个被广泛讨论的报告是欧内斯特·鲍耶（Ernest Boyer）的《高中：美国中等教育报告》（*High School*：*A Report on Secondary Education in American*）（1983），由卡内基促进教学基金会赞助。报告建议，首要的是核心的普通学习和面向全体的服务性活动，更具灵活性的校历安排，还要发展个人兴趣的个性课程，掌握语言，单轨的学术等。

西奥多·斯泽（Theodore Sizer）的著作《郝瑞斯的中庸之道：美国高中的困境》（*Horace's Compromise*：*The Dilemma of the American High School*，1984）呼吁进行广泛全面的美国高中改革。书中，斯泽虚构了一个叫郝瑞斯·史密斯的高中英语教师，通过对她遭遇的职业困境的分析，斯泽建立了一个“改造高中结构”的案例。他认为高阶思维技能应该成为高中课程的核心，学生应该通过解决挑战性问题来学习这些技能。斯泽认为高中的目标应该是少而明确的，应该要求毕业生掌握学科内容。他认为课程的内部整合是关键，课程结构应该适应学生不同的学习风格。为了将他的想法付诸实践，斯泽在布朗大学建立了“基本学校联合体”。最初在1984年只有五所学校，到了20世纪末，联合体增长到了一千多所学校和二十四个区域支持中心。

斯泽在《郝瑞斯的学校：再造美国高中》（*Horace's School*: *Redesigning the American High School*，1992）一书中，进一步指出了通过联合体重建高中的路
422 径。联合体的一个基本假设是自上而下、标准化的方法对学校是没用的，教师在学校转变中扮演着关键角色。因为没有两所联合体学校面临的问题是相似的，应该鼓励每个学校去发展自己的方式进行重建，来满足教职员、学生和社区的需要。但是，联合体学校的重建受到十条基本原则的指导，其中有两条尤其表达了这个教育项目的主要特征：

1. 学校应当关注帮助学生养成使用头脑的习惯。如果这种要求牺牲了学校的核心智力目的，学校就不应该试图综合化。学校应该是以学习者为中心的，既要促进学生的学术进步，还要促进学生的社会性和情感的发展。

2. 学校的学术目标应该是精简的：每个学生都应掌握最少数量的必备技能和知识领域。俗话说："少即多"。课程制定应该以学生的兴趣、发展地适宜训练、学生的最终掌握和成就目标为指导。任何年龄的学生都应该有机会通过自己的经验来发现和建构意义。

高中教育目标

针对高中生的教育活动应该包括哪些目标？正如我们在本书中强调过的一样，课程目标大体上应该源于三种课程基础：社会力量、人类发展的理论、学习和学习风格的本质。依据这一观点，高中教育目标应当包括以下几点：

1. 鼓励发展和运用批判性思考，即基本学校联合体指出的"使用头脑的习惯"。

2. 帮助学生开始职业生涯发展的过程，不管是通过职业指导、职业教育还是另外的学术发展。

3. 给学生提供经验，帮助学生提高公共事务技能、责任感，理解并关心周围世界。

4. 帮助学生成为自我指导的终身学习者。

5. 帮助学生成为自我实现和自我认同的人。

6. 帮助学生走向工作世界，参与社区，走向未来。

423 当前，事实上每个州都对持续的改革美国教育的呼声做出了回应。教师在学校重建和课程变革中扮演了越来越重要的角色。例如，许多学校加入了学校改革协作网络，通过这些网络，教师接受了促进他们学校变革的训练和资源。正如本章所确信的，基本学校联合体的下面的建议推动了越来越多的高中生教育活动的发展："具体学习过程的决定、学生和教师时间的使用、教学材料和独特的教学法的选择，应当完全由校长和教师决定。"

参考文献

Berger, Bennett M. *An Essay on Culture: Symbolic Structure and Social Structure*. Berkeley: University of California Press, 1995.

Boyer, Ernest. *High School: A Report on Secondary Education in America*. New York: Harper and Row, 1983.

Coalition of Essential Schools. "Ten Common Principles." Oakland, CA: Coalition of Essential Schools, 1998.

Conant, James B. "The Comprehensive High School." *NEA Journal* LI, No. 5 (May 1962): 29–30.

Gilchrist, Robert S. "What Is a Comprehensive High School?" *NEA Journal* LI, No. 8 (November 1962): 32–33.

Mamchur, Carolyn. "But . . . the Curriculum." *Phi Delta Kappan* 71, no. 5 (April 1990): 634–637.

Sandel, Lenore. "What High School Students Need to Know in Preparation for Success in College." *The High School Journal* 74, no. 3 (February/March 1991): 160–163.

Sizer, Theodore R. *Horace's Hope: What Works for the American High School.* Boston: Houghton Mifflin, 1996.

———. *Horace's School: Redesigning the American High School.* Boston: Houghton Mifflin, 1992.

———. *Horace's Compromise: The Dilemma of the American High School.* Boston: Houghton Mifflin, 1984.

Valois, Robert F., and McKewon, Robert E. "Frequency and Correlates of Fighting and Carrying Weapons Among Public School Adolescents." *American Journal of Health Behavior* 22, no. 1 (January–February 1998): 8–17.

Wigginton, Eliot. *Sometimes a Shining Moment: The Foxfire Experience.* Garden City, NY: Anchor Press, Doubleday, 1985.

424

郊区高中的故事

凯·S·希莫威茨（Kay S. Hymowitz）

摘要：凯·S·希莫威茨观察到，即使在美国的“好”（郊区）学校，“歪曲”的课堂也是每天的常态。她探索并研究了美国公共教育（包括较富裕地区的公共教育）衰落的原因。对“娱乐化教育”进行批判性的检视是她分析的中心。

当美国人想到公共教育的时候，他们会看到完全不同的两面：一方面是大城市里失败的教育体系，学校里毒品泛滥，坏孩子横行，辍学的人越来越多；另一方面是有些成绩耀眼的郊区公立学校，导致大量中产阶级的父母们从纽约奔向曼斯切斯特。公立教育看起来似乎做得不错：学生们不用每天遭受考试的折磨，他们中的大多数人可以进入大学。根据调查，父母们基本上还是满意的。

正如近几十年我们发现的，除了明显的优点外，郊区学校的其他地方都很难让人满意。1983年，全美优质教育委员会发出警告，从全国看来，学生的SAT成绩是平庸的，我们的学生落后于其他国家的同龄人。大学教授们开始抱怨，即使是那些在高中成绩优异的学生竟然也没有听说过文艺复兴，或者认为温斯顿·丘吉尔是美国内战中一名将军。

除了教学方面的担忧，人们还在关注越来越多的繁华社区的高中所处的有害的社会环境和道德环境。1999年，两名少年使哥伦比亚高中变成了屠场，此后每个郊区都在为潜在的暴力烦恼。许多新的课程都在对抗性骚扰，清除同性恋，鼓励女生警觉，当然也包括制止男生中的欺侮行为——这被认为是引起哥伦比亚高中屠杀事件的根本原因。最近，作弊又成了一个话题，尤其是互联网带来的诱惑。在一个公开的丑闻中，堪萨斯郊区一所高中的一位生物老师发现，她的28位学生的学期论文是大段大段从网上下载的。但当这位老师要揭露这些犯错者的时候，上级主管和家长都拒绝站在她这一边，显然将这种违纪行为看得无足轻重。一位学生对这位老师说：“我们赢了。”

问题和两本新书中充分证实的例子一样糟糕，这两本书使我们走进了今天郊区高中的课堂：埃利诺·波吉特（Elinor Burkett's）的《另一个星球：在一所郊区高中的一年》、丹尼斯·克拉克·波普（Denise Clark Pope's）的《“混”学校：我们是怎样制造压力过大、物质主义、被误导的一代学生的》。波吉特是一位聪明的记者，曾经出了不少书。她在书里向我们介绍了明尼阿波利斯市郊外的皮埃尔高中。这是一所几乎完全是中产阶级白人学生的高中，它的优秀毕业生被送进州立大学。斯坦福教育学院主讲人波普讲述的菲尔克里斯特高中位于富裕的加利福尼亚市郊，是一个非常多样化的学校。尽管这里1/3的学生是低收入的西班牙裔、菲律宾裔和黑人，它仍然自夸比前湖湖学校有更多的国家知名学者，有更多的常春藤联盟者。

因为这些学校各有不同，它们都被认 425
为是好学校。它们以跳级课程、渴望上大学的学生和富有魅力的教师著称，并且它们的设施非常好。在波吉特的报告中提到，

家长发现学校新的规划中包括剑术和高尔夫球的场地，看起来这更像一个运动娱乐的联合体。问题是：这些学校到底好在哪里呢？

一个教育机构是应该以教师为基础的。从穿着、举止和兴趣上，皮埃尔高中的许多教师很难和那些正在接受教育的富有激情的公司员工区别开来。一位数学老师向他的学生吹嘘，他一生只读过两本书，一本是有关高中足球的，一本是有关猫王的。一位英语老师，染了白头发，穿着“Tommy”衬衣（因为孩子喜爱品牌），他向学生展示牌技，分享他做篮球运动员的故事。桑德拉·斯蒂尔戈是一位让人印象深刻的英语老师——我觉得是英语老师。她在课堂上作出一连串的性暗示，称呼有吸引力的男生为“激情小帅哥”，还开玩笑说要和他们一起在小旅店过周末。

我说我觉得桑德拉·斯蒂尔格是个英语老师，但也很难说她是个“老师”。她认为她的角色是确保学生“是快乐的并喜欢他们自己”，总之就是要使他们愉快。我们看不到这位“美丽女王”向学生讲授语法、写作或文学——和她专业相关的传统学科。

在皮埃尔高中不止斯蒂尔格一个人利用流行文化作为教学手段。在学习室里，学生们观看充满戏剧性心理呓语的《孔雀王朝》。英语课要求学生看《红字》，不过是电影，而不是书。

使学生保持适当的动机，同样是加利福尼亚菲尔克里斯特高中教育重要的一部分。令人吃惊的是波普对“美国历史”课堂的描述。在一个班级，老师在整个学期只安排了两个专题，用她的话说，这样学生可以深入地关注，成为专家。事实上，这只是意味着除了观看几部关于第二次世界大战的录像，他们就是花费大部分时间听相互之间的“简明但没什么关联的报告，这些报告主题多样，包括汽车的历史和露西尔·鲍尔的生活。”另一位历史老师穿着一件扎染 T 恤，点着香烟开始了关于 20 世纪 60 年代的单元教学。

至于菲尔克里斯特高中有关美国历史的精英跳级课程，它主要的不同在于较高的产出值。被波普称为学校明星学生的伊夫·林为一个深入的小组探究项目工作了 250 个小时。波普描述了这个活动的高潮部分：这是一个表演活动，小组成员佩戴着航空航天局的标志，带领同学进入一个装饰着亮闪闪的“星星”的黑暗的房间。通过背景和服饰的变换，他们把同学们“带”上了模拟火箭，播放了有关太空旅行的音像剪辑，并使用纸板做的火山锥和塑料泡沫的杯子演示了阿波罗 13 号的成员怎样固定已经受损了的太空飞船。在整个过程中都播放《星球大战》的音乐作为背景。老师称赞这个展示非常壮观，并给了这个小组 A^+ 的成绩。

并非所有皮埃尔高中和菲尔克里斯特高中的老师都对带有娱乐的教育感兴趣。有些老师是严格认真的，并且他们吸引了大部分积极的学生。但这些特别的老师中的绝大部分人看起来都像来自另一个时代的疲惫的士兵，已经准备好退休了。皮埃尔高中有位有 27 年教龄的数学老师，严格要求她的计算课的学生，使他们两次在全国 AP 考试中取得了非常好的成绩。在这
个学校，大部分学生每月做家庭作业的时 426
间总共是 2～3 个小时，只有她班上的学生超过了这个数字。

但是因为没有全校性的对迟到、剽窃和评分的规定，即使是最认真的老师也感觉不到他们得到了支持，只得忍痛降低他们的标准。因为厌倦了听到不能完成家庭作业的种种理由，他们要求学生在课堂上完成作业。每次考试前成立特别学习小组，放任学生把上个月的作业用一个通宵完成。那位皮埃尔高中严格要求学生的计算老师把她的学校比作柏林墙倒塌前的民主德国，说在那里“没有人努力工作，因为所得与成绩没有太多关联”。

这些情况中最可悲的是，皮埃尔高中

和菲尔克里斯特高中的学生一点不为日渐主导他们课程的娱乐化教育所吸引。相反，他们通常瞧不起那些时髦的老师。伊夫·林从航空航天展示活动回来就知道她得到的 A^+ 成绩没什么意义："所有的作业只是一个小时的表演……我觉得人们真的低估了学生可以做什么。"

然而不像那些市区的同龄人，这些中产家庭的孩子中的绝大部分人都把这无聊的四年当成一种命运——步入大学必需的敲门砖，而大学又是找到好工作的必需的敲门砖。他们不逃学，不威胁老师，也不参与械斗。相反，他们会适应这种环境，把高中学习当成一种游戏，并且知道怎样才能在游戏中取胜。就像一个女生对波吉特讲的："你根本不用学习，每门功课都可以得 A。"

这就是波普所说的"混学校"，并且它还有很多方式。学生会选那些包括很多小组活动的课程，然后他们会接近那些聪明并且有责任心的同学，因为这些学生会完成绝大部分的作业。他们会努力表现得"积极互动"，比如他们会每过几分钟就问一个问题，以给老师留下印象，其实他们正坐在桌子旁做下节课的家庭作业。他们抱怨考试太难了，即使他们知道并不难。他们还会问老师的马拉松训练进行得怎么样了，周末的约会是否愉快等，来拉拢老师。"我对老师们的个人生活一点也不感兴趣"，一个女生谈到一位教她政治课程的年轻老师时说，"但这是一个游戏，卡尔先生输了。"

只要可能，他们还会选择那些被认为容易给高分或者允许用日记或作文代替研究论文和考试的老师的课程。波普在他的书里写到的五个"理想学生"之一的女孩选择塞萨尔·查韦斯来写英语报告，不是出于政治信仰的原因，而是因为这样她初中时一篇写塞萨尔·查韦斯并且得"A"的论文就可以用得上。他们会使用 Cliffs Notes 或登录 sparknotes.com 搜索有关必读书的简介，如果这些资源不能提供足够的帮助，他们就会作弊。

在所有这些"混"法中，这些学生甚至会得到家长的积极支持和协助。在《太平洋月刊》的一次采访中，波吉特说皮埃尔高中给她震动最大的是这里的家长不是站在教师和教育管理者一边，而是把自己看成孩子的代理人。如果某个教师在学术上比较严格，家长就会劝说孩子换到另一个班。如果学生的成绩下降了，家长会要求教师布置有额外成绩的作业以使孩子的成绩提高上来。并且他们还抱怨："为什么我的孩子没有取得高分数呢?""我的孩子以前从来没得过 B。"波吉特在对皮埃尔高中的记述中写道："我在那里没有遇见一位教师因为报酬低而受挫。但我遇见很多教师因为无理的家长而受挫，这些家长不愿意教师以高的标准要求孩子和布置作业。"

教师的权威每时每刻都被侵蚀着—— 427
不仅因为他们自己的行为。教师们发现班级里的秩序相当程度上建立在青少年的奇思怪想上。一位皮埃尔高中的女生因为随意讲话被批评，她自己辩护说："这不是我的错，我有多动症。"一个有残疾的学生因为自己的缺陷有权复制老师的讲课笔记，所以在课堂上自由睡觉。在菲尔克里斯特高中，当几个学生脱下裤子，光着屁股对着同学的时候，教师除了喊他们"住手"什么也不能做。

波普无法理解这种混乱的场景，她只是无意中证明了我们所谓的教育专家告诉我们的有关郊区学校的问题是多么有限。她只是透过那些陈旧的教育思想来看菲尔克里斯特高中。她认为这些学校过于重视学习成就和竞争，对合作学习的认识不够，就像她举的例子中显示的那样，所谓的合作学习只是优生带差生而已。波普还提到，学校没有提供足够的个性化学习的机会，正如菲尔克里斯特的学生选择论文或专题研究以使得他们尽可能地避免创造性的作业。

波普反对学校要求学生做这种游戏的“犬儒主义”是对的，但她并没有对一个受过教育的人应该是什么样的提供见解。波普主要关注的是年轻人对学习充满热情，而对学什么却不关心。在她看来，在菲尔克里斯特高中，一个喜欢墨西哥舞蹈的学生和一个热心社区服务活动的学生都是优秀学生的代表。

埃利诺·波吉特在她的课题中没有成见，并且充满好奇，为我们提供了一幅郊区高中的清新景象。但她仍不能比波普更好地解释那些她必须灵活地遵守的东西。

当然，文化多元主义并没有扮演多么重要的角色，波吉特在书中写道，绝大多数指定的书都是由白人男性写的。这些学校的教育者也还没有来得及受到后现代主义的熏陶——他们中的大多数人没听说过福克纳，更不要说福柯了。波吉特用有力的案例表明自大思想的可悲影响，但这还不够充分。教师和家长有时是纵容的，但他们同样给学生确立了真正的目标。在这两所学校，睡眠不足，靠咖啡因提神的青少年们的日程安排上写满了实验报告作业、教堂活动、网球训练、戏剧和乐队排练、学生会会议、兼职工作等。最后还有学校要求的秩序和纪律的标准。管理人员会检查学生的汽车，检查毒品，因为学生穿着写有煽动性文字的T恤而送他们回家，甚至还斥责他们和坏人走在一起。

那么，为什么现在如此多的美国中产阶级表现得似乎教育仅仅是一个游戏呢？最终根源无疑是深植在我们的民族性格中，最重要的是我们冷酷的实用主义，这也表现为成人在教育领域不能提出更为广阔的视野。伴随英语和历史等学科的任何严肃的责任，如“教育是心灵修炼”，“培养高级文化兴趣”或者“教导公民原则的途径”这些理念都完全消失了。皮埃尔高中提供的课程包括新闻、戏剧、压力管理和“死
428 亡教育”（包括对一个墓地和一个殡仪馆的实地考察），现在的教育者往往把学生会和足球等活动看作“合作课程”而不是“课外活动”。

当每个人都认为教育仅仅是获得一栋房子或一辆跑车的手段的时候，阅读一本经典小说与制作一份娱乐音像品的区别就不存在了，尤其是得到同样令人艳羡的“A”。当学生看到老师站在他们前面，对他们正在展示的《我爱露西》表示恭维或点头赞成的时候，如果学生得出结论“这些成人没有什么严肃的东西可以教给我们，所以也不值得我们的尊敬”，这完全是可能的。

在皮埃尔高中一个优秀班里的一次关于托马斯·杰弗逊的讨论中，学生质疑：“这与我的生活有什么关系呢？”当讲选举团专题的时候，学生们抱怨：“为什么我们要学这些？”某种程度上，这只是典型的青春期挑衅行为。但事实却是，他们的老师，一个亲切和蔼但索然无味的年轻人，他的文学品位绝不比约翰·格里斯沙姆高，他根本不知道怎样回答学生，怎样解释某些东西（比如公民权）的重要性，虽然这并不影响他们的直接需求。

但青少年不仅仅是要寻求愉快和恭维。波吉特在书的最后，提到原来班里一个吊儿郎当的学生后来的表现让她很吃惊。这个学生毕业后参加了海军，在他的结业考试中他以完美的成绩完成了基本训练，他告诉波吉特：“在军营里，如果你不尽最大的努力，他们就会踢你的屁股。”

我们郊区高中的大多数毕业生必须等到毕业——如果能够的话——才能经历这种满足。他们在最具决定性的青少年时期接受的教育没有激发他们的理智和道德想象力。相反，皮埃尔高中的目的是要培养像艾里克这样受到老师高度评价的学术成绩优秀的学生。艾里克告诉波吉特：“我的信念是人生的每一阶段都是一个游戏，但问题是我能从这些游戏中得到什么？”

凯·S·希莫威茨是《城市杂志》(*City Journal*)的特约编辑和《准备好了吗：把孩子看成小大人会怎样》(*Ready or Not*：*What Happens When We Treat Children as Small Adults*)一书的作者。

思考题：

1. 在希莫威茨的报告中，“娱乐化教育”指的是什么？在你自己的教育中是否也能体会到过于偏向娱乐而偏离了学术？你能记起课程中的这些娱乐部分的例子吗？

2. 为了纠正她看到的课程中的坏习惯，希莫威茨提出了什么样的解决办法？你同意她的建议么？还有什么其他可行的办法？

吸引不专心学习的学生 429

苏珊·布莱克（Susan Black）

摘要： 在这篇文章里，苏珊·布莱克研究为什么在教室里一些孩子专心于学习，而一些孩子却没有学习动机并且对学习不感兴趣。她提供了观察资料，并且提出建议以帮助老师使学生专心于学习。

10年级的学生在他们的英语课上应该写作文。但是来自美国加利福尼亚州立大学尔湾分校的研究者通过观察奥兰治县的班级，认为多数的学生对老师布置的任务置若罔闻，宁愿打盹、做白日梦、聊天或化妆来消磨时间。

研究者们很容易分辨出不专心学习的学生，即他们缺乏学习动机，不停地看时间，并等待逃离被一个10年级学生称为“我的私人监狱”的地方。实际上，不专心学习的学生是随处可见的，并且他们的数量是惊人的，正如最近我在纽约北部一个城市中学参观的一段时间里发现的。

我和一位副校长巡查后，注意到了整个学校随处可见不专心学习的学生。他们若无其事地溜达进教室，对铃声根本不在意，懒散地走到课桌前，不听课，宁愿盯着窗外，用CD机听音乐，打盹或者和他们的朋友们通通最近的消息。

不可否认，一些班里学习气氛还很浓。但是，我不知道，为什么一些学生专心于学习，而一些学生却没有学习动机并且对学习不感兴趣？对于这个问题学校能做什么呢？

吸引学生的老师

教育测试部门的夏洛特·丹妮森(Charlotte Danielson)说，学校能做许多事来帮助学生专心于学习。她说，非常专心于学习的学生，不是简单地花时间在任务上，而是在智力上专心于课程主题，在精神上涉及她所说的“关于学习的思维”。

毫无疑问，这一切的发生应始于教师。按照丹妮森的说法，最好的教师使学生完全专注于一整堂课中，并且鼓励学生贡献他们的观点和真知灼见，并把这作为提高他们自己和其他学生学习的一种方式。

丹妮森认为一个卓著的班的标志是有一个“卓著的教师”，这个教师精通四个领域的许多技巧，这四个领域是计划和准备、班级环境、教学和职业责任。她把“熟练于使学生专注于学习”定义为教学的核心技巧，掌握了这一技巧的教师被证明是掌握了许多工作标准。这些标准是：

- 适当地表现课程内容。
- 希望学生帮助定义主题并且确定怎么学习它们。
- 把教学内容和学生的主要知识和经验联系起来。
- 确保学生内心专注于所有的活动和任务。
- 允许学生创建和改变学习活动和计划。
- 形成教学群体以实现学习目标。
- 选择适当的教学方法，并且鼓励学生选择有助于他们学习的资源。
- 非常连贯地教，有很好的计划，合 430
理安排课的进度，并提供学生反思的时间。

高中衰退

学生不专心学习的情况发生在所有年

级——实际上，我观察到一些 1 年级的学生像许多 10 年级的学生一样对学习不感兴趣。但是，按照西北宗教教育实验室的研究者柯瑞·布鲁斯特（Cori Brewster）和詹尼弗·费戈（Jennifer Fager）的说法，注意力不集中的问题在高年级更频繁和更显著。

布鲁斯特和费戈说，外界的影响给易受影响的中学生造成了一种特殊的损失。如不提供支持的家庭能减少学生的学习动机和学习兴趣。在小学，很难调动起来自这种环境的孩子的积极性。到初中，他们对学习的兴趣直线下降。到了高中，这些研究者们说，这些对学习非常不感兴趣的学生完全不学习了。许多学生离开了他们的班，并且为了利益而中途退学。

俄勒冈州的埃里克信息中心教育管理的研究者琳达·鲁姆斯顿（Linda Lumsden）说，年轻人一般要保持自信，尽管他们会屡败屡战。但是，大一些的孩子很容易失去自信，把他们的失败归因于能力差，认为他们不论怎么努力也不会成功。

学校能够消除使学生缺乏学习兴趣的消极影响。但是，布鲁斯特和费戈认为，重要的是首先要知道什么不能做。

一方面，教师应该避免使用如“比萨饼聚会”或“自由时间”这样的外在激励。教师可能认为，奖赏能激发学生的学习动机，但是研究表明，从长远看，它们实际上减弱了学生的学习动机，并且使学生的成绩降低。布鲁斯特和费戈建议教师，通过使课堂引人入胜，设计有挑战性和引人注目的课程，以及给学生选择的机会来激发学生的内在动机。

他们也建议学校放弃给学生分等级和按成绩排名的做法。不然，竞争以获胜者和失败者告终，失败的孩子会很快放弃自己，对班级学习不感兴趣。教师密切注意学生的兴趣和他们的学习方式，更可能使学生专心学习。教师应使课程集中在“重要的观点”上，并布置适当难度的任务——不是太容易也不是太难，因此任务对学生是有挑战的，但学生通过努力仍然能成功。

布鲁斯特和费戈认为，关注内在动机从长远看将得到回报。他们引用了许多调查研究的结果，与动机来自奖励的学生相比，动机来自内部的学生更可能：

- 获得较高的等级和考试成绩。
- 调整自己以更好地适应学校。
- 付出更多的努力。
- 对他们的学习能力感到更加自信。
- 运用更多做决定的技巧。
- 持之以恒地完成困难的任务。
- 保持信息和概念更持久。
- 避免有补课的需要。
- 参与更加有挑战性的任务。
- 重视终身学习。

成功使学生进入深入而仔细的学习的教师，开展的活动能保持学生心理和智力上的需要。布鲁斯特和费戈引用的研究表明，当教师使学生感到他们能力很强，让他们自治并有机会和其他同学一起工作，以及允许他们发挥创造力时，会有更多的学生专注于学习。使学生专注于学习的教 431
师也给学生时间，让他们对已经学过的东西以及怎么学的进行自我评价和反思。

培养学生学习兴趣的方案

教师应该根据学校列出的清单，通过回答下面这些问题来评价学生是否专心学习，这些问题是：

- 学生能够仔细地选择资源和策略，并把它们运用到不熟悉的任务中吗？
- 学生对他们的学习感到兴奋并渴望花额外的时间和努力吗？
- 任务复杂吗？任务更有助于学习吗？
- 学生经常有机会认识所有的同学，并与他们一起工作吗？
- 学生为具体的目的形成小组吗？并且为了特殊的目的会重新组合小组吗？
- 学生有时间探索“未知的领域”吗？

斯普林菲尔德的预期与维托·皮尔隆

(Vito Perrone) 使学生专心学习的原则相一致。哈佛大学教育研究院的教师教育前主任皮尔隆说，学生智力的参与取决于与学生生活相关的学习主题。

他说，当学生帮助界定学习内容；有时间思考和寻求最感兴趣的领域；以新的方式看待主题；被鼓励提问题；演示他们学习的原初产品；感到他们的学习是无限制的，而不是预先决定和可预测的时候，学生们的情感最专注于学习。

皮尔隆说，教师应该从界定他们的目标并且和学生分享这些目标开始。然后，教师需要发现主要资源——如政府文献、原始照片、实物和史前古器物——这可以帮助学生进入新的主题。作为他们计划的部分，皮尔隆特别提出让教师"把教室留给学生，让他们做选择，寻求解释，以及进行角色扮演"。

皮尔隆希望教师避免讲那种狭隘的、以技巧为基础的、不需要理解的课。他认为，所有的学生——包括需要补习或进度慢的班级的学生——应该有机会通过"弄清事物之间、深层和浅层知识之间，以及复杂知识和简单知识之间的关系"来达到理解的程度，而不只是掌握知识。

参考文献

Brewster, Cori, and Jennifer Fager. *Increasing Student Engagement and Motivation: From Time-on-Task to Homework*. Portland, Ore.: Northwest Regional Educational Laboratory, October 2000; www.nwrel.org/request/oct00/textonly.html.

Danielson, Charlotte. *Enhancing Professional Practice: A Framework for Teaching*. Alexandria, Va.: Association for Supervision and Curriculum Development, 1996.

Lumsden, Linda. *Student Motivation: Cultivating a Love of Learning*. Portland, Ore.: ERIC Clearinghouse on Educational Management, 1999.

Lumsden, Linda. "Student Motivation to Learn." ERIC Digest Number 92, 1994. ED370200; www.ed.gov/databases/ERIC_Digests/ed370200.html.

Perrone, Vito. "How to Engage Students in Learning." *Educational Leadership*. February 1994; www.ascd.org/readingroom/edlead/9402/perrone.html.

"Student Disengagement in High School: A Precious Waste of Talent and What Can Be Done About It." Report from the Spring 1996 Class of Education 150: Changing the High School Experience. University of California, Irvine; www.gse.uci.edu/doehome/deptinfo/faculty/becker/HS-Disengagement/IntroChaptl.html.

Source: Jones, Beau, and others. *Designing Learning and Technology for Educational Reform*. Oak Brook, Ill.: North Central Regional Educational Laboratory, 1994. 432

苏珊·布莱克是美国校务委员会学报的一位卓有成就的编辑，是美国纽约州汉姆斯伯特的一位教育研究顾问。

思考题

1. 布莱克怎么看待专心学习的孩子与对学习漠不关心的孩子间的差异？不专心学习的孩子在某些方面具有"可达到性"，或是从来没有参与学习的学生能够变得如此的远离学习吗？

2. 布莱克建议教师怎样吸引不专心学习的学生的？这是一个现实的期待吗？学生有多少责任不得不专心于自己的学习呢？

3. 希望使学生更专心于学习的学校可以从"培养学生学习兴趣的方案"中学到什么？这个学校评价学生是否专心学习的清单，是可以被所有的学校采用，还是只在一定条件下适合特定的学校？这个清单应该是学校怎样处理专心学习这个问题的基础吗？

将针对初中的教育观念应用于高中

M·李·曼宁

理查德·萨德利米耶

摘要：提高学生成绩、提升学生积极性和高尚行为、改善学生对学校态度的四种初中概念对高中层面的项目——顾问—咨询者计划、探索性项目、跨学科合作小组、创造积极的学校氛围——具有更大的意义。每一概念的讨论将从实施任务、成功项目的特点、推荐的读物等几个方面展开讨论。

在过去十年中，有关高效的初中观念及其实践的研究给中等教育的研究者指明了方向。以下资源提供了有关高效初中实践方面丰富的信息，这些资源是：《转折点：为21世纪美国青年的准备》，全国中学协会发表的报告《这就是我们的信仰》(*This We Believe*，National Middle School Association，1992)，中学教科书（Allen，Splittgerber，and Manning，1993），专业协会的建议（National Association of Secondary School Principals，1993），还有几个州教育机构的报告。

433 针对这些资源所呈现的理念，初中不断加快实施这些理念，这些理念具有提高学生学业成绩，促进其形成积极、高尚的行为，以及改善其对学校的态度的潜力。在本文中，我们提出了四种在高中行之有效的理念。在介绍每种理念时，我们将列出其实施任务、成功项目的特点和推荐读物。

在选择一种或几种理念进行应用实施之前，高中教育者应该先问自己几个问题：考虑自己高中的特点，哪些理念最能确保：(1) 提高学生学业成绩，(2) 改善学生行为，(3) 促进学生之间、教育者与学生之间形成积极的人际关系，(4) 提高学校满足青少年认知和社会心理需求的能力。

理念一：顾问—咨询者计划

顾问—咨询者计划，有时也被称为教师咨询，即确保每个学生至少有一位成人对其非常了解，并且每个学生都属于一个相互影响的小团体。顾问团在给学生提供个人和学业指导的同时，促进学生社会情感和道德的发展。为了降低学生—教师的比率，全体教职工都将成为顾问。根据学校的安排，咨询应每天进行，并且持续25～40分钟（Allen，Splittgerber，and Manning 1993）。顾问可以聚焦于学生所关注的事并给出建议，也可以立足于专业人员制订的“咨询计划”来进行指导。

大多数高中都有指导员以及政府或授权机构所进行的指导咨询服务项目。应该指出的是，把顾问—咨询者计划增加到高中的指导项目中既非否认也非剥夺这些咨询专家的工作。

实施任务

为了实施顾问—咨询者计划，学校全体职员需要：

- 基于学生的行为和学校的具体情况，写一份实施此计划的理论说明；
- 列出此项目与指导咨询服务共同实施并达成一致目标的方法；

● 设计出一份咨询指南，上面要列出每天或每月的咨询主题；

● 给学生父母写一封信，介绍最近实施的顾问—咨询者计划。

成功项目的特点

成功的顾问—咨询者项目有一些共同的特点：（1）所有学生都感到至少被一位有责任心的成人所关怀；（2）学生参加顾问—咨询者项目的一系列活动，并认为这些活动与他们个人所关注的事情和问题有关；（3）学生和教育者相互了解的基础就是青少年和成人的定位；（4）教育者有充足的专业发展支持，能了解怎样选择合适的主题和计划一系列有效的顾问—咨询者活动。

推荐读物

高中教育者会发现两本对实施顾问—咨询者计划很有用的书：《咨询项目：原因、本质与过程》（*Advisor-Advise Programs：Why，What，and How*，James 1986）和尼拉·考纳（Neila Connors's）的
434 《教师的4R建议：初中教育变革的视角与可能》（Teacher Advisory：The Fourth R *in Transforming Middle Level Education：Perspectives and Possibilities* ，1992）。还有一篇发表在1994年3月的《中学杂志》（*Middle school Journal*）上关于教师态度和顾问—咨询者计划的文章。

理念二：探索性项目

探索性项目给学生提供了探索他感兴趣和关注领域的机会。这样的项目了解了青少年对学习不断发展的兴趣和能力，在不需要完全掌握的情况下，提供了大量的主题、技能和令人满意的场地。这种项目包括短期课程或有选择性的单元，这些课程或单元应让学生对所进行的学习有控制感。根据学校的安排，依据学生兴趣和教师技能来建立不同数量和多种类型的探索性项目。一个探索性项目通常持续4～9周；考虑到青少年兴趣多变，时间长达一学期的探索性项目可能太长了（Manning，1993）。

探索性项目为规定好的学校课程和刻板的学校生活提供了一个有趣的“避难所”。同样，对那些很少有机会探索常规课程以外的、有趣的领域的学生来说，探索性课程可以激发他们新的兴趣，引导他们学习以前想都想不到的课程，甚至促使他们研究新的职业领域。

实施任务

要实施探索性项目，管理者和教师要做以下工作：

● 写一份在高中实施探索性项目的理论报告；

● 确定在项目中教师的角色；

● 确定实施探索性项目合适的时间框架（如每天多少分钟，每周多少天，共几周等）；

● 写一份关于探索性项目的大纲；

● 写一封信给学生家长，介绍此项目，包括它的理论和可能的主题。

成功项目的特点

成功的探索性项目都有一些共同的特征：（1）高中学校在选择探索性项目的主题时，考虑到了学生的兴趣（主题可能包括家庭和工业艺术；技术；有关发展与健康的利害关系；外语；专门教育领域的扩展；戏剧表演；独立学习的机会；历史、文化、摄影艺术；视觉艺术的各要素；绘画和陶艺；消费者教育等）。（2）探索性项目的时间比一学期短（例如：6～9周），这样学生就能探讨许多主题。（3）不会根据学生的作业给成绩，所以学生在他们只是探索的领域里不会有压力。

推荐读物

一份展开讨论探索性项目的报告《初

中教与学》（*Teaching and Learning in the Middle Level School*，Allen，Splittgerber，and Manning，1993）对时间框架、主题和步骤提出了建议。另外，《整体课程探究》（*Exploration：The Total Curriculum*，Compton and Hawn，1993）向读者全面论述这一重要的理念。

435 理念三：跨学科合作小组

跨学科小组合作已被证明是一种可操作的理念，并且得到了初中教师和学生的高度评价和喜爱。这一理念在高中同样取得了成功，尤其是当教师看到它的优点。

跨学科合作小组由三个或更多不同学科的教师组成。小组共享学生、课程表、教室，因此有更多的自治权和做重大决定的责任。应注意，尽管各个学科的老师在一起订计划，但并不在一间教室一起教学。

大多数高中都是按学科组织的。教师在他们各自的学科领域中都是专家。然而，他们通常对其他学科教师的技能和能力并不熟悉。结果，很少有学科融合发生，学生获得单个学科的知识，但对学科之间的众多联系缺乏清晰的认识。

因此，我们建议教师打破学科小组的形式，抓住机会重组为跨学科小组。由管理者和教师来决定是永久性地还是在过渡期保留教师各自的学科小组，以便缓和教师的担忧（这样就同时有学科小组和跨学科小组）。

实施任务

实施跨学科小组合作需要完成以下任务：

- 写一份采用跨学科方法的理论报告；
- 列出有效跨学科合作小组的几个特点；
- 说明组长的作用和责任；
- 列出评价跨学科方案的几种方法；
- 明确可能遇到的矛盾和解决的方法。

成功项目的特点

成功的跨学科合作小组的特点是：（1）各小组的大小、指导和技能之间保持均衡；（2）强调小组合作的成果，如关怀、尊重、成功和相互支持感；（3）教师之间共享时间、材料和资源；（4）小组成员参与到矛盾解决训练中；（5）小组长得到有关高效领导者技能的训练。

推荐读物

有助于了解跨学科小组合作的出版物包括《小组进程：教师指导手册》（*The Team Process：A Handbook for Teachers*，Merenbloom，1991），《初中跨学科教学的原因与路径》（*Interdisciplinary Teaching in the Middle Grades：Why and How*，Var，1993），还有一篇发表在1994年3月《中学杂志》上的有关学科融合和选择跨学科主题的文章。

理念四：创造积极的学校氛围

初中哲学观认为学校的整个氛围本身就是“教师主导”。《这是我们所认为的》（*This We Believe*）一书把一所好的初中比
作一个好的家庭——家里的所有人都令人尊 436
重，都有特殊的作用和责任（National Middle School Association，1992）。一个真正的初中表现出温暖、关怀和尊重，这些元素在这所学校各个方面的表现都是明显的，而这都是因为深深根植于和谐共处的观念（California State Department of Education，1987）。

毫无疑问，高中学生将受益于积极的学校氛围。这样的氛围会带来更好的人际关系，更富人文气息的环境会改善学生行为，以及带来更有效的行为管理方法。一些高中赞同积极行动的纪律政策（实际上，有时会有摩擦和令人不快）。教育者经常把规则和惩罚加到学生身上，甚至有时是用一种恶劣的做法。尽管教育者有责任保持

安全有序的环境，但简单设计后用来强压挑衅或反抗行为的计划经常是失败的。相反，教师和管理者采用的人性化行为管理规划和模范的正面行为将更好地影响学生，使他们能用同样积极的态度对待教育者和其他学生。

实施任务

创造积极的学校氛围，学校团体中的人们需要做以下工作：

● 确定学校"热点"——一天中的某个时间段或是学校的某个位置很可能出现挑衅行为；

● 为积极的学校氛围，发挥引导的力量（如倾听学生；礼貌说话；以学生的兴趣作为对话的基础；避免发表伤害性的言论）（Kostelnik，Stein and Whiren 1998）；

● 明确学生能够参与学校的管理；

● 指定独特的可供选择的（积极的和人文的）实践，既能促进积极行为的形成，又能反映初中理念。

成功项目的特点

氛围积极的学校都有一些相同特点：（1）教育者明白积极人际关系的重要性和它在日常工作中的作用；（2）有一种积极的语言环境使学生乐于模仿；（3）教育者制定行为管理系统时更注重能使学生保持自尊的规则和政策；（4）教育者鼓励尊重不同文化和性别的行为。

推荐读物

欧文（Irvin，1992）的《初中教育变革的视角与可能》（*Transforming Middle Level Education: Perspectives and Possibilities*）一书中有一篇关于学校氛围和合作行为的文章（Johnston，1992）。《中学杂志》也会定期发表关于促进积极学校行为的文章。

时间框架

高中教育者应该因他们积极和人文化的观点而得到赞扬。然而，他们会发现初中理念在高中的应用不仅需要付出相当的努力，还需要大量的时间。如，教职工发展会只给教育者介绍初中理念，但并不深入，它的实施极可能变成"平常的小事"。一个持续的项目实施会使教育者不被改变所征服，并为改变态度和提高技能腾出时间，也会使教育者感到他们是变化过程的一部分而不是将变化强加在他们身上。时间框架的确定要求各个学校考虑其现有实践情况和政策，以及所借鉴理念的实践范围，还有管理者和全体教 437
职工的热情。有一个反映教育者实施初中理念愿望的资料是《初中学校组织的成功实施》（*Successful Implementation of Middle School Organization*，Williamson and Johnston，1991）。

总结

将初中理念应用于高中对青少年和他们的教育者都有好处。青少年学习者可以从顾问—咨询者计划和探索性项目中受益。他们和教师都能受益于跨学科小组合作和积极、富有人文气息的学校氛围。挑战在于决定采用哪一种初中策略和在时间框架上达成一致。尽管将这些理念应用于高中要求付出大量的时间和努力，研究者也不要感到灰心。许多期刊文章和书籍为应用这些理念指明了方向。

参考书目

Allen, H. A., F. L. Splittgerber, and M. L. Manning. 1993. *Teaching and learning in the middle level school*. Columbus, Ohio: Merrill.

California State Department of Education. 1987. *Caught in the middle*. Sacramento, Calif.: California Department of Education.

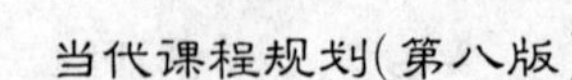

Carnegie Council on Adolescent Development. 1989. *Turning points: Preparing American youth for the 21st century.* Washington, D.C.: Carnegie Council on Adolescent Development.

Compton, M. F., and H. C. Hawn. 1993. *Exploration: The total curriculum.* Columbus, Ohio: National Middle School Association.

Connors, N. A. 1992. Teacher advisory: The fourth r. In *Transforming middle level education: Perspectives and possibilities,* edited by J. L. Irvin, 162–92. Boston: Allyn and Bacon.

Irvin, J. L. 1992. *Transforming middle level education: Perspectives and possibilities.* Boston: Allyn and Bacon.

James, M. 1986. *Advisor-advisee programs: Why, what, and how.* Columbus, Ohio: National Middle School Association.

Johnston, J. H. 1992. Climate and culture as mediators of school values and collaborative behavior. In *Transforming middle level education: Perspectives and possibilities,* edited by J. L. Irvin, 77–92. Boston: Allyn and Bacon.

Kostelnik, M. J., L. C. Stein, and A. P. Whiten. 1988. Children's self-esteem: The verbal environment. *Childhood Education* 65:29–32.

Manning. M. L. 1993. *Developmentally appropriate middle level schools.* Wheaton, Md.: Association for Childhood Education International.

Maryland Department of Education. 1989. *What matters in the middle grades.* Baltimore、Md. Maryland Department of Education.

Merenbloom, E. 1991. *The team process: A handbook for teachers.* Columbus, Ohio: National Middle School Association.

National Association of Secondary School Principals. 1993. *Achieving excellence through the middle level curriculum.* Reston, Va.: National Association of Secondary School Principals.

National Middle School Association. 1992. *This we believe.* Columbus, Ohio: National Middle School Association.

Thomas, D. D., and G. R. Bass. 1993. An analysis of the relationship between school climate and the implementation of middle school practices. *Research in Middle Level Education* 16:1–12.

Vats, G. F. 1993. *Interdisciplinary teaching in the middle grades: Why and how.* Columbus, Ohio: National Middle School Association.

Williamson, R., and J. H. Johnston. 1991. *Planning for success: Successful implementation of middle school organization.* Reston, Va.: National Association of Secondary School Principals.

思考题

438 1. 选择文章中的一种初中理念，评价作者对运用该理念时所提的建议。你还能提出什么实施策略?

2. 回顾的第 8 章关于青少年教育计划的文章。你有什么可以应用于高中的初中理念?

3. 作者确定了积极学校氛围所具有的四种特征。如果让你来评估一所学校的氛围，你会用哪些证据来判断该学校是否具备某种特征?

高中课程：深度能取代广度吗？

弗瑞德·M·纽曼（Fred M. Newmann）

摘要：强调广泛的知识覆盖面是高中课程的基本要求。这种“痴迷广度”使学生仅仅形成了对所学内容的浅层理解。课程的另一种选择是注重深度，一旦留出时间用于区别细微之处、详尽阐述、修正观点、整合知识，学生将获得对所学内容更丰富的理解。为了克服障碍，达到深度的目标，就要求从现行的课程中削减内容，形成新的评价方式，并改变现在的教学策略。

关于高中课程设置的争论，集中在两个基本的问题上：第一，学生正在学习的内容是合适的吗？换言之，在每一个学科领域，他们所接受的课程数量是刚刚好吗？这些课程是否提供了知识、技能、态度和价值观的适度融合？第二，给某一学生群体组织和教授一个既定的课程体系，最好的方法是什么？这些重要的问题看起来依
444 然存在，原因在于缺乏权威性研究和政治性的教育政策。同时，一个更加基本的问题继续阻碍着我们的进步。尽管有大量的成熟理由、教育学方法和课程设计理论，我们还是常常教给学生过多的内容。

我们对学生是否进行深层思考进行了研究，在高中社会学课上，我们问学生是否有时间真正地深入研究课本中的问题，并在深度层面上学习至少两周？约翰这样回答我们的问题：

> “当老师要求我们写一篇关于某个人物的论文时，我完全沉浸其中。我们不能选择写哪个人，但我们不得不读至少四本书，还要写至少 100 个读书卡片——那种很大的卡片。最后，写出至少 10 页的论文。我写的是蒙田（译者注，Montaigne，法国文艺复兴时期作家）。到最后我发现这真的是很有趣。正像福斯特先生说得那样，这是一件很酷的事情。我成了一个了解这个人的专家，比大约五百多万的美国人知道的都多。我不知道是什么使这件事情变得有趣——是蒙田本人的作品和生活，还是我对他了解了这么多。”

我们又问约翰他是否常有这样的学习机会，他说：

> “很多时候，你不能在学校学到这些。很多时候我们的学习只是浏览，这很糟糕。欧洲历史课是一个典型的例子。我们的学习范围涵盖两千年的历史。每周老师安排我们学习长达 30 页的内容，老师认为历史事件发生的时间和历史事实很重要，我们一周要记 50 个历史事件发生的时间。可惜，现在我能记住的只是蒙田。一年我可能学习 300 到 400 个历史事件，我能记住的可能就是 5 个。我甚至记不住我们学习过的很多重要人物。
>
> 我想要在深度上进一步学习，但这是一把双刃剑。因为如果总是对遇见的每一个问题都深入钻研，那么将不能向下进行，学到很多知识。数量与质量之间存在冲突。唯一可行的是找到二者的平衡点。我认为现在学校更注重的是表面的质量，老师试图尽可能多地教授知识，他们不看重深度。”

痴迷广度

我们痴迷广度，这种痴迷在高中很常见——对广度的痴迷大行其道，尤其是在历史科目上——它影响了从幼儿园到大学的各个层次的课程。我们让学生宽泛地学习各种学科，不停地让他们掌握各种技巧和能力。课程的安排包括多种多样的内容。为了涵盖所有内容，我们给学生的学习时间只能使他们获得最浅层的理解。强调广度，使得广大教师感到去掉了这么多深层次的内容是不恰当的，他们为学生不能完全理解他们所教的内容而感到遗憾。

痴迷广度具有破坏性，理由是：首先，它鼓励了一种谬见，这种谬见认为人类能够精通一切值得了解的知识。我们应该意识到本世纪的知识爆炸已经开创了灿烂如星河的值得了解的知识。其次，我们应该认识到课程编制者的一个重要任务是从大量有价值的知识中，选择出极微小的一部分教给学生。为使这个极微小的知识样本具有典型性或者全面性，我们作出的努力越多，就越是自欺欺人，因为知识正以极快的速度增长。最后，全面的覆盖往往是浪费时间。学生学习的大部分内容是为了在偶尔的场合（一次测验或考试中）应用。此后，他们就很快忘了这些内容。当这些知识只是偶尔被使用时，它就不大可能被转化到新的情境中。

除了浪费时间和不能传授有持续价值
445 的知识，肤浅地追求广度还有一个更具隐蔽危害性的结果：它强化了不动脑筋的习惯。课堂变成了一个什么知识都要学的地方——即使学生觉得一些知识是荒谬的，因为老师没有时间给他们作出解释。学校还剥夺了学生探究引发他们好奇心的知识的机会，因为教师唯恐学生偏离官方指定的学习范围太远。教师不再发挥教授细微差别和综合知识的才能。毫无疑问，许多学生在小学低年级后就不再提问了，取而代之的是，他们被动地接受教师和教科书给他们灌输的知识，他们将把储存的这些知识用于将来的考试中。然而，注重“广度”不能够帮助学生应对更真实的智慧挑战。

许多人意识到了痴迷广度的消极后果。我们都希望课程提供基础理解和更复杂的、更深层的思考。但是尽管我们有最好的愿望，我们还是不能撼动习惯。

另一种选择：深度

取代广度的另一种选择——尽管很难实现——是追求深度：让学生持续地学习一个主题，引导他们超越浅尝辄止，达到深入、综合的理解。学习的主题可能很大（比如解放、生态平衡），也可能很小（比如酸雨对植物的影响）。为了获得对该问题的多方面的理解，学生必须掌握大量的资料，利用这些资料来回答关于此主题的多个提问，并提出引向进一步探究的新问题。在求证有关问题的过程中，学生应该超越简单的断言式的表述，而是区别细微之处、详尽论述、修正观点并整合知识。

深度被概括成“更少就是更多”。但是“更少”在这里不是指少量的知识或信息，因为深度只能通过掌握大量的信息才能达到。此外，“更少”是指少掌握那些只提供对一个问题浅显理解的信息。总而言之，深度更宜被作为课程发展的原则。因为深度更可能使持久的记忆和转化知识变得容易，更可能培养有思想的头脑而不是没头脑的人，更可能使我们能够理性地对待知识爆炸。

对于我倡导的“深度优于广度”的倡议，避免两种可能的错误解释是很重要的。第一，我不是主张技能应取代知识作为课程的中心，相反，我坚持认为深度的知识比肤浅的知识更有价值。而且，为了达到知识的深度，我们必须从根本上减少教给孩子们的知识的数量。第二，一些读者可能担心强调深度将会导致过度专门化，并因此妨碍寻求核心知识，而这些核心知识对交际和社会的融合是必需的。但是，在追求知识深度与努力寻求核心知识之间并无真正的矛盾。核心知识可以由部分主题的深层知识或者许多主题的表层知识组成。核心知识应该包括什么内容和核心知识应该在课程中占多大比例是两个难题。但仍要确定是浅显地了解还是全面地理解。在这里，我建议我们应该从致力于增加越来越多的浅层知识转化到发展对部分主题的全面理解，不管这些内容对某些班级或学校来说是独特的还是普通的。

446 ## 课程深度目标的障碍

为什么实现课程的深度如此困难呢？一些主要的障碍是什么？

首先，我们必须认识到，教育的要旨，从某种意义上说，是涵盖知识，也就是说让学生熟悉新知识。相反，意识不到社会生产生活的“基本”信息将不是真正的教育。在我们的社会，受教育意味着学习数千个单词，掌握上百个熟练运用知识的对话，并能和他人有效地交际。显然，要掌握理论和技巧，学生必须学习知识。

遗憾的是，这种一定程度地对知识广度的合理需要衍生出一种错觉（得到专业的教育家和普通民众坚定地维护），他们认为：没有一种综合例子可以适用于所有知识。我们相当不愿意接受知识爆炸带来的结果。但我们固守更接近于中世纪的教育理论，那时正式的公共知识是相对受限的——有限并可控制。尽管我们深知时代早已变更，我们不能传授一切知识，但显然，我们仍在坚持理想化的教育理念，继续教授尽可能多的知识。

学校日益增大的压力来自要被认可以及要通过学生的考试分数来证明成效。这又进一步强化了学校重视知识广度而不重视知识深度的做法。测试表层的知识更为方便，因为在几十个多项选择题的各个选项中，就含有很多的知识点了。

我们的教师已被模式化了，他们按照教材辅导书中的内容提要来讲授书本知识。在教师自身的大学教育或研究生教育中，教授也很少以深刻的提问与之交流，除了一些特别体验，比如，参与一个项目或者写毕业论文（对于多年来饱受重形式的广度教育之苦的人来说，他们记得的这样的体验极少）。因此，如果重视广度的压力突然解除的话，我们中的很多人将不知道该怎样对待学生。

就是那些以深度教育为目标，对怎样实现深度教育有自己的见解的教师在课堂上也遇到了挫折。他们缺乏合适的教材和其他的教学辅导资料。对于有强大动力和较高能力的读者而言，文学作品、报刊文章、第一手资料都是可用的；但是对于许多学生来说，这些资料太难，可供选择的资料也太少。

课程深度的另一个障碍是学生重返学校学习的导向。他们已经接受了完成不连续任务形式的教学，这些不连续任务要求重现无数的知识点，这些知识点组成不同的科目。学生的学习日程被切分成小块的时间段，每天都要学习各种各样的知识问题。因此，持续不间断地学习某一个问题无疑是不可能的。

电视进一步破坏了有目的地、持续地集中于一个问题的可能。教师报告说，电视时代的年轻人没有耐心去学习深层的知识，他们想要快速、简单、确定的答案。此外，想考大学的学生要确保他们所接受的知识都是入学考试所需要的。

克服障碍

上述障碍确实是难以解决的。但是，教师、管理者、州政策决定者，这些想要克服障碍的人会发现，下列建议可以帮助他们：

第一，学校和学区继续发掘深度学习的理论基础，同时，他们必须将注意力集中于公众所关注的痴迷广度的问题。换句 447
话说，他们必须帮助决策者、学者、商业

领袖以及广大民众看清：出于良好动机，想覆盖大量知识的努力已经形成了损害教育的错误观念。

第二，学校和学区不要立即集中于先剔除哪些课程，而是先在现行课程中找到不易造成断层的知识实现深度学习。然后，下列原则可能适用于决定哪些内容应从现行课程中剔除：

● 该问题是否在学习内容层级中占据关键位置，学生为了理解后面的内容必须掌握它？是否不讲授这一特殊问题就会使学生置于危险境地？

● 如果这个问题非常重要，它是否可以通过阅读、视频或者其他独立的学习方式在课外获得，还是掌握这个问题需要专业教育者的专门指导？

● 教师是不是花费大量的时间讲解这个问题，然后评估学生是不是理解了，还是他们仅仅让学生粗浅地了解这个问题，然后测试他们能否重现或再认？

仅依据这些原则并不能解决与课程内容选择相关的所有复杂问题，但它们展示了课程选择可能依据的教育原则（并非教师的个人偏好或者学校所在地的区域政策）。

第三，在任何一个鼓励深度的学校，当教师在学习解决诸如要从当前课程中削减哪些内容、达到深度的教学怎样进行、如何评价新的更复杂的掌握知识的形式这类问题时，他们将需要特别的支持。这种支持应该包括帮助他们找到实现目标的方法，使他们能够更完全地参与课程和评价的新方法的发展过程，能够在计划、教学、评价方面更经常地互相帮助。

在各个州，政策制定者至少在五个方面影响了课程的广度：学业评价、教材选择、课程规定、学校提升规划和教师教育。我们来讨论一下州政府在每个方面对课程的影响的性质，并思考怎样使州政府更加注重深度教学。

学业评价　各州考试内容主要是简答、多项选择，涵盖了各种各样的科目。对于注重广度所带来的弊端，州政府难辞其咎。改善评价弊端有两个主要的策略：第一，出题者减少考试中所包含的相关知识点的数量，用能使学生展示他们对较少量问题深层次掌握的试题来取代。第二，出题者可以用写作练习——甚至可能是言语练习——取代多项选择、简答这样的题目，这些练习要求学生提炼他们的观点，还能展示他们解决问题的思路。

教材选择　州教育当局扩大了广度的弊端，他们采用了主要是为了内容的全面、旨在浅层性了解的教材。出版社应该提供更多的深度层面的教材。同时，州教育当局应该利用和宣传现有的相关教材和教辅资料响应这一趋势。我所访问的一个学生说，他曾经喜欢欧洲历史课。“是什么使那节课那么有趣？”我问，“是因为老师吗？”“不，老师并没有特别令人兴奋，”他说，“但是课本实在是太特别了。”他回忆起的既不是书的题目也不是作者的名字。他所记得的是，那本书没有用日期、史实、标题、复习题、测试题将读者淹没。“它就像你在图书馆找到的一本书——一本真正的书。”他补充道。

课程规定　州立法委员会迫于每一个 448
可信的组织的压力，把课程分成不同的科目，在教辅书中几乎每一节、每一单元中都设置一个“合理”的例子。逐渐地，州教育当局的每一个规定看起来似乎都是合理的，具有典型性。但是，这些常常类似于一个混杂的大拼盘。我们应该鼓励学生在少量问题上更深入地学习。

学校的提升规划　想要降低对广度的重视程度将是困难的，许多教师把广度视为首要的教育目标。一些人认为教辅书一步步的详细解释使他们不能有思想的探索。但是他们又担心，如果不按照州教育当局指定的所有这些可怕的规定课程和标准考试执行的话，将会害了学生。为了解决这一复杂而专业的两难问题，教师们需要一

定的时间来思考、辩论、选择、开发新的教辅资料。州当局应该提供适量的资金资助学校，为教师的发展规划以及教师为加强深度学习而开发的课程和考试产品埋单。

教师教育 大学全面的课程和大量的规定使得痴迷广度长久不衰。这些课程使学生不用在大学里努力、持久地学习以掌握一个领域或一个问题的复杂知识，就能取得学位。同时，高中教育鼓励教师按照教辅书中的条条框框来构建知识。州教育当局应该抵制这股潮流，呼吁那些有远见的教师更多地致力于学术领域的深度学习的训练之中。

不管我们教什么或怎样教，我们总是试图教给学生很多的东西。痴迷广度是一种无效的尝试，提供给学生了解性的教育，它浪费了时间，也损害了知识的完整性。但是树立在转向深度学习的路途中有很多强大的壁垒——对知识性质的误解；评价的压力；模式化的师生关系；教育组织；教辅材料的质量。朝向深度学习，要求学校、地区、州的共同行动，削减现行课程，形成新的评价方式，改变教学指导材料和教育学理论。最重要的是，学校、地区、州必须认真地重新确定教育的目标。

弗瑞德·M·纽曼是威斯康星州立大学麦迪逊分校教育研究所全国高效的中学研究中心主任。

思考题：

1. “痴迷广度”的课程在小学、初中、高中阶段达到什么样的程度？你能举出例子吗？

2. 对广度的强调以什么样的方式“强化了不动脑筋的习惯”？

3. 课程制定者能够采取什么步骤来帮助政策制定者、其他教育者、商业领袖以及广大民众理解“痴迷广度”是怎样损害教育进程的？

教师之声——理论联系实际

455

两类课程的故事

米拉·瑞因茨伯格（Mira Reisberg）

摘要：作者是一位教师教育者和儿童书籍的插图画家，他对比了教师教育项目中进步的、建构主义的课程和今天遍及各中小学的保守的传统课程。为了使职前教师对他们将在中小学遇到的真实课程有所准备，作者让其学生学习了由理论教育学、实践教育学、批判种族理论以及社会重建艺术教育组成的课程。

这是一个关于两类课程的问题。一类是需要由合作学习、探究性学习、“脚手架”教育、多元智力理论以及真实性评估支持的进步的、建构主义课程。另一类是保守的传统课程，大多数需要教师传授、严格的死记硬背以及基本的技能训练。大体来说，教师教育项目是建立在进步的、建构性的教育学基础上的，而越来越多的保守的教育立法却支持传统的、保守的教育学。

联邦政府颁布的《不让一个儿童掉队法案》（NCLB）为传统的、保守教育学创造了一种优先权利。和NCLB有关的拨款主要用于“科学基础”项目，即传统的基本技能、训练和死记硬背（Coles，2002；Garan，2004）。那些致力于动机和理解力的学生，由于过度关注技能和操练项目而忽视了文化的一致性以及个人的关系，因此并未激发起对学习的喜爱（Delpit，1995；Taylor，2004）。

任何学习过器乐的人都忘不了反复练习和基本技能学习过程中的枯燥与沉闷。没有这些练习，他们永远不能参加演出。然而，如果学习者仅仅关注技能练习，那么他们就不能把心灵和对音乐的喜爱联系起来，以至于很快就丢掉了这些技能。那些足够幸运的人会碰到这样的老师：教授他们和文化相关的、有意义的音乐，并且鼓励他们用多种方法去研究音乐，这样通常可以培养一个人长期的对音乐的喜爱。换句话说，有效的教育需要把传统的和建构性的教育结合起来。柯文（Cowen，2003）将此称为“教育的平衡方法”。

这篇文章认为，尽管学习中基本技能和死记硬背是必要的，但是，如果教师只关注这种教育，而忽略那些有意义的经验，那么他们的学生会因此而遭受损失。作为一所重点大学里培养职前小学教师的一名教师，我已经意识到了两种课程之间的分化。然而，因为这些未来的教师们会接受很多专业领域的保守的技能建构的材料，所以我这些关于教学批判以及建构性教育学的课程就是至关重要的。在详细说明我 456
的课程方法的细节之前，我将提供更多的关于这两类课程之间差异的背景知识。

两类课程之间的差异

传统课程是建立在通过死记硬背来学习不连续的信息或事实的基础之上的。这些事实是特殊的学科，应该以预设的技能来传授。学生独立学习以课本为中心的问题，通过考试来评价他们的学习结果。

相反，建构型课程是建立在整合、学科交互以及探究基础上的。学习是社会性的建构，学习的背景和学生先前的知识是重要的教育经验。通常，由学生提出项目，

小组合作确定方向，并且灵活地安排时间。另外，档案袋评价和别的真实评价模型使用的都是真实文献（Cambourne，2002；Moursund，1999）。

传统的保守型课程和进步的建构型课程都希望学生成功并做得更好。然而，关于成功意味着什么以及怎样获得成功，这两种课程观似乎有着不同的观点。对许多传统的保守主义者来说，成功需要学习基本的认知技能和适当的职业技能，这样才能使其参与美国人的梦想。批判的建构主义教育家却认为，成功的目标不在于工作，而在于发展学生高水平的思维能力，使他们能够成为自己生活的积极的参与者。

然而，一些持批判态度的教师则认为，建构主义只是简单地在一个“腐败”的制度框架内“重新整理储备物”。换句话说，建构主义仅仅是相对于传统主义的“一个硬币的另一面”。尽管有这种争论，但事实是，职前教师正在进入一个他们不能直接改变的世界。结果，寻找一条整合教育学的途径就很重要，这种整合可以帮助他们教授批判思维能力来挑战课本的地位，并且更好地建构一些新的事物；同时还要教授学生成功应对考试的技能，这样才能继续他们的工作，学生也才能升入下一年级。

另外，社会重建理论（Kozol，1991；Tozer，Violas，& Senese，2002）认为，教育通过在不同经济情况学校中实施不同的课程，有意识地和历史地创造了阶层与不平等。一种学校教育的课堂侧重于低水平的基础职业技能训练，另一种侧重于培养管理和领导职位所需要的创造性的批判思维能力。不巧的是，在那些拥有更多特权的学校中，学生父母可以利用政治权力来决定谁拥有更多的教育资源，而这些教育资源会影响考试分数和机遇（Kozol，1991；Ladson Billings，1998）。

难道我们还不了解杜威吗？

传统的、组织严密的教育的倡导者们认为，他们那个时代的教育体系最适合今天的孩子。正如乔治·W·布什总统于1996年所陈述的：

> 建立知识之石，昨天需要，明天也一样……我们不需要流行的新理论、奇特的试验或者给人好感觉的课程。只需要基础。如果通过操练可以做好工作，那么死记硬背也可以。(Coles，2002)

然而，并不是每个人都可以用这种方 457
式学习，这种方法忽视了一种长期的不平等结果，也忽视了教育的目的。整个进步的、建构主义教育的历史告诉我们，学生可以从与他们生活经历相联系的经验性课程中获益（Dewey，1916；Freire，2003）。

和传统课程相比，我提倡那种关注于“好”感觉的课程，这种好感觉包括对个体自己、工作以及个体生活的世界。这种方法试图在学生的生活、社区、创新性智力以及身体和精神之间建立心灵感应。

杜威是第一个提倡愉快、联系以及整合课程的教育家。他在《教育兴趣和成就》（*Interest and Effort in Education*）中写道：

> 教育的上升或下降取决于我们是否有能力把学校生活变成一种对孩子们有意义的、有吸引力的经历。印象中，除了强迫教育之外，别无其他。我们可以强迫学生到校，但是教育结果却来自学生自愿的注意和参与学校活动。随之而来的是，教师必须选择这些和学生的兴趣、能力以及接受力相关的活动。除此之外，她没有其他途径保证学生在场。(Dewey，1913，p. ix)

尽管这些话是杜威在90年前写的，但是对今天的教育者仍然具有深刻的启示意义。

愉快的实践：为社会正义和环境工作而教

吸引学生是基于愉快原则所建立的课

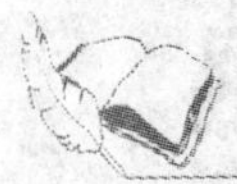

程的关键。如果学习者喜欢做某些事情，那么他们就会频繁地做，并最终把它做好。如果学生有这样的动机，即把他们自己、社区、环境、同班同学以及他们的历史联系起来，如果他们把自己看作所读文学作品中人物的影子和文学的创造者，如果他们认为自己的工作不仅仅对自己的老师，而且对学校外的其他人以及现实的世界都有价值，那么他们就会学得更多，并热心参与其中（Dewey，1913，1934；Eisner，1995；Greene，1978）。

简而言之，我的课程整合了优雅的艺术，教授职前教师如何创造性地把美术和戏剧艺术统一起来去教授多种课程内容。这种方法是用来教授批判性的、高水平的思维能力以及培养学生对学习的喜爱的。课程由三个概念线索组成：

1. 愉快教育学，建立在玩的感官基础上，但是要在课程领域、个体经验以及文化之间建立多种联系（Cambourne，2002；Dewey，1913，1934；Eisner，1982，1995，1998；Greene，1978）。

2. 基于地方教育（Gruenewald，2003b；Has & Nachtigal，1998；Sobel，2004）、批判种族理论（Delpit，1995；Ladson Billings，1998，2000；Nieto，2000；Schwartz，1995）和社会重建艺术的教育实践（Cahan & Kocur，1996；Klein，1992，2000；Milbrandt，2002）。

3. 通过对社会正义和环境工作的意识和行动促进民主参与的教育学（Dewey，1916；Furman & Gruenewald，2004；Greene，1978）。

这些概念线索是通过对真实的多元儿童文学和艺术进行创造性的、批判整合而总结出来的。接下来将对这些观念作一个简单的描述，其中包括我怎样鼓励我的学生在课堂中运用它们的例子。

458 **基于地方的教育学**

在杜威的理念中，联系是基于地方的教育学的一个中心原则，这样，学生就能把学习经验和当地环境联系起来，既有利于他们自己，也有益于社区。基于环境的教育者和他们的学生提倡环境工作以及积极参与“地区存在”。正如格鲁涅瓦尔德（Gruenewald，2003b）所说：

> 因此，有意识的地方教育的目的在于，反对学校教育的理论和实践与现实世界相脱离，现实世界越来越多地被排除在学校教育体制之外。此外，它也支持老师和学生获得亲身的地区生活的经验，对政治进程以及当地所发生的事件的理解。

激进的种族理论

激进的种族理论倡导对文化和种族问题的理解。他们要求儿童文学要有真实性和批判性的结论。他们有力地问：“谁针对什么人说了什么？”以及“如何使课程适应学生自身的文化？”真实的多元文化文学著作可以真正成为一种有价值的故事讲述，而这种讲述可以服务于所有的儿童（Ladson Billings，2000；Nieto，2000；Yenika Agbaw，1997）。

社会重构主义的艺术教育

基于教育者的艺术采用整体方法来展示精神、情感以及实践在教育全体儿童中的重要性，而这种教育以一种有趣的、有意义的方式覆盖了课程领域。同时，社会重构主义的艺术教育者们相信，直观性、反思性和合作性的实践艺术可以为探索、挑战官方的具体化课程提供一个极好的论坛。正如米尔布兰德特（Milbrandt）于2002年所写的：

> 艺术教育者必须拥有足够的勇气和技能才能发起艺术项目，这种项目可以激发学生的批判性探究，把学习和生活中真实的、有意义的问题联系起来，以及激发有责任的智力和道德行动。(p. 153)

我的课程行动

课程选择会极大地影响学生对种族、性别、班级以及环境的信念（Parkay & Hass，2000）。利用上面提到的转换理论，我鼓励职前教师们围绕一些主要书籍建立课程，这些书具有特殊性、文化的真实性以及视觉和语言的美感。这能够启动以社区为导向的、利用多元智力的艺术计划（Gardner，1983），以及需要在生活中操练的许多其他形式的知识。我鼓励把欧洲人在美国的故事作为多元文化课程的一部分，以表明所有的学生都有自己的文化，而且多元文化主义不再忽视有色人种，不再把他们看作独立的“其他人”以及没有文化的欧洲裔美国人（Newling，2001）。

我用优良的、特殊的多元文化文献作为给我职前学生的未来教学的文化适应的起点。通过这个开始，他们可以找到所反映和确认的自我与他人。通过探索已有的种族主义观念，他们可以有机会了解和尊重创造我们这个世界的多种文化。这些文献通过不同地区的比较来帮助提升环境意
459 识。这些文献也激励学生在他们自己以及社区和环境之间建立一种联系，以此推动创造一种对学生和社区都有益的学习经验（Gruenewald，2003b；Haas & Nachtigal，1998）。对一本书作有关的阅读引导之后，学生们就可以对比、比较那些包含在书本以及插图中的主题，从而建立他们自己的种族、地区和文化之间的联系。有了这种意识，他们便能发起那种提升社会和环境问题意识的项目。

例如，在我的班级中，《火花在哪里跳动》（*Where Fireflies Dance*）这本书曾经促进了一系列项目。首先为当地年长的居民创作了肖像，记录了两代人口述的历史，然后在当地图书馆举行了展览和庆祝活动。这些历史表明年长者把“生活的历史”和“官方的历史”进行了对照，同时艺术性地陈列了一个州对科学、历史、交通、阅读以及书写提出的标准。

第二个立足于地区的项目创造了一幅巨大的有关当地野生动物以及随季节变化的景观的剪纸壁画。这个项目为如何艺术性地整合数学和科学提供了一个典范，这种整合需要把数学概念融入对动物的描绘之中，同时需要了解当地环境。

第三个项目通过整合舞蹈、戏剧以及科学创立了“科学剧场”。

第四个例子，由当代非洲籍的美国画家佛瑞德·威尔逊（Fred Wilson）所激发，我的职前教师们学会了如何在使用语言时教授潜在的种族主义问题。

许多项目都提供了丰富的、有意义地整合所有课程内容的方式，这里仅仅列举了其中一部分。它们也都是建立在有趣和快乐基础上的。这些方法都是由学生发起，与文化相关，并且以合作学习为中心的。他们用更加传统的方法并入到课程内容中，并且提供了一种联系的、具体的学习机会。这些也是学生需要知道的、与基础知识一样宝贵的技能。还有什么比学会如何成为你所在社区中拥有多元文化的、谨慎的以及有能力的一员更重要的呢？

公正与责任

因为经常要求教师要公正，要为他们的教学方法负责，所以我提供了我的学生可以引证的研究例子，表明学生可以通过具有文化的适应性、趣味性以及有价值的项目作出富有成就的试验，而且也能掌握必要的考试技能。

当孩子及其工作进入社区，同时社区也融入课堂时，父母和社区成员就有了责任。父母和社区成员能够体验到他们的孩子的愉悦经历，此时孩子能够学会重要的真实生活的整合技能和如何通过强制考试。他们可以看到孩子们正在阅读、书写、表演、理解以及攻克具有挑战性的数学和科学概念。用这种观念来丰富传统的教师教育课程，我的职前教师们能够适应挑战偏

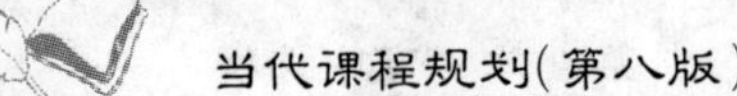

见和不公的教学方式，同时也能保持或超越既定的标准。通过沟通两种课程，吸引和激发学生去寻找教育中的快乐和意义，学生将取得学术上的成功，并且，最可能的是，他们将成为终身学习者以及颇有价值的社区成员。

思考题

462 1. 瑞因茨伯格认为：“《不让一个儿童掉队法案》有益于建立一种传统的、保守的课程。”你是否同意他这种观点？说明原因。

2. 对于你最熟悉的学科领域和年级水平，你将如何运用瑞因茨伯格所描述的“立足于地方的教育”的教学策略？

3. 瑞因茨伯格的文章包括一段乔治·W·布什的论述：

> 建立知识之石，昨天需要，明天也一样……我们不需要流行的新理论、奇特的试验或者给人好感觉的课程。只需要基础。如果通过操练可以做好工作，那么死记硬背也可以。(Coles，2002)

你在何种程度上同意或者反对布什的教育观？

学习活动

批判性思考

1. 共同的高中课程以及统一的课程标准是否适合一个复杂的社会？对不同的学生是否可以实施同样的课程以及课程标准？个体之间的差异是否可以调和？应当调和吗？

2. 回顾本章提出的依据学生的年龄、三种课程基础以及课程标准来改变高中学生课程的建议。你认为哪些建议更可行？

3. 第3章所讨论的哪些变化可以作为课程设计者在规划高中课程教学时的向导？

4. 有效的高中课程的关键因素是什么？

5. 今天的高中生发生的哪些变化是他们的父母或者监护人不知道或者很少知道的？高中教育计划可以或者应该在多大程度上应对这种挑战？

应用活动

1. 当你是一名高中生的时候，哪些经历有益于你的成长和学习？哪些经历阻碍了你的成长和学习？这些经历对你现在以及未来的课程计划有哪些启示？

2. 根据本章内容，设计一份简单的问卷或访谈提纲来让课程设计者更多地了 463
解高中学生，并和同班的同学比较你的问题。

3. 邀请一些高中教师到你的课堂上来，让他们描述给学生规划课程的步骤，他们把什么作为课程规划最重要的标准？

4. 了解附近高中的办学理念，根据本章提供的六个高中教育项目的推荐目标分析它们的办学理念。

实地体验

1. 参观一所附近的高中，采访学生有关课程的经验。记下以这些访谈为基础的“田野”笔记。下列问题可以作为访谈的指导：学生喜欢学校吗？他们喜欢什么和不喜欢什么？他们最喜欢的科目是什么？他们未来的计划是什么？然后分析你的“田野”笔记，看看出现了哪些对课程规划者有用的问题。

2. 访问一个为高中学生和他们的家庭提供服务的社区机构，向员工询问一下他们提供的服务，和其他同学分享你的发现。

3. 同高中生谈谈他们的学校、社区、州和国家及世界上关心他们的社会力量，在这个层面上，课程规划者最关心的问题是什么？

网络活动

1. 在风险学生教育研究中心（the center for research on the education of students placed at risk，CRESPAR），收集对高中风险学生教育项目规划者有用的研究结果和课程资源。

2. 进入美国教育部教育研究和提升办公室（OERI）的国家课程框架和内容标准网页，下载国际中学课程框架，根据第9章的理论评价这些框架。

3. 进入教育研究和提升办公室的“蓝丝带”学校项目网站，在该网站中访问一些典型高中，看看在多大程度上它们反映了第9章所反映的问题？

第10章

中学后课程

焦点问题 464

1. 中学后教育面临的主要发展性问题是什么？
2. 社区学院课程有哪几类？
3. 今天的大学和学院面临着什么挑战？
4. 成人教育是如何逐步发展以满足成人学习者需要的？
5. 老年学习者有哪些教育机会？

高中毕业后随即进入中学后教育项目的学生正经历一个自我概念发展的关键时期。这个阶段对于个人获取心理—社会身份，取得社会认可的、与工作有关的成功以及把自己融合到当地、国家和全球社会生活中，都是十分重要的。在我们这个社会中，青少年后期和成年早期可能是暴风骤雨的阶段。这一时期，对身份的追求从依赖别人转向独立自主。个体批判性地审视价值观念，开始与人形成亲密的人际关系，并发展作为劳动者、父母和公民的身份。他们不再是孩子了，无论是工作、结婚、生育、接受中学后教育或培训、从事一项职业，还是服兵役，他们都想运用刚获得的知识、技能和能力达到自己的目的。

青少年后期和成年时期面临的发展性挑战

埃里克森（Erik Erikson）提出的人的生命周期的八阶段模式指出了青少年后期一直到成年的三个显著的心理转折点。在成年早期（亲密对孤独），个体必须发展亲密的人际关系，否则会经历孤独的感觉。然后，在成年中期（繁衍对不育），
个体必须找到满足和抚养下一代的方法，否则会体验到不育的感觉，这种对下一代 465
的照顾可以通过如生育或从事教学职业来表达。最后，在成年后期（自我完善对绝望），个体必须认可自己，由此体验到一种成就感。没有这种自我接受，个体会体验到绝望的感觉。

罗伯特·J·哈维格斯特（Robert J. Havighurst，1900—1991），一位芝加哥大学的教授，对终生发展心理学作出了突出贡献，他发现有些人在青年后期和成年早期过着十分个人化的生活，最终陷入了离群、孤独或冷漠的境地，感觉不到社会生活的价值。虽然哈维格斯特相信成年早期充满着“可教学时机（teachable moments)”，但他也发现了这一人生阶段的“教学缺乏努力”。因此，社区学院和大学面临的挑战之一就是要充分利用这些“可教学时机”。

高等教育的招生

过去几十年中，高等教育的招生人数稳步增长。1972年，公立和私立的，两年制和四年制学校的招生总数超过了900万。到1996年，这个数字上升至1 400万以上；到2013年，这个数字预计将超过1 800万。从20世纪80年代早期开始，妇女对高等教育招生人数的日益增长起着重要作用。在1983年到1996年之间，妇女的入学人数从640万增长到800万，到2013年，这个数字预计将增加至1 040万。35岁以上的学生人数从1988年的220万增加到了1996年的300万；到2013年，这个数字预计保持不变（National Center for Education Statistics，2004a）。

1996年秋季，公立和私立的两年制学院的招生总数是560万；到2013年，这个数字预计将增加至710万。在注册入学的学生中，几乎50%的学生在25岁以下；约25%的学生处于25～34岁年龄组；还有25%的学生处在35岁以上年龄组（National Center for Education Statistics，2004）。

两年制学院

两年制学院提供了为期2年或少于2年的教育课程和培训课程。读完这些课程一般会取得文凭、毕业证书、副文学学士（associate of arts，A. A）学位、副理学学士（associate of science，A. S.）学位或副应用科学学士（associate of applied science，A. A. S）学位。通常课程设置不满4年的学院被称为社区学院、技术学院或
466 初级学院。

社区学院，一种在美国新近发展起来的教育机构，已经成为美国中等后教育的主要组成部分。虽然它是由初级学院发展而来，却服务于更多的社会目的。社区学院为社区提供多个领域的成人教育课程。他们为那些想在两年后转入四年制学院或大学的人提供了大学并行课程（college-parallel program），也为那些要求两年制学程的人提供了许多职业、技术和商业学科的终结性教育（terminal education）。现在有好几个州已经作出了总体计划，在所有中学毕业生的走读距离内开办社区学院。

社区学院开始只服务于少数有限的学生，现在已为许多不在四年制学院就读的青年和很多成年人提供教育。社区学院设置了很多课程，有助于满足社区和社会的需求。一般来说，社区学院开设5种类型的课程：

1. 初级学院转学课程（Junior college transfer programs）　中学毕业生可以进行相当于四年制学院或大学头2年的本科学习。修完这种课程可以获得副文学学士学位。对大多数学生来说，他们宁可选择附近的社区学院，也不愿选择较大的、通常是不够人性化的学院或大学。

2. 技术或职业课程（Technical and/or vocational programs）　我们的技术社会为一些想为就业作准备的年轻人提供了优良的学习机会，其工作岗位一般要求员工修完2年或不到2年的准备性课程。例如，由美国劳工部劳工统计局每年出版的《职业展望手册》（*Occupational Outlook Handbook*）列出了很多要求2年或少于2年培训的职业。

3. 成人教育课程（Adult education programs） 这些课程为整个社区服务。课堂经常是根据人们的兴趣和需要组织而成，它们提供如摄影、表演、弹奏乐器、自我防卫、退休规划、烹调或骑马等方面的教学——这里列举的还只是其中的一小部分。成人教育课程对已退休或半退休的人来说尤其有吸引力。

4. 发展课程（Developmental programs） 这些课程适合于某些教育背景可能妨碍他们入学和顺利完成学术性课程或技术课程的学生。针对那些中学没能毕业和需要中学文凭以便学习中等后教育课程的学生，大多数社区学院还提供了普通教育学历（GED）课程。

5. 社区辅助课程（Community service programs） 有些社区学院在需要的时间和地点为社区人员提供教育和培训。多项服务的伸展课程（outreach programs）、补习中心（extension centers）、在职培训（in-plant training）以及为传统上未被充分代表的群体开设的课程都是社区辅助课程的例子。

从 20 世纪 70 年代起，社区学院的数量及其招生人数都在急剧上升，这 5 种课 467
程的功能和重要性都已经发生了很大的改变。起初，社区学院强调转学课程，因为它们扩大了中学毕业生上大学的机会。后来，重心就转向了“非传统”学生——生育后“重新进入”教育的妇女，寻求新的教育经验和职业机会的中年人、失业者、新移民，以及在中等后教育课程中未被充分代表的群体。

今天，社区学院主要关注的问题是大量学生在课程学完之前就退学了。很多学生似乎不能成功完成学业，所以重视个人学习的需要和问题是这一教育层面课程规划和教学的重要部分。

社区学院适合于许多“晚熟”的年轻人（经常被称作“晚熟者”），根据中学成绩，他们往往不能进入四年制学院或大学。许多在基本技能方面需要矫正学习（remedial work）的学生能够在没有学分的“定向学习”（guided studies）课程中弥补这种缺失，修完这样的课程，他们就可以在其他学习领域注册学习了。

四年制学院和大学

1996 年秋公立和私立大学的研究生招生总数是大约 170 万；到 2008 年，这个数字预计不变。1996 年秋专业学校（医学、法律等）的首次招生总数为大约 28.5 万；到 2008 年，这个数字预计保持不变。1996 年这一层面上招收的学生中，大约 19%的学生在 25 岁以下；约 45%的学生处于 25～34 岁之间；还有 36%的学生在 35 岁以上（National Center for Education Statistics，1996）。

从 20 世纪的最后 10 年开始，大学受到了挑战，它的各种优点前所未闻地受到了质疑。显然，在以后的 20 年里大学不可能继续像过去 20 年所做的一样，而只能做得更好。这个层面的可替代性项目的要求同本书提到的其他层面的教育一样强烈。很多学生在中学毕业后上大学是因为他们不知道还有什么别的事可做，家长习惯性地认为，高等教育是他们应该给予孩子的。现在，美国大约 50%以上的中学毕业生上大学（在有些社区达到了 70%或 80%）是为了在取得大学学位后谋求更 468
好的工作，尽管这个国家 80%的工作岗位并不需要大学学位。这一教育层面上宽泛的教育总体目标和我们研究的其他层面上的目标相同——公民的责任和义务、平等的教育机会、职业、自我实现和批判性思维。然而，我们应该还要设计一些其他课程来满足青少年后期学生和成人达成这些目标的需要。而且，课程应该反映出自

由学习和专业学习之间，面向生活的教育和面向工作的教育之间的“平衡”。

曾经有一段时期，大学这个词可能意味着在一所学校四年不间断的全日制学习。然而，在20世纪70年代，通过发展一些“没有围墙的大学”（colleges without walls）及“校外（或伸展）学位”，其他面向青少年后期学生和成人的本科教育的教育机会在美国许多地方大量增加。今天，成千上万的学生通过这种课程取得了学士学位。取得校外学位的人数表明了学术界对其中大多数课程的认可，取得学位者被准许进行研究生学习。

与前一章论及的关于中学改革的“大讨论”相似，20世纪80年代中期先后出台了好几份论述高等教育目标和实践的国家报告。例如，“卡内基教学促进基金会”1985年的报告《高等教育和美国的重新崛起》（*Higher Education and the American Resurgence*）号召恢复高等教育的本来目的，即培养学生为未来有责任和义务的公民生活作准备。报告还号召，努力在高等教育中招收未成年学生，加强发展其创造性思维和独立思维。作为对强调“学术性学科”和“逐步放弃价值观念”的回应，报告提出“积极学习”和“服务观念”。

国家教育研究所1984年的报告《参与学习：实现美国高等教育的潜能》（*Involvement in Learning: Realizing the Potential of American Higher Education*）号召更为积极的学习模式。报告声称，大学课程呈现出过分的职业倾向，课程内容不仅应该论述学科内容，还要考虑发展学生的分析能力、解决复杂问题的能力和综合能力。而且，师生应该整合各种不同学科的知识。

现在人们也普遍承认，高等教育课程应该为学生在一个不断显现文化多样性的社会中生活做好准备。如在本章《高等教育的多样性、民主化和课程改革》（Diversity, Democracy, and Curriculum Reform in Higher Education）一文中，威列·J·赫金斯（Willie J. Heggins）研究了课程改革在高等教育中的角色并且指出：要保证在课程中反映文化、价值观以及多元文化主义，少数民族教职工起着关键的作用。另外，苏珊·纳尔·贝尔斯（Susan Nall Bales）指出，国际教育的发展要有一个清晰的前景，并以此来代替一种观点——对传统的青少年后期教育和成人教育来说，发展国际教育是没有必要的。

469 成人教育

成人教育正在发生巨大的变化。1945年以前，人们普遍认为，人一旦过了青春期，就没有什么学习能力了。当成千上万的二战老兵得到《军人重整法案》（The Servicemen's Readjustment Act），即著名的《G. I. 人权法案》（The G. I. Bill of Rights）的支持返回大学校园时，人们十分担心他们不会学习，将会降低学术标准。结果恰恰相反，他们比年龄小于他们的同学学得好——因为他们更加成熟，而且有很强的学习动机。我们现在知道，成人，无论年龄大小，都能够学习几乎所有的东西。现在几乎1/3的本科生在25岁以上，而且这个比例在可见的未来会继续攀升，这是成人学习能力的令人信服的证明。

进入21世纪的一个主要的教育问题将是在所谓的青年终结性（youth-terminal）教育和成人延续性（adult-continuing）教育之间建立一种平衡，这是毋庸置疑的。目前，两种关于中等后教育的传统假设受到了质疑，这两种假设是：（1）有组织的教育机会的需求可以在一生中前1/4的时间里得到满足；（2）一生中其余3/4时

间内的教育需求可以通过日常生活和工作中的偶然学习（incidental learning）得到适当满足。今天的学生必须发展贯穿其一生的继续学习的能力和愿望，为了实现这一目标，他们必须拥有适当的、不断重现的学习机会。在这个社会、技术、经济和政治迅速发展变化的世界上，继续教育将变得十分必要。一个人所受到的教育以前所未有的速度迅速变得过时。我们必须记住，学校教育的首要目的之一是为了让学生学会如何学习。

成人教育的一个重点是，要为以前在高等教育中没有得到充分代表的人群继续扩大学习机会，如非洲裔黑人、拉美人和西班牙裔美国人、亚裔美国人和太平洋岛国居民、美国土著人以及一些穷人。在本章“教师之声”部分，利奥诺·霍契尔·佩雷斯（Leonor Xóchitl Pérez）和安妮·玛里娅·克里斯蒂安（Ann Marie Christiansen）叙述了第一作者在洛杉矶一个低收入的拉美人社区学校建立的一种新机制，通过这种机制，学生的心理、社会和文化特点得到了认可和讨论，并被整合到为17～55岁学生开设的课程之中。

满足非传统学生的需求

大学和学院现在开始认真应对因成人、非传统学生的再度入学所引发的挑战。如内奥米·雅各布斯（Naomi Jacobs，1989，p.329）所指出的，这些学生可能“对自己的能力没有把握，学习习惯陈旧，而且为家庭和工作责任所累”。大学和学院正通过远程教育来满足许多非传统学生的教育需求，因为这些学生的工作、家庭义务和所处的地理位置使他们来到校园听课十分困难。除了为学生，尤其是农村地区的学生创造更多接受高等教育的机会之外，远程教育也被视为一种降低成本的做法。例如，在华盛顿州，华盛顿高等教育通信系统（WHETS）是一个双向的视听微波系统，它连接10座城市，14家教育机构。作为这一系统的成员之一，华盛顿州立大学每学期向全州的7个点传授约70门课程，其中包括3个分校和2个社区学院。校园内30多个教室可以通过这个系统传送和接收课程内容。 470

其他一些大学和州的远程教育网络包括科罗拉多电子学院、俄勒冈的教育网、艾奥瓦的通信网络、威斯康星的威斯康星网等。其他系统涉及一些跨州的合作团体和联合学校，如西部州长大学和学术合作委员会，前者是一个由15州州长和一个行政区赞助的“虚拟大学”，后者是一个12所大学组成的网络，包括宾夕法尼亚州立大学、俄亥俄州立大学、明尼苏达大学、威斯康星大学和伊利诺伊大学。

远程教育正成为高等教育日益重要的组成部分。在1994—1995年间，各种大学和学院共开设了约25 730门远程教育课程，这些课程提供了数目不等的书目。这一年，只有4%的学校没有开设远程教育课程，25%的学校开设了11～25门课程，26%的学校开设了25门以上的课程。在1994年高等教育招生的1 430万学生中，近80万人学习远程教育课程。在远程教育的目标听众中，49%的学校面向寻求技术更新和技术再培训的工人；39%的学校面向需要再获学位证书的专业人员；16%的学校面向残疾人；12%的学校面向军人；7%的学校面向美国本土人和过部落生活的阿拉斯加人；还有3%的学校则面向不说英语的学习者。

老年学习者

另一类迅速增长的学习者就是老年学习者。随着计算机时代医疗卫生事业的突

飞猛进——从人工心脏移植到应用核磁共振成像诊断，再到可能克隆生命器官以备更换，美国人的寿命正在稳步延长。65岁以上的人口增长速度比人口总体增长速度快一倍。例如，“美国新闻和世界报道”中一篇题为“如果你活到100岁——不会不寻常”（If You Live to Be 100—It Won't Be Unusual）的文章估计，65岁或65岁以上的美国人在1983年至2033年之间将会翻一番；到2033年，1/5以上美国人会活到65岁或65岁以上。还有，在1998年，近6.1万人在100岁或以上；到2040年，这个数字预计将增加到140万。正如约翰·格伦（John Glenn）1998年以77岁的高龄返回太空这
471 件事被着力描述的那样，美国的老年人将会越来越多地接受更好的教育，并且在体力、智力和政治上比前人更为活跃。这样，课程规划者作为老年教育学家和专门开发面向老年人教育课程的研究人员，很有可能获取更多新的机会。

许多大学和学院都向老年市民敞开了大门，3 000所高等教育机构中大约1/5的学校为已到退休年龄的学生开设了课程（很多学校减免学费）。开设的课程各种各样，从文化修养、退休服务、工艺学到大学文科课程和职业再教育。

多数老年人参与普通大学课程的学习是通过“老年人之家”（Elderhostel）进行的。这是一个开办于1975年的非营利性组织，它为60岁及60岁以上的老人提供了课程学习的机会。“老年人之家”项目一开始以新英格兰几个州的几所大学和校园为基地，现在已在各州和许多国家运作。1998年，27万余人参加了“老年人之家”的教育课程——为他们开设的课程有3 000种。课程规划者越来越认识到，我们应该重视对老年学习者的教学。与歧视老年人的行为作斗争，首先应该从老年人的思想开始。“老年人之家”以这样的观念为基础：退休并不意味着退隐，“学习是一个终生的过程；在人生的每个时期与人分享新思想、新挑战和新经验都会有所收益”（Elderhostel，1998）。

高等教育及其未来

未来的高等教育是什么？在本章《知识工厂的衰落》（The Decline of the Knowledge Factory）一文中，约翰·塔戈（John Tagg）强调，大学如果要为社会培养未来的希望——有知识的人，就要成为“学习驱动的教育机构”。戴安娜·F·哈尔珀恩和米尔顿·D·哈克尔（Diane F. Halpern and Milton D. Hakel）解释了在大学的学生中，知识的学习如何推动学习的长远的保持和转化。赫林·C·伯特纳里斯库（Helen C. Botnarescue）在大卫·R·斯特龙克（David R. Stronck）的帮助下，解释了通过诸如头脑风暴、小组合作学习以及完成带有多种形式解说的作业等方式，如何提高了本科生的学习能力。

此外，加强和其他机构的联系对未来的大学生有着非常重要的意义。因为越来越多的工作依赖于世界各国的联系，高等教育所教的知识必须反映全球与国家之间的联系。大学和学院应该为青年和成人提供在世界共同体中生活所需要的技能和知识。

今天的大学不断号召向学生提供严格的“博雅”教育，使他们做好准备，以迎
472 接飞速变化的社会挑战。除此之外，大学还经受着巨大的压力，要使课程更加以学生为中心。例如，在本章《以学生为中心的研究性大学》（The Student—Centered Research University）一文中，格申·温科（Gershon Vincow）强调，学生学习应该是研究性大学的主要目标，而且研究的基本准则应该是它提升本科生学习和研究生学习的程度。随着大学越来越以学生为中心，课程规划和教学的许多不同方法将

被采用，而且很多教学时间将被用于诊断学生的需要，进而开设个别学程。

对处于青少年后期的学生和成人应该设立什么样的教育目标？如本章早先提到的，中学后教育的教育总目标与我们研究的其他层次的教育目标相同——公民的责任和义务、平等的教育机会、职业、自我实现和批判性思维。另外，中学后教育的主要目标应该是为学习者提供广泛的教育机会。课程规划者必须认识到，每个人的一生中都包括一些关键的转折性事件，这些事件要求人们作出新的调整，以迎接生活的挑战。

参考文献

Boyer, Ernest L. *College: The Undergraduate Experience in America.* New York: Harper & Row, 1987.

Carnegie Foundation for the Advancement of Teaching. *Higher Education and the American Resurgence.* Lawrenceville, NJ: Princeton University Press, 1985.

Elderhostel. "Elderhostel Mission Statement." Boston: Elderhostel, Inc., 1998.

Havighurst, Robert J. *Developmental Tasks and Education,* 3rd ed. New York: Longman, 1972.

Jacobs, Naomi. "Nontraditional Students: The New Ecology of the Classroom." *The Educational Forum* 53, no. 4 (Summer 1989): 326–329.

Kerr, Clark. "Speculations about the Increasingly Indeterminate Future of Higher Education in the United States." *Review of Higher Education* 20, no. 4 (Summer 1997): 345–356.

National Center for Education Statistics. *Projection of Education Statistics to 2008.* Washington, DC: National Center for Education Statistics, 1998a.

———. "Distance Education in Higher Education Institutions: Incidence, Audiences, and Plans to Expand." Washington, DC: National Center for Education Statistics, 1998b.

———. *The Condition of Education 1996.* Washington, DC: National Center for Education Statistics, 1996.

National Institute of Education. *Involvement in Learning: Realizing the Potential of American Higher Education.* Washington, DC: U.S. Government Printing Office, 1984.

473

通过自由教育建立联结

欧内斯特·博耶(Ernest L. Boyer, 1928—1995)

摘要: 博耶引用了1987年卡内基基金会的报告《大学:美国大学生的体验》(*College: The Undergraduate Experience in America*),提出大学本科教育的五个要素:第一,大学生要学会熟练地书写和表达;第二,大学生要接受自由教育;第三,大学生要习得更多的道德伦理原则;第四,教师要教会学生积极学习,而不是被动学习;第五,大学教师要帮助学生建立课堂理论与现实生活之间的关联。

三年来,卡内基基金会在全美开展了对大学本科生的跟踪调查。在《大学:美国大学生的体验》这一报告中,我们提出了许多加强大学本科教育的变革措施。在此,我想重点阐述一下大学本科生教育的五个基本要素。

我想从我的个人经历说起。1972年一个星期一的早晨,天阴沉沉的,我坐在纽约州阿尔巴尼市自己的办公室里。我的办公桌的一角堆满了各种邮件,为了装出很忙的样子,我不由自主地去翻看那一沓邮件。最上面的一个邮包是斯坦福大学邮寄来的学生报纸。报上的新闻标题告知:斯坦福大学在取消了所有必修课程3年之后又重新开设了一门有关西方文明的必修课程。在报纸首页编者的话中,学生们抨击校方这种仓促的举动。他们声称,校方重新"开设必修课是一种粗鲁的举动",并在最后提出这样一个极具蛊惑性的问题:"他们怎么可以将统一的标准强加给各种不同的人?"

一开始我觉得这条新闻挺有意思,可是再一想那句质问,心里便感到深深不安。那个问题直至今日还在困扰着我。我真不明白,为什么那些全国最有才华的学生会不理解这样一个很简单的事实:尽管人和人各有不同,但是他们仍有许多相同之处。可以想象我们只是教育我们的学生孤立地看待自己,而不去帮助他们发现相互之间的联系吗?通过正式的美国大学教育,我们只强调个体的独立性而忽视我们生存现状中的相互依赖,这可能吗?

这件趣闻将我的阐述引入正题。我认为大学教育中追求的各种目标都可以用一个词来概括,这就是"联结"。我可以举几个例子来说明这一点。

我们通过各种符号的细致运用实现相互联结。运用语言是我们人类最主要的能力。用语言表达感情和思想的能力区分了人类与其他的生命形式。大学教育最主要的目的之一必须是帮助学生能熟练地进行书面表达和口头表达。孩子们很小就知道语言有一种神奇的魅力,这让人很惊讶。我小的时候住在俄亥俄州的代顿市,那时常听到人说"棍棒和石头会让人伤筋动骨,但是几声谩骂却不会伤着我"。可是,我会说:"废话!"那时的我常常为了几句话而伤心得泪流满面——"废话!看在上帝的分上,我宁可受人棍棒,也不愿被人用言语来伤害,那会使我长久地郁闷难受。"

早在婴儿出生之前语言就已经产生了。在我们出生之前,我们的语言能力就已经开始发展了。我们向我们的父母、祖父母以及身边的人学习语言。在语言学习的过程中我们互相之间有了联系。现在我已是 474
一个祖父,我看到婴儿的语言习得和发展

并没有受到婴儿在夜间尿床和打嗝之类琐事的阻碍，我惊诧于这种神奇的、上帝赋予的、基因遗传的能力。然而，我们把人的语言能力的发展看成是理所当然的事，没有去作细致的分析。我们对此不作思考，把它视作同呼吸一样自然。想一想语言产生的这个神奇时刻吧：我站在这里，振动声带，连珠炮似的音节向你传过去，撞击了你的耳膜，信号传送至第八根颅神经，你的大脑便有了一个回答。就是这样一个过程使得人与人、人与社会连成一体。

在报告中，我们提出大学教育的第一个目的——大学一年级学生都要学习一门基础语言课程，每堂课上都要学习写作，因为清晰的思维能力需要通过清晰的写作训练来培养。我们认为，每一个大学毕业生都应该具备缜密地写作、批判性地思维、敏锐地倾听和有力而又准确地发表意见的能力。

在语言教学的过程中，我们同时应该传授沉默的价值，教会学生如何去倾听别人以及自己的声音。我们生活在一个充满喧嚣的文化中，事实上，我们不习惯于沉默。然而，倾听是"愈合"艺术中的一个重要条件。我希望在我们的课堂教学中让学生有一段时间的沉默，这不是为了维持课堂秩序，而是为了让他们思考所听到的内容。

很多专业领域里都有一种目的在于自我保护的"标签"，这些标签使我们隐藏起来。我们保护着自己作为主任、教授、科学家或者学者的身份，却不知道所有这些身份的人性在哪里。我们四处奔波，整天忙于各种事务，不愿意花时间去仔细地倾听别人。现在我谈语言教学，不仅仅把它当作是言语活动的一部分，也不仅仅把它看作是一个技术上正确无误的过程，而是把它看作人类相互联系的手段。

我在纽约州立大学做校长的时候，给来自州内的一部分教师讲课。这时，有 350 个学生涌进了教室（那时候学生们经常这样做）。他们喊着口号，举着标语，要求我帮助释放另一个大学被捕的几个学生。我们唇枪舌剑地争论了一个多小时。最后，我发现我们都没有在听对方讲些什么。见面会一团糟，而更糟的是，我觉得我不是在跟人，而是在跟一帮无耻之徒说话。因此，出于绝望而不是冲动，我离开了讲台，走进人群，开始和一个学生交谈。我询问她的姓名以及有关她家庭的一些情况，还问她为什么如此愤怒。不一会儿又有几个学生参加了进来，我告诉他们我能做什么和不能做什么。长话短说，这件事最终平息了，我们达成了妥协。通过这件事我学会了了解学生。

我想通过这个例子说明，我们所分享的语言符号将我们互相联结在一起。应该通过教育引导学生考虑他们所传递的信息的质量。信息的传递不在于它的正确性，而在于它的意义的完整性。我们周围的人 *475*
能够知道我们是仅仅在传递信息还是在传递信息的同时又接受信息。

关于通过语言建立联结的问题还有最后一点需要说明。建立联结不仅需要机智、清晰的表达，还需要完整的表达。我们应该让学生明白，说真话是一种被赋予运用语言符号的权利之后所要承担的义务。

由此我想到大学教育的第二个目的。我相信，学生们不仅想通过语言学习寻求联结，他们还希望得到真正的自由教育，以便今后能在较大的环境中工作。看一看世界的本质，我不禁为学生们的表现而感到深深不安。今天，人类的交往越来越全球化，而我们的许多学生却变得越来越狭隘。我相信，除非他们能够将自己的工作融入这种国际大环境中，否则，他们将不能在这一互相依存的世界上充当智慧的专业人员。

大约三年前，我们对社区学院的学生进行了一次调查。其中，40%的学生不知道伊朗和萨尔瓦多在地图的什么地方。在对美国中学进行研究的过程中，我们发现，

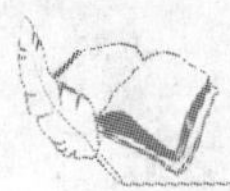

只有两个州要求学生完成一门非西方学科的课程。两年前，我们又对5 000名大学生进行了调查，30%以上的学生认为他们与不发达国家的人没有任何共同之处。而事实很简单，学生们毕业后将生活在一个经济、政治、环境都互相联系的世界里，他们将不断地与越来越多元的美国社会里的各种人共事。然而，我们却没有提供一种普通教育——可向学生提供迫切需要的更宽阔的视野，肯定人与人之间不仅有社会意义上的联结，也有生物学意义上的联结。

在我就任美国教育总署署长的时候，一天，“芝麻街”的创始人琼·甘孜·康妮（Joan Ganz Cooney）来找我。她建议做一套针对初中学生科学教育的新节目。我们找到节目赞助商，这一节目被称为“3—2—1接触”。康妮和她的工作人员为准备工作进行了调查研究。针对纽约市的一些初中生，他们问了类似于“水是从哪儿来的”这样的问题。不少学生回答“从水龙头里来”。这样的回答很让人忧虑。他们还问学生：“光是从哪儿来的?”学生们回答：“从开关里。”他们又问：“垃圾弄到哪儿去了?”学生们回答：“到垃圾车里去了。”学生们的回答显示了与世上许多事物的“反联结”（anti-connectedness），这不免令人惊骇。

如刘易斯·汤姆斯（Lewis Thomas）所言：我们每个人都是作为工作部件而置身于自然世界的。我们不可能只顾生产和消费而不管弃置。我们必须不断注意物质世界的相互依存性以及依照自然法则生活的责任，无论在全球社区生活，还是在个人生活中，都应如此。在我看来，这种互相依存的关系是专业教育的核心。汤姆斯曾经写道：“如果这个世纪在我们的手指间凝聚，那一定是教育引导我们远离分裂的麻木，帮助我们聚焦共同的目标。”

这使我想到大学教育的第三个目的，即我们如何生活，又如何工作。将道德观、
476 伦理观带入我们的专业，这是我们面临的挑战。许多人都在担心诸如基因研究是否会导致地球上生物体的变化的问题。我们也质疑应不应该用人体来做试验。但是在我看来，这些问题专家也不能作答。

我再重申一下，我们面临的挑战是必须将我们的专业置于社会伦理观之内。如果不这样做，我们就有创造我称之为“波斯凯综合征”的危险。这种综合征的症状是，一个人知道如何成功但是却不会在道德标准的范围内作出决策，一个人充满自信却缺少良心的指引。在卡内基基金会有关大学教育的报告中，我们提出一种丰富专业的观点。我们建议每一个专业领域都要将工作置于历史、社会和道德观之内。这个灵感来自于诺曼·卡西施（Norman Cousins）。几年前，诺曼·卡西施发现一个只会看病的医生远不如一个既会看病又了解病人心理的医生。

卡西施还说，一个在法庭上只知道运用法律条文进行辩论的律师远不是那些既精通法律又知晓历史的律师的对手。因此，我们在报告中指出，专业人员中心价值观念与工作本身一样重要。我们认为，大学阶段应该将普通教育和专业教育融合到一起，正如生活中两者不可避免的融合一样。

对这个问题的讨论使我想对教师说几句话。我们可能拥有很完善的专业训练的课程，在大纲中或者国家报告中也提出了所有的教学目标。但是，联结最终是在课堂上由老师建立的，他们是学生的楷模和良师益友。

几年前的一个不眠之夜，我回忆起我所遇到过的所有老师。有15个左右的老师在我的记忆中留下了深刻的印象。我必须承认，其中也有一些犹如噩梦。但是我努力去回忆那些优秀的老师，那些在我的中学时代和大学时代真正改变了我生活的杰出的老师。

我第一个想到的是赖斯（Rice）小姐，她是我1年级时候的老师。上学第一天，母亲送我去学校。路上，我问母亲我会不

会学认字。我当时特别想学认字。母亲说："不，今天你不会学认字，但是今年你会学。"那时候母亲并不认识赖斯小姐。我走进教室，赖斯小姐站在那里，看上去有点神圣。她意味深长地沉默了一下，然后看着 28 个惊恐不安的孩子，说："同学们，早上好！今天我们学习认字。"这是我上学第一天首先听到的几句话，令我终身难忘。

那天我可能学会了记忆，并不是理解。赖斯小姐教了我一些很基本的知识，她还告诉我语言是学习的核心。令我觉得神奇的是，50 年后的今天，在我们论述中学的书中有一章专门阐述语言的核心作用，而在论述大学的书中也有类似的一章。如果我们写一本关于研究生教育的著作，我相信也有一章是论述语言的。我举这个例子来说明 1 年级老师对我的影响。

我也记起了惠林格（Witt Linger）先生，我的中学历史老师。一天，我从他的办公室前经过，他叫住我，并对我说："欧内斯特，你历史学得很棒！你继续努力的话，一定是个好学生。"这句话听起来有点"贬低"的意思，但是它却是我所得到的最高的褒奖。那晚我回家后心想："我不是棒球运动员，不是牛仔，也不是消防队长，我就是一个学生。"当我自己对未来不确定时，老师的点拨便有无穷的力量。

伟大的教师永远具有活力。是什么使他们这么伟大？首先，这些教师学识渊博，见多识广。他们有知识，而且知识基础扎实。当然，我们也都遇到过那些虽然有学问但是却枯燥乏味、工作徒劳无益的老师，
477 因此，他们还必须有别的特点。其次，这些老师能够根据学生的理解水平传授知识。他们了解学生，并且能够在知识和学生的接受能力之间建立联结。

这些教师共有的第三个特点也是最后一个特点是：他们心胸开阔、诚实可靠。他们有时笑，有时哭，有时也会说"我不知道"，而最为重要的是，他们建立了事物间的相互联系。名师的指点对一个人的影响很大。我认为，我们在寻找加强大学教育的方法时，我们需要新颖的课堂教学模式，还需要积极学习，而不是被动的师生关系，更需要善于启迪学生创新意识的老师。

在我们对中学和大学的研究中，学生的被动状态给我们留下了深刻的印象。约翰·古德莱德曾对学校教育进行了深入的研究，他在其研究报告中指出，在很多课堂教学中，只有 6%的课堂时间安排给学生发言，而这一点时间几乎都在谈"考试有没有这个内容"和有关考试安排之类的问题，而不涉及学习的实质。我希望我能告诉你大学不是这样的，但在高等教育的课堂中，学生的被动学习的确占主导地位。我们在教学生慵懒，而不是教他们参与。

在对本科教育的研究中，我们走访了一所著名的大学。我们去之前，一个著名的教授曾对毕业班的学生进行了调查。他问有多少人完成了 4 年的学业，获得了学位，但在 4 年里却没有在课上发过言。你猜怎么样？75%的学生回答说，他们可以一言不发地上完大学，只是记记笔记，悄悄地进，悄悄地出。他们承认，在有些老师的课上他们不得不发言，但是多数情况下，他们可以一言不发地应付过去。

我们需要创造一种氛围，在这种氛围中，不仅有指导老师，学生也可以是老师。随着学生学习的继续，他们必须加强参与，我们还要将合作学习作为这一过程的一部分。我注意到，在学习的各阶段，学生们互相竞争，但是在最后，很多问题总是需要通过各种学科、专业及工作场所等方面的合作来解决。

我们越来越多地谈论"团队"，这不是毫无意义的。这个词语清楚地表明，我们要共享信息，寻求合作解决问题的方式。各种教学模式都应该以合作为中心，让学生们共同探讨问题，他们的成绩可以按照他们小组共同努力的情况来决定，而不应该以学生间的个体竞争结果来定。我们的

问题是人类共有的问题，我们必须通过合作才能找到解决问题的办法，理解了这一点，我们才会在地球上得以生存。

这使我得出了最后一点意见，我们必须在课堂教学理论与生活现实之间建立联系。

约翰·加德纳（John Gardner）曾说，对一个社会的完整性构成最大威胁的是：公民没有共同的、值得追求的目标。我认为，我们在创造一种文化，这一文化中人们的责任感正日益消失殆尽。比如，当我们在中学调查研究时，我意识到我们的国家不仅存在着学校教育问题，还存在着“青年”教育问题。许多十几岁的青少年与社会格格不入。这令人担忧，因为正是在这个阶段，年轻人需要弄清楚自己的身份，知道如何使自己适应更大的世界。许多大学校园也是年轻人的聚集场所，在那里，他们只有自言自语。在当今社会里，我们一直在横向组织自己。孩子送到日托机构(day-care centers)，青少年送到中学，老年
478 人安置在养老院。我们不是在建立联系，而是在制造代际分裂。几代人彼此隔离，这样的文化有点不健康。

不久，我的父母将在“退休村”里庆祝他们的89岁生日。他们在那个村里的生活有点特别。他们在那里开办了一个日托托儿所。每天早晨50多个四五岁的孩子蹦蹦跳跳地来到这里。你想象的退休可能不是这样的，但是在这样一个老少融合的集体里，有些东西是很真实的。一个小男孩被我的父亲称为“他的小朋友”。所有日托的孩子都认了爷爷奶奶，整日相伴。我给我父亲打电话时，他总是谈起孩子们画在墙上的画以及他和孩子们的对话。在这样一个集体里，孩子们能观察到衰老的痛苦和尊严，而80岁的老人则能够和刚开始生活的孩子们一起度过无忧无虑的时光。这样的集体提供了两代人之间深深的、愉悦的沟通机会。

我越来越坚信，教育的真实性在于建立起课堂理论与课外现实生活之间的联系。学校不是一座修道院，它是一个作业基地。以我之见，每个专业领域都要建立起这种联结，这样，学生才能理解理论与实践之间的关系。

因此，在中学教育的报告以及后来大学教育的报告中，我们提出，不仅在专业领域，而且在其他领域都要有一个服务期。在这段时间里，学生可以去教别人。他们可以当助教，也可以到养老院里去陪老人，或者到托儿所里去带孩子。这一切将证明一个人的身份与现实生活的正确关系，正如凡切尔·林德塞（Vachel Lindsay）所说的：这个世界的一大罪行就是让所有的孩子都变得迟钝。不是因为他们耕耘，而是因为他们很少收获；不是因为他们侍奉，而是因为他们没有可侍奉的上帝；不是因为他们要死去，而是因为他们像羔羊一样死去。学生们应该明白，人生之悲剧不在于一死，而在于临死时带着未尽的责任、未了的心愿以及未完成的事业。

思考题

1. 你同意博耶的本科教育的目的都可以用“联结”一词概括这一观点吗？还有哪些词说明本科教育应该达到的目标？

2. 就重要性而言，你如何排列博耶确定的5项目标？你的排列的理论依据是什么？

3. 你在多大程度上同意博耶的以下观点：“……在高等教育的课堂中，学生的被动学习的确占主导地位。我们在教学生慵懒，而不是教他们参与……”？大学课程中哪些因素限制了学生的参与？课程规划者和教师应该采取哪些措施改变这种现状？

479 以学生为中心的研究性大学

格申·温科（Gershon Vincow）

摘要：本文就“以学生为中心”的研究性大学的目标、考虑重点和预期结果提出了一个模式。研究性大学的中心特征是以学生为中心的课程，它更加重视学生的学习，较少关注教师的兴趣。教师对此所持的普遍的反对理由包括降低标准、放弃研究、缺乏教学法方面的训练和缺少时间。

改革需要

研究性大学在享有独立性的同时又能得到国家支持，但近年来研究性大学受到社会的严厉批评，其中有些批评有一定的道理，而很多则是无知的，是无稽之谈。我厌烦了此类批评，同时也感到灰心，因为对这种批评所作出的反应常常软弱无力，没有效果。我们需要一种新的思路，要建设“以学生为中心”的研究性大学。

说真的，我厌倦了“教授欺诈”这类言语，厌倦了人们的这一指责。我所作的研究，那么潜心和创造性的研究，其成果还发表在一流杂志上，他们却说是无关的、没必要的。你怎么看你的研究及其重要性？是欺诈吗？

我恼怒的是，大家说我们花钱太多。与工程师和律师的起点薪水相比，一个人文科的助理教授一年 3.5 万美元的薪金太多吗？工程师和律师接受的教育要少，其可证明的创造性也少。有了这种对比，你还认为你多得了薪水吗？

我很讨厌那种对教学助手的没头脑的挑剔，他们中有很多人很有灵气，工作热情、投入，且乐于助人。

人们将教授想象为大亨似的顾问，认为他们总是飞来飞去，很少待在大学里，当然也不把精力用在学生身上，对此，我感到十分不安。这里有多少人是这样的？

然而，我必须承认，我们对这种批评所作出的反应常常显得软弱，也没有实效。我们承认需要加强本科生教育，但是我们也认为，总体上说，情况良好。美国的研究性大学不是为世界各国所羡慕，为全球各地的学生所追求吗？我们不是仍然得到了诺贝尔奖的最大份额吗？

批评家反驳说，这“毫不相干，我们需要的是对儿童来说更好的结果，更好的学习成果，因为他们要加入全球竞争的劳动力大军。其解决方案十分简单，只要每星期多几个小时的教学，一切就会很好。”我们知道，这个过于简单的方案不会产生期望的结果，但只要讨论还将重点集中于对研究性大学模式的习惯性的夸夸其谈，我们就不会赢得他们的支持。

我们最好的行动方针就是寻求一种新的模式。我认为，我们要创建一种“以学生为中心”的研究性大学。这一以学生为中心的模式将产生学生需要的学习结果，因而也会得到社会的重视，会重新给我们带来社会强有力的支持。

本文的目的是叙述一种面向学生为中心的研究型大学的模式，并且使大家相信它的价值。本次论述的主题是“面向以学生为中心的研究性大学”，你可以发表你的见解，这是大学的优点和传统。

480 以学生为中心的模式：目标、重点和预期结果

为了给大家提供一个预览，让我首先勾勒一下以学生为中心的研究性大学的概念性框架。我先来重新阐述一下研究性大学的任务。在我看来，无论我们怎么描绘，它都不该是常规的“教学、研究和服务”，而应该是这样的：

> 研究性大学的任务是通过教学、研究、学术成就、创造性成就和服务来促进学习。

我们的目标是促进学习。教学、研究和服务只是达到目标的手段，而不是结果本身。我们判断每一课程和活动的价值是根据它促进学习的程度。这一点十分重要，因为它帮助我们确定行动的重点，但更为重要的是，它是衡量我们成功的明确的并且是最终的尺度。

我们的教学对促进本科生和研究生的学习起了多少作用以及效果怎样？我们的研究工作是否促进了学生的学习和我们同事之间的学习？我们的公益服务对促进市民乃至整个社会的学习又起了多大的作用？

这个经过修改的任务的另一优点是，它很自然地使我们想到了以学生为中心的模式。我们首先考虑谁是大学里的学习者？当然是本科生和研究生。

因此，促进学习的任务将我们的注意力从主要围绕教师和教师工作的大学和它从事的任务——教学、研究和服务转向教师和学生共享中心舞台，即同为学习者的大学。我们将学生视为教育课程中的学习者，将教师视为他们研究项目中的学习者。

现在，我们接着重新定义以学生为中心的研究性大学。简言之，它是一种专门的研究性大学，其工作重心集中在学生身上，不管是本科生还是研究生。

既然学校的任务是“促进学习”，我们的重点集中于学生，那么我们首先考虑的事便是促进学生的学习。让我们从这个新视点，即“以学生为中心”来重新看待我们的一切活动，那么会产生哪些直接结果呢？

- 第一个结果是，人们判断我们作为教育工作者是否成功的依据不仅是我们教得怎样，或传授知识和技能如何，还有我们在多大程度上促进了学生的学习。这一重心的改变，即教师认为教育不仅仅是“教”，而是“教和学”，是以学生为中心的研究性大学要实现的最为重要的转变。

- 第二个结果是，成功的研究和创造性成就会对学生产生重要影响。研究的首要准则是，它如何促进学生的学习，无论是本科学生还是研究生，也包括博士研究生。研究的第二准则是，它如何伴随着推动学科发展而促进学习。在教师当中，研究准则的突然转变是新模式中最引起争论的方面。但是，想想它对社会产生的积极作用吧。我们可以引导立法机关和批评家重新欣赏和珍视这种研究。他们最终会明白，研究十分重要，因为它能促进学生的学习。

产生以学生为中心思想的另一方面的原因是，我们认识到学生上大学期间，在课堂外有大量的学习机会和个人发展机会。
我们负责学术事务和负责学生事务的人员 481
要以新的方式在一起工作，使学术性学习和个人发展成为一个整体内相互支持、巩固、促进的两个部分。建设一种更好的“校园文化”应成为我们重要的目标。

在概括了“以学生为中心”的意思之后，我来对新型的研究性大学评说几句。我们的基本特征仍然和传统的研究性大学的一样，但将重点放在促进学生学习的作用上。作为研究性大学，我们将继续以研究生教育为主要特色，尤其是博士生教育。以学生为中心的模式不仅要应用在本科生身上，而且也要应用在研究生身上。事实上，在这种研究性大学里，本科生教育和研究生教育应该互相促进，两者之间的协

同作用应成为“以学生为中心”模式的重要组成部分。

研究性大学如何能为学生提供增值的教育？我认为，从事研究和创造性专业活动的教师不仅能为课堂带来新知识，而且也能带来为教育增添特殊品质的创造精神。我相信，在教学中我们可以培养学生一种对世界的好奇心，让他们体验学习和发现过程中的兴奋，这些对激发学生动脑十分重要。另外，我们能进一步激励学生学习，因为他们将我们视为积极的学习伙伴，而不仅仅是知识和技能的传授者。在正式的课堂教学以外，我们能够而且应该让本科生尽可能地参与研究或研究性的体验活动。

我来用另外一种方式小结一下，以此结束对“以学生为中心”的研究性大学的总体描绘。要成为“以学生为中心”的研究性大学，必须采取以下几项重要的行动方针：

● 我们要从大学对学生产生影响的角度来看大学的每个方面。

● 我们将学生学习确认为首要目标，而且研究的首要原则是研究在多大程度上促进本科生和研究生学习。

● 我们评判教育成功的依据是学生学得如何，而不是我们将知识传授得如何。

● 我们要修改一些课程和专业，使之更加以学生的学习为中心。

● 我们通过评估学习成果不断改进课程。

● 我们不断通过评价学习结果来提升课程和学术项目。

● 我们强调研究性大学在提升学生学习经验方面所增加的价值。

● 我们要支持学生成功，让他们顺利毕业，这样，良好的师生关系便成为我们工作的核心，其中包括加强咨询和辅导。

● 我们要修正教师角色、评价和各种奖励手段，以加强教学和辅导；还要调整学校的激励手段，重新分配资源，以支持这些行动。

以学生为中心的课程：以学生为中心的研究性大学的主要特征

为了创建以学生为中心的研究性大学，我们必须从概念理解落实到具体行动。必须实施上述的每一个行动。例如，我们必须修改课程和专业，使之更加以学生的学习为中心。为了说明这一点，我来详细讲述一个以学生为中心的课程，重点放在它是如何促进学习这一方面。

我们从课程对学生及其学习的影响这 482
一角度界定和开发以学生为中心的课程。我们放弃了老一套的教学模式——我教的是“物理”，不是“学生”。我们修正了传统上以教师为中心、强调传授学科内容和传递技能的模式。在阐述以学生为中心的教学模式之前，我们先来了解一下学生走进课堂的出发点。我们试着提出如下问题：

● 学生对我们所教学科的背景知识的了解如何以及他们对相关学科，如数学，有了什么必要的准备？

● 他们选这门课的目的是什么？我们如何将他们的目标与我们的目标相联系？

回答这些问题又使我们想到最为重要的一些问题：

● 课程目标要与学生学习结果相关，那么我们开设这门课的目标是什么？

● 在学科内容知识、批判性思维技能、交际技能、价值观问题等方面，我们希望学生带走什么？

● 在以学生为中心的课程中我们如何达成这些目标？

当我们聚焦教学过程时，又有许多其他问题需要回答：

● 我们如何认可且支持学生以不同的学习风格学习（有的人属具体思维者，有的人属抽象思维者；有的偏重言语，有的偏重视觉）？

● 我们怎样表达对所有学生的期望，如何激励他们学习，以及提供为取得理想

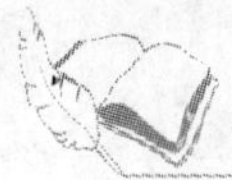

学习成果所需要的支持？

● 我们怎样使他们积极投入到学习活动中去？

● 我们如何将每个学生视为单独的个体，使其经验个性化？

● 我们如何激发学生的好奇心，引导他们认识学术成就和发现的意义？

● 我们怎样帮助学生在学习过程中获得我们曾体验过的快乐和满足？

这些都是我们为设计学生中心课程需要回答的重要问题。但是，就我们多数人而言，它们都是很难回答、事实上也是令人不快的问题，因为我们都是作为学科内容专家在研究性大学里发展着我们各自的专业的。我不想装扮成教学法专家，只是报告一些老教师和从事有效教学研究的专家所提出的建议。

许多教师特别努力地想结识学生，甚至在大课上也如此。这样，课堂上的不知姓名现象得以打破，而不知姓名现象常常导致学生学习不投入和旷课。教师收集学生的各种信息，诸如他们入学的年份、专业、选课的理由、学科背景等，它们有助于教师设计课程。询问信息表明教师对学生的个人兴趣，也为学生在办公时间拜见教师时提供了有助于“打破沉默”的话题。在有些情况下，大班课上的教师能够知道每位学生的姓名。有一位同事教大班的“政治学导论”课，他要求每位学生在办公时间见他，目的是认识一下，发表一下他们对这门课的印象。如此加强师生接触对促进学生积极学习至关重要。

学生常常告诉我，他们想更多地了解我们。他们想知道我们从哪里来，以及我们的教育背景、家庭、嗜好等。这种少量的“人性化”增强了师生之间的建设性关系，促进了他们的课程学习。

我们和学生的首次交流就包括第一次
483 上课时我们传阅的课程大纲。思考一下，我们传发的许多大纲不都是以官僚主义课程为中心而不是以学生为中心的吗？从学生角度出发，我们还应该在大纲中添加些什么？用令人感兴趣的语句来表述课程目的、目标和结果十分必要。

● 这些是你们要学习的中心思想和知识领域。

● 这些是你们要获得的学术技能，即习得技能的方法。

● 这些是我们帮助你们学习的方法。

在课堂上审视这样一个大纲可传递教和学的目标，并从一开始就奠定了激励人的氛围。学生会感觉到我们对这一科目的热爱以及我们真实的教学热情，会了解我们对学习内容的要求。这样的介绍可以极大地促进学生对课程的兴趣。

我们教学时应该察看课程的每个方面，要考虑它是如何以学生为中心的，也就是说，它如何促进学生学习。例如，我们是否在学期初布置足够的并能提供迅速反馈的作业？这点在低年级课程中尤其重要，目的是帮助新生理解大学里的要求，指导他们发展独立学习的技能。

在各种层面的课程中，我们应该问问自己，我们是否使学生足够努力。“阅读，写作，思考，诸如此类”——一位老教师就是这样描绘他的方法的。传统的老一套做法，如讲座、指定阅读、期中考、论文、期末考等，在以学生为中心的课程中是远远不够的。

论文怎么样？它们是否促进学习？传统上，许多教师指定论文题目，读论文，给成绩，并在旁边写一些评语。这一方法重在教师评价学生，它没有促进学生分析技能和交际技能的学习，不能令人满意。也许，教师应该布置一篇较短的论文，要求学生先递交论文提纲，然后是草稿，最后是多次修改后的论文，其中每一步骤都要给予建设性的反馈意见。这个过程模拟了我们专业研究和写作的方法，它更加以学生为中心和以学习为中心。

这里还有两个促进写作学习的例子，它们涉及学生的合作：

● 在锡拉丘兹（Syracuse）大学的基础写作课上，学生经常如作家实习班一样一起学习，阅读和评判彼此的论文。

● 在罗彻斯特（Rochester）大学的一位同事告诉我，一个学生的论文由班上其他两个学生来看，由他们提出批评意见，然后修改，再次递交后得到一个成绩。所有学生最后都可得到成绩，那两个学生评阅者的成绩是基于他们评判的质量。

这些都是积极学习的例子。各种方法都强调学生和同伴在学习活动中的积极参与。研究表明，如果学生积极参与学术性学习的小组活动，他们在活动中会更加投入，学得也更多。我们有一整套多种多样的积极学习的策略来补充传统的讲座、讨论会和实验课。这些策略包括学习小组、课题小组、班级小组活动、非正式的讨论小组、学习共同体、合作性学习。积极学习是以学生为中心课程的重要特征。

484 尽管我们尽了最大的努力提供反馈，1 年级学生仍然不明白他们做得怎样。在锡拉丘兹大学，最近我们引入了期中成绩报告。1 年级学生在以下四个方面得到“S”或“U”（表示满意或不满意）：出勤、参与度、递交的作业（指定作业、论文、项目研究）、考试和小测验。这一反馈向有些学生发出了信号：他们要少参加聚会，多努力学习，或者是在某一课程上需要寻求帮助。这些报告也向咨询教师和系主任办公室发出了学生“处于危险之中”的信号，以引起他们特别的注意。

以学生为中心的课程反映了我们的主张，即教师参与研究十分有利于本科生教育，这一点十分重要。我们应该将学术活动和师生活动结合到讲座和教材中去。这种结合在研究生课程或高年级课程中出现也许十分自然，而在低年级课程中，我们必须有意识地将教材和我们自己的或别人的学术研究相联系。这样，我们彰显了探究、发现和创造精神的价值和重要意义，并使学生意识到研究性大学的氛围，并为拥有这种氛围而感到自豪。

在每门课程结束时，我鼓励大家回到大纲，回顾一下我们的目标——现在是已达成的结果。哪些是课程的要点？学生学到了什么？他们取得了怎样的学业成绩？学生对他们的教育经验进行反思性整合时需要别人的帮助。预习和复习教学任务对教师和学生都是非常愉快的事情。

在课程结束进行期末考试时我们如何能促进学生的学习呢？在我看来，它要求学生复习和整合整个课程内容，“累积性的期末考试”这一理念是一种重要的顶点体验。在锡拉丘兹，我们从明年起用一种新的校历。我强烈要求秋季有 6 天的阅读时间，春季有 4 天的阅读时间，这是十分显著的增加。我要号召全体教师尽可能为学生提供一种“累积性的期末考试”，以此作为促进他们学习经验的另一个方面。

改革模式所遭遇的反对

我已经提出了以学生为中心的研究性大学的新模式，用十项关键的行动方针对此进行了概括，并以学生为中心的课程加以说明，现在我来回答我的同事们提出的几个问题。

有的教师反对以学生为中心的模式，担心它会导致标准的降低。那是有可能的，但也是可以避免的。尽管我们想努力促进每个学生的学习，但我们不应该人为地降低标准，以使所有学生都取得“成功”的学习成果，以此获取成功或宣称成功。我们仍然必须清楚地表述标准，教学要达到标准，而且从长远来看，还要加强这些标准。这是我们价值体系的根本，必须保持。

有的教师担心新的模式会毁了研究性大学。他们问：我们沿着这条路要走多远？我们到达目的地时大学会是什么样？我们会花很多时间在本科生的教学和辅导上而被迫放弃研究吗？

尽管这不是我们的本意，但我们仍如实地回答：我们不能确切地知道以学生为

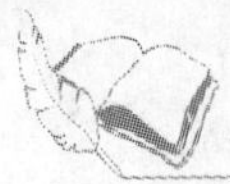

中心的研究性大学将来会是怎么样的。这个模式暂且不能理解为一种“结果”——一个明确的终点，而应该是一个“过程”——一个发展的方向。我们只是在着手描绘它的路线，并创造推动我们前进的“工具”。

我们的改革步伐会有多快？我们不应该想象短时期内会发生巨大的转变。正如
485 目前的研究性大学模式是花了几十年的时
间才发展起来一样，这一新模式的发展也要假以时日，不太可能仅仅依靠一代教师参与完成。改革的步伐将依赖于教师的投入和社会对我们努力成果的积极巩固程度。

我们必须激励全体教师沿着这条新的充满挑战的道路继续前进。为了加速这场发生在大学中的变革，我们必须修改教师评价和奖励制度，使学校的激励机制符合我们新的成就标准。

我们将改变多少？限制我们目标实现程度的一个根本因素是师生比，这一比例通常在1∶10到1∶15之间。但是，谁又知道先进的信息技术的运用会如何彻底地改变教和学，改变师生关系的性质，因而改变这一师生比呢？

教师对执行这一模式的另一个反对理由是它强调教学方法的改进，这远远超出了我们接受培训的缘由。我们基本上都是学科内容专家，具有丰富的在职教学经验。尽管这是一个合理的理由，我仍然对我们的可塑性和创造性充满信心。我们都是聪明灵巧、精力旺盛、专心致志的问题解决者，我们能够采取重大措施，走向以学生为中心的研究性大学。

在这一过程中，我们也要对博士学位进行改革，使之不仅在研究上而且在教学上有所加强。在锡拉丘兹大学，我们眼下正进行这样一个“未来的教授”工程，它涉及150多位教师，他们正在培训教学方面的高级博士生。

最后也是最主要的反对理由是教师每周工作的时间已经有五六十小时，不能再增加其他活动。我完全同意这一点。但发展以学生为中心的研究性大学不能被视为一种“添加”。它必须是一种替代，必须通过取消一些次要的活动和重新分配时间来实现。我们必须花更多的时间用于改进教学和辅导，而将较少的时间用于研究。

提高教师工作效率的具体建议有哪些？这里的工作效率不是以所教学生人数或每周教学课时数来定义，而是指帮助学生学习的有效性。

- 我们可以通过加强系一级水平上的评估来提高总体效率。每位教师通过教学、研究和提供服务的综合表现来作出最大的贡献，这是个性化的，会随着他从事这一职业的时间和阶段发生变化。

- 由于研究依然是我们任务的重要部分，因此教师可以通过强调研究、学术成就和创造性活动的质量来提高工作效率。我们应该更加认真地优先考虑学术上的成就。由于一学年中可利用的时间较少，主要成就标准应该是研究的质量，而非研究的数量。有的大学对此已经进行了反思，他们减少了教师为评估所递交的文章数量。

- 要牢记我们的最终产品是学生的学习。我们还可以通过要求学生更加努力学习，花更多的时间，学得更有成效等来提高工作效率。这就需要加强学生的学习动机和参与程度，增强教师的支持。

- 为了提高教学效能，我们可以利用优秀的本科学生作为教师，在大班课程中尤其如此。一些大学给予他们课程学分，还有的大学则支付一些生活津贴。

- 教师可以不断探索运用信息技术来提高学生学习效率的办法。

- 教师可以减少本科生课程的总体数量，取消一些报名人数少的选修课，这样，
他们可以集中更多的时间和精力来提高其 486
余课程的教学质量。其结果可能是产生一种内容丰富但又十分精简的课程。

- 最后，可以缩减各种层次上的部门、

委员会的数量和规模，但要注意不能放弃其管理的职责和权力。

结论

我为提高我们的工作效率提出了一些建议，为实施这些建议而遇到的显而易见的困难说明了我们在建设“以学生为中心”的研究性大学的征程中要面临的挑战。不是所有研究性大学都已准备好迎接这种挑战，但是有些大学已开始反思一些关键性问题。对这些问题的回答可形成以学生为中心的研究性大学所必需的多项关键的行动方针。有些问题使校园文化发生了变化，如：

- 我们是不是过于以玩乐为中心了？
- 教师应该更多地参与课外活动吗？
- 教师应该关注教学特征和课程中的伦理学吗？

对这些问题和相关问题的肯定回答促使我们“发展一种促进学习经验和学校文化的整体策略——让学术性学习和个人发展成为相互支持的目标”。

解决问题的关键是，要把重心放在促进学生的学习上，以此作为推动学生学习兴趣的良方。我们不妨问自己如下问题：

- 什么是好的教学？
- 我们真的是教师吗？或者我们促进学生学习了吗？
- 研究性大学的优点是什么？
- 学生参与研究是如何促进学习的？

对这些问题的回答将确认“学生的学习是主要目标”，承认“评判教育成功的依据是学生学得如何，而不是我们将知识传授得如何”以及重视“研究性大学促进学生学习经验所添加的价值”。

创设以学生为中心的课程这一话题提出了在文化多元的学术领域中建设课程的一系列问题。我们试问如下问题：

- 所建设课程是为了满足学生需要和促进学习还是为了迎合教师兴趣？
- 大学课程促进学生学习、满足学生需求了吗？
- 核心课程应该包括关于其他文化或语言的必修课吗？

对这些问题的回答使我们产生了“修改一些课程和专业，使之更加以学生的学习为中心”的行动方针。

在佐治亚大学进行的这场讨论会以及全国各地研究性大学开始展开的其他类似的研究都显示，我们对社会上的各种信息作出了勇敢而富于想象力的回答。在学术界内部，我们决心打破批评和否定的僵局，摆出积极的姿态，向以学生为中心的研究性大学迈进。

思考题

487 1. 研究性大学还应该采取什么重要的行动方针使之更加以学生为中心？

2. 高等学校的教师应该关注教学特征、容忍和课程中的道德行为吗？

3. 为什么以学生为中心的研究性大学的发展是一个过程而不是一个结果？

487

学以致用——把所学知识用于社会实践中

戴安娜·F·哈尔珀恩 (Diane F. Halpern)
米尔顿·D·哈克尔 (Milton D. Hakel)

摘要： 哈尔珀恩和哈克尔认为，教学的基本的原则是为了促进知识的长久保持以及知识的迁移。这些包括学以致用、改变学习环境以及提前积累知识和经验。

当告诉一个刚认识不久的人我们是大学教授时，他们会热心地说：“太好了，你们有整个暑假可供消遣。”没有什么比这个更让人恼火了。大多数的公众（包括我们学生的家长、学生自己以及直接给我们薪水的许多人）认为大学教师跟其他教师一样，当不上课时，他们没有什么事要做。

当然，大多数的公众知道，我们也“做研究”和参加委员会工作。但是他们认为，这些其他的工作比起教学来说就显得次要了。那些学术界以外的人更会认为，因为我们是大学教授，所以我们应该对如何学习有一个合理的理解，并且要求我们把这些知识运用到教学中。

我们已经发现了一点宝贵的证据：在自然科学领域，令人满意的专家在他们自己的课堂上应用他们所教的原理。事实上，就像所有的大学教师一样，他们用他们学到的方法来教。但是，具有讽刺意味（令人尴尬）的是，设计一种不同于目前大部分大学使用的教育模式是困难的。

实际上，大多数的教师确实花了大量的时间在与教学有关的活动上，甚至在大多数以研究为中心的机构也是如此。大多数教师关心学生的学习并且想成为高效的教师，大多数的教师也认为他们是好教师。但是大部分大学教师所了解的关于成人认知的知识一般是通过一系列的“试误”来获得的。

不幸的是，因为他们的良好教学实践的直觉知识很少得到系统测试，教师通常所认为的合理的教育实践可能并非如此。在天普大学工作的发展心理学家诺娃·纽科姆比（Nora Newcombe）明智地注意到，
生物学已经成为医学的科学基础，然而认 488
知心理学和学习研究还没有成为教育的科学基础。对人类认知的研究是一门具有稳固的理论基础的经验科学以及以研究为基础的应用科学，我们应该把这门学科应用到大学的教学中。

心理学家、教育学家和其他专家已经获得了大量的研究数据，我们利用这些研究数据可以告知那些设计和实施学习进程的责任者。不幸的是，当教育领导者和政策制定者掌握短暂的快速决定的“魔术”时，研究文献总是被忽略。我们怎样才能把关于人类学习的研究应用到高等教育机构和成人学习的众多地方呢？

来自学习科学领域的不同地区的30位专家最近聚集在一起，来回答这个问题。他们包括认知的、发展的、教育的、动机的、社会的、文化的以及组织领域的心理学家，物理学家和其他自然科学研究者，以及来自国家自然科学基金会和地区审批机构的代表们。

本文提供的这些有效的原理是以那次会议的讨论为基础的，并加入了一些我们自己的看法和记忆。它们适用于任何成人学习的情境，包括远程教育、文本学习、实验室和课堂教学以及任何非正式环境的学习。

首要和唯一的目标：为了知识的长久保持和迁移

我们为什么要成立大学和学院？主要的原因是为了知识的迁移，一些人可能认为这是唯一的原因。对任何形式的机构来说，潜在的基本原理的假设是：我们所学到的知识、技能和态度是能够被回忆起来的，并且适用于将来任何时间、任何环境。我们仅仅关心学生在学校时的表现，因为我们认为它预示着学生在其他时间、其他地方的表现。

学校环境中学到的知识有时能迁移到
489 校外环境中，有时则不能。如果我们想迁移，我们需要用真正能够增强迁移可能性的方法来教学。正规的教育目的具有迁移性。我们教学生如何写作，如何计算，以及如何思维，因为我们认为，当他们不在学校时能够使用到这些技能。我们需要记住：我们是为了将来某个时候，而不仅仅是当下而教的，是为学生进入我们不可预测的真正世界作准备的，而不是为传统的期中和期末考试作准备的。

在一个学期中，教会学生记忆为在学习中出现的相同情境的评价做准备，是远远不同于长期记忆教学和迁移教学的。就以统计案为例，当完成一门标准的统计分析的课程时，大部分的学生能定义它的大意，能计算相关系数，能解释为什么相关不同于因果关系。

于是，他们通常在考查简单问题的期末考试中获得高分。但是当他们在自己的餐桌上读一篇报纸上的文章时（报道说上过幼儿园的孩子在 1 年级时的阅读能力要高于没有上过幼儿园的孩子）会是什么情况呢？他们是否会问上过幼儿园的孩子和没有上过幼儿园的孩子是随机分布的吗？或者他们会自然而然地认为上过幼儿园是导致孩子们在 1 年级阅读能力好的原因吗？很有可能是后者。

基本原则

如果我们想提高知识的迁移和长久保持的能力，我们需要应用一些从关于人类学习的研究中提取的以实验室测试为基础的原理：

1. 提升长时记忆和迁移的最重要的问题就是“重新实践”。这个原理是指，学习者需要用较小的暗示、重复应用来产生反应，使回忆变得流畅并可能将回忆应用在不同环境和内容领域。简单来说，能够迅速回忆起来的知识也较容易重新获得。认知心理学有个术语，对任何能够回忆起来的知识而言，“记忆痕迹”会随着回忆次数的增多而不断增强。

比起没有在实践中应用的知识来说，真正在实践中得到应用的知识以后更容易被回忆起来。

从已有知识中提取信息来回答新问题的益处是所有文献中最有活力的发现。我们可以通过改变重新运用知识的环境来实现知识的迁移。例如，学生可以通过把学到的概念和技能教给其他学生，或者通过不断回答课堂或网络上的问题来达到“学以致用”的目标。

实践中重新应用知识的结果和文献中的研究结果有着必然的联系——间隔的训练要好于集中的训练。例如，布乔科（Bjork）和他的同事们认为，学习和回忆之间的间隔时间逐渐增长会影响回忆的准确性。

运用这个原理，学生初次学习知识以后，会在将来某一天通过一场考试来检验已经学过的概念或者知识点，结果几天以后又有第二次考试，一周之后第三次考试， 490
一个月之后第四次考试，由学生在考试中的表现来决定考试的间隔时间。

2. 改变学习环境能够改善学习。变化学习环境对付出的努力有很高的回报。认知心理学有一句行话，当在变化环境中学习时，重要的知识点有“很多检索线索”，这样有利于更好地记忆。例如，教育研究

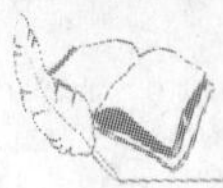

认为，当在同一个课堂上将不同类型的问题和解决方案混合起来时，即使初次学习要花很长的时间，也可以获得大量的知识。

3. 当我们把学到的知识用另一种不同的方式再次回忆时，学习通常就被强化了。认知研究发现：人类通过两种截然不同的渠道来获得知识——一种是视觉，另一种是听觉。我们可以用其中一种或者两种来组织或储存所学的知识。按照双重解密理论，用两种形式储存的知识比仅仅用一种更容易被回忆起来。

当学习者把口头和视觉表现的知识整合起来时，学习和回忆就被强化了。例如，要求学习者绘制视觉“概念地图”使得他们：(1) 创造一个有组织的知识框架，按照这个框架来安排他们的学习知识；(2) 通过一个“知识网”来交流视觉上的知识框架——这两种方法都是强化学习的活动。我们能用多种方法把复杂的概念相互联系起来描述概念之间的正确关系是所有图解的组织技术中最重要的。

当学生绘制概念地图时，他们把注意力集中在区分概念间的不同种类的关系或者联系。许多学生认为绘制概念地图是一种有挑战性的实践，但是从长远来看，这是值得的。同样，要求学生写或者口头解释他们所学的算术知识或者图解的知识，也要利用双重译码。教师需要在所有的教学中运用口头的和视觉的两种处理活动。

4. 任何环境下的学习内容和数量主要取决于原有的知识和经验。因为每个学习者都是用已有的知识创造出新的意义，所以心理学家提出“知识建构”这个术语。这样，在每节课或者每门课程结束时，对学习者所学知识最好的预测是他们已有的经验。然而，尽管原有知识和经验决定着将要学习的内容，但大学教师却很少努力去发现它们。

在每一次教学之前，我们需要评估学习者已有的知识和理解力，发现我们通常未阐明的潜在的假设和想法，这些想法和假设可能影响学生将要学习的知识、技能和能力，因为学生的理解力很容易回到以前的水平，因此我们也需要不断地检验学习过程中知识结构的改变，尤其是抓住后学知识的要点。 491

5. 学生的认识论和我们自己的认识论都会影响学习。学习动机同潜在的对学习本身和学习如何起作用的认识是相关的。许多大学生抱怨说他们学不会数学，不能完成文学课程，或者在学习其他一些学术课程时有困难。他们质疑理念，真正要说的是他们认为学习应该是容易的，但这些学科却很难。

他们不知道学习和记忆是一个复杂的、相互依赖的过程。一些学习是内隐的、无意识的。一些是有意识的但是相对容易，还有一些需要大量的努力，甚至是痛苦和令人厌恶的，就像学习如何做很长的除法和乘法矩阵。只有当首先投入大量的努力以后，学习这个领域的其他知识才会变得无意识和容易。

因此，决定学生学习和回忆的最好方法取决于学习者要学的和可能回忆的内容，学习者已有的知识和经验以及他们自己对学习性质的认识。大学教师要让学生弄清楚他们的学习信念以便明确地检验这些信念。以这些知识为基础，教师对知识的建构本身也能帮助学生构建如何学习的新模式。

6. 孤立的经验是一个蹩脚老师。有无数的例子表明，从经验中学到的知识可能是个系统的错误。例如，内科医生通常认为采用一项特殊的治疗措施后，而病人的病情改善时，那么就是这种干预起作用了。但是无论有没有这种干预，大多数病人的病情都得到了改善。如果病情没有得到改善，那么医生可能会认为，他或她的病情太严重而不能从这种有效的治疗措施中受益。尽管事实是错误的，但在专业领域和日常生活中有无数这种错误想法的例子，他们保留和强化了这种对世界的认识。

大多数人不知道他们的理解程度，这个事实是很重要的，因为大家普遍认为，所有的学习和评估应该是“可靠的”，那就是说，我们将在内容和背景都相同的情况下运用所学的知识。但是我们在从大多数真实情景（也是大部分真实生活情景）中所错过的是关于各种各样行为结果的系统和正确的反馈。

7. 如果学习是为了考试评估，那么传统的讲授方式是有效的；但是如果是为了更深入地理解，那么效果并不好。事实上，所有的大学课程都采取讲授的方式，在这种课堂上，大多数情况是教师边讲边在黑板上写，学生做笔记。如果预期的目的是要让学习者记住所学的知识，那么这种教学方式是令人满意的。但是如果要更进一步的理解的话，那么这是最无效的教学方式。

492 在这个原理中有两个相关的要点。第一个是讲授并不是培养仔细的深入学习的最理想的方式。第二个是以认知测验结果作为学习的指标。这两个问题通常是相关的，因为讲授方式通常和多项选择题联系在一起。

课堂讲授和多项选择题的结合组成了一种相对低廉的教学方法，所以我们很容易理解这种教学模式在大学校园的广泛应用，但是理解是一个解释性的过程，在这个过程中学生必须积极参与。

即使学习者坐在一个大的礼堂里保持沉默，他们也需要一些线索来激发他们的解释并且促使他们积极参加活动。例如，通过运用想象或者探求智力测验的问题，让学生把已有的知识与课堂上学到的知识联系起来。

诸如低认知水平的多项选择题的认知测验和要求学生重复课程内容的测验的主要问题是，老师和学生都相信取得高分就是“学习好”的证明。

不幸的是，对学生来说，像这样的考试他们很可能获得高分，但是在稍微改变背景的情况下却不会运用已学的概念，或者在将来某个时候不会应用这个概念。这些情况是极可能发生的。

仅仅在考试中选对一个正确的答案的能力并非是一个衡量学习者能否在教室以外的其他情况下应用这个概念的好指标，因此这种评价体系需要和学习目标相适应。在传统意义上的考试中获得高分并不表明学到的知识是持久的或者可迁移的。

8. 记忆活动本身影响着学习者将要回忆和不能回忆的内容。要求学习者回忆他们所学的特殊知识通常会导致其他不要求回忆的相关知识的“选择性遗忘”。即使他们在不久前的初次测验中表现良好，间隔一段较长时间后的测验通常就没有以前好了。

我们很难孤立地讨论学习原理，因为不同时间发生的学习（初次学习，记忆保持间歇阶段，回忆阶段）是相互依赖的，它们很可能在实施了初次回忆测验以后共同决定将来某个时间回忆的内容。按照标准的“记忆路径”理论，记忆的行为强化了一些记忆路径，弱化了——至少没有强化——其他的记忆路径。

在教学设计中通常被忽略的另一个变量是第一次学习和第一次测验之间的间隔长度。频繁接受测验的学生能够比不频繁接受测验的学生获得较高的分数，这给人们一种印象是：频繁的测验是一种合理的教育方法。

然而，有的学习者错误地认为他们对知识的长久保持很好，频繁地测验将导致这类学习者过分自信。这种想法可能导致学习者在将来要回忆的学习材料上投入较少的时间和精力。这种测验的不利影响是教学方法的短期利益掩盖了重要的长期的危害。

9. 当我们思考知识的保持和迁移时， 493
少就是多。

教师需要仔细选择学习的内容数量。强调对基本原理深入理解通常比百科全书

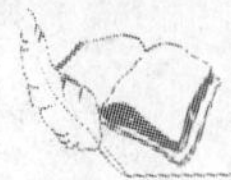

式覆盖所有内容具有更好的教学效果。需要强调的是，教师在课堂上应该为学生提供将来某个时候学生离开教师时需要的知识和技能，这是很重要的。

学生在将来某个时间、地点需要相关知识细节的数量决定了学习内容的深度和对知识细节把握的程度。如果有时确实仅需要宽泛地掌握简单的知识，那么学生和教师应该共同意识到这个目标，以便于他们能用相应的方法来教授和学习。

但是如果需要深刻地理解基本原理，那么就需要采用结构化的教和学的方法。这意味着，教师和学生在教学开始前应该有明确、清晰的目标，以此来引导教学设计和学习活动。他们也需要把学习行为和这些目标对应起来。

10. 学生的行为决定了学习的内容，数量，记忆的程度以及知识在什么情况下能被回忆起来。作为教师，我们最重要的角色是应用一种能使知识长久保持和迁移的方法来指导学生的学习。教授在课堂上所做的事情远没有他们让学生做的事情重要。

无论课堂的大小和形式如何——在讲演厅、实验室、会议室或者在互联网上——教师用这些有效的途径来强化学习。我们大多数人把大量的时间和精力用于努力教学，并且想做好。通过在课堂上应用科学的学习方法，我们尽己所能地帮助学生学习。

当我们评价教育中什么起作用时，我们需要不断地寻求具体的证据。因此，我们极力建议你对所有的教育主张采取一种健康的怀疑态度。例如，如果一位同事或者一条教学消息建议你把学生的学习风格和你自己的教学风格结合起来，这时你应该使用批判性思维的基本概念，并且提供支持这些主张的证据。

作为教师，我们对学生的记忆、思想和行为的影响大小取决于我们如何设计和指导学习活动。我们应该运用我们在认知实验室发现的学习理论及其研究背景来系统强化大学教学的实践。

494 **思考题**

1. 作者认为公众对大学教学的主要的误解之一是什么？

2. 作者论述的“知识的长久保持和迁移”的目标是什么？我们如何达到这个目标？它的基本原则是什么？

3. 作为一名大学生，你认为什么样的一种课程能表达本文作者提出的主要观点？如果你想在大学任教，你怎样开发一门课程，使得这门课程能表达本文作者提出的主要观点？

知识工厂的衰落

约翰·塔戈（John Tagg）

摘要： 21 世纪的“组织和激励原则”（organizing and animating principle）将是知识，而不是资本、劳动力或原材料。因此，有教养的人才是美国未来的希望，而我们应当对知识社会的“发动机”——大学寄予厚望，希望它为社会培养更多这样的人才。然而，如果有人对评判大学的标准——“学生该学些什么”进行思考时，你会发现大学教育显然是失败的。有证据表明，很多大学本科生教育的质量在下滑，大学的选择性、声誉和资源对学生的学习几乎没有影响。“知识工厂（knowledge factories）”里的标准化和科层化导致了本科生教育的平庸和脱节。“原子化（atomized）”课程使学生不能整体思考，不能将分析方法从一个学科或问题迁移至另一个学科或问题。要扭转目前这种下滑的局面，大学必须成为“学习驱动的机构”。

21 世纪的组织和激励原则既不是资本也不是劳动力和原材料，而是知识。正如管理学理论家彼得·德鲁克（Peter Drucker）所言：“向知识社会的转型将人置于中心位置。这样就提出了新的挑战，以及关于知识社会的代表——有教养的人的前所未有的新问题。”如果知识是通向未来的钥匙，那么有教养的人将象征着未来的希望。

在谈到“有教养的人”时，我们常把
495 界定和证明教育的机构——大学假定为讨论框架。每当中学不能有说服力地宣称自己可以培养哪怕是有读写能力的毕业生时，我们就把培养有教养的人的希望寄托在大学里。

美国上大学的人口比例居世界领先地位。我们把大学当作促进社会地位流动的桥梁，有关弱势群体或个人前途的讨论常变成有关“上不上大学”的争论。从很多方面来说，大学已成为知识社会的发动机。如果这个发动机坏了，我们就会陷于一个新的陌生的境地。

不幸的是，这个前进的发动机正日渐衰弱。它发出的噪音比以往更大，而且不再带动车轮前进。对马虎的观察家来说，这一现象还不太明显。“河马”（Behemoth）型的大学存在于大量纷杂的领域，提供研究生教育、专业教育和社区服务，为各种社团的政治剧和文化剧提供舞台。这么庞大的躯壳在不停运转，大多数的观察家被迫去发现大学教育的微弱价值。我们在报纸上看到的有关大学的多数消息是关于这些机构的“收入”的——入校学生、聘用的教师、税收、学费收入或者是科研成果的“输出”，如自然科学和社会科学的新发现。我们很少看到有关大学核心产品的消息，而这个产品才能证明提供给高等教育的多数公共投资是否合理。即便是消息灵通人士也不太能在公共媒体上找到有关大学的评判标准，即“学生学什么”这一方面的信息。

大学还有效吗？

在过去的 20 年里，人们一直在不停地问这个问题，但答案是令人沮丧的。1985 年，美国学院联合会（现为美国学院和大学联合会）在时任主席马克·柯蒂斯（Mark Curtis）的领导下组成了一个选举委员会，以解决“学士学位缺乏整合”的问题。他们在题为《大学课程的整合》(Integrity in the College Curriculum)的报告中指出“衰落和贬值的证据无所不在”。一项针对“学生在大学学什么”的调查表明，“现在的教学内容几乎什么都有，而且都以学士学位的名义存在”。在对大学教师素质进行评估后，他们得出了结论：“如果对医生的专业培养像对大学教师的那么少，那么美国的葬礼司仪就会比律师还要多。”

1993年，由前劳工部长威廉姆·布洛克(William Brock)任主席、几所知名大学的校长组成的“高等教育巡视团”做了同样的调查。他们指出，教育部“全国成人读写能力调查”发现数量惊人的两年制和四年制大学毕业生在日常生活中不能运用基本的读、写、算和初步的解决问题的技能。他们总结如下：

> 美国对高等教育的需求和实际所得之间存在危险的脱节，这令人不安。这种脱节的危险性最充分地体现在很多学校本科生培养的质量上。美国21世纪的迫切任务是社会必须寄予高等教育更高的期望，否则将面临民族衰落的危险。

过去的20年里，越来越多的研究机构帮助规划大学的任务。大学中为数不多的学者已把他们的注意力转向他们所在大学的价值界定的中心问题。他们的发现令人忐忑不安。1991年，伊利诺伊大学的欧内斯特·帕斯克瑞拉(Ernest Pascarella)和宾夕法尼亚州立大学高等教育研究中心的帕特里克·特伦兹尼(Patrick Terenzini)发表了大部头著作《大学如何影响学生：20年研究的发现和观点》(*How College Affects Students: Findings and Insights from Twenty Years of Research*)。其评估是经过仔细研究的，是可信的。他们发现，
496 大学生在大学里能学到很多东西，也在很多方面发生改变，这是意料之中的。大学确实可以改变一个人。但最引人注目的发现是：上大学可以改变一个人，而上哪所大学则几乎没有什么关系。

一个引导家长、学生、校友和纳税人看待大学的根本假设是，在人力资源和经济资源上的投资越大，产出的教育产品就越好。人们传统上认为这些学校的管理者都有一个一致的质量概念，这一质量概念体现在最好的大学中，并成为其他学校效仿的对象。家长们支付给一些常春藤大学(Ivy League institutions)高额的学费，立法委员们给许许多多的州立大学拨款，因为他们相信质量是值得投资的。他们还相信，虽然他们不能界定质量的组成，但那些管理高等教育的专家们可以界定它，而且如果有足够的资源还可以创造它。

但是帕斯克瑞拉和特伦兹尼发现：

> 没有一致的证据表明高校的选择性、声誉和教育资源对学生在学习、认知、智力开发等领域，以及其他社会心理变化，原则性的道德推理能力发展，或其他态度和价值观的变化等产生任何重要的影响。几乎所有的学习和认知差异都归因于进入不同大学学生的个体能力差异。只有小部分，也许是极小部分仅仅是由于所上大学的质量。

换句话说，如果大学知道本科教育的质量是什么，那么它们显然不知道该如何保证这一质量。

1993年，加利福尼亚大学洛杉矶分校(UCLA)高等教育研究所所长亚历山大·阿斯汀(Alexander Astin)发表了一项新的研究成果——《大学里什么重要：回顾关键的四年》(*What Matters in College: Four Critical Years Revisited*)。阿斯汀试图对不同大学的学生进行研究，通过找出学校特征和被选学生成果之间的相关性来评估大学的影响。与帕斯克瑞拉和特伦兹尼的研究一样，他的研究结果令人失望：大学在至关重要的影响因素中是最微不足

道的，而且它们的所作所为似乎是要确保它们不能履行自己公开宣称的使命。

阿斯汀的研究表明，高校实际的所作所为和我们从有关大学的简介和毕业典礼演说中得知的不太相同。这可能不足为奇。哈佛组织学理论家克里斯·阿吉里斯（Chris Argyris）指出：人们自诩的在商务组织中的行为方式［阿吉里斯所称的“信奉理论”（espoused theory）］和决定他们实际行为方式的“应用理论”（theory-in use）没有什么关系。阿斯汀发现美国高校实质上也是如此。

> 当然，学校在其校训、大学简介和领导人的公开声明中宣扬高调的价值观。问题是这些明确阐明的价值观，其中包括对大学本科教育的承诺，而现实往往和指导决策及政策的实际价值观相去甚远。

对局内人来说，现实地评估学士学位教育的第一障碍就是在当代大学杂乱无章的任务中找到它。一个高等教育方面的著名学者曾说：“现代美国大学不是寄宿制的自由艺术学院。”阿斯汀对此作出的回应是：

> 各类大学均宣称致力于同样的事业：本科学生的自由教育。虽然某些
> 497 高校确实还做其他事情，比如科研、职业教育、研究生教育等，但是，拥有多项功能是否就“允许”一所学校提供二流的本科教育课程？

致力于科研和研究生教育就是弱化本科教育的理由？致力于职业教育就是提供平庸教育的借口？实际上，这两个问题的答案都是肯定的。功能的多样性确实是大学本科教育平庸、松散的理由。至少就我们大多数学校的不太严格的标准而言是这样的。

怎么回事？

为什么我们的大学在衰落？原因是大学用标准化的程序代替教育的实质。大学已成为科层化的学分流水线，几乎不知道或不关心学生学什么。

如果我们放眼当今的高等教育，我们看到的是“反直觉”的。在这个拥有 3 500 多所高校，1 400 多万学生的国家，我们发现了惊人的同质性。尽管有这么多的大学，它们表现出的“同”大于“异”。为什么？

今天，高等院校已发展到全国高等教育体系的各组成部分几乎可以互换。在这样一个系统中，大学特别是公立大学只有靠扩大规模才能繁荣。这样，它们的运作已标准化，重在为学生提供更多的成品。在这个系统中，学校的任务就是提供课程。我的同事罗伯特·巴尔（Robert Barr）把这一套指导性的设想、态度和界定院校的规则，即大多数高校的“运用理论”称为“教学范式”（the Instruction Paradigm）。在教学范式中，大学的成品是课程。大学存在的目的是为了在更多的课堂上为更多学生提供更多的教学。

在这个系统中，教育宇宙的“原子”是 1 个小时的课，“分子”是 3 个学分的课程。教育经验的各个部分只以完成的学时的形式才可转换。对几乎任何大学的任何学生来说，“当一名学生”的根本意义就是积累学时。

学时是对上课所用时间的测量。我不是指学生只要到堂就自动有学分，他们当然还得通过这门课的考试。但他们的学分数和成绩单上这门课的权重是依据学生坐在课堂上的时间来定的。至于学生在教室里干什么，教师在教室里干什么，他们离开教室后想些什么，这些就和学分无关了。教师的资格、经验、态度也和学分无关，从一个对学科和学生有激情、有兴趣的努力创新的学者那里得到的 3 个学分和从一个认为教学是不得不做的烦人事的讲师那里得到的 3 个学分是一样的。学生的态度和参与也与学分无关，一个认真、积极参与的学生在课程学习中找到了一种全新的

思维方式和一整套改变人生的观念，他获得的 3 个学分和一个认为课程学习只需借了笔记伪造知识的学生所获得的 3 个学分也是一样的。

498 在大多数州里，公共机制是政府因高校开设提供学分的课程而拨款，而不是为了分数或完成课程，当然也不是为了学习。各州皆因学生坐在课堂而给大学拨款。你为什么付款，你就会得到什么。

知识工厂

战后的“教学范式”大学就是一个知识工厂。学生从知识工厂的流水线经过。学生经过时，每位教师给他们装上专门的知识。然后，他们沿着流水线走到另一个教师那里，那位教师再给他们装上另一部分知识。流水线稳步运转。每位教师一个学期或半个学期给每个学生上同样的课，学生就如同规定型号的汽车底盘一样没有差异。这条流水线上的工人视野狭窄，只限于他们要安装的那部分知识。没有任何人对生产出的产品进行质量管理。

在作为知识工厂的大学，学生们知道这个体系认可的唯一的价值和对成功有重大意义的东西就是成绩单上的分数。这是一个旨在生产零件，生产 3 个学分的支离破碎的体系。大学衰败的原因就是这些零件不能组装在一起。它们加起来不能成为一个有机的整体，合成的是一张成绩单，而不是教育。

大多数低年级，即大学的一二年级，都以普通教育的必修课为主导。多数学校的必修课包括一系列课程，它们属于如人文学科、社会科学和物理学等各种范畴，学生可以从中选择。加利福尼亚大学洛杉矶分校（UCLA）的前任副校长威廉·谢弗（William Schaefer）形容普通教育是“一堆毫不相干的课程，奉行的是‘一个人所能做的永远没有他所掌握的多’这样一种主张”。

课程的互不关联源于知识工厂内部组织的动态性。必修课由大学的主要组织单位即系来设置。在几乎所有的大学里，教师对他们自己所在的系负责。多数学术性系所聘用自己的教职人员，所以大多数教学人员也确实没有对作为机构的大学表示感激，而是感激自己所在的系，感谢它们给自己安排了工作。大部分关于教师工作量和教学职责的重大决策主要是由系作出的。正如谢弗指出的，“各系有它们自己的生活——相互隔绝、防范、自治，它们不得不保护自己的利益，这是因为教师的职位以及作为支付经费依据的课程都在系内”。

通过给教育流水线上的学生安装更多不同的“零件”，以及通过开设一些保证学生数以维持生计的必修的普通教育课程，系的规模扩大了。但是，这些课通常是教师不愿意教的各种无关痛痒的概论课。多数大学的最高奖励不是留给教大学本科生的教师，而是留给那些对学术性学科作出研究贡献的人。很多系以较低的薪水雇用大量的研究生或兼职教师教本科生课程，同时给高级教师松绑，让他们从事研究性活动，这样系里两方面的工作都取得了“最好”的效果。

多年来，我们的一些研究性大学以牺牲本科生课程为代价，资助研究性课程和研究所。实际上，他们是以大学本科教育作抵押，为教师购买研究时间的“珠宝”。支付这一交易不受任何处罚，因为本科生课程的经费是基于上课时间的，学习效果 499
无关要紧，学生学习上的失败无须系或学校付出代价。

表面上，系是依据“学科”——相互关联又具体的知识体系或学习方法来组织的。虽然构成科学和人文学科的许多学科历史悠久，值得骄傲，但其在现代大学里的形态主要是学术政治学的产物。而且，它们在普通教育课程中发展和部署的轨迹几乎就是各系争夺学校资源的结果。在知识工厂的学术性流水线上，每个零件必须各不相同，所以，人们强调一个学科有别

于另一个学科的内容，并且将所有的知识分拆装进这些迥然不同的学科里。

甚至与我们生活中所做的一切事情普遍相关的技能也都成为这个系或那个系的财产。这样，用母语写作便成为英语系的重点，用母语表达则归属于信息系，数量推断属于数学系……被细化的课程已日益显示出其缺陷：学生不能整体地思考，或者不能将一个科目或问题的分析方法迁移到另一个科目或问题中。越来越多的证据表明，学生记不住课程中的学习内容，也不能将它们迁移到其他课程经验或生活、工作之中。这些碎片永远组装不到一起。这就导致了人们对“批判性思维”的教学要求与日俱增。但即使是思维这一科目本身，在知识工厂里也成为各个系竞价的目标。亚当·斯威廷（Adam Sweeting），马萨诸塞州理工大学法律学院写作课的指导老师，提醒我们：“假如我们不小心，批判性思维技能的教学会变成大学里一个系的职责，这是与大学的理念相悖的。”

但是，现代大学的很多事情都与大学的理念相悖。“学术性学科”之间的竞争产生了一堆碎片，根本没有一个相互联贯的整体。它恰恰缺乏那种从一开始就要提供基本原理的学科品质。它创造了一种元课程，学生从中知道大学只是一连串不相关的部分，它之所以重要只是因为要取得学分。最后从知识工厂这一流水线下来的是鲁比·戈尔登伯格（Rube Goldberg）所设计的一种“教育”，还有来自埃德塞尔（Edsel）团队的销售建议。

最后的结果是，高校没有让任何人满意。大学教师经常抱怨管理层面，但多数情况下都在抱怨学生。历史教授和哲学教授抱怨学生不会写作；英语教授抱怨学生对历史和文化知之甚少；科学教授则抱怨学生只掌握了初步的数学知识。每个人都抱怨学生不会思考。然而，成绩却高得不能再高。1994 年所有大学毕业生的平均成绩是 3 分，而满分是 4 分。有些学生因能力缺失而成绩欠佳，这种缺失确实是课程爱莫能助的，是一学期 3 学分的课所不能解决的，处罚这样的学生似乎不公平。因此，教授们责怪学生或行政人员，并在教师评议会上唇枪舌剑。然而，似乎什么也不奏效，因为困扰学生的能力缺失几乎就是概念问题，在任何一门 3 学分的课上都得不到解决。但是，3 学分的课就是所有的一切了，它们组成了大学。

也许，最不满意知识工厂的是学生。今天，从中学毕业后上大学的学生希望得到更好的东西，但他们没有把什么教育价值观念的框架带入自己的教育经验。对许多学生来说，能够明确说明的大学经历已变为“醉酒”。虽然有些大学开始认识到许多校园里发展起来的不负责任的文化的代 500
价，然而，现在依然存在着这样的情况：物品滥用是大学教育少数可测量的结果之一。1994 年由前卫生、教育和福利部长小约瑟夫·卡利法诺（Joseph Califano，Jr.）担任主席的一个委员会指出，1/3 的大学生饮酒，并且女大学生的酗酒人数是 1973 年的 3 倍，赶上了男学生的比例。

公爵大学的教长威廉·威立蒙（William Willimon）和公爵大学的经济学荣誉教授托马斯·内勒（Thomas Naylor）在他们《被抛弃的一代：重新思考高等教育》（*The Abandoned Generation: Rethinking Higher Education*）一书中概括了对许多学生而言混乱和漫无目的的大学生活特点。他们转述了密歇根一个大学四年级学生关于在知识工厂学习经历的一段生动描述：

> 你来到这里，他们就开始问你：“你想学习什么专业?”“你想过要学什么课程吗?”你得到了一种印象：这就是所有的一切——课程、专业。于是你选修了一些课程。你打卡出勤，试一点这个，再试一点那个，最后就是毕业。当你醒来看着这一堆课程时，你一下子被惊醒了：这只是一堆课程，它们并不意味着什么。

大学有未来吗?

随着我们逐步迈向21世纪,知识工厂行将坍塌。向知识社会的转型意味着对高等教育的需求在数量和质量两方面都将不断增长,越来越多的学生要求学习更高级的知识和技能。但这一转型也给高等教育带来了新事物——竞争。

出现竞争有两个原因。第一,一些需要熟练雇工的私营企业的雇主发现,传统大学的毕业生没有对他们要做的工作做好充分准备。很多公司成立了自己的“大学”或寻求外援来提供教育服务。产生竞争的第二个原因是,当代信息技术使人们随时随地获取教育服务成为可能。教育不再局限于大学校园。因此,许多机构争着为地处偏远的学生提供服务。这种竞争是很现实的。斯坦·戴维斯(Stan Davis)和吉姆·博特金(Jim Botkin)在《床下的妖怪》(*The Monster Under the Bed*)一书中论述了企业教育的日益迫切性,他们对传统大学不寄予希望:“雇员教育的发展比学术机构不是快一倍,而是快一百倍——或者说快一万倍。”

面对如此激烈的竞争,如果传统大学仍然抱住教学范式不放,继续按上课时间授予学位,很多大学将会萎缩和衰亡。一些学者在遍布各地的教师评议会上极力讥讽现在的大学,几乎毋庸置疑,传统大学会在一片激烈的讥讽声中走向衰落。如果大学要兴旺发达,即便是为了生存,它们也必须改革。大学需要进行范式转变,要抛开一整套的理论假设和隐性规则,采用一种根本不同的视角,一种新的应用理论。他们必须认识到,“教学范式”误将手段当作结果,将提供课程和引发学习相混淆。如果将结果置于恰当的位置就要接受巴尔所称的“学习范式”。从学习范式的角度来看,知识工厂的核心功能就显得十分平庸。学生学习的内容才是关键。大学的使命是促进学习,这应该没有什么争议,因为这与几乎所有的大学教师和行政管理人员的公开言论相一致。

现在的问题是,大多数大学没有对学生学习的内容进行有意义的评价。他们可以告诉你的是学生学习的课程,但不是毕业生应该懂得或能够做的事情。向“学习范式”的转变将要求大学认真对待学生的学习,评价、测量他们的学习,并且为引发学习负起责任。 *501*

越来越多的教师和行政人员已经认识到,大学办学方式上的重大改革不仅是合乎需要的,而且也是不可避免的。著名的加利福尼亚高等教育政策研究中心在1996年的一份报告中极力主张“学院和大学……要开始转向促进学习,而不是着眼课程所需的时间,这是授予学位和证书的主要依据”。

目前就有这类优秀的大学。位于密尔沃基的阿沃诺(Alverno)学院几十年来一直在开发“评价即学习”(assessment-as-learning)的方法,旨在监控和引导学生发展一整套能解释自由教育的核心能力。新的西部州长大学(Western Governors' University)只有在学生通过严格评价证实他们掌握了必需的技能后才给予学生学分。据安提欧克(Antioch)大学的校长阿兰·格斯金(Alan Guskin)所说,全国各地大约200多所大学在认真讨论“重建”。

然而,如果我们把大学改革的缓慢速度与其服务的社会自身改革的闪电般的速度相比,我们一定会为这种比较感到忐忑不安。很多人认为,本科教育不能应对知识社会的挑战。德鲁克则预言:“在今后的30年间,大规模的大学校园将成为文物。大学无法生存……如果在教育内容或质量上不见改善,这种完全无法控制的支出就意味着这一体系将很快防守不住。高等教育将陷入深刻的危机之中。”

那么,我们究竟应该重视还是不重视呢?如果很多大学消亡了或变成服务于市场以更灵活地适应不断变化的社会需要的

辅助机构，那又如何呢？这样将会失去什么？也许不多，也许很多。因为大学在美国社会中占据着任何别的机构都不可能取代的地位。它们占有自由教育的位置，为自由而教育的位置，并拥有让青少年成长为公民的那种经验——经由这种经验，人们学会了运用自由。而这种自由的运用是通过责任的选择而得到锤炼的。我说大学现在“占有自由教育的位置”，是因为我不认为它们真的服务于这一功能。但是大学依然是理想的聚焦点，它作为一种理想得以生存。

在我们这个社会中，私营企业和互联网可能会取代大学的许多现有功能，但是，这些媒介不可能成为自由教育新生的场所。如果我们想要的是知识工厂，那么就让我们至少应用美国的效率工程师弗里德里克·泰勒的观点：最有效地组织工作。如果我们想要一条学术流水线，那么我们至少要给工人生产真正产品的职责，而且要多多奖励干得好的人。如果我们想要的是一个有效率的知识工厂，它就一点也不像现代大学。

大学需要我们的忠诚和资源，这不是基于它们现在是什么或者做什么，而是基于它们能够成为什么和能够做什么，是基于其依旧象征的那种理想。一所大学，一所真正的大学，应是人的社会，不是行政官僚机构或工厂。一所能成为学习社会的 502
大学不仅仅是各部分的总和。纽曼（John H. C. Newman）一个世纪前在《大学的理想》（*The Idea of a University*）中写道：“根据通常的理解，大学是我们的母校，应该了解每一个孩子。它不是铸造车间或造币厂。”

改变指导的范式，成为学习型大学，似乎是今天知识工厂的艰巨任务。这有点像要求邮局变成教堂。但自由教育理想能在我们的文化想象中继续存在的原因是，它满足了一种不断发展的需要，要求青年心、脑共同发展，要将年轻人置于一种不仅培养灵巧也培养成熟，不仅培养聪明而且培养智慧的学程。

我并不准备放弃自由教育的理想。我们的社会因为我们实现不了这一理想而贫穷，如果我们以一种符合我们时代的方式恢复这种理想，那么社会将会变得更为富裕。除了大学以外，没有什么地方可能让这一理想重燃。现在，我们面临的问题是：我们想要新世纪的“有教养之人”成为什么样的人？培养适应知识社会生活的具有基本经验的人才值得付出辛劳吗？知识社会真正地为他们提供了学习回报，让其体会发现后的满足，并且赋予他们独立自由地寻求信息和理解的权利。我想这值得我们付出辛劳，至少值得一试。

思考题

1.“知识工厂”是对大学合适的比喻吗？你还能提出哪些比喻？

2. 回顾一下你所接受的本科教育，它在多大程度上“符合”塔戈对美国本科教育的描绘？你拥有的是一份“成绩报告单”还是一种“教育”？你所满意的普通教育的必修课程是不是“一堆毫不相干的课程，奉行‘一个人所能做的永远没有他所掌握的多’这样一种主张”？

3.“有效率的知识工厂”与“学习型机构”之间有什么显著的区别？你认为大学在 21 世纪会向着什么方向发展？

高等教育的多样化、民主性和课程改革

503 威列·J·赫金斯（Willie J. Heggins，III）

摘要：在美国历史上，居于中心地位的社会问题一直是为了把范围广阔的文化、阶级、社区融合为一项叫作“民主”的共同的政治目标而不懈地努力。在高等教育背景下，存在一种多样化的价值观和包含在课程中的民主的原则间的联系。本文探究高等教育中课程改革的作用以及它和增强多样化的关系。赫金斯重点论述了少数民族的教师作为改革的行动者如何在学术领域中起关键性的作用，他还提供了一些解决课程中的文化、价值观以及多元文化主义问题的策略。

历史回顾

在国家建立之初，新宪法的支持者和反对者进行了一场激烈的辩论，这场辩论是关于社会多样性对正在试验中的新政治的影响。为了维护言论自由的第一个修正草案主张并且探索了在这个年轻的国家如何保证有活力的公众舆论。从建国之初到20世纪的发展完善，有关美国的历史大量记载了影响美国核心价值观的种族歧视问题。

在美国历史上，那些不顺畅的并且常常被阻止的舆论和争论已经形成了许多种运动，这些运动包括19世纪的废奴主义运动、妇女参政运动、八小时工作日的斗争以及共同组织的权利。其他的例子还有第二次宪法修正、女权主义运动的复兴、阻止暴力以及同性恋争取权利运动。

多样化的价值观和民主主义有什么联系呢？从弗兰克林和莫斯的观点来看，人们的价值观极大地影响着他们对自由和权利的解释。作为一项政治计划的民主主义始于一些理论假设，这些假设有：人人都有价值观，人人生而平等并且有不能被剥夺的权利以及政治的参与者能参加基本的决策过程。民主，从理想的状态来讲，创造了一个宽容的环境，它使得人们愿意与别人合作来达到共同的目标。

把这个作为概念框架，本文将探究课程改革在高等教育中的角色以及它对增强民主性的作用。重点将要强调大部分教师是如何在课程改革问题以及同当今高等教育使用的学习风格相关的问题中起着重要作用。从教师作为学术改革顾问的观点来看，本文将重点论述存在于课程中的文化、价值观以及多元文化主义的问题的解决策略。通过强调学习中出现的社会关联、多样性和民主社会的联系逼迫我们去深刻思考个人从他们经验中所学到的东西，以及那种学习反过来又如何限制或提升美国社会的质量和效率。

高等教育 504

由于高等教育对多样化的义务，因此它承担着独特的责任和优先的挑战。尽管社会的其他机构也促进多样性，但高等教育由于其使命、价值观以及对知识的贡献，在这方面有着独特的地位。班克斯(Banks，1997)提到改变美国人态度和价值观的数据走势，描述了从对多样化的排斥到欣然接受的转变。

由于高等教育促进公众对人类经验的

学习，因此隐藏于不同的语言背后的痛苦和渴望必须不断地被探究，因为这关系着社会的公正。在本质上，探讨多样性的多元文化运动就是为了修改和提升教育背景中的课程及其结构变化。许多理论家认为将教育实践和与种族以及种族划分相关的问题结合起来，对学生来说是不利的，并且从西方人的角度强化了传统的陈规和有差别的惯例。

为了反对这些假设，多元文化主义认为包括种族、种族划分、文化、语言和多样化在内的概念是教育经验中重要的部分。本质上，这些概念从一个视角产生了我们制度内的积极的要素，这个视角丰富了我们感知和观察世界的方法。问题是，在哪种程度上，高等教育改革能和接纳差异的制度、政治和方法联系起来？我们将能得到什么？

许多大学常常通过呼吁从多样化中获得利益的教育目标来阻止种族分离。这些利益通常被描述为和地区间的逐步增强的意识以及强化的校园文化相关。然而，种族和种族偏好间的联系以及被广泛理解的多样性的利益是非常模糊的。古琳（Gurin，2002）认为刚入校的本科生尤其容易受到“积极的思维过程”的影响。实质上，她所描述的是从家庭和邻居呵护的环境中走出来的十八岁的学生（传统的本科生的年龄），突然进入一个充满鲁莽的歧视和傲慢的大学环境。大学里的学生通常面临着不确定和不和谐的经验。此外，他们传统的思想、信念以及观点都受到了挑战。通过这类经验，他们就会抛弃旧的思想并且形成了新的思维方式。

在一个种族一体化的校园环境中，学生面对着提供不同观点的新同学。此外，这种经验使得学生把为个体生存作准备的学习经验和成为民主社会的积极参与者联系起来。为了意识到多样化的校园环境的益处，我们的重点必须转向教师以及他们在构建多样化的校园中的作用。

教师的多样化

伴随我们对高等教育历史改革时间的回顾，我们知道全纳教育不再仅仅是一项政策而是未来使命和远景的必不可分的整 505
体。今天的大学在其教师、学生、管理者以及员工的种族构成中应该成为国家和世界的领导者。在过去的几十年间，学生实体内部急剧多样化的改变是明显的。然而，教师，尤其是少数民族的教师并没有发生改变。由于这关系着课程改革以及与当前课堂的学习风格，所以这是一个特殊的问题。

例如，美国高等教育中少数民族的多样化仍然是有问题的。在教授群体中，最大群体的非裔美国人比美国人少 6%。在 1977—1994 年间，全国学生中获得博士学位的人数增长了 30%（从 33 232 人增长到 43 185人）。然而，非裔美国人仅仅增长了 7.3%（从 1 253 人到 1 344 人）。根据美国教育部 2000 年的统计数据，在 1999 年高等教育中有45 394人最后获得了学位，仅仅 2 607 人是亚裔美国人，占 5.7%，1 847 人是非裔美国人，占 4.1%，1 098 人是西班牙人，占 2.4%。

这些问题表明，高等教育仍然在不平等的领域内实施。尽管在立法（包括赞助性的行动）的支持下，获得了一些成果，但是前面仍然有很长的一段路要走。然而，多样教师的含义连同其对课程改革、课程授权、课程行动和教学变化的联系都可以作为成长的机会。从学术自由的角度来讲，这些支持者是关键的，在职的教师将决定教什么内容（课程设计），课堂如何管理（材料描绘）以及如何评价学生（评价）。从制度角度来讲，高等教育机构应该拓宽他们为了学术改革而重新界定学术知识的理念。

学术改革

国家领导者号召应该通过强调探究的内容、评估的语言，以及从一个新的价值角度来评价教学，从而更多地关注教和学的过程。博耶把学术定义为四个领域：发现、整合、应用以及教学。本质上，发现知识反映了对新思想的兴奋，对新见识的喜悦以及对知识的探求。整合意味着为了产生新的见识而把知识综合起来并加以解释。应用是指理论和实践相结合的一个动态的过程。
506 教学则提供了一个层面，将学习者已有的知识纳入环境，进而掌握新的知识。然而，问题的假设是变革的学者和有价值的知识分子领导能够给学术带来可替代性的一面吗？

今天的高等教育应该重视并且支持新一代的学者，这些学者把有选择的观点引进课堂环境。历史上，在微小的群体中工作的学者能提出一些政策和实践来对抗主流的学术团体。本质上，他们的工作已经被认为是政治的、游击队的以及主观的。在教室环境中引进有选择的观点的院士们急切想知道这种风险。然而，他们通过在主流学术界，尽力把意识带入到受曲解的陈述中来推动课程改革。当我们回顾教育历史上最具有改革力的时期时，学院的经验应该在课程、观念、观点以及所有构成它的视角中有所反映，下面这节用各种概念为我们提供了一种理论视角，这些概念能潜入和融合在课程中。

课程的理论视角

在教育经验的背景中，高等教育的课程改革应该反映对所有的利益攸关者的赏识和尊重。从历史的角度来看，博奎斯特(Berquist，1977）认为高等教育的课程模式应该考虑以下几个方面：（a）以传统为基础，前提是用过去的知识教育学生；（b）以论题为基础，强调以问题解决的方法为基础；（c）以能力为基础，集中关注提高学习熟练程度的因素；（d）以职业为基础，焦点是通往成功的途径；（e）以经验为基础，围绕理论联系实际的观念；（f）以学生为基础，倾向于反映学习过程的输入；(g）以价值为基础，把学习知识和大学的使命联系起来；（h）以未来为基础，把教育过程看作一个整体。这个角度的认识包括了价值观，这个价值观是指在教室环境中发现和欣赏所有成员的贡献。此外，这种模式为我们提供了在学术界我们应该做什么的框架，然而，他们在多数情况下可 507
能会阻止中等后教育机构和课程的服务、再生产和挑战社会秩序的方式。此外，以前有关课程发展的研究没有聚焦于变化过程如何与职工和机构的文化构成相联系。高等教育正如前面所阐述的只有重视环境的交互文化的价值问题，才能恰当地把努力赋权的体系、制度、课程以及结构联系起来。

变化的过程

课程内部有影响力的变化涉及多种方法。实质上，教师应该创造重点关注以增强社会丰富性、提高社会内聚力以及承担社会公正的学习环境。这种类型结构内的学生应该受到帮助提高人类的价值和民主理想的使命的挑战。教什么内容，如何管理课堂，以及如何评价学生的权利仍然掌握在教师的手中。教师应该探究是什么阻碍了未被充分代表的学生群体的参与性，并且要坚定地承担起消除那些障碍的责任。

贝克（Becker）和瓦特（Watts）认为："粉笔加谈话"的教学是许多学术课程经常使用的主要教育策略。也有学者认为，对今天的大学生来说，以讲课为主的方法可能不是最有效的方法。当我们回顾学习过程的转化时，教师能用过多的思想来激发学习。教师能在课堂设计上创造一种平衡讲课和有效学习的方法、合作学习的概念(例如，结构小组、小组活动或者个案研究等)，以及促进互动的学习环境。约汉逊等人（Johnson & Smith，1991）认为合作学

习的环境产生了较高的成就并且增强了学生间的关系。

教师在他们的课程设计中加入了和服务性学习相关的概念。服务性学习，通常指实验的学习，这不是一个新的概念，而是代表一个把学术课程整合到实践经验中的过程，这个过程是通过教师、学生，以及有代表性的社区的互动来完成的。服务性学习有能力改变生活，它是一种心灵感触的经验，它传授的课程远远超越教师课堂上能够提供的东西。

很明显，高等教育机构仍然面临着许多问题。在过去的五十年，即使来自不同种族、经济背景的学生已经进入了学术领域，他们仍然是未被充分代表的。更重要的是，排除历史上的黑人学院和大学，教师的构成、课程设计以及校园文化仍然主要是以欧洲为中心的。认识到所有学习发生的社会关系，在这个多样化和民主的社会关系中存在一个关键的联系，这个联系要求我们更深入地思考个体从他们的经验中学到什么以及那种学习反过来如何限制和丰富美国社区的质量和活力。

508 当今和未来的教师应该建立一种重视差异的课程。在这个环境中，教师应该鼓励学生采用批判性的视角通过大量的对话进行合作学习。更重要的是，要把“学习共同体”的概念、课程设计以及大学的教师多样化相联系，应该把这些作为传授何种知识、如何管理学习环境以及如何通过教育经验来评价学生服务的框架。

参考文献

Banks, J. A. (1997). *Educating citizens in a multicultural society.* New York: Teachers College Press.

Becker, W. E., & Watts, M. (1996). Chalk and talk: A national survey on teaching undergraduate economics. *American Economic Review, 86*(2): 448–53.

Berquist, W. (1977). Eight curricular models. In A. Chickering et al. (Eds.), *Developing the college curriculum* (pp. 87–108). Washington, DC: Council for the Advancement of Small Colleges.

Boyer, E. L. (1990). *Scholarship reconsidered.* Princeton, N.J.: Carnegie Foundation for the Advancement of Teaching.

Carter, D. J., & Wilson, R. (1989). *Eight annual states' report, minorities in education.* Washington, DC: American Council on Education.

Franklin, J. H., & Moss, A. A. (1994). *From slavery to freedom.* New York: McGraw-Hill.

Gurin, P. (2002). Diversity and higher education: Theory and impact on educational outcomes. *Harvard Educational Review,* 72(1): 330.

Johnson, D. W., Johnson, R. T., & Smith, K. A. (1991). Cooperative learning: Increased college faculty instructional productivity. In ASHE-ERIC *Higher Education Report* 4, Washington, DC: George Washington University.

Kretchmar, M. D. (2001). Service learning in general psychology class: Description, preliminary evaluation and recommendation. *Teaching of Psychology 28*(1): 5–10.

Magner, D. (1996). "The New Generation." *Chronicle of Higher Education* vol. 42, no. 21, A17–A18.

Marable, M. (1997). *Black liberation conservative America.* Boston: South End Press.

Pettigrew, T. F., & Green, R. L. (1976). School desegregation in large cities: A critique of the Coleman "White flight" Theses. *Harvard Educational Review, 46*(1), 1–53.

U.S. Department of Education. (2000). National Center for Educational Statistics, *Integrated postsecondary education data systems,* NCES 96-133. Washington, DC.

课程实施的个案研究

513
按我说的做，而不是像我那样做：个人的奥德赛

赫林·C·伯特纳里斯库（Helen C. Botnarescue）

摘要：伯特纳里斯库提出了几种教学方法，这些方法适用于从儿童到本科的整个受教育阶段。她说最成功的方法是头脑风暴和拼图游戏。她进一步得出结论，把本科生和研究生的教学模式从运用标准的方法改为运用发展性的教育实践，这个过程需要试验、监督、评价、检查，更重要的是，时间。

当“最好的实践”的概念应用于大学教学时，它意味着什么？在本科阶段和研究生阶段，大多数的教师用他们所学的方法——讲演来授课。人们普遍认为，一位历史学教授30年来可以使用相同的讲义来上课。小学和中学的教师也一样吗？因为曾经有一段时间，他们大多数从教于幼儿园或中小学，并且也用这种方法上课，当他们受雇于大学时，他们也一样吗？

当我在加利福尼亚州立学院（现在是大学）第一次教授“教育的心理基础”这门课程时，我按照我在学院的角色做事：我准备讲义，站在讲台上传授这些内容。尽管事实是我曾经学的是理科专业并且在高中时是理科教师，但我依然这样做。在我作为幼儿园主任的三年间，我注意到，比起我的那些讨厌阅读和回答课后问题的初高中学生，四岁的孩子更喜欢理科。最后，随着加利福尼亚州立学院的教师预备项目的改变——以前一周三次课，每次1小时或者一周两次课，每次1.5小时，现在都改为一周一次，每次3～4小时。这种改变引发了一个问题：我讲那么长时间的课，嗓子不沙哑，学生不睡觉，几乎是不可能的。

最初的改变和新的教学方法

我能做什么？我最初的改变是涉及尽可能丰富的视听材料——电影和磁带，原版影片以及黑板上的图解。因为我自己是一位视听学习者，我认为我应该把这些工具应用于我的学生。但是我忘了两个事实：大学的学生有很多的学习方式，并且教科书的成本在逐步上升。回想起我自己在大学的学习，不禁自问：为什么理科曾经是一个如此有趣的专业。最后，我意识到，我喜欢理科是因为它是互动的，我能积极地参与——那意味着利用视觉、听觉和触觉来学习。

在加利福尼亚州立学院的第七年，我 514
在早期儿童硕士学位项目班上课。之后，由于受发展性的教育实践的激励，我试着用互动的方法在我的两个本科班上课——指导儿童课和儿童发展课。我为学生设计的方法包括头脑风暴，让他们进行小组合作，设计出带有各种各样说明的作业。

然而在最初，一些学生感到困惑：分组学习和拼凑玩具与学生发展或儿童学习有什么关系呢？这种活动难道不浪费学生的时间吗？我把这种谜一般的活动作为一个解决问题和合作学习的例子。当我要求他们小组合作学习教科书的一章并且在全班作报告时，他们仍然会抱怨。我难道不是一个合格的老师吗？然而，其他人迅速意识到，和同伴学习需要他们的视觉、听觉，有时还需要触觉。他们意识到要互相

倾听，偶尔还会洞察到他们如何才能学得最好。最好的方法是：三人行，必有我师焉。比起我预料到的，他们的呈现有时更加切题，在术语的表达上也更清晰。

对我来说，最成功的方法是头脑风暴和拼图游戏。运用拼图游戏的方法，学生被分成两组，学生组和专家组。每个专家组学习他们自己从教科书上选择的一章内容。大约 1 个小时的合作学习以后，学生们回到他们各自的学生组，并且互相教授他们在专家组学到的材料。

下一步：合作

之后，我想知道我能否把同样的教学策略应用到其他的课程。

在和同事参加了许多委员会议并且同几个人确立了工作关系后，我认识了大卫·斯特龙克（David Stronck），他教授方法论课程、教育学原理，并且要求我们两个班使用一本教科书。我和大卫在取得博士学位之前都曾经是理科教师，尽管他现在依然在理科领域工作，而我转到了教育心理学领域。我现在的教材都同学生如何学习相关，这对方法课来说似乎是恰当的。同时，我问大卫关于他的教学方法。对我来说，在我的教育心理学课上用他的教学方法似乎是合乎逻辑的，他将放弃他的方法论教材而用我的教育心理学教材吗？我们能在自己的课堂上使用对方的教学方法吗？

515 过渡中的困难

比起现实来，这种仅停留在研究层面的合作是比较容易的。首要的问题是，我能把“发现”作为一种方法来教授发展性理论吗？理科的方法能运用到发展性理论的探究中吗？社会学习理论适用于教室管理科目吗？信息处理如何应用于测验和测量？例如，在探究各种各样学生学习方法或者多元智能概念时，用头脑风暴是很容易的。

下一步是把这些不同的方法应用到教育心理学课程，并且让我的同事相信他能用同样的教材。

结果

幸运的是，因为大卫和我（我们的理科背景）用相似的方法规划我们的课程提纲，所以我们的合作相对比较容易。我们以课程目的为基础列出课程要求。这些目的和那些由加利福尼亚州教师预备委员会批准的目的是相关的。我们列出了一个详细的按周计划的班级会议和作业安排，以及各项要求到期的确切日期，还有关于缺席和迟到的处罚条款。当我们互相参观对方的班级时，我们互相提问，我们恭敬地答复，并用幽默的方式处理分歧。

我的主修早期教育的学生期望标准化的教育心理学课程。例如，他们埋怨小组合作学习，也抱怨不能忍受学习理论。大卫也面对着类似的抱怨：有一些学生，他们能迅速理解大卫和我的目的，并且教导他们的同伴：为什么大学的学生们不能像 K—12 的孩子们一样具有多样性的变化呢？

要求我们的合作教学实验平稳地进行可能是错误的，因为这是不可能的。大卫和我都互相独立地授课。我们共用一本教科书，我们都有对方的教学提纲，但是我不总是认真地核对他教学计划中所作的改变，他也不经常问我在课堂上做什么。我们的确依赖各自的教学提纲并且决定各自应教授的章节。

小结

我们的合作教学实验在第二年进行得较平稳，在第三年更好一些。大卫和我继续合作教授这两门课程直到我退休。我学到了什么？把我的本科生和研究生的教学模式从运用标准的方法改为运用发展性的

教育实践，这个过程需要试验、监督、评
516 价、检查，更重要的是，时间。我的教学方法也发生了转变，从传统的讲座式的问答形式转变为为学生提供选择并且赋予他们互相交流和探究的机会。我认识到，比起聚焦于几个主要的概念，并且用不同的方法教授这些概念，课本上的可代替的内容就显得不那么重要了。这种方法被我的学生所模仿，他们在学习一般的方法课时也采用同样的方法。通过重复应用大卫和我所运用的教学方法，他们和我都学得更加有效。

参考文献

Biehler, R. F., & Snowman, J. (1990). *Psychology applied to teaching* (6th ed.). Boston: Houghton Mifflin.

思考题：

1. 伯特纳里斯库从她教授幼儿园学生的过程中借鉴了哪些重要的教训？她认为当前应用于大学课堂的哪些教学方法对学生来说是最没有效率的？

2. 在伯特纳里斯库的大学课堂上，合作学习扮演着什么样的角色？什么使合作成功？同样，什么使它有挑战性？伯特纳里斯库和她的同事是如何应对这些挑战的？

3. 总的来说，在教学模式从运用标准的方法改为运用发展性的教育实践的过程中，伯特纳里斯库学到了什么？你认为她将要改变的就是她重复的过程吗？从她的经验中你学到了什么？

教师之声——理论联系实际

我们的教学法有多重要？
517 在社区学院课堂中赋予生活经验话语权

利奥诺·霍契尔·佩雷斯（Leonor Xóchitl Pérez）
安妮·玛里娅·克里斯蒂安（Anna Marie Christiansen）

摘要：本文第一作者叙述了她在洛杉矶一个低收入的拉美社区学院教授"成功在学院"(Success in College) 课程的经历。作者认识到，社区学院发展不仅需要合适的教科书和教学策略。课程应包括解决少数民族学生带入课堂的心理、社会和文化问题的策略。通过给学生提供合作学习和分享个人观点的机会，作者认可、讨论了学生的生活背景并将它们整合进课程目标。

学术文化中的社会化需要不仅是研究中的常见话题，也是为教学或管理少数民族学生的实践者所提建议中常见的主题（Bower，1996）。促使少数民族学生社会化需要的因素有：(1) 少数民族学生的信念，包括对受尊重的成人角色的信念和关于教育在构建这些角色的途径中所起作用的信念；(2) 少数民族学生的准备，既要形成对高等教育的期望，又要参与类似上大学的经验活动；(3) 少数民族学生的上学风格，它既区别于按传统的全日制上学模式上学的学生，又与带着成人角色和责任上学的学生不同（Richardson&Skinner，1992）。有了这一社会化需求，现在许多社区学院都开设了"成功在学院"的课程。这些课程的内容通常包括三个主题：大学经验、学术技能发展和生活管理。

然而，社区学院中的问题是，少数民族学生怎样协调日常经验和正规的学术性学习。对这些学生而言，这种协调使学术社会化的过程变得十分复杂。虽然人们都希望知识的习得能影响学生对于学校外面世界的批判性思考，但许多教育工作者也认为，日常生活的基本经验不应该对课堂内发生的事产生影响。对于一些学生来说，在学校和各种非学术身份及责任之间平衡这种经验会导致福特汉姆（Signithia Fordham，1988）所说的学术的"无种族"，"学生如果想取得学业上的成功，就要放弃或修正他们自己文化上认同的交往方式和行为方式，而采用学校赞赏的那些方式"。
通常情况下，上一所高等学校这一举动就 518
意味着有意识或半有意识地抛弃自己的本族文化（Fordham，1988）。

我*准备在位于洛杉矶一个低收入的拉美社区学院教授"成功在学院"，作为一个新手，我花了很多时间开发这一课程。我考虑了合适的教科书和发展学习共同体的方法。我希望使用"补充指导（Supplemental Instruction)"，它能提高学业成绩，并通过合作学习促进学习共同体的发展。在应用"补充指导"时，教师安排一些定期的、课外的、同伴促进的课，学生在这些课上有机会通过阅读、研究和备试进行讨论、信息加工和互动（Martin，Blanc & Arendale，1996)。要注意让这些学习共同体增强学习内容的关联性，促进智力上的互动，这有助于和师生的学术性、社会性相联系（Tinto，Russo&Kadal-Tara，1996）。

然而，不久我认识到，课程不仅仅包括合适的教科书和发展学习共同体的策略，它还应包括教学者提供的整个环境。吉鲁

* 本文中，"我"指的是第一作者。

克斯和麦克拉伦（Giroux & McLaren，1994）指出，课程包括了学生的文化政治学，或者他们作为种族的、不同性别的和社会的主体所面对的无数的日常协商，阐述了社会理论和课程理论之间的联系。他们认为，这样的课程变革可以致力于“希望和解放，（以及）联结教育实践和公众利益的愿望”（Giroux & McLaren，1994）。因此，我们必须考虑教育过程的深度和复杂性。同时，课程也应该阐明教师如何解决少数民族学生带入课堂的心理、社会和文化问题，这反过来也影响学习。

就我个人而言，“成功在学院”课程的第一天十分重要。不仅因为这是我从事大学教学工作的第一天，而且我作为教师就要回到我开始接受高等教育的同一所学院，担当着格拉姆西（Gramsci，1987）所谓的知识分子的角色，促进同行对学术活动的兴趣。我兜了一圈，回到原位，急切地等待着回到奇卡诺（Chicano）社区的机会，我就是在奇卡诺社区学院成长为一名教师的。我去上课时，环顾了一下校园，注意到学校没多大改变。一半的教室仍被安置在第二次世界大战留下来的米黄色平房里。校园里铺的是混凝土和沥青，而不是草地和树木。我还看了一下女浴室，看见浴室的墙上和门上满是涂鸦，纸巾分配器依然是空的，水从一个分隔间下面渗漏出来。

我对听课学生的第一印象促使我思考别人如何看待学院中的课堂。课堂一度是具有共同经验的学生构成的社会。然而，今天社区学院的课堂却是由一个个学生个体构成，除了在公共汽车站等车之外，他们已没有什么共同之处了（Ritschel，1995）。坐在我面前的是一群 17～55 岁年龄不等的学生，其中有家庭主妇和奶奶，另外一些则是刚毕业的中学生或靠工作养家的全日制工人。

教学第一周，我意识到大多数学生生活中的需求干扰了我运用课外“补充指导”建立学习共同体的计划。奥利维娅（Olivia）是一个 50 岁的拉美人，长着一头棕色的卷发和一双褐色的大眼睛，说话带着明显的西班牙口音。她和全班同学一样，都有着某种显示其个人和文化背景的东西，使她
不能参加“补充指导”的学习活动。“我来 519
上学时，我丈夫很生气。”她带着浓重的西班牙口音说，“开始我瞒着他来上学。他工作，我上学。”最终她丈夫发现她上了社区学院，便勃然大怒。在他看来，妇女永远不应该超过丈夫的教育或职业状况。他的这一态度反映了传统大男子文化的家长制的思想意识，也反映了福特汉姆（Fordham，1988）的观点，即进修学习对某些学生而言起到了文化背叛的作用。奥利维娅的丈夫开始威胁她，如果她继续上课，他就要打她。最后，他将威胁付诸行动，开始虐待她。她将情况报告给了警察，结果警察出面干预，制止其丈夫的行动，这样她可以继续上课了。全班同学听她讲述时都默默无言，他们好像被感动了。这只是我听到的众多故事中的一个，这种状况使很多学生不能参加传统的使他们融入学术文化的学校活动。

显而易见，在这所社区学院的这个班级，学习共同体只能通过在每一堂课上学生和我之间的互动得到发展。我对计划好的课程必须有所调整，使之符合本班学生的需要。我很快设计出提供课内合作学习机会的活动和练习，促进了学习共同体的发展。

即便我发展了合作学习的机会，我还是经常发现，许多学生不能将课上学习的内容和他们的生活经历相联系。沃尔什（Walsh，1996）指出，教师应该和学生一起合作研究他们的现实生活问题，找到“积极的、创造性的途径，使这些现实成为其他知识产生和发展的知识基础”。

然而，我很快认识到，要让学生把他们的现实生活问题和信念看作是学习的出发点，必须要鼓励他们将这些问题讲出来。亚历克斯（Alex），一个约 20 岁的拉美男孩，似乎是我们所说的“孤独型”。他总是穿着涤纶裤子和印有某些广告语的 T 恤，戴着棒球帽，还总带着一个“随身听”，把

520 自己和周围的世界远远地隔离开。这个学生从不参加课堂讨论。然而，有一天，当我问学生对某些问题的看法时，他开始发言，谈美国企业的种种罪恶。全班哄堂大笑。我则正色道："不要笑他！无论你们是否同意他的观点，他有权发表他的看法。"全班学生便不再出声了。蕴涵于教育解放理论中的必然是学生的声音。让学生表达就是让他们根据所知的东西重新创造世界，即使他们的范式向主导结构提出质疑。通过表达，学习情景的整体语境便为学生所熟悉。我不断鼓励学生和全班同学分享他们的个人观点，并且采用记课内日记的方法将个人观点和所学内容相互联系。

我听奥利维娅、亚历克斯和班上其他同学的讲述并观察他们，从中获得的经验让我认识到，我先前规划好的课程没有提供一种机制，使学生带入课堂的不同的心理学、社会学和多元文化的因素能够得到认可、讨论，并整合进课程目标。然而，我能适应学生的需要并应用一些重要的教学法，这样增加了学生在所学知识和自身生活之间进行有意义联系的可能性。弗莱雷（Freire，1997）的教育模式提出了一种问题解决式的教学法，学生从中实践"批判性地领悟他们存在的方式（作者强调）和找到自我。这样，他们的现实就不是固定不变的，而是处于过程之中，并可以改变"。

虽然我找到了对这个班级有效的教学法，但是教学法必须被不断地重新界定，以解决每一个新的教学任务。通过不断质疑我们的教学方法，它就变成了如弗莱雷（1988）指出的"知的形式，因为教师在探寻特别的教学方法，从学生身上引发和唤起他们自己的知的行为"。因此，除了正规的学术性知识外，也要赋予日常生活经验的话语权。

参考文献

Bower, B. L. (1996). Promoting new student success in community college. In J. N. Hankin (Ed.), *The community college: Opportunity and access for America's first-year students*. Columbia, SC: National Research Center for the Freshman Year Experience and Students in Tran- 521
sition, University of South Carolina. (ERIC Document Reproduction Service No. ED 393 486).

Fordham, Signithia. (1988). Racelessness as a Factor in Black Students' School Success. *Harvard Educational Review*, 58, 54–84.

Freire, Paulo. (1988). Letter to North American Teachers. In Ira Shor (Ed.). *Freire for the Classroom: A Sourcebook for Liberatory Teaching*. Portsmouth, NH: Boyton/Cook Publishers.

Freire, Paulo. (1997). *Pedagogy of the Oppressed*. New Revised Ed. Trans. Myra Bergman Ramos. New York: The Continuum Publishing Company.

Giroux, Henry A., & McLaren, Peter. (1991). Radical Pedagogy as Cultural Politics: Beyond the Discourse of Critique and Anti-Utopianism. In Donald Morton & Mas'ud Zavarzadeh (Eds.). *Theory/Pedagogy/Politics: Texts for Change*. Urbana, IL: University of Illinois Press, 152–186.

Giroux, Henry A., & McLaren, Peter. (1994). *Between Borders: Pedagogy and the Politics of Cultural Studies*. New York: Routledge.

Gramsci, Antonio. (1987). *The Modern Prince & Other Writings*. Trans. Louis Marks. New York: International Publishers.

Martin, D. C., Blanc, R., & Arendale, D. R. (1996). Supplemental instruction: Supporting the classroom experience. In J. N. Hankin (Ed.), *The community college: Opportunity and access for America's first-year students*. Columbia, SC: National Research Center for the Freshman Year Experience and Students in Transition, University of South Carolina. (ERIC Document Reproduction Service No. ED 393 486).

Richardson, R. C., Jr., & Skinner, E. F. (1992). Helping first-generation minority students achieve degrees (pp. 29–43). In S. L. Zwerling & H. B. London (Eds.), *First generation students: Confronting cultural issues. New Directions for Community Colleges*, No. 80. San Francisco: Jossey-Bass.

Ritschel, R. E. (1995, Feb./March). The classroom as community. *Community College Journal*, 65(4), 16–19.

Tinto, V., Russo, P. E., & Kadel-Tara, S. (1996). Learning communities and student involvement in the community college: Creating environments of inclusion and success. In J. N. Hankin (Ed.), *The community college: Opportunity and access for America's first-year students*. Columbia, SC: National Research Center for the Freshman Year Experience and Students in Transition, University of South Carolina. (ERIC Document Reproduction Service No. ED 393 486).

Walsh, Catherine E. (1996). Making a Difference: Social Vision, Pedagogy, and Real Life. In Catherine E. Walsh (Ed.), *Education Reform and Social Change: Multicultural Voices, Struggles, and Visions*. Mahwah, NJ: Lawrence Erlbaum Associates, Publishers. 223–240.

思考题

1. 在高等学校中，课程如何能促进未成年学生和成年学生的“学术社会化”?

2. 高等教育中真正的学习共同体有什么特点？它与其他教育层面上的学习共同体的特点不同吗?

3. 学生的“真实生活的问题和信念”如何成为学习的催化剂?

学习活动 522

批判性思考

1. 本章引言中指出，高等教育课程的总体目标即公民身份、平等的教育机会、职业、自我实现和批判性思维，这与其他层次上的教育目标是一样的。对于从青少年后期一直到成年的学习者来说，应该同样强调这些目标吗？你认为侧重点应有什么变化？

2. 鉴于当今终身学习的趋势，高等教育应扮演什么角色？在过去20年间，这一角色发生了怎样的变化？

3. 思考一下迄今为止你所经历的大学课程，教育重点是放在普通学科科目上还是专业科目上？这两者需在多大程度上进行整合？这种整合怎样变得更为广泛、有效？

4. 著名的老年精神病学家卡尔·艾斯多弗（Carl Eisdorfer）曾经说："美国的老年人与其说彼此相似，还不如说他们更像别的任何一部分人群。"你认为他说这段话的依据是什么？如果此话属实，那它对终身教育课程有什么启示？

应用活动

1. 你认为对社区学院的课程规划来说，哪些课程标准最为重要？对大学而言呢？在每一种层面上，应该如何应用这些标准？

2. 本章的引言部分说，成人教育的一个重点是，扩大原先在高等教育中没有被充分代表的人群的学习机会，如：非洲裔黑人、拉美人和西班牙裔美国人、亚裔美国人和太平洋岛国居民，美国土著人以及一些穷人。成人教育和继续教育课程如何满足来自这些群体的学生的需要？

实地体验 523

1. 参观附近一所社区学院，并采访一些学生，了解他们的课程经验。根据这些访谈做一些现场记录。以下问题可以作为开始访谈的指南：学生的长远目标是什么？他们在社区学院的学习经验如何使他们能达到这些目标？学生对下列目标的重视程度如何：公民身份、平等的教育机会、职业、自我实现和批判性思维？

2. 获取一些你所在学院或大学普通本科生教育必修课的教材。它们在何种程度上反映了以下课程目标：公民身份、平等的教育机会、职业、自我实现和批判性思维？

3. 采访一位从事成人教育或继续教育的教师，确定他为满足学生需求所作出的课程决策。这些策略在多大程度上反映了本章的观点？

网络活动

1. 访问"高等教育研究联合会（ASHE）"的主页，搜寻呈交全国年会的"研究论文摘要"。这些论文摘要反映了哪些研究问题和趋势？它们和本章出现的材料有着怎样的联系？

2. 访问“学院入学考试在线服务（College Board Online）”提供的“成人学习服务”（OALS），收集与成人教育的招生、教学和评价相关的信息，并将这些信息与本章中的材料进行比较。

3. 从“教育研究和促进处（OERI）”赞助的“全国中学后教育、图书馆和终身学习研究会”（the National Institute on Postsecondary Education，Libraries and Lifelong Learning）网站上，收集有关中学后教育机构中的成人教育和培训、社区教育课程等方面的重要信息。

译后记

21世纪初，我国进行了史无前例的基础教育课程改革，此次改革不同于以往改革之处就在于它规模大、投入多、涉及面广。当然，这也是时代的需求和国家发展的必然要求。其中，在这次改革中最引人注目的字眼莫过于“课程”了。上至专家、管理人员，下至一线的普通教师都把课程作为谈论的热点话题。

我们知道，教育改革无论是国内的还是国外的，历史的还是现实的，都无法绕开“课程”这一核心和关键。课程不仅反映了课程设计者的知识观和价值观，同时，也体现了他们的学生观和教学观，进而影响着整个教育的实施和发展。要想实现培养人才的教育目的，就离不开良好的课程。良好的课程的获得关键在于开发，只有开发了课程，改革才能真正落到实处。在我国虽然已出版了许多课程方面的优秀著作，但针对课程开发的专著还相对较少。美国华盛顿州立大学的弗雷斯特·W·帕克教授、埃里克·J·安科蒂尔教授以及佛罗里达州立大学的戈兰·哈斯教授共同编著的《当代课程规划（第八版）》一书，十分全面、详细地介绍了课程规划的相关理论及实践，对当前和以后我国的课程改革具有重要的借鉴意义。

本书从课程规划基础、课程开发与执行以及不同教育层次的课程三个方面阐述了课程规划的有关问题。在课程规划时，我们应该关注课程中暗含的目标与价值，不同的价值导向和目标追求直接影响着课程的开发与实施。教育虽具有相对的独立性，但它必定还是社会的一个部分，不难看出课程规划也体现社会各方的利益，反之社会各方又制约着课程规划。课程规划的立足点就是人的发展，人的发展理论成为课程规划的基础就不足为奇了，所以任何课程规划都必须考虑到教育对象的认知特点和学习风格。课程开发不仅要考虑宏观政策，同时也要考虑微观情景；不仅要关注当下，而且也要关注未来，我们绝不能机械地采用“学生为中心的课程”或“教师为中心的课程”。同样在具体的教学实践中，我们也应该理解不同的教学方法和学习评价。最后，作者运用典型的个案对不同教育层次的课程展开了论述。全书强调了课程规划的过去、现在和将来的相互联系，突出未来课程规划的重要性，强调幼儿教育、中等教育和高等教育之间的贯通性。

《当代课程规划》从1974年到2006年八个版次的变化，足以说明它的价值与意义，也体现了其顽强的生命力。本书在编排上独具匠心，首先从焦点问题着手引起读者思考，进而使读者进入理论的天堂，再配以经典文章的摘要和全文，最后附有学习活动，包括批判性思考、应用性活动、实地体验和网络活动，这样，本书很好地将理论性和可读性有机结合在了一起。我们认为本书对我国当前的课程改革和课程理论建设很有价值，故推荐广大的课程专家、研究人员、一线教师认真研读，相信您定会有意想不到的收获。

全书的翻译是由北京师范大学博士生孙德芳（现就职于杭州师范大学）完成的，同时，丁丹、万艳群、崔若峰等同学提供了部分的翻译初稿。在翻译过程中，我们参考了第七版的中译本（谢登斌等译），在此向其表示感谢。

由于译者的水平有限，错误遗漏之处存之必然，敬请各位读者匡正。

孙德芳

北京培生信息中心
北京市海淀区中关村大街甲 59 号
人大文化大厦 1006 室
邮政编码：100872
电话：(8610)82504008/9596/9586
传真：(8610)82509915

Beijing Pearson Education
Information Centre
Room 1006, Culture Square No. 59 Jia, Zhongguancun Street
Haidian District, Beijing, China 100872
TEL: (8610)82504008/9596/9586
FAX: (8610)82509915

尊敬的老师：

您好！

为了确保您及时有效地申请教辅资源，请您务必完整填写如下教辅申请表，加盖学院的公章后传真给我们。我们将会为您开通属于您个人的唯一账号以供您下载与教材配套的教师资源。

请填写所需教辅的开课信息：

采用教材			□中文版 □英文版 □双语版
作　者		出版社	
版　次		ISBN	
课程时间	始于　年　月　日	学生人数	
	止于　年　月　日	学生年级	□专科　□本科 1/2 年级 □研究生　□本科 3/4 年级

请填写您的个人信息：

学　校			
院系/专业			
姓　名		职　称	□助教 □讲师 □副教授 □教授
通信地址/邮编			
手　机		电　话	
传　真			
official email (eg:XXX@ruc.edu.cn)		email (eg:XXX@163.com)	
是否愿意接受我们定期的新书信息通知：　□是　□否			

系/院主任：__________(签字)

(系/院办公室章)

______年______月______日

Please send this form to: Service.CN@pearson.com

Website: www.pearsonhighered.com/educator

图书在版编目（CIP）数据

当代课程规划（第八版）/［美］帕克等编著；孙德芳译.
北京：中国人民大学出版社，2010
（教育学经典译丛）
ISBN 978-7-300-12001-0

Ⅰ. ①当…
Ⅱ. ①帕…②孙…
Ⅲ. ①课程设计
Ⅳ. ①G423

中国版本图书馆CIP数据核字（2010）第061956号

教育学经典译丛
当代课程规划（第八版）
弗雷斯特·W·帕克
［美］埃里克·J·安科蒂尔　编著
戈兰·哈斯
孙德芳　译
Dangdai Kecheng Guihua

出版发行	中国人民大学出版社		
社　址	北京中关村大街31号	**邮政编码**	100080
电　话	010－62511242（总编室）		010－62511398（质管部）
	010－82501766（邮购部）		010－62514148（门市部）
	010－62515195（发行公司）		010－62515275（盗版举报）
网　址	http://www.crup.com.cn		
	http://www.ttrnet.com（人大教研网）		
经　销	新华书店		
印　刷	北京宏伟双华印刷有限公司		
规　格	185 mm×260 mm　16开本	**版　次**	2010年7月第1版
印　张	27.75 插页2	**印　次**	2010年7月第1次印刷
字　数	618 000	**定　价**	48.00元
